Wilhelm Windelband
Die Geschichte der neueren Philosophie

SEVERUS Verlag

ISBN: 978-3-95801-737-5
Druck: SEVERUS Verlag, 2017
Nachdruck der Originalausgabe von 1899

Der SEVERUS Verlag ist ein Imprint der Diplomica Verlag GmbH.
Bibliografische Information der Deutschen Nationalbibliothek:
Die Deutsche Nationalbibliothek verzeichnet diese Publikation in der Deutschen National-
bibliografie; detaillierte bibliografische Daten sind im Internet über http://dnb.d-nb.de
abrufbar.

© SEVERUS Verlag, 2017
http://www.severus-verlag.de
Printed in Germany
Alle Rechte vorbehalten.
Der SEVERUS Verlag übernimmt keine juristische Verantwortung oder irgendeine Haftung
für evtl. fehlerhafte Angaben und deren Folgen.

Wilhelm Windelband

Die Geschichte der neueren Philosophie
in ihrem Zusammenhang mit der allgemeinen Kultur und den besonderen Wissenschaften

Aus dem Vorwort zur ersten Auflage.

Wer den zahlreichen Bearbeitungen der Geschichte der neueren Philosophie, die unsere Litteratur schon aufzuweisen hat, eine neue hinzuzufügen wagt, muss über Veranlassung und Zweck derselben Rechenschaft geben.

Hervorgegangen ist dies Buch aus Studien über die Methode der Philosophie, welche mich neben der Untersuchung des historischen Ursprungs der methodologischen Richtungen auf die Frage führten, wieviel von ihren Ansichten die grossen Systeme den von ihnen aufgestellten Methoden und wieviel sie andererseits den Bewegungen der allgemeinen Cultur und den Errungenschaften der übrigen Wissenschaften verdanken. Mit seltenen Ausnahmen stellte sich dabei der schöpferische Werth der philosophischen Methoden als sehr gering heraus.

Das bei diesen Analysen gewonnene Material hätte sich zunächst für eine Reihe von Abhandlungen oder für eine Geschichte der Methoden geeignet. Wenn ich nach manchem Schwanken es vorgezogen habe, ihm diese Form zu geben, so leitete mich dabei eine andere Erwägung. Zur ersten historischen Einführung bedürfen wir einer Bearbeitung, welche bei nicht zu grosser Ausdehnung die reifen Resultate der Forschung in einer Form darstellte, die dem Bedürfniss eines wissenschaftlich denkenden, aber der Philosophie bisher ferner stehenden Lesers entgegenkäme. Es ist keine populäre Darstellung, was ich dabei im Auge habe: popularisiren lässt sich die Philosophie überhaupt nicht, nicht einmal in sog. „allgemeinen Resultaten"; sie setzt überall den ganzen Ernst wissenschaftlicher Vertiefung voraus: aber diesem wissenschaftlichen Sinn, gleichviel in welchem Gebiete er sich zunächst entwickelt hat, muss sie nahe gebracht werden können.

Gleichwohl würde ich mich zu dieser Bearbeitung nicht entschlossen haben, wenn ich nicht gemeint hätte, in jenen Studien über die Methode auf eine Anzahl von Gesichtspunkten gekommen zu sein, welche bisher in dieser Weise noch nicht hervorgehoben wurden. Eine neue Darstellung dieses so lebhaft durchforschten Gegenstandes kann ja nur an sehr wenigen und dann meist nebensächlichen Stellen daran denken, einen neuen Beitrag zur Aufhellung des Thatbestandes der Lehren zu geben, welche die Philosophen vorgetragen haben: sie findet sich vielmehr in der schwierigen Lage, den früheren Bearbeitungen und namentlich Kuno Fischer gegenüber von vornherein zu wissen, dass die beste Reproduction schon vorhanden ist und dass sie, wenn sie nicht copiren will, dahinter zurückbleiben muss. Was man neu zu bringen hoffen darf, besteht wesentlich in der Auffassung des ganzen Entwicklungsganges, in der zusammenfassenden Gruppirung und in der kritischen Beleuchtung der Systeme. So habe ich denn — unter Verzicht auf manches Verlockende — hier nur die Aufgabe verfolgt, den allgemeinen Zug der modernen Gedankenmassen zu schildern, wie sie, theils in den besonderen Wissenschaften, theils in anderen Cultursphären entsprungen, in den Systemen der Philosophie ihre methodische Verarbeitung suchen, und in diesem Zusammenhange die Stellung und den Werth der einzelnen Lehren zu charakterisiren. Philosophische Systeme wachsen nicht mit logischer, sondern mit psychologischer Nothwendigkeit: aber sie erheben den Anspruch auf logische Geltung. Sie wollen daher zugleich pragmatisch und kritisch, zugleich causal und teleologisch betrachtet sein: zu begreifen und zu erklären sind sie nur aus den Ideenassociationen, welche in diesem Falle nicht nur individuellen, sondern weltgeschichtlichen Charakters sind; und sie sind zu beurtheilen nur nach dem Masse, in welchem diese Associationen sich den logischen Gesetzen zu fügen vermocht haben.

In Bezug auf die Darstellung erlaube ich mir nur noch eine Bemerkung. Die Absicht dieser Veröffentlichung verbot es, „die Nähte der Arbeit sehen zu lassen"; und so glaubte ich meine Auffassung vom Ursprung und Werthe der Systeme der neueren Philosophie im ungestörten Flusse und soviel wie möglich ohne Berufung und Polemik, ohne positive und negative Verweisungen entwickeln zu dürfen: den besten Lohn dieser Arbeit würde ich eben darin sehen, wenn sie in vielen der Leser den Wunsch erweckte, sich für das Studium der grösseren Werke die Zeit zu nehmen. Denn eine wahrhaft philosophische Bildung ist zuletzt immer nur durch die volle und bis in's Einzelnste dringende Vertiefung in die grossen Systeme zu gewinnen.

Freiburg i. B., August 1878.

Vorwort zur zweiten Auflage.

Schwieriger als ich Anfangs gedacht, ist mir die Aufgabe geworden, ein Werk, das vor zwanzig Jahren das Licht der Welt erblickte, von Neuem zu veröffentlichen und ihm den Abschluss zu geben, den es damals nicht fand. Ein solches Buch hat inzwischen eine Art von selbständiger Existenz gewonnen: es steht vor dem Autor, wie ein erwachsenes Kind vor dem Vater. Es hat sich seine eigene Stellung erworben, es ist gelesen, benutzt, nachgebildet worden: es hat seine Individualität, an der sich nicht mehr rütteln lässt. Deshalb stand ich, als die neue Auflage nothwendig wurde, vor der Wahl, das Buch entweder ganz neu zu schreiben oder ihm seine Eigenart ganz zu lassen, so fremd sie mir in manchem Betracht selbst geworden sein mochte. Wenn ich mich für das letztere entschied, so geschah es, weil ich inzwischen denselben Stoff in allgemeinerem Zusammenhange, nach gänzlich verschiedener Methode und deshalb auch in völlig veränderter Anordnung noch einmal behandelt habe.

Zu dem Festhalten an dem Charakter des Buches hielt ich mich aber deshalb berechtigt, weil ich noch heute glaube, dass er für den Zweck, den ich mir damals setzte und im Vorwort aussprach, in der That der geeignete war und in dieser Hinsicht auch durch die inzwischen erschienenen Darstellungen nicht überholt worden ist. Ein Gegenstand, der so verschieden interessirten und vorgebildeten Lesern entgegen gebracht werden soll wie die Geschichte der neueren Philosophie, bedarf ebenso verschiedener Behandlungen: und ich wende mich heute wieder an dasselbe Publicum wie ehemals.

Sachlich ist deshalb die Gesammtauffassung und die Gliederung des Stoffes in dieser neuen Auflage wesentlich dieselbe geblieben wie zuvor, und auch die Wiedergabe der philosophischen Systeme und ihrer geschichtlichen Zusammenhänge hat sich in der Hauptsache nicht geändert. Desto mehr bin ich bemüht gewesen, im Einzelnen überall Lücken auszufüllen, Irrthümer zu berichtigen, Unbestimmtes zu verdeutlichen und dabei stets die Ergebnisse der neueren Forschung, soweit sie für meine Aufgabe in Betracht kamen, zu berücksichtigen. Von den Besprechungen, die das Werk gefunden hat, war weitaus die lehrreichste und förderlichste die von Chr. Sigwart in den Göttinger Gelehrten Anzeigen (1882). Aber auch andere Winke der Kritik wird man befolgt finden. Die wichtigsten Aenderungen der neuen Auflage betreffen die eigene Behandlung Galilei's (§ 14) und die Darstellung von Bacon, Hobbes, den englischen Moralisten, Hume, im zweiten Bande von Schleiermacher, Schopenhauer und Herbart.

Die dafür erforderlichen Zusätze und Umgestaltungen habe ich im Stil, soweit ich vermochte, der früheren Darstellung anzupassen gesucht. Diese ist selbstverständlich überall sorgfältig durchgesehen und gefeilt worden. Im Allgemeinen habe ich ihr jedoch den Charakter einer etwas breiten Unbefangenheit gelassen, mit dem sie dereinst sich entfaltet hatte, und nur die allzu jugendlichen Auswüchse daran beschnitten. Mit Dank sei erwähnt, dass eine ausführliche Recension, die das Werk seiner Zeit in einer unserer Zeitschriften fand, mich auf bald ein Dutzend sprachlicher Entgleisungen aufmerksam gemacht hat, die mir in den beiden verhältnissmässig rasch diktirten Bänden untergelaufen waren.

So mögen denn die beiden Bände wieder in die Welt gehen — als Vorläufer des dritten, der die Philosophie unseres Jahrhunderts behandeln und in seinen drei Theilen, wie ich hoffe, nun sehr bald erscheinen soll.

Strassburg, im März 1899.

Wilhelm Windelband.

Inhalt.

Einleitung.

	Seite
§ 1. Die innere Auflösung der Scholastik	3
§ 2. Die Cultur der Renaissance	7
§ 3. Die Erneuerung der antiken Philosophie	11
§ 4. Die religiöse Reformation	24
§ 5. Die deutsche Mystik	26
§ 6. Die neue Rechtsphilosophie	33
§ 7. Die Anfänge der Naturwissenschaft	40
§ 8. Das Zeitalter der Entdeckungen und Erfindungen	54
§ 9. Die Gliederung der neueren Philosophie	58

I. Theil.
Die vorkantische Philosophie.
I. Kapitel. Die italienische Naturphilosophie.

§ 10. Bernardino Telesio	61
§ 11. Francesco Patrizzi	64
§ 12. Giordano Bruno	67
§ 13. Tommaso Campanella	79
§ 14. Galileo Galilei	86

II. Kapitel. Die deutsche Philosophie im Reformationszeitalter.

§ 15. Die Reformation und die Philosophie	93
§ 16. Die protestantische Schulphilosophie und ihre Gegner	96
§ 17. Die Mystiker	104
§ 18. Valentin Weigel	106
§ 19. Jacob Böhme	109

III. Kapitel. Der englische Empirismus.

§ 20. Der erkenntnisstheoretische Charakter der neueren Philosophie	124
§ 21. Francis Bacon	127
§ 22. Thomas Hobbes	145

IV. Kapitel. Der Rationalismus in Frankreich und den Niederlanden.

§ 23. Frankreich nach der Reformation 160
§ 24. René Descartes 163
§ 25. Die Cartesianer und die Occasionalisten 190
§ 26. Baruch Spinoza 196
§ 27. Nicole Malebranche 235

V. Kapitel. Die englische Aufklärung.

§ 28. John Locke 248
§ 29. Die Moralphilosophie 268
§ 30. Der Deismus 282
§ 31. Die mechanische Naturphilosophie 293
§ 32. Die Associationspsychologie 305
§ 33. Der Spiritualismus Berkeley's 312
§ 34. David Hume 324
§ 35. Die schottische Philosophie 354

VI. Kapitel. Die französische Aufklärung.

§ 36. Der Mysticismus 362
§ 37. Der Skepticismus 367
§ 38. Die mechanische Naturphilosophie 375
§ 39. Voltaire's Philosophie der deistischen Aufklärung 378
§ 40. Der Naturalismus 387
§ 41. Der Materialismus 393
§ 42. Der Sensualismus 400
§ 43. Die Moral-, Rechts- und Gesellschaftsphilosophie 407
§ 44. Die Encyclopädisten 413
§ 45. Das Système de la nature 421
§ 46. Jean Jacques Rousseau 428

VII. Kapitel. Die deutsche Aufklärung.

§ 47. Deutschland im XVII. Jahrhundert 441
§ 48. Leibniz 446
§ 49. Tschirnhausen und Thomasius 497
§ 50. Wolff und seine Schule 506
§ 51. Der Deismus 529
§ 52. Lessing 535
§ 53. Die eklektischen Methodologen 546
§ 54. Die empirische Psychologie 560
§ 55. Die Popularphilosophie 573
§ 56. Hamann und Herder 584

EINLEITUNG.

Wenn die politische Geschichte schon Mühe hat, in dem Abflusse der Begebenheiten Grenzsteine zu setzen, nach denen sie die einzelnen Zeiträume von einander scheidet, so gilt das noch weit mehr von der Geschichte der geistigen Entwicklung. Denn diese verläuft selbst zu solchen Zeiten, wo sie sich in einer Art von Katastrophe entladet, doch noch sehr viel allmählicher. Das Neue, welches vielleicht plötzlich an die Oberfläche tritt, hat im Verborgenen vorher schon lange gewühlt; es ist durch die Geschichte, so zu sagen, von langer Hand vorbereitet, und dem schärfer blickenden Auge zeigt es sich schon vorher als bestimmende Macht. Andererseits sind die Kräfte und die Schöpfungen des geistigen Lebens dauernder und gewissermassen zäher, als die äusseren Institutionen des Menschenthums; weit länger als gestürzte Reiche leben die gestürzten Gedanken im Andenken fort, und niemals gelingt es hier, jene rapiden und radicalen Umwälzungen hervorzurufen, wie sie in der politischen Geschichte nicht selten sind. So verbietet die Allmählichkeit des Ueberganges, das leise Heraufdämmern des Neuen und das lang hinsterbende Ausklingen des Alten, fast überall, die Epochen der Culturgeschichte scharf mit Jahreszahlen zu benennen.

Wenn irgendwo, so ist dies dort der Fall, wo wir das Mittelalter und die neuere Zeit gegen einander abzugrenzen versuchen. Je vielseitiger, je verwickelter und zu gleicher Zeit je durchgreifender die Umwandlung war, welche das geistige Leben Europas um diese Zeit auf allen Gebieten seiner Culturthätigkeit erfuhr, um so weniger ist es möglich, den Zeitpunkt genau zu fixiren, mit dem man die alte Zeit beschliessen und die neue beginnen möchte. In diesem Falle sind es nicht etwa Jahre oder Jahrzehnte, sondern Jahrhunderte, welche wir als die Uebergangszeit zu bezeichnen haben, Jahrhunderte deshalb voll gährender Widersprüche, Jahrhunderte von gewaltigem Kräfteringen, in denen aus einer chaotischen Auflösung sich neue Gestalten allmählich zu fester Lebendigkeit heranbildeten. Wir nennen diese Zeit des Ueberganges die Renaissance — ein Name, der, anfänglich mit Beziehung auf die Neubelebung der classischen Studien gebildet, den tieferen und werthvolleren Sinn hat, dass er eine Zeit totaler Wiedergeburt des europäischen Lebens bezeichnet. In die Gluth der leidenschaftlichen Bewegung dieser Zeiten schmolzen die Ergebnisse aller bisherigen Cultur, die Gedanken des antiken und des christlichen Zeitalters ein, und aus der Lohe stieg, ein Phönix in frischer Verjüngung, der moderne Culturmensch empor.

Wie immer, so treten die bestimmenden Mächte der geistigen Entwicklung zu Ideen und Systemen verdichtet in der Philosophie dieser Zeit hervor. Auch sie zeigt dieselbe Leidenschaftlichkeit, dieselbe gährende Jugendlichkeit; auch in ihr wogen lange Altes und Neues bald in heftigem Kampfe, bald in wunderlich friedlicher Mischung durcheinander, und auch in ihr ist deshalb eine den continuirlichen Ablauf durchschneidende Grenzbestimmung zwischen dem Mittelalter und der Neuzeit nicht in eindeutiger und unbeanstandbarer Weise möglich. Die Vergleichung verschiedener Darstellungen der Geschichte der Philosophie liefert dafür den besten Beweis, indem sie zeigt, wie der Eine hier, der Andere dort den Einschnitt macht, oder wie etwa derselbe Mann, der dem Einen noch als völlig mittelalterlich in seinem Denken gilt, für den Anderen als Typus der neuen Zeit zu erscheinen vermag. Denn auch in den Individuen selbstverständlich drängt und mischt sich das Alte und das Neue, und gerade in der Renaissance treffen wir am häufigsten jene tief widerspruchsvollen Naturen, die von diesem ihrem innern Widerspruche selbst nichts wissen oder wissen wollen. Während die alten Formen zerfallen und die neuen noch nicht fertig sind, begegnet uns eine zahllose Menge phantastischer Bildungen, mit deren leidenschaftlicher Erkenntnisssehnsucht weder die formale Durchbildung des Denkens, noch der Besitz gesicherter Kenntnisse Schritt zu halten vermögen, — eine bunte Gestaltenfülle, eine vielfarbige Maskerade, auf der alte und neue Zeit in stetem Wechsel mit einander Versteckens spielen.*)

---

*) So spielte sich, während längst die neuen Geistesmächte zur Herrschaft

Will man zum Eingange in die neuere Philosophie ein Bild dieser Uebergangszeit gewinnen, so müssen aus dem schillernden Gewebe jener Zeit die einzelnen Fäden herausgelöst werden, und dabei darf neben dem Aufkeimen der neuen Mächte das allmähliche Welken der alten nicht übersehen werden. Denn nichts Grosses in der Geschichte verfällt nur dem brutalen Geschicke, von Anderem verdrängt und zerstört zu werden; sondern der wahre Grund des Unterganges liegt immer in der eigenen inneren Zerbröckelung. Wenn daher die Philosophie der Renaissance ihrem positiven Inhalte nach durch die philologische, religiöse, juristische und naturwissenschaftliche Bewegung bestimmt ist, so war die negative Bedingung für die Kraftentwicklung aller dieser Mächte doch der Niedergang und die von Innen sich vollziehende Zerstörung der mittelalterlichen Philosophie, der Scholastik. Von ihr muss deshalb die Darstellung beginnen.

§ 1. Die innere Auflösung der Scholastik.

Die positiven Richtungen, aus deren Wachsthum und Erstarkung das moderne Denken sich erzeugt hat, sind so mannigfaltig, gehen so weit auseinander und haben zum Theil so wenig mit einander zu thun, dass ihnen zunächst nichts weiter gemeinsam zu sein scheint, als der lebhafte Gegensatz, in welchem sie sich alle zur Scholastik befinden. So verschieden sie sich das Ziel ihres Denkens bestimmen, darin sind sie alle einig, die Tendenz der Scholastik sei es nur abzulehnen, sei es mehr oder minder energisch zu bekämpfen.

Diese Tendenz der Scholastik nun war auf nichts anderes hinausgelaufen, als auf eine philosophische Lehre, in welcher das System der kirchlichen Dogmen seine Rechtfertigung vor der Vernunft finden sollte. Der principielle Gesichtspunkt der gesammten Scholastik und der Mittelpunkt aller ihrer Bestrebungen und Kämpfe ist die Identität von Philosophie und Kirchenlehre, das volle und restlose Aufgehen beider in einander. Aber wie jedes Ding das, was es in Wahrheit ist und sein soll, nur in dem Momente seiner Jugendblüthe entfaltet, so hatte auch die Scholastik diese ihre Ab-

---

gekommen waren, im XVI. und XVII. Jahrhundert auf der Iberischen Halbinsel (besonders an der Jesuiten-Universität Coimbra) eine neue Scholastik ab, als deren Hauptvertreter Franz Suarez (1548—1617) gilt, — eine Erneuerung des Thomismus, auf deren weitere Ausführung in einer Geschichte des modernen Denkens verzichtet werden darf.

sicht nur auf dem Höhepunkte ihrer Entwicklung im XIII. Jahrhundert zu verwirklichen vermocht: allein selbst hier, in der Lehre des Thomas von Aquino zeigte sich eine immerhin bedeutsame Differenz, indem die höchsten Mysterien des Glaubens der Philosophie nicht zugänglich erschienen, und in der Folge vergrösserte sich diese Differenz immer mehr, sodass, während bis dahin philosophisches und theologisches Denken auf einander zustreben, sie von diesem Punkte ihrer möglichst vollen Durchdringung an wieder zu divergiren beginnen. Der Versuch, die Lehre der Kirche auf philosophischem Wege zu begründen, zeigte sehr bald seine gefährliche Consequenz darin, dass das philosophische Denken, je mehr es erstarkte, um so selbständiger und selbstbewusster wurde, und um so kühner sich den Dogmen kritisch gegenüberstellte.

So brach in die Scholastik selbst ein Element ein, welches die Philosophie von der Theologie zu trennen und damit das Wesen der Scholastik von innen heraus zu sprengen anfangs noch unbewusst, später mit immer kräftigerem Bewusstsein bestrebt war. Dicht schon neben dem Thomismus entspringt der kritische Versuch von Duns Scotus, bei aller Rechtgläubigkeit der Wissenschaft ihr eignes Gebiet und ihr eignes Recht zu wahren, und dies ist vor Allem auch die Bedeutung des Nominalismus, welcher im Laufe des XIV. Jahrhunderts in immer grösseren und mächtigeren Kreisen sich entfaltete. Indem dieser sich von der metaphysischen Geltung der allgemeinen Begriffe abwandte und den sensualistischen Theorien über den Ursprung der menschlichen Erkenntniss zukehrte, mussten ihm nothwendig Glauben und Wissen, Theologie und Philosophie auseinandertreten. Hatten an der philosophischen Hierarchie der Begriffe wesentlich die Dominikaner gearbeitet, so war es auf der andern Seite der Franziskanerorden, in welchem diese skeptischen und auflösenden Lehren Platz griffen; ihm gehörte Duns Scotus, ihm das Haupt des Nominalismus William Occam an; aus ihm war schon früher auch der Mann hervorgegangen, der zuerst im Mittelalter mit einer empirischen Naturerkenntniss Ernst zu machen versuchte, Roger Bacon.

Wenn man sich durch diese Einwirkung des Nominalismus mit der Zeit daran gewöhnte, die Philosophie als etwas der Kirchenlehre gegenüber Selbständiges anzusehen, so führte das Bewusstsein von der möglichen Differenz zwischen beiden in der Uebergangszeit zu einer schärferen Ausbildung der schon früher im Mittelalter aufgetauchten, verfänglichen Lehre von der „zweifachen Wahrheit", zu dem Satze, es könne etwas in der Philosophie wahr sein, was es in der Theologie nicht wäre, und umgekehrt. Es ist eine verständnisslose Auffassung, wenn man hie und da gemeint hat, diese Lehre habe den Denkern jener Zeit nur gedient, um unter dem Scheine der Rechtgläubigkeit ungehindert ihre abweichenden Meinungen aussprechen zu können. Hin und wieder mag das der Fall gewesen sein: im Allgemeinen aber war es den Männern mit dieser doppelten Wahrheit voller und ganzer Ernst. Es war diese Lehre eben nichts Anderes als der naive Ausdruck des innern Zwiespalts, in welchem sie sich wirklich befanden. Kritisch entwickelten Zeiten mag es schwer werden, sich in diesen Zustand innern Widerspruchs und in das offene Bekenntniss eines solchen hineinzudenken: allein Erscheinungen viel späterer Zeit, wie vor Allem diejenigen von Pierre Bayle oder in schwachem Nachklange dasjenige, was man in der Mitte unseres Jahrhunderts bei Gelegenheit des deutschen Materialismusstreites als „doppelte Buchführung" (unpassender Weise) bezeichnete, lassen die psychologische Möglichkeit einer solchen innern Entzweiung zumal in einer schwankenden Uebergangszeit durchaus nicht zweifelhaft erscheinen, und weit entfernt, ein Deckmantel des Heuchelns zu sein, war die Lehre von der zweifachen Wahrheit vielmehr der wahrhaftige Ausdruck des Denkzustandes, aus welchem sie entstand.

In eigenthümlicher Weise findet sich nun in diesen Process der Ablösung der Philosophie von der Theologie der Name und die Lehre des Aristoteles verflochten. Die Scholastik hatte auf ihrem Höhepunkte geglaubt und behauptet, mit seiner Lehre identisch zu sein. Aristoteles galt ihr als der Philosoph $\varkappa\alpha\tau'$ $\dot{\varepsilon}\xi o\chi\dot{\eta}v$, und sie sprach es geradezu aus, dass er in weltlichen Dingen ebensoviel zu gelten habe, wie die Kirche in geistlichen. Freilich war diese Ueberzeugung von ihrer Uebereinstimmung mit dem Aristotelismus bei der Scholastik in vielen Beziehungen eine eigenartige Täuschung. Als im XIII. Jahrhundert durch Vermittlung von Arabern und Juden die Schriften des Aristoteles, aber mit ihnen zugleich auch die auf neuplatonische Ursprünge zurückgehenden Commentare dieser Vermittler im Abendlande bekannt und begierig aufgenommen wurden, da hatte es die Kirche vortrefflich verstanden, ihren anfänglichen Widerspruch Schritt für Schritt aufzugeben, und die Bettelorden hatten die Aufgabe durchgeführt, die neue Lehre so umzubilden, dass sie sich als philosophische Begründung des dogmatischen Systems darstellte. Aber das so mit glänzendem Scharfsinn und grosser Combinationsgabe gewonnene Ergebniss war weit entfernt, mit der wahren Lehre des Aristoteles sich zu decken. Nur in der Aufnahme des logischen Schematismus ordnete sich die Scholastik dem „Philosophus" unbedingt unter; schon seine Erkenntnisslehre aber vermengte sie mit neuplatonischen Elementen, welche sie nicht nur der jüdisch-arabischen, sondern auch der eignen Tradition, der patristischen Litteratur und besonders der weithin wirkenden Lehre des Augustinus verdankte. Was dagegen die inhaltliche Erkenntniss betrifft, so folgte sie freilich in ihrem Wissen von der Natur dem Aristoteles schon deshalb, weil sie dafür kaum eine andre Quelle, am wenigsten diejenige eigner Forschung besass: aber in der gesammten Auffassung des Weltalls bediente sie sich zwar durchgängig der aristotelischen Kategorien, allein gerade in den wesentlichsten Punkten, wie z. B. in der Frage nach der Weltschöpfung, sah sie sich genöthigt, von Aristoteles abzuweichen. Dazu kam die Abhängigkeit, in welche der abendländische Aristotelismus von der neuplatonischen Auffassung durch die arabische Ueberlieferung gerieth, in der er die Lehre des Philosophen übernahm. So war es zu erklären, dass während der letzten Zeit des Mittelalters die Geister sich der Scholastik gerade in dem Masse entfremdeten, in dem sie den originalen Aristoteles kennen und verstehen lernten. Schon vom Nominalismus gilt es in gewissem Sinne, dass er auf einer Betonung der empiristischen Elemente in dem nun erst ganz bekannt gewordenen Organon beruhte; schon er bildete eine Reaction des wirklichen Aristotelismus gegen die platonisirende Tendenz der ursprünglichen Scholastik.

Gleichwohl galt nun einmal Aristoteles als der mit der Kirchenlehre einstimmige Philosoph, und so kam es, dass die beginnende Opposition der Wissenschaft gegen die kirchliche Bevormundung sich am liebsten indirekt als eine Abschüttelung der Autorität des Aristoteles aussprach. Während man gerade mit seinen Waffen arbeitete, kämpfte man gegen seinen Namen. Freiheit von der aristotelischen Philosophie, — das war ein Losungswort, unter welchem sich Neuerer der mannigfachsten Richtungen zusammenfanden: aber der innerlichste Trieb, der in dieser Form sich äusserte, war derjenige der Befreiung der Wissenschaft von der Herrschaft der Kirche.

Es ist nicht dieses Ortes, die Gründe zu untersuchen, aus denen dieser Trieb selbst hervorgegangen war. Sie lagen in der allgemeineren Culturbewegung, und die Wissenschaft erfuhr schliesslich nichts Anderes, als alle übrigen Gebiete des Lebens. Unverkennbar weisen alle diese Bestrebungen der Befreiung auf den Einfluss der Kreuzzüge zurück. Die Bekanntschaft mit einer gewaltigen fremdartigen Cultur hat zweifellos den Blick des christlichen Europa zuerst über sich selbst hinaus erweitert. Man suchte das Grab des Heilands und fand dasjenige der unbefangenen Beschränkung, in welcher man seit Jahrhunderten gelebt hatte. Neue geistige Bedürfnisse, freiere Regungen des innern Triebes brachte man aus dem Oriente zurück, und nachdem die farbige Seifenblase geplatzt war, auf der sich in buntem Widerspiel zwei grosse Culturwelten gespiegelt hatten, blieb in der einen von ihnen eine mächtige Gestaltungskraft und ein tiefer Gestaltungsdrang zurück. Während der Orient nach dieser Berührung kraftlos dahinsiechte, schien es, als habe das christliche Europa alle seine Cultursäfte in sich hineingesogen, und beginne nun mit ihrer gährenden, leidenschaftlichen Verarbeitung.

In diesem Processe erstarken dann überall die individuellen Eigenthümlichkeiten; aus dem Rahmen des von der Herrschaft des allgemeinen Bewusstseins wesentlich bestimmten Mittelalters treten scharf geschliffen die einzelnen Persönlichkeiten hervor. Gewaltiger aber noch zeigt sich diese Bewegung in der Entwicklung der Völkerindividualitäten. Die vier grossen Culturnationen, die Italiener, die Deutschen, die Engländer und die Franzosen, beginnen mehr und mehr selbständig zu werden und gegen einander sich abzugrenzen. Der Gedanke der Nationalität arbeitet sich aus mancherlei Umhüllungen heraus, überall ist ein Wachsen des nationalen Bewusstseins und eine Ausprägung der nationalen Eigenthümlichkeiten der hervorstechende Zug der politischen und der geistigen Geschichte, und so blüht über Europa der Völkerfrühling der Renaissance auf, der in der Erinnerung der Menschheit stets einen der glänzendsten Punkte bilden wird.

§ 2. Die Cultur der Renaissance.

Das Mutterland jener grossen Bewegungen, aus denen das moderne Bewusstsein hervorgegangen ist, war Italien, derselbe Boden, der die grossartige Zusammenfassung der antiken und die mächtige

Entwicklung der christlichen Cultur getragen hatte, und nun dazu berufen war, in der Vereinigung beider die Keime des modernen Culturlebens zu entwickeln. Was es neben seiner unmittelbaren Beziehung zu den grossen Mächten der früheren Zeiten für diesen Beruf hauptsächlich befähigte, war der günstige Gang, den seine eigene Geschichte in dem Ausgange des Mittelalters nahm. Die Decentralisation, welche die Vorbedingung der freien Entwicklung ist, hatte gerade in Italien am meisten Wurzel geschlagen. Die Selbständigkeit der einzelnen Städte war die natürliche Veranlassung für jene scharfe Ausprägung der localen Eigenthümlichkeiten, wovon den grossen Städten Italiens bis auf den heutigen Tag ein Rest geblieben ist. Venedig, Mailand, Genua, Bologna, Florenz, Rom, Neapel — welch eine unendliche Mannigfaltigkeit charakteristischer, scharf und sicher gegen einander abgegrenzter Besonderheiten von Stadt und Volk! Dass auf verhältnissmässig so engem geographischen Raum alle diese Stämme und Städte ihr besonderes Wesen so lebhaft zur Ausbildung bringen und die feinsten Nüancen ihrer inneren Anlage mit so glücklicher Klarheit ausleben konnten, war eben nur möglich durch ihre politische Selbständigkeit und durch die Lebhaftigkeit, mit welcher sie diese in einem leidenschaftlichen Kampfe um's Dasein zu schützen genöthigt waren. Und was hier von den Städten, das gilt innerhalb der Städte wieder von den Individuen. Die Heftigkeit der Parteikämpfe, die republikanische Nöthigung daran Theil zu nehmen, die Bedeutung welche im steten Wechsel der Geschicke einer kräftigen Persönlichkeit von selbst zufiel — das Alles war eine Schule des Charakters, aus welcher selbständige und ihrer Selbständigkeit sich bewusste Individuen hervorgehen mussten. Und so zeigt denn das Italien der Renaissance ein üppiges Wuchern des Individualismus, es ist „die Geburtsstätte des modernen Individuums", welches in der Ausbildung seiner Anlagen seine Pflicht und in der scharfen Entwicklung seiner Kräfte sein Recht sieht.

Diese hohe Entwicklung des Individuums ist die Grundlage der geistigen Freiheit geworden. Seines Werthes und seines Rechtes sich bewusst, zur Bildung eigenen Urtheiles zunächst durch die Politik erzogen, begann das Individuum auch von sich aus zu denken, und in sich selber den Massstab zu suchen für die Erkenntniss und die Beurtheilung der Dinge. Freilich überschritt auch dieser Individualismus bald die Grenzen seiner Berechtigung.

Ergriffen von dem Taumel fesselloser Selbstentscheidung, setzte das Individuum an die Stelle der Freiheit die Willkür, und seine strotzende Kraftfülle entlud sich als eine zerstörende Macht. Selten zeigt die Geschichte eine solche Fülle grosser Naturen wie hier: aber etwas Ungebändigtes und Dämonenartiges schlummert in ihnen Allen, und in ungezügelter Urkraft stehen unter ihnen jene Titanen des Verbrechens auf, vor denen die Geschichte ihr Haupt verhüllt.

Ueber diesem wilden und ungestümen Treiben aber waltete Mass und Richtung gebend der Genius der Antike, der hier wieder seine unerschöpfliche Lebenskraft bethätigte. Unter der ernsten Zucht seiner Gedanken und dem milden Zauber seiner Schönheit wurden aus den Titanen die Genien, die dem Zeitalter die Wege vorschrieben.

Aber es bedurfte wahrlich nicht der Eroberung Constantinopels durch die Türken und der damit im Zusammenhange stehenden Flucht griechischer Gelehrten nach Italien: das ist weder Beginn noch gar Ursache jener erneuten Beschäftigung mit dem classischen Alterthum gewesen, worin zudem nur das erste, äussere Moment im Wesen der Renaissance zu sehen ist. Schon weit vorher begegnen wir auch in der Litteratur, wie in den leisen Regungen der Kunst einer Annäherung an das Alterthum, welche aus congenialer Auffassung und aus innerstem Bedürfnisse hervorging. Vor allem die grossen Dichter, Dante, Petrarca, Boccaccio, sind ganz selbständige Ausgangspunkte der neuitalienischen Classicität. Und zwar war es in der That wesentlich das ästhetische Bedürfniss, auf dem diese Beschäftigung mit dem Alterthume beruhte. Durch die ganze Geschichte ist es zu verfolgen, wie immer die Zeiten starken und kräftigen Individualismus' auch diejenigen des Kunstbedürfnisses gewesen sind, und derselbe geheimnissvolle Zug, welcher die Renaissance dem Alterthume zuführte, trieb auch Jahrhunderte später einen Winckelmann und einen Goethe nach Italien.

So erwuchsen in dem modernen Individuum mit seiner Freiheit und Selbständigkeit neue Bedürfnisse und neue Bestrebungen, und es sah eine ganz andere Welt vor sich aufgethan, — eine Welt eigenster, individuellster Lebendigkeit der Gefühle, aus der die Poesie der Subjektivität, die Lyrik, hervorging, eine Welt der Wirklichkeit, in der es mit mächtiger Gestaltungskraft sich geltend zu machen suchte, eine Welt der Schönheit, in der ihm das Universum in verklärten Gestalten entgegentrat, eine Welt endlich der Wahrheit, die es selbst zu erforschen und zu durchdringen unternehmen konnte. Aus der Wiedergeburt des Individuums und des politisch-socialen Lebens ergab sich die künstlerische und die wissenschaftliche Renaissance. Auf diese Weise erstarkte neben der geistlichen Cultur, welche das Mittelalter beherrscht hatte, eine tief davon geschiedene weltliche Cultur. Man fand die Liebe zum wirklichen Leben wieder; mitten in freiester Kraftentfaltung fühlte man die Schönheit des Daseins und den inneren Werth der irdischen Wirklichkeit. Man studirte die Natur, man fing wieder an, die geschichtliche Entwicklung als etwas des Interesse Würdiges zu begreifen. Diese weltliche Cultur prägte sich in ihrem Gegensatze zur geistlichen in höchst bemerkenswerther Weise durch den gesteigerten Werth aus, welchen man auf die nationalen Sprachen legte. Während das Mittelalter sich allüberall gleichmässig dem nivellirenden Zwange des Lateinischen unterworfen hatte, bedurfte die Cultur der Renaissance zum Ausdrucke ihrer individuellen Entwicklungen der lebendigen Sprachen, und in der Folgezeit ist es höchst bemerkenswerth, wie auch die Wissenschaft, je radicaler und moderner ihre Tendenzen werden, um so mehr sich der nationalen Sprachen zu bedienen sucht.

Die auf diese Weise gewonnene und immer mehr in sich selbst sich kräftigende Bildung wurde durch die glückliche Erfindung der Buchdruckerkunst in ihrer Ausbreitung und in der Allseitigkeit ihrer Bestrebungen unterstützt; zu gleicher Zeit aber wurde auf diese Weise eine grosse Veränderung in dem socialen Zustande der Menschheit herbeigeführt. Wenn das Mittelalter die scharfe Gliederung seiner Standesunterschiede wesentlich nach politischen und praktischen Gesichtspunkten vollzogen hatte, so gehört es zu den charakteristischen Eigenthümlichkeiten der Renaissance, gegen diese Unterschiede mehr und mehr gleichgiltig zu werden und sie zu verwischen, dafür aber an ihre Stelle den Einen grossen Gegensatz der Bildung und der Unbildung zu setzen, welcher von Italien ausgehend dem socialen Zustande Europas eine neue Form geben sollte, und in wachsender Zuspitzung zu jenen schweren Problemen führte, mit denen die heutige Gesellschaft ringt.

Der Gegensatz der weltlichen und der geistlichen Cultur nimmt nun innerhalb der Geschichte der Renaissance die mannigfachsten Formen an. Die interessanteste ist zweifellos diejenige, in der beide sich gewissermassen zu durchdringen suchen, ohne doch gänzlich in einander aufgehen zu können. Jene geistvollen Päpste, deren Hof der Sammelplatz der neuen Kunst und der neuen Wissenschaft war und an deren christlicher Rechtgläubigkeit sich zweifeln liess, jene Madonnenmaler, die im innersten Herzen von echt antiker Schönheitsreligion erfüllt waren, jene gewaltigen Kathedralen des Christenthums, die sich in den Formen griechischer und römischer Architektur aufbauten — sind es nicht alles Erscheinungen, in denen die Lehre von der „zweifachen Wahrheit" wie verkörpert und lebendig vor uns zu stehen scheint?

Das Wesentlichste aber an jenem neu erwachten Interesse für das classische Alterthum war eine immense Erweiterung des historischen Horizonts. Unter dem Einflusse der eigenen, überlebendigen Geschichte begann man wieder die rechte Werthschätzung für die historischen Erscheinungen zu gewinnen. Es ist nicht zufällig, dass die Stadt, welche unter allen italienischen die wechselvollste Geschichte erlebte, Florenz, auch die Wiege der modernen Geschichtsschreibung ist. Hatte das Mittelalter in den grossen Gestalten der vorchristlichen Zeit nur glänzende Laster gesehen, so ergriff man jetzt mit Begeisterung die gewaltigen Charaktere des griechischen und des römischen Lebens, mit denen man sich innerlichst verwandt fühlte; man sah dass hinter dem Berge auch noch Leute wohnen, und der historische Begriff der Menschheit dämmerte wieder herauf. Das ist der tiefere Sinn, in welchem man diese Studien des classischen Alterthums die humanistischen genannt hat.

In diesem Geiste wurden während der Renaissance auch die alten Philosophen neu belebt, aber nicht etwa nur künstlich galvanisirt, sondern begeistert in Fleisch und Blut aufgenommen. Man schöpfte aus den Quellen, um sich daran zu erquicken, um einen neuen Lebenssaft daraus zu trinken. So wiederholt sich, was ein sorgsamer Forscher von der Philosophie des Mittelalters gesagt hat, dass sie nämlich wesentlich von der successiven Zufuhr des antiken Stoffes gelebt habe, nun schliesslich auch bei ihrem Tode: sie wird gänzlich verdrängt durch das volle Studium der Originale des griechischen Denkens.

§ 3. Die Erneuerung der antiken Philosophie.

Wenn man seit etwa der Mitte des XV. Jahrhunderts sich zuerst in Italien und dann auch in dem übrigen Europa mit den verschiedenen Richtungen der griechischen und der hellenistischen Philosophie commentirend, übersetzend und nachbildend zu beschäftigen anfing, so war es unter den gegebenen Verhältnissen selbstverständlich, dass jede dieser Richtungen zugleich rechtgläubig und von der Kirche anerkannt zu sein glaubte oder wünschte oder wenigstens vorgab, und wenn diese erneuerten Schulen der Philosophie mit einander in nicht geringere Streitigkeiten geriethen als ihre antiken Urbilder, so pflegten sie sich jetzt am liebsten mit einer Waffe zu bekämpfen, welche die alte Welt nicht gekannt hatte, mit dem Vorwurfe des Ketzerthums. Wo endlich diese Lehren der antiken Philosophie in gar zu offenem Widerspruche mit der christlichen Weltanschauung standen, da hatte man es bequem, mit der Berufung auf die Lehre von der zweifachen Wahrheit sich durch unbedingte Anerkennung der kirchlichen Autorität im eigenen Gewissen und vor den realen Mächten zu salviren, und die Lehre des antiken Philosophen zunächst nur historisch zu reproduciren. Wie ein berühmter platonisirender Theologe der Zeit sein Werk mit den Worten schloss, „er wünsche hier, wie allerwärts, nur soviel Zustimmung zu seinen Untersuchungen zu finden, als es von der Kirche gebilligt werde", so sehen wir überall die Gedanken der antiken Philosophie mit wunderlichen Verschlingungen in die noch unerschüttert gläubigen Herzen eindringen. Was die Kirche selbst anlangt, so verhielt sie sich je nach der Parteistellung ihrer Häupter abwechselnd beistimmend und verurtheilend den verschiedenen Richtungen dieser Erneuerung gegenüber. Eine Zeit lang, besonders so lange die Macht der Mediceer in Rom herrschte, stellte sie sich auf die Seite des Platonismus und verwarf die aristotelisirende Richtung, zu der sie doch schliesslich zurückgekehrt ist. Vor Allem aber sprach sie auf dem fünften Lateranconcil 1512 ihr Interdikt gegen die Lehre von der zweifachen Wahrheit aus, hinter welcher sich damals allerdings schon die bewusste Ungläubigkeit der Averroisten und theilweise auch der Alexandristen versteckte.

Der erste Erfolg dieser humanistischen Studien war eine Hebung des Ansehens der platonischen Philosophie. Man kann durch die Geschichte des christlichen Denkens hindurch einen interessanten Kampf des Platonismus und des Aristotelismus verfolgen, in welchem sie abwechselnd einander die Herrschaft über die philosophische Gestaltung der Glaubenslehren streitig machen.

In der patristischen Zeit unbeschränkt herrschend, wird Platon schon bei Augustinus vielfach im neuplatonischen Sinne aufgefasst und gilt im früheren Mittelalter, das wesentlich seinen Timaeus kannte, als ein Naturforscher, dessen Lehre mit der religiösen Weltanschauung übereinstimmte. Aristoteles, zuerst nur als Dialektiker bekannt, verdrängt seit dem dreizehnten Jahrhundert das Ansehen des Platonismus wie des Augustinismus: die letzteren wiederum werden von den oppositionellen Richtungen der späteren Scholastik bevorzugt, und schliesslich bestand gegenüber den Neuerungen, welche der Platonismus der Renaissance zu bringen suchte, die kirchliche Restauration des XVI. Jahrhunderts theoretisch in der Rückkehr zu Aristoteles oder zu demjenigen wenigstens, was man für ihn hielt. Jener Ruf nach Befreiung aber von der aristotelischen Scholastik trat in der Renaissance mit ursprünglichem Enthusiasmus unter der Form einer begeisterten Verehrung Platons auf. Die Begründung der platonischen Akademie zu Florenz, welche sich in der Mitte des XV. Jahrhunderts unter dem Schutze der Mediceer vollzog, gab diesen platonischen Studien einen äusserst förderlichen Mittelpunkt. Sie geschah unter Anregung eines Mannes, der bei Gelegenheit des von dem griechischen Kaiserthum ausgegangenen Versuchs, eine Union der beiden christlichen Kirchen herbeizuführen, nach Italien übergesiedelt war, des Georgios Gemistos Plethon (1370—1452); er wirkte nicht nur durch seine Vorträge, sondern auch durch Uebersetzungen und kritisch-polemische Commentare zu den aristotelischen Schriften. Sein Hauptwerk über den Unterschied der platonischen und der aristotelischen Philosophie enthält eine lebhafte Bekämpfung der aristotelischen Theologie, Psychologie und Ethik. Diese seine Thätigkeit trug ihm ausser der Verdammung seiner Schriften durch den Patriarchen von Constantinopel, Gennadius, zahlreiche Entgegnungen ein, unter denen die bedeutendste die von einem in Venedig und Rom lehrenden Aristoteliker Namens Georg von Trapezunt (1396—1486) verfasste „Comparatio Platonis et Aristotelis" war. Diesem wurde von Seite der Florentiner Akademie durch den ihr angehörigen Cardinal Bessarion (1395—1472) in der Schrift: „Adversus calumniatorem Platonis" (Rom 1469) geantwortet. Während aber bei Plethon die Polemik gegen Aristoteles mit jugendlicher Keckheit aufgetreten war, finden wir hier schon eine viel gereiftere, von edler Mässigung durchdrungene Auffassung, welche, im Wesentlichen sich zu Platon bekennend, doch auch dem Aristoteles eine ehrende Anerkennung nicht versagt. Inzwischen nahmen die Studien auf der Akademie zu Florenz einen immer lebendigeren Fortgang; neben der Thätigkeit des Uebersetzens und Commentirens wurden Vorlesungen organisirt, an denen Bessarion selbst betheiligt war, und in systematischer Weise Schüler gezogen. So herangebildet und selbst zum vortragenden Lehrer erkoren, vertrat hauptsächlich Marsilius Ficinus (1433—1499) in der zweiten Hälfte des XV. Jahrhunderts die florentinische Akademie. An ihm sieht man, wie die Wogen jener anfänglich so hoch gehenden Polemik geebbt waren; aus der theilweisen Anerkennung des Aristoteles, die schon Bessarion vertrat, scheint mit der Zeit in der florentinischen Akademie die Ansicht zur Herrschaft gelangt zu sein, dass die beiden grossen Philosophen des Alterthums im Wesentlichen mit einander übereinstimmten. Das war auch die Auffassung des Neuplatonismus gewesen, der in der byzantinischen Tradition massgebend war: und auf diese gingen ja schliesslich die Anregungen auch des italienischen Platonismus zurück. In Wahrheit ist daher der Platonismus der Renaissance wesentlich neuplatonisch gefärbt gewesen und geblieben. So übersetzte denn Ficinus nicht nur den Platon, sondern auch die Schriften mehrerer Neuplatoniker, namentlich des Plotin, und diese Uebersetzungen verdienen nicht nur wegen ihrer sprachlichen Eleganz, sondern zum Theil auch wegen der eindringlichen Feinheit ihrer Auffassung noch heute beachtet zu werden. Die plotinische Weltanschauung aber mit ihrer glänzenden Hervorhebung der metaphysischen Bedeutung des Schönen lag auch von dieser Seite her dem ästhetischen Geiste der Renaissance nahe, und dazu kam, dass die mystische Richtung des Neuplatonismus den religiösen Bedürfnissen der Zeit ebenso willkommen war, wie andrerseits die magische Naturauffassung Plotin's dem noch ungeklärten Streben nach neuer und umfassender Erkenntniss der Natur entgegenkam. So verbanden sich mehrfache Motive, um dem, zumal durch den grossen Namen Platon's gedeckten Neuplatonismus eine hervorragende Stelle in der wissenschaftlichen Bewegung der Renaissance zu geben. Ficinus selbst zog alle diese Fäden mit wirkungsvollem Geschick in seiner „Theologia platonica" zusammen, und diese Verbindung der Gedanken wurde um so einflussreicher, als er auch durch eine überaus rege Thätigkeit und durch eine in staunenswerther Ausdehnung betriebene Correspondenz namentlich nach Deutschland hin für die Ausbreitung seiner Lehren und Tendenzen wirkte.

Gleichzeitig und nicht ohne bewussten Gegensatz zu diesen platonisirenden Bestrebungen regte sich ein mächtiges und dabei doch innerlich vielgespaltenes Leben im Aristotelismus. In den Vordergrund treten hier zunächst diejenigen Männer, welche auf philologischem Wege den reinen und originalen Aristoteles aus den scholastischen Schlingpflanzen herauszuschälen suchten, mit denen ihn theils das arabische, theils das christliche Mittelalter umwunden hatte. Es waren das meist Humanisten, die auch an der barbarischen Schulsprache der Scholastik Anstoss nahmen und neben einer historisch reinen Auffassung zugleich den ästhetischen Gesichtspunkt geschmackvoller Wiedergabe im Auge hielten. An ihrer Spitze steht in Italien Theodorus Gaza, ein Gegner Plethon's und persönlicher Freund Bessarion's, der, nachdem er im Jahre 1430 aus seiner Heimath Thessalonike nach Italien übergesiedelt war, durch seine Uebersetzungen der naturwissenschaftlichen Werke von Aristoteles und Theophrast eine grosse Menge von Gleichstrebenden und Schülern um sich versammelte; in Deutschland sein grosser Schüler Rudolph Agricola (1442—1485), dessen Schrift: „De dialectica inventione" in der Feinheit ciceronianischer Sprache die Gedanken des Aristoteles zu reproduciren sucht; in Frankreich endlich Jacques Lefèvre (Jacobus Faber Stapulensis aus Etaples in der Picardie 1455—1537), der grosse Humanist der Pariser Universität, welcher von einer Reihe aristotelischer Schriften elegant lateinische Paraphrasen gab.

Diese Betonung der philologisch gereinigten Auffassung der Originalwerke des Aristoteles richtete sich gleichmässig gegen die beiden Schulen, in denen man den Aristoteles durch die Brille seiner Commentatoren ansah, und welche wieder unter einander sich heftig befehdeten: es waren die beiden Schulen der Alexandristen und der Averroisten, die eine abhängig von den spätgriechischen Commentatoren, unter denen Alexander von Aphrodisias die entscheidende Stelle einnimmt, die andere von dem geistvollsten und extremsten, durch neuplatonische Einflüsse stark mitbestimmten arabischen Philosophen Averroes, dem bedeutendsten Denker des Mittelalters. Die erstere kehrte den deistischen Charakter der aristotelischen Metaphysik besonders hervor und suchte zugleich in dem Verhältnisse der Gottheit zu den Dingen den Grundgedanken der naturalistischen Erklärung zur Geltung zu bringen; die andere, dem neuplatonischen Mysticismus sehr viel näher stehend, gab der aristotelischen Philosophie eine pantheistische Auslegung und zwar in der Richtung, dass die ewige All-Einheit aller Dinge in dem Begriffe der Weltvernunft gedacht werden sollte. Besonders lebhaft aber entbrannte der Streit zwischen beiden Schulen an der Frage nach der Unsterblichkeit der Seele. Schon innerhalb der Scholastik war durch Duns Scotus der Streit angeregt worden, ob die Unsterblichkeit ein philosophisch beweisbares Lehrstück oder nur ein Glaubenssatz sei, und die lebhaften Verhandlungen, welche darüber zwischen Thomisten und Scotisten geführt worden waren, setzten sich nun, durch die Lehre von der zweifachen Wahrheit gedeckt, in modificirter Form zwischen jenen beiden Schulen des Aristotelismus fort. Darin freilich waren beide einig, die individuelle Unsterblichkeit, wie sie ein Dogma der Kirche ist, vom philosophischen Standpunkte aus zu leugnen; aber der Averroismus hielt dabei an dem Gedanken fest, dass der vernünftige Theil der individuellen Seele, insofern er beim Tode in die allgemeine Weltvernunft zurückfliesse, als unsterblich angesehen werden müsse, während die Alexandristen, ihren naturalistischen Grundsätzen getreu, die Sterblichkeit auch dieses Theiles der Seele verfochten.

Der Hauptsitz dieser Streitigkeiten war Padua, dessen Universität schon seit dem XIV. Jahrhundert als Sitz des Averroismus galt. Seine hauptsächlichsten Vertreter waren: Nicoletto Vernias, der in den Jahren 1471—1499 in Padua lehrte, und nach ihm Alexander Achillinus, welcher 1512 als Lehrer der Philosophie in Bologna starb und die averroistische Lehre von der Einheit der unsterblichen Allgemeinvernunft des Menschengeschlechtes so scharf gegen die Kirchenlehre zuspitzte, dass hauptsächlich um seinetwillen zu dieser Zeit der Averroismus als heterodox galt. Gemildert wurde diese Richtung durch einen Schüler des Vernias, Augustinus Niphus (1473—1546, Lehrer der Philosophie in Pisa, Bologna, Rom, Salerno und Padua). Er gab die Schriften des Averroes mit Erläuterungen heraus, in denen er dessen Lehre nicht unbedingt und ausnahmslos beistimmte, und er wusste auf diese Weise ein so rechtgläubiges Ansehen zu gewinnen, dass Leo X. ihn mit einer Widerlegung des sogleich zu erwähnenden Pomponatius betraute. Von sonstigen Commentatoren dieser Richtung würden etwa noch

Zimara († 1532) und sein Schüler Francesco Piccolomini
(† 1604) wegen der Wirksamkeit, die sie in Neapel hatten, zu erwähnen sein.

Allein mitten in Padua selbst erstanden dem Averroismus
zahlreiche Gegner und sogar der bedeutendste von allen. Jene
rein philologische Richtung, welche die Scholastiker arabischen und
christlichen Ursprungs gleichmässig verwarf, fand auch hier ihre
Vertreter. Angeregt durch den geschmackvollen Venetianer Er-
malao Barbaro (1454—1493) predigte dort Leonicus Thomaeus (1456—1533) seit dem Beginne des XVI. Jahrhunderts die
Rückkehr zum reinen Aristotelismus. Weit eindrucksvoller aber
war das Auftreten und die Lehrthätigkeit des Hauptes der Alexandristen Pietro Pomponazzi (Petrus Pomponatius), des weitaus
bedeutendsten unter den gesammten Aristotelikern der Renaissance.
1462 geboren, war er seit 1495 Professor in Padua, später in
Ferrara und Bologna und starb 1524. Seine Abhandlung über die
Unsterblichkeit der Seele, welche die erwähnte Gegenschrift des
Niphus hervorrief und gegen diesen, wie gegen andere Angreifer
von ihm in weiteren Streitschriften vertheidigt, in einer Schrift
„über die Ernährung" mit fast unverhohlen materialistischen Consequenzen fortgeführt wurde, und sein Hauptwerk über „Schicksal,
Freiheit und Vorsehung" entwickeln die radicalste Form, welche
der Aristotelismus anzunehmen im Stande war, betonen deshalb
mit besonderer Vorliebe die Lehre von der zweifachen Wahrheit
(ohne freilich dadurch der kirchlichen Verdammung vorbeugen zu
können) und nähern sich in ihrer ganzen Auffassung am meisten
dem Naturalismus, welchen die aristotelische Philosophie schon
wenige Generationen nach ihrer Entstehung in der peripatetischen
Schule selbst durch Straton gefunden hatte. Bemerkenswerth ist
dabei, wie dieser Naturalismus sich den Zauberkünsten der gleichzeitigen Magie gegenüber so ganz anders verhält, wie der dem
Phantastischen weniger abholde Neuplatonismus: in einer nachge-
lassenen Schrift über die Ursachen wunderbarer Naturerscheinungen
suchte Pomponazzi, wo es mit der natürlichen Erklärung nicht
gehen wollte, die allegorische Deutung anzuwenden. Durch eine
Reihe bedeutender Schüler wurde nun diese Lehre bald zu einer
ausgedehnten Macht: der berühmte Philologe Julius Caesar Scaliger (1484—1558) huldigte dem Alexandrismus und vertheidigte
ihn gegen Cardanus. Doch machten sich bald auch innerhalb dieser

Schule Gegensätze geltend, und es bahnte sich auch wohl gelegentlich eine Art von Verschmelzung zwischen averroistischen und alexandristischen Theorien an. So vertrat in dem Streite zwischen Simon Porta († 1555) und Gasparo Contarini (1483—1542) der Letztere schon den Standpunkt einer gewissen Versöhnung beider Richtungen, und diese griff in der Folge namentlich in der Weise um sich, dass man sich in den psychologischen Fragen an die naturalistische Auffassung der Alexandristen hielt, auf metaphysischem aber und naturphilosophischem Gebiete mehr dem pantheistischen Zuge des Averroismus folgte — eine Zusammenstellung, durch die man schliesslich im Ganzen nur um so unkirchlicher dachte. In diesem vermittelnden Sinne wirkten in Padua selbst Jacopo Zabarella (1532—1589) und sein Nachfolger Cesare Cremonini, der „letzte Aristoteliker Italiens" (1552—1631); und ähnlich war der Standpunkt von Andreas Caesalpinus (1519 —1603, Leibarzt Clemens VIII.), dessen Reise nach Deutschland viel zur Verbreitung eines unscholastischen Aristotelismus beitrug. Er war aber zugleich mit grossem Erfolge als Naturforscher auf dem Gebiete der Thier- und Pflanzenphysiologie thätig und weist damit auf die Bestrebungen hin, welche die positive Ergänzung des Kampfes gegen die Scholastik bilden sollten.

So vielfach schon in sich selbst gespalten, erfuhr der Aristotelismus den heftigsten Angriff nicht sowohl von einer der andern positiven Richtungen der antiken Philosophie, als vielmehr von einer Art von unmittelbarem Interesse an der Fruchtbarmachung der wissenschaftlichen Arbeit, und dieses nahm in Verbindung mit dem Humanismus eine eigenthümliche und theilweise wunderliche Form an. Die Scholastik hatte sich für den Mangel sachlichen Wissens in einer spitzfindigen Ausbildung des logischen Formalismus entschädigt, und sie war schliesslich dem Wahne verfallen, es könne sich durch eine Art mechanischer Combination von logischen Operationen immer neue und neue Erkenntniss erzeugen lassen. Gegen diese eingeschrumpfte, verknöcherte und pedantische Logik, welche man natürlich wieder mit derjenigen des Aristoteles verwechselte oder wenigstens mit dem Namen des Stagiriten bezeichnete, empörte sich das gesunde Gefühl der Renaissance, und in dem Bestreben nach einer „natürlichen Logik" liess es sich zu einem Missgriffe verleiten, der ihm durch die humanistischen Studien nahegelegt war. Je barbarischer die Wortbildungen und die

Satzformen waren, in denen sich die scholastischen Deductionen auszudrücken pflegten, um so sympathischer wurde der ästhetische Sinn des Humanismus von der vollendeten Darstellung ergriffen, die den classischen Schriften auch auf dem Gebiete der Philosophie eigen ist. In diesem Zusammenhange wurde nun namentlich Cicero für die philosophische Bewegung der Zeit von Bedeutung, und wenn man mit richtigem Takte herausfand, dass der Schwerpunkt seiner sprachlichen Form in ihrem rhetorischen Charakter liegt, so trat nun eine Tendenz hervor, die Philosophie gewissermassen rhetorisch zu machen und vor Allem die Logik durch die Rhetorik zu reformiren. Diese Absicht sprach schon Laurentius Valla (1415—1465) in seiner Schrift: „De dialectica contra Aristoteleos" aus, indem er die logischen Gesetze aus der rednerischen Beweiskunst Cicero's und Quinctilian's abzuleiten unternahm und die Dialektik lediglich als eine Hilfswissenschaft für die Rhetorik behandelte. Zu einer geradezu erbitterten Bekämpfung des Aristoteles aber führte diese Tendenz bei Pierre de la Ramée (Petrus Ramus 1517—1572), der eine Menge von Anfeindungen erfuhr, auf einer Reise nach Deutschland, Italien und der Schweiz aber doch die grosse Wirkung, welche er ausgeübt hatte, constatiren konnte und schliesslich seinen Uebertritt zum Calvinismus und die persönlichen Feindschaften, welche ihm seine Bedeutung zugezogen hatte, durch seine Ermordung in der Bartholomäusnacht büssen musste. Das Bedürfniss nach einer neuen Form der Wissenschaft, nach einer fruchtbareren Methode des Denkens spricht sich in den Schriften dieses Mannes mit ausserordentlicher Heftigkeit aus; allein die Unfähigkeit, etwas wirklich Neues und Inhaltvolles zu geben, erzeugt nur ein unreifes Herumtappen und führt schliesslich auf den gänzlich verfehlten Versuch, durch die äusserlichste Formalität den Schäden abzuhelfen. Eine „natürliche Logik" des gesunden Menschenverstandes soll durch dialektische Schulung Jedermann befähigen, sachgemäss über Alles reden zu können. Wenn nun auch nicht geleugnet werden kann, dass diese Richtung in ihrer polemischen Tendenz völlig berechtigt war, und dass sie zur Einführung einer geschmackvolleren Art philosophischer Darstellung wesentlich beigetragen hat, so ist andererseits nicht zu verkennen, dass sie in ihrem Erkenntnissinhalt auf eine Erneuerung des Unbedeutendsten und Gedankenlosesten hinauslief, was die alte Philosophie gesehen hatte, jenes Eklekticismus nämlich, der nicht leben und nicht sterben kann, und dessen Hauptvertreter ja eben der philosophisch so wenig bedeutende Cicero gewesen war. Dennoch brachte das allgemeine Bedürfniss, dem diese rhetorisirende Richtung einen leidenschaftlichen Ausdruck gab, ihr nicht unbeträchtlich viele Anhänger, und der Ramismus spielte in der Bewegung der Zeit eine verhältnissmässig wichtige Rolle: er war gewissermassen der Sammelplatz der Unzufriedenheit mit dem Bestehenden, und die Farblosigkeit seines Inhaltes liess ihn zahlreiche Combinationen mit den revolutionären Denkkräften eingehen. Namentlich nistete er sich trotz aller Verfolgungen auf den protestantischen Universitäten Deutschlands ein, fand hier vor Allem in Johannes Sturm in Strassburg (1507—1589) einen eifrigen und glücklichen Vertreter und durch Goclenius in Marburg (gest. 1628) eine Art von Versöhnung mit der gewöhnlichen aristotelischen Schullogik.

Auch die übrigen Systeme der antiken Philosophie gingen bei der wachsenden Ausbreitung der humanistischen Studien nicht leer aus. Der Stoicismus fand in Joest Lips (Justus Lipsius) (1547—1606) und später in Caspar Schoppe (Scioppius) seine Erneuerer, zugleich aber unabhängig von systematischer Form und mehr als freiere Popularphilosophie vermöge der humanistischen Aufnahme der römischen Schriftsteller eine weite, einflussreiche Verbreitung, mit der diese Lehre für viele Gebiete des Culturlebens der Renaissance eine neue Fruchtbarkeit entfaltet hat. Seine Hauptwirkung lag auf ethischem und politischem Gebiete: in metaphysischer Hinsicht wurde er vom Neuplatonismus, in dem er ja selbst nur eins der Momente bildete, auf naturphilosophischem Felde dagegen von der Erneuerung der atomistischen Doctrinen überholt. Diese ging zwar zum Theil bei Männern wie Sennert und Magnenus ausdrücklich auf Demokrit zurück, in der Hauptsache aber folgte sie der humanistischen Wiederbelebung des Epicureismus. Freilich war dieser niemals völlig vergessen worden. In der poetischen Darstellung des Lucrez und in der Reproduktion der Schriften Cicero's war er bekannt geblieben, so bekannt, dass er als Typus unchristlicher Weltanschauung galt und dass der Name eines Epicureers die gangbare Bezeichnung für heidnische Ungläubigkeit wurde. So war es namentlich die Bedeutung der praktischen Consequenz einer sinnlichen Genusssucht, welche man mit dem Namen verband und welche ihm bekanntlich noch jetzt in der gewöhnlichen Ausdrucksweise aufgeprägt geblieben ist. Die Scheidung dieser Elemente vollzog sich bei den grossen Begründern der modernen Naturwissenschaft, einem Bacon und Galilei, welche unbeirrt durch jene Vermischung den theoretischen Werth der Atomlehre erkannten und für die Forschung dienstbar machten. Für die allgemeine Litteratur ist dies später durch den Franzosen Pierre Gassend (Petrus Gassendi, 1592—1655) zur Erkenntniss gebracht worden. Sein Verdienst ist es, den theoretischen Charakter der epicureischen Lehre unbefangen betont, den Charakter Epikurs von den Entstellungen der Tradition gereinigt und der Welt bewiesen zu haben, dass der theoretische Materialismus neben moralischer Reinheit sehr gut bestehen kann. Bei ihm selbst freilich begegnet uns wiederum eine Art von zweifacher Wahrheit. Selbst Priester, bekundet er überall eine eifrig kirchliche Gesinnung: aber das hemmt ihn nicht, auf dem Gebiete der Naturphilosophie unbefangen und rückhaltslos den Hypothesen der antiken Naturforschung nachzugehen. Wenn er dabei die Atom-Theorie von Demokrit und Epikur in das Gedächtniss der Forschung zurückrief, so konnte der Gegensatz gegen die aristotelisirende Scholastik nicht gut schärfer und radicaler sein, als er in dieser Gestalt auftrat. Je mehr die gesammte moderne Naturwissenschaft mit der Atom-Theorie verwachsen ist, um so grösser erscheint die Bedeutung der Schriften Gassendi's, welche auch dem weiteren Publicum die Scheu vor der naturwissenschaftlichen Theorie zu benehmen geeignet waren, die von selbständigeren Geistern inzwischen ihre fruchtbare Verwendung gefunden hatte. Aber diese Grösse ist nur eine solche der historischen Wirkung: Gassendi selbst ist nur ihr verhältnissmässig unbedeutendes Gefäss; es mangelt ihm die philosophische Originalität, seine Bedeutung liegt nur in dem, was er richtig aufgefasst und glücklich dargestellt hatte.

Neben all diesen positiven Richtungen der antiken Philosophie schlummerte schliesslich auch die negative nicht, die skeptische. In ihrem Wesen freilich lag es, dass sie nicht als ein System geschlossener Lehren auftreten konnte, sondern vielmehr nur als eine Denkart, und ihre Bedeutung lag hauptsächlich darin, dass das Denken anfing, eine selbständige Kritik zu üben, seine eigene Berechtigung zu untersuchen und den Schlummer des Autoritätsglaubens mehr und mehr zu lösen. Als der geistreichste und bedeutendste Vertreter dieses Skepticismus tritt uns Michel de

Montaigne (1533—1592) entgegen, dessen Essais (zuerst Bordeaux 1580 erschienen) auf der einen Seite der vollendete Ausdruck einer, wenn nicht schon herrschenden, so doch bereits weit verbreiteten Stimmung, auf der anderen Seite die kräftigste Veranlassung für die Begründung, Förderung und Ausdehnung eben dieser Stimmung waren. Eine reiche Erfahrung des Menschenlebens, eine feine Einsicht in die Relativität aller menschlichen Meinungen, Einrichtungen und Bestrebungen, elegante und treffende, dabei zu gleicher Zeit tief gehende Schilderung der Menschen, der Stände und ihrer Verhältnisse, verbunden mit einem liebenswürdigen, anziehenden Stile, — das macht das Wesen dieses weltmännischen Skepticismus aus, der, von Montaigne zuerst ausgesprochen, sich schnell in der französischen Gesellschaft einbürgerte und mit seinem sprühenden Esprit, mit seinem graziösen Gedankenspiele ihre Atmosphäre während der gesammten neueren Zeit geworden und geblieben ist. Es gelang dies um so leichter und bequemer, als diese skeptische Gesinnung sich auch mit dem Glauben recht gut abfinden konnte. Die Verknüpfung lag hier so nahe und war so gewissermassen von selbst gegeben, dass sie bald nach Montaigne in scharfer Form von seinem Freunde Pierre Charron (1541—1603) ausgebildet wurde. In seinem Werke: De la sagesse (1601) treten die in Montaigne's Essais zerstreuten skeptischen Gedanken in geschlossener Phalanx und in einer Systematisirung auf, zu der das Alterthum die wesentliche Grundlage gegeben hatte, und wenn im Gegensatze dazu die Selbsterkenntniss als der Grund alles sicheren Wissens bezeichnet wird, so geschieht das einerseits nur, um dieser Selbsterkenntniss die Form des religiösen Glaubens unterzuschieben und zu zeigen, dass der Bankerott der wissenschaftlichen Erkenntniss den Wissenstrieb des Menschen in die Arme des Glaubens führen müsse; andrerseits vertauscht Charron überhaupt den theoretischen Begriff der Erkenntniss mit dem praktischen Ideal der Lebensweisheit und des frommen Wandels. Noch schärfer tritt die skeptische Richtung bei François Sanchez (1562—1634) hervor, dessen bemerkenswerthe Schrift: „Tractatus de multum nobili et prima universali scientia quod nihil scitur" (1581) sich auf den interessanten Grundgedanken stützt, man könne nur dasjenige wissen, was man selbst gemacht hat. Die wissenschaftliche Verwerthung dieses Gedankens war einer späteren und sehr viel entwickelteren Zeit und einem viel grösseren Manne, keinem Geringeren nämlich als Kant vorbehalten: Sanchez schloss daraus im Geiste seiner Zeit lediglich, dass wie die Schöpferthätigkeit so auch das wahre Wissen nur bei Gott gesucht werden dürfte: aber er machte bei aller Verzweiflung an der bisherigen Erkenntniss doch Andeutungen darüber, dass es bessere Wege der Wissenschaft geben könnte, und er wies damit aus der Wüste der begrifflichen Streitigkeiten auf das fruchtbare Feld der Erfahrung.

So reich und mannigfaltig entwickelten sich die humanistischen Studien auch auf dem Gebiete der Philosophie, und in so farbiger Vielgestaltigkeit lebte das antike Denken in den Geistern der Renaissance wieder auf. Allein schliesslich war es doch Alles immer wieder nur das Alte, war ein Verlebtes und Verarbeitetes, und so begeistert es die neue Zeit in sich aufnahm, ihrem innersten Drange konnte es nicht genugthun. Man wollte etwas wirklich Neues. Die Renaissance ist ihrem innersten Wesen nach keineswegs bloss die Erneuerung des classischen Alterthums: sie ist eine Wiedergeburt des menschlichen Geistes, ein wahrhaft neues Leben. Diese Zeit war hungrig nach neuem Wissen. Sie rief nach Brod, und man gab ihr einen Stein, wenn man ihr nur das alte, neugeformte Wissen bieten wollte. Ueberall war eine Ermüdung an den alten Formen und Gedanken, ein schöpferischer Zug nach universeller Bethätigung, der anfangs noch gegenstandslos sich in phantastischer Willkür erging, und doch bald seinen rechten Zug zu finden bestimmt war. Deshalb ist die Erneuerung der Systeme des antiken Denkens nur die erste und vorläufige Form, in welcher sich die Sehnsucht der Zeit nach frischem Wissen einen Ausweg bahnte, ehe man den wahrhaft neuen Inhalt gefunden hatte. Für diese Unbefriedigtheit an dem todten Wissen, für dieses leidenschaftliche Fliehen aus dem Bücherstaube heraus kann keine culturgeschichtliche Darstellung und keine philosophische Analyse einen schlagenderen und grossartigeren Ausdruck finden, als ihn Goethe in dem ersten Faust-Monolog gegeben hat, wie denn auch andererseits die positiven Geisteskräfte der Zeit in demselben Werke eine überaus glückliche Darstellung gefunden haben.

Zwei Wege waren es, welche der Instinkt dieses Suchens einschlug: einer nach Innen, welcher in die heiligste Tiefe des menschlichen Gemüthes führte, einer nach Aussen, welcher sich in die beiden Reiche der historischen und der natürlichen Wirklichkeit verzweigte. Es wurde eine neue Erkenntniss gesucht im Innersten der menschlichen Seele, eine Erkenntniss des Höchsten und Werthvollsten, und dieser Drang entfaltete sich in der religiösen Reformation. Es galt eine neue Erkenntniss der gesellschaftlichen Verhältnisse, und so erwuchs eine neue Rechts- und Staatsphilosophie. Es arbeitete sich endlich aus zahllosen Verirrungen eine reine Erkenntniss der Natur hervor.

Das sind die drei positiven Faktoren. Gemeinsam ist ihnen das Abwerfen des scholastischen Formelkrames, die Bekämpfung der todten Gelehrsamkeit und das Ringen nach einer von Grund aus neuen Erkenntniss. Sie suchen das wahre Leben, hier in sich, hier ausser sich in der Gestaltung des modernen Staatslebens und in den ewigen Kräften der Natur.

§ 4. Die religiöse Reformation.

Was man als religiöse Reformation oder als Reformation schlechthin zu bezeichnen pflegt, ist eine Theilerscheinung der allgemeinen Renaissance, welche darin zwar einen wichtigen Raum einnimmt, aber durchaus nicht, wie es schon hin und wieder dargestellt worden ist, ihr wichtigstes und treibendes Motiv bildet. Sie hat diesen Anschein nur dadurch gewonnen, dass die allen Bewegungen des neuen Denkens gemeinsame Auflehnung gegen die Kirche in ihr am einfachsten und klarsten sich aussprechen musste.

Auf den ersten Blick und bei oberflächlicher Betrachtung, welche freilich oft die letzte geblieben ist, zeigt die Reformation eine gewisse Analogie zu dem eben betrachteten Wiederaufleben der antiken Wissenschaft. Die Rückkehr zu den Originalen scheint beiden gemeinsam zu sein, hier zu den Originalen der alten Denker, dort zu denjenigen der ursprünglichen Offenbarung und des urchristlichen Lebens. In beiden Fällen will man diese Originale von den Zuthaten befreien, durch welche sie in der mittelalterlichen Entwicklung entstellt worden sind, hier von der arabischen und christlichen Scholastik, dort von der kirchlichen Tradition. Stimmt diese Parallele soweit in den Aeusserlichkeiten, so führt sie vermuthlich auch noch weiter. So wenig wie die Erneuerung der antiken Philosophie den innern Trieb der modernen Wissenschaft ausdrückt und befriedigt, ebenso wenig ist das innerste Wesen der religiösen Reformation durch die philologische und dogmatische Rückkehr zu den Quellen des christlichen Glaubens erschöpft.

Diese war vielmehr wiederum nur eine unter den geschichtlichen Formen, durch welche sich ein tieferer Trieb bethätigte. Wie man auch über die religiösen Gegensätze jener Zeit denken möge, so viel steht fest, und die katholische Kirche hat es durch das, was man die Gegenreformation des XVI. Jahrhunderts nennt, selbst bestätigt, dass die kirchliche Entwicklung des Mittelalters zu einer immer grösseren Veräusserlichung des religiösen Lebens und der Formen des Cultus geführt hatte: und im Gegensatze dazu war seit der Zeit der Kreuzzüge ein Gefühl der Unbefriedigung und eine unbestimmte Sehnsucht überall und besonders in den tieferen religionsbedürftigen Schichten der Gesellschaft entsprungen. Sah man die Kirche nach mancherlei Richtungen hin äusserlich beschäftigt, fühlte man, wie sie den Schwerpunkt ihrer Wirksamkeit in politische Bestrebungen und in die Beherrschung der europäischen Machtverhältnisse legte, so suchte man nach unmittelbarer religiöser Erleuchtung, so kam man mehr und mehr auf den Gedanken, ob nicht das Individuum in sich selbst den Trost und die Seligkeit der Religion finden könne, und der Wunsch nach reiner, unvermittelter, selbständiger Religiosität brach sich kräftiger Bahn. Genährt wurde dieser Wunsch durch die ununterbrochene Tradition der mystischen Lehren, welche aus dem Neuplatonismus früh auch in das Christenthum eingedrungen und neben der Scholastik als eine bald verdeckte, bald offner hervortretende Unterströmung stetig hergelaufen waren. Anfangs leise, scheu und schüchtern den Bestand der kirchlichen Macht unterwühlend, trat dieses Bestreben immer energischer auch nach Aussen hervor. Es nahm dabei sehr verschiedene, zum Theil sehr wunderliche und mit dem kirchlichen Leben selbst mehr oder minder zusammenhängende Formen an. Es zeigte sich nicht nur in jenen Sekten, die, von der Kirche verdammt und bis zur Vernichtung bekämpft, im XIV. und XV. Jahrhunderte immer häufiger auftauchten; es zeigte sich auch in so extravaganten Formen, wie etwa in den Flagellantenzügen, zeigte sich in den reformatorischen Forderungen, die innerhalb der hierarchischen Mächte selbst geltend gemacht wurden. Ueberall aber beruhte dieses Bestreben, ob es sich kühn oder schüchtern, einfach oder phantastisch darstellte, auf diesem innern Wühlen des religiösen Bedürfnisses. Man wollte zurückgehen auf die unmittelbare persönliche Erregung, und es war die gläubige Bewegung des innersten Gemüthes, in der man das Heil suchte.

In keinem Lande aber nahm diese Bewegung grössere Dimensionen an, und in keinem fand sie den innigeren Ausdruck ihrer tiefen Religiosität, als in Deutschland, und lange ehe sie in den politischen Kämpfen der Reformation ihre äusserliche Macht entlud, hatte sie im Stillen die Herzen ergriffen. Die Gedanken der neuen Erkenntniss, welche man auf diesem Wege suchte, sind niedergelegt in der deutschen Mystik. Sie ist die Mutter der Reformation, sie hat die Gedanken entwickelt, aus welchen diese ihre Kräfte sog, und sie hat als ein inneres geistiges Leben die Zeit überdauert, in welcher die Reformation, zu einer politischen Einrichtung geworden, den Geist, der in ihr lebte, mehr und mehr erstickte. Die Gedanken der deutschen Mystiker sind das eine jener positiven Elemente, aus denen dem modernen Denken seine Richtung gegeben wurde; sie bilden eine Reihe von Grundzügen, welche als lebenskräftige Motive die spätere Entwicklung durchziehen, und sie bedürfen deshalb, obwohl ihr Ursprung historisch dicht neben den Grössen der mittelalterlichen Wissenschaft liegt, an dieser Stelle einer Besprechung: denn sie eigentlich enthalten den geistigen Kern der religiösen Renaissance.

§ 5. Die deutsche Mystik.

Mit ihrer ganzen Kraft und Innigkeit treten diese Grundgedanken der deutschen Mystik bei ihrem ersten grossen Lehrer hervor, bei Meister Eckhart. Bald nach 1250 geboren, früh zum Dominikanerorden übergetreten, und durch die Lehren Alberts des Grossen ebenso wie durch ihre Ausführung von Thomas von Aquino beeinflusst, hatte er nicht ohne Mitwirkung seiner Verbindung mit den „Brüdern des freien Geistes" seine eigenen Ansichten so scharf herausgebildet, dass ihn selbst die hohen Aemter, welche er innerhalb seines Ordens bekleidete, nicht vor einem zwei Jahre vor seinem Tode zu Köln 1327 abgehaltenen Glaubensgerichte schützten. Was wir aus seinen Aufsätzen und Predigten von dieser seiner eigenthümlichen Gedankenwelt erfahren, mag theilweise auf neuplatonische und frühscholastische Einwirkungen, namentlich auf die Lehren von Scotus Erigena zurückweisen und in seiner Darstellung vielfach von der gleichzeitigen Scholastik seines Ordens abhängig sein, — der eigentliche Grundzug dieses Mysticismus ist trotzdem derjenige der vollen Selbständigkeit, und er wurzelt in der Tiefe des deutschen religionsbedürftigen Gemüthes. Ist es doch seine vornehmste Absicht, das Seelenheil des christlichen Volkes zu fördern, und mit Rücksicht darauf will er nicht Diener der Kirche, sondern allein der christlichen Wahrheit sein. Diese aber ist nicht in den Dogmen der Wissenschaft zu finden, welche im besten Falle ein äusserlicher und symbolischer Ausdruck davon sein kann: sie ruht nur auf dem Grunde des gläubigen Gemüthes, welches in sich selbst die tiefste und die einzig wahre Gotteserkenntniss besitzt. So tritt schon hierin die überkirchliche, aus der Kirche herausdrängende Tendenz der Mystik hervor, und sie wendet sich namentlich gegen die scholastische Fixirung der Glaubensthatsachen. Hinweg, ruft sie, mit dem Formelkram der Gelehrsamkeit! nicht um das Wissen handelt es sich, sondern um das Glauben, und die volle ganze Wahrheit ist nur in deinem Innern: —

„Erquickung hast du nicht gewonnen,
Wenn sie dir nicht aus eigner Seele quillt."

Du kannst nur erkennen, was du bist. Wesen und Erkenntniss sind Eins; das Erkennen ist die höchste Thätigkeit, ist der tiefste Lebensgrund aller Wirklichkeit, es ist die Weseneinheit des Erkennenden mit dem Erkannten. Darum kannst du Gott nur erkennen, wenn du Gott bist, wenn er in dir lebt: die Erkenntniss Gottes ist die Weseneinheit der Seele mit Gott, sie bildet deshalb den innern Kern der Seele selbst, sie ist „das Fundament alles Wesens, der Grund der Liebe, die Bestimmung des Willens". So erscheint der Mensch in seiner Identität mit der Gottheit als das Erkenntnissprincip des Mysticismus. Der Mensch als Mikrotheos ist die Enthüllung aller Räthsel. Die Seele ist soweit Gott, als sie ihn erkennt — sie erkennt ihn soweit, als sie Gott ist. Aber dies Erkennen, worin somit das metaphysische Wesen der Seele besteht, kann nicht das verstandesmässige Denken, nicht das Wissen der Gelehrten, sondern nur Glauben, nur ein „unaussprechliches Anschauen" sein: es ist das Schauen Gottes in uns, er schaut in uns sich selbst an. Dieser idealistische Pantheismus, der die äussere Welt in die innere und die innere Welt in eine selige Gottesanschauung auflöst, ist der Grundcharakter der deutschen Mystik. Den Gegenstand dieser Contemplation nennt Meister Eckhart im Unterschiede von dem offenbaren persönlichen Gott „die Gottheit", das Wesen aller Dinge, die geistige Ursubstanz, unveränderlich, ewig, prädicatlos — das Nichts. Aber in der Gottheit, lehrt er, ist eine Scheidung des Wesens von der Natur, jener Ursubstanz von den einzelnen Bestimmtheiten, in denen sie sich lebendig gestaltet. An ihrer Spitze stehen die drei Personen der Gottheit: die innerste schöpferische Vernunft, der Vater, welcher in ewiger Selbstanschauung, im Sohne, sich offenbart, sodass diese Selbstanschauung in der verbindenden Liebe, dem Geiste, ewig zum Vater zurückkehrt. Das sind nicht drei getrennte Wesen, sondern nur die drei Momente eines ewigen und ewig in sich selbst zurücklaufenden Processes der Selbstoffenbarung und Selbsterkenntniss der Gottheit: die Kirchenlehre von der Trinität ist nur eine symbolische Darstellung dieser mystischen Wahrheit. Aber zugleich verwandelt sich die Gottheit ewig in die einzelnen Dinge, nicht durch eine Schöpfung, welche als ein zeitlicher Akt die einzelnen Dinge in einem Augenblicke entstehen liesse, sondern vielmehr in einer ewigen Gestaltung ihres eigenen Wesens. Alle Dinge sind in Gott als Ideen, unräumlich, unzeitlich, sie haben keine selbständige und ursprüngliche Realität. Ohne diese ewige Verwandlung in die Kreaturen wäre Gott nicht, was er ist: die Welt ist Gott, Gott ist die Welt. Aber auch die Kreaturen sind nichts als Gott. Wenn sie mehr sein wollen, wenn sie „hie" und „nu" sein wollen, so ist ihr Abfall vom Wesen aller Dinge ihr Sündenfall. Der uralte Gedanke orientalischer Speculation, dass Individualität Sünde sei, tritt, durch zahllose feine historische Verzweigungen fortgepflanzt, hier von Neuem hervor. Dieser Sündenfall ist auf dem Boden dieser pantheistischen Metaphysik unmöglich und unbegreiflich; aber er wird als Thatsache angenommen aus der Ueberzeugung des religiösen, erlösungsbedürftigen Gemüthes. Das Erlösungsbedürfniss kann deshalb auch nur befriedigt werden, indem die Kreaturen wieder aufhören, sie selbst zu sein, und damit in die Gottheit zurückkehren. So ergibt sich der ethisch-religiöse Grundgedanke einer vollen Aufgabe der Persönlichkeit und einer Contemplation, wie sie den Heiligen am Ganges und den Mystagogen des Neuplatonismus vorschwebt. Vernichte deine Individualität — „dein Wesen stampfe nieder" — das ist die Predigt des Mysticismus: die Individualität ist Sünde, die Heiligkeit ist Gott. Wer in sich beharrt, kann Gott nicht erkennen; denn Gott erkennt nur er selbst, du musst ihn in dir wirken lassen, musst alles eigene Wissen, Können und Wollen von dir werfen und reine Empfänglichkeit werden, damit Gott seinen Sohn in dich hineingebären kann: das ist das Geheimniss der Maria. Anschauung deshalb ist die höchste, die einzige Tugend. Denn die wahre Tugend und Heiligkeit ist zwecklos, sie bedarf nichts ausser ihr selbst: Gott begehrt nichts, und auch der Gerechte kann nichts begehren als Gott; er darf darum nicht um äussere Güter, nicht um Kraft zum Handeln, sondern nur „um Gott" beten; aber dieses Gebet, diese weihevolle Betrachtung, trägt auch seine Erfüllung in sich, es ist die wahre Erkenntniss und das höchste Ziel des Lebens. Alle äusseren Werke sind nichts: es gibt nur Ein wahres „Werk", das innere Werk, die Hingabe des Selbst an die Gottheit.

So schroff, so rücksichtslos, so unvermittelt mit dem realen Leben treten hier in jugendlicher Ueberkraft eine Anzahl von Grundgedanken der späteren deutschen Reformation auf, die Verachtung des theologischen Wissens, die unmittelbare Beziehung des gläubigen Gemüthes auf die Gottheit und die „Rechtfertigung durch den Glauben allein". Ein merkwürdiger innerer Widerspruch lebt in diesem Gedankensysteme: sein innerster Trieb ist das Bedürfniss individueller und selbständiger Glaubensbethätigung, und der praktische Kern seiner Lehre verlangt die Vernichtung des persönlichen Wesens, Wissens und Wollens. Entsprungen aus dem Individualismus, richtet die Mystik ihre Predigt gegen ihren eigenen Ursprung. Allein auch Meister Eckhart selbst mochte empfinden, dass sich mit diesem Principe der reinen Innerlichkeit wohl religiös fühlen und anschauen, aber nicht sittlich und religiös handeln liess. Er lehrte deshalb, diese wahrhaft und tiefst religiösen Processe gingen nur im innersten Kern, im Wesen der Seele von Statten; alle andern Thätigkeiten und Kräfte dagegen hätten ihren Sitz und ihre Bestimmung in den äusseren Organen, mit denen die Seele in der physischen Welt handeln soll, und die einzige Aufgabe sei deshalb, dass dies religiöse Wesen der Seele durch die äusseren Handlungen hindurchleuchte als der Funke der göttlichen Wirksamkeit. Immerhin bleiben ihm also diese Handlungen nur ein äusserliches Symbol der Gesinnung: und gerade wie er auf theoretischem Gebiet die Kirchendogmen für eine sinnliche Darstellung der religiösen Wahrheit hielt, so galt ihm eben überhaupt alles Räumliche, Zeitliche und Individuelle als das Symbol des geistigen, ewigen und göttlichen Wesens.

Dieses Zurückgehen aus dem Aeusserlichen in das Innerliche bildet den allgemeinen Charakter dieser mystischen Bewegung: es ist mit allen seinen Extravaganzen in dem Pendelschlage der menschlichen Geschichte der nothwendige Gegensatz zu der Veräusserlichung des mittelalterlichen Kirchenlebens. Eben deshalb fanden diese Gedanken, denen Eckhart vielleicht mehr eine geistvolle Zusammenfassung als den ersten Ursprung gegeben hat, überall Anklang: seine That war es, dass er den Inhalt der Geheimlehren in das Volksbewusstsein brachte und dass er mit hoher Sprachkraft für die tiefen Gedanken glücklich die deutschen Ausdrücke schuf, mit denen er vielfach zum Vater der philosophischen Terminologie unserer Litteratur geworden ist. In dieser volksthümlichen Form verbreitete sich die Mystik in Deutschland, in der Schweiz, in den Niederlanden. Es war eine Bewegung, welche, wie alle grossen Vorgänge der religiösen Geschichte, namentlich in den unteren Schichten des Volkes Platz griff und sich mit dem Ausdrucke des socialen Unbehagens auf das Innigste verknüpfte. Jener Ekel an der Verdorbenheit der socialen Zustände, welcher stets einen der wichtigsten Hebel des religiösen Bedürfnisses ausgemacht hat, sprach sich in seiner mystischen Tendenz am stärksten in der 1352 wahrscheinlich von Rullmann Meerswein verfassten Ermahnungsschrift „von den 9 Felsen" (den 9 Stufen der Heiligkeit) aus. In der poetischen Litteratur unserer Nation hat diese Bewegung ebenfalls ihr Denkmal gefunden. Der Minnesänger der Gottesliebe, der Dominikaner Heinrich Suso (genannt Amandus, 1300—1365) verkündete als Wanderprediger in gebundener und ungebundener Rede die Weisheit des Meister Eckhart und schuf für die mystische Hingabe an die Gottheit einen schönen und warmen poetischen Ausdruck. Der volksthümliche Charakter, welcher der Mystik gerade im Gegensatze gegen die vornehme Gelehrsamkeit der Scholastik beiwohnte, brachte es mit sich, dass ihre Wirksamkeit hauptsächlich in der deutschen Predigt beruhte, und aus diesen Kreisen gingen deshalb die ersten Männer hervor, welche als eindringliche Prediger des deutschen Wortes dem Gedächtnisse unseres Volkes erhalten geblieben sind und in der Ausbreitung dieser Gedanken den mächtigsten Einfluss ausgeübt haben, unter ihnen besonders der bedeutendste, ein Schüler noch des Meister Eckhart selbst, Johann Tauler (1290—1361) in Strassburg. Er verfolgte anfangs jene rein contemplative Mystik des Meisters, aber seit seinem Verkehre mit dem Bunde der Gottesfreunde und vielleicht auch mit den niederländischen Mystikern nahm er mehr die Richtung der **praktischen Mystik** und predigte mit ihr, dass es sich im wahren Christenthum nur um die Nachfolge des armen und demüthigen Lebens Christi handle. Er bezeichnete damit eine Wendung, welche sich mit der Zeit in der gesammten deutschen Mystik vollzog. Jenes theoretische Interesse, aus dem sie hervorgegangen war, ging mehr und mehr verloren; man kümmerte sich weniger um die Gedanken des Meister Eckhart, wie sie noch in der von Luther bekanntlich sehr hoch geschätzten und 1516 zuerst herausgegebenen „deutschen Theologie" in oft wörtlicher Uebereinstimmung mit den Schriften des Meisters niedergelegt sind; je mehr die Mystik eine Volksbewegung wurde, um so mehr trat die Lehre hinter das Leben zurück und die Mystik wurde praktisch.

Am meisten kam diese Strömung in den **Niederlanden** zur Geltung. Hier kreuzte sich der theoretische Einfluss der deutschen Mystiker mit den praktisch-sittlichen Principien der französischen, der sog. Victoriner, und unter dieser gemeinsamen Einwirkung wurde **Johannes Rysbroek** (1293—1381) der Vater der praktischen Mystik. Hatte Meister Eckhart die Seligkeit als die Einheit der Seele mit Gott geschildert und gepriesen, so suchte Rysbroek den Weg, auf dem sie zu erreichen sei, und er fand ihn darin, dass der Mensch sich selber stirbt, dass er theoretisch sein Wissen aufgibt und im Glauben die Offenbarung sucht, vor allem aber, dass er praktisch sein Wollen und Begehren fahren lässt und gelassen und demüthig das Kreuz trägt. In stiller Hingabe und in religiös-sittlicher Arbeit winkt die Erlösung von den Leiden der Welt. So wurde das Christenthum unter den Händen der Mystiker wieder, was es ursprünglich gewesen war, eine Religion der Erlösung für die Armen und für die Sündigen. Im Anschlusse an Rysbroek trat dann namentlich der Uebersetzer seiner brabantisch abgefassten Schriften **Geert de Groot** (Gerhardus Magnus 1340—1384) hervor, welcher anfangs Lehrer der Philosophie in Köln gewesen, später aber durch Rysbroek für die mystische Sache gewonnen worden war und in Deventer die „**Bruderschaft zum gemeinsamen Leben**" stiftete, die sehr bald unter verschiedenen anderen Namen (Collatienbrüder, Fraterherren etc.) sich weit ausdehnte, zahlreiche Häuser besass und im unmittelbaren Verkehre mit dem Volke die praktische Mystik namentlich auch durch die Stiftung von Armenschulen in segensreichster Wirksamkeit förderte. In dem ältesten dieser Bruderhäuser selbst, zu Deventer, war der Mann aufgewachsen, der durch sein Buch „De imitatione Christi" (1494) einen ungewöhnlich weiten Einfluss auf die religiöse Ueberzeugung gewonnen hat, Thomas a Kempis (aus Kempten bei Köln 1380—1471).

So griff die Mystik mit ihrem reformatorischen Bedürfnisse, mit ihrem Suchen nach einer reinen Gläubigkeit und mit ihrer Verachtung des kirchlichen Wissens und kirchlichen Treibens immer mehr im Volke um sich und erzeugte jene religiöse Gährung, aus welcher schliesslich die Reformation hervorgehen sollte. Es ist bekannt, wie durch den persönlichen Einfluss von Staupitz Luther mit seinem ganzen genialen Wesen und seiner leidenschaftlichen Feuerkraft von dieser Bewegung ergriffen wurde. Er war es, der, durch die Verhältnisse immer weiter gedrängt, diesem mystischen Volksbewusstsein einen der Kirche gegenüber revolutionären Ausdruck gab. Aber nur dadurch, dass dieses Volksbewusstsein schon lange vorher eine Macht gewesen war, konnte der „Mönchsstreit" zwischen ihm und Tetzel zu einem historischen Ereigniss und zur Veranlassung einer grossartigen Massenbewegung werden. Er warf den Funken in ein Pulverfass und fand das Wort für ein lange im Volke lebendiges Bedürfniss. So ist die deutsche Reformation eine Tochter der Mystik; diese hatte den Boden der Kirche unterwühlt, diese hatte die Gedanken in der Stille geschürt, welche nun in jener als mächtige Flammen emporschlugen.

Nur bis hierher ist dieser Process in der Einleitung zu verfolgen. Wie sich unter dem Einflusse der Reformation selbst die Entwicklung der Philosophie in Deutschland gestaltete, gehört bereits in die eigentliche Darstellung der Geschichte der neueren Philosophie. Hier handelt es sich nur darum, die Auffassung richtig zu stellen, aus der, sei es mit welcher Tendenz immer, behauptet worden ist, die neuere Philosophie, das moderne Denken sei ein Erzeugniss des Protestantismus. Wenn man z. B. sagt, Männer wie Bruno und Descartes, obwohl der katholischen Kirche angehörig, seien im Grunde genommen doch von protestantischem Geiste beseelt gewesen, so ist dieser Ausdruck zum Mindesten schief. Nicht der Protestantismus ist die Ursache der Denkfreiheit, sondern die Denkfreiheit ist die Ursache des Protestantismus. Er ist nur eine der Folgen, welche sich aus der allgemeinen Selbstbefreiung des modernen Culturgeistes ergeben haben, und es ist unrichtig, die ganze Bewegung der Renaissance auf einen Theil ihrer Folgen als Ursache beziehen oder auch nur danach benennen zu wollen.

§ 6. Die neue Rechtsphilosophie.

Der Protestantismus war somit nur eine Form jenes Freiheitsdranges, welcher die gesammte Renaissance beseelte. Allüberall zeigt sie denselben Trieb, die alten abgelebten Formen abzustreifen und frische, kräftige und natürliche Individualitäten in ihrer ursprünglichen Frische hervortreten zu lassen. Nicht zum Mindesten gilt dies auch von den politischen Individualitäten, den Völkern und Staaten. Dass auch hier dieser Trieb sich wesentlich gegen die Kirche richtete, hatte seinen natürlichen Grund darin, dass diese selbst eine politische Macht war und noch mehr es sein wollte, dass sie vor Allem diejenige politische Macht war, welche für sich die Erbschaft des römischen Weltreiches in Anspruch nahm und den übrigen politischen Gewalten gegenüber als höchste Herrscherinstanz auftrat. Sie war deshalb die grosse Macht, gegen welche alle neuen Elemente sich frei ringen mussten. Für sie waren die feudalen Institutionen des mittelalterlichen Staatslebens der mächtige Hebel ihrer politischen Wirksamkeit, und sie war deshalb auch die natürliche Feindin der Nationalstaaten, deren Bildung im Zusammenhange mit der Entwicklung des Individualismus seit dem Beginne der neueren Zeit angebahnt wurde. Die Völker, ihrer Eigenthümlichkeit und ihrer selbständigen Kraft bewusst geworden, beginnen daran zu arbeiten, dass ihre Nationalität auch eine politische Bedeutung gewinne. Theoretisch drückt sich diese Bewegung in dem Emporblühen einer neuen Rechtsphilosophie aus, welche dem Staate sein eigenes Recht vindiciren und den wissenschaftlichen Zusammenhang der Rechtsinstitutionen aus anderen Quellen ableiten will als aus den Machtsprüchen der Hierarchie.

Die erste und kühnste That ging auch hier von Italien aus. War man doch hier den politischen Wirkungen der Kirche am unmittelbarsten nahe, und war doch andererseits Italien gerade das Land, in welchem das Selbstbewusstsein der Einzelnen und zugleich doch der Drang nationalen Zusammenhanges am frühesten und kräftigsten sich entwickelte; und in Italien wieder war es die politisch reifste, bewegteste Stadt, Florenz, in welcher Nicolo Macchiavelli (1469—1527) den staatsrechtlichen Kampf gegen die Kirche focht. Seine grosse Bedeutung ist die, dass er der erste principielle Vertreter einer Idee ist, welche man füglich als den Centralgedanken und den Angelpunkt der modernen Geschichte ansehen kann, der Idee des Nationalstaates. Sein Ideal ist die politische Grösse und als ihre Grundlage die nationale Einheit Italiens. Er ist sich der Unfruchtbarkeit und Schädlichkeit der Eifersüchteleien und der leidenschaftlichen Kämpfe zwischen den einzelnen Städten vollkommen bewusst, und er sieht ein, dass es im Grunde genommen nur Eine Macht ist, welche diese innere Zerfleischung für sich benutzt, um entscheidend darüber zu thronen, dass das „Divide et impera" das Geheimniss der Politik des römischen Stuhles ist.

Das grösste Hemmniss für die Entwicklung seines Vaterlandes sieht dieser klar und tief blickende Geist in der weltlichen Herrschaft des Papstthums, und er richtet seine von leidenschaftlichem Hasse getragene Polemik vor Allem gegen den politischen Charakter des römischen Pontificats. Aber von diesem unmittelbar gegebenen Gegensatze aus erhebt er sich zu allgemeineren Betrachtungen, worin er die Klarheit historischer und theoretischer Einsichten gewinnt. Das ganze System der politischen Ordnung des Mittelalters beruht auf der Unterordnung des Staates unter die Kirche; das ist der Punkt, an welchem die neue Zeit einzusetzen hat, dies Verhältniss muss aufgehoben werden, wenn der Staat wieder werden soll, was er zu werden bestimmt ist, und was er im Alterthume war. Auch vor Macchiavelli's Augen schwebt das antike Leben als ein Ideal; aber wenn er aus ihm die Bewunderung für den Stolz der republikanischen Tugenden einsaugt, so fasst er doch daneben viel schärfer den Gedanken des nationalen Staates ins Auge. Der Staat ist sich selbst genug, wenn er in einer Nation wurzelt — das ist der Grundgedanke Macchiavelli's. Und wie mit dem Staate, so ist es mit dem Staatsrecht: auch dies soll von der Herrschaft der Kirche befreit werden; die rechtlichen Verhältnisse dürfen nicht mehr als ein Ausfluss dogmatischer Principien angesehen, das Recht des Staates nicht mehr aus kirchlichen Bestimmungen abgeleitet, sondern sie müssen vielmehr aus dem Wesen des Staates selber begründet werden. Macchiavelli hat diese Aufgabe gestellt, aber er hat sie nicht gelöst; seine Gedanken lagen theils in seiner meisterhaften Geschichte von Florenz, „Istorie Fiorentine" (Florenz 1538), theils in seinen „Discorsi" über den Livius zerstreut, und er ist viel zu sehr von der Tendenz der unmittelbaren politischen Wirksamkeit erfüllt, um die theoretische Aufgabe systematisch in die Hand zu nehmen. Mit der ganzen Gluth politischer Leidenschaft vertritt er den Gedanken des italienischen Nationalstaates bis zur äussersten Consequenz. Zu dessen Herstellung ist ihm kein Mittel zu schlecht. Aus diesem Gesichtspunkte muss man die Kunstlehre der Eroberung und der Beherrschung begreifen, welche er in seinem „Principe" gegeben hat: für diesen Zweck ist es, dass der fanatische Republikaner ein System des schroffsten Absolutismus entwirft. Es zeugt nur von der Feinheit des politischen Verständnisses bei Macchiavelli, dass er die Herbeiführung der nationalen Einheit nicht von den republikanischen Institutionen erwartete, für die er sonst so warm begeistert war, sondern nur von der eisernen Gewalt eines absoluten Herrschers. So löst sich der scheinbare Widerspruch in den Schriften des Mannes, vor Allem zwischen den „Discorsi" und dem „Principe". Diesen historischen Gesichtspunkt übersah Friedrich der Grosse, als er aus dem sittlichen Geiste des XVIII. Jahrhunderts heraus dem absolutistischen sein grosses Ideal des ersten Staatsdieners entgegenhielt; und es ist merkwürdig genug, wie durch diese Wendung der Name eines glühenden Republikaners in der modernen Litteratur zum Typus rücksichtsloser Willkürherrschaft geworden ist.

Trat die Ablösung des Rechts von der Kirchenlehre bei Macchiavelli nur als die Consequenz einer praktisch-politischen Aufgabe hervor, so erscheint sie fast um die gleiche Zeit auch schon im Zusammenhange mit anderen Motiven, einem socialen und einem specifisch religiösen selbst. Beides vereinigt findet sich zuerst bei dem Engländer Thomas Morus (1480—1535), dessen Schrift: „De optimo rei publicae statu deque nova insula Utopia" (London 1516) als das oft nachgeahmte Vorbild der späteren sog. Staatsromane einen denkwürdigen Nachklang des platonischen Idealstaates bildet und damit den Zusammenhang der Geistesbewegung der Renaissance mit der antiken Litteratur wieder von einer anderen Seite als Macchiavelli erkennen lässt. Seine ergreifende Schilderung des Elends und des Verbrechens führt ihn auf die Meinung, dass deren letzter Grund in der Ungleichheit des Besitzes und der Bildung zu suchen sei, und so entwirft er mit Verwendung platonischer Gedanken, die freilich an sich eine andere

Absicht verfolgten, sein Ideal des vernünftigen Staates, dessen Institutionen auf der Gleichheit der sehr mässig bemessenen Arbeit und ihres Ertrages für alle Bürger beruhen. Dieser sociale Staat baut sich auf rein irdischen Interessen und Ueberlegungen auf, er ist von keiner kirchlichen Gewalt abhängig und duldet keinen Eingriff einer solchen. Er überlässt jedem Bürger die Freiheit seiner religiösen Ueberzeugung und führt nur einen ganz allgemein gehaltenen Cultus des höchstens Wesens, etwa im Sinne des späteren englischen Deismus, ein. Vor Allem aber verlangt Thomas Morus die religiöse und confessionelle Indifferenz des Staates: er soll die Rechtsstellung seiner Bürger von ihrer religiösen Meinung völlig unabhängig halten. So ist dies Buch zum Führer der **Toleranzbewegung** geworden. Je mehr nun später in dem Kampfe der Confessionen die verderbliche Wirkung einer religiösen Parteistellung der Staatsgewalt zu Tage trat, um so entschiedener und zugleich mit um so besserer Berücksichtigung der realen Verhältnisse entfaltet sich die Toleranzbewegung in der Rechtsphilosophie.

Für Frankreich fanden diese Ideen ihren Mittelpunkt in **Jean Bodin** (1530—1597). Seine „Six libres de la république" (Paris 1575) lehnen ebenso energisch die kirchlich-dogmatische Begründung der Rechtslehre ab. Wie er in seinen interessanten Dialogen „Heptaplomeres" die Vertreter der verschiedensten positiven Religionen schliesslich sich über eine gemeinsame Gottesverehrung einigen lässt, so plaidirt er auch in seiner Staatslehre für die Gleichstellung aller Confessionen, für die religiöse Indifferenz der politischen Kräfte, mit anderen Worten, für den confessionslosen Charakter des Staates. Aber er sucht zu gleicher Zeit nach den Mitteln zu einer neuen und positiven Begründung der Rechtslehre; von Utopien will er nichts wissen, er weist darauf hin, wie es eine Hauptaufgabe sei, mit allen Mitteln der empirischen Kenntniss und der philosophischen Betrachtung zu festen und sicheren Begriffsbestimmungen zunächst über die Grundverhältnisse des Rechtslebens zu gelangen. Was ihn dabei auszeichnet, ist der Sinn für den historischen Ursprung des Rechts, eine Frucht, welche der neu erwachte Sinn für die Geschichte und das frische Aufsprossen der Geschichtsschreibung abwarf. Bodinus selbst beschäftigte sich vielfach nicht nur mit historischen Studien, sondern auch mit deren wissenschaftlicher Grundlegung, er schrieb eine „Methodus ad facilem historiarum cognitionem" (Paris 1566), und gab so wenigstens die Richtung an, die Rechtswissenschaft auf Geschichts- und Völkerkunde systematisch zu gründen. Wie sehr die Zeit, nachdem man einmal die Ablehnung einer theologischen Rechtslehre angenommen hatte, nach neuen Grundlagen für die Jurisprudenz suchte, geht daraus hervor, wie der Versuch gemacht wurde, die neue Naturwissenschaft für diesen Zweck auszunutzen. Es that das Albericus Gentilis (1551— 1611), ein geborener Italiener, der als Professor in Oxford starb, ein lebhafter Verfechter der Toleranz und ein geistvoller Bearbeiter des Kriegsrechts. Er will aber das Recht nicht auf die wandelbaren Erzeugnisse der Geschichte, sondern auf die Natur und ihre ewig sich gleichbleibenden Gesetze, vor Allem auf die menschliche Natur und ihre gesetzmässigen Thätigkeitsformen gründen. Das gelingt ihm freilich nur äusserst unvollkommen und durch wunderliche Analogien, die einer späteren Zeit lächerlich erscheinen; aber man darf darüber nicht vergessen, wie werthvoll es war, dass hier wieder die Anerkennung einer unveränderlichen, im Wesen der Dinge selbst begründeten Geltung des Rechts unabhängig von religiösen Voraussetzungen angebahnt wurde.

Den besten Beweis dafür liefert der grosse Rechtslehrer, in welchem alle diese Gedanken sich durchdrangen und zu gleicher Zeit in ihrem Werthe sich gegen einander abgrenzten, und welcher Gentilis als seinen Vorgänger nicht nur in einigen Speciallehren, wie z. B. derjenigen des freien Verkehrs zur See, sondern auch in der Stellung des rechtsphilosophischen Problems überhaupt anerkannte. Hugo de Groot (Hugo Grotius 1583—1645), ein Mann, der nicht nur Theoretiker und deshalb zum Doctrinarismus geneigt war, wie die soeben besprochenen, sondern die Schärfe seines politischen Blickes theils durch die Verwaltung hoher Aemter in seinem niederländischen Vaterlande, theils in der Stellung eines schwedischen Gesandten in Paris praktisch bethätigte. Sein grosses Werk: „De iure belli et pacis" (1625) gab zuerst eine reinliche Abgrenzung der rechtswissenschaftlichen Fragen und Aufgaben. Er machte, wieder den Begriffsbestimmungen der grossen römischen Rechtslehrer und namentlich denjenigen der stoischen Philosophie folgend, den Unterschied zwischen dem sogenannten positiven Rechte, dem ius civile, welches, auf geschichtlichen Satzungen beruhend und aus politischen Bewegungen hervorgegangen, historisch festgestellt und begriffen sein will, und dem ius naturale, welches, im Wesen der menschlichen Natur begründet, Gegenstand einer philosophischen Entwicklung sein muss. Er stellte sich so gewissermassen über Bodinus und Gentilis, jenem das historische, diesem das natürliche Recht zuweisend, und indem er den Namen des Naturrechtes mit demjenigen der philosophischen Rechtswissenschaft identificirte, gab er zugleich die Richtung an, in welcher diese Rechtsphilosophie sich Jahrhunderte lang bewegen sollte, die Richtung, vermöge deren man den Ursprung des Rechts in dem natürlichen Wesen der menschlichen Gesellschaft suchte. Das Recht, welches philosophisch begriffen werden kann, beruht also in der menschlichen Natur, es ist überall gleich, wie diese selbst, es ist für Jeden dasselbe, und es kann durch die Schwankungen des historischen Lebens zwar unterdrückt, aber nicht aufgehoben werden. Es ist unveränderlich, es kann selbst von Gott nicht geändert werden, und es würde, auch wenn es keinen Gott gäbe, seine Geltung haben, sofern es in diesem Falle Menschen gäbe. Derjenige Punkt nun im menschlichen Wesen, aus welchem das Recht sich entwickelt, ist für Grotius, wie es im Mittelalter auch durch die massgebende Lehre des Thomas von Aquino behandelt worden war, das Geselligkeitsbedürfniss, das einen integrirenden Bestandtheil der menschlichen Natur ausmacht, und aus diesem Bedürfnisse leitet er jene Theorie des Staatsvertrages her, welche als Erneuerung der epicureischen Theorie von den oppositionellen Parteien des XIV. Jahrhunderts vorgetragen worden war und nun, nachdem Grotius sich dazu bekannt hatte, Jahrhunderte lang die wichtigste Rolle in der Rechtsphilosophie spielen sollte. Sie beruht bei ihm in der Annahme, dass zum natürlichen Rechte Alles gehört, was zum Bestehen der geselligen Gemeinschaft der Menschen eine umumgängliche Bedingung ist, und dass der Staat aus einer freien Vereinigung seiner Bürger hervorgegangen ist, welche zum Schutze der geselligen Gemeinschaft und zur Wahrung der Interessen jedes Einzelnen sich über die Ordnung geeinigt haben, in welcher ihr gemeinsames Leben geregelt werden soll. So aufgefasst, gilt der Staat als ein Erzeugniss der vernünftigen Ueberlegung und Selbstbeherrschung des Menschen und die philosophische Rechtswissenschaft, das Naturrecht, nicht als eine empirische Kenntniss, sondern als eine Doctrin der reinen Vernunft. Im Einzelnen ist es interessant, wie Grotius, vielleicht nicht ohne Mitwirkung der trüben Erfahrungen, welche er in den Generalstaaten gemacht hatte, ausführt, dass die Bürger gut thun, die Obrigkeit, der sie in dem Staatsvertrage die Ausführung seiner Bestimmungen anvertrauen, mit möglichst grosser Machtvollkommenheit auszustatten. Von der Strafgewalt jedoch, welche sie auszuüben hat, verlangt er, dass sie nicht im Geiste der Vergeltung, sondern in dem praktischen Sinne einer Präventivmassregel, der Abschreckung und der Besserung vollzogen werde. Aehnlich endlich wie aus den Individuen der Staat, so entsteht nach der Auffassung von Grotius durch einen Vertrag der Staaten die Völkergemeinschaft, und auf diesem Gebiete schuf er, besonders in seinen Untersuchungen über die Berechtigung und die Rechtsfolgen der Kriege, zum ersten Male den Versuch einer wissenschaftlichen Begründung des Völkerrechts.

So baut sich unter den Händen dieses einflussreichen Mannes aus dem Geselligkeitsbedürfnisse des natürlichen Menschen in vollkommener Selbständigkeit das System der politischen Rechtsordnung auf, und um diesen Grundstock, welchen die Natur in unveränderlicher Gesetzmässigkeit feststellt, bewegen sich die Bestimmungen des geschichtlichen Rechtes mit stetiger Anlehnung. Diesem ganzen Gebäude aber des „ius humanum", des von der Natur und der Geschichte gemeinsam erzeugten Menschenrechtes, stellt Hugo Grotius das „ius divinum" gegenüber, welches seinen Ursprung im göttlichen Willen hat und auf Grund der Offenbarung nur von der Kirche festzustellen ist. Beide aber haben nichts mit einander gemein, und es ist unrichtig, von dem Gesichtspunkte des einen die Entwicklung des anderen beeinflussen zu wollen. Hier haben wir in der Rechtsphilosophie die zweifache Wahrheit. Bei allem Rationalismus, mit dem er das Naturrecht begründete, war Grotius, wie aus anderen seiner Schriften hervorgeht, ein frommer und offenbarungsgläubiger Mann; aber er hielt beide Gebiete streng auseinander, und er litt nicht, dass kirchliche Fragen in den Zusammenhang der staatsrechtlichen Untersuchungen eingriffen. Sein Naturrecht ist religiös ebenso indifferent, wie die Lehren von Bodin und von Gentilis; wie diese predigt er die vollkommenste Toleranz und verlangt die Confessionslosigkeit des Staates. Aber gegen den Versuch einer theologischen Begründung der Rechtsphilosophie kämpft er nicht mehr mit der Leidenschaftlichkeit, wie es ein Macchiavelli gethan hatte und hatte thun müssen. Er lehnt sie ruhig und einfach ab. Es war eben die Heftigkeit dieses Kampfes in den freien Zuständen der Niederlande, aus denen seine Bildung hervorging, nicht mehr nöthig. Die Befreiung, nach welcher Macchiavelli in ungestümer Kraftfülle rang, ist hier vollbracht; die Jurisprudenz hat aufgehört, eine famula ecclesiae zu sein; sie geht ihren eigenen Weg, den Weg der menschlichen Vernunft, und sucht ihre Heimat, unbekümmert um kirchliche Satzungen und confessionelle Streitigkeiten, in der Natur des Menschen und der Gesellschaft.

Dieses Zurückgehen auf die Natur im Gegensatze zu dem historisch Gewordenen ist überaus charakteristisch. Es ist gewissermassen das Stichwort aller Reformationen und Revolutionen. Jedes Mal, wenn historische Formen sich abgelebt haben, wenn aus Recht Unrecht, aus Wohlthat Plage, aus Bändern Bande und Ketten geworden sind, so scheint es, als ob der menschliche Geist in die ewig gleiche Natur zurücktauche, um den Staub der Jahrhunderte von sich abzubaden — als ob der Antaeus sich frische Kräfte suche am ewig heimatlichen Boden — und „der alte Urstand der Natur kehrt wieder". Dies ist vor Allem auch der Grundzug der Renaissance, und der Gedanke, das „Naturrecht" abzuleiten aus der menschlichen Natur und ihren gesetzlichen Wirkungen, ist wiederum nur ein Glied in dem grossen Bestreben der Zeit, die Erkenntniss nicht mehr aus dem Staube der geschichtlich aufgespeicherten Formeln zu holen, sondern sie unmittelbar dem Wesen der Dinge selbst, der Natur abzulauschen; es ist eine Wirkung jenes Gefühls:

> „Statt der lebendigen Natur,
> Da Gott den Menschen schuf hinein,
> Umgibt in Rauch und Moder nur
> Dich Thiergeripp und Todtenbein!"

§ 7. Die Anfänge der Naturwissenschaft.

Die Natur ist die geheime verbotene und desto leidenschaftlichere Liebe der Renaissance. Ihre Kunst wie ihre Wissenschaft ist Rückkehr zur Natur. Die Vertiefung in das classische Alterthum ist nur der Weg, welchen zu diesem Ziele ein glücklicher Instinkt einschlägt: Kunst und Wissenschaft lassen das Mittel fallen, wenn sie den Zweck erreicht haben, und wie schon Lionardo die Beobachtung der Natur selbst im Gegensatze zur Nachahmung der Antike als die beste Schule der Kunst bezeichnete, wie die Schöpfungen Michel Angelo's als selbständige Kunst neben die Antike treten, so stellt sich auch, geweckt durch die humanistischen Studien und später ihnen entfremdet, die moderne Naturwissenschaft selbständig neben die Lehre des Aristoteles. Gewiss gingen von der Erneuerung der classischen Studien befruchtende Wirkungen auch für die Naturerkenntniss aus; wie der ganze wirklichkeitsfrohe Sinn der Griechen, so war ja auch ihre Wissenschaft mit offenem Auge der Natur zugewendet gewesen: aber für die Sympathie, welche gerade dieser ihrer Richtung die Renaissance entgegenbrachte, lagen doch noch tiefere Gründe vor. Dem Mittelalter und seiner scholastischen Wissenschaft war die Natur ein verschlossenes Buch, das die Kirche mit ihren Siegeln belegt hatte. Die Natur war das Unheilige, das Böse: sie wurde gehasst, bekämpft, verachtet, unterdrückt, verflucht — nur nicht gekannt, nicht erforscht, nicht gewusst. Und im natürlichen Rückschlage bemächtigte sich des freiwerdenden und seiner Eigenkraft bewussten Geistes eine Sehnsucht nach der Natur, nach einer natürlichen Gestaltung des Lebens, nach einer Beherrschung und Erkenntniss der Naturkräfte.

Aber die Natur war ein Geheimniss. Sie schien daher zunächst auch nur einem geheimnissvollen, wunderbaren Wissen sich offenbaren zu wollen. Man fühlte, dass mit dem scholastischen Begriffe der Wissenschaft, mit ihren Determinationen und Demonstrationen die lebendige Natur nicht einzufangen war, und ehe man deshalb eine neue Methode hatte, glaubte man der Natur durch eine eigenthümliche Offenbarung, durch eine **mystische Geheimlehre** beizukommen. Auf diese Weise nahm das Streben nach der Naturerkenntniss zunächst eine phantastische Wendung.

Es kam noch ein Anderes hinzu. Alle gewaltige Sehnsucht des Menschen pflegt religiöse Formen anzunehmen, zu religiösen Gefühlen sich zu verdichten, und je unbefriedigter man den absterbenden Formen des Kirchenlebens gegenüber stand, um so ungezügelter warf sich nun diese religiöse Sehnsucht in die Naturbetrachtung. So ist die moderne Naturwissenschaft aus theosophischen Speculationen hervorgegangen; ihre erste Stufe war diejenige des **theosophischen Naturalismus**.

Es ist klar und eine natürliche Folge dieser Vorstellungsverknüpfungen, dass die Weltanschauung, zu der man sich in diesem Zusammenhange bekannte, einen mehr oder minder pantheistischen Charakter an sich trug. Die Natur als die Offenbarung der Gottheit anzusehen, in ihr selbst das Wogen und Wallen der göttlichen Urkraft zu erkennen, das war der Grundzug aller dieser Speculationen, so wunderlich sie sich sonst in die einzelnen Vorstellungen hinein auszweigen mochten. Wir sehen in diesem theosophischen Naturalismus, der in Italien seinen Ursprung hatte, das Gegenstück zur deutschen Mystik. Die Gottesoffenbarung, welche diese von Innen, aus der Tiefe des gläubigen Gemüthes schöpfte, suchte der Naturalismus in den Tiefen des Naturgeheimnisses; und neben den idealistischen Pantheismus der Mystiker tritt hier ein **naturalistischer Pantheismus**, welcher die Gottheit nur unter dem Gesichtspunkte der schöpferischen Naturkraft zu betrachten geneigt ist.

Er lehnte sich natürlich auch an ältere Richtungen an und keimte so aus den gelehrten Studien unmerklich mit hervor. Hauptsächlich boten sich ihm in dieser Beziehung der Neuplatonismus und die von ihm abhängigen ketzerischen Speculationen und Geheimlehren des Mittelalters dar, von jenen besonders der Averroismus, unter diesen die Kabbala. Schon in Ficinus hatten die neuplatonisirenden Tendenzen sich auch mit mystischen Neigungen verbunden, und so bildete sich um diesen Kern ein immer mehr anwachsendes Gemenge phantastischer Naturphilosophie; besonders tritt dies hervor bei **Johannes Pico von Mirandola und Concordia (1463—1494)**. Er suchte alle die verschiedenen Richtungen zu einer Gesammtlehre zu verschmelzen, in der alle Räthsel gelöst werden sollten, und lud, um diese zu befestigen, auf seine Kosten alle europäischen Gelehrten zu einer Massendisputation, einer Art von wissenschaftlichem ökumenischen Concil in Rom ein, für welche er 900 Thesen aufgestellt hatte, schliesslich aber die Erlaubniss des Papstes nicht erhielt. Seine Ansichten haben einen grossen Einfluss auf den schweizerischen Reformator Zwingli gehabt. Sein Neffe, **Johann Franz Pico von Mirandola († 1533)**, und der Venetianer **Franciscus Georgius Zorzi (1460—1540)** wandelten dieselben Bahnen. Bedeutender noch war in dieser Richtung der Einfluss des berühmten deutschen Humanisten **Johann Reuchlin (1455—1522)**, der, von Ficinus und dem älteren Pico angeregt, zum eifrigen Vertreter dieses kabbalistischen Neuplatonismus in Deutschland wurde. Es ist bekannt, dass er für die christliche Welt das wissenschaftliche Studium der hebräischen Litteratur begründete und ihre Denkmäler vor dem

Fanatismus der Kölner Dominikaner rettete, — nicht minder bekannt, wie er in seinem furchtlosen Kampfe gegen diese Dunkelmänner von dem Heisssporn des Humanismus, von Ulrich von Hutten (1488—1523), mit Ernst und Scherz unterstützt wurde. Bei seinen naturphilosophischen Bestrebungen aber erscheint als das wichtigste Moment die Aufnahme der pythagoreischen Zahlensymbolik. Auch dieser Anschluss an die alte Ueberlieferung war bestimmt, der Wissenschaft die Bahn zu neuen Erfolgen zu öffnen. Mit dunkler Ahnung hatten Pythagoreer, Neupythagoreer und Neuplatoniker eine mathematische Ordnung aller Dinge durch deren symbolische Beziehung auf das Zahlensystem darzustellen versucht: jetzt wurde dieser Gedanke von dem naturalistischen Pantheismus ergriffen, um die Vorstellung von der Offenbarung des göttlichen Geistes in der harmonischen Ordnung des Weltalls zu veranschaulichen. Dies ist die erste, noch ganz in Phantastik gehüllte Form der mathematischen Naturtheorie gewesen.

Neben diesen phantastischen Formen des neuerwachten Interesses für die Naturerkenntniss wuchs jedoch allmählich noch ein anderer werthvoller Keim der modernen Wissenschaft heran. Mit Anlehnung an den Vorgang der arabischen Aerzte und Naturforscher zieht sich durch die letzten Zeiten der Scholastik der schüchterne Versuch einer empirischen Naturerkenntniss hindurch. Männer wie Roger Bacon, der im XIII., wie Nicolaus de Autricuria, der im XIV. Jahrhundert diese Richtung durch Verfolgung und Widerruf büssen musste, konnten mit ihren Versuchen einer voraussetzungslosen Naturerforschung nur noch wenig Anklang finden. Aber schon das XV. Jahrhundert zeigt sich ähnlichen Anregungen günstiger und gestattet ihnen grössere Freiheit. Wie schon erwähnt, liegt es im Zuge des Nominalismus, die empiristischen Elemente der aristotelischen Erkenntnisstheorie hervorzukehren, und im XVI. Jahrhundert zeigt diese weitverbreitete Schule in Marius Nizolius (1498—1576) einen sehr energischen Anhänger der empiristischen Methode. Zu gleicher Zeit wies ein spanischer Antischolastiker Ludovico Vives (1494—1540) der wie Nizolius sich der rhetorisirenden Richtung von Laurentius Valla anschloss, im Gegensatz zum „Aristotelismus" auf die erfahrungsmässige Untersuchung der Natur als die eigentliche und einzig werthvolle Basis alles Wissens hin, und er selbst wendete diese Methode in vielfach sehr glücklicher und erfolgreicher Weise auf dem psychologischen Gebiete an. So strömen von allen Seiten die Bäche zusammen, aus denen sich die stolze Fluth der modernen Naturwissenschaft sammeln sollte. Man gewöhnte sich daran, die Natur mit unbefangenem Auge zu beobachten, und machte die ersten Anstalten, an sie jene wohlüberlegten Fragen zu richten, die man Experimente nennt. Ueberall beginnt man beobachtend und experimentirend an die Natur heranzutreten und so wieder mit ihr vertrauter zu werden. Wie die Kunst, so fängt auch die Wissenschaft an, die Natur zu lieben und mit Begeisterung zu umfassen. Mannigfach waren dabei die Verzweigungen, welche sich in dieser Hinsicht zwischen Kunst und Naturwissenschaft einflochten. Fühlte die Kunst wieder ein Recht, die volle Schönheit der menschlichen Gestalt zu geniessen und darzustellen, so kam ihr die Anatomie entgegen, welche die mittelalterliche Scheu vor dem Leichnam überwand und in ruhiger Forschung den menschlichen Leib zu verstehen begann. Bildete sich die Malerei zu immer vollendeterer Darstellung der Wirklichkeit, die Architektur zur Beherrschung gewaltiger Steinmassen aus, so wurden ihnen Optik und Mechanik nothwendige Hilfswissenschaften. Es ist überaus bezeichnend, dass eine der gewaltigsten Grössen der italienischen Kunst, Lionardo da Vinci, zugleich einer der ersten und bedeutendsten Begründer der rationellen Naturwissenschaft, speciell der Mechanik und der Optik ist.

Von grösster Bedeutung ist dabei, wie gerade die Forschungen Lionardo's beweisen, dass man sich der mathematischen Grundlagen der Naturforschung deutlich und rein verstandesgemäss bewusst zu werden beginnt. Das ist der Punkt, in welchem die Ueberlegenheit der modernen Naturforschung der antiken gegenüber wurzelt. Mit dem Beginn der neueren Zeit fängt auch jene glänzende Reihe mathematischer Forschungen an, ohne welche die Riesenschritte der Naturerkenntniss unmöglich gewesen wären: den gesteigerten und veränderten Bedürfnissen passte sich die Mathematik durch eine grosse Anzahl neuer methodischer Vervollkommnungen an, durch die Einführung und Ausbildung der Buchstabenrechnung, der Rechnungszeichen, der Logarithmen, der Reihentheorie, weiterhin der auf dem Coordinatensystem sich aufbauenden analytischen Geometrie, schliesslich der Infinitesimal- und der Wahrscheinlichkeitsrechnung. Unter den Begründern der neueren Mathematik begegnen wir oft genug denselben Namen welche auch in der Geschichte der Philosophie eine bedeutende Rolle spielen. Dieses Einströmen der mathematischen und der naturwissenschaftlichen Probleme und Entdeckungen ist ein charakteristischer Zug in der Entwicklung der neueren Philosophie. Ja man darf sagen, es ist derjenige, welcher ihr das wesentliche Gepräge aufdrückt.

In der Uebergangszeit selbst sehen wir nun alle diese neuen Bestrebungen sich in der mannigfachsten Weise unter die alten Denkformen mischen und aus ihnen sich herausarbeiten. Mehr oder minder bewusst werden Compromisse gesucht und gefunden, welche oft einen tief widerspruchsvollen Eindruck machen. Als der typische Vertreter dieser Compromisse muss schon einer der ersten und bedeutendsten gelten: Nicolaus Cusanus. In ihm liegen alle diese Momente noch keimartig friedlich bei einander. Geboren 1401 zu Cues an der Mosel, anfangs in Deventer, später in Padua gebildet, als Cardinal und Bischof von Brixen 1464 gestorben, zeigt er eine eigenthümliche und originelle Mischung aller Zeitströmungen. Die ganze Gedankenwelt der Scholastik und der Mystik, die Anfänge naturwissenschaftlicher und mathematischer Erkenntniss kreuzen sich in einem feinen, vielseitigen Kopfe, und alle diese Elemente verschmelzen mit einander in dem Eklekticismus eines hohen Kirchenfürsten. Auf diese Weise ist er ein Janushaupt, das eben so in die Vergangenheit wie in die Zukunft blickt, und in welchem begreiflicherweise die Einen den letzten Scholastiker, die Anderen den Begründer der neueren Philosophie gesehen haben — beides mit gleichem Rechte und mit gleichem Unrechte. Er ist vielmehr der charakteristische Philosoph der Frührenaissance und der echte Typus des Uebergangszeitalters vom mittelalterlichen zum modernen Denken. Auf der einen Seite erscheint er in der That noch als ein durchaus mittelalterlicher Scholastiker. Er nimmt die neueren Richtungen nur in soweit auf, als sie in das kirchliche System hineinpassen, dessen Dogmen ihm von vornherein als unerschütterlich fest und durch philosophische Construction beweisbar gelten. Er ist davon sogar in einer Ausdehnung überzeugt, welche an die kühnsten Ansprüche der Scholastik heranreicht und weit über den Thomismus hinausgeht: er will nach Art der orthodoxen Mystiker auch die letzten Mysterien, wie z. B. das der Dreieinigkeit speculativ entwickeln. Aber während er Scholastiker sein will, kann er es nicht bleiben, weil die Elemente des neuen Zeitgeistes bereits allzu mächtig in ihm geworden sind. So steht er denn schon innerhalb der Scholastik auf Seite der auflösenden Partei, er vertritt die sensualistische und empiristische Tendenz des Nominalismus, freilich nicht ohne auch der entgegengesetzten Auffassung einige psychologische und erkenntnisstheoretische Concessionen zu machen. Neben der sinnlichen Erfahrung nimmt er mit Anlehnung an die platonisirenden Realisten des Mittelalters eine Selbstthätigkeit des unterscheidenden Verstandes an, durch welche erst die von der Wahrnehmung gegebenen Materialien zu wirklichen Erkenntnissen verarbeitet werden. Zugleich aber ist er auch den skeptischen und mystischen Einflüssen der Zeit durchaus zugänglich; denn selbst jene Vereinigung von sensus und ratio erscheint ihm für die höchste und wertvollste Erkenntniss, für diejenige der Gottheit, unzulänglich. Alles Wissen, das Erfahrung und Verstand geben können, bleibt doch schliesslich auf die Welt beschränkt, und daraus folgt, dass das religiöse Bedürfniss darüber hinaus eine höhere Erkenntnissthätigkeit erfordert. Diese entwirft Nicolaus durch eine geistvolle und höchst charakteristische Lehre, mit welcher seine Gedanken aus den Schranken des Nominalismus hervorzubrechen und mit den besten Trieben der mystischen Bewegung Fühlung zu gewinnen suchen. Die Erfahrung der Sinne gibt nur einzelne Dinge, und gerade die dem Verstande wesentliche Grundthätigkeit der Unterscheidung läuft schliesslich überall darauf hinaus, den Gegensatz dieser einzelnen Dinge scharf und klar begrifflich zu fixiren. Allein dabei kann das Bedürfniss des menschlichen Erkennens nicht stehen bleiben; so selbständig die einzelnen Dinge sein mögen, sie bilden doch einen grossen Zusammenhang in der All-Einheit der Welt; diese also ist wesentlich die Aufhebung jener individuellen Gegensätze, ihr innerstes Wesen ist die coincidentia oppositorum; sie zu begreifen geht über die Kraft der sinnlichen Wahrnehmung und des verstandesmässigen Denkens, sie ist nur zu erfassen durch eine unmittelbare geistige Anschauung, durch jene höhere Erkenntnissthätigkeit, die nicht gelernt und gelehrt werden kann, sondern das innerste Geheimniss der schauenden Seele ausmacht, eine visio sine comprehensione, eine comprehensio incomprehensibilis, eine über alles gelehrte Wissen sich fromm und selig erhebende Versenkung in die geheimnissvolle Tiefe des göttlichen Urwesens. Dieses mystische Anschauen nennt der Cusaner (wie im Titel seines Hauptwerks) die Docta ignorantia: wie in der

„negativen Theologie" der Vorzeit, bei Dionysius Areopagita, bei Scotus Erigena und allen ihren Nachfolgern, so gilt auch hier als Object dieser allem Wissen und Denken überhobenen höchsten Erkenntniss der Deus implicitus, während sich die gewöhnliche Wissenschaft mit dem Deus explicitus, d. h. mit der Welt beschäftigt. Aber im Grunde genommen, sind doch beide wieder dasselbe: die Welt ist eben nur die vollkommene Offenbarung und Auseinanderlegung jenes unendlichen Lebensgehaltes, den die geheime Tiefe des Gottwesens in sich trägt. Die Welt ist in endlicher Form dasselbe, was Gott in unendlicher: darum enthält sie selbst eine in Raum und Zeit unbegrenzte, endlose Fülle des Endlichen; darum ist auch sie die Einheit aller Gegensätze, ein vollkommner Bau, ein Kosmos, in dessen harmonischer Ordnung jedes Ding durch die Gemeinschaft mit allen anderen besteht, und so in seiner Weise das Universum spiegelt, ein Kosmos, in dessen lebendigem Zusammenhange jedes Glied die sittliche und religiöse Aufgabe hat, diese Gemeinschaft des beseelten, organischen Ganzen durch die Bethätigung seiner Liebe zu fördern.

Zwei philosophische Interessen sind es, welche sich in dieser Lehre von der coincidentia oppositorum begegnen: der **Individualismus** auf der einen Seite, der, durch die Nominalisten vorbereitet, hier schon zu atomistischen Folgerungen führt, wie sie, von der naturwissenschaftlichen Theorie unterstützt, später, in der Aufklärungsphilosophie, auch die Lebensansicht bestimmt haben, — der **Universalismus** auf der andern Seite, welcher, gleichfalls von der Naturwissenschaft gesucht, philosophisch seine abschliessende Entwicklung in Spinoza gefunden hat. Diese beiden Tendenzen bilden selbst einen Gegensatz, welcher bei Nicolaus von Cusa nicht versöhnt, sondern sozusagen in embryonaler Ungeschiedenheit verwischt ist: ihre Versöhnung war erst einem Geiste von der umfassenden Genialität eines Leibniz beschieden.

Neben diesen Speculationen nun aber war Nicolaus von Cusa auf das Eifrigste mit mathematischen, naturwissenschaftlichen und astronomischen Studien beschäftigt. Erstere brachte schon er mit der pythagoreischen Zahlensymbolik in Verbindung, letztere dagegen betrieb er mit grosser Nüchternheit und durchdringendem Scharfsinn. Seine Schrift: „De reparatione calendarii" schlug eine der späteren gregorianischen durchaus analoge Form der Verbesserung des Kalenders vor, wonach die durch das Schaltjahr hervorgerufene Differenz des bürgerlichen und des astronomischen Jahres durch ein Edikt plötzlich aufgehoben und dann immer das 304. Jahr nicht als Schaltjahr gerechnet werden sollte. In derselben Schrift findet sich auch eine andeutende Hypothese über die Kugelgestalt und die Achsendrehung der Erde, aber nicht so bestimmt und vor Allem nicht so auf Thatsachen gegründet, dass man ihn als den Begründer dieser Lehre ansehen dürfte. Es beweist nur, wie der copernicanische Gedanke während dieses Zeitalters sozusagen in der Luft lag, und wie die astronomische Theorie mit dem Beginne der Neuzeit da wieder anzuknüpfen suchte, wo die griechische Wissenschaft auf ihrer Höhe stehen geblieben war. Interessant ist es zu bemerken, wie die gefährliche Macht dieses Gedankens sich bereits bei dem Cusaner bewährte. Denn er folgerte daraus mit weitschauendem Verständniss die räumliche und zeitliche Unbegrenztheit der Welt. So rüttelten schon die Ahnungen eines neuen Wissens an dem Gebäude der Kirchenlehre, während der Cardinal sich noch ganz behaglich darin aufzuhalten meinte.

Seine Lehren fanden einen begeisterten und sie weithin verbreitenden Anhänger in dem französischen Humanisten Charles Bouillé (Bovillus 1476—1553), einem Schüler des oben erwähnten Lefèvre, und einen wunderlichen Verarbeiter in einer der originellsten Persönlichkeiten jener Zeit, Hieronymus Cardanus, der, 1501 zu Mailand geboren, nach einem abenteuerlichen Wanderleben auf italienischen Akademien 1576 zu Rom starb. Dieser Sonderling ist wiederum ein ausgeprägter Typus für das geistige Leben jener Zeit, eine merkwürdige Mischung von grossem Scharfsinn und kindisch phantastischem Aberglauben. Zugleich tritt bei ihm am ausgesprochensten ein höchst charakteristisches Verhältniss der nun schon vollkommen selbständig gewordenen Wissenschaft zur Religion hervor. Nicht nur dem kirchlichen Cultus, sondern dem religiösen Leben überhaupt innerlich entfremdet, salvirt er sich gegen die Kirchenlehre durch die vollkommene Anerkennung ihrer Unantastbarkeit. Nur für sich selbst und für die Männer der Wissenschaft, denen die Wahrheit über Alles gehen müsse, will er volle Freiheit gewahrt wissen. Was seine theoretische Lehre anbetrifft, so hängt sie ebenfalls in den Angeln pythagoreischer Zahlensymbolik, indem er den gesammten Naturzusammenhang auf mathematische Verhältnisse zurückzuführen sucht. Doch zeigt sich auch hier, wie anregend und fördernd die Zahlensymbolik der Pythagoreer in der Renaissance auf die Entwicklung der neueren Mathematik gewirkt hat; denn Cardanus hat sich auch mit glücklichem Scharfsinn ernsten mathematischen Untersuchungen unterzogen und darin durch die Aufstellung der nach ihm benannten Formel zur Auflösung von Gleichungen dritten Grades als Meister erwiesen. In seiner Naturphilosophie ist am charakteristischsten die durchgeführte Absicht, alle Verhältnisse unter dem Gesichtspunkte des Naturmechanismus zu begreifen und durch natürliche Causalität zu erklären. Die Darstellung davon bewegt sich freilich zum grössten Theile in den aristotelischen Formeln von Activität und Passivität; aber bedeutsam ist die Consequenz, mit der er dieses Princip anzuwenden sucht. Er will Alles auf letzte natürliche Gründe zurückführen, und da er von der Realität der Geistererscheinungen überzeugt ist, so müht er sich um die Erkenntniss der Naturgesetze, denen sie unterworfen sein sollen. Vor Allem aber sind es die astrologischen Beziehungen, in welchen er den organischen Zusammenhang des Weltalls und die allgemeine Gesetzmässigkeit aller Erscheinungen erblickt: macht er doch den Versuch, durch horoskopische Berechnungen die Nothwendigkeit von Christi Geburt, Leben, Thaten und Leiden astrologisch darzuthun und auf diese Weise aus dem Determinismus des natürlichen Geschehens zu begreifen. Es zeigt sich darin, was man oft in Uebergangszeiten findet, wie ein grosses, richtiges Princip sich mit den beschränkten Vorurtheilen einer unreifen Zeit zu phantastischen Gebilden verbindet: man hat den allgemeinen Begriff oder wenigstens eine dunkle Ahnung des causalen Zusammenhanges der Natur; aber es fehlen noch die Kenntnisse und die Methoden, um ihn richtig anzuwenden, und so verfällt man in die grössten Willkürlichkeiten und Absurditäten. Sehr verdienstlich ist es dagegen auf der andern Seite, wenigstens im Princip, wie Cardanus diesen Begriff auf ethische Verhältnisse zu beziehen sucht. Er verlangt, dass man sie aus der Natur des Menschen studire, anstatt willkürlich dieser Natur von irgend welchen Satzungen her Regeln vorzuschreiben, und er betrachtet von demselben Gesichtspunkte aus auch die grossen Verhältnisse der Politik. Er verdammt die utopistischen Entwürfe des besten Staates als halt- und grundlose Ideale, und er empfiehlt statt dessen der Rechtswissenschaft das historische Studium der Nothwendigkeit, mit welcher sich die Staatsformen aus den Eigenthümlichkeiten der Völker und ihrer Geschichte entwickelt haben; er führt diesen Gedanken nicht ohne Scharfsinn an dem Beispiele der Verfassungen von Rom und Venedig durch und gefällt sich darin, den medicinischen Unterschied gesunder und kranker Zustände auf die Wechselfälle der Staatengeschichte anzuwenden.

Solche zum Theil sehr unreife, zum Theil aber schon tief bedeutsame und zukunftsreiche Regungen des Naturstudiums verbanden sich schliesslich mit einem anderen Interesse. Dem Mittelalter hatte die Natur als ein Unheimliches, Unfassbares, Dämonisches gegenüber gestanden. Je weniger man sie kannte und verstand, um so rathloser fühlte man sich ihr gegenüber. Und doch ahnte man die Fähigkeit des Menschengeistes, sie zu durchdringen, sich mit ihr zu verbinden und ihre dämonischen Mächte zu lenken. Aber diese Fähigkeit galt selbst als etwas Unheimliches und Uebernatürliches, als etwas Dämonisches und Teuflisches. Jetzt, wo ein sehnsüchtiger Drang den Menschen zur Natur zurückführte und ihn ihr vertrauter gegenüberstellte, empfand man das Bedürfniss, in ihre räthselhafte Wirksamkeit einzudringen, ihr die Geheimnisse abzulauschen und sie dadurch zu beherrschen. In dem astrologischen Aberglauben meinte man einem dieser Geheimnisse, dem allgemeinen gesetzlichen Zusammenhange der Natur, auf die Spur gekommen und dadurch zu einer Vorhersagung zukünftiger Wirkungen in der Lage zu sein; ganz ähnlich bahnte sich nun das Streben nach einer Beherrschung der Naturkräfte neue phantastische Wege in der Magie. Man sehnte sich aus den engen Verhältnissen des Menschenlebens heraus in eine grosse Wirksamkeit, die gebundene Kraft brach hervor, und man wollte handeln mitten in den grossen Kräften des Weltlebens. Durch Mitwirkung der Geister, die man durch den Willen und durch Zauberformeln zu zwingen meinte, sollten die Elemente sich den Befehlen des Menschen fügen. „Drum hab' ich mich der Magie ergeben" — das ist auch ein Schlagwort der Renaissance. Die Phantasie versenkt sich in die wogende Sphärenharmonie des Makrokosmos, sie schwelgt in dem Genusse jenes Schauspiels —

> „Wie Alles sich zum Ganzen webt,
> Eins in dem Andern wirkt und lebt,
> Wie Himmelskräfte auf- und niedersteigen,
> Und sich die gold'nen Eimer reichen,
> Mit segenduftenden Schwingen

Vom Himmel durch die Erde dringen,
Harmonisch all das All durchdringen."

und die titanische Kraft fühlt mit dem Erdgeiste

„Muth, sich in die Welt zu wagen,
Der Erde Weh', der Erde Glück zu tragen."

und mitzuschaffen „am sausenden Webstuhl der Zeit". Das ist der faustische Drang nach Naturerkenntniss, Naturgenuss und Naturbeherrschung.

Solcher Magie strebten die Gedanken von Reuchlin, Pico und Cardanus zu; einen besonders lebhaften Ausdruck fanden sie, wie in dem abenteuerlichen Leben, so auch in den Werken von Agrippa von Nettesheim (1487—1535), welcher in seinen Schriften „De incertitudine et vanitate scientiarum" (Coeln 1527) und „De occulta philosophia (ibid. 1533) alles menschliche Wissen für nichtig erklärte, um sich der Magie in die Arme zu werfen. In einem wild bewegten Leben von buntestem Wechsel wusste er doch eine staunenswerthe Gelehrsamkeit zu erwerben, die aber schliesslich in die Verzweiflung an dem natürlichen Wissen und Können des Menschen auslief.

Da aber doch am Ende trotz aller Geisterbeschwörungen im Grossen nichts zu machen war, so warf die Magie sich auf das Kleine. Sie suchte den „Stein der Weisen", sie wurde zur Kunst des Goldmachens und begann als Alchymie die ersten schwachen Versuche für die heutige Chemie zu liefern. Besonders wichtig wurde dieses ganze Treiben natürlich für die Aerzte. Für sie war es ja recht eigentlich die Aufgabe, die Natur zu beherrschen, ihr durch künstliche Mittel die Wege vorzuschreiben, und die Behandlung der Medicin schien deshalb unmittelbar in das Gebiet der Astrologie, Magie und Alchymie zu fallen. Auch Cardanus war Arzt und bezog seine geheimnissvolle Wissenschaft mit Vorliebe auf diesen praktischen Beruf, und ein vollständig durchgeführter Versuch, die Medicin durch die Magie zu reformiren, tritt uns in dem abenteuerlichen Gedankenwuste des Theophrastus Bombastus Paracelsus entgegen, welcher, 1493 zu Einsiedeln in der Schweiz geboren, ein wüstes, unstetes und abenteuerndes Leben führte, gelegentlich den ersten Lehrstuhl der „Chymie" in Basel bestieg und 1541 zu Salzburg starb. Von seinen unzähligen kleinen Aufsätzen, Programmen, Anzeigen und Broschüren ist viel verloren gegangen;

aber das Erhaltene genügt, um einen Einblick in diese wunderliche Gedankenwelt zu gewinnen. Es spricht sich bei ihm zunächst ganz scharf die Ablösung der Philosophie von der Theologie und die Gleichsetzung der ersteren mit der Naturwissenschaft aus. Er lehrt nach der schon im Mittelalter üblich gewordenen Formel eine doppelte Offenbarung Gottes in Christo und in der Natur und stützt darauf die Unterscheidung der beiden Wissenschaften Theologie und Philosophie. Deshalb ist ihm die Philosophie nichts weiter als Naturerkenntniss; sie ist nur erkannte, „unsichtige" Natur, die Natur ist sichtbare Philosophie. Aber diese Naturerkenntniss bildet ihm nun eine phantastische Metaphysik, eine geheimnissvolle Ahnung des Zusammenhanges aller Dinge. Das All-Leben ist ein magisches Walten der göttlichen Kräfte, in welches man nicht durch todtes Bücherwissen, sondern nur durch unmittelbares Mitleben, Mitfühlen und Mithandeln eindringt. Denn im Mittelpunkte dieses All-Lebens steht der Mensch, er ist der Mikrokosmos, er ist das ganz, wovon um ihn herum nur Bruchstücke sind, und eben deshalb vermag er die Dinge zu erkennen und durch die Erkenntniss zu beherrschen. Durch das ganze Weltall geht eine allgemeine Kraft, welche Vulcanus genannt wird, die göttliche Weltseele; aber in jedem Einzelwesen tritt zu der allgemeinen noch eine individuelle Kraft hinzu, der „Archeus" jeden Dinges, der dessen Lebensgeist bildet. Es ist eine Verknüpfung von Universalismus und Individualismus, welche ganz deutlich auf den Cusaner zurückweist; und auf Grund dieser Lehre bevölkerte Paracelsus die ganze Welt mit solchen Kraft- und Lebensgeistern. Alles wurde ihm lebendig, und überall führten Dämonen ihre magische Herrschaft. Wo man nun in diesen Lauf der Dinge eingreifen will, da gilt es, diesen Archeus des einzelnen Dinges zu erkennen und zu fassen: er muss ungehemmt wirken, damit das Ding gesund sei. Krankheit ist die Unterwerfung des Archeus durch einen fremden Geist; darum soll man nicht durch Gegensätze, sondern vielmehr durch Kräftigung des innersten Wesens heilen: jedem Gliede kann nur durch die Substanz geholfen werden, aus der es selbst besteht. Das ist eine phantastische Vorahnung der Homöopathie. Darum besteht nach Paracelsus das Wissen des Arztes in der Kenntniss der guten und der bösen Geister und seine Praxis in der Förderung der einen und der Bekämpfung der anderen. Die Mittel dazu suchte er in der alchymistischen Bereitung von Quintessenzen, Tincturen, Arcanen und wurde so der Vater einer unendlichen Quacksalberei und eines gefährlichen Charlatanismus. Da aber schliesslich doch seiner Ueberzeugung nach überall dieselbe Weltkraft waltet, so muss es auch ein Mittel zu ihrer Förderung und damit eine Panacee geben, welche alle Krankheiten heilt: das ist der Stein, den die Weisen suchen, aber leider bisher nicht gefunden haben. Doch darf man nicht übersehen, dass Paracelsus bei all seiner Phantasterei gerade in dieser Richtung systematisch, so weit es unter den damaligen Verhältnissen möglich war, sich mit chemischen Experimenten beschäftigte. Immerhin machten seine Gedanken sowie sein mystagogisches Auftreten viel Aufsehen und fanden namentlich in Deutschland viel Anklang. Es bildete sich ohne festen Zusammenhang eine grosse Schule paracelsischer Aerzte; und mit dem Beginne des XVII. Jahrhunderts erwuchs aus diesen Bestrebungen die sog. Rosenkreuzergesellschaft, welche ihren Namen wahrscheinlich einem satirischen Gedichte von Valentin Andreae „Chymische Hochzeit Christian Rosenkreuz'" verdankte. Auch das Ausland bemächtigte sich dieser neuen Lehre, welche namentlich in den Niederlanden grosse Verbreitung fand. Hier trat das paracelsische System in etwas geklärterer, nüchterner Form bei Johann Baptista van Helmont (1577—1644) auf, um dann freilich wieder bei dessen Sohne Franciscus Mercurius van Helmont (1618—1699), der auch viel in England und Deutschland reiste, in die alten Phantastereien völlig zurückzufallen. In die englische Aristokratie wurde diese neue Medicin und vor Allem die damit zusammenhangenden alchymistischen Neigungen durch Robert Fludd (1574—1637) eingeführt.

So wuchsen aller Enden aus den unklaren und phantastischen Bestrebungen der Naturphilosophie, der Magie und der Alchymie die Anfänge experimenteller Forschung hervor, und schon bereitete sich die mächtig aufstrebende Mathematik dazu vor, die theoretische Grundlage der neuen Wissenschaft zu werden. Was jedoch die Augen des Zeitalters am meisten auf die Naturerkenntniss lenkte, das waren diejenigen Thatsachen, durch welche gleichzeitig der menschliche Geist ohne magische Kräfte Riesenfortschritte machte in der wirklichen Beherrschung der Natur: die Entdeckungen und Erfindungen. In dem Bilde der Umgestaltung des menschlichen Culturlebens, welche sich in der Renaissance vollzog, und der Grundlagen, welche damit für die neuere Philosophie gewonnen wurden, fehlte einer der wichtigsten Punkte, wenn man die Entdeckungen und Erfindungen dieser Zeit vergessen wollte.

§ 8. Das Zeitalter der Entdeckungen und Erfindungen.

Eine Reihe von günstigen Zufällen und von glücklichen Erfolgen kühner, genialer Gedanken, welche sich in merkwürdiger Concentration um die Wende des XV. und XVI. Jahrhunderts zusammendrängen, hat im Laufe eines Jahrhunderts das Weltbild des Erdbewohners in einer so grossartigen Weise umgestaltet, dass man sagen darf, es sei niemals in so kurzer Zeit ein so rapider Fortschritt in der Entwicklung des Menschengeschlechtes eingetreten, und es ist mit vollem Rechte darauf aufmerksam gemacht worden, dass gerade die durch die Entdeckungen herbeigeführte Erweiterung des geographischen und kosmographischen Gesichtskreises fast noch wirkungsvoller gewesen ist, als die Eröffnung des historischen Horizontes durch die humanistischen Studien. Denn die ganze Stellung des Menschen im Universum musste auf Grund dieser Thatsachen in völlig neuem Lichte erscheinen. Das ist eine Veränderung, so tief gehend wie keine andere in der gesammten Culturgeschichte. Sie bildet den entscheidendsten Bestandtheil unter den Elementen des modernen Denkens: aber die Tragweite dieser Umwälzung ist so gewaltig und folgenschwer, dass sie noch heute nicht als vollendet angesehen werden kann.

Seitdem in der Zeit der Kreuzzüge die bis dahin sehr beschränkten Vorstellungen des Abendlandes von der räumlichen Gestalt und Gliederung der Erde eine wesentliche Erweiterung und Veränderung gefunden hatten, vollzog sich der Process der geographischen Entdeckungen verhältnissmässig schnell. Die Reiseberichte Marco Polo's aus Indien und China machten den Seeweg nach Indien zu dem Ideal der südeuropäischen Seefahrer. Vasco de Gama fand ihn durch die Umsegelung Africa's: bedeutender war es für die gesammte Cultur, dass Columbus ihn suchte durch den westlichen Ocean. Denn als die anfängliche Täuschung, der von ihm entdeckte Continent sei Indien, fortfiel, — als Balboa die Landenge von Darien überschritt und Maghellan die Spitze Südamerica's umschiffte, da öffnete sich mit dem Blick auf den stillen Ocean die Riesenarbeit der Zukunft. Der europäische **Culturmensch beginnt auf dem ganzen Planeten hei-**

misch zu werden. Von nun an lässt er nicht ab, diesen seinen heimatlichen Boden zu durchforschen, ihm die Früchte aller seiner Zonen zu entlocken und ihn sich in seinem ganzen Umfange dienstbar zu machen. Diese Vertrautheit mit seinem Planeten ist die werthvollste Frucht, welche der Mensch den geographischen Entdeckungen der Renaissance verdankt.

Entscheidend war in dieser Bewegung die That des Columbus: aber wie sie in seinem Geiste aus der Hypothese von der Kugelgestalt der Erde entsprang, so war sie auch deren glänzende Bestätigung. Diese Gewissheit jedoch von der Kugelgestalt der Erde und die daran sich von selbst schliessende Hypothese einer Achsendrehung barg in sich noch viel werthvollere Keime. Hatte man sich erst einmal in diese Vorstellung eingelebt, so war nur noch ein Schritt nöthig, freilich der Schritt eines Genies, um daraus den Wechsel der astronomischen Erscheinungen zu erklären. Diesen grossen Schritt, den wichtigsten in der gesammten Welterkenntniss des Menschen, that Copernicus. Die ungeheure Bedeutung seines Werkes „über die Bahnen der Himmelskörper" beschränkt sich nicht auf den Werth einer astronomischen Theorie, durch welche das ptolemäische System über den Haufen geworfen und an seine Stelle eine Auffassung der kosmischen Verhältnisse gesetzt wurde, welche nunmehr der gesammten naturwissenschaftlichen Weltanschauung zu Grunde liegt: die höhere und weitere Bedeutung dieser neuen Erkenntniss liegt darin, dass durch sie sich der geistige Blick des Menschen aus der Beschränkung des irdischen Daseins in die Unendlichkeit des Weltalls erhob. Die Vertauschung des geocentrischen mit dem heliocentrischen Standpunkte wies dem Menschen selbst eine ganz andere Rolle in dem Zusammenhange der Dinge an, als er bisher sie sich eingebildet hatte. So schwer es ihm werden mochte, er musste sich des Gedankens entwöhnen, als ob sein heimatlicher Boden es sei, um den das ganze Universum sich drehe, musste sich der schönen Vorstellung entschlagen, als ob die Ereignisse, die auf diesem Boden sich vollziehen, Weltgeschicke seien. Das Weltstäubchen mit seinen Rissen und Höhen und den darauf wimmelnden Organismen — wie konnte es noch meinen, der Mittelpunkt des unendlichen Weltalls zu sein? Die Auffassung des Universums musste sich, sobald sie aufgehört hatte, in physischer Richtung geocentrisch zu sein, auch geistig zu einer Höhe erheben, auf der die Weltentwicklung nicht mehr nach dem beschränkten Gesichtspunkte des Menschenthums, seiner Bedürfnisse, Wünsche und Hoffnungen betrachtet wird. Darin liegt die Grösse und die befreiende Gewalt der copernicanischen That; dies ist das Geheimniss, weshalb niemals eine wissenschaftliche Erkenntniss einen so grossartigen und so weittragenden Einfluss auf die culturgeschichtliche Entwicklung gehabt hat, wie diese. Und wie allen grossen Geschicken, so wohnte auch dieser That neben der Demüthigung, mit der sie den Menschen niederwarf, eine erhebende Kraft bei. Denn diese Erkenntniss war ein Triumph der kritischen Vernunft über die Rohheit der sinnlichen Auffassung. Im Widerspruche mit dem niemals zu ändernden Sinnesscheine wurde so in dem menschlichen Geiste eine Vorstellung befestigt, welche heute jedem Kinde geläufig ist. So steht das Werk des Copernicus als ein leuchtendes Vorbild an der Schwelle einer neuen Zeit, und wenn sich in der Folge das vernünftige Denken des Menschen auf seinen tiefsten Eigenwerth zu besinnen suchte, so wusste es nichts Besseres, als an diesem Beispiele sich seine Kraft und sein Recht zu holen.

Aber gerade diese von Copernicus widerlegte sinnliche Auffassung der kosmischen Verhältnisse war mit der Kirchenlehre eng verknüpft; ihre Metaphysik beruhte wesentlich auf dem geocentrischen und damit auch dem anthropocentrischen Gesichtspunkte, und mit Aengstlichkeit hütete sie das Dogma von der Endlichkeit der Welt. Es bedurfte deshalb kaum des Nachweises, den das grossartigste System der italienischen Naturphilosophie, dasjenige von Giordano Bruno führte, des Nachweises nämlich, dass die Annahme der räumlichen und zeitlichen Unendlichkeit der Welt die nothwendige Consequenz der copernicanischen Lehre sei: schon vorher ahnte die Kirche diesen innersten Widerspruch gegen ihr gesammtes System; alle Confessionen beeilten sich, das Werk zu verdammen, und selbst der milde Melanchthon trug kein Bedenken, die Riesenthat seines grossen Landsmannes als staatsgefährlich zu denunciren. Aber es half nichts; es half auch nichts, dass Tycho de Brahe einen feinsinnigen Compromiss zwischen der alten und der neuen Lehre zu schaffen suchte — die Wahrheit siegte, und eine Fülle geistiger Schöpfungen wuchs aus ihr hervor. —

Der Grossartigkeit der Entdeckungen wird die Waage gehalten von der Mächtigkeit der Erfindungen jener Zeit. Nur vorübergehend mag an die Umgestaltung erinnert werden, welche die Erfindung des Schiesspulvers — vermuthlich ein zufälliges Ergebniss alchymistischer Versuche — in den politischen Actionen, in der Art der Kriegführung, in der Constitution der Heere und in den socialen Beziehungen der letzteren herbeiführte — eine Umgestaltung, welche freilich nicht nach allen Seiten hin so günstig, wie sie tief einschneidend war. Es mag auch nicht vergessen werden, wie die unglaublich schnelle Besitznahme der neu entdeckten Länder allein auf der Ueberlegenheit der Bewaffnung der Europäer beruhte: ohne das Feuerrohr würden Cortez und Pizaro die Länder der amerikanischen Cultur nicht so schnell für die Kenntniss und die Habgier der Weissen eröffnet haben. Es ward schon erwähnt, in wie grossem Massstabe die Erfindung der Buchdruckerkunst die Ausbreitung und das gewaltig schnelle Wachsthum der wissenschaftlichen Bildung begünstigte. Im Vollgenusse des neuen Besitzes entwickelten die Gelehrten jener Zeit einen bewunderungswürdig umfassenden und lebhaften Verkehr, durch welchen die Gedanken fruchtbringend und einander befruchtend hin und her flogen. Jene grossen Entdeckungen der Seefahrt wären unmöglich gewesen ohne die Erfindung des Compass, der einem Columbus auf der kühnen Fahrt nach Westen den Weg zeigte; und endlich die entscheidenden Entdeckungen der Astronomie verdankten ihre zweifellose Begründung lediglich jenen genauen Beobachtungen, welche die Erfindung des Teleskops möglich machte. So innig ist das Entdecken mit dem Erfinden verflochten.

Das waren die Waffen, vor denen die alte Wissenschaft zitterte. Wie charakteristisch ist jene Anekdote, dass Cremonini, als Galilei die Trabanten des Jupiter entdeckt hatte, fortan durch kein Teleskop mehr sehen zu wollen erklärte, weil das den Aristoteles widerlege! In diesen Mitteln der Forschung besass die neue Wissenschaft die unerschöpflichen Quellen, aus denen sie ihre selbständige Kraft schöpfen konnte. Mit ihnen gelang es ihr, das Joch jeglicher Autorität abzuwerfen und aus den Händen der von ihr befragten Natur das Göttergeschenk zu erhalten, nach dem die ganze Renaissance sich sehnte und rang — die Freiheit des Geistes.

§ 9. Die Gliederung der neueren Philosophie.

Aus diesen mannigfachen Bestrebungen der philologischen und historischen, der religiösen, der juristischen und der naturwissenschaftlichen Bewegung der Renaissance erwuchs in allmählichem Aufstreben durch die Jahrhunderte hindurch das moderne Denken. Alle die Fäden, deren leisen Ursprung diese Einleitung zu skizziren suchte, liefen zunächst in mannigfaltigen Verschlingungen fort, bis sie in dem grössten der neueren Philosophen, in Kant, ihre entscheidende Zusammenfassung fanden. Sein Name theilt daher von selbst die Geschichte der neueren Philosophie in zwei Abschnitte, von denen der eine vor ihm endet, der andere nach ihm beginnt. Und die Gedankenwelt dieses Mannes selbst enthält alle Grundgedanken der neueren Zeit in so scharfer Concentration, und ist zugleich für das gegenwärtige Denken von immer noch so massgebender Bedeutung, dass es geboten erscheint, die Geschichte seines Geistes und den Zusammenhang seines Systemes mit ungleich breiterer Ausführlichkeit zu behandeln, als diejenigen der anderen Denker, welche theils auf ihn vorbereiten, theils aus ihm hervorgehen. Es wird daher die folgende Darstellung in drei Theile zerfallen, von denen sich der erste mit der vorkantischen, der zweite mit der kantischen, der dritte mit der nachkantischen Philosophie zu beschäftigen hat.

Was zunächst den ersten dieser Theile, die Geschichte der vorkantischen Philosophie, anbetrifft, so treten in den Gang dieser Entwicklung successive die verschiedenen Nationen je nach ihren allgemeineren Culturverhältnissen mit besonderen Richtungen und Bestrebungen ein, — zwar nicht durchaus unabhängig von einander und deshalb nicht mit absoluter Strenge zu scheiden, aber doch derartig, dass die Eigenthümlichkeiten der einzelnen Nationen scharf genug zu Tage kommen, um als ein sicherer Faden bei der Betrachtung und Darstellung dieser Entwicklung gelten zu dürfen. Zuerst sind es die Italiener, welche mit ihrer Naturphilosophie das Interesse auf sich ziehen; dann in einer Art von Gegensatz dazu die Deutschen, bei welchen das religiöse Moment für die Gestaltung des Philosophirens von entscheidender Bedeutung bleibt. Ganz anders treten wiederum die Engländer mit scharfsinniger Verfolgung der empiristischen Methoden des Naturerkennens hervor, und im Gegensatz dazu vollzieht sich in Frankreich eine Begründung der rationalistischen Philosophie und in den Niederlanden deren Weiterentwicklung. Diese Bewegungen laufen durchschnittlich bis gegen das Ende des XVII. Jahrhunderts, und als ihre gemeinsame Frucht ist es anzusehen, dass das XVIII. Jahrhundert sich den stolzen Namen des Zeitalters der Aufklärung geben durfte. Von dieser Aufklärung des XVIII. Jahrhunderts ist Italien in Folge des allgemeinen Zustandes, den dort die Gegenreformation erzeugt hatte, wenigstens in Bezug auf originelle Leistungen so gut wie völlig ausgeschlossen. Die Führung dagegen in der Philosophie der Aufklärung lag bei den Engländern, von denen sie den Franzosen übermittelt wurde, während Deutschland erst etwas später dazu berufen war, die Gedanken der beiden grossen Culturnationen des Westens in sich aufzunehmen und mit selbständiger Kraft zu verarbeiten.

Auf Grund dieser vorläufigen Uebersicht gliedert sich die Geschichte der vorkantischen Philosophie in folgende sieben Abschnitte:

I. Die italienische Naturphilosophie.
II. Die deutsche Philosophie im Reformationszeitalter.
III. Der englische Empirismus.
IV. Der Rationalismus in Frankreich und den Niederlanden.
V. Die englische Aufklärung.
VI. Die französische Aufklärung.
VII. Die deutsche Aufklärung.

I. Theil.
Die vorkantische Philosophie.

I. Kapitel.
Die italienische Naturphilosophie.

Es ist eine bemerkenswerthe Thatsache, dass zwar für alle Richtungen des neueren Denkens mächtige und zum weit grösseren Theile sogar die ersten Anfänge in Italien zu suchen sind, dass aber der vollen und geschlossenen Entwicklung der modernen Philosophie dieser Boden sich wenig günstig erwiesen hat. In den humanistischen Studien ist Italien zweifellos vorangegangen; auf dem religiösen Gebiete zeigte es während der gesammten Renaissance ein gewaltiges Drängen und Treiben, und an persönlicher Grösse konnte es ein Mann wie Savonarola wohl mit allen spätern Reformatoren des Nordens aufnehmen; auch in der Rechtsphilosophie hat Italien durch Macchiavelli gewissermassen den Vortritt, und an der principiellen Begründung der modernen Naturforschung hat es durch Galilei den hervorragendsten, ja den entscheidenden Antheil: und trotz alledem ist die Ausbeute an originellen philosophischen Principien und vor Allem an geschlossenen Systemen einer wesentlich neuen Philosophie in Italien ausserordentlich gering.

Die Gründe dieser eigenthümlichen Erscheinung liegen zum grossen Theile darin, dass der italienische Geist der Renaissance zu stark von den politischen, socialen, technischen und künstlerischen Aufgaben in Anspruch genommen war, um zu jener ruhigen Selbstbesinnung, in welcher schliesslich doch alle Philosophie wurzelt, dauernd zu gelangen. Es kommt hinzu, dass das südliche Temperament der Italiener, der sinnlichen Wirklichkeit geöffnet und gerade in jener Zeit durch die Lebhaftigkeit der ästhetischen

Entwicklung besonders zugewendet, für die Grübelwelt der Philosophie verhältnissmässig weniger angelegt ist, als die nordischen Völker, und dass die Lebhaftigkeit der Phantasie, sonst einer der grössten Vorzüge ihres Nationalcharakters, für die Forderungen einer strengen Begriffswissenschaft eher ein Hemmniss bilden musste.

Hieraus erklärt sich der eigenthümliche Typus, welchen die meisten Systeme der italienischen Philosophie an sich tragen. Sie entspringen aus dem lebhaften Bedürfnisse einer neuen Erkenntniss des Universums, und wie die Kunst der Italiener eine geniale Reproduktion der Natur darstellt, so stürzt sich ihr metaphysischer Trieb in das geheimnissvolle Walten des Weltalls. Nicht zufrieden mit den freilich noch geringen Erfolgen einer nüchtern empirischen Kenntniss, baut man auf so schwachen Grundlagen Systeme des Weltalls auf, deren Grundriss die Phantasie gezeichnet hat. In dieser Hinsicht tragen die Systeme der italienischen Naturphilosophie einen ganz ähnlichen Charakter, wie diejenigen der ältesten Philosophen Griechenlands. Von geringen, einseitig entwickelten Kenntnissen aus entwerfen sie grossartige und phantasievolle Weltbilder.

Unabhängig aber von diesen Begriffsdichtungen, durch mächtige Anregungen auch aus dem Norden gefördert, entwickelte sich die exacte Naturforschung: sie fand in Galilei den philosophischen Vertreter, der ihre Methode mit genialer Sicherheit festlegte und die Grundlinien für den späteren Ausbau der naturwissenschaftlichen Weltanschauung zog. Seine Lehre ist der wichtigste Beitrag Italiens zur Geschichte der europäischen Wissenschaft.

§ 10. Bernardino Telesio.

Die Neigung zum Phantastischen tritt selbst bei einem Manne hervor, welcher für den systematischen Betrieb der rein empirischen Naturforschung ausserordentlich fruchtbare Anregungen gegeben hat: Bernardinus Telesius war im Jahre 1508 zu Cosenza geboren und erhielt seine gelehrte Bildung wesentlich in Padua. Ein längerer Aufenthalt in Rom, der ihm die Bekanntschaft einer grossen Anzahl von berühmten Gelehrten der Zeit verschaffte, machte ihn zum ausgesprochenen Gegner der aristotelisirenden Scholastik, und in der richtigen Erkenntniss, dass es sich um eine unbefangene, erfahrungsmässige Betrachtung der Natur handle, wenn man dem neuen Denken positiven Inhalt zuführen wolle, stiftete er die cosentinische Gesellschaft der Naturforschung, welche, später nach Neapel übergesiedelt, auch nach seinen 1588 zu Cosenza erfolgten Tode eine umfassende Regsamkeit bethätigte. Sein Hauptwerk: „De natura rerum juxta propria principia" (1565—1586) entwickelt in einer Polemik gegen Aristoteles, die in der Forderung gipfelt, man müsse dessen Lehren von den Akademien verdrängen, die erkenntnisstheoretischen Grundlagen einer selbständigen, allen Autoritätsglaubens baaren Naturerkenntniss. Die Methode dafür besteht aber nach Telesius lediglich in der sinnlichen Erfahrung. Die Lehre von dem reinen Verstande als einer Denkkraft, die nur aus sich selbst die Erkenntniss der Welt schöpfe, gilt ihm als eine grosse Thorheit: er sucht nachzuweisen, dass die durch Schlüsse gewonnenen Gedanken im besten Falle Vorahnungen der Wahrheit sind und nur dann in voller Gewissheit gelten dürfen, wenn sie einmal durch die Erfahrung verificirt worden sind. Er schliesst an diese Betrachtung eine Reihe von psychologischen Untersuchungen, namentlich auch über den Gegensatz mathematischer und physicalischer Erkenntniss, und lässt dabei deutlich erkennen, dass dieser einseitige Sensualismus sich der Wichtigkeit mathematischer Grundlegung noch nicht bewusst geworden ist.

Um so eigenthümlicher nun erscheint es, wenn ein Denker von solchen Principien, der noch dazu erklärt, er wolle nicht, wie leider die meisten Philosophen, eine selbstersonnene Welt entwerfen, sondern die Gottheit durch die sorgfältige Erforschung der von ihr geschaffenen Wirklichkeit ehren, seinem Zeitalter schliesslich doch eine Metaphysik bescheerte, in welcher eine allgemeine Construction der Natur durch wenige, an bestimmte Gesetze gebundene Kräfte geliefert werden soll.

Die Grundgedanken dieser Naturauffassung zeigen eine interessante Aehnlichkeit mit altionischen Speculationen und der hypothetischen Physik der Eleaten. Es ist eine Art von meteorologischer Theorie der Natur, die uns hier entgegentritt, und die nach dem Tode des Mannes unter dem Titel: „Varii de rebus naturalibus libelli" (1590) herausgegebenen Specialforschungen zeigen eine gewisse Vorliebe gerade für die meteorologischen Probleme. Die Hauptrolle in seiner Weltanschauung spielt der Gegensatz des Trockenen und des Feuchten. Zu Grunde liegt hier auch der Gegensatz von Himmel und Erde. Der Mittelpunkt des Himmels, die Sonne, gilt ihm als derjenige der äussersten Wärme und Trockenheit, der

Mittelpunkt der Erde als die Concentration der Feuchtigkeit und der Kälte. Ueberzeugt von der Bewegung des Erdmittelpunktes um die Sonne, lehrt er nun, dass in der zwischen beiden liegenden Welt ein stetiger Kampf des feucht-kalten und des trocken-warmen Principes stattfinde, wobei zwar das eine über das andere abwechselnd überwiege, niemals aber eines davon gänzlich vernichtet werden könne. Aus diesem stetigen Kampfe gehen in der an sich eigenschaftslosen Materie die einzelnen Dinge hervor, deren Qualität also wesentlich durch das Ueberwiegen des einen oder des anderen Elementes bestimmt und unterschieden ist. So gelten die Aggregatzustände als die eigentlichen Grundbestimmungen der Dinge. Charakteristisch ist ferner die materialistische Wendung, welche diese Lehre mit einer gewissen Anlehnung an die Stoiker nimmt. Die Seele gilt dem Telesius als die feinste und beweglichste Materie, aber die Fähigkeit des Empfindens will er nicht auf sie beschränken, sondern vielmehr der gesammten Materie zusprechen. Er betrachtet sie als den Vorgang, durch welchen in dem ewigen Streite die beiden Principien sich gegenseitig bemerklich machen, und diese Hypothese des allgemeinen Wahrnehmungsvermögens ist natürlich der sensualistischen Erkenntnisstheorie ausserordentlich willkommen. Zu dieser materialistischen Erklärung der psychischen Vorgänge wird dann von Telesius, wie schon von Cardanus, ganz äusserlich die Annahme einer von Gott stammenden, unsterblichen Seele hinzugefügt, eine forma superaddita, deren Annahme lediglich Glaubenssache und ohne jeden Zusammenhang mit der Wissenschaft sei: die letztere habe überhaupt die Welt als ein vollkommen Selbständiges und in sich Begründetes zu betrachten. Wenn der Glaube davon überzeugt sei, dass Gott die Welt geschaffen habe, so sei für die wissenschaftliche Erkenntniss nur diese Welt, wie sie nun einmal nach ihrer Erschaffung da ist, der einzige Gegenstand der Betrachtung, und die Bewegung der Himmelskörper z. B. müsse als ein natürlicher Vorgang, nicht als ein Ausfluss des göttlichen Willens angesehen werden.

Es ist aber andererseits auch klar, wie lose der Zusammenhang zwischen der empirischen Naturforschung und dieser Naturphilosophie ist, und im Fortgange der Entwicklung scheiden sich die beiden Elemente immer mehr. Auf der einen Seite vertiefte sich die empirische Forschung durch die Aufnahme des mathematischen Moments zu einer wirklich erklärenden Theorie: auf der andern

Seite wurde das Spiel der naturphilosophischen Phantasie immer freier und kühner. Am klarsten tritt dies bei dem folgenden Denker zu Tage.

§ 11. Francesco Patrizzi.

Er war zu Clissa in Dalmatien 1529 geboren, erhielt nach abenteuerlichem Leben eine Professur der platonischen Philosophie zu Ferrara und starb zu Rom 1597. Auch in ihm finden wir einen heftigen Gegner des Aristoteles, welchem er in seinen „Discussiones peripateticae" nachzuweisen suchte, dass er alles Gute dem Plato entlehnt habe und dass Alles, was er selbst hinzugefügt, schlecht sei. Der ausführliche Titel seines Hauptwerkes (Ferrara 1591) gibt von der phantastischen Verschmelzung, die seine Lehre enthält, einen charakteristischen Vorbegriff: „Nova de universis philosophia, in qua Aristotelis methodo non per motum sed per lucem et lumina ad primam causam ascenditur, deinde propria Patritii methodo tota in contemplationem venit divinitas, postremo methodo platonica rerum universitas a conditore deo deducitur." Der Grundgedanke, den er in diesem Buche durchführt, ist derjenige des belebten Universums, des von einem göttlichen Lebenshauche durchwehten Alls, ein Gedanke, der auf den Flügeln der Phantasie Alles zu durchdringen und vor dem geistigen Auge lebendig zu machen sucht. Platonische, neuplatonische und stoische Ideen von der Weltseele kreuzen sich in einem unklaren Gemische, und es ist begreiflich, wie sich in solche Vorstellungswelt auch mystische Regungen einfügen. Die Erkenntniss gilt als ein Zurückgehen dessen, was hervorgegangen ist, zu dem, woher es ausgegangen ist, und sie erscheint deshalb, wie bei den Neuplatonikern, als eine Art von unbegreiflicher Erleuchtung.

In dieser Erleuchtung schildert der erste Theil des Werkes, Panaugia oder Omnilucentia genannt, das Universum als den Abglanz des ewigen, göttlichen Urlichtes, das den ganzen unendlichen Weltraum, das Empyreum, erfüllt. In diesem aber bildet den Mittelpunkt die sinnliche Welt und um sie herum wohnen die höheren Geister. Der zweite Theil, die Panarchia, soll zeigen, wie alle diese einzelnen Geister und Dinge aus dem all-einen Urquell hervorgegangen sind. Diese Darlegung nimmt ihren Ausgang von der Frage, ob das Princip des Universums als Einheit oder Vielheit zu denken sei, und löst sie dahin, dass nur die harmonische Verknüpfung der

Vielheit in der Einheit allen Anforderungen gerecht werden könne. Deshalb müsse die Gottheit als das Eine begriffen werden, welches die Vielheit in sich schliesst, als Unomnia. Von hier aus entwickelt sich dann ein Emanationssystem, in welchem pythagoreische, neuplatonische und christliche Gedanken verschmolzen sind. Das triadische System des Neuplatonismus wird zunächst zu einer symbolischen Ausdeutung der Dreieinigkeit benutzt und daran eine dekadische Gliederung der übrigen Weltkräfte geschlossen, in welcher die einzelnen Dinge mit absteigender Vollkommenheit aus dem Urquell hervorgehen. Während aber so dieser zweite Theil im Wesentlichen eine unklare Reproduktion des neuplatonischen Emanationssystems aufweist, bringt der dritte, die Pampsychia, einen bemerkenswerthen Gegensatz dazu. Den Neuplatonikern hatte das letzte Erzeugniss dieser Emanation, die materielle Natur, wenigstens in gewissem Sinne als ein Unvernünftiges und Böses gegolten; wir erkennen in Patritius den Sohn der naturfrohen Renaissance, wenn er durchzuführen sucht, dass auch die materielle Natur der volle und lebendige Ausdruck der göttlichen Vernunft sei. Er betont dabei den Grundgedanken der plotinischen Aesthetik, das Durchleuchten der seienden Idee durch das Nichtseiende. Wenn die Gottheit der einzige Urquell aller Dinge ist, so kann es zwar eine Abstufung in dem Grade der Vollkommenheit geben, aber es müssen die Dinge bis in ihre letzten Auszweigungen hinein von der göttlichen Vernunft getragen, beseelt und beherrscht sein. Hier zeigt der Universalismus, dessen phantasievoller Vertreter Patrizzi ist, die Nothwendigkeit seiner optimistischen Consequenz. In diesem pantheistischen Sinne kann die Gottheit nur als Weltseele betrachtet werden, als der innerste Lebenskern aller Dinge, und so erscheint in dieser Betrachtung das Weltall als ein aufsteigendes Stufenreich göttlicher Manifestationen. Wie die Seele des einzelnen Organismus den Körper bewegt und belebt, so ist auch der Zusammenhang der grossen und der kleinen Bewegungen des Weltalls, so ist die Thatsache, dass überhaupt etwas geschieht, nur durch eine allgemeine Seele des Weltorganismus erklärbar, und wie die Seele des einzelnen Menschen jedes Glied seines Körpers durchdringt, so kann es in dem Kosmos nichts geben, was nicht von dem göttlichen Lebenshauche beseelt wäre. Ueberzeugt wie Telesius von der allgemeinen Beseeltheit auch der sogenannten todten Materie, sucht Patritius diese Lehre hauptsächlich durch eine Bekämpfung der mittelalterlichen Auffassung der Thiere und durch Aufzeigung von deren psychischen Thätigkeiten zu erhärten. Der letzte Theil endlich seines Werkes, die Pancosmia, will nun auf rein naturphilosophischem Wege den grossen Zusammenhang des Weltlebens darstellen, und bewegt sich hauptsächlich in astronomischen und meteorologischen Theorien. Es ist nur eine Folgerung aus der Unendlichkeit der göttlichen Kraft, wenn das Universum selbst für unendlich angesehen wird; aber den Beweis dafür findet Patritius hauptsächlich darin, dass mit der Ausdehnung der Forschung immer mehr Sterne in diesem unendlichen Raume aufgefunden worden sind, sodass die Anzahl von 1022, welche die mittelalterlichen Astronomen fixirt hatten, längst überschritten ist. Er beruft sich dabei direkt auf Amerigo Vespucci, der auf der südlichen Hemisphäre ganz neue Sterne gesehen habe. In seinen astronomischen Betrachtungen ist eine ganz merkwürdige Mischung von Anerkennung der neuen Entdeckungen, von phantastischen Hypothesen und von ahnungsvollen, unklar vorausschauenden Ideen. Man soll sich endlich losmachen von der Vorstellung, als seien die Sterne fest an einem beweglichen Gewölbe angeheftet; sie bewegen sich vielmehr frei, wie die Vögel in der Luft. Jeder von ihnen stützt sich auf seinen eigenen Mittelpunkt und ballt sich um sich selbst, weil alle seine Theile zu demselben Mittelpunkte hinstreben — eine Art von unreifer Ahnung der Gravitation. Im Besonderen gilt das, wie Patritius ausführt, von der Erde und dem Monde. Er nimmt im Wesentlichen die copernicanische Lehre an; die Erde stehe nicht im Mittelpunkte des Universums, sondern drehe sich um die Sonne, wie um die Erde der Mond: aber er sucht dies einfache System des deutschen Astronomen durch unklare Hypothesen, wie er meint, noch verständlicher zu machen.

Die eingehendere Betrachtung dieses Systems verlohnte sich nur, um ein typisches Bild zu geben von der phantastischen Verworrenheit, mit der sich die alten und die neuen Gedanken in den Köpfen der italienischen Naturphilosophen kreuzten: vor Allem aber um zu zeigen, wie schon in geringeren Geistern das copernicanische System als die wissenschaftliche Erfüllung der Sehnsucht nach einer Einsicht in den Zusammenhang des unendlichen Weltalls erscheinen musste. Der Pulsschlag des göttlichen Lebens trat dem Zeitalter wie verkörpert entgegen, als ihm mit Einem Schlage in genialer Einfachheit das Gewebe der Bewegungen der Weltkörper entwirrt wurde. Das grossartigste Denkmal aber der gewaltigen That des Copernicus ist zugleich das bedeutendste System der italienischen Naturphilosophie, in welchem alle diese Fäden zu organischer Einheit zusammenliefen: dasjenige von Giordano Bruno.

§ 12. Giordano Bruno.

Das Leben dieses Mannes ist ein klares Spiegelbild jener gährenden Unruhe und jenes unbefriedigten Suchens, woraus die neuen Gedanken hervorkeimten, und es erscheint in seiner phantastischen Sprunghaftigkeit ebenso wie in seinem tragischen Ende als ein vollkommner Ausdruck für das innere und äussere Geschick der italienischen Philosophie.

Er stammte aus dem Städtchen Nola in Campanien und war daselbst 1548 geboren. Sehr jung in den Dominikanerorden getreten, machte er so wunderbar schnelle Fortschritte, dass er sehr bald das enge Kleid der Ordensanschauungen auswuchs. Die Beschäftigung mit den Werken des Nicolaus von Cusa scheint ihn zuerst über die thomistische Scholastik hinausgeführt zu haben, über welche er nachher in seinen Werken die Schale des Spotts und des Zorns reichlich ausgoss. Im Gegensatze dazu bemächtigten sich seines Geistes die naturphilosophischen Bestrebungen der Zeit und namentlich, wie es scheint, die Gedanken des Telesius. Durch ihn vermuthlich wurde er zuerst mit dem copernicanischen Systeme bekannt, welches die Grundlage seiner eigenen Weltanschauung werden sollte. Das Misstrauen, das seine vielseitige wissenschaftliche Beschäftigung bei den Oberen seines Ordens erregte und sich schon in zweimaliger Untersuchung bethätigt hatte, zwang ihn schliesslich im Jahre 1576 zur Flucht zunächst nach Rom, und als ihm dort eine neue Untersuchung drohte, weiter. Mit dem Ordenskleide aber zog er zugleich auch das Gewand der kirchlichen Lehre vollständig aus. Er trat von nun an dem Christenthume nicht nur innerlich entfremdet, sondern als ein leidenschaftlicher Gegner in Schrift und Wort gegenüber. Aus der Kirche herausgedrängt, wurde er ein Wanderprediger gegen ihr gesammtes System. Hieraus erklärt sich zunächst das unstäte Leben, welches er von nun ab führte und zu führen genöthigt war. Ueberall bei beiden Confessionen stiess er auf Widerspruch und Verfolgung, und da er mit jugendlicher Keckheit die letztere eher provocirte als vermied, so musste er oft heimlich den Ort seiner Wirksamkeit verlassen. Es kam hinzu, dass der Wechsel seines Aufenthaltes häufig durch das Suchen nach einem Verleger bedingt war, welcher die Gefahr der Herausgabe seiner radicalen und von vorn herein der Verdammung sicheren Werke auf sich nähme. So sehen wir ihn nach Wanderungen durch Oberitalien kurze Zeit in Genf, in Lyon und Toulouse weilen, um dann eine anfangs sehr erfolgreiche Wirksamkeit an der Pariser Universität zu beginnen, an der seine Ernennung zum Professor nur an seiner Weigerung, die Messe zu besuchen, scheiterte. Er setzte den Wanderstab weiter nach England und lebte, nachdem man in Oxford seine Vorträge über die Unsterblichkeit der Seele und über das copernicanische System inhibirt hatte, eine Zeit lang unter dem Schutze vornehmer Gönner in London, wo er sich der Herausgabe seiner tiefsten philosophischen Schriften und seiner radicalsten, italienisch geschriebenen Werke gegen das Christenthum widmete. Aber auch von dort trieb es ihn wieder fort: nach einem kurzen zweiten Aufenthalte in Paris versuchte er sich an der Universität zu Marburg zu habilitieren. Aber hier so wenig wie gleich darauf in Wittenberg fand er eine dauernde Stätte, und man kann sich des Eindrucks nicht erwehren, dass an diesem ewigen Wandern ebenso wie die äusseren Verhältnisse auch eine gewisse Unstetigkeit seines inneren Triebes die Schuld getragen hat. Nach einem kurzen Aufenthalte in Prag, der wiederum wesentlich buchhändlerischen Zwecken gewidmet gewesen zu sein scheint, siedelte er an die Universität Helmstädt über und vertauschte auch diesen Wohnort nach geringer Zeit mit Frankfurt a. M., um dort abermals eine Reihe von Werken drucken zu lassen. Zu weiterer Flucht genöthigt, lebte er vorübergehend in Zürich, und von hier aus folgte er schliesslich dem Lockrufe, durch den sein Geschick sich erfüllen sollte. Ein italienischer Grosser, der von ihm in die magischen Künste der Zeit eingeweiht zu werden hoffte, rief ihn zu sich nach Padua und Venedig. Dass Bruno hierauf einging und sich auf diese Weise den Gefahren der Inquisition selbst aussetzte, mag wie ein Räthsel erscheinen. Allein begreiflich wäre es immerhin, wenn ein Mann nach so ruhelosem Leben und mit dem Gefühle, seine hochfliegenden Hoffnungen und Pläne überall gescheitert gefunden zu haben, nun die Sehnsucht empfunden hätte, in der Heimath um jeden Preis die Ruhe zu finden, die er in der weiten Welt vergebens gesucht hatte. Was er wirklich fand, war die Noth des Kerkers und die Ruhe des Todes. Auf die Anzeige seines Gastfreundes wurde er von der Inquisition verhaftet und nach langem Harren nach Rom ausgeliefert, und als die jahrelangen Versuche, ihn zum Widerrufe zu bewegen, erfolglos geblieben waren, wurde das Todesurtheil über ihn gesprochen, dessen Verkündigung er mit dem stolzen Worte an seinen Richter erwiderte: „Ihr sprecht das Urtheil mit grösserer Angst, als ich es empfange." Am 17. Februar 1600 wurde er in Rom verbrannt — ein Märtyrer der modernen Wissenschaft — gerade 2000 Jahre, nachdem Sokrates den Schirlingsbecher getrunken hatte.

Sonst freilich war in seinem Wesen nicht gar viel Sokratisches zu finden. Er war eine feurige Natur, von südlicher Leidenschaftlickheit und unabgeklärter Schwärmerei, von tief poetischer Empfindung und von rücksichtslosem Wahrheitssinn; dabei aber ohne die Fähigkeit, den eignen Geist zu zügeln und seiner wilden Bewegung das rechte Mass zu geben. Giordano Bruno ist der Phaëton der modernen Philosophie, der die Zügel der Sonnenrosse den alten Göttern aus den Händen reisst und mit ihnen durch den Himmel stürmt, um in den Abgrund zu stürzen. Die Tragik seines äusseren Lebens ist nur das Spiegelbild seines inneren Geschicks, in welchem die Phantasie mit dem Denken durchgeht und es aus den Bahnen ruhiger Forschung herausreisst.

Gegenüber diesen phantastischen und poetischen Strebungen seines Denkens machen die zahlreichen methodologischen Schriften Bruno's einen nicht wenig befremdenden Eindruck. Sie stehen, namentlich in der ersten Zeit, mit seinem eigenen Gedankensysteme in so gut wie gar keiner Verbindung, und mühen sich rastlos um die Durchführung eines barocken Einfalls, der in der Scholastik aufgetaucht war. Man darf geradezu einen Ausdruck des Bewusstseins von ihrer eigenen Sterilität darin sehen, wie die Scholastik schliesslich dem Projekte nachging, eine Art von Maschine zur Erzeugung von Gedanken zu erfinden. Raymundus Lullus hatte in seiner „Ars magna" ein solches System von Kreisen zusammengestellt, auf denen eine Anzahl von Grundbegriffen verzeichnet waren, und durch deren Drehung diese verschiedenen Grundbegriffe systematisch mit einander zusammengebracht werden sollten, um vermöge dieser Combinationen immer neue Begriffe zu erzeugen. Es spricht wenig für die logische und erkenntnisstheoretische Durchbildung Bruno's, dass ihm die Verbesserung dieser traurigen Denkmaschine zeitlebens so viel Kopfzerbrechens machte, und dass er ihr eine grosse Anzahl von mehr oder minder ausführlichen Werken widmete. Es gewinnt beinahe den Anschein, als habe er den Mangel wissenschaftlicher Methodik in seinem eigenen Systeme gefühlt und deshalb in diesen Arbeiten eine Art von Ergänzung gesucht. Andererseits mochten ihm, namentlich später, diese sämmtlich lateinisch geschriebenen Werke dazu dienen, um fort und fort seine Angehörigkeit zur gelehrten Zunft zu bethätigen und zu beweisen, dass er gegen die phantastische Speculation seiner neuen Lehre ein Gegengewicht höchst pedantischer Wissenschaftlichkeit besässe. Wie dem auch sei, dies fruchtlose Herumtappen nach einer Methode steht mit denjenigen Gedanken, auf welchen seine Bedeutung beruht, in keinem Zusammenhange.

Diese haben vielmehr ihre Wurzel in der copernicanischen Lehre, als deren begeisterter Verkünder Bruno durch Europa reiste, und sie beweisen, wie sich aus der neuen astronomischen Theorie nothwendig die metaphysische Consequenz der Unendlichkeit des Weltalls und damit eine allgemeine Erhebung über jede geistige Beschränkung ergab. „Offenbar thöricht ist es doch", sagt Bruno, „wie der gemeine Pöbel zu meinen, es gäbe keine anderen Geschöpfe, keinen anderen Sinn und keinen anderen Verstand als allein die uns bekannten." „Glauben, dass nicht mehr Planeten seien, als wir bisher kennen, dürfte nicht viel vernünftiger sein, als wenn Jemand meinte, es flögen nicht mehr Vögel durch die Luft, als er eben aus seinem kleinen Fenster heraussehend hat vorüberfliegen sehen." So erhebt ihn die neue Lehre über die Beschränktheit der Religionen und der Confessionen; vor seinem Auge steht Pythagoras neben dem Propheten von Nazareth, und ebenso wie er nicht in die Messe geht, verspottet er die Rechtfertigung durch den Glauben. Er tadelt an dem sonst verehrten Cusaner, sein Priesterkleid habe ihn beengt. Die Philosophie soll sich mit theologischen Fragen nichts zu schaffen machen: das allerhöchste Wesen ist nicht zu erkennen, es gehört dazu, wie Bruno nicht ohne Ironie sagt, ein übernatürliches Licht. Der Zweck der Philosophie ist, die Natur zu erkennen und die Einheit ihres unendlichen All-Lebens zu begreifen, Gott zu suchen nicht ausser-, sondern innerhalb der Welt und der unendlichen Reihe der Dinge;

und dies allein macht den Unterschied zwischen dem gläubigen Theologen und dem forschenden Weltweisen. So gründete sich die Proclamation der wissenschaftlichen Freiheit bei Bruno von vorn herein auf einen Pantheismus, der sich mit vollem Bewusstsein der christlichen Weltanschauung entgegenstellt.

Für die wissenschaftliche Erkenntniss selbst gibt nun das copernicanische System zwar keine Methode, aber doch einen überaus wichtigen erkenntnisstheoretischen Gesichtspunkt, durch welchen sich Bruno sehr weit von dem einseitigen Sensualismus des Telesius entfernt und über ihn erhebt. Die Theorie des deutschen Astronomen widerstreitet dem Sinnenschein; sie beruht zwar auf Sinneswahrnehmungen, aber sie erwächst daraus nur durch eine Verstandeskritik, in der die Täuschung durchschaut wird. Hieraus ergiebt sich für Bruno die Unzulänglichkeit der blossen Wahrnehmung. Der erste Einwurf, welchen er sich in seiner Schrift: „Dell' infinito universo e dei mondi" (1584) gegen die Lehre von der Unendlichkeit der Welt machen lässt, ist derjenige des Widerspruchs der Sinne. Und freilich giebt es für diese Unendlichkeit keinen Sinnenbeweis; aber die Sinne können auch nur in endlichen Dingen Beweiskraft beanspruchen, und auch da nur, insofern sie mit dem Verstande übereinstimmen. Das Unendliche selbst ist kein Gegenstand der Sinne, es ist seinem Wesen nach unermesslich, unvergleichlich und unerkennbar; denn alle unsere Erkenntniss begreift nur Aehnlichkeiten und Verhältnisse der endlichen Dinge, die wir durch die Sinne wahrgenommen haben. Die Erkenntniss des Unendlichen ist deshalb nur unvollkommen möglich, und gerade wie die einzelnen Dinge selbst nur ein Schatten des wahren Wesens sind, so ist auch unsere an die Sinne gebundene Erkenntniss nur ein Spiegel, in welchem die Wahrheit geahnt wird, aber nicht selbst enthalten ist.

Diese Betrachtungen erinnern an die skeptisch-mystischen Wendungen bei Nicolaus Cusanus, aber sie halten Bruno nicht ab, durch die begrifflichen Untersuchungen, soweit es für den Menschen möglich ist, über die Sinnestäuschung hinaus zu streben, und er liefert zunächst eine scharfe Kritik der mit der Autorität des Aristoteles sich deckenden Vorstellung von der Endlichkeit der Welt. Was ist, fragt er, die Leere jenseits des die Welt begrenzenden Aethers? Immer und immer, wo ihr auch die Grenze setzt, muss dahinter noch wieder der Raum sein. Der leere Raum in seiner unendlichen Ausdehnung ist der Ausfluss der unendlichen Weltkraft; die nimmer müssige, unendliche Thätigkeit Gottes kann sich nur in einer Welt gestalten, die räumlich und zeitlich unendlich ist. Auf Grund dieses Gedankens benutzt Bruno die copernicanische Lehre zur Ausführung eines Weltbildes, welches demjenigen der heutigen Naturwissenschaft in seinen Grundzügen sehr nahe steht. Das Universum besteht danach aus dem unendlichen Raume, dem Leeren, worin etwas sein kann, und der unendlichen Anzahl von Welten, die sich darin bewegen. Im Einzelnen knüpft Bruno dabei an die demokritisch-epicurische Tradition an: aber diese Anlehnung betrifft mehr die Pluralität der Welten, als die Auffassung ihrer Bewegung. Denn während der Atomismus dafür nur das Princip der mechanischen Nothwendigkeit kannte, ist für Bruno alles Geschehen Leben und Zweckthätigkeit, und während für die Atomisten der leere Raum nur der indifferente Schauplatz für das Treffen der Atome war, ist bei Bruno nach neuplatonischem Vorbild der unendliche Raum die Wirkungsstätte, in welcher sich die unendliche Weltkraft ihrem Wesen nach entfalten muss. Diese Bestimmungen hängen aber auch mit den Umwälzungen zusammen, welche der Begriff der Unendlichkeit durch den Neuplatonismus erfahren hatte: in ihm war der ursprünglichen griechischen Auffassung gegenüber gelehrt, dass die absolute Wirklichkeit, die Gottheit, ihrem Wesen nach als unendlich gedacht werden müsse. Deshalb stimmte es mit diesem Gedanken völlig überein, wenn nun auch das copernicanische System dazu zwang, das Weltall und den Raum als unendlich zu denken.

Daher hat Bruno Werth darauf gelegt, diesen Gedanken besonders eingehend auszuführen. Das Universum selbst ist unbeweglich, es kann seinen Ort nicht ändern, weil ausser ihm kein Ort ist, aber es bewegt sich in sich selber, und alle Bewegung ist deshalb nur relativ, es ist die innere Verschiebung der Theile dieses Weltalls. Auch von einem Mittelpunkte des Universums kann seinem Begriffe nach nicht gesprochen werden; aber es kann, was auf dasselbe hinausläuft, jeder Punkt für den Mittelpunkt angesehen werden, und wir beweisen das praktisch, indem wir es mit der Erde so machen. So bestehen nun in diesem unendlichen Weltall unzählige endliche Welten, welche alle in ihren Grundzügen gleich gebildet sind. „Jeder Stern bewegt durch sein eigenes Leben sich frei um seinen eigenen Mittelpunkt und um seine Sonne." Als den

Grund dieser Bewegung ahnt Bruno die Anziehung des Verwandten. Die Weltkörper „halten sich gegenseitig durch diese ihre Zugkraft", sie bilden alle ein System des gegenseitigen Stützens und Tragens, worin jedes Glied für den Zusammenhang der übrigen nothwendig ist. Wenn ein Stern, wie etwa die Cometen, an einen Punkt gelangt, wo er gleichweit von zwei verschiedenen Welten entfernt ist, so muss er stille stehen; aber die geringste Veränderung in diesem Entfernungsverhältniss lässt ihn sogleich dem näheren zufliegen. Wenn diese Gedanken jetzt unvollkommen oder trivial erscheinen, so darf man nicht vergessen, dass sie damals eine That und eine beispiellos kühne Folgerung waren, und dass sie Alles umstürzten, was man über die kosmischen Verhältnisse im Mittelalter geglaubt hatte.

Noch in einer zweiten, ebenso wichtigen Hinsicht wendet sich Bruno mit Hilfe der copernicanischen Lehre gegen die herrschende Weltvorstellung. Diese hatte den uralten Gegensatz von Himmel und Erde in dem Sinne aufrecht erhalten, wie er in der griechischen Wissenschaft durch die Astronomie der Pythagoreer befestigt und von Aristoteles anerkannt worden war, in dem Sinne nämlich, dass der Sternenhimmel das Reich der Vollkommenheit, die „Welt unter dem Monde" dagegen das der Unvollkommenheit sein sollte: diese sollte aus den „vier Elementen", jener aus dem „Aether" bestehen. Eine solche Werth- und Stoffverschiedenheit zwischen Himmel und Erde ist im copernicanischen System nicht möglich: dies setzt die Gleichartigkeit des Universums in allen seinen Theilen voraus, und so lehrte denn auch Bruno, dass die eine göttliche Weltkraft überall ihr gleiches vollkommenes Leben entfalte. Wenn daher durch Copernicus und Bruno die Erde aus dem Weltmittelpunkt entrückt und zu einem Stäubchen im unendlichen All herabgesetzt wurde, so gab ihr andererseits dieselbe Lehre das gleiche Wesen und den gleichen Werth wie allen übrigen Himmelskörpern.

Bruno bleibt jedoch nicht dabei stehen, diese grosse kosmologische Anschauung aus dem copernicanischen Systeme zu entwickeln, sondern sucht ihr eine metaphysische Grundlage zu geben, und das Problem, auf dessen Lösung es dabei hinausläuft, ist genau dasjenige, welches wir bei Nicolaus von Cusa als den Gegensatz von Individualismus und Universalismus kennen gelernt haben; es ist in zunächst naturphilosophischer Formulirung die Frage, wie die Selbständigkeit der endlichen Welten mit der Einheit des unendlichen Weltlebens vereinbar ist. Auch bei Bruno freilich kann man gewiss nicht einmal annähernd von einer Lösung dieses Problems sprechen; auch bei ihm liegen, wenngleich schon etwas entwickelter, beide Anschauungen noch im gemeinsamen Keime friedlich neben einander. Aber diese Möglichkeit der Vereinigung erscheint bei Bruno immer unter einem bestimmten Gesichtspunkte, vermöge dessen er in hervorragender Weise als der Philosoph der italienischen Renaissance erscheint: es ist der Gesichtspunkt der künstlerischen Harmonie, der zum Theil in bewusster und ausgesprochener Analogie das Weltbild in seinem Kopfe bestimmt.

Von den scholastischen Begriffen benutzt Bruno zunächst diejenigen der essentia und existentia, des Wesens und der Erscheinungen, um das Verhältniss der all-einen Gottnatur zu den einzelnen Dingen begreiflich zu machen. Der Substanz, dem inneren Wesen nach ist ihm in der That Alles dasselbe: die Eine unendliche Gottheit. Keines der einzelnen Dinge ist selbständig, jedes ist nur, insofern es eine Erscheinung der ewigen und unendlichen Gotteskraft ist. Aber diese eine Substanz ist für Bruno nicht wie etwa für die Eleaten ein starres, alle Bewegung und Vielheit ausschliessendes Sein, sondern vielmehr eine ewige, schöpferische Thätigkeit, es ist die wirkende Naturkraft, die Ursache aller Dinge. Ueber das Wesen dieser einen Substanz gibt Bruno in seinen „Dialoghi della causa principio ed uno" eine geistvolle Untersuchung, die mit dem Gegensatze der causae efficientes und der causae finales beginnt. Bei den einzelnen Dingen nämlich, führt er aus, und ihren Verhältnissen zu einander mag dieser Gegensatz berechtigt sein, da soll man zwischen der Ursache eines Dinges und dem Zwecke, den es zu erfüllen hat, wohl unterscheiden: ganz anders in dem Verhältnisse der Natur zu ihren einzelnen Erzeugnissen. Die Gottheit ist die wirkende Ursache, die natura naturans aller Dinge; sie verhält sich zu den einzelnen Dingen, wie die Denkkraft zu den einzelnen Begriffen, aber ihr Denken ist zugleich ein Schaffen aller Wirklichkeit. Auf der anderen Seite aber ist der Zweck dieser Schöpferthätigkeit kein anderer als die Vollkommenheit des Universums selbst, als die Realisirung der ganzen Unendlichkeit von Formen und Gestalten, deren Möglichkeit in dem göttlichen Wesen enthalten ist. Deshalb ist die göttliche Substanz Weltursache und Weltzweck zugleich, sie ist der schöpferische Geist, dessen Gedanken Natur und Wirklichkeit sind. Bilden und schaffen kann aber nur der Geist, er wirkt in den Dingen wie ein innewohnender Künstler als Idee und schaffende Kraft zugleich. Die ganze Natur athmet dieses göttliche Leben, diese innerliche Beseelung, und vor Allem an den Organismen sucht Bruno es darzuthun, wie die wirkende Ursache und der Zweck allüberall dasselbe und damit das eigentliche substantielle Wesen ist. Die Materie ist nur die unendliche Möglichkeit, die ewige Bildsamkeit, aus welcher heraus die Gottheit wie der Künstler die Gestalten bildet. Wandelbar ist deshalb nicht das innere Wesen der Natur, sondern nur ihre äusserliche Wirklichkeit: wie der Künstler sich gleich bleibt, wenn er auch noch so viele Gestalten schafft, so die Gottheit in der unendlichen Mannigfaltigkeit der Dinge — nur mit dem Unterschiede, dass dem menschlichen Künstler die zu gestaltende Materie als ein Fremdes und Aeusserliches gegeben ist, dem er doch immer nur einzelne Schöpfungen mühsam abringen kann, während die Materie des Weltorganismus nichts Anderes ist, als die unendliche Möglichkeit von Schöpfergedanken, die in der göttlichen Kraft aufsteigen und, sobald sie es thun, auch Wirklichkeit sind. Schrankenlos mit steter Thätigkeit lebt so die Natur ihr Wesen in ewiger Selbstgebärung aus: „darum ist das Universum, die unerzeugte Natur, Alles, was sie sein kann, in der That und auf ein Mal: aber in ihren Entwicklungen von Moment zu Moment, in ihren besonderen Thätigkeiten und Theilen, Beschaffenheiten und einzelnen Wesen, überhaupt in ihrer Aeusserlichkeit ist sie nur noch ein Schatten von dem Bilde des ersten Princips."

In der unendlichen Substanz geht so alle Besonderheit unter: weil sie Alles ist, kann sie nichts im Besonderen sein. Darum ist sie für uns, deren Begriffe an einzelnen Dingen emporwachsen, unerfassbar und unaussagbar. Während aber so das Ganze seiner Substanz nach unverändert bleibt, bildet das Leben der Einzeldinge eine rastlose Veränderung: so ist die Natur immer werdend und dabei immer doch schon fertig und vollendet; das Universum ist in jedem Augenblicke vollkommen, es kann nie etwas Anderes sein, als die schrankenlose Bethätigung der göttlichen Urkraft. Die einzelnen Dinge dagegen sind dem Processe des Keimens, Wachsens und Welkens unterworfen. Sie beginnen in unvollkommenster Gestalt, sie entwickeln sich zu vollkommener Entfaltung ihres inneren Wesens und sie sterben wieder dahin zu neuer Unvollkommenheit, um anderen Dingen als Keim neuen Lebens zu dienen. In dieser ewig gleichen Vollkommenheit des Ganzen sucht Bruno den Trost über die Unvollkommenheit des Einzelnen; auch seine eigenen geknickten Hoffnungen, sein Elend und sein Tod gelten ihm nichts vor dieser seligen Versenkung in die unendliche Schönheit des Universums. Je mehr der Mensch sich in die Anschauung des Ganzen erhebt, um so mehr verschwindet ihm der Schmerz über die Leiden und Uebel der Welt. Es gibt in Wahrheit keinen Tod, das Weltall ist nur Leben, das Substantielle kann niemals vernichtet werden, und es ändern sich nur die Gestalten seiner äusseren Erscheinung. Dieser **Optimismus** als die nothwendige Consequenz des **Universalismus** ist von Bruno in begeisterter Weise ausgesprochen worden. Aus der Beschränkung des irdischen Lebens schwingt er sich empor, um in weihevoller Betrachtung das Weltall zu geniessen: Das ist die Liebe, die den Weisen erfüllt, das ist die Leidenschaft, der er in seinem Werke: „Degli eroici furori" auch einen poetisch schönen Ausdruck gegeben hat. In dieser höchsten Liebe Giordano Bruno's begegnet uns, von moderner Phantasie erfüllt, der platonische Eros wieder, die sehnende, ringende Erhebung der Seele zur Gottheit, zur unendlichen Natur.

In diesem ewigen, rastlos in sich geschlossenen Leben des Universums kann es deshalb keinen äusseren Zwang, keine mechanische Nöthigung geben; alle Bewegung stammt ja aus der innersten Natur der Dinge, und sie ist somit zugleich höchste Nothwendigkeit und vollkommenste Freiheit. In der universellen Lebenseinheit lösen die Gegensätze der einzelnen Dinge sich auf, wie sie einander bedingen zu schöpferischer Thätigkeit. Auf diese Weise entwickelt Giordano Bruno von tieferem Gesichtspunkte seines Pantheismus aus nun die Lehre von der coincidentia oppositorum, in der ihm Nicolaus von Cusa vorgearbeitet hatte. Wichtiger als die Aufstellung einer Tabelle der Gegensätze ist die Analogie, durch welche Bruno diesen Gedanken zu erläutern sucht. Alle künstlerische Thätigkeit, sagt er, zeigt eine Harmonie der Gegensätze; Farben, Linien und Töne werden von der Kunst gerade vermittelst ihres Gegensatzes zu harmonischer Einheit verknüpft: und so ist auch das Leben des Weltalls ein künstlerisches, organisches. Die göttliche Urkraft in der Fülle ihrer Mannigfaltigkeiten entzweit sich in den Widerspruch, um ihn zu schöner Einheit zu versöhnen. Das sind heraklitische Gedanken, die unter dem künstlerischen

Gesichtspunkte die Weltauffassung der stoischen Physik erneuern. Das Weltleben ist ein unendlicher Process, in welchem die Gegensätze zu einander zurückkehren; daher, sagt Bruno, wie die Philosophen des Alterthums, ist die natürliche und vollkommenste Bewegungsform die Kreislinie, in der ja auch die Weltkörper einer um den anderen laufen, und die Kugelgestalt die Grundbildungsform der endlichen Welten.

Wenn so in dem Systeme Bruno's der Universalismus zu überwiegen scheint, so sind doch auch die Keime der entgegengesetzten Richtung bei ihm schon sehr kräftig entwickelt, und wenn man die Reihenfolge seiner Schriften betrachtet, so scheint es, als ob sie im Laufe seines Lebens immer mehr bestimmende Kraft gewonnen hätten. Es ist namentlich ein Gegensatz, in dessen Betrachtung die individualistische Tendenz hauptsächlich seiner späteren Schriften lebhaft hervortritt, derjenige des Grössten und des Kleinsten, — ein Gegensatz, an den schon Nicolaus von Cusa in ähnlichem Sinne die letzten Probleme seiner Metaphysik geknüpft hatte. Da die Gottheit alle Gegensätze umspannt, so ist sie auch zugleich das Grösste und das Kleinste. In dem ersteren Sinne ist sie das Universum selbst, als die räumliche und zeitliche Unendlichkeit alles Lebens, in dem letzteren Sinne ist sie der individuell bestimmte Lebenskeim jedes endlichen Dinges: denn ohne individuelle Bestimmtheit ist kein Leben zu denken. Der Begriff des Kleinsten entwickelt sich nun für Bruno in drei Formen. Es giebt ein mathematisches Minimum, das ist der Punkt; er ist das Princip der Linie, ihr Anfang und ihr Ziel. Es giebt ein physicalisches Minimum, das ist das Atom, das Princip des Körpers; denn er besteht aus Atomen, und in Atome löst er wieder sich auf. Es giebt ein metaphysisches Minimum, das ist die Monade, das individuelle Wesen; denn aus individuellen Wesen besteht das Universum, und seine ganze Thätigkeit ist darin beschlossen, Individuen entstehen und vergehen zu lassen. Aber dies Individuum kann schliesslich doch nie etwas Anderes sein, als die unendliche Weltkraft selbst. Es kann auch nicht ein selbständiger Theil davon sein; denn die ewige Urkraft ist nicht spaltbar und veränderlich, sie ist überall ganz und überall die gleiche. Die Monade ist deshalb die Gottheit selbst, nur in jeder Monade in besonderer Gestaltungs- und Erscheinungsform. Wie im Organismus die organische Kraft, wie im Kunstwerke der schöpferische Gedanke überall ganz und vollständig zugegen ist und dabei doch überall eigenthümlich sich darstellt, so ist die allgegenwärtige Gotteskraft an jeder Stelle des Universums neu und von allen anderen verschieden, sie ist unerschöpflich genug, um sich niemals wiederholen zu müssen.

Und das ist nun also der tiefste Gegensatz, welchen das Universum in sich trägt: jede seiner Monaden ist ein Spiegel der Welt, sie ist zugleich das Ganze und zugleich ein von allen anderen unterschiedenes Ding; es ist überall dieselbe Weltkraft und doch jedes Mal in einer anderen Gestalt. Diese nicht eigentlich begrifflich durchdachte, sondern nur mit kühner und grossartiger Phantasie ausgemalte Versöhnung des universalistischen und des individualistischen Gedankens hat Bruno an die Grundlage seines Systems, an die copernicanische Lehre anzuknüpfen gewusst. Die Weltkörper selbst zeigen in ihrer Doppelbewegung die Vereinigung der universalen und der individuellen Tendenz. Indem sie sich um ihre Centralkörper bewegen, zeigen sie ihr Leben durch das Ganze bedingt und im Ganzen beschlossen; indem sie sich um ihre eigene Axe drehen, erweisen sie sich als selbstkräftige Erscheinungen der göttlichen Substanz, als Monaden. Das Ganze ist nur, indem es im Einzelnen lebendig wird: das Einzelne ist nur, indem es die Kraft des Ganzen in sich trägt. „Omnia ubique."

Es ist keine Arbeit des strengen begrifflichen Denkens, welche uns in diesem System entgegentritt, aber es ist eine denkwürdige Schöpfung metaphysischer Phantasie, welche mit künstlerischem Sinne das neue Gebäude der astronomischen Forschung ausbaut und der Entwicklung des modernen Denkens ahnungsvoll vorgreift. Vieles, vielleicht das Meiste in den Schriften Bruno's wird den jetzigen Leser bald durch pedantische Ausführlichkeit, bald durch geschmacklose Leidenschaftlichkeit, bald durch phantastische Willkürlichkeit und Regellosigkeit, bald endlich durch kindische Unwissenschaftlichkeit verletzen: im Ganzen betrachtet, wie der Geist seines Systems es verlangt, bleibt die Reinheit seiner Absicht und die Grossartigkeit seiner Combinationsgabe eines jener Denkmale des menschlichen Geistes, welche durch die Jahrhunderte strahlen mit belebender und befruchtender Kraft.

Die Geschichte zeigt sehr bald nach Bruno eine Art Copie von ihm, die sich aber zu dem Originale höchstens verhält wie ein schlechter Gypsabguss zur Marmorstatue. Es ist Vanini, der, 1585 zu Neapel geboren, nach einem gleich ruhelosen Leben, das er in Deutschland, den Niederlanden, der Schweiz, England, Italien und Frankreich geführt hatte, im Jahre 1619 zu Toulouse verbrannt wurde. Seine Schrift: „De admirandis naturae reginae deaeque mortalium arcanis" ist in jeder Beziehung nur ein verflachter Abklatsch der von Bruno so plastisch ausgeführten Gedanken, und seine mit geradezu widerlicher Polemik gegen das Christenthum durchflochtene Darstellung des Naturmechanismus würde vermuthlich längst der Vergessenheit anheimgefallen sein, wenn ihm nicht sein Märtyrerthum eine Stelle in der Geschichte der Denker verschafft hätte.

§ 13. Tommaso Campanella.

Neben Bruno erscheint eine zweite, auch von düstrem Geschick umhüllte Gestalt: sein Ordensbruder Campanella. In den gleichen gährenden Gedanken aufgewachsen, durch ihren Widerspruch zerrissen und aus dem Geleise ruhiger Entwicklung herausgetrieben, ist auch er unstet durch die Welt geirrt und hat die Verfolgung der kirchlichen Macht in schwerem Leid erfahren; nur am Schluss war es ihm beschieden, in der Fremde den Hafen der Ruhe zu finden.

Thomas Campanella, 1568 zu Stilo in Calabrien geboren, war wie Bruno frühzeitig Dominikaner geworden und zu seiner Ausbildung auf die cosentinische Akademie geschickt worden, wo die Traditionen des Telesius das Ansehen des Aristoteles untergruben. Seine glänzenden Erfolge in gelehrten Disputationen zogen ihm eine Anklage wegen Zauberei zu, „weil er die Theologie kenne, ohne sie studirt haben zu können", und so zur Flucht gezwungen, begab er sich nach Rom, von dort nach Florenz und später nach Padua, bis er 1599 unter dem Vorwande politischen Verdachtes aufgegriffen und nach mehrmaliger Folterung zu lebenslänglicher Gefangenschaft verurtheilt wurde. Im Gefängnisse milde behandelt, dichtete er Canzonen und Sonette, welche von einem Freunde unter dem Titel: „Scelta d'alcune poesie filosofiche di Septimontano Squilla" herausgegeben wurden. Einiges davon hat Herder übersetzt. Nach langen Jahren wurde Campanella 1626 vom Papst Urban VIII. freigelassen: aber schon bald darauf musste er wiederum, von Seiten der Spanier verdächtigt, unter dem Schutze der französischen Gesandtschaft nach Marseille entfliehen. Hier trat er in genauen Verkehr mit Gassendi und wurde von ihm dem Hofe und der gelehrten Gesellschaft in Paris zugeführt. Mit Unterstützung Richelieu's begann er eine Gesammtausgabe seiner Werke zu veranstalten; an ihrer Vollendung hinderte ihn der Tod, der ihn 1639 in Paris ereilte. Seine Persönlichkeit ist eine der seltsamsten Mischungen einander widerstreitender Eigenschaften: hoher Flug des Denkens und beschränkter Aberglaube, kühne Einbildungskraft und trockne Pedanterie, leidenschaftliches Thatbedürfniss und kühle Reflexion, phantastische Neuerungssucht und unselbständiges Haften am Alten — das Alles liegt in ihm dicht neben einander. Dabei ist er ein weiter Geist, der die Probleme der Gesellschaft ebenso umspannt wie die der Natur und nach manchen Richtungen in vordeutender Weise neue Bahnen eröffnet hat. Wie in Bruno die Lehren von Spinoza und Leibniz, so dämmern, wenn auch noch in sehr unbestimmten Formen, in Campanella diejenigen von Descartes und theilweise von Kant herauf, und wenn er auf dem naturphilosophischen Gebiete keinen wesentlichen Fortschritt mehr bezeichnet, so verdienen andererseits seine erkenntnisstheoretischen und ethisch-politischen Ansichten volle Beachtung.

Die Aufgabe der Philosophie entwickelt auch Campanella aus der Lehre, dass Gott sich doppelt offenbart habe, in ewiger und in einmaliger Weise: jenes in dem codex vivus der Natur, dieses in dem codex scriptus der heiligen Bücher; die Philosophie hat es nur mit einer Interpretation des codex vivus zu thun, sie ist nur eine Kunde von dem Wahrnehmbaren, und in diesem Sinne bezeichnet er sie als Mikrologie. Bemerkenswerth ist dabei die sorgfältige Theilung, welche Campanella in die Behandlung der philosophischen Probleme einzuführen sucht. Während die übrigen Naturphilosophen meist in rhapsodischer Weise die Gedanken durcheinanderwarfen, oder höchstens sich an die antike Eintheilung in Logik, Physik und Ethik anschlossen, begegnet uns bei Campanella zum ersten Male der Versuch einer systematischen Neuordnung der Philosophie, welcher nachher ein Lieblingsgegenstand der philosophischen Bestrebungen geworden ist. Bei Campanella werden in höchst bezeichnender Weise Logik und Mathematik als vorbereitende Hilfswissenschaften herausgehoben und der eigentlichen Philosophie vorangeschickt, die dann in drei Theilen Metaphysik, Physik und Ethik behandeln soll. Die Erkenntnisstheorie geht von einer Widerlegung des Skepticismus aus, welche freilich nicht so vollständig ist, dass die Gedanken Pyrrho's, auf die er hauptsächlich recurrirt, gänzlich von der Hand gewiesen würden. Er erkennt vielmehr an, dass der Mensch nur einen kleinen Theil der Dinge zu begreifen im Stande ist, und dass auch von diesem kleinen Theile nicht das eigentliche Wesen, sondern nur die Art, wie er uns afficirt, uns zum Bewusstsein kommen kann. Allein das genügt für den von ihm bestimmten Begriff der Philosophie. Als die Kunde von dem Wahrnehmbaren ist sie ja von selbst auf den Kreis unserer Erfahrung beschränkt, mag dieser noch so eng oder noch so weit sein; und dass wir nicht die Substanz der Dinge, sondern nur ihre Art, uns zu afficiren, erkennen können, findet Campanella sehr natürlich, da ihm dieses aus dem Wesen des Empfindens unmittelbar zu folgen scheint und das Empfinden ihm als der hauptsächlichste Theil aller Erkenntniss gilt. „Sentire est scire", mit diesem Schlagwort nimmt Campanella den Sensualismus der telesianischen Schule auf; die Erkenntniss ist eine Sache des Empfindungsvermögens, Sinn und Empfindung ist der Anfang alles Wissens. So consequent hält er an dieser sensualistischen Theorie fest, dass er die Erinnerung nur für die Wahrnehmung eines erneuerten Afficirtwerdens und die Schlussfolgerung nur als die „Empfindung von etwas in etwas Anderem" definirt, und dass er alle wissenschaftliche Arbeit nur für die Combination von Wahrnehmungen erklärt. Was einer nicht selbst sehen, fühlen und hören kann, das muss er der Mittheilung anderer Menschen glauben, d. h. wie Campanella sich ausdrückt, „durch fremde Sinne empfinden", und wo die Wahrnehmungen einander widersprechen, da übt eben eine oder mehrere die Kritik über die anderen aus. Im Gegensatze zu Bruno, der mit Hinblick auf die Untersuchungen von Copernicus eine Kritik der Wahrnehmungen durch Begriffe verlangt hatte, behauptet Campanella, es seien zu dieser Kritik die Wahrnehmungen sich selbst genug und die Begriffe nicht nöthig. Die von selbst einleuchtende Verfehltheit dieser Behauptung wird gemildert, sobald man bedenkt, dass auch die Verstandesoperationen, die man sonst als Begriffe, Urtheile und Schlüsse bezeichnet, von Campanella ausdrücklich für Arten der Empfindung erklärt worden sind, und er macht ganz besonders darauf aufmerksam, dass diese verwickelten Formen der Empfindung überall zwischen die einfachen gemischt sind, dass also die Thätigkeit des Empfindens sich stets mit denjenigen verbunden zeigt, die man sonst Denken nennt.

Noch ein anderes kommt hinzu, um diesem Sensualismus ein Gepräge zu geben, wodurch er fast wie eine Vorschöpfung der idealistischen Systeme erscheint. Untersucht man nämlich das Wesen der Empfindung näher, so enthält sie, wie Campanella ausführt, ein actives und ein passives Element. Blosses Afficirtwerden ist noch keine Empfindung; dazu gehört vielmehr immer erst noch, dass man merkt und wahrnimmt, dass und wie man afficirt worden ist. Empfindung also ist Wahrnehmung eines Zustandes, in welchen das empfindende Wesen selbst durch Affection von anderen Dingen versetzt worden ist. Dieser Fundamentalsatz der modernen Erkenntnisstheorie ist schon mit ziemlicher Klarheit bei Campanella entwickelt: er benutzt ihn zunächst, um zu zeigen, dass, wenn alle Erkenntniss Empfindung ist, wir von jener gar nicht verlangen können, dass sie das Wesen der Dinge selbst erfasse, sondern uns damit begnügen müssen, wenn sie nur die Art, wie die Dinge uns afficiren, enthält. Diese Meinungen von Campanella, so ungeschickt sie sich noch ausdrücken, enthalten doch einen Zug, welcher in der Geschichte der neueren Philosophie häufig wiederkehrt, die bemerkenswerthe Thatsache nämlich, dass gerade der Sensualismus, wo man ihn recht consequent durchzuführen sucht, in Idealismus und Phänomenalismus umzuschlagen geneigt ist.

Im Grunde genommen also ist alle Erfahrung nur diejenige unserer eigenen Zustände, und von dieser geht denn auch Campanella aus, um (was freilich mit seiner Erkenntnisstheorie nicht ganz übereinstimmt) eine philosophische Welterkenntniss daraus abzuleiten. Der Mensch dient ihm als Erkenntnissgrund für das gesammte Weltall, ist ihm der „parvus mundus", Mikrokosmos, und er begründet diesen Gedanken durch die Forderung der All-Einheit alles Seienden. Wenn die Substanz in allen Dingen dieselbe ist, so braucht der Mensch nur sein eigenes Wesen zu durchschauen, um das Welträthsel zu lösen: dieses metaphysische Grundprincip, welches in den Philosophien der späteren Jahrhunderte mit stolzen begrifflichen Verzierungen und Verbrämungen erschienen ist, wird von Campanella sehr einfach dahin ausgesprochen, dass, was wir in uns finden, die allgemeinsten Principien, oder wie er sich ausdrückt, Proprincipien der Dinge sind. Diese unsere Erfahrung von uns selbst zeigt uns nun vier Grundgewissheiten: 1) dass wir sind — 2) dass wir können, wissen und wollen — 3) dass wir dabei durch äussere Einflüsse eingeschränkt sind —

4) dass wir noch Anderes als das Gegenwärtige können, wissen und wollen. Von diesen Grunderfahrungen ist die wichtigste zunächst die zweite. Sie zeigt, dass Macht, Wissen und Wille die ursprünglichen Eigenschaften, wie Campanella sie nennt, die Primalitäten alles Seins bilden. Sie müssen an der Gottheit in höchster Vollkommenheit und in vollendeter Vereinigung vorhanden sein. Seine höchste Güte wollte, seine höchste Weisheit ordnete, seine höchste Macht vollbrachte die Welt: aber er selbst ist deshalb unaussprechlich, unerkennbar, und kein Gegenstand der Philosophie. Wenn diese es zur Aufgabe hat, die Welt zu erkennen, so muss man zunächst im Auge behalten, dass sie von dem höchsten Sein, von der Gottheit, aus dem Nichts hervorgerufen worden ist, und dass sie deshalb überall eine Mischung von Sein und Nichtsein darstellt. Darin gerade besteht die Endlichkeit und die Zufälligkeit der Dinge, dass sie neben dem Sein auch das Nichtsein in sich tragen. Auch dieses Nichtsein besitzt gleichfalls jene drei Primalitäten, welche das Wesen des Seins umfasst. Es trägt in sich die Ohnmacht, das Nichtwissen und den bösen Willen. Diese Dualität wird dann bei Campanella ganz ähnlich wie bei Telesius auf den naturphilosophischen Gegensatz von Licht und Finsterniss im Sinne der eleatischen Physik gedeutet: die Weltgestaltung dagegen entwirft er unter dem neuplatonischen Gesichtspunkte der Emanation, vermöge deren in fünf Stufen von der Gottheit aus sich Weltsysteme entwickeln, die immer weniger Macht, Wissen und Güte und immer mehr Ohnmacht, Nichtwissen und Bosheit enthalten: zuerst der mundus archetypus, die urbildliche Welt in der göttlichen Weisheit; sodann der mundus metaphysicus, die Geisterwelt, welche Campanella in der Art, wie es seit Dionysius Areopagita auch in der scholastischen Lehre üblich gewesen war, als eine Hierarchie von Engelordnungen darstellt; weiterhin der mundus mathematicus, der absolute unendliche Raum mit seinen gesetzmässigen Bestimmungen; ferner der mundus temporalis et corporalis, die in diesem Raume befindliche unendliche Anzahl von Sonnensystemen (eine Vorstellung, die sich ziemlich genau an Bruno's Lehren anschliesst); und endlich als die wichtigste Stufenbildung, die Welt, welche wir erfahren, der mundus situalis. Offenbar liegt in dieser neuplatonisirenden Emanationslehre wieder ein Rückschritt gegen den Gedanken Bruno's, welcher den göttlichen Lebensodem unabgeschwächt bis in den entferntesten Winkel

des Universums trug. Gleich neuplatonisch ist endlich auch Campanella's Auffassung des Erkenntnissprocesses, in welchem sich der Mensch durch vier correspondirende Stufen aus der Niedrigkeit seines mundus situalis zur Gottheit zurückerheben soll. Durch die Sinnesthätigkeit gewinnt er die Erkenntniss der materiellen Welt, durch die Einbildung erhebt er sich darüber zur Anschauung der mathematischen Welt; seine Gedanken und Begriffe tragen ihn empor in die metaphysische Welt der Geister, und die Philosophie lehrt ihn die urbildliche Welt in Gott verstehen, um ihn dann für den letzten Schritt der vollkommenen Vereinigung mit Gott dem religiösen Glauben zu übergeben.

Die Behandlung der physikalischen Fragen läuft im Wesentlichen darauf hinaus, von der verschiedenstufigen Mischung der beiden Principien, des Warm-Trocknen und des Kalt-Feuchten, die qualitativen Unterschiede der Dinge abzuleiten. Campanella liebt es, die Uebergänge zwischen polaren Gegensätzen aus deren Mischung zu erklären, und verfährt z. B. nach diesem Gedanken in einer Entwicklung der Farben aus Schwarz und Weiss, womit er wiederum manchen späteren Theorien vorgegriffen hat. In astronomischer Beziehung bekundet er seinen Wunsch, zwischen der neuen Wissenschaft und der Kirchenlehre einen Compromiss zu finden, durch die Annahme des Systems von Tycho de Brahe, und während er also die Erde feststehen und die Sonne mit den sie umkreisenden Planeten sich um die Erde bewegen lässt, schreibt er der Sonne neben ihrer Bewegung von Ost nach West auch eine solche von Nord nach Süd und umgekehrt zu, um ihre wechselnde Stellung innerhalb der Wendekreise daraus zu erklären. Daneben glaubt er an eine allmähliche Annäherung der Sonne an die Erde, wodurch schliesslich der Weltbrand herbeigeführt werde, das jüngste Gericht, bei welchem Alles in Alles verwandelt und die Natur in die Gottheit zurückgenommen werden soll. Diese allgemeine Verwandelbarkeit aller Dinge ist nur der letzte Ausfluss ihrer Wesensgleichheit und der Lebenseinheit, die sie jetzt schon zeigen und die ihren Grund nur in der allgemeinen Weltseele haben kann. Auch Campanella verfolgt den Gedanken der Beseeltheit aller Dinge durch die gesammte Natur. Pflanzen und Steine gelten ihm nicht minder beseelt als die Thiere, und gar die grossen Weltkörper betrachtet er als hohe Dämonen. Dabei aber sucht er nach neuplatonischem Muster in dieser Alles durchdringenden, den Zusammenhang des Universums vermittelnden Weltseele den Sitz der Instinkte, Ahnungen, Träume und Wahrsagungen, für welche er in der menschlichen Seele ein eigenes Organ, eine Art von mystischem Sensorium annimmt. Ueberhaupt war Campanella von einer auch für jene Zeit hervorragenden Abergläubigkeit, und sein Hauptwerk: „De sensu rerum et magia" (1620) bildet in dieser Hinsicht ein höchst interessantes Denkmal der Zeit. Aus der Weltseele fliesst nach ihm auch die Kraft der Magie, und eine ausgeführte Untersuchung belehrt uns, dass es eine göttliche, eine natürliche und eine teuflische Magie gibt, drei Arten, die dem äussern Anscheine nach oft sehr ähnlich, in ihrem innern Wesen weit von einander verschieden seien.

In dem Verhältnisse der Weltseele zur Einzelkraft und zum Individuum nimmt Campanella ganz dieselbe Doppelbeziehung an, wie Bruno die Doppelbewegung, wodurch jedes Ding einerseits sich selbst, andererseits dem Ganzen zustrebt. Er macht davon auch physicalische Anwendungen und sucht durch die Hypothese eines Unterschiedes zwischen absoluter und relativer Schwere daraus die galileischen Entdeckungen der Gesetze des freien Falles zu begreifen; wie er überhaupt für den gleich ihm verfolgten grossen Forscher auch hinsichtlich der Zustimmung zur copernicanischen Lehre litterarisch eintrat. Bedeutender jedoch ist die Verwendung dieser Lehre von der Doppelbewegung in seiner Ethik. Auch im moralischen Sinne nämlich hat das Individuum eine Eigenbewegung, mit der es sich um seine Axe dreht, den Egoismus der Selbsterhaltung, auf der anderen Seite aber eine centripetale Bewegung, das Bedürfniss der Geselligkeit und der Einordnung in einen gesetzmässigen Zusammenhang: diesen letzteren Zug bezeichnete Campanella als die Religion, die er deshalb in gewissem Sinne allen Wesen zuschrieb.

Wenn dies mehr dialektische Formeln sind, so ist dagegen von hervorragendem sachlichen Interesse Campanella's Staats- und Erziehungslehre, wie er sie in seiner Utopie „Civitas solis" (als Anhang zur Philosophia realis epilogistica zuerst Frankfurt 1623 gedruckt) niedergelegt hat. Auch hier, wie bei Morus, das Bild einer Gesellschaftsordnung, die von der positiven Religion unabhängig ist, — auch hier die Anlehnung an das antike Vorbild, aber fast noch mehr an Platon's „Gesetze", als an seine Republik, — auch hier die sociale Omnipotenz des Staates, auch hier die Aufhebung der Familie und des Privateigenthums. Der „Sonnenstaat" ist eine socialistische Organisation, welche auch das Privatleben bis in die letzten Einzelheiten der Arbeit und des Genusses regelt. An seiner Spitze stehen die Priester der Wissenschaft, deren Hierarchie nach den Begriffen von Campanella's Metaphysik gegliedert ist. Aber der Zweck dieses Staats ist das irdische Wohlbehagen und die weltliche Bildung aller seiner Bürger. In ersterer Hinsicht sollen die Mittel der neuen Naturwissenschaft mit ihren Entdeckungen und Erfindungen, nicht minder aber auch alle Künste der Astrologie und Magie ausgenutzt werden, um Jedermann durch einen vierstündigen Normalarbeitstag ein menschenwürdiges Dasein zu bereiten. Die vom Staat zu leitende Erziehung aber soll zu diesem Behufe nicht humanistischen, sondern realistischen Charakters sein; eine groteske Form des Anschauungsunterrichts wird entworfen, durch welchen die Menschen von Jugend auf mit den Sachen vertraut gemacht werden sollen.

In eigenthümlichem Gegensatze zu solchen kühnen Neuerungen stehen Campanella's politische Auslassungen in seiner „Monarchia hispanica". Auch der einzelne Staat hat seine Selbständigkeit in seiner Selbsterhaltung gegen Andere und in der Freiheit seiner inneren Gesetzgebung: aber das ganze System der Staaten kann nur bestehen, wenn sie alle zusammen eine gemeinschaftliche Beziehung auf einen Mittelpunkt haben und einem gemeinsamen Gesetze sich alle gleichmässig unterordnen. Von diesem Standpunkte aus vertritt Campanella in einer heftigen Polemik gegen Macchiavelli die Ansprüche der päpstlichen Universalmonarchie, und die Forderung einer Unterordnung des Staates unter die Kirche, einer Abhängigkeit der Staatsgesetze von kirchlichen Dogmen. Er steht in der praktischen Politik auf derselben Linie wie die gleichzeitigen jesuitischen Rechtsphilosophen Mariana und Bellarmin, welche die zweischneidige Gefährlichkeit der Theorie des Staatsvertrages aufdeckten, indem sie zeigten, dass er seinem Begriffe nach als aufhebbar und zurücknehmbar angesehen werden müsse.

§ 14. Galileo Galilei.

Trotz aller geistigen Energie, welche den phantasievollen Entwürfen der Naturphilosophie bei Männern wie Bruno und Campanella innewohnt, sind sie doch nicht im Stande gewesen, dauernde

Leistungen von wissenschaftlicher Sicherheit hervorzubringen: dies war erst der sehr viel nüchterneren Forschung beschieden, welche den Sinn für die Erfahrung, den Telesius gepredigt hatte, nicht durch begriffliche Dichtungen und glückliche Einfälle, sondern durch die mathematische Theorie ergänzte. In mancherlei Formen und Versuchen hatte sich nach dieser Richtung die methodische Begründung der modernen Naturwissenschaft vorbereitet, ehe sie ihre klare und bewusste Gestaltung in dem grossen Forscher fand, der unter den Geistern der italienischen Renaissance der wissenschaftlich bedeutendste ist: Galilei. Mit der allgemeinen philosophischen Bewegung der Zeit hängt dieser Vorgang nur an Einem Punkte direkt zusammen: auch die Ueberzeugung von der Erforderlichkeit der Mathematik für die naturwissenschaftliche Theorie wurzelt zuletzt in der humanistischen Tradition, in der auf vielen Wegen lebendig gebliebenen Zahlensymbolik der Pythagoreer. Sie daraus mit vollem Bewusstsein herausgelöst und mit begrifflicher Klarheit zur Methode der Naturforschung umgebildet zu haben, ist die unsterbliche That Galilei's. Er ist nicht der Schöpfer eines philosophischen Systems im eigentlichen Sinne des Worts: aber er hat die Aufgabe seiner besonderen Wissenschaft und die nöthigen Mittel zu ihrer Lösung mit so deutlichem philosophischem Verständniss erkannt und formulirt, dass er dadurch zum Vater nicht nur der Naturforschung, sondern auch der naturwissenschaftlichen Weltanschauung geworden ist und in dieser Weise auch die Entwicklung der modernen Philosophie auf das Kräftigste beeinflusst hat.

Galileo Galilei war im Jahre 1564 zu Pisa als der Sohn eines florentiner Musikers von guter Familie geboren. Seine Studien in Pisa und Florenz gingen von der Medicin, der sie anfänglich gegolten hatten, bald zur Philosophie und Mathematik über: als Professor der letzteren wirkte er seit 1589 in Pisa, seit 1592 in Padua und von 1610 an wiederum in Pisa. In das erste Jahrzehnt des 17. Jahrhunderts fallen die grossen Erfolge seiner Forschung, die Entdeckung der Fallgesetze und die Verbesserung des Fernrohrs, die Begründung der modernen Mechanik und Astrophysik. Mit dem Telescop gelang ihm zum Staunen der Zeitgenossen die Auflösung der Milchstrasse und der Plejaden, die Erkenntniss der Unebenheit der Mondoberfläche, die Auffindung der Jupitertrabanten und des Saturnringes, die Bestimmung der Sonnenflecken. In den

"Briefen" über die letzteren (1617) äusserte er sich zuerst über die "Hypothese" des Copernicus in einer Weise, welche als Zustimmung aufgefasst werden konnte und ihm sogleich heftige Angriffe mit dem Vorwurf der Häresie zuzog: bald begab er sich freiwillig nach Rom, wo es ihm gelang, die kirchliche Behörde zu beschwichtigen. Als er jedoch in seinem methodologischen Hauptwerke "Il saggiatore" (1623) gegen einen jesuitischen Schriftsteller Namens Grassi sich hatte wenden müssen, begannen die Angriffe gegen ihn mit erneuter Leidenschaftlichkeit: und als er 1632 seinen Dialog über die beiden Weltsysteme (das ptolemäische und das copernicanische) veröffentlichte, da schützte die formelle Unentschiedenheit, welche das Werk den beiden Ansichten gegenüber wahrte, ihren Verfasser nicht davor, als Vertreter des Copernicanismus behandelt zu werden. Jetzt wurde ihm wirklich der Process gemacht; nach Rom citirt, schwor er, um den letzten Roheiten der Inquisition zu entgehen, seinen "Irrthum" ab, und nach kurzer Haft erhielt er die Erlaubniss, sich auf seine Villa in Arcetri zurückzuziehen. Hier hat er bis zu seinem Tode (1642) ein stilles Gelehrtendasein geführt, dessen werthvollster Ertrag die "Dialoge über die neuen Wissenschaften" waren.

Auch Galilei betrachtet die Philosophie als eine rein weltliche Wissenschaft, deren Aufgabe die Naturerkenntniss sei, und er wahrt das Recht der freien Forschung gegen die Ansprüche der Orthodoxie. In seinem höchst interessanten Briefe an die Grossherzogin-Mutter Christine von Lothringen (1615) führt er aus, Gott habe dem Menschen, um die Natur zu verstehen, Sinn und Verstand gegeben: zu lehren, was damit erkannt werde, könne nicht deshalb verboten sein, weil es einer in der Bibel vorkommenden Auffassung widerspreche. Denn Gott habe seine Offenbarung zu alter Zeit dem Volke in einer für dessen Fassungskraft angemessenen Weise gegeben, und diese Offenbarung zwecke nicht auf theoretisches Wissen, sondern auf Glauben und frommes Handeln ab. Die Wissenschaft dagegen hat es mit der Offenbarung Gottes zu thun, welche in dem Buche der Natur vorliegt. Dies Buch aber, sagt Galilei, ist in mathematischen Zeichen geschrieben, und darum gilt es, diese zu verstehen.

Die mathematische Ordnung des Weltalls, welche die Pythagoreer geahnt haben, ist also das Ziel der Naturerkenntniss für Galilei. Aber nicht durch symbolische Deutungen, durch willkürliche Combinationen und mystische Gedankenspiele ist dies Ziel zu erreichen, sondern nur durch die Erfahrung. In dieser Hinsicht ist auch Galilei ein Schüler des Telesius: allein, wenn dieser und seine sonstigen Anhänger von der Sinneswahrnehmung als der einzigen Grundlage alles Wissens doch immer wieder zu begrifflichen Constructionen und Speculationen fortgeschritten waren, so erklärte Galilei, dass es die Aufgabe sei, durch die Wahrnehmung selbst die mathematische Ordnung aller Dinge zu erkennen. So durchdringen sich in ihm die beiden methodologischen Momente der modernen Naturforschung: ihre Aufgabe ist nur die Einsicht in die mathematische Gesetzmässigkeit der Natur, und diese Aufgabe ist nur durch die Erfahrung zu lösen.

In dieser Hinsicht hat Galilei einen von ihm stets mit der grössten Hochachtung anerkannten Vorgänger in Johannes Kepler, dem grossen Forscher, der in Deutschland, ebenso vereinsamt wie Copernicus, einem mit Noth und Elend kämpfendem Leben (1571—1630) tief bedeutsame astronomische Einsichten abgerungen hat. Die begeisterte Grundüberzeugung von der Schönheit und Harmonie des Weltalls, wie er sie in seiner „Harmonice mundi" (1619) aussprach, führte diesen Mann zu dem Versuche, jene pythagoreische Weltansicht durch die Erfahrung zu bestätigen, und durch die mühsamste Induction mit Hilfe mathematischer Rechnungen gelangte er in seinen Untersuchungen über die Bewegungen des Mars (1604) zur Feststellung der Gesetze, die noch heute seinen Namen tragen. Schon er war sich der Principien, die zu solchem Erfolge führten, klar bewusst: alle naturwissenschaftliche Erkenntniss ist auf zahlenmässig bestimmbare Grössen und deren mathematische Functionen gerichtet, aber die so zu gewinnenden Einsichten beziehen sich wesentlich auf die Gesetze der Bewegung.

Diese Gedanken sind von Galilei aufgenommen, vertieft und verallgemeinert worden. Er hat die aristotelische Naturphilosophie, gegen deren autoritative Geltung auch er den lebhaftesten Kampf führte, durch die Mathematik besiegt und damit der demokritischen Weltvorstellung, die ohne die Hilfe der Mathematik sich gegen die Entelechienlehre nicht hatte behaupten können, wieder die Bahn frei gemacht, auf welcher die theoretische Naturwissenschaft ihren rapiden Siegeszug beginnen konnte.

Die empirische Grundlage der Naturforschung kann nach Galilei nicht in der gemeinen Wahrnehmung gesucht werden, weil diese keine Handhabe für mathematische Behandlung darbietet: eine solche ist erst möglich, wenn die Wahrnehmung messbare und deshalb zahlenmässig vergleichbare Ergebnisse liefert. In dieser Hinsicht muss die Beobachtung sich der Hilfe des Experiments bedienen, dessen wesentliche Leistung es ist, aus der Masse des der Wahrnehmung Dargebotenen die einfachen Bestandtheile herauszulösen und sie durch das Mass als Zahlengrössen zu bestimmen. Dieser Theil der Forschung wird als die resolutive Methode bezeichnet. Wenn durch sie die einfachen Bestandtheile der körperlichen Wirklichkeit erkannt sind, so wird die mathematische Rechnung versuchsweise in der compositiven Methode zu den Verknüpfungen dieser Elemente übergehen, um festzustellen, ob das Experiment das Ergebniss der Rechnung bestätigt. So wird durch die mathematische Gesetzmässigkeit, die dem menschlichen Geiste vor aller Erfahrung innewohnt (Galilei fasst dies Verhältniss ganz im Sinne der platonischen Lehre von der Erinnerung auf), der Sinnenschein corrigirt und der wahre Inhalt der Körperwelt erkannt.

Die Functionen messbarer Grössen sind der einzige Gegenstand der so von Galilei methodisch begründeten Naturforschung: ebendeshalb gelten sie für die davon abhängige Weltansicht auch als das einzig wahrhaft Wirkliche in der Körperwelt. Die Naturwissenschaft fragt nicht mehr nach den „verborgenen Kräften", sie bestimmt nur die Quantitätsverhältnisse: ebendeshalb aber denkt sie auch das eigentlich Wirkliche nur in quantitativen Verhältnissen. So kehrt Galilei zu der demokritischen Weltansicht zurück: das Wirkliche in der Körperwelt sind die Atome und ihre Bewegungen im unendlichen Raume: sie bilden die constanten, messbaren Elemente, welche die wahren Factoren des Universums sind. Damit erneuert sich die in der griechischen Philosophie durch Protagoras eingeführte Lehre von der Subjectivität der Sinnesqualitäten. Was die einzelnen Sinne als Eigenschaften der Dinge erscheinen lassen, sind nur Zustände des wahrnehmenden Bewusstseins: realiter liegen ihnen nur quantitativ abgestufte Bestimmungen der Grösse und der Bewegung zu Grunde.

Die atomistische Theorie jedoch erscheint bei Galilei nur als der hypothetische Hintergrund seiner Untersuchungen: das nächste und eigentliche Object seiner Forschung bilden die Massbestimmungen der Bewegung. Die Quantification des körperlichen Universums bezieht sich bei dieser ihrer Erneuerung weniger auf das Sein als auf das Geschehen. Die mathematischen Functionen, in denen die Ordnung und Gesetzmässigkeit der Welt erkannt werden soll, sind wesentlich die Verhältnisse der Bewegungen zu einander.

Damit war der Weg zu einer exacten und fruchtbaren Formulirung des Begriffs der Causalität gebahnt. Die Bewegung wurde nicht mehr als eine zeitliche Reihenfolge von Zuständen, sondern selbst als ein Zustand des Körpers begriffen, dessen Veränderung eine Ursache voraussetzt und eine solche nur an einer anderen Bewegung haben kann. Die Causalität ist also für die naturwissenschaftliche Betrachtung ein mathematisches Verhältniss von Bewegungen, und für deren Feststellung gilt als oberste Voraussetzung die der Unveränderlichkeit und Gleichheit der Bewegungsgrösse. In diesen Zusammenhängen entwarf Galilei die Grundbegriffe der Mechanik: das Trägheitsgesetz, das Parallelogramm der Kräfte, das Princip der virtuellen Geschwindigkeiten, das der unendlich kleinen Antriebe u. s. f.

Im Princip war damit die Mechanik als mathematische Theorie begründet und zugleich das Programm für die Entwicklung der modernen Naturforschung gegeben. Alle ihre einzelnen Disciplinen müssen seit Galilei darauf gerichtet sein, so weit als es ihre Gegenstände gestatten, nach Analogie der Mechanik eine mathematische Form ihrer Theorie zu finden. Wie Galilei selbst schon deutlich erkannte und aussprach, war es zunächst die Astrophysik, in der das mechanische Princip zu erfolgreicher Geltung kommen konnte. Damit aber wurde es massgebend für die Gesammtauffassung des Weltalls, und in dieser Vermittlung ist die grundsätzlich auf die physicalische Forschung beschränkte Lehre Galilei's zu einem der wichtigsten Momente in der Entwicklung der modernen Weltanschauung geworden.

Mit diesen Lehren ist der Antheil, welchen die Italiener an der Begründung der neueren Philosophie hatten, im Wesentlichen erschöpft. Die trostlosen Zustände, welche das XVI. und XVII. Jahrhundert über Italien herbeiführten, konnten für die Entwicklung der Philosophie keinen fruchtbaren Boden gewähren. Wohl gehen in der Stille die beobachtenden und experimentellen Forschungen ihren ruhigen Gang, und glänzende Namen genug hat Italien auf diesen Gebieten aufzuweisen: die Philosophie aber schweigt.

Die Flügel der Phantasie, auf denen sie sich in den unendlichen Weltraum geschwungen hatte, bewährten sich wie diejenigen des Icarus, und ihr Wachs war schnell geschmolzen. Nicht den phantastischen Himmelsstürmern, sondern der ernsten Selbstbesinnung des Nordens war es bestimmt, die Wurzeln des neuen Denkens in sicherem Boden zu bergen und sie langsam zur Frucht heranreifen zu lassen. Was Italien anbetrifft, so tritt es mit dem Beginn des XVII. Jahrhunderts, von der Gegenreformation bedrückt, von stetigen Kämpfen zerrissen, ein Spielball innerer Eifersucht und äusserer Intrigue, aus der Geschichte der Philosophie heraus und hat — von der gänzlich vereinsamten Erscheinung Vico's abgesehen — erst in diesem Jahrhundert begonnen, mit frischer Arbeit seinen Platz darin wieder einzunehmen.

II. Kapitel.
Die deutsche Philosophie im Reformationszeitalter.

Die Deutschen theilen in dieser Anfangszeit des modernen Denkens mit den Italienern die Lebhaftigkeit des metaphysischen Bedürfnisses. Sie suchen wie jene nach einer neuen und lebendigen Erkenntniss des Weltalls. Von dem Inhalte selbst in ihrem Gefühle ergriffen und begeistert, überlassen sich beide den ungeklärten Trieben jugendlicher Uebereilung und gerathen statt in ernste Forschung in mystische Speculationen.

Allein trotz dieser Gemeinsamkeit besteht ein grosser Unterschied zwischen den Richtungen, welche die Philosophie in beiden Ländern nahm. Für die italienische Renaissance ist die Kunst das entscheidende und centrale Moment, für die deutsche die Religion, und in ganz ähnlicher Weise unterscheiden sich die Systeme der Philosophie, mit denen in beiden Ländern die neue Zeit beginnt. Wie die Kunst der italienischen Renaissance in der Rückkehr zur ungeschminkten Natur ihr Wesen hat, so ist auch die italienische Philosophie fast ausschliesslich Naturphilosophie; jedenfalls ist der naturphilosophische Gesichtspunkt der wichtigste in allen ihren Bestrebungen: und die Art, wie sie nun die Natur philosophisch begreift — das tritt am klarsten durch Bruno hervor — ist die Analogie des künstlerischen Organismus. Sie fasst am liebsten die

Gottheit als die Seele auf, welche, wie der Geist des Künstlers sein Werk, so das Universum durchdringe und durchlebe. Hingerissen in einen Taumel des Entzückens über die Schönheit des Weltalls, dichtet Bruno aus dem Rhythmus der Sonnensysteme die Hymnen einer pantheistischen Gotttrunkenheit. Ganz anders die Deutschen. Ihr metaphysisches Bedürfniss ist nicht sowohl mit der **künstlerischen Phantasie**, als vielmehr mit dem **Gewissen** verwachsen. Für sie sind es die Probleme des sittlichen und religiösen Lebens, mit denen sie in rastlosem Grübeln ringen, und wenn der italienischen Naturphilosophie die Welt in dem verklärten Lichte der Schönheit erglänzte, so malte der deutschen Religionsphilosophie ihr Erlösungsbedürfniss die Wirklichkeit in grauen und düsteren Farben.

§ 15. Die Reformation und die Philosophie.

Schon in der Uebergangszeit war die Opposition gegen die Scholastik, soweit sie in Deutschland originell auftrat, wesentlich durch das religiöse Bedürfniss erweckt und bestimmt gewesen, und in der Mystik hatte sich diese religiöse Grundrichtung der deutschen Renaissance am lebendigsten ausgesprochen. In ihrer praktischen Wendung aber hatte die Mystik das theoretische Interesse mehr und mehr abgelehnt und die unmittelbare Bethätigung des religiösen und des sittlichen Lebens zu ihrer Hauptaufgabe gemacht. Auch hierin war die deutsche Reformation ursprünglich durchaus die Tochter der Mystik, und namentlich in Luther's anfänglichem Auftreten finden wir einen zum Theil leidenschaftlichen Gegensatz gegen alle wissenschaftliche Gestaltung und philosophische Begründung des religiösen Lebens. Gerade die Innerlichkeit des Glaubens machte ihn anfangs zu einem Feinde des Wissens, und als nun die mystische Gläubigkeit aus der Stille des Klosters wie ein Alles ergreifender Sturm in das öffentliche Leben trat, da schien sie zuerst auch die ganze wissenschaftliche Tradition der Scholastik fortschwemmen zu wollen. Die Reformation that, was das erste Christenthum gethan hatte: sie lehnte die Beziehungen zur menschlichen Wissenschaft ab und wollte nur die einfache Religion des frommen Glaubens an die Offenbarung sein. Je entschiedener Luther selbst diesen Glauben vertrat, um so heftiger kehrte er sich gegen alle Versuche, seinen Inhalt als einen Gegenstand philosophischer Wissenschaft zu betrachten, und es ist bekannt, wie er „die Bestie Vernunft unter die Bank" wies.

Allein es zeigte sich bald, dass diese Bestie ein unentbehrliches Hausthier sei, zwar nicht für die Religion, aber doch für die Bildung einer neuen Kirche. Es wiederholte sich dabei wiederum ein Vorgang, welchen auch die Entwicklung des Christenthums in den ersten Jahrhunderten zeigt. Allen religiösen Richtungen, welche in einem wissenschaftlich durchsetzten Culturzustande entspringen und die Tendenz der Ausdehnung und der kirchlichen Organisation gewinnen, macht sich eine philosophische Darstellung und Begründung ihrer Lehren nothwendig, deren die autochthon mit den Völkern selbst aufgewachsenen Religionen nicht in derselben Weise bedurft haben. Wo eine religiöse Meinung sich in einer Gesellschaft entwickeln will, deren Glieder auf einer gewissen Höhe der wissenschaftlichen Bildung stehen, da muss sie, um nicht nur die Herzen sondern auch die Köpfe zu erobern, sich allmählich auch eine eigene Philosophie schaffen. Deshalb konnte die deutsche Reformation an ihrer anfänglichen Ablehnung der Wissenschaft ebensowenig festhalten wie das Urchristenthum, und ihre Wendung zur Philosophie beginnt von dem Punkte an, wo die innere Triebkraft und die kirchezerstörende Tendenz der Mystik durch das Bedürfniss nach einer neuen **confessionellen Organisation** gehemmt wurde.

Es ist nicht dieses Ortes, genauer auf die Gründe einzugehen, durch welche die mystische Bewegung zur Organisation einer neuen Kirche getrieben wurde. Sie lagen theilweise in dem natürlichen Vorgange, dass alles religiöse Leben mit Nothwendigkeit auch seine feste Ausgestaltung im äusserlichen Leben sucht, theilweise auch in dem Bündnisse mit den politischen Mächten, in welchem die Reformation eine wesentliche Kraft für ihre realen Erfolge gefunden hatte. Und so wurzelte das Bestreben nach einer wissenschaftlichen Fixirung des neuen Lehrbegriffes hauptsächlich in dem Bedürfnisse nach einem **protestantischen Staatskirchenthum**.

Die Ausführung dieses Bestrebens aber konnte sich nicht anders vollziehen, als indem man sich an dem grossen Beispiele eben der Kirche, die man bekämpfte, wieder emporrankte. So kam es zunächst, dass die Tendenz der Reformation, mit der kirchlichen **Tradition** zu brechen, in der Mitte gehemmt wurde. Statt zum Urchristenthum zurückzukehren, begnügte man sich mit der Annahme des Christenthums vom Concil zu Nicaea. Man acceptirte nicht nur das auf diesem aufgestellte Glaubensbekenntniss, sondern man erklärte auch den um dieselbe Zeit abgeschlossenen Kanon des Neuen Testaments für die unantastbare Grundlage der neuen Confession. Wenn man sich so eine historische Grenze setzte, über welche hinaus die Kritik der Tradition nicht geübt werden sollte, so ist für dieses Vorgehen der Reformatoren kein logischer Grund, sondern nur die psychologische Veranlassung zu entdecken, dass man eben für die Begründung einer confessionellen Organisation einen sicheren geschichtlichen Boden haben musste. Denn es ist eine alte Weisheit, dass alle Religionen sich auf Geschichte gründen, und dass aus blosser Philosophie noch niemals eine hervorgegangen ist. Auf diesem neu abgesteckten historischen Boden der heiligen Schrift bestand bekanntlich Luther den schweizerischen Reformatoren gegenüber mit äusserster Hartnäckigkeit, und er klammerte sich daran im Laufe der Zeit um so fester, je mehr sich in den Erscheinungen der Bilderstürmer, der Wiedertäufer und anderer „Sectirer und Schwarmgeister", besonders aber in den Bauernkriegen die ganze revolutionäre Gewalt der Gedanken entfaltete, welche er durch sein Wort entfesselt hatte.

Aber die katholische Kirche hatte ausser ihrer Tradition auch eine Philosophie, in welcher die Kirchenlehre zu einem Systeme wissenschaftlich entwickelter Gedanken verarbeitet war, und im Kampfe mit ihr, vor Allem in den Disputationen musste sich mehr und mehr das Bedürfniss geltend machen, ihr von protestantischer Seite eine andere entgegenzustellen. So sahen denn Luther und vor Allen der umsichtigere Melanchthon sehr bald ein, dass es ohne Philosophie nicht angehen würde, und dass man die Kirche ohne eine neue Wissenschaft nicht von Grund aus werde reformiren können. Doch müsse eben, so verlangte namentlich Luther, diese Philosophie auch wirklich neu sein, der scholastische Aristotelismus sei eine „gottlose Wehr der Papisten", und der reine Aristotelismus, wie ihn die Philologen brächten, sei das pure naturalistische Heidenthum: mit beiden könne man nichts anfangen. Aber woher sollte denn nun schliesslich diese neue Lehre kommen? Luther war bei aller Genialität kein wissenschaftlicher, Melanchthon kein philosophischer Kopf. Unter den übrigen Gelehrten, die sich der neuen Richtung anschlossen, war zwar viel humanistische Gelehrsamkeit und viel echte Gläubigkeit, aber leider keine philosophische Originalität zu finden. Wer kann sagen, wie sich die religiöse

Organisation Deutschlands gestaltet hätte, wenn ihm damals das Schicksal ein philosophisches Genie wirklich bescheert hätte? Aber das einzige, das aus diesem Boden erwuchs, Jakob Böhme, kam viel zu spät und wurde erst geboren, als die neue Kirche sich schon lange anders hatte behelfen müssen.

Denn die Zeit drängte, und man musste sich, da man selbst nichts schaffen konnte, wiederum unter den alten Systemen umsehen. Und so war es denn noch einmal der alte Aristoteles, in dessen systematische Begriffsformen der Geist der neuen Glaubenslehre hineingegossen wurde. Bald schrieb Melanchthon: „Carere monumentis Aristotelis non possumus", und so sehr er sich dagegen sträubte, musste doch Luther schliesslich auch anerkennen, dass man eine bessere Wahl nicht treffen könne. Damit war das Schicksal der Philosophie des deutschen Protestantismus besiegelt, und Melanchthon begann die aristotelischen Lehren theils in ihrer philologisch gereinigten Gestalt, theils auch in den formalen Wendungen ihrer mittelalterlichen Verwerthung für die Systematisirung der protestantischen Glaubenslehre umzuarbeiten. Zum letzten Male machte in durchgreifender und umfassender Weise der alte griechische Denker die Gewalt seines Geistes geltend, und in den grossen Formen seiner wissenschaftlichen Architektonik wurde noch einmal das Gebäude einer Kirchenlehre aufgeführt.

§ 16. Die protestantische Schulphilosophie und ihre Gegner.

In der Ausführung dieses Planes hat bekanntlich überall Melanchthon die Grundlinien gezogen, innerhalb deren die Lehre der neuen Confession ausgebaut worden ist. Er war ein ruhiger und umsichtiger Forscher, gänzlich erfüllt von reiner Hingabe an den neuen Glauben und von strenger Gewissenhaftigkeit in der Ausbildung der einzelnen Lehren. Seine ausserordentliche Lehrgabe, verbunden mit der dialektischen und rhetorischen Fertigkeit, die er seinen humanistischen Studien verdankte, bethätigte sich in der Bearbeitung aller Theile der Philosophie, die er successive unternahm, seitdem er nach manchem Schwanken sich für die Ausbildung der aristotelischen Lehre entschieden hatte. Freilich ist es keine grossartige Gestaltungskraft, die uns in seinen Werken entgegentritt, und es ist nirgends der Seherblick eines wahren Philosophen, mit dem er die Dinge anschaut. Aber es ist dafür eine Art von reinlicher Anordnung und von feinsinniger Vertheilung in seinen Bearbeitungen, welche, wie sie zum Theil hauptsächlich aus pädagogischem Interesse hervorgegangen sind, so auch meist einen sehr glücklichen pädagogischen Blick zeigen. Die begrifflichen Formen sind dabei durchweg peripatetisch; sachlich dagegen zeigt sich vielfach der Einfluss des humanistischen Eklekticismus, der gern aus Autoritäten wie Cicero und Galen schöpft.

Seine wissenschaftlichen Erkenntnissprincipien sind theils die apriorischen Grundsätze der Vernunft, theils die Thatsachen allgemeiner Erfahrung. Allein die Grundsätze und die Erfahrung genügen zur rechten Erkenntniss doch nicht, sie müssen vielmehr ergänzt und theilweise auch berichtigt werden durch die Offenbarung der heiligen Schrift. Ueberall, wo diese mit der aristotelischen Philosophie oder mit anderen selbständigen Forschungen der Wissenschaft im Widerspruche steht, müssen natürlich die letzteren als unberechtigt zurücktreten. In der Lehre von der Ewigkeit der Welt, von den Eigenschaften Gottes und der Vorsehung darf man auf Aristoteles nicht hören, die Ueberzeugung von der unsterblichen Seele des Menschen kommt nicht aus natürlichen Gründen, sondern nur aus der Offenbarung, und gegen die Lehre des Copernicus wird die Autorität der Psalmen in das Feld geführt. Der Ausgangspunkt dieser ganzen Philosophie ist die Entwicklung der Lehre von der Gottheit; an sie schliesst sich einerseits die Kosmologie als die Darstellung der von Gott geschaffenen Welt, in welcher Melanchthon auch dem astrologischen Aberglauben der Zeit unter dem Begriffe des physischen Schicksals Rechnung trägt, andererseits die Ethik, deren Grundsätze, vor aller Erfahrung zu zweifellosem Rechte bestehend, noch grössere Würde als diejenigen der theoretischen Philosophie an sich tragen, weil sie als die Gebote Gottes der unmittelbarste Ausdruck seines heiligen Willens sind. Ueberhaupt legt Melanchthon, ganz wie es in der Richtung seiner Confession liegt, besonders grosses Gewicht auf die moralischen Argumente, und auch seine Beweise für das Dasein Gottes sind zum grössten Theile dem Gewissen entnommen.

Die genauere Ausführung dieser Lehre gehört weniger in die Geschichte der Philosophie, als in diejenige der Theologie. Nur diese principiellen Gesichtspunkte mussten kurz hervorgehoben werden, um den Geist zu bezeichnen, in welchem dieser protestantische Aristotelismus seine Aufgabe zu lösen suchte.

Er bürgerte sich natürlich sehr schnell auf allen protestantischen Universitäten Deutschlands ein, und er trocknete, da es ihm an wirklich neuen Gesichtspunkten fehlen musste, schnell genug zu einer zweiten Auflage der Scholastik zusammen, welche, nicht minder einseitig und vor Allem nicht minder unduldsam gegen gegnerische Ansichten und freiere Richtungen als ihr mittelalterliches Original, sich auf den deutschen protestantischen Kathedern des XVI. und XVII. Jahrhunderts einnistete, bis endlich vom Auslande her ein frischerer Wind herüberwehte.

Von einzelnen Auszweigungen dieses neuen Peripateticismus dürfte nur noch die rechtsphilosophische eine kurze Erwähnung verdienen, weil in ihr hauptsächlich die durch die kirchenpolitischen Probleme der Zeit nahe gelegte Frage nach dem Verhältniss von Staat und Kirche verhandelt wurde. Es verstand sich von selbst, dass die protestantischen Theorien dem Staate eine grössere Unabhängigkeit zusprachen, als es die jesuitischen Rechtsphilosophen thaten. So hatte schon Melanchthon in seiner Ethik den Staat als eine selbständige göttliche Ordnung aus den Principien der Offenbarung abzuleiten gesucht, und hierin stimmte ihm namentlich Oldendorp (Iuris naturalis gentium et civilis isagoge, Cöln 1539) bei. Später trat hauptsächlich das Bestreben hervor, auf dem rechtsphilosophischen Gebiete die Identität von Offenbarung und Vernunft durch den Nachweis zu erhärten, dass das Naturrecht nichts anderes sei, als das von Gott gewollte und mit der Schöpfung des Menschen von ihm eingesetzte Recht. Dies führten in wissenschaftlich exakterer Form der Däne Nicolaus Hemming (De lege naturae apodictica methodus 1562), und später Benedikt Winkler (Principiorum iuris libri quinque, Leipzig 1615) aus. Ein besonders wichtiger Punkt in diesen Controversen war die Frage nach dem Träger der Souveränetät: auch sie wurde nach dem kirchenpolitischen Interesse entschieden, wenn ein Vertreter der sog. monarcho-machischen Theorien wie Johannes Althus in seinen Politica (Gröningen 1610) ausführte, dass der Herrschaftsvertrag, durch den das Volk seine ursprüngliche Souveränetät an den Monarchen abgetreten habe, rechtlich hinfällig werde, sobald der Monarch gegen die Ueberzeugung und das wahre Heil des Volkes zu regieren versucht.

Doch zeigen auch die Compromissversuche, in denen sich die neue Confession der Theorie des Staatsrechts zu bemächtigen suchte, philosophisch betrachtet, geringe Originalität. Es ist ihnen allen eine gewisse Halbheit aufgedrückt, welche zwischen den Freiheitsregungen der neuen Wissenschaft und der Anerkennung eines historisch gegebenen Systems hin und her schwankt oder mit einer äusserlichen Versöhnung dieser Gegensätze sich zufrieden giebt. Und es konnte die Folge nicht ausbleiben, dass diese Zwitterbildungen gleich lebhaft von der Energie der alten Kirche und von der Consequenz der neuen Wissenschaft bekämpft wurden. Zu diesen Gegnern gesellten sich aber noch besonders diejenigen Männer, welche die Gedankenwelt, aus der die Reformation hervorgegangen war, in rücksichtsloserer Consequenz weiter verfolgten und durch diese radicalere Tendenz sich aus den engen Schranken, welche sich auch die neue Confession setzte, schnell genug herausgedrängt sahen. Es kam hinzu, dass die Streitigkeiten, welche nicht nur zwischen der alten Kirche und den neuen Bestrebungen, sondern auch innerhalb der letzteren selbst mit steigender Lebhaftigkeit geführt wurden und die Zeit mit einem unerquicklichen Getöse erfüllten, bei verständigen und weitersehenden Männern gerade jenen überconfessionellen oder auch ausserconfessionellen Gesichtspunkt verlockend erscheinen lassen mussten, der in dem Wesen der Mystik von vornherein angelegt gewesen war.

Zu solchen Männern, obwohl der eigentlichen Mystik fernstehend, gehörte Nicolaus Taurellus, der, wenn er das geleistet hätte, was er wollte, in der That mit Recht der erste deutsche Philosoph genannt werden dürfte. Denn es war nichts Geringeres, als ein philosophisches System, das mit dem innersten Wesen des Christenthums vollkommen übereinstimmen und doch seiner wissenschaftlichen Begründung nach lediglich auf Sätzen der menschlichen Vernunft beruhen sollte.

Er war 1547 zu Mümpelgard geboren, studirte in Tübingen anfangs Theologie und später Medicin, erhielt eine Professur in Basel und starb schliesslich als Professor der Medicin und Philosophie zu Altdorf im Jahre 1606. In seinem ganzen Wesen wie in seinen Schriften (besonders „Philosophiae triumphus", 1573) tritt das Bedürfniss nach ursprünglicher Philosophie, nach einer wissenschaftlichen Thätigkeit, welche unter dem Drucke keiner Autorität seufze, sondern frei dem innern Triebe des Gedankens folge, deutlich hervor, und insofern kann er als Vertreter der besseren Kräfte, welche im Protestantismus mächtig waren, angesehen werden. Selbstverständlich nun bäumt sich aber dies Freiheitsbedürfniss am leidenschaftlichsten gegen Aristoteles auf, der zur Zeit des Taurellus schon als der Vater zweier dogmatischer Systeme dastand, und auf dessen Autorität sich die Orthodoxen beider Confessionen stützten. Hieraus begreift sich die bis zur Geschmacklosigkeit heftige Polemik, mit welcher er nicht ohne Benutzung des Ramismus den Aristoteliker Caesalpinus, der auf einer Reise in Deutschland manchen Einfluss gewonnen hatte, in einer Reihe von Schriften (darunter eine unter dem Titel: Alpes caesae 1597) befehdete.

Doch die Scholastik erster und zweiter Auflage zu bekämpfen, scheint leichter gewesen zu sein, als etwas wahrhaft Neues zu schaffen. Vielleicht war der überconfessionelle Standpunkt, den Taurellus mit seinem Glauben einnahm, zu unklar und unbestimmt, als dass er die Formen eines durchgeführten philosophischen Systems hätte annehmen können. An gutem Willen wenigstens dazu fehlte es ihm nicht. Die Lehre von der zwiefachen Wahrheit ist ihm ein Dorn im Auge; er begreift nicht, wie es möglich sei, christlich zu glauben und dabei heidnisch zu denken. Dass es überhaupt einen Widerspruch und auch nur einen Unterschied zwischen der natürlichen Erkenntniss und der Offenbarung giebt, erscheint ihm schon als ein trauriger und unrichtiger Zustand, der erst durch den Sündenfall habe herbeigeführt werden können. Um so thörichter und verwerflicher sei es, diesen sündigen Zustand anzuerkennen und gar noch befestigen zu wollen. Er müsse vielmehr überwunden, und es müsse ein System gefunden werden, in welchem zwischen theologischer und philosophischer Wahrheit kein Unterschied mehr sei.

Den Inhalt dieses Systems sucht Taurellus, zum grossen Theil mit Anlehnung an die Lehre des Augustinus, in den allgemeinsten Grundlagen des Christenthums, wie sie allen Confessionen gemeinsam sind. Jeder Schritt darüber hinaus erscheint ihm ungerechtfertigt, und er will weder Lutheraner noch Calvinist noch Katholik sein. Er sucht auch schliesslich das religiöse Heil nicht in der Anerkennung bestimmter einzelner Dogmen. Auf das Wissen kommt es viel weniger an als auf das Wollen, und dieselbe Freiheit, welche einst das Elend der Sündigkeit herbeigeführt hat, soll nun von einem Jeden benutzt werden, um durch innere Wiedergeburt die Erlösung zu ergreifen und in einem reinen Leben die Seligkeit zu erringen. Hieraus geht hervor, dass Taurellus, wenn er auch über den Confessionen steht und stehen will, doch den kräftigen Einfluss der reformatorischen Lehren nicht verleugnet, noch mehr aber dass er ihrem Ursprung, den mystischen Theorien, so wenig er gerade mit ihnen zu thun haben will, doch innerlich sehr nahe stand.

Eine in gewisser Hinsicht verwandte, dagegen in andrer ganz entgegengesetzte Erscheinung bietet der Socinianismus dar, ein rationalistischer Versuch überconfessioneller Christenlehre, welcher von Laelius Socinus (1525—1562) und seinem Neffen Faustus Socinus (1539—1604) gemacht wurde. Beide waren zwar geborne Italiener, gehören aber ihrer Bildung nach der deutschen Geistesbewegung, ihrer Wirksamkeit nach hauptsächlich den nordöstlichen Gegenden an. Ihre Lehre, die später in den confessionellen Streitigkeiten nicht ohne Bedeutung gewesen ist, wollte in der Offenbarung nur dasjenige anerkennen, was für die menschliche Vernunft begreiflich ist, schloss daher aus ihr alle metaphysischen Mysterien, alle theoretischen Elemente supranaturalistischen Charakters aus und wollte demgemäss die Religion auf die Gesetzlichkeit beschränken. Gott hat dem Menschen erst in Moses, dann in Jesus sein Gesetz offenbart, an dessen Befolgung er die Gewähr der ewigen Seligkeit geknüpft hat: des Menschen Religion ist nichts anderes als die gläubige und vertrauensvolle Unterordnung unter dieses Gesetz.

§ 17. Die Mystiker.

Im Allgemeinen wurden die freieren Regungen auf den Universitäten sehr bald durch die herrschenden Lehrmeinungen unterdrückt und gehemmt. Desto ungehinderter aber lief im Volke die mystische Bewegung selber fort und nahm nun auch gegen die neue Kirche eine so feindliche Haltung an, dass sie sich stetiger Verfolgung aussetzte. Die Reformation, zur Kirche geworden, kehrte die gewonnene Macht gegen ihren eigenen Ursprung und bekämpfte fast fanatisch gerade diejenigen Gedanken, aus denen sie selbst entsprungen war und welche sie nur nicht zu voller Consequenz hatte entwickeln wollen.

Es ist oft darauf hingewiesen, dass die Lehren, um deren willen Andreas Osiander von der lutherischen Orthodoxie ausgestossen und verdammt wurde, dem ursprünglichen und innerlichen

Glauben Luther's selbst verwandter waren, als das Dogmensystem der Lutheraner. Wenn jener verketzerte Mystiker in seinem „Bekenntniss von dem einigen Herrn Jesus Christus und Rechtfertigung des Glaubens" behauptete, die einzige Gerechtigkeit des Menschen sei der ihm innewohnende Gottmensch, so beruhte dies auf dem mystischen Hintergrunde der Lehre von der Wesenseinheit des einzelnen Menschen mit dem Idealmenschen, der Luther selbst anfangs sehr nahe gestanden hatte.

Am charakteristischsten aber kommt diese eigenthümliche Verschiebung der Gedanken, vermöge deren der Kirchenleiter Luther den Reformator Luther verleugnete und verdammte, in seinem Verhältnisse zu Caspar Schwenckfeld zu Tage, welchen er mit der ganzen Leidenschaftlichkeit seines Wesens von sich stiess. Dieser Mann, 1490 zu Ossing in Schlesien geboren, war einer der frühesten und anfänglich begeistertsten Anhänger von Luther. Aber nachdem er im Jahre 1527 einen Sendbrief über das Abendmahl erlassen hatte, worin er seine Stellung zwischen Katholiken, Lutheranern, Reformirten und Anabaptisten, also vollkommen selbständig und ausserconfessionell zu nehmen suchte, wurde er aus dem Lande gejagt und musste, um schlimmeren Verfolgungen zu entgehen, in der Verborgenheit ein unstätes Leben führen, welches er 1561 vermuthlich zu Ulm endete. Seine Lehre steht schon mitten in der Entwicklungslinie der eigentlichen Mystik, und sein Kampf gegen das in sich selbst verknöchernde Lutherthum entwickelte sich an der Lehre, welche damals schon die brenende Frage in den confessionellen Streitigkeiten zu werden begann, an derjenigen vom Abendmahle. Seiner Ansicht nach ist es nur der verklärte Leib Christi, nicht der fleischliche, auf dessen Genuss das eigentliche Sakrament beruht. Die lutherische Auffassung nennt er eine Veräusserlichung, welche nicht viel mehr werth sei als die katholische, während er andererseits meint, dass in der allzu rationalistischen und nur symbolischen Auslegung der Reformirten die wahrhaft religiöse Bedeutung der Handlung sich verflüchtige. Von dieser besonderen Lehre aber entwickelt sich von selbst ein allgemeinerer Angriff gegen das Lutherthum. Das hartnäckige Festhalten am Buchstaben der Schrift ist ihm das Widerwärtige in dem Treiben der Lutheraner. Er sieht darin ein äusserliches Thun, durch welches die wahre innerliche Offenbarung, die Gott in dem gläubigen Gemüthe jedes Einzelnen vollziehe, nur erstickt werden könne. Vollkommen erfüllt von dem Gedanken des allgemeinen Priesterthums, den ja auch die Reformation nicht gänzlich ablehnte, kämpft er gegen die Monopolisirung der Mittheilung des Gottesworts, welche die Pastoren der neuen Kirche für sich in Anspruch genommen haben und wodurch, wie er meint, der Ruhm des Herrn nur beeinträchtigt werden könne. Schliesslich gipfelt diese ganze Polemik darin, dass an die Stelle der äussern Kirche der mystische Begriff der innern treten und die gesammte äusserlich fixirte Gestalt des religiösen Lebens aufgehoben werden soll.

Schwenckfeld ist der lebendige Beweis dafür, dass an dem Punkte, wo der Protestantismus confessionell und kirchlich wird, die Mystik von ihm und er von der Mystik sich trennt. Der Idealismus und die absolute Verinnerlichung, welche das Wesen dieser Mystik von Anfang an ausmachte, stand in einem ursprünglichen und, wie der Erfolg gezeigt hat, unversöhnlichen Widerspruche mit der realen Organisation; und der Gedanke rein innerlicher Gläubigkeit und unmittelbarer Hingabe des Individuums an die Gottheit vertrug sich nicht mit der Gründung einer Kirche, welche ihrem Begriffe nach eine bestimmte Formulirung ihres Glaubensbekenntnisses und eine äussere Festsetzung ihres Cultus verlangen und durchführen musste. Es lag in der Natur der Sache, dass dieser Gegensatz zwischen der mütterlichen Mystik und der protestantischen Kirche sich immer energischer ausprägte. Diese Kirche auf der einen Seite sah sich genöthigt, manche Auswüchse jugendlicher Unreife abzustreifen und in der Nachahmung eines mehr als ein Jahrtausend alten Vorbildes fester und enger sich in sich selbst zu schliessen: die Mystik auf der andern Seite, aus dem confessionellen Verbande einmal herausgedrängt, entwickelte, in der Stille und in der Tiefe des Volkes weiterwühlend, die in ihr angelegten Gedankenkeime bis zur radicalsten Consequenz. Und dies wenigstens lässt sich nicht leugnen, dass die Originalität des philosophischen Denkens in diesem Gegensatze auf der Seite der Mystiker war, und dass die Deutschen somit Alles, was sie von neuen Ideen in den gährenden Anfangszustand der modernen Wissenschaft hineingeworfen haben, der Mystik verdankten.

So kam es, dass der Fortschritt der mystischen Bewegung je länger desto weiter vom Protestantismus abführte, und schon der Nächste in dieser Reihe, Sebastian Franck, kam zu so radicalen Folgerungen, dass sogar Schwenckfeld von ihm sich lossagte. 1500 zu Nürnberg geboren, durch einen vorübergehenden Verkehr mit Schwenckfeld angeregt, beschäftigte er sich viel mit den älteren deutschen Mystikern, namentlich mit Tauler und der deutschen Theologie. Geistliche Einflüsse vertrieben ihn aus Nürnberg und machten ebenso seine Versuche, sich in Strassburg, in Ulm, in Esslingen niederzulassen, auf die Dauer unmöglich, und so ist er kümmerlich umherirrend 1545 in Basel gestorben. Es ist vielleicht nicht ohne den Einfluss dieser seiner persönlichen Erfahrungen, dass die Mystik in dieser Form ein sehr pessimistisches Gewand trägt und sich in einem pathetischen Widerspruche gegen die Welt bewegt, die überall das der Wahrheit und der Heiligkeit Entgegengesetzte zu dem ihrigen mache. Das Einzige jedoch, was ihn an dieser Welt trotzdem sehr interessirt zu haben scheint, ist der geschichtliche Ablauf ihrer Begebenheiten; er nimmt in der Entwicklung der deutschen Geschichtsschreibung eine ausserordentlich bedeutende Stellung ein, und seine Geschichtsbibel, seine teutsche Chronik, sein Weltbuch sind würdige und merkwürdige Denkmäler der ersten Anfänge historischer Forschung. Es ist das um so eigenthümlicher, als seine mystische Lehre sich gerade überall gegen die geschichtliche Auffassung der Heilsthatsachen wendet. Es scheint, als habe er das historische Geschehen für das Wesen dieser verkehrten Welt angesehen und deshalb das religiöse Heil von der geschichtlichen Auffassung um so mehr befreien wollen. Die früheren mystischen Lehren legten ihm ja schon die Gedanken von einer Ewigkeit der Schöpfung, von einem ewigen Vorhandensein aller Dinge in Gott nahe, und so sagt er denn, der Mangel aller confessionellen Auffassungen bestehe darin, dass sie die Berichte der Offenbarung für einmalige historische Fakta hielten. Der wahre Glaube betrachte die Historie nur als ein Mittel der sinnlichen Bekanntmachung, als eine „Figur", in der die Wahrheit nur gespiegelt werde. Die Kirche spricht von einem Akte der Weltschöpfung: in Wahrheit ist die Welt ewig wie Gott, denn Gott ist nichts ohne die Welt. Die Kirche spricht von einem Sündenfalle Adam's: aber das ist nicht eine historische Thatsache, sondern in Wahrheit nur eine Symbolisirung des ewigen Sündenfalles aller Menschen. Und wie die Geschichte Adam's, so ist auch diejenige von Christus eine ewige Geschichte des ganzen Menschengeschlechts. In jedem Menschen ist Mensch und Gegenmensch, guter und böser Engel, Christus und Adam lebendig. Darum ist auch die Erlösung nicht als eine einzelne historische That aufzufassen, sondern vielmehr als ein ewiges Geschehen in der inneren Selbsterlösung aller Menschen und in der ewigen Gnadenwirkung der Gottheit. Darum darf auch die Offenbarung nicht als zu einer bestimmten Zeit geschehen gelten, sondern auch sie ist ein ewiger Vorgang, der in jedem gläubigen Gemüthe neu und ganz von Statten geht: die historische Erscheinung des Propheten von Nazareth hat nichts Neues offenbaren, sondern nur klarer aussprechen können, was die Menschheit von Ewigkeit zu Ewigkeit in ihrem gotterfüllten Glauben besitzt. Aus diesem Grunde betrachtet Franck die hl. Schrift nur als einen Schatten und ein Bild des Geistes, der in dem wahren Christen lebendig sein soll. Er polemisirt gegen nichts mehr, als gegen den historischen Glauben an eine Anzahl von Büchern, von denen wir nicht wissen, wer sie geschrieben hat — diesen historischen Glauben, mit dem alle Confessionen und alle Sekten ihre Einseitigkeiten beschönigen und ihre Ungerechtigkeiten begründen. Der Gedanke der praktischen Mystik bricht auch in ihm hervor, wenn er erklärt: es sei ein Wahn, das Heil in dem Glauben an bestimmte Lehrsätze zu suchen. Nicht Denken und Wissen, sondern Wollen ist der tiefste Charakter des Menschen, und wer in reiner Liebe die Einheit mit Gott in sich trägt und sie durch seinen Wandel bethätigt, der ist heilig und ein Christ, auch wenn er den Namen Gottes niemals vernommen haben sollte.

So kommt in einem wunderbaren Zusammentreffen das tief religiöse Bedürfniss der deutschen Mystik zu demselben Resultate, wie der religiöse Indifferentismus der rechtsphilosophischen Untersuchungen: zu der Lehre von der Gleichgiltigkeit der religiösen Meinungen und der confessionellen Parteistellung. Der moderne Gedanke der Toleranz ist aus diesen beiden so weit von einander verschiedenen Wurzeln hervorgegangen: aus der kühlen Ablehnung der streitigen Religionsfragen, über denen der moderne Staat seine weltliche Souveränetät und die Wissenschaft ihr eigenes Urtheil geltend machte, und aus der glühenden tiefinnerlichen Religiosität, welcher keine confessionelle Formulirung genugthun konnte. Hieraus ist es klar, dass diese gleiche Forderung der Toleranz nicht überall den gleichen Werth besitzt: ihr Ursprung — das tritt am klarsten im XVIII. Jahrhundert hervor — umspannt den ganzen Raum zwischen äusserster Frivolität und reinster Frömmigkeit.

§ 18. Valentin Weigel.

Die Entwicklung der Mystik hatte bei Schwenckfeld und Franck schon nahe genug an eine Grenze gestreift, über welche hinaus sie nicht hätte gehen können, ohne in gänzlich vage und inhaltlose Allgemeinheiten zu verdampfen, und selbst ihre polemische Haltung gegen die verschiedenen Confessionen würde schliesslich nicht kräftig genug gewesen sein, um sie als selbständige Richtung aufrecht zu erhalten. Zudem waren die mystischen Gedanken bis zu diesem Punkte viel zu einseitig mit der Frage nach dem Vorgange des wahrhaft religiösen Glaubens und Lebens beschäftigt, als dass sie aus sich selbst allein zu einer umfassenden philosophischen Lehre hätten gelangen können.

Wenn deshalb die Geschichte der deutschen Mystik mit einem grossartigen Systeme wie demjenigen von Jakob Böhme abgeschlossen hat, so ist es nur dadurch erreicht worden, dass sie noch andere Gedankenkeime in sich aufgenommen hat, und zwar speciell solche, welche als Ergänzung ihrer eigenen, einseitig innerlichen Tendenz dienen konnten. Solche Elemente würde vielleicht die gelehrte Bildung in der gleichzeitigen Erneuerung der Systeme des griechischen Denkens gesucht und gefunden haben. Aber die Mystik war keine Gelehrtenphilosophie; es war eine Bewegung, die auch nach der Reformation im Volke fortrollte, wo sie begonnen hatte. So kam es, dass die Einwirkung, vermöge deren die deutsche Mystik schliesslich ihre bedeutendste Schöpfung hervorgebracht hat, von den naturphilosophischen Phantastereien eines Paracelsus ausging, welche durch die zahlreichen Flugschriften des Mannes selbst und durch die marktschreierischen Reden der Quacksalber, die sich seine Schüler nannten, weithin verbreitet worden waren. Beide Gedankenmassen, von ruhiger wissenschaftlicher Forschung gleich weit entfernt, aber gerade deshalb in manchen Punkten von vornherein verwandt, ergriffen sich nun, und die Mystik begann ihre Augen nach aussen aufzuschlagen, um die Naturerkenntniss in den Rahmen ihrer Glaubenslehre einzufügen. Sie verdankte diesem neuen Elemente eine Veranschaulichung und realistische Kräftigung ihrer Ideen, durch welche sie eben zu dem Entwurfe eines umfassenden Systems befähigt wurde.

Die beiden Elemente, das religionsphilosophische der älteren Mystik und das naturphilosophische des Paracelsus, einander genähert und den ersten Versuch zu ihrer gegenseitigen Durchdringung gemacht zu haben, ist das Verdienst von Valentin Weigel. Er war 1553 zu Hayna (Grossenhain) geboren, machte seine Studien zu Leipzig und Wittenberg und war dann bis zu seinem frühen Tode 1588 Pfarrer in Zschopau. Klug genug, seine Lehre geheimzuhalten, erkaufte er sich durch die Unterschrift unter die Concordienformel das Recht zu unverfolgter und ungestörter Wirksamkeit in seiner Gemeinde: seine ketzerischen Lehren liess er nur im handschriftlichen Entwurf bei seinen Freunden und auf deren Drängen auch in weiteren Kreisen, aber stets geheim umgehen, und so kam es, dass, als man nach seinem Tode an ihre Veröffentlichung durch den Druck ging, ihm mancherlei untergeschoben wurde, was gleichfalls von mystischen Erbauungsschriften beim Volke in der Stille von Hand zu Hand ging. Was davon als gesichert angesehen werden darf, zeigt eine häufige Berufung auf Tauler, die deutsche Theologie, Thomas a Kempis, Osiander und Schwenckfeld, und eine charakteristische Vorliebe für die ersten Schriften Luthers, gepaart mit einer nicht minder bedeutsamen Abneigung gegen Melanchthon, in welchem Weigel den gelehrten Verderber der Mystik wittert. Dabei ist es merkwürdig, wie er den sehr lebhaften Einfluss, welchen er ganz offenbar von Sebastian Franck erfahren hat, consequent verschweigt. Vielleicht galt dieser doch mit seinen extremen Ansichten bereits für so unchristlich, dass man selbst in diesen Kreisen sich ungern auf ihn berief.

Es sind hauptsächlich zwei Punkte, auf denen sich die Mystik und die Naturphilosphie begegnen. Beide sind ihrem Zwecke nach theosophisch, die religionsphilosophische Richtung selbstverständlich, die naturphilosophische vermöge ihrer ausgesprochenen Absicht, die Natur als die ewige Offenbarung Gottes zu betrachten. Beide aber (und dieser Gesichtspunkt ist noch viel wichtiger) haben im Grunde genommen das gleiche Erkenntnissprincip, indem sie vom Menschen als Mikrokosmos ausgehen. Valentin Weigel findet hierfür den genialen Ausdruck, dass man nur dasjenige wissen und verstehen kann, was man in sich trägt. Sehen und erkennen, sagt er, ist keine blosse Wirkung des „Gegenwurfs", des Objectes, sondern es kommt vielmehr von Innen, aus dem Auge, in welchem es durch die Welt nur angeregt und „erweckt" worden ist. In sich selbst trägt der Mensch die gesammte Welt, und versteht er sich, so hat er auch das All begriffen. Dieser subjective Idealismus, an dieser Stelle der Entwicklung noch in der Form kühner Behauptungen und phantastischer Speculationen auftretend mit allerlei historisch umgestalteten und fast unkenntlich gemachten Bruchstücken der neuplatonischen Ueberlieferung versetzt, bildet doch einen Grundzug der gesammten deutschen Philosophie: er liegt der Monadologie zu Grunde, mit der Leibniz das XVIII. Jahrhundert beherrschte; er ist der tiefste Inhalt der Erkenntnisstheorie, durch welche Kant der bestimmende Philosoph des XIX. Jahrhunderts wurde. Bei Valentin Weigel tritt er noch ganz in der naiven Form auf, welche einerseits auf die Mystiker, andererseits auf Paracelsus zurückweist: der Mensch erkennt Gott, insofern er Gott ist, er erkennt die Welt, insofern er die Welt ist. In drei Stufen sucht Weigel diesen Gedanken durchzuführen. Der Mensch erkennt die irdische Welt, weil sein Leib, aus der Quintessenz aller sichtbaren Substanzen bereitet, ihm die Möglichkeit giebt, das Verwandte überall wieder zu erkennen, und weil die Wahrnehmung im Bunde mit der Imagination die ganze materielle Welt in sich aufzunehmen vermag: — er erkennt die Welt der Geister und der Engel, weil sein eigener Geist siderischen Ursprunges und ein Engel ist, der aus den Gestirnen seine Wissenschaft zieht, vermöge deren er den astrologischen Zusammenhang der Thatsachen begreifen und einen magischen Einfluss darauf ausüben kann: — er erkennt endlich die göttliche Welt, weil seine unsterbliche Seele, das spiraculum vitae, selbst göttlichen Wesens ist und im Sakramente göttliche Nahrung erhält. So sind Naturerkenntniss, Wissenschaft und Gotteserkenntniss im Grunde genommen nur Selbsterkenntniss. Der wahre Theologe forscht in sich, dem Bildnisse, nach Dem, dessen Bildniss er ist.

An diese allgemeine Voraussetzung schliesst sich dann bei Weigel eine speciell religionsphilosophische Lehre, in der er wesentlich der Schüler Franck's ist. Gott als das Eine wohnt nur in ihm selbst, der Mensch aber als Creatur wohnt zugleich in Gott und sich selber. In ihm ist deshalb von vornherein eine Zweiheit des Guten und Bösen angelegt, er trägt in sich seinen Christus und seinen Adam. Daher ist der Christus in jedem Menschen sein Sichselbstabsterben, das Aufhören seines Eigenwillens, der Tod des Individuums. Diese Gedanken, schon bei Meister Eckhart hervortretend, ziehen sich eben durch die gesammte Mystik hin, und sie nehmen bei Weigel andeutungsweise die Form an, in welcher sie schliesslich bei Jakob Böhme auf den Versuch führen, die Nothwendigkeit der Sünde aus der Creatürlichkeit, aus der Endlichkeit der Individuen abzuleiten. Wir würden darin den evangelischen Pfarrer Valentin Weigel als einen echten Mystiker erkennen, auch wenn er nicht schon durch seine stetige Polemik gegen die „Buchstäbler" sich als einen solchen erwiese. Gegen diese Fanatiker aller Confessionen wendet er das Schriftwort: an ihren Früchten sollt ihr sie erkennen. Auf ihrem Buchstaben bestehend und um dieses Buchstabens willen, hassen sie einander, verdammen einander, führen Kriege und verbrennen die Frommen, welche das Unglück haben, in diesem Buchstaben nicht ihr Heil finden zu können.

§ 19. Jakob Böhme.

Die Verknüpfung religionsphilosophischer und naturphilosophischer Speculation ist bei Weigel verhältnissmässig immer noch lose; sie vollzieht sich zwar an dem Cardinalpunkte der menschlichen Selbsterkenntniss, aber sie lässt doch nachher Naturerkenntniss und Gotteserkenntniss noch mehr oder minder getrennt erscheinen. Seine Lehre kann deshalb nur als die Vorbereitung für das System Jakob Böhme's gelten, in welchem sich beide Elemente in grossartigster Weise durchdringen und restlos in einander aufgehen. Die Stellung dieses Systems ist innerhalb der deutschen Philosophie dieser Zeit eine ähnliche, wie diejenige Giordano Bruno's in der italienischen Naturphilosophie. In beiden laufen die mannigfachen Fäden der vorhergehenden Entwicklung zusammen. Beide sind deshalb abschliessende Systeme von bedeutenden Umrissen und von charakteristischer Ausprägung der Geistesrichtungen, aus denen sie erwachsen sind. Die Gemeinsamkeit der Zeitbestrebungen lässt mannigfache Berührungspunkte zwischen diesen beiden Systemen hervortreten; aber ebenso stark sind auch zwischen ihnen die Gegensätze entwickelt, in denen die Verschiedenheit des nationalen Hintergrundes, von dem sie sich abheben, klar und deutlich sich spiegelt. Es ist deshalb nicht zufällig, dass die deutsche Philosophie zu einer Zeit, wo sie das Facit aus der gesammten Entwicklung des modernen Denkens zu ziehen berufen war, diese beiden Systeme, in denen gleichzeitig das italienische und das deutsche Denken den Abschluss gefunden hatte, aus der Vergessenheit wieder heraufzog, und dass es derselbe Mann war, Schelling, welcher die Lehren beider lang und oft verkannter Philosophen wieder zu Ehren zu bringen unternahm.

Jakob Böhme war, ein echter Sohn des Volkes, 1575 zu Altseidenberg bei Görlitz geboren: für das Schuhmachergewerk bestimmt, lernte er auf seiner ausgedehnten Wanderschaft zahlreiche confessionelle Streitschriften, dann aber vor Allem die fliegenden Blätter des Paracelsus und die mystischen Schriften von Schwenckfeld und Weigel kennen. Es ist für den Charakter der mystischen Bewegung bezeichnend genug, dass wandernde Handwerksburschen durch den Austausch von Schriften und Gedanken in ihren Herbergen zu ihren hauptsächlichsten Trägern gehörten. Nach seiner Rückkehr wurde Böhme 1599 Meister seines Handwerks und bald ein glücklicher Familienvater, der bescheiden in günstigen Verhältnissen seinem Berufe oblag. Aber in ihm trieb und drängte es und liess ihm nicht eher Ruhe, bis er im Jahre 1610 die auf der Wanderschaft aufgesogenen und in der Werkstatt weiter gepflegten Gedanken in seiner Schrift: „Aurora oder die Morgenröthe im Aufgang, d. i. die Wurzel oder Mutter der Philosophie, Astrologie und Theologie aus rechtem Grunde, oder Beschreibung der Natur" niedergeschrieben und veröffentlicht hatte. Das Buch machte grosses Aufsehen; paracelsische Aerzte und sonstige Magier und Mystiker kamen, den Mann zu sehen, der es geschrieben, und die Geistlichkeit der Stadt wusste es durchzusetzen, dass der philosophische Schuster in die Hände des Bürgermeisters das Versprechen niederlegte, nichts weiter zu schreiben. Aber es ging nicht; der Geist war zu mächtig in ihm, litterarische Angriffe kamen hinzu, und seit dem Jahre 1619 begann er von Neuem in Gelegenheitsschriften und offenen Sendschreiben seiner Lehre immer neue und neue Formen zu geben. Und nachdem die Unbequemlichkeiten, welche ihm geistlicher Einfluss in Folge dessen bereitet hatte, durch das vernünftige Einschreiten der Dresdner Behörden fortgeräumt worden waren, fuhr er, ohne seine praktische Thätigkeit zu vernachlässigen, mit diesen litterarischen Arbeiten bis an sein Ende im Jahre 1624 fort. Von diesen späteren Schriften sind namentlich diejenige „Von den drei Principien des göttlichen Lebens" (1619), ferner die „Vierzig Fragen von der Seele oder Psychologia vera" (1620), das „Mysterium magnum oder Erklärung über das erste Buch Moses" (1623) hervorzuheben.

Stärker noch als bei irgend einem Anderen ist bei Jakob Böhme der Gegensatz gegen die Gelehrsamkeit. Der zünftigen Wissenschaft bezeigt er theils grimmigen Hass, theils halb mitleidige Verachtung. Die wahre Offenbarung, meint er, hat sich niemals auf das Hohe und die Kunst dieser Welt, am wenigsten auf das „hohe und tiefe Studium" niedergelassen, sondern immer nur auf die niedere heilige Einfalt. Die Patriarchen, Jesus, die Apostel, das waren die Gefässe der Offenbarung, nicht die gelehrten Pfaffen, und dem armen verachteten Mönch Luther war es gegeben, die Gewalt der Gelehrten zu brechen. Aber leider auch seine Nachfolger sind wieder solche gelehrte Pfaffen geworden, und die Zeit ist damit reif für eine neue Offenbarung: die Morgenröthe ist da. Es steckt eine Art von Prophetenbewusstsein in dem Görlitzer Schuster, welches ihn bei aller persönlichen Bescheidenheit von der Heiligkeit seiner Aufgabe und der Kraft seiner mystischen Offenbarung tief durchdrungen erscheinen lässt. Nicht aus Büchern, wie die Gelehrten, muss man seine Weisheit schöpfen, sondern aus unmittelbarem Ergreifen der höchsten Wahrheit. „Ich will nach Geist und Sinn schreiben, nicht nach dem Anschauen", sagt er im Anfang seines Hauptwerkes und bezeichnet damit selbst am besten den Charakter innerlicher Phantastik, welcher seinem Systeme aufgedrückt ist. Vor Allem aber zeigt sich der heftige Gegensatz gegen das gelehrte Bücherwissen in seiner starken Betonung des Werthes der deutschen Sprache. Die Sprache überhaupt als das Erzeugniss des denkenden Menschengeistes gilt ihm als eine Neuschöpfung der ganzen Welt. Denn das Denken des Menschen enthält in sich die Quintessenz der Dinge. Versteht man darum die Sprache vollständig, so muss man damit auch eine grosse Weltkenntniss gewonnen haben; und zunächst kann man das selbstverständlich am besten bei der Sprache, in der man aufgewachsen ist. „Darum verstehe nur deine Muttersprache recht; du hast so tiefen Grund darin, als in der hebräischen oder lateinischen, ob sich gleich die Gelehrten darin erheben, wie eine stolze Braut — es kümmert nichts, ihre Kunst ist jetzt auf der Bodenneige." Eigenthümlich nun ist die Art und Weise, in der er selbst diese seine deutsche Sprache behandelt. In reicher Fülle strömt die Rede meist dahin, aber fast ist die Sprache noch zu ungelenk, um dem philosophischen Gedanken einen vollen und klaren Ausdruck zu geben, und seitenlang manchmal ist diese ganze Auseinandersetzung nur ein Ringen mit der Sprache, um ihr das rechte Wort und die rechte

Fügung abzuzuwingen. Und es giebt in der That eine Reihe von Ausdrücken, wie Ichheit, Selbheit, Deinheit u. s. w., die er dem Genius der Sprache glücklich entlockt und für die Philosophie erobert hat. Andererseits theilt er bis zu lächerlichster Unverständigkeit eine Eigenthümlichkeit, welche bekanntlich allem dilettantischen Philosophiren gemeinsam ist, diejenige nämlich des Etymologisirens. Und diese Sucht, die eigenen Gedanken in dem Ursprung der Wörter wieder zu erkennen, nimmt nun natürlich überaus komische Formen an, wo Jemand ohne die von Böhme so tief verachtete Gelehrsamkeit sich die Silben nach „Geist und Sinn" deutet. Deutsche und lateinische Wörter (letztere sind die alchymistischen Termini aus den paracelsischen Schriften) zerlegt er beliebig nach seiner Willkür in Silben, um dann diese gleich willkürlich zu deuten und aus ihrer Zusammenstellung den Sinn des Ganzen herauszuklauben z. B. Teu-fel, Mer-cu-ri-us u. s. w. Eine gleiche Vereinigung von ernstem Ringen und willkürlichem Hinwerfen zeigt auch der Satzbau dieses philosophus teutonicus; er müht sich unsäglich, die mystischen Gedanken zum klaren Ausdruck zu bringen, und manchmal gelingt es ihm mit geradezu genialer Sicherheit. Aber das überkommt ihn dann wie eine Art von innerer Erleuchtung. Am allerwenigsten darf man logische Gliederung und wissenschaftliche Beweisführung in seinen Schriften erwarten; sondern bald wie in weihevollem Selbstgespräch, bald wie in beredter Predigt, sprudelt er Behauptungen hervor, die sich gegenseitig drängen und auch wohl gelegentlich einmal einander verdrängen. Nimmt man noch eine Reihe von Geschmacklosigkeiten hinzu, denen der deutsche Stil sehr bald nach Luther's reformatorischer That der Bibelübersetzung wieder verfallen war, so kann man nicht eben behaupten, dass das Studium der Werke Jakob Böhme's dem modernen Menschen ein grosser Genuss sei. Es ist, wie wenn man im salzigen und trüb bewegten Wasser nach köstlichen Perlen zu fischen habe. Man findet sie, aber man muss sie unter gar viel Befremdlichem und Unbehaglichem heraussuchen.

Nicht viel anders möchte sich der moderne Geist auch zu dem Inhalte der Jakob Böhme'schen Lehre verhalten. Bei der Verschmelzung religionsphilosophischer und naturphilosophischer Speculationen kommt, wie sich leicht denken lässt, die wirkliche Naturerkenntniss sehr zu kurz. Lehnt doch Böhme die Erfahrung und Anschauung ausdrücklich ab, und was er von der Natur wirklich weiss, beschränkt sich auf die wenigen Kenntnisse, die er alchymistischen und paracelsischen Schriften verdanken konnte. Um so grösser ist natürlich der Spielraum seiner Phantasie: das Charakteristische aber in dieser mystischen Construction ist die Durchsetzung der Naturanschauung durch religionsphilosophische Gedanken. Der Geist Böhme's durchdringt die gesammte Natur mit den Kategorien der religiösen Betrachtung. Nicht nur das ganze Geschick, sondern auch das innere Wesen der Natur sucht er aus den Gegensätzen des Guten und Bösen abzuleiten, und der ganze Process des Naturgeschehens ist für ihn gleichbedeutend mit demjenigen des Sündenfalles und der Erlösung. Die Innerlichkeit des religiösen Lebens mit seinen Gegensätzen, Anhaltspunkten, Strebungen und Zielen bildet ihm, wie dereinst den Gnostikern, den tiefsten Kern auch der Natur, und so verwandeln sich unter seinen Händen die **naturphilosophischen Kategorien in psychologische und religiöse Begriffe**. Gerade hierin zeigt die deutsche Mystik auf ihrem Höhepunkt sich als das wahre Gegenstück zu der italienischen Naturphilosophie. Dort ergriff man in voller Begeisterung die äussere Natur, und stellte, soweit es angehen wollte, auch das innere Leben unter die Gesichtspunkte derselben: hier glaubte man aus der Offenbarung des gläubigen Gemüthes heraus auch die äussere Welt begreifen zu können. Ein Bruno stürzt sich in die Geheimnisse der wirkenden Natur — ein Böhme wühlt in den Mysterien des inneren Lebens. Das ist der ganze Unterschied zwischen Italien und Deutschland. Dort sucht man Gott in der Natur, hier in der Seele. Und den ursprünglichen Inhalt, welchen das neue Denken begehrt, glaubt man dort aus der Unendlichkeit des Universums, hier aus den Offenbarungen der gläubigen Seele schöpfen zu können.

Mit dieser Eigenthümlichkeit hängt es zusammen, dass es in den Gedanken Böhme's ein Centralproblem giebt, welches alle seine Gedanken beherrscht und gestaltet. Es ist dasselbe, welches wir schon vielfach als einen Gegenstand des Nachdenkens bei den Mystikern haben auftreten sehen, das Grübelproblem der christlichen Welt, dasjenige der Sünde. Der pantheistische Grundzug, welcher die ganze Entwicklung der Mystik bestimmt, liess dies Problem in besonderer Schärfe hervortreten. Wenn Gott als das Wesen und der metaphysische Grund aller Dinge und alles Geschehens betrachtet wurde, so erschien er auch als der Urgrund des Bösen, und doch sträubte sich das religiöse Gemüth dagegen, ihn die moralische Verantwortung dafür tragen zu lassen. Das ist der Schwerpunkt für das ganze Gedankensystem Böhme's. Es handelt sich darum, Gott als den metaphysischen Grund der Sünde zu erkennen, ohne seiner Heiligkeit Abbruch zu thun. Böhme hat das Problem nicht gelöst, aber er hat in rastloser Arbeit darum gerungen, und er hat mit bewunderungswürdigem Tiefsinn den Punkt aufgezeigt, von welchem allein die Lösung möglich erscheinen konnte. Er hat den Versuch gemacht, den Gegensatz von Gut und Böse als einen ursprünglichen und ewigen in die Gottheit selbst zu verlegen. Auch dafür waren Andeutungen von Meister Eckhart gegeben. Allein die Ausführung bei Böhme ist so originell, dass er als der selbständige Vertreter dieses Gedankens gelten darf.

Es ist in diesem Versuche Böhme's unverkennbar eine gewisse Aehnlichkeit mit der Lehre von der coincidentia oppositorum, welche auch in der Naturphilosophie und speciell bei Bruno eine so hervorragende Rolle spielte. Aber der Grundgegensatz, dessen Vereinigung hier die Gottheit in sich tragen soll, ist der moralisch-religiöse des Guten und des Bösen. Er geht, wie Böhme ausführt, durch die ganze Welt: „es ist nichts in der Natur, so nicht Gutes und Böses inne ist." Als liebstes Beispiel wendet Böhme für diese Lehre das Feuer an, dessen guter und freundlicher Anblick mit seiner grimmigen, verderblichen Hitze so wenig übereinstimme, und welches auf der einen Seite das Element des Lebens, auf der andern dasjenige der Zerstörung sei. Wenn nun so alle Dinge diesen Gegensatz der Urqualitäten Gut und Böse in sich tragen, so muss derselbe Gegensatz auch schon in der Gottheit enthalten sein, welche das innerste Wesen aller Dinge bildet und der Lebenssaft in dem ganzen Baume des Universums ist. Wie aber kommt, muss sich Böhme fragen, der eine, unendliche Gott dazu, so in sich selbst gespalten, so mit sich selbst in Widerspruch zu sein? Die Antwort darauf enthält das Geheimniss der Lehre Jakob Böhme's: nur durch den Gegensatz ist Offenbarung möglich, und die Gottheit muss in sich selbst gegensätzlich sein, wenn sie sich selbst offenbar werden will. Auch hier ist es der Vorgang des Feuers und des Lichtes, an welchem sich die Phantasie Böhme's emporrankt. Will er doch selbst die plötzliche Erleuchtung, durch welche ihm Alles klar wurde, dem Anblick eines vom Sonnenstrahle getroffenen Zinngefässes verdanken. Wo nur Licht wäre oder nur Finsterniss, da wäre weder Licht noch Finsterniss: nur an einander können die Gegensätze offenbar werden. Deshalb muss auch in Gott ein ursprünglicher Gegensatz angenommen werden. Seine Liebe könnte nicht offenbar werden, wenn sie sich nicht an seinem Zorn offenbarte, und sein ewiges Licht würde nicht offenbar sein, wenn nicht in ihm selbst Finsterniss gegeben wäre.

Den Ausgangspunkt von Böhme's Theogonie und Kosmogonie bildet deshalb die Betrachtung der unoffenbaren Gottheit. Sie ist die ewige Ruhe, der Ungrund, das ewig Eine, nicht Licht noch Finsterniss, ohne Qualität, kein Wesen, keine Person, Alles und Nichts. Es ist der gegenstandslose Wille, der nichts weiter hat als die Sucht zu thun und zu begehren, und der, weil er das Absolute ist, mit ewiger Freiheit wandellos in sich beruht. Aber dieser Ungrund, der nichts ausser sich hat, schaut deshalb in sich; er macht sich selbst zu einem Spiegel, und theilt sich damit in die schauende Weltkraft und in den angeschauten Weltinhalt. So wird der unfassbare Urwille sich selbst offenbar, und diese Thätigkeit seiner Selbstoffenbarung ist der ewige Geist, mit welchem die Gottheit sich selbst schafft und die Welt gestaltet. Diese Geburt Gottes ist kein einmaliges geschichtliches Faktum, sondern eine ewige Geburt: Böhme macht den ganz klaren Unterschied, dass diese Bestimmungen des göttlichen Wesens nur in der Reflexion von einander trennbar, im Sein dagegen vollkommen mit einander identisch sind. Und so wird denn auch dieser offenbare Gott in Wahrheit erst durch den Gegensatz zu jenem unoffenbaren Ungrunde oder, wie Böhme es auch nennt, zu der Natur in Gott offenbar, und in dieser Offenbartheit erst bildet er die göttliche Dreieinigkeit: der Vater als der offenbare Wille oder der Saft der Welt, der Sohn als die ideale Kraft und der Geist als die in der Kraft sich offenbarende Thätigkeit, die „quellende Kraft". Nun entzündet sich in dem Vater die Liebe zum Sohne, „die Lust an der Weisheit", und in dieser göttlichen Ideenwelt spielt die quellende Kraft des Geistes, sie ist die „Wohne Gottes", die ewige Jungfrau, welche nur aus sich selbst die Welt erzeugt.

Nachdem so die „Anderheit" oder „Schiedlichkeit" in dem unendlichen Wesen Gottes gewonnen ist, entwickelt Böhme die Lehre von der Weltschöpfung aus dem Gegensatze der offenbaren dreieinigen Gottheit zu der Natur in Gott, dem centrum naturae, oder der matrix. Und er sucht durch alle Dinge hindurch diese Dreieinigkeit von Saft, Kraft und quellender Kraft zu verfolgen, eine Dreieinigkeit, welche etwa dem philosophischen Verhältnisse von Substanz, Eigenschaft und Thätigkeit entsprechen dürfte.

Die erste Offenbarung der göttlichen Kräfte in der Natur bringt das Reich der Engel hervor, welches sich, je nach dem Ueberwiegen der entsprechenden Personen der Dreieinigkeit, in drei Reiche theilt: das göttliche Wesen, in erhabener Ruhe dargestellt, erscheint im Reiche des Michael, die göttliche Kraft strahlend in leuchtender Schönheit in Lucifer, die göttliche Thätigkeit als rastlose Weltschöpfung in Uriel. Ihnen gegenüber aber enthält die vollendete Person, Christus, die Vereinigung aller Engelkräfte zu höchster Vollkommenheit; während die Engel nur göttliche Krafterscheinungen sind, ist er eine volle Person, der Sohn von Ewigkeit her geboren und das Herz des Vaters.

Die zweite Stufe der Weltschöpfung entsteht durch das Auseinandertreten der Urqualitäten in der Gottheit, und hier entwickelt sich die reale Welt in sieben „Gestalten" aus der Gottheit heraus, — ein Versuch naturphilosophischer Gliederung und systematischer Vertheilung der Naturkräfte. Die erste „Qual" ist das Zusammenziehende, das Harte und Herbe, die Kraft, durch welche die Dinge coaguliren, das Princip der Vielheit und Materialität, das Halten; die zweite das Trennende, Verflüchtigende, das Süsse, das Princip der Ausdehnung, das Fliehen. In wunderlicher Jugendlichkeit tritt hier der Gegensatz der Contraction und Repulsion als die Materie construirender Grundkräfte auf, naiv genug verschmolzen mit Geschmackskategorien, welche wohl auf alchymistische Theorien zurückweisen. Als die dritte Gestalt erscheint die eigentliche Stofflichkeit, die „bittere Qual" oder „Angstqual", die wahre Materialität. Diese drei ersten Gestalten bezeichnet Böhme, Paracelsus folgend, als Sal, Mercurius und Sulphur. Aus ihnen allen, aus ihrer innigen Vereinigung bricht als vierte Gestalt das Feuer hervor, daraus als fünfte das wohlthätig schöne Licht, das „Liebe-Licht-Feuer", das Freudenreich des Lichtes, die „Region der heiligen Liebe". Die sechste Gestalt ist der Klang, Schall und Ton, das Reich der Mittheilung, die gegenseitige „Verständniss und Erkenntniss". Alle Sechs endlich vereinigen sich zu der siebenten Gestalt, der idealen Leiblichkeit, in der die Natur ihre volle und ganze Offenbarung gefunden hat, und damit schliesst der Process der Schöpfung sich in sich selber ab. Durch diese sieben Gestalten hindurch verfolgt Böhme in mehrfacher Gliederung jene Dreieinigkeit: in den ersten drei Gestalten theilt er das Herbe dem Vater, das Süsse dem Sohne, das Bittere dem Geiste zu; unter den letzten drei Gestalten das Liebe-Licht dem Vater, die Mittheilung dem Sohne, die volle Naturoffenbarung dem Geiste. Die drei ersten bilden das Reich des Michael, dem Vater entsprechend, die vierte, das Feuer, das Reich des Lucifer, dem Sohne entsprechend, die drei letzten zusammen das Reich des Uriel, dem Geiste entsprechend.

Das sind die Grundzüge der theogonischen und kosmogonischen Dichtung von Jakob Böhme. Denn alle diese Vorgänge welche soweit geschildert worden sind, betrachtet er nicht als einmalige Thatsachen, sondern als ewiges Geschehen. Das Vorher und Nachher zwischen ihnen ist nur im metaphysischen Sinn zu verstehen, niemals im zeitlichen, und die Unterschiede im Wesen der Gottheit, welche er aufstellt, sind nicht als getrennte Kräfte, sondern nur als die Ausbreitung ihrer inneren Eigenthümlichkeiten vor der philosophischen Betrachtung anzusehen. Aber wenn diese Phantasien gewissermassen den idyllischen Theil seines Weltgedichtes bilden, so beginnt dies episch zu werden von dem Punkte an, wo es sich um die Genesis der wirklichen Welt handelt. Diese wirkliche Welt ist zeitlich, sie muss somit, wie Böhme meint, auch einen zeitlichen Anfang haben, und ihr Bestehen ist deshalb nur durch eine zeitliche Thatsache, durch ein einmaliges Faktum zu begreifen, welches, ohne durch die nothwendige und ewige Offenbarungsthätigkeit der Gottheit bedingt zu sein, plötzlich eingetreten ist und einen Riss in den grossen und schönen Zusammenhang der Dinge gemacht hat. Im Grunde genommen liegt in dieser Gedankenwendung ein Verzicht Böhme's auf die vollkommene Lösung seines Problems. Nur die Möglichkeit des Bösen ist von ihm aus der Selbstentzweiung der Gottheit und aus der Lehre von der gegenseitigen Offenbarung der Gegensätze entwickelt worden. Die Thatsächlichkeit des Bösen kann er eben nur als eine Thatsache feststellen und sie aus einer „Freiheit" der Engel ableiten, für welche eigentlich in den metaphysischen Voraussetzungen kein Raum ist.

Diese Thatsache, durch welche der Riss in dem Universum

herbeigeführt sein soll, und welche in Wahrheit einen Riss in dem Systeme Jakob Böhme's bildet, ist der Sündenfall Lucifer's. Ohne ihn müsste die wirkliche Welt mit der siebenten Schöpfungsgestalt, der idealen Leiblichkeit, zusammenfallen; so aber hat sein Fall denjenigen der Engel und ferner denjenigen der vier ersten Schöpfungsgestalten nach sich gezogen. Lucifer, der schönste der Engel, vergaffte sich in das Centrum naturae, die matrix rerum, und hoffte in der Verbindung mit ihr selbst Weltschöpfer zu werden. Dadurch trat er aus der göttlichen Liebe heraus in den göttlichen Zorn. Denn in der unoffenbaren Gottheit lagen Liebe und Zorn noch ungeschieden bei einander. Erst in dem Augenblicke, wo der freie Wille des Engels den göttlichen Zorn erregte, wurde dieser offenbar, aber mit ihm auch die Liebe. Und sie entfaltete sich darin, dass Gott dem Reiche des Zorns, welches der Sündenfall des Engels geschaffen hatte, ein Reich der Liebe gegenüber stellte. Wenn Lucifer aus den vier ersten Gestalten das Reich des Zorn-Feuers, die Hölle, schuf, so bildete Gott aus den drei letzten Gestalten das Reich des Lichts und der Liebe, an dessen Spitze er den eigenen Sohn als die vollendete Vereinigung aller göttlichen Kräfte stellte. So steht das Liebe-Feuer dem Zorn-Feuer gegenüber. Allein wenn so der ursprüngliche Zusammenhang zwischen den sieben Gestalten der göttlichen Schöpferthätigkeit gestört war, so mussten doch andererseits diese Gestalten, da sie einmal der Ausfluss der schöpferischen Gottesthätigkeit sind, sich in einer anderen, wenn auch schlechteren Weise verbinden, und so entstand als ein Mittleres zwischen Hölle und Himmelreich die materielle Welt, das Reich der irdischen Wirklichkeit, in dem wir leben. Erst an diesem Punkte, sagt Jakob Böhme, beginnt die Erzählung des ersten Buchs Moses. Sie ist keine vollständige Lehre von der Weltschöpfung, sondern berichtet nur den Ursprung der materiellen Welt; sie setzt, wie sie selbst zugiebt, die Schöpfung des himmlischen Reiches und den Beginn des Höllenreichs von Lucifer voraus, und das mysterium magnum der Böhme'schen Philosophie will deshalb nur sozusagen die Vorgeschichte des ersten Buches Moses enthüllen. Von hier geht dann die Böhme'sche Metaphysik in Naturphilosophie über. Er schildert die Bildung der materiellen Welt durch eine Verquickung der mosaischen Legende mit paracelsischen Terminis. Wie zu vermuthen, entsprechen die sieben Schöpfungstage den sieben Gestalten der metaphysischen Urwelt, die sich in der materiellen Welt freilich nur in verkümmerter Gestalt wieder finden sollen. Es kommt der paracelsische Gedanke hinzu, dass alle diese sieben grossen Weltkräfte in jedem Dinge der sinnlichen Welt vorhanden sein sollen. Jeder Stein, jedes Gewächs und jedes Thier trägt alle sieben Qualitäten in sich, aber jedes hat ein ihm eigenthümliches und es zum Individuum machendes Bindemittel, einen „Primus", wie Böhme es nennt, offenbar dem Archeus bei Paracelsus entsprechend. Er verfolgt diesen Gedanken bis in das Einzelnste. So gilt ihm das Sonnensystem für eine Wiederholung der sieben Qualitäten. Es ist bemerkenswerth, dass er vollkommen das copernicanische System annimmt; die Sonne als dem Feuer entsprechend steht in der Mitte und die sechs Planeten, zu denen auch die Erde gehört, jeder hauptsächlich eine der sechs anderen Gestalten vertretend, bewegen sich um sie. Vor Allem aber ist der Mensch als die letzte Schöpfungsgestalt wiederum eine Vereinigung aller der um ihn herum zerstreuten Kräfte. Schon in den Theilen seines Leibes, Rumpf, Beinen, Händen, Herz, Blut, Sinnen und Kopf, macht Böhme den Versuch, die sieben Urqualitäten und andererseits die sieben Sphären des allgemeinen Naturgeschehens wieder zu finden. Vor Allem aber in seinen psychischen Thätigkeiten trägt der Mensch die Beziehungen zur gesammten Welt, nicht nur zu dem materiellen Dasein, in welchem er zunächst wandelt, in sich. Schon die Dreieinigkeit ist in ihm wiederzufinden: die wesentliche Substanz seiner ganzen Seele ist ein Abbild der göttlichen Weltsubstanz des Vaters, die Liebe als die innerste Kraft seines die Welt umspannenden Gemüthes ist ein Bild der göttlichen Kraft, die im Sohne vereinigt ist, und der verständige Geist, durch welchen das Wesen und die Liebe eins werden in vernünftiger Thätigkeit, vertritt in ihm die quellende Kraft der Gottheit, den heiligen Geist.

In Bezug auf die Erkenntniss sucht Böhme auszuführen, wie die sinnliche Wahrnehmung den Menschen in der materiellen Welt heimisch mache, der Geist ihn die Engelwelt erkennen lasse, und die Seele endlich sich zur Gottheit aufschwinge. So ist der Mensch mit allen Dingen gleich und kann darum sie alle erkennen. Als das Ebenbild der Gottheit braucht er nur sich zu betrachten, um zu wissen, was Gott und die Welt ist. Aber dazu gehört freilich eine Erhebung der Seele, an welche die gewöhnliche Erkenntnissthätigkeit nicht heranreicht; dazu gehört, dass man den Blick schliesse vor der verwirrenden Flucht der Sinnesempfindung und den trügerischen Schlüssen des Verstandes. Consequenter als irgend ein Mystiker lehnt Böhme alle rationelle Erkenntniss ab und stützt sich allein auf die innerliche Erleuchtung: „Dein eigen Hören, Wollen und Sehnen verhindert dich, dass du Gott nicht siehst noch hörest." „Du musst dich in das schwingen, da keine Creatur ist." „So du die Welt verlässest, kommst du in das, daraus die Welt gemacht ist." So scheut Böhme nicht vor dem Paradoxon zurück, sich der Welt zu verschliessen, um sie zu erkennen.

Die gleiche Weltflucht aber ist auch die ethische Consequenz seiner Lehre. Es ist ausserordentlich bezeichnend, dass dieser idealistische Pantheismus der Deutschen von vornherein ebenso pessimistisch ist, wie der naturalistische Pantheismus der Italiener zum Optimismus führte. Bei diesem war es die Bewunderung der Natur und die künstlerische Auffassung ihrer zweckmässigen Organisation, worin die Disharmonien der einzelnen Thatsachen verklangen. Bei den Deutschen war der Pantheismus von vornherein sittlicher und religiöser Natur. Alle Religion aber ist pessimistisch, ihr tiefster Grund ist Erlösungsbedürfniss und sie setzt deshalb die Vorstellung von der Verkehrtheit des Zustandes voraus, aus dem die Erlösung ersehnt wird. So war es der Gedanke des moralischen Uebels, der Sünde, um welchen sich das Grübeln der religionsbedürftigen Deutschen bewegte, und dass sie vollen Ernst mit diesem Problem gemacht haben, darin lag die Energie ihrer religiösen Bewegung. Es darf nie vergessen werden, dass es der Ablassstreit war, aus welchem sich die deutsche Reformation entwickelte: denn er deckte unmittelbar den Punkt auf, welcher dem religionsbedürftigsten der Völker am meisten am Herzen lag. Es wurde schon bemerkt, wie dieser Punkt auch der Ausgangspunkt für das gesammte Denken Böhme's war. Dieser allein konnte deshalb für ihn auch der ethische Gesichtspunkt werden. Er ist tief überzeugt von der Verderbtheit und Verkehrtheit der irdischen Welt, sie ist eine Verzerrung der idealen Leiblichkeit, und all ihr inneres unruhiges Drängen und Treiben hat nur den Grund, dass sie daran arbeitet, jene göttliche Natur aus sich hervorzutreiben, ohne es zu können. Wenn deshalb diese Welt verkehrt ist, so kann die Tugend nur in dem vollen Gegensatze zu ihr bestehen. „Wandle der Welt in allen Dingen zuwider, so kommst du den nächsten Weg zur Tugend." Wie Lucifer's Sündenfall darin bestand, dass er die ewige Natur in Gott begehrte, so ist der neue Sündenfall eines Jeden sein „Vergafftsein" in die irdische Welt. „O Mensch", ruft Böhme aus, „warum will dir die Welt zu eng werden? Du willst sie allein haben, und hättest du sie, so hättest du noch nicht Raum." Darum muss der Selbstwille sterben, der Mensch muss die Welt und vor Allem sein eigenes Ich vergessen, „die Tugend findet nichts und Alles", und „wo der Mensch nicht wohnt, da wohnt in ihm die Tugend": „das ist die zu Grund gelassene Seele, da die Seele ihres eigenen Lebens erstirbt." Der Mensch soll sich selbst hassen und sich ganz Gott ergeben, er soll gern und willig das Kreuz tragen; denn diese Entsagung ist schwer, aber „wenn die Liebe nicht im Leid stände, so hätte sie nichts, das sie lieben könnte." Das schwerste Kreuz und das zuletzt zu lernende Leid ist die Verachtung der Welt, der Gipfel der Selbstaufgebung. „Es ist gar schwer, von aller Welt verachtet zu sein: aber was dich jetzt dünket schwer zu sein, das wirst du nachher am meisten lieben."

In dieser Weise, meint Böhme, trägt der Mensch in sich auch jene Dreiheit von Himmelreich, Erdenwelt und Hölle: die Erdenwelt, insofern sein Leib und sein Geist von Wünschen der Selbstsucht erfüllt ist — die Hölle, insofern seine Seele mit Begier diese Wünsche ergreift — das Himmelreich, insofern die Seele sich selber stirbt und die Gnade des Himmels ergreift. In diesem Sinne verkündet er schliesslich eine rein ideale Auffassung von Himmel und Hölle und lehrt, dass „ein jedes Leben sein Urtheil in sich selber ursache und erwecke." „Die Seele bedarf keines Auf- oder Herabfahrens", Himmel und Hölle sind überall gegenwärtig: im Guten wohnt der Himmel, die Hölle im Bösen.

Dennoch, so sündig und schlimm die irdische Welt ist, will Böhme die Hoffnung auf ihre einstige Besserung nicht aufgeben. Er meint, dass durch die Offenbarung, die stetig in reinen Seelen lebendig ist, und durch das immer kräftigere Streben der Guten schliesslich das Ende dieser verkehrten Welt herbeigeführt werden wird. Aber nur das „materialische Wesen der Dinge" wird aufhören, als die vier Elemente, Sonne, Mond und Sterne; „alsdann wird die innerliche Welt ganz sichtbar werden." Das ist die Verklärung der Natur, welche die Schrift verheisst. An die Stelle der materiellen Welt wird die metaphysische Welt der idealen Leiblichkeit treten, und es wird nur noch zwei Welten geben, den

Himmel und die Hölle: denn der Gegensatz, welchen Lucifer's Fall offenbart hat, kann niemals wieder verschwinden. Das Reich des Zorns ist so ewig wie das Reich der Liebe. Denn „das Licht wird ewig in die Finsterniss scheinen, und die Finsterniss kann es nicht ergreifen". Die Bösen sind von der Verklärung der Natur ausgeschlossen für immer: „der Mensch, der im Zorne steht, empfindet die Liebe als Pein — das ist seine Hölle."

So erhebt die Lehre Jakob Böhme's ihrem inneren Charakter getreu zum Schlusse auch ihre naturphilosophischen Kategorien wieder in rein innerliche Bestimmungen; und sein Ausblick auf das Weltende verliert sich in die unendliche Perspektive desselben religiösen Gegensatzes, von dem seine Gedanken ausgingen. Es ist ein System, das von Anfang bis zu Ende von religiösem Geiste getragen ist, und das in der irdischen Welt nur eine vorübergehende und verzerrende Spiegelung einer geistigen Welt erblickt, die von dem Gegensatze der göttlichen Liebe und des göttlichen Zornes beherrscht ist. Alle Phantasien metaphysischer und naturphilosophischer Construction münden in dies gemeinsame Bette, und so trübe die Fluth ist, welche es erfüllt, so gering der Gehalt an realer Bildung ist, den diese enthält, bewunderungswürdig ist das gewaltige Wogen und Drängen dieser Fluth und der mächtige Zug, womit sie dem Ocean der Gotteserkenntniss zuströmt.

Böhme's Lehre ist das letzte Erzeugniss der deutschen Mystik, es ist zu gleicher Zeit das letzte Denkmal selbständigen Philosophirens, welches Deutschland in dieser Periode hervorgebracht hat. Auf den Universitäten herrschte theils katholische, theils protestantische Scholastik; nur hin und wieder machte sich, hauptsächlich in Anlehnung an den Ramismus, eine schüchterne Opposition geltend, um bald wieder unterdrückt zu werden. Auch im Volke begann die mystische Bewegung auszuzittern. Zwar wurde gerade die Lehre Böhme's sektenhaft, hauptsächlich durch einen gewissen Gichtel verbreitet und fand sogar in den Niederlanden und besonders in England manchen Anklang, wie die Schriften von John Pordage (1625—1698) und Thomas Bromley († 1691) beweisen. Aber von einer weiteren Ausbildung dieser Gedanken war keine Rede. In Deutschland vor Allem selbst wurde bald Alles von dem Elende des grossen Krieges verschlungen, der schon in den letzten

Lebensjahren des Görlitzer Schusters zu wüthen begonnen hatte, und in dessen schweren Leiden die deutsche Nation an ihrem religiösen Interesse beinahe verblutet wäre. Es ist bekannt, wie die wilden und wüsten Kämpfe dieser dreissig Jahre nicht nur den Boden Deutschlands zerstampften und den Reichthum seines Handels vernichteten, sondern auch wie eine trübe Sintfluth seine Cultur in Kunst und Wissenschaft fortschwemmten. Unter diesem allgemeinen Geschicke litt auch die Philosophie, und als in der zweiten Hälfte des XVII. Jahrhunderts Deutschland wieder aufzuathmen und wie in neuer Kindheit sein Culturleben von vorn zu gestalten begann, da musste auch seine Philosophie ihre Nahrung aus den Gedanken saugen, die inzwischen von den glücklicheren Culturnationen des Westens bereitet worden waren.

III. Capitel.
Der englische Empirismus.

Man betritt den Boden der eigentlich wissenschaftlichen Entwicklung der neueren Philosophie erst, wenn man die systematischen Neubegründungen berührt, welche sich in England und Frankreich vollzogen. In dem Denken der Italiener und der Deutschen überwiegt gleichmässig der metaphysische Trieb, dort von künstlerischer, hier von religiöser Phantasie unterstützt. Der Widerspruch gegen die Scholastik läuft in beiden Fällen darauf hinaus, einen neuen Inhalt des Denkens zu schaffen, und in dem leidenschaftlichen Suchen nach ursprünglichem Wissensgehalte wird es meist versäumt, den Geist in die rechte Schule zu thun; ungestüm greifen sie von den geringsten Erfahrungen aus nach dem Höchsten und Letzten der philosophischen Erkenntniss, und schaffen Dichtungen von zum Theil grossartiger Schönheit, aber wissenschaftlicher Unhaltbarkeit.

Nur in Galilei begegnete uns der gereifte wissenschaftliche Geist, der sich aus den Phantasien der humanistischen Tradition zu der Methode der modernen Naturforschung durchgerungen hatte. Ihm verwandt sind die Anfänge der neueren Philosophie in England und Frankreich: sie sind schon im Beginn nüchterner und klarer als in Italien und Deutschland. Sie stehen weniger unter dem unmittelbaren Eindrucke des neuen Stoffs der Erkenntniss, aber sie haben statt dessen mehr Sinn für die sorgfältige Absteckung und Bahnung des Weges, auf dem man zu fest begründeten Ergebnissen der neuen Wissenschaft zu gelangen hofft. Während daher die italienische Naturphilosophie und die deutsche Theosophie der Scholastik einen neuen Inhalt entgegenstellten, vollzog sich in Frankreich und England der Bruch mit der Scholastik mehr in der Weise, dass man die Form des alten Denkens bekämpfte und mit aller Kraft nach einer neuen Methode der Erkenntniss suchte.

§ 20. Der erkenntnisstheoretische Charakter der neueren Philosophie.

Gerade ihr von Haus aus oppositioneller Charakter drückte der neueren Philosophie, sofern sie eben nicht mehr bloss Behauptung gegen Behauptung stellen, sondern mit wissenschaftlichen Beweisen vorgehen wollte, ein methodologisches, zunächst die Erkenntnissthätigkeit selbst untersuchendes Wesen auf. Man liest vielfach, erst durch Kant sei die Philosophie auf den erkenntnisstheoretischen Standpunkt erhoben worden. Das kann nur insofern gelten, als Kant für diese erkenntnisstheoretische Tendenz die entscheidende Form und Grundlage gefunden hat. Aber man braucht nicht zu fürchten, dass man der Grösse Kant's Eintrag thue, wenn man darüber nicht übersieht, dass diese Tendenz in den wissenschaftlichen Richtungen der neueren Philosophie von Anfang her angelegt war. Man sollte nicht vergessen, dass Bacon und Descartes, im Uebrigen so weit geschieden, wie zwei Philosophen es nur zu sein vermögen, darin einig sind, dass man der Unfruchtbarkeit der Scholastik durch eine neue Methode des Denkens aufhelfen müsse, und dass ihre ganzen metaphysischen Systeme in den Angeln der von ihnen gesuchten Methoden hangen: man darf auch nicht übersehen, wie schon bei Locke die Forderung, vor der sachlichen Erkenntniss zunächst einmal Grenzen und Tragweite der hmenschlichen Erkenntnissfähigkeit festzustellen, klar und präcis zum Ausdruck kommt.

Dieser erkenntnisstheoretische Grundcharakter der neueren Philosophie steht im genauesten Zusammenhange mit ihrem Kampfe gegen die scholastischen Formen des Denkens, und da diese nur eine pedantische Ausführung der aristotelischen Theorie des Syllogismus enthielten, so glauben sich gerade diese wissenschaftlichen Neubegründungen der Philosophie im schroffsten Gegensatze zu Aristoteles zu befinden. Ueberall tönt uns aus ihnen bis zum Ueberdruss der Nachweis entgegen, dass man durch logische Schlüsse in den bekannten drei oder vier Figuren niemals etwas Neues erkennen, sondern immer nur wieder das längst Gewusste in neue sprachliche Ausdrücke bringen, oder aber die Voraussetzungen, welche man stillschweigend gemacht, klar herausstellen und somit scheinbar beweisen könne. Darin bestehe der trügerische, vor allem aber der gänzlich unfruchtbare Charakter der scholastischen Wissenschaft, welche durch Jahrhunderte hindurch sich stets in denselben Gedanken bewegt und keine neuen Erkenntnisse gewonnen habe. In dieser Form sei die Wissenschaft verurtheilt, immer nur den alten Stoff wiederzukäuen, und der Hunger nach neuem Wissen bleibe ungestillt.

In diesem Suchen nach neuen Methoden zeigt sich nun eine bemerkenswerthe Abhängigkeit der Philosophie von den **Specialwissenschaften**, die vor ihr und unabhängig von ihr sich eigene Wege gebahnt hatten, und im Besondern ist es die **Naturwissenschaft**, deren Erkenntnissformen für die Aufstellung der philosophischen Methodologie von entscheidendem Einflusse gewesen sind. Keine unter den vielen Bestrebungen der Renaissance trug so den Charakter der Ursprünglichkeit, keine versprach so sehr, einen wirklich neuen Inhalt zu geben, keine endlich begann so glänzende Erfolge aufzuweisen, wie die Naturwissenschaft. Wenn die Renaissance des XIV. und XV. Jahrhunderts wesentlich historischen Charakters war und in den humanistischen Studien ihren werthvollsten wissenschaftlichen Besitz hatte, so blühte seit dem XVI. Jahrhunderte immer kräftiger die Naturwissenschaft empor und nahm allmählich das Interesse des philosophischen Denkens derart für sich in Anspruch, dass dem Denken der späteren Zeit sogar der historische Gesichtspunkt überhaupt abhanden kam und das XVIII. Jahrhundert mit seiner naturwissenschaftlichen Aufklärung eine einseitige Verständnisslosigkeit für das Wesen der geschichtlichen Entwicklung bekundete. Die beiden grossen Reiche der Wirklichkeit, die **Geschichte** und die **Natur**, haben so nacheinander und in einer Art von feindlichem Gegensatze den Erkenntnisstrieb des modernen Geistes beherrscht, und erst die Wissenschaft des XIX. Jahrhunderts ist sich der hohen Aufgabe bewusst geworden, beide mit einander auszugleichen.

In den erkenntnisstheoretischen Neubegründungen der modernen Philosophie tritt der Sinn für die Auffassung des historischen Lebens vollkommen zurück. Sie richten sich ausschliesslich auf eine freie, voraussetzungslose und aus dem Ganzen schöpfende Naturerkenntniss. Das Ideal dieses Bestrebens ist kein anderes, als die wahre Methode der Naturwissenschaft festzustellen. Und darin eben zeigen sie ihre Abhängigkeit von der Naturwissenschaft selbst. Denn diese war vorhanden und arbeitete in neuen Methoden, ehe die Philosophie sie festgestellt hatte. Dem philosophischen Denken blieb nur übrig, diese Methoden zu ergreifen, sie durch Abstraction zu verallgemeinern und auf diese Weise das, was im Einzelnen geübt wurde, zu principiellen Gesichtspunkten abzuklären. Das hatte in seiner Weise und in der für die Entwicklung der Mechanik massgebenden Form Galilei gethan: aus dieser gemeinsamen Aufgabe begreift sich auch am einfachsten und durchsichtigsten der grosse Gegensatz zwischen den beiden Begründern der modernen philosophischen Wissenschaft: Bacon und Descartes.

Denn die Methode der neuen Naturwissenschaft hat zwei wesentliche und wohl von einander zu scheidende Bestandtheile, beide dem modernen Denken eigenthümlich und den frühern Zeitaltern durchaus fremd. In der griechischen Naturwissenschaft war im Ganzen der metaphysische Trieb des zusammenfassenden Erklärens viel zu sehr überwiegend gewesen, als dass man zu einem methodischen Forschen, zu voraussetzungsloser Aufsuchung und Feststellung von Thatsachen hätte gelangen können, und von Demjenigen, was die Erfahrung mit sich brachte, hatte man lediglich durch logische Schlüsse die allgemeinsten Principien der Natur abzuleiten gesucht. Die neuere Naturwissenschaft setzt an die Stelle gelegentlicher Erfahrung die systematische Beobachtung und im geeigneten Falle das Experiment, und an die Stelle syllogistischer Verallgemeinerungen die mathematische Begründung. So setzt sich ihre Methode aus dem inductiven Elemente der experimentellen Untersuchung und dem deductiven Elemente mathematischer Berechnung zusammen. Die volle Verschmelzung beider vollzog sich in den Grössen der neueren Naturwissenschaft, in einem Galilei und Newton. Und was so die Naturwissenschaft auf ihrem Gebiete leistete, das suchte die neuere Philosophie für die allgemeine Erkenntniss und die höchsten methodologischen Principien zu begreifen. Dieser Verschmelzung principiell nachzukommen, ist der ideale Gedanke, um welchen sich alle grossen Systeme der neuern Philosophie bewegen, ohne ihn bisher völlig erreicht zu haben.

In den beiden Anfängen der wissenschaftlichen Philosophie der Neuzeit treten nun diese beiden Elemente vollkommen gesondert und sogar in schroffem Gegensatze gegen einander auf. Auf der einen Seite wird die wahre Erkenntniss nur in der Beobachtung und dem Experimente mit einseitiger Ablehnung aller deductiven Elemente, auf der andern Seite nur in einer der Mathematik nachgebildeten Deduction gesucht. So bilden Bacon und Descartes die äussersten Gegensätze, von denen aus die beiden grossen Linien der neueren Philosophie auf einander convergiren. Die mathematische Deduction lag offenbar dem glänzenden Scharfsinn am nächsten, welchen die Franzosen von jeher auf diesem Gebiete entwickelt haben. Der Empirismus dagegen war dem praktischen Sinne der Engländer sympathisch, der sich schon früher in ähnlicher Weise bethätigt hatte. England ist während der gesammten Geschichte der abendländischen Philosophie der fruchtbare Boden der empiristischen Richtungen gewesen, in denen der Zusammenhang der Philosophie mit den Erfahrungswissenschaften gesucht und festgehalten wurde. Für die eigentliche Speculation weniger angelegt, haben die Engländer stets die Philosophie auf den Boden der empirischen Wirklichkeit zu stellen gesucht, und was sie dadurch an Grossartigkeit und Tiefsinn der Leistungen eingebüsst haben, wurde durch den Werth sorgfältiger und nüchterner Untersuchungen ersetzt. Aus England waren in der Früh-Renaissance die nominalistischen Theorien ausgegangen, welche zu Gunsten der empirischen Forschung die Verbindung von Philosophie und Theologie zersetzten; aus England stammte noch früher der Mönch, der, ein weisser Rabe, das reale Wissen des XIII. Jahrhunderts zu bereichern verstanden hatte, Roger Bacon. Es war sein Namensvetter, der im Zeitalter der Elisabeth dazu berufen war, die Erfahrung als die Grundlage der Philosophie zu proclamiren.

§ 21. Francis Bacon.

Keines unter den europäischen Culturvölkern hat den Gedanken nationaler Selbstbestimmung, keines das Princip individueller Selbstherrlichkeit so energisch durchgeführt und so klar in seiner Geschichte und in seinen Institutionen ausgeprägt, wie die Engländer; und auf keinem Staate kann in der Epoche der Renaissance der Blick der Geschichte mit grösserer Befriedigung ruhen, als auf dem Zustande Englands in dem Zeitalter der Elisabeth. Nach langem Kampfe zu innerer Ruhe und Festigkeit gelangt, entwickelt die Nation plötzlich eine staunenswerthe Kraft der politischen Machtentfaltung und eine nicht minder bewunderungswürdige Energie des geistigen Lebens. An demselben Hofe, vor dem Englands grösster Dichter seine weltumfassenden Schauspiele aufführte, stieg von Stufe zu Stufe der geniale Staatsmann empor, welcher die englische Philosophie begründet hat.

Francis Bacon, im Jahre 1561 geboren, empfing seine gelehrte Bildung in Cambridge und seine staatsmännische Ausbildung während eines zweijährigen Aufenthaltes am französischen Hofe. Der Tod seines Vaters, welcher, obwohl er Grosssiegelbewahrer von England gewesen war, die Söhne in schwierigen und geringen Vermögensverhältnissen hinterliess, führte ihn nach der Heimat zurück, um die praktische Juristenlaufbahn zu beginnen. Die Langsamkeit des Aufrückens in dieser Carriere, in der ihn auch sein Onkel, Lord Burleigh, nicht unterstützte, bewog ihn dazu, seine bedeutende Beredtsamkeit zu einer parlamentarischen Thätigkeit zu verwenden, und er nahm vom Jahre 1584 an im Unterhause zuerst auf Seiten der Opposition, dann aber mehr auf derjenigen der Königin eine bedeutende Stellung ein. Die Wendung in seiner politischen Stellung zeigte sich namentlich bei dem Process von Essex, der früher sein Freund, Wohlthäter und Protektor gewesen war und dem er sich von dem Augenblicke an entfremdete, wo jener in Opposition zur Königin gerieth, gegen den er sogar schliesslich in dem Process so scharf auftrat, dass seine „geschickte Feder" von der Königin zu der öffentlichen Denkschrift, in der sie sich darüber rechtfertigte, in Anspruch genommen wurde. Hatte Bacon schon hier durch die Intriguen hindurch sich immer mehr in die Höhe zu schieben gewusst, so verstand er noch besser innerhalb der Günstlingswirthschaft, welche mit der Thronbesteigung Jakob I. begann, sich in der Neigung des Königs festzusetzen, und vom Glücke begünstigt, erstieg er schnell die Staffel der Ehren und der Aemter, er wurde 1617 Grosssiegelbewahrer, im folgenden Jahre Grosskanzler und Baron von Verulam,

1621 Viscount von St. Albans. Aber der Höhe folgte der schreckliche Sturz. Ein politischer Tendenzprocess, welchen theils die Gegenpartei, theils eine Reihe persönlicher Feinde zu Stande zu bringen wussten, erwies, dass sich Lord Bacon der allgemeinen Sitte der Bestechung schuldig gemacht hatte. Es ist nicht unmöglich, dass er sich der über ihn verhängten Untersuchung und Bestrafung widerspruchslos unterwarf, damit die Anschuldigungen und Enthüllungen sich nicht gegen eine noch höhere Stelle richteten. Dafür spricht der Umstand, dass der König seine Bestrafung sofort niederschlug und ihn wenige Jahre darauf an den Hof und in das Oberhaus zurückberief. Diesmal widerstand Bacon der Verlockung des äusseren Glanzes; er hatte in der Verbannung auf seinem Landgute die wissenschaftliche Musse gefunden, welche das bewegte öffentliche Leben ihm stets versagt hatte, und benutzte sie zu emsiger Ausführung seiner philosophischen Ideen und naturwissenschaftlichen Experimente, bis er mitten darin im Jahre 1626 vom Tode ereilt wurde.

Es ist nicht zu leugnen, dass auf dem äusserlich so glänzenden Leben dieses Philosophen die dunklen Flecke schwerer moralischer Gebrechen haften. Ein massloser Ehrgeiz verwickelte ihn in das Intriguenspiel des Hoflebens, eine grosse Verschwendungssucht liess ihn die Mittel zu einem luxuriösen Leben auf nicht immer rechtlichem Wege zusammenraffen, und der grenzenlose Egoismus seines Emporstrebens benahm ihm den Edelsinn der Freundschaft und der Dankbarkeit. Es ist deshalb nicht recht, wie es enthusiastische Verehrung versucht hat, diese Schwächen zu vertuschen: aber ebensowenig recht, wenn man ihn moralisch so tief in den Schmutz herabzuziehen versucht hat, dass seine wissenschaftliche Grösse daneben vollkommen unbegreiflich erscheinen müsste. Es gibt vielmehr einen Gesichtspunkt — und Kuno Fischer hat ihn mit glücklichem Griffe und glänzender Durchführung erfasst —, von welchem aus sein Charakter und seine Lehre unter demselben Lichte erscheinen und ihre innere Zusammengehörigkeit klar in die Augen springt.

Bacon steht in einer Zeit mächtiger Culturbewegung und seine staatsmännische Thätigkeit giebt ihm einen hohen und umfassenden Ausblick darauf. Allüberall auf dem politischen, wie auf dem religiösen und geistigen Gebiete ringen neue Kräfte gegen die Herrschaft der alten, und überall sind es die Mittel der gesteigerten

Intelligenz, mit denen sie ihren Kampf führen. England, durch die Regierung der Elisabeth zur protestantischen und germanischen Vormacht geworden, bildet im XVI. und XVII. Jahrhundert den hauptsächlichsten Spielraum dieser Kämpfe und setzt die in Italien schon auszitternde Bewegung der modernen Cultur am lebhaftesten fort. In dieses Spiel der Kräfte durch seine Erziehung mitten hineingestellt, in die Kämpfe der politischen Intriguen mittellos hineingeworfen, ganz auf sich selbst gestellt und dabei von brennendem Ehrgeize erfüllt, durchschaut Lord Bacon den eigentlichen Charakter dieses Kampfes mit genialem Scharfsinn und giebt ihm in seinem Leben und in seinem Denken den vollkommensten Ausdruck. Er begreift, dass die entscheidende Kraft in diesem Zustande die Intelligenz und das Wissen ist. Er weiss, dass, wenn er irgend etwas erreichen soll, er es nur der höheren Geisteskraft verdanken kann, die er sich erwirbt. Und so ist es zugleich der Ausdruck seiner persönlichen Lebensmaxime, wenn er an die Spitze seiner Lehre das stolze Wort stellt: „Wissen ist Macht." Die Präponderanz der geistigen „Bildung" in der modernen Cultur, welche schon den Charakter der italienischen Renaissance ausmacht, findet hier ihren principiellen Ausdruck, und dass die Grundlage aller modernen Macht die Intelligenz ist, kann nicht schärfer und glücklicher dargelegt werden, als es Bacon praktisch und theoretisch gethan hat.

Das ist der Springpunkt, von welchem man seine Lehre und sein Leben gleichmässig betrachten muss, um beide weder zu unterschätzen noch zu überschätzen; dies ist die Stelle, an welcher sich sein persönliches Streberthum mit seinem wissenschaftlichen Genie verband. Und wenn er im realen Leben dies Princip mit rücksichtsloser Einseitigkeit und unter gefährlicher Missachtung moralischer Gesetze verfolgte, so ist es ihm auf dem Gebiete der Wissenschaft, wo ihn keine persönlichen Interessen verleiten konnten, gelungen, daraus ein grossartiges System zu entwickeln.

Zuerst ergiebt sich daraus, dass für Bacon das Wissen niemals Selbstzweck ist. Von jener reinen und begeisterten Hingabe an die höchste Wahrheit, wie sie einen Bruno und einen Böhme erfüllte, ist bei ihm keine Rede. Er weiss nichts von der weihevollen Versenkung in die Geheimnisse der Natur oder der Seele. Das Wissen ist ihm nur das kräftigste und sicherste Mittel zur Eroberung der Macht. So viel Einer weiss, so viel kann er. Denn man kann die Dinge nur beherrschen, wenn man sie versteht. Gewiss mochte Bacon dies Princip gelernt haben (wie es ihm Hegel vorgeworfen hat) an den Menschen, die er gründlich kannte und eben deshalb benutzte und beherrschte: aber der Werth seiner Philosophie besteht gerade darin, dass er alle Erkenntniss unter diesen Gesichtspunkt zu bringen gewusst hat. Hieraus ergeben sich eine Reihe von Gegensätzen und Verwandtschaften der Bacon'schen Philosophie. Der grosse Denker des Alterthums, den die neue Zeit bekämpfte, Aristoteles, hatte das höchste Ideal des Menschen in der blossen Betrachtung, in der wissenschaftlichen Erkenntniss des göttlichen Wesens gesucht; ebenso hatte das „beschauliche Mönchthum" der christlichen Zeit diese Betrachtung um ihrer selbst willen als das höchste geschätzt. Daraus schon begreift sich der Gegensatz, in welchem sich Bacon zu Aristoteles und allen von ihm abhängigen Philosophien befindet, daraus auch die Abneigung, welche er gegen alle mystischen Systeme fühlte, die ja noch in gesteigerter Weise auf Contemplation hinausliefen. Der Fehler der bisherigen Wissenschaft, sagt er, liegt in ihrer Unfruchtbarkeit; sie verstand nichts vom Leben, weil sie in der Zelle des Mönchs betrieben wurde, in der es natürlich nur auf fromme Beschaulichkeit ankommen kann. Bisher war die Wissenschaft wie in ein Kloster gesperrt und unfruchtbar „wie die gottgeweihten Nonnen". In gleicher Weise kämpft er gegen die Bücher- und Stubengelehrsamkeit, welche sich nur mit Worten herumschlägt, welche in Wahrheit nichts weiss und um so gefährlicher ist, als sie Alles zu wissen glaubt oder vorgiebt. Mitten in's Leben hinein muss die Wissenschaft treten, ihre Aufgabe ist die mächtige Wirksamkeit, und der Philosoph muss deshalb selbst mitten im Leben und womöglich auf der Höhe stehen. Von den Geistern, die der Goethe'sche Faust citirt, ist es der Erdgeist, welchem Bacon sich bedingungslos ergeben hat. Wer erkennt nicht in diesem Grundgedanken der Bacon'schen Philosophie den praktischen Geist der Engländer wieder, welche von allen Völkern zuerst und am besten die Entdeckungen der Wissenschaft für das Leben auszunutzen verstanden haben und verstehen, und denen andererseits durch diese Richtung jener Schwung der Begeisterung für das Wissen um seiner selbst willen verschlossen ist, den wieder andere Völker bis zur Einseitigkeit ausgebildet haben. So ist es denn auch hieraus zu begreifen, dass die deutsche Philosophie, welche mit aller Energie an dem Selbstzweck des Wissens festhielt, Bacon um dieses seines Utilismus willen vielfach unterschätzt und verächtlich behandelt hat.

Allein man darf durchaus nicht glauben, dass dieser Utilismus Bacon's von kleinlicher Natur sei. So kurzsichtig war er nicht, um unmittelbar von jeder einzelnen Erkenntniss der Wissenschaft praktischen Nutzen zu verlangen und nur dasjenige anzuerkennen, was sogleich sich irgendwie verwenden lässt. Mit solcher Kleinkrämerei darf man einen Mann nicht verwechseln, welcher der modernen Wissenschaft nach vielen Richtungen hin die Wege gewiesen hat. Es ist nur das Ganze des Wissens und die letzte Aufgabe aller Forschung, was Bacon unter diesen praktischen Gesichtspunkt gestellt hat, und er fasst vielmehr den Nutzen der Wissenschaft unter einem durchaus grossartigen Gesichtspunkt auf: unter demjenigen der Cultur. Nicht dem Menschen gegen den Menschen will seine Philosophie das Wissen als Macht in die Hand geben, sondern vielmehr dem Menschengeschlechte für den grossen Zweck der Unterwerfung und Beherrschung der Natur. Mit diesem Gedanken trifft er mehr als vielleicht irgend ein Anderer unmittelbar in das Herz seines Zeitalters. Der Gedanke der Beherrschung der Natur geht als eine gewaltige Sehnsucht durch die gesammte Renaissance, und zeigt sich mit jugendlicher Unklarheit und phantastischer Thorheit in den Bestrebungen der Magie. Aber was diese durch geheimnissvolle und dämonische Mächte zu erreichen trachtete, das will Bacon auf dem nüchternen Wege der Naturerkenntniss leisten. Der Natur gegenüber zeigt es sich am stärksten, dass Wissen Macht ist; ihren gewaltigen Kräften kann der Mensch nur mit einer einzigen Macht begegnen: mit seinem Wissen. Die Natur zu beherrschen ist nur möglich durch Gehorsam; wir können sie zu einem Erfolge nur dadurch zwingen, dass wir die Bedingungen dafür herstellen, und wir vermögen dies nur in dem einen Falle, wenn wir die Bedingungen des Eintritts der Erscheinungen und die Gesetze der Wirksamkeit der Natur kennen. Wenn deshalb der Mensch dazu berufen ist, die Natur zu beherrschen, so kann er das nur durch seine Wissenschaft. Das ist das Geheimniss der Bacon'schen Philosophie. Sie enthält die Abklärung der Gedanken, welche sich noch mit gährender Nebelhaftigkeit in der Magie einen Ausweg gebahnt hatten. Im Geiste der Cultur die Natur zu erforschen, um sie dem Nutzen der gesammten

Menschheit zu unterwerfen — das ist das Princip Lord Bacon's. Er stellt das Wissen in den Dienst der Cultur, und die Männer der modernen Naturwissenschaft, welche mit Entdeckungen und Erfindungen den Zustand der menschlichen Gesellschaft umzugestalten und zu veredeln bestrebt sind, hätten am wenigsten Veranlassung gehabt, den Mann herabzusetzen, welcher Jahrhunderte zuvor ihre Aufgabe auf den glänzendsten Ausdruck gebracht hat.

Allein es ist nicht nur diese allgemeine Beziehung der Wissenschaft auf den Zweck der Naturbeherrschung, durch welche Lord Bacon sich als den Philosophen der praktischen Culturaufgabe der modernen Wissenschaft erweist: sondern er zeigt sich als der Sohn des Zeitalters der Entdeckungen und Erfindungen gerade durch die genauere Präcisirung jenes Gedankens. Die ganze Unruhe der Renaissance, ihr aufgeregtes Drängen nach vollkommner Umgestaltung aller menschlichen Verhältnisse, ihre ungezügelten Hoffnungen auf grosse unerwartete Umwälzungen kommen bei Bacon in seiner geistreich-rhetorischen, oft auch grosssprecherischen und übertreibenden, immer anregenden und bilderreichen Darstellung zum deutlichsten Ausdruck: aber er versucht doch wenigstens, den phantastischen Strom in ruhigere und wissenschaftliche Bahnen zu leiten. Was man von einer Beherrschung der Natur bisher wirklich erreicht hat, verdankt man nicht den Albernheiten der Magie, sondern den **Erfindungen**, und Bacon wird nicht müde, immer wieder darauf hinzuweisen, wie die Erfindung des Pulvers, des Compasses, der Buchdruckerkunst den Zustand der Gesellschaft umzugestalten begonnen habe. Aber alle solche Erfindungen sind bisher mehr oder minder zufällig, ohne Plan und Zusammenhang gemacht worden: was uns fehlt, sagt Bacon, ist eine **Methode der Erfindung**, ein wissenschaftlich sichergestelltes Verfahren, um der Natur gegenüber die Beherrschungsfähigkeit des Menschen immer mehr zu steigern. In einer unvollendeten Utopie „Nova Atlantis" stellte Bacon die Pläne, die er in dieser Hinsicht für die Zukunft hegte, als erfüllt dar. In glücklicher Verborgenheit richtet ein kluges Inselvölkchen das ganze menschliche Leben mit dem behaglichsten Comfort ein. Mit Benutzung aller nur sonst in der Welt vorgehenden Entdeckungen und Erfindungen wird in dem „Hause Salomonis" ein systematisches Erfinden betrieben. Dampfmaschine und Luftballon, Mikrophon und Telephon fehlen auf diesem Programm ebensowenig wie das Perpetuum mobile. Alle Naturbeobachtung soll dazu verwendet werden, das Menschenleben zu verschönern, zu verfeinern, zu verlängern.

So concentrirt sich das gesammte Bestreben der Bacon'schen Philosophie in der Richtung auf eine ars inveniendi. Fast komisch ist es, dass Bacon damit einen Ausdruck braucht, mit welchem die letzten Zeiten der Scholastik die ganze Dürre und Kraftlosigkeit ihres Wesens sich selber eingestanden hatten. Die Versuche, eine mechanische Vorrichtung zur Erfindung neuer Gedanken aufzustellen, denen Bruno sein gelehrtes Interesse zuwandte, waren auch als ars inveniendi bezeichnet worden, und nur das war der Unterschied, dass jene Männer es für nöthig hielten, Gedanken zu erfinden, Bacon aber aus der schöpferischen Fülle des methodischen Gedankens heraus Instrumente zu erfinden hoffte, um die Natur zu beherrschen.

Aus diesen Grundlinien erklärt sich der gesammte Charakter der Bacon'schen Philosophie. Zwar diese Hauptaufgabe einer Erfindungskunst hat Bacon nicht erfüllt, so wenig wie sie überhaupt jemals würde erfüllt werden können. Das Erfinden ist eben eine Sache des Genies und des Glücks, es kann nicht gelernt noch gelehrt werden, und dass Bacon selbst kein Erfinder war, geht am meisten daraus hervor, dass er eine Theorie der Erfindung für möglich hielt. Die Bedeutung seiner Philosophie liegt vielmehr in seiner Bearbeitung desjenigen Theils, welchen er der Erfindungskunst gegenüber als die unumgängliche Vorbereitung bezeichnete, der interpretatio naturae. Denn, wie überhaupt die Natur nur durch unsere Wissenschaft von ihr zu beherrschen ist, so beruht auch alles Erfinden in letzter Instanz auf dem Wissen von den Gesetzen, nach denen die Natur verfährt. Daher beschränkt sich die wirkliche Leistung der Bacon'schen Philosophie auf den Entwurf einer neuen Methode der Naturerkenntniss, und hierin tritt Bacon so radical, so vollkommen neu und selbständig der alten Wissenschaft gegenüber auf, dass man sagen muss, es sei der Bruch mit der Scholastik, mit dem überall das moderne Denken beginnt, an keinem Punkte so vollkommen und so tiefgreifend vollzogen worden, wie in seiner Philosophie. Gewiss ist es ein einseitiger Empirismus, den er vertritt, aber er hat das weittragende Verdienst, ihm eine principielle Zusammenfassung und eine systematische Form gegeben zu haben. Das einzige Mittel zu fruchtbarer Erfindung ist die Erfahrung. Wie der Mensch die Natur nur beherrschen kann durch Gehorsam, so kann er sie erst recht auch erkennen nur durch denselben Gehorsam, indem er alle Voraussetzungen und Speculationen von sich wirft und lediglich ihren eigenen Aussagen folgt. Aber diese zur wahren Naturerkenntniss unbedingt nothwendige Erfahrung ist nicht das zufällige und gelegentliche Bemerken des Einzelnen, sondern vielmehr eine methodisch angestellte Untersuchung: in dieser Erkenntniss besteht bei allen Mängeln und Unvollkommenheiten die Grösse von Bacon's wissenschaftlicher That.

Das ganze Werk der Erneuerung der Wissenschaft, welches er sich vorgesetzt hat, bezeichnet Bacon als die Instauratio magna, und sie zerfällt wesentlich in drei Theile: zuerst eine Uebersicht aller Wissenschaften zur Feststellung der speciellen Aufgabe der Philosophie, darauf die Entwicklung der neuen Methode der Naturerkenntniss und endlich ihre Ausführung in der Einzelforschung.

Die erste dieser drei Aufgaben hatte er schon früh in seinen „Two books of proficience and advancement of learning divin and human" in's Auge gefasst und gab die darauf bezüglichen Betrachtungen nach mannigfacher Umarbeitung 1623 unter dem Titel: „De dignitate et augmentis scientiarum" neu heraus. Er entwickelt darin eine systematische Uebersicht der menschlichen Wissenschaften, eine Beschreibung des wissenschaftlichen Gesichtskreises oder, wie er es nennt, einen globus intellectualis. Nach den drei Grundvermögen der menschlichen Seele, dem Gedächtnisse, der Einbildungskraft und dem Verstande, giebt er die Grundeintheilung der „Wissenschaften" in „Geschichtskunde" (historia = Erfahrungskenntnisse überhaupt), Poesie und Philosophie, welche letztere dabei die Wissenschaft im eigentlichen Sinne des Wortes bedeutet. Für diese giebt man insgemein drei Objekte an: Gott, den Menschen und die Natur. Bacon schliesst jedoch die Erkenntniss der Gottheit und des unsterblichen Theils der Menschenseele, des spiraculum, in einer weiterhin zu besprechenden Weise von der im eigentlichen Sinne wissenschaftichen Forschung aus. Die historische Definition der drei Objekte der Philosophie nimmt er nur auf, um sie zu kritisiren, wie er überhaupt diese ganze Eintheilung der Wissenschaften nicht als die seinige anzuerkennen vermag. So bleibt für die philosophische Erkenntniss nur die Natur und der Mensch, insofern er ein Glied des natürlichen Zusammenhanges ist, übrig. Hierin besteht der Gegensatz, in welchem sich Bacon zu der sonstigen Naturphilosophie seiner Zeit befindet. Der theosophische Charakter, den sie meistens trug, ist hier vollständig abgestreift, und die Philosophie wird lediglich als die Methodologie der Naturwissenschaft betrachtet. Der eigentlichen Naturerkenntniss pflegt man eine ontologische Grundwissenschaft von den höchsten Begriffen unter dem Namen der philosophia prima oder scientia universalis voranzuschicken. Wenn auch Bacon davon nicht allzuviel hält, so gilt sie ihm immer noch höher als die Mathematik, von der er sehr wenig verstanden haben muss, und gegen deren Bedeutung er sich merkwürdig verblendet zeigt. Was dann die Naturphilosophie selbst anbetrifft, so ist sie Metaphysik, insofern sie sich mit der teleologischen, Physik dagegen, insofern sie sich mit der causalen Betrachtung der Natur bechäftigt: in der Mitte zwischen beiden steht, in gewissem Sinne zu beiden gehörig, die Untersuchung der „Formen", welche das bleibende, gesetzmässig wirkende Wesen aller Dinge ausmachen, und auf deren Erkenntniss die neue Methode hauptsächlich abzielt. Aus dieser Zusammenstellung geht am besten hervor, dass Bacon in diesem Werke nur eine kritische Uebersicht über den Zustand der Wissenschaften, nicht aber einen Kanon der Eintheilung beabsichtigte. Wenn man bedenkt, wie er über die teleologische Naturbetrachtung selbst dachte, was weiterhin hervortreten wird, und wie er ihre Anwendung aus dem Reiche der exakten Wissenschaft verbannte, so wird man unmöglich annehmen können, dass er ernstlich Metaphysik und Physik als zwei gleichberechtigte Wissenschaften neben einander habe bestehen lassen wollen. Berechtigt ist nach seiner eigenen Lehre die Metaphysik nur, sofern sie sich als Lehre von den Formen mit den höchsten Ergebnissen der Physik deckt: so weit aber als die Metaphysik es mit den Endursachen der Dinge zu thun hat, ist sie im Geiste Bacon's nichts weiter als überflüssige Speculation. Die einzige Wissenschaft, welche vor seinem Auge bestehen bleibt, ist eben diese Physik und die Anthropologie als derjenige Theil davon, welcher sich mit den gesetzmässigen Bewegungen des menschlichen Seelenlebens beschäftigt und dadurch auf der einen Seite in Logik, auf der anderen in Ethik übergeht.

Die neue **Methode** dieser Naturerkenntniss behandelt das „Novum organon", eine 1620 erschienene gründliche Umarbeitung der acht Jahre vorher gedruckten „Cogitata et visa". Wie der Titel dieses Werkes zeigt, will Bacon der alten aristotelischen Methodologie eine neue entgegenstellen, eine neue, deren Aufgabe lediglich die Begründung der richtigen Naturerkenntniss sei. Zu diesem Zwecke muss erst die falsche Naturbetrachtung fortgeräumt werden. Denn der Mensch, zumal in seiner historischen Bildung, gewinnt diese richtige Naturerkenntniss nicht von selbst, sondern muss erst mühsam dazu erzogen werden. Die neue Wissenschaft soll zwar von der Erfahrung ausgehen, aber durchaus nicht von jenen unkritischen Vorstellungen, mit denen der gewöhnliche Mensch die Welt auffasst. Es ist nicht zum Wenigsten die Grösse Bacon's, dass er die unbefangene Meinung, als sei die Natur wirklich so, wie sie sich in der Erfahrung jedes beliebigen Menschen spiegelt, von Grund aus zu zerstören unternahm, und dass er sich mit aller Klarheit der Verderbniss bewusst war, welche menschliche Gewohnheiten und menschliche Vorurtheile in die Wahrheit unserer Weltauffassung hineinbringen. Seine Methodologie beginnt deshalb mit einer „pars destruens", einem kritischen Theile, welcher sich in stolze Analogie zu der aristotelischen Lehre von den Trugschlüssen setzt. Wie diese die Irrungen der Schlussthätigkeit, so will Bacon die Fehler der Wahrnehmungsthätigkeit aufdecken, und dasjenige, was reine und wirkliche Erfahrung ist, von den Zuthaten sondern, die der Mensch aus seinem Denken hinzugefügt hat. Diese im eminenten Sinne erkenntnisstheoretische Aufgabe verfolgt Bacon in seiner berühmten Lehre von den Idolen. Er theilt diese Trugbilder, die wir in die Wahrnehmung hineinweben, in vier Arten ein: die ersten, die idola specus sind diejenigen, welche in der Sinnesart und der zufälligen Lage jedes Einzelnen begründet sind; von ihnen kann man sich verhältnissmässig leicht losmachen, und wenn sie auch ihrer Natur nach unaufzählbar sind, so führen sie doch ebendeshalb geringere Gefahr mit sich, weil die Vergleichung der Erfahrungen mehrerer Individuen sie sogleich eliminirt. Schwieriger steht es schon mit den idola theatri, welche auf dem Autoritätsglauben beruhen und den Irrthum bedeutender Männer der Vorzeit stets zu vervielfältigen drohen. Hier kämpft Bacon mit rücksichtsloser Energie gegen allen Autoritätsglauben und in Bezug auf die Philosophie namentlich gegen die sklavische Abhängigkeit, welche man dem Namen des Aristoteles bezeuge. Er empfiehlt als das beste Mittel gegen diesen Autoritätsglauben die stetige Gewöhnung an die Autopsie und sagt, dass die höchste Gewissheit immer nur demjenigen zukomme, was wir selbst erfahren haben. Verwandt mit den zweiten sind die dritten Trugbilder, die idola fori, welche wir im gemeinsamen Verkehr wesentlich aus der Sprache übernehmen. Die Anschauungen früherer Zeitalter prägen sich uns, in der Sprache niedergelegt und befestigt, als allgemeine Vorurtheile ein, von denen man sich schwer zu befreien vermag, um so schwerer, als die Wissenschaft leider gewöhnt gewesen ist, in Begriffen zu arbeiten und auf diese Weise sich von den Meinungen früherer Zeiten immer mehr abhängig zu machen. An dieser Stelle ist es, wo sich in Bacon der ganze Hass gegen die Wortweisheit und die volle Sehnsucht nach einer Erfahrungserkenntniss der wirklichen Welt mit leidenschaftlicher Heftigkeit ausspricht. Zuletzt aber erscheinen alle diese drei Arten der Idole verhältnissmässig leichtwiegend gegenüber der Gewalt, welche die vierten, die idola tribus, die im Wesen des Menschen selbst begründeten, ausüben. Wenn der menschliche Geist ein Spiegel der Dinge sein soll, so muss er zunächst von allen Flecken, mit welchen die individuelle Neigung, der blinde Glaube und die Gewöhnung ihn getrübt haben, sorgfältig gereinigt werden: allein dann immer noch hat er eine falsch spiegelnde Wölbung, und diese glatt zu schleifen ist die schwerste aller Aufgaben. Mit dieser Betrachtung steht Bacon in der That vor der höchsten Aufgabe der kritischen Philosophie; aber er giebt ihrer Lösung eine sehr einseitige Wendung, und statt diese Wölbung des menschlichen Denkspiegels in ihrer ganzen Ausdehnung zu untersuchen, weist er nur auf den Punkt hin, der freilich die grösste Krümmung zeigt, die teleologische Betrachtung der Dinge. Sie gilt ihm als ein Ausfluss des menschlichen Wesens, aber zugleich als der grösste und folgenschwerste Irrthum, den man in der Auffassung der Wirklichkeit je gemacht hat und zu machen im Stande ist. Der wahre Zusammenhang der Dinge ist derjenige der mechanischen Causalität. Die Natur thut nichts um eines Zweckes willen, sondern Alles nach ewigen und unveränderlichen Gesetzen. Und so muss aus der Naturerkenntniss die Teleologie a limine zurückgewiesen werden.

So verlangt Bacon die Vermeidung aller der Gefahren, denen die Wahrnehmungsthätigkeit des Menschen ausgesetzt ist, und dringt auf die Herstellung einer reinen und unverfälschten Erfahrung. Als das hauptsächlichste Mittel dazu aber bezeichnet er das Experiment. Alle übrigen Erfahrungen sind mehr oder minder zufällig, der Gegenstand und die Ausdehnung der Beobachtung hängen von dem wechselnden Laufe der Dinge mindestens ebenso wie von der Absicht des Beobachters ab. Nur beim Experiment hat es dieser in der Hand, das, was er kennen lernen will, rein darzustellen, und indem er die Bedingungen herbeiführt, die Natur zu bestimmten Wirkungen zu zwingen. Das Experiment ist schon ein Stück jener Macht, welche der Mensch durch sein Wissen über die Natur ausübt. Nur mit einem gewissen Grade von bereits erworbener Kenntniss lassen sich fruchtbare Experimente anstellen. Sind sie aber richtig angelegt, so muss die Natur auf die Fragen, aus denen sie hervorgingen, unbedingt antworten und die Geheimnisse enthüllen, welche sie sonst verschweigt. Nur das Experiment ist sicher, reine Erfahrung zu liefern, und die Naturwissenschaft wird keinen Schritt weiter thun, wenn sie sich nicht dieses werthvollsten aller Mittel systematisch bedient. Keiner unter den Begründern der modernen Philosophie hat den Werth des Experimentes so klar und so tief erfasst, wie Bacon. Er ist gewiss nicht der Erste, der sich der Bedeutung dieses methodischen Mittels bewusst wurde, aber er hat sie so sicher und so glücklich ausgesprochen und hat das Experiment so sehr zur Grundlage aller Wissenschaft zu machen gesucht, dass man darin nur den Mangel des Verständnisses für die mathematisch-theoretische Verwendung experimenteller Messungen bedauern muss. Die principielle und methodologische Bedeutung seiner Lehre wird dadurch nicht verringert, dass Bacon's eigene Versuche unter der Mangelhaftigkeit der Kenntnisse und der Instrumente jener Zeit fühlbar genug gelitten haben. Was er im Einzelnen erforscht hat, und was in der nach seinem Tode herausgegebenen „Sylva sylvarum sive historia naturalis" niedergelegt ist, mag für die moderne Forschung verhältnissmässig werthlos sein: die Naturwissenschaft wird es nicht vergessen dürfen, dass die eine ihrer wesentlichen Stützen von Bacon zuerst mit starker Hand und klarem Verständnisse festgestellt worden ist.

Allein die methodologische Bedeutung Bacon's ist damit nicht erschöpft, und man kann seine Grösse vielleicht kaum mehr begreifen, als wenn man den Abstand misst, der in dieser Hinsicht zwischen ihm und Telesius liegt. Auch dieser hatte Beobachtung und Experiment für die einzigen und unentbehrlichen Grundlagen für die Naturwissenschaft erklärt, allein von da aus war er sogleich in der Weise der griechischen Denker zu allgemeinen Speculationen übergegangen. Es ist Bacon's Verdienst, diese Art der naturphilosophischen Construction wenigstens principiell abgelehnt und an ihrer Stelle eine Methode gesucht zu haben, nach der man von den durch das Experiment festgestellten Thatsachen zu allgemeinen Sätzen mit wissenschaftlicher Sicherheit fortschreiten kann. So war er wiederum der Erste, der die grosse Aufgabe der modernen Logik, eine Theorie der inductiven Methode zu entwickeln, zur klaren Fassung und zum Theil zur Lösung brachte. In dieser Beziehung steht Bacon geradezu an der Spitze der modernen Logik. Die antike Logik, die grossartige Schöpfung des Aristoteles, war im Wesentlichen aus dem Bedürfnisse einer Sicherstellung der Formen des Beweisens hervorgegangen, welche man nicht nur in den Streitigkeiten der Philosophen, sondern auch in der Dialektik des öffentlichen Lebens nöthig hatte. Sie war eine Kunst des Beweisens und Widerlegens, und das Mittelalter hatte ihr völlig den Charakter einer Disputirkunst aufgedrückt. Darin zeigt sich der schöpferische Geist Bacon's, dass er diese Einseitigkeit durchschaute und eine Methode der Forschung und Untersuchung verlangte. Auf dem naturwissenschaftlichen Gebiete konnte dies selbstverständlich nur die Methode der Induction sein. Es ist richtig, dass Bacon diese Aufgabe nicht gelöst hat. Aber es ist ebenso richtig, dass sie noch heute nicht völlig gelöst ist. Mit so vollendeter Sicherheit die jetzige Naturwissenschaft sich ihrer bedient, hat sie doch noch niemals eine principielle Feststellung von der zweifellosen Durchsichtigkeit und Anerkanntheit gefunden, welche die Grundzüge der deductiven Logik seit Aristoteles geniessen. Nach dieser Richtung hat die Philosophie noch immer an der Aufgabe zu arbeiten, die ihr Bacon gestellt.

Sehr merkwürdig ist es nun, in wie geringem Masse Bacon bei dem logischen Entwurf der inductiven Methode sich von dem begrifflichen Apparat hat freimachen können, der, von Aristoteles stammend, im Mittelalter seine Fortentwicklung gefunden hatte. Im besonderen ist es der sog. Formalismus, eine hauptsächlich von Duns Scotus und dessen Anhängern vertretene logisch-metaphysische Theorie, woran Bacon seine Darstellung anknüpfte. Die Ursachen der Erscheinungen, welche durch die inductive Methode gesucht werden sollen, bestehen in den „Formen" oder „Naturen", d. h. den allgemeinen, einfachen Bestimmtheiten, die in jedem Wahrnehmungsgebilde als „platonische Ideen" enthalten sind. Um diese inductiv zu finden, muss sich die Naturforschung der Hilfsmittel der Enumeration und der Exclusion bedienen. Man stellt alle Fälle, deren man aus der Erfahrung habhaft werden kann, in der Weise zusammen, dass erstens alle diejenigen gesammelt werden, worin die zu erklärende Erscheinung vorkommt (tabula praesentiae), zweitens diejenigen, worin sie fehlt (tabula absentiae): wenn sich dann etwas findet, was immer mit der Erscheinung vorkommt und immer mit ihr fehlt, so fragt es sich drittens, ob dieses auch in der verschiedenen Intensität seines Vorkommens mit derjenigen der behandelten Erscheinung übereinstimmt (tabula graduum). Zeigt sich dies, so hat man die „Form" der Erscheinung gefunden. Die „Natur" oder „Form" der Wärme ist also das, was immer ist, wo Wärme ist — was immer fehlt, wo Wärme fehlt —, was stärker ist, wo mehr Wärme, schwächer, wo weniger Wärme ist. Auf diesem Wege will Bacon gefunden haben, dass die Natur der „Wärme" eine durch Hemmung auf die kleinsten Theile der Körper vertheilte Bewegung sei. So sind es verwickelte demonstrative und zum Theil deductive Processe, durch welche die Induction zu Stande kommen soll.

Werthvoller als diese scholastischen Formulirungen, sind die allgemeinen Vorschriften, mit denen Bacon die neue Methode einführt. Wenn sie von einzelnen Thatsachen zu Lehrsätzen aufsteigen soll, so ist das Erste, dass sie sich vor jener vorschnellen Verallgemeinerung hüte, die, in dem psychologischen Mechanismus der menschlichen Seele begründet, die Veranlassung zahlloser Irrthümer bildet. Es ist, als wende sich Bacon gegen die phantastischen Auswüchse der gleichzeitigen Naturphilosophie, wenn er sagt, es sollten dem nach Allgemeinheit strebenden Geiste des Menschen nicht Flügel angesetzt, sondern Blei angehängt werden. Es sei falsch, von einzelnen Thatsachen gleich zu letzten und allgemeinsten Urtheilen zu schreiten; man müsse vielmehr ganz langsam verallgemeinern, erst zu Lehrsätzen geringeren Umfanges und von ihnen allmählich zu höheren, bis zuletzt zu den höchsten Theoremen aufsteigen. Auch gewisse Eigenthümlichkeiten der inductiven Methode finden bei ihm bereits eine scharfsinnige Darstellung. Des hervorragenden Erkenntnisswerthes der negativen Instanzen, der schwierigen Stellung der prärogativen Instanzen ist er sich völlig bewusst, und wenn er die ausserordentliche Fruchtbarkeit des Analogieschlusses betont, so verhehlt er sich nicht, dass dieses zwar ein vortreffliches Mittel des Findens ist, eine strikte Beweiskraft dagegen für sich allein nicht besitzt.

Niemand wird verkennen, dass der grosse Mangel der Bacon'schen Lehre in der merkwürdigen Kurzsichtigkeit besteht, mit welcher er sich der Anerkennung der mathematischen Grundlagen der Naturforschung verschloss. Es wird auch gern zugegeben werden, dass die moderne Naturwissenschaft sich im Besitze ganz anderer und viel feiner entwickelter Methoden befindet, als sie Bacon noch nur geahnt hat. Allein es kann nur von einer Unterschätzung der historischen Verhältnisse zeugen, wenn in neuerer Zeit behauptet worden ist, dass der englische Kanzler auch auf dem Gebiete der Wissenschaft es nicht über Trivialitäten und Thorheiten hinausgebracht habe. Man hat von Voltaire gesagt, es sei das sicherste Zeichen seiner enormen Grösse, dass seine Gedanken uns heutzutage trivial erscheinen. Aehnliches gilt von der Bacon'schen Methode. Es nimmt uns nicht Wunder, dass dem Manne der heutigen Naturwissenschaft die Vorschriften Bacon's trivial und wie Kinderschuhe vorkommen, die er längst ausgetreten hat. Aber Wunder muss es uns nehmen, wie man übersehen kann, dass diese Trivialitäten damals eine schwere Errungenschaft und eine grosse methodologische That waren. Auch hier wiederholt sich eben, dass der Mensch für gewöhnlich nichts weniger zu schätzen weiss, als die Güter, in deren Besitz er von Jugend an spielend hineingewachsen ist. Es ist ein Vorrecht des Genies, von solchen, welche die Geschichte nicht verstehen, für unbedeutend gehalten zu werden.

Es ist klar, dass, wenn Bacon bei dem damaligen Stande der Kenntnisse sich streng in den Grenzen dieser von ihm aufgestellten Methode gehalten hätte, er zu einer umfassenden Ansicht des Universums, zu einer gesammten Erklärung der Natur in keiner Weise hätte vordringen können. Und wenn auch der Schwerpunkt seines wissenschaftlichen Interesses auf der methodologischen Grundlegung ruht, so kann er sich doch andererseits auch des metaphysischen Triebes nicht soweit erwehren, dass er nicht Versuche machen sollte, aus der Methode gewissermassen frei herauszugehen und allgemeinere Ausblicke, wenn auch nur hypothetischen Werthes zu gewinnen. Dabei ist es hauptsächlich der Analogieschluss, durch welchen sein Genie mit glücklichem Blicke aus seiner Methode hervorbricht, um eine umfassendere Gesammtbetrachtung anzubahnen. So huldigte er entschieden der Atomtheorie, welche er als einer der ersten in ihrer Bedeutung für die erklärende Naturwissenschaft vollständig durchschaut hat. Dem allgemeinen Zuge der Zeit folgend, legte er diesen Atomen auch die Fähigkeit der Perception bei, welche sich in ihrer gegenseitigen Anziehung und Abstossung bekunde, und glaubte so aus rein natürlichen Ursachen lediglich durch die Processe der Bewegung und der Empfindung der Atome alle Vorgänge des physischen und des psychischen Lebens erklären zu können. Damit war eine Aufgabe gestellt, an deren Durchführung Jahrhunderte arbeiten sollten und welche sich auf beiden Gebieten namentlich die englische Philosophie stets gegenwärtig erhalten hat. Insbesondere suchte Bacon der Anthropologie von seinem Standpunkte aus die Wege vorzuschreiben: nur die auf Thatsachen gegründete Causalerklärung soll die Methode auch für Psychologie, Ethik und Staatslehre ausmachen, und die Wissenschaft vom menschlichen Leibe und seinen Thätigkeiten und Zuständen soll ebenfalls, mit Ausschluss der Teleologie, eine rein mechanistische Theorie werden. Selbst für medicinische Lehren, für Pathologie und Hygiene, hat Bacon in diesem Sinne weitausschauende Probleme angedeutet, wie sie erst in der Wissenschaft unseres Jahrhunderts massgebend geworden sind.

Es ist weiterhin klar, dass dieser vollkommene Naturalismus jede Möglichkeit einer theosophischen oder theologischen Wendung ausschloss. Bacon leugnete, wie schon oben erwähnt, dass die Gottheit und die unsterbliche Seele des Menschen, die beiden hauptsächlichsten Objekte der religiösen Lehren, jemals einer wissenschaftlichen Erkenntniss unterzogen werden könnten. Er zerschneidet das Tafeltuch zwischen Philosophie und Theologie. Die natürliche Theologie, eine Vernunftwissenschaft von der Gottheit und ihrem Verhältnisse zur Seele, hält er für eine Zwitterbildung und meint, dass sie nur zu einer falschen und getrübten Vorstellung von Gott führen könne. Zwar giebt er zu, dass die Natur den Eindruck mache, als ob in ihr zweckthätige Kräfte walten, die auf einen göttlichen Schöpfer zurückgeführt werden müssen, und in seiner rhetorischen Weise sagt er wohl, dass nur kurzes Schlürfen am Trank der Wissenschaft von Gott abführe, tiefere Züge aber zu ihm hinführen; allein für erkennbar gilt ihm die Gottheit nie durch die Vernunft, sondern nur durch den Glauben. Man muss, um dieses Wissen zu gewinnen, aus dem Boote der Wissenschaft in das Schiff der Kirche steigen. In der

Wissenschaft glaubt man den Dingen und der Vernunft, in der
Religion der persönlichen Offenbarung Gottes, und dieser Glaube
ist deshalb, wie Bacon ausführt, um so verdienstvoller, je mehr
er den Dingen und der Vernunft widerspricht: „Quanto mysterium
aliquod divinum fuerit magis absonum et incredibile, tanto plus
in credendo exhibetur honoris deo et fit victoria fidei nobilior."
So wiederholt sich in merkwürdiger Weise bei diesem Antischolastiker und Antitheosophen das Wort des alten Kirchenvaters:
„Credo quia absurdum." Beide verlangen eine radicale Trennung
von Glauben und Wissen, von Theologie und Philosophie. Freilich in sehr verschiedener Absicht. Tertullian will die Religion
sicher stellen gegen die Angriffe der antiken Wissenschaft, Bacon
will umgekehrt die Wissenschaft völlig selbständig machen und sie
schützen gegen die Uebergriffe der positiven Religion. Auch er
steht vornan unter den Pionieren der Toleranz. Er verficht auf
das Lebhafteste die Oberherrlichkeit des Staates über die Kirche
und seine Selbständigkeit den Confessionen gegenüber.

Man darf sich nicht wundern, dass dieser Standpunkt Bacon's
den verschiedensten Beurtheilungen unterlegen ist. Die Einen haben
ihn zu den Frommen gerechnet, die Andern zu den vollkommen
Ungläubigen, und schliesslich hat er sich den Vorwurf der raffinirten
Heuchelei gefallen lassen müssen. Es wird schwer zu entscheiden
sein, ob etwa und welche Reste des kirchlichen Glaubens in Bacon
persönlich neben seiner wissenschaftlichen Ueberzeugung fest genug
bestehen geblieben waren, um seine Aeusserungen über diese
Fragen weder als heuchlerisch noch als ironisch, sondern als den
wahrhaftigen Ausdruck seiner Meinung erscheinen zu lassen. Aber
die Entscheidung dieser Streitfragen ist schliesslich weniger wichtig
als die bedeutsame Thatsache, dass die philosophische Auffassung
bei Lord Bacon in religiöser Beziehung vollkommen indifferent geworden ist, und dass von der naturwissenschaftlichen Philosophie,
die er programmatisch verkündete, alle Wege verschlossen sind,
die zu einer religiösen Erkenntniss führen könnten. Für diejenige
Philosophie, welche von Bacon abhängig war, konnten die religiösen
Probleme höchstens als ein Beiwerk erscheinen, das man aus persönlichem Bedürfnisse einer Wissenschaft hinzufügte, welche selbst
vollkommen davon geschieden war. Der rein wissenschaftliche
Charakter, welchen die methodologischen Bestrebungen der Philosophie zu geben suchten, führte eine Entfremdung gegen das reli-

giöse Leben herbei, die nur ein äusserliches Nebeneinanderbestehen beider Mächte gestatten zu wollen schien. Erst das Zeitalter der Aufklärung brachte durch eine neue Gedankenverschiebung diese Probleme in eine andere Stellung zu einander.

§ 22. Thomas Hobbes.

Die Bacon'sche Methode des Naturerkennens ist nicht die vollkommene Methode der neueren Naturwissenschaft: dazu fehlt ihr vor Allem das mathematische Element. Aber die eine Seite dieser Methode, diejenige der systematischen Beobachtung und vor Allem des Experiments, hat Bacon zu voller Klarheit und zu präcisem Ausdruck gebracht. Nach dieser Seite hin lag denn auch selbstverständlich die Einwirkung, welche er unmittelbar auf die Gestaltung des wissenschaftlichen Lebens ausübte. Hatte er gleich persönliche Schüler im eigentlichen Sinne des Wortes nicht gezogen, so fielen doch die Anregungen seiner Schriften und seines persönlichen Verkehrs vielfach auf fruchtbaren Boden, und die experimentelle Forschung gewann auch in England immer grössere Ausdehnung. Zu ihrem Mittelpunkte gestaltete sich später die im Jahre 1645 unter Wilkins zu Oxford gegründete, darauf in London fortgesetzte und 1660 durch das königliche Privilegium geschützte Gesellschaft der Wissenschaften.

Freilich war das XVII. Jahrhundert in seinem weiteren Verlaufe den wissenschaftlichen Bestrebungen in England weniger günstig. Es ist das Jahrhundert der Revolutionen, dasjenige, in welchem England aus langer und stürmischer Gährung sich schliesslich zu ruhiger Ausgestaltung seiner politischen Macht abklärte und sich zu dem ersten modernen Staate entwickelte. Es ist gewiss, dass in der englischen Revolution alle grossen Gedanken, welche man gewöhnt ist mit dem Namen der französischen zu verknüpfen, bereits ein Jahrhundert früher und mit der ganzen Markigkeit ursprünglicher Jugend auftreten. Aber sie erstehen und erstarken im Kampfe, in unmittelbarer praktischer Bethätigung an bestimmten Aufgaben und Interessen des öffentlichen Lebens, nicht aus gelehrter Ueberlegung, sondern aus dem innern Bedürfnisse des Volksgeistes. Die Wissenschaft ist nicht im Entferntesten eine Ursache oder ein Heerd dieser Ideen; sie kann vielmehr nur nachkommen, aus der grossen Wirklichkeit sie aufnehmend und systematisch gestaltend. Aber auch dies wird ihr während der Kämpfe selbst nur im beschränkten Masse zu Theil. In dem rastlosen Streite der politischen und kirchlichen Mächte, wo jeder Augenblick neue Verschiebungen bringt und den Bestand der Verhältnisse in Frage zu stellen scheint, bleibt nur wenig Raum für die stille Arbeit der Wissenschaft. Der grosse Aufschwung des englischen Denkens, welcher die Ideen des Aufklärungszeitalters aus der Erfahrung der englischen Revolutionen herauszog und zu Vorbildern für die gesammte europäische Litteratur gestaltete, datirt erst von dem Ende der Revolutionen und der Begründung der oranischen Dynastie. Bis dahin sehen wir zwar auch in England selbst die Naturforschung hin und wieder bei begünstigter Musse zu bedeutenden Resultaten führen, zu denen in erster Linie Harvey's Entdeckung des Blutumlaufs und die grossen chemischen Leistungen von Robert Boyle zu rechnen sind. Allein, als ob man gefühlt hätte, dass der schwankende Zustand dieses Lebens nicht der Boden dafür sei, wenden sich die englischen Geister während dieser Zeit mit grosser Vorliebe nach Frankreich, wo bei gesicherteren Zuständen und unter dem Glanze einer alle übrigen europäischen Mächte überstrahlenden und blendenden Regierung auch die Wissenschaften eine mächtige Entwicklung fanden. Während des XVII. Jahrhunderts pflegten die Engländer, die sich wesentlich dem wissenschaftlichen Leben ergaben, ihre Bildung sich in Paris zu holen und im Verkehre mit den dortigen Gelehrten, unter denen ein überaus reiches Leben herrschte, ihre eigenen Gedanken auszubilden. Der strenge Geist der Mathematik und mit ihr im Bunde die Philosophie Descartes' begann hier das Denken zu schulen und für grosse Erfolge glücklich vorzubilden. Von hier aus konnte am besten die Einseitigkeit des Bacon'schen Empirismus überwunden und die Naturwissenschaft in die Bahnen geführt werden, auf welchen sie dann wiederum ein Engländer, Newton, zur Höhe ihres Ruhmes und ihrer Erfolge zu führen berufen war. Der erste und bedeutendste Vertreter für dieses Einströmen der französischen Gedanken in die englische Wissenschaft ist Thomas Hobbes.

Er war der Sohn eines Landgeistlichen und im Jahre 1588 zu Malmesbury geboren. Nachdem er in Oxford seine Bildung genossen hatte, machte er als Erzieher Reisen in Frankreich und Italien, wo er überall mit den Vertretern der neuen Ideen in persönlichen Verkehr trat. Nach seiner Rückkehr wurde er mit Lord Bacon bekannt und lebte sich, wie man erzählt, indem er ihn in der Uebersetzung seiner Werke in das Lateinische unterstützte, ganz in dessen Gedanken ein. Erst ein erneuerter Aufenthalt in Paris liess ihm den Werth der Mathematik zu klarem Bewusstsein kommen, und sein lebhafter Umgang mit Gassendi wurde für seine naturwissenschaftliche Anschauung entscheidend. Auch mit Mersenne, dem vertrauten Freunde Descartes', aber vermuthlich nicht mit diesem selbst, trat er in Berührung, und es ist schwer zu entscheiden, wie viel von diesen Gedanken, selbst wenn er sie früher als Descartes niederschrieb, damals schon in dem Freundeskreise des letzteren besprochen wurden. Von dieser Zeit an hat Hobbes bis zu seinem im Jahre 1679 erfolgten Tode abwechselnd in England und in Paris gelebt. Aus der Heimat trieben ihn immer wieder die Unruhen der Revolution und der Umsturz der Verhältnisse, denen seine Ueberzeugung galt, zu den Kreisen des wissenschaftlichen Lebens zurück, welches ihm die fremde Hauptstadt gewährte. Und hier bildeten sich unter dem Einflusse der Erfahrungen, die er an dem öffentlichen Leben Englands gemacht hatte, seine Gedanken namentlich nach einer Richtung hin aus, in welcher er die von Bacon nur als Aufgaben hingeworfenen Andeutungen auszuführen unternahm. Der Blick der Bacon'schen Philosophie war wesentlich auf die äussere Natur gerichtet; aber sie hatte doch schon die Aufgabe gestellt, auch das sittliche und politische Leben des Menschen unter dem Gesichtspunkte der natürlichen Causalität zu betrachten und den grossen Zusammenhang der menschlichen Gesellschaft aus den gesetzlichen Wirkungen des natürlichen Mechanismus zu begreifen.

Auch bei Hobbes zeigt sich der von Bacon begründete Naturalismus in einer einseitigen Ausschliessung aller religiösen Fragen von der philosophischen Untersuchung. Von den Dogmen der Religion sagt er, man müsse sie zum Heile seiner Seele eben so einnehmen, wie die Pillen der Aerzte zum Heile seines Leibes, ganz und unzerkaut. Der wissenschaftlichen Zerlegung ist nur die Erfahrungserkenntniss zugänglich, welche wir von der Natur haben. Auch in Bezug auf den Zweck dieser Erkenntniss ist Hobbes ganz der Schüler Bacon's: es ist ihm der praktische Culturzweck, die Wirkungen der Natur durch ihre Erkenntniss zu beherrschen. Daraus aber entwickelt er eine Doppelaufgabe der Wissenschaft. Die Wirkungen der Natur kann man nur dann beherrschen, wenn man aus den bekannten Ursachen vorwärts zu schliessen vermag auf die Wirkungen, die unfehlbar daraus hervorgehen werden; und dies ist nur dadurch möglich, dass man vorher mit sorgfältiger Ueberlegung von den Wirkungen, die uns in der Erfahrung entgegentreten, zurückgeschlossen hat auf die Ursachen, aus denen sie hervorgegangen sind. Alle Naturbeherrschung und Naturerkenntniss besteht somit in der Einsicht in den causalen Zusammenhang der Bewegungen der Körper, und dieser allein ist der Gegenstand der Philosophie von Hobbes.

Die erkenntnisstheoretischen Untersuchungen über die Möglichkeit eines solchen Wissens lassen nun Hobbes zunächst als einen Vertreter des extremen Nominalismus und Sensualismus erscheinen. Die allgemeinen Begriffe haben für ihn in keiner Weise die Bedeutung realer Wahrheiten, sie sind nur Vermittlungen und subjektive Uebergänge zwischen den einzelnen Erfahrungen, in denen das wahre Wissen besteht. Allein auch bei Hobbes zeigt sich die früher schon erwähnte Nothwendigkeit, mit welcher der Sensualismus bei genauer erkenntnisstheoretischer Durchführung in phänomenalistische Consequenzen umschlägt. Die Lehre, dass alles Wissen von der Einwirkung der Dinge auf unsere Sinnesorgane ausgeht, erhält ihre philosophische Tragweite erst durch die daran sich schliessende Ueberlegung, dass diese Einwirkung der Dinge auf uns etwas ganz Anderes ist, als die Dinge selbst, dass wir nicht einmal ein Recht haben, sie als ein Abbild der Dinge zu bezeichnen. Unsere Empfindungen sind ein subjektiver Vorgang, durch äussere Bewegungen veranlasst, welche wir damit gar nicht zu vergleichen im Stande sind. Diese Lehre von der Subjektivität der Sinnesqualitäten theilt Hobbes mit den gesammten Anfängen der naturwissenschaftlich-philosophischen Bewegung der Neuzeit. Wie Campanella und Galilei, so vertraten sie auch Gassendi und Descartes, und Hobbes, der mit ihren Lehren, zum Theil durch persönliche Berührung in den Pariser Gelehrtenkreisen, auf das Genaueste vertraut war, überzeugte sich ebenfalls früh davon, dass die naturwissenschaftliche Erkenntniss die Reduction aller qualitativen auf quantitative Verhältnisse zu ihrer Richtschnur nehmen müsse. Von hier aus verstand er dann auch den methodischen Werth der mathematischen Theorie und die neue Auffassung der Causalität, wonach die Wissenschaft nur die Aufgabe hat, die Bewegungen festzustellen, welche Ursachen anderer Bewegungen sind.

Weiterhin ist bei Hobbes auch für die Erkenntnisslehre seine scharfe Ausbildung der **sensualistischen Psychologie** massgebend geworden. Dass alle übrigen geistigen Vorgänge lediglich Umbildungen der Empfindungen seien, hat er systematisch und viel schärfer als Campanella durchzuführen gesucht. Das Gedächtniss mit seinem gesammten Erfahrungsinhalte gilt ihm nur als eine Wahrnehmung des Beharrens der ursprünglichen sinnlichen Wahrnehmungen, und zu den weiteren geistigen Operationen, meint er, wird der Mensch nur durch die glückliche Thatsache befähigt, dass er für die Erinnerung an Wahrgenommenes sprachliche Zeichen einerseits zur gegenseitigen Mittheilung, andererseits zur Combination unter einander erfunden hat. Da nun bei dieser Erinnerung einzelne Spuren des Individuellen vergessen werden, so erhalten diese Wortzeichen die Fähigkeit, auch in anderen und von den ersten verschiedenen Wahrnehmungen wiedererkannt zu werden, und damit die allgemeine Bedeutung, welche ihnen im wissenschaftlichen Gebrauche zukommt. Das wissenschaftliche Denken besteht deshalb lediglich in gewissen Operationen, welche man mit diesen Wortzeichen vornimmt. Es ist ein Verbinden und Trennen, eine Art Addition und Subtraction dieser Zeichen, und der wirkliche Vorgang dieses Denkens ist deshalb im Wesentlichen derselbe, wie derjenige des Rechnens. Hieraus ergiebt sich dann für Hobbes auch der Begriff der Wahrheit für alle demonstrativen Wissenschaften. Auf eine Uebereinstimmung des Denkens mit den Dingen in dem gewöhnlichen Sinne des Wortes muss verzichtet werden; es kann sich nur darum handeln, dass das Denken wie das Rechnen richtig ausgeführt werde, seine eigenen Gesetze erfülle und jeden Widerspruch vermeide. Wahrheit ist widerspruchsloses Denken. Nur in der Uebereinstimmung unserer Vorstellungen unter einander, nicht in ihrer Uebereinstimmung mit den Dingen kann das Ziel des Denkens und der Wissenschaft gesucht werden. Es ist genau wie beim Rechnen. Zahlen sind auch gegebene Grössen, die an sich keine Erkenntniss der Wirklichkeit enthalten; ihre Verbindungen aber können wahr und falsch sein, je nachdem sie Widersprüche enthalten oder nicht. Diese Auffassung von Hobbes ist eine consequente Erneuerung der erkenntnisstheoretischen Lehren, welche der Nominalismus des XIV. Jahrhunderts in Verbindung mit der sog. terministischen Logik aufgestellt hatte. Namentlich der Engländer William Occam hatte diese Theorie der

Zeichen vertreten: sie gehörte zu den wirksamsten Ueberlieferungen der späteren Scholastik, und wie Hobbes so hat später auch Locke in der Sprachphilosophie und in der Logik diesen Standpunkt der „Semeiotik" eingenommen.

Unter den Grundbegriffen unserer Weltauffassung, welche von diesem Gesichtspunkte aus in der „philosophia prima" von Hobbes besprochen werden, fällt das Hauptgewicht auf diejenigen von Raum und Zeit. Dabei wird gezeigt, dass die Wahrnehmungen einzelner räumlicher und zeitlicher Grössen nur als Erinnerungsbilder den Anlass dazu geben, die Vorstellungen des einen, allgemeinen Raums und der einen, allgemeinen Zeit zu construiren und daraus die mathematischen Gesetze zu entwickeln. Eben darin erweist sich, dass die mathematische Theorie ein selbständiges Moment der Naturforschung neben der Erfahrung bildet. Weil wir den Raum und die Zeit, weit über die Data der Sinne hinaus, construiren, vermögen wir von der Erfahrung zu allgemeinen theoretischen Einsichten fortzuschreiten. Hierin liegt die Ergänzung, welche Hobbes von Galilei und Descartes aus an die Methode Bacon's heranbringt. Auf der andern Seite aber folgt daraus, dass die Wissenschaft es nicht mit irgendwelchen geheimnissvollen Kräften, sondern nur mit dem zu thun hat, was im Raume ist und sich bewegt, d. h. mit den Körpern. Nichts Anderes kann sie als wirklich betrachten; der Raum ist für uns das „phantasma rei existentis", wie die Zeit das „phantasma motus". Die Wissenschaft kennt nur körperliche Substanzen. In dieser Hinsicht kann man die Lehre von Hobbes als Materialismus betrachten. Es ist ein rein theoretischer Materialismus wie dereinst bei Demokrit: und wenn die für die Entwicklung des modernen Denkens so bedeutsame Erneuerung dieser Lehre bei Hobbes in der wissenschaftlich klarsten und schärfsten Form auftritt, so lässt sie dabei zugleich auch am deutlichsten — ungleich deutlicher als z. B. bei Gassendi — erkennen, dass das lang vergessene und verdrängte System des grossen Abderiten seine neu gewonnene Lebenskraft dem Umstande verdankte, dass es allein dazu geeignet schien, mit der mathematischen Theorie in Zusammenhang zu treten.

Philosophie ist Körperlehre: das ist der schärfste Ausdruck der von Hobbes vertretenen Ueberzeugung, und von ihr aus gliedert sich auch sein System; denn die Körper sind theils natürliche, theils künstliche. Mit den ersteren hat es die Naturphilosophie oder die Physik zu thun; unter den letzteren nimmt das bei Weitem grösste Interesse der vollkommenste der künstlichen Körper, der Staat, ein: und zwischen Naturphilosophie und Staatsphilosophie bildet das natürliche Zwischenglied die Lehre vom Menschen, welcher der vollkommenste Körper der Natur und das Element des Staatskörpers ist. So theilt sich die Philosophie von Hobbes in drei Theile: Physik, Anthropologie und Staatslehre. Seine Werke erschienen in der Mitte des XVII. Jahrhunderts in rascher Folge hintereinander. Zuerst die „Elementa philosophiae de cive" (Paris 1642 und in erweiterter Gestalt Amsterdam 1647), darauf 1650 die beiden oben erwähnten frühesten Schriften, im folgenden Jahre sein berühmtes Hauptwerk: „Leviathan or the matter form and authority of government". Endlich fasste er seine Lehre systematisch in den „Elementa philosophiae" zusammen, deren erster Theil „De corpore" 1655, deren zweiter „De homine" 1658 herauskam.

Auf dem Gebiete der Physik erkennt Hobbes im Zusammenhange mit seinen allgemeinen methodologischen Ueberzeugungen in voller Deutlichkeit, dass zur Grundlage der neueren Naturwissenschaft jene Mechanik werden wird, welche nichts Anderes ist, als eine Anwendung der Mathematik auf den Begriff des Körpers. Dass diese nur möglich ist unter der Annahme einer atomistischen Struktur der Körper, gilt ihm für selbstverständlich und ist ihm eine um so werthvollere Wahrheit, als dies der Punkt ist, auf welchem sich die Lehre Bacon's mit derjenigen von Gassendi und den Theorien der französischen Mathematiker begegnet. Alle Naturwissenschaft muss in letzter Instanz Mechanik der Atome sein; alle Körper, deren Bewegungen wir durch Beobachtung und Experiment feststellen, sind nur begreiflich durch den Zusammenhang der Bewegungen ihrer Atome. Wenn deshalb nach Feststellung der Thatsachen zunächst die analytische Methode eintreten muss, um die complicirten Gebilde unserer Erfahrung in ihre Elemente aufzulösen, so bedarf es zur vollkommenen Sicherheit einer synthetischen Methode, welche von der Annahme der Elemente aus durch mathematische Berechnung zu Resultaten führt, die vom Experimente sich bestätigen lassen. So nimmt Hobbes auch die methodischen Principien auf, welche Galilei in der Gegenüberstellung von resolutiver und compositiver Methode entwickelt hatten und wir finden ihn bereits auch als selbständigen Forscher mitte, in dem grossen Zuge der neueren Naturwissenschaft, ihre Principien klar durchschauend und von der Gewissheit ihrer Ergebnisse fest überzeugt. Es ist selbstverständlich, dass ein Mann von diesen Ansichten bedingungslos die copernicanische Lehre annahm, dass er sich den grossen Entdeckungen von Kepler und Galilei anschloss und so mit an dem Triumphwagen der Mechanik zog, den bald nach ihm Newton besteigen sollte.

Das Princip der mechanischen Causalität wird aber von Hobbes bereits auch auf die Auffassung des Menschen übertragen. Zunächst gilt dies in physiologischer Hinsicht. Gegen die teleologische Auffassung und gegen die Annahme besonderer Lebenskräfte durch Bacon von vornherein eingenommen, sucht er wenigstens principiell den Gedanken zu vertreten, dass auch die Thätigkeiten des Organismus nur eine, wenn auch überaus feine und dunkle Complication von mechanischen Atombewegungen seien, und Harvey's bedeutende Entdeckung über den Mechanismus des Blutumlaufs gilt ihm mit Recht als eine grossartige Bestätigung dieser seiner Annahme. Der consequente Materialismus von Hobbes dehnt dies Princip natürlich von dem physischen sogleich auch auf den psychischen Organismus aus, und seine Lehre ist der Ursprung jener **materialistischen und mechanischen Psychologie**, welche im XVIII. Jahrhundert von den Engländern mit besonderer Energie ausgebildet worden ist. Ueberzeugt, dass auch die geistigen Thätigkeiten nur in feinen Atombewegungen bestehen, stellt er der Psychologie die Aufgabe, die Gesetze zu erforschen, nach denen die Bewegungen des psychischen Lebens sich vollziehen. Zwei Systeme sind es, in welche sich ihm das ganze Forschungsgebiet der Psychologie eintheilt: das theoretische System, welches, von der Empfindung anhebend, in der Aktivität des rechnenden Denkens seine Vollendung findet, und das praktische System, welches, auf den Zuständen des Begehrens und Fliehens beruhend, die ganze Welt unserer Willensbethätigung umfasst und überall unter der Herrschaft der Vorstellungen steht. Es ist dabei bezeichnend für die gesammte psychologische Auffassung der Aufklärung im XVII. und XVIII. Jahrhundert, dass schon bei Hobbes das theoretische Leben als das aktivere und deshalb relativ freie, das praktische dagegen als das passivere und durchgängig von dem ersteren abhängige aufgefasst wird. In dem **Ueberwiegen des Denkens über den Willen** besteht einer der Grundzüge dieses Zeitalters, und in allen seinen grossen Philosophien — bei Hobbes, Descartes, Spinoza, Locke, Hume, Leibniz — tritt dieser Grundzug als psychologische Theorie hervor. Die nothwendige Consequenz davon ist in Bezug auf die Auffassung der Willensthätigkeit die deterministische Neigung, welche gleichfalls durch beide Jahrhunderte hindurchgeht. Auch für sie darf schon Hobbes als typischer Vertreter gelten. Ihm sind die Willensentscheidungen des Menschen nicht ein selbständiges Handeln, sondern ein passives Bewegtwerden, und seine Schrift über: „Freiheit, Nothwendigkeit und Zufall" (London 1656) geht auf eine principielle Leugnung der Willensfreiheit im gewöhnlichen Sinne des Wortes hinaus.

Als das einfache Element des Willenslebens, woraus durch Umbildung und Besonderung alle affectiven Processe der Seele begreiflich gemacht werden sollen, betrachtet Hobbes den **Selbsterhaltungstrieb**. Alle einzelnen, auf die verschiedenen Gegenstände gerichteten Arten des Wollens sind nur die durch die Vorstellung dieser Gegenstände bestimmten und specificirten Aeusserungen des Selbsterhaltungstriebes. Der Mensch will, wie jedes andere Wesen, im Grunde nie etwas Anderes als die Erhaltung und Förderung seiner eignen Existenz: Alles, was er sonst im Einzelnen will, ist nur Mittel, mehr oder minder verfeinertes oder vermitteltes Mittel zu diesem einzigen an sich werthvollen Zweck. Daher sind nach Hobbes auch die sog. moralischen, die altruistischen, d. h. auf das Wohl der Nebenmenschen gerichteten Neigungen nicht ursprünglich, sondern nur durch Einsicht und Gewöhnung hervorgerufene Aeusserungsweisen des Egoismus. In der **Mechanik der Begehrungen**, welche Hobbes als die wissenschaftliche Theorie der Moral vorträgt, ist der Selbsterhaltungstrieb die einzige Grundkraft. Danach giebt es vom Standpunkt des Individuums aus keine Werthunterschiede zwischen den einzelnen Begehrungen: alle sind gleichmässig naturnothwendige Bethätigungsweisen des Egoismus. Nur in der Gesellschaft wird nach dem Gesammtinteresse Gutes und Böses von einander in dem Sinne unterschieden, dass die der Gesellschaft nützliche Form des Egoismus gut, die schädliche böse genannt wird.

Die Gegner haben diese ethische Mechanik des Selbsterhaltungstriebes als „selfish system" bezeichnet und bekämpft. Hobbes glaubt daraus auch das gesammte gesellige und geschichtliche Leben des Menschen demonstriren zu können. Im **Naturzustande** waltet der egoistische Grundtrieb der Selbsterhaltung rücksichtslos und allbeherrschend. Von ihm beseelt, muss jeder Mensch alle übrigen, welche neben ihm auf dem spärlichen Felde, das die Natur bietet, existiren wollen, als seine natürlichen Feinde ansehen und bekämpfen. Für diese Auffassung des natürlichen Zustandes hat Hobbes das Schlagwort, mit dem er in neuerer Zeit auch von England aus bezeichnet worden ist, dasjenige des Kampfes um's Dasein nicht gefunden: er nennt ihn das **bellum omnium contra omnes**. Aber seine Lehre darf als der erste und schärfste Ausdruck einer Betrachtungsweise angesehen werden, welche in sichtbarer Abhängigkeit von ihm die englischen Nationalökonomen auf den Zustand der Gesellschaft angewendet, und welche zuletzt die englischen Naturforscher auf die Erklärung des gesammten organischen Lebens ausgedehnt haben.

Aus diesem Naturzustande des Kampfes Aller gegen Alle giebt es nur **eine** Rettung — durch den **Staat**. Auch dieser ist für Hobbes ein atomistischer Mechanismus; seine Elemente sind die Menschen, von denen jeder das Recht seiner Selbstsucht geltend zu machen sucht, und er selbst ist nur das System, in welchem die Mächte des menschlichen Egoismus sich gegenseitig stützen und tragen und, um alle neben einander bestehen zu können, auch sich einander hemmen. Von ihm muss es, da er ein künstlicher Körper und, wie Hobbes meint, ein Produkt der freien Ueberlegung des Menschen ist, eine vollkommen demonstrirende Wissenschaft nach synthetischer Methode geben. Er ist zu begreifen nur aus dem Akte eines **Vertrages**, den die Menschen mit einander eingegangen sind, um den Zustand des allgemeinen Krieges unter sich aufzuheben. Zu diesem Zwecke haben sie alle ihre Macht und damit ihr Recht auf den Staat übertragen: er ist der Alles verschlingende Leviathan. Darum meint nun Hobbes, dass der Staat diesen seinen Zweck am besten durch die Concentration aller Macht und alles Rechtes in einer einzigen Persönlichkeit zu erfüllen im Stande sei, und seine Staatstheorie ist eine schroffe Durchbildung des **absolutistischen Princips**, eine philosophische Rechtfertigung jenes „l'état c'est moi", welches bald darauf der Absolutismus in der Selbstverblendung glänzender Erfolge aussprechen konnte. Man kann sich des Eindrucks nicht erwehren, dass diese Wendung der Staatslehre von Hobbes wesentlich durch die Erfahrungen bedingt war, welche die politischen Schicksale seines Vaterlandes ihm aufzwangen. Mochte er doch in der Anarchie der Revolution eine Rückkehr zu dem Naturzustande des bellum omnium contra omnes erblicken und um so mehr die Staatsordnung mit dem absoluten Herrscherthum verwechseln, gegen welches jene sich kehrte. Aber diese seine Vertheidigung des Königthums geht nur von dem Gesichtspunkte aus, dass es die beste Form des Staatsvertrages sei. Auch Hugo Grotius hatte ja schon, gleichfalls nicht ohne Hinblick auf die Gefahren republicanischer Zustände, die Ausstattung der Obrigkeit mit möglichst grosser Gewalt verlangt, und ähnlich ist für Hobbes das absolute Königthum die richtigste Lösung des socialen Problems. Gegen jede andere Begründung der königlichen Macht tritt er jedoch um so schärfer auf, und namentlich das „Königthum von Gottes Gnaden", welches später von Filmer vertheidigt wurde, ist ihm ein Dorn im Auge. Der Staatsvertrag ist eine rein menschliche Erfindung und von religiösen Vorstellungen, wie Hobbes meint, so vollkommen unabhängig, dass man nichts Thörichteres thun kann, als die Staatsgewalt auf einen Akt der göttlichen Gnade gründen. Auf diese Weise trat Hobbes andererseits dem hierarchisch gefärbten Königthum so heftig entgegen, dass Cromwell ihm sogar einmal das Staatssekretariat der Republik anbot. Doch würde er bei seiner consequenten Bekämpfung der Demokratie in dieser Stelle eine eigenthümliche Rolle haben spielen müssen.

Ueberhaupt nimmt Hobbes zwischen oder, wenn man will, über den Parteien seiner Zeit eine eigenthümliche Stellung ein. Die beiden grossen Gegensätze, der Royalismus und der puritanische Republicanismus, hatten eine je nach den Umständen mehr oder minder stark hervortretende religiöse Färbung. Die Theorien, mit denen man sich gegenseitig bekämpfte, suchten die Staatsverfassung aus bestimmten religiösen Vorstellungen abzuleiten. Dies war der Punkt, den Hobbes in beiden gleichmässig bekämpfte, dies der Grund, weshalb er das Königthum von Gottes Gnaden ebenso angriff, wie die Cromwell'sche Republik. Und im Gegensatze zu dieser Verquickung politischer Interessen mit religiösen Parteiungen wurde Hobbes durch seine naturalistische Theorie, welche im Staat nur die grosse Maschinerie des menschlichen Egoismus sah, zu einer Art von Fanatismus des Staatsgedankens getrieben: der Leviathan verschlang in seiner Auffassung nicht nur alle Rechte des Individuums, sondern auch alle übrigen Interessen der Cultur.

Hobbes ist der rücksichtslose Vertreter der staatlichen Omnipotenz, und es zeigt sich dies am klarsten in seinen kirchenpolitischen Ansichten. Es giebt für ihn nur eine einzige Grenze der Unterordnung des Individuums unter den Staatswillen: das ist die Selbsttödtung. Denn da der Staat der Vertragstheorie zufolge nur das freigewählte Mittel für die Selbsterhaltung seiner Bürger ist, so wäre es ein Widerspruch, wenn er sie zu direkter Selbstvernichtung zu zwingen berechtigt sein dürfte. Es ist charakteristisch für Hobbes, dass er diesen Gedanken auf die moralische Selbsttödtung, auf die Vernichtung der persönlichen Ueberzeugung nicht ausdehnt; er betrachtet vielmehr gerade die Privatmeinungen als die schlimmsten Feinde des Staates und behauptet, dass sie unbedingt unterworfen werden müssen. Zu diesen Privatmeinungen rechnet er in erster Linie die Religion. Jede innerliche Werthschätzung oder auch nur Anerkennung des religiösen Lebens hat bei Hobbes aufgehört, er betrachtet die Religion nur in der vom Staate festgestellten Form der Kirche als zu Recht bestehend. Durch die Sanktion des Staates wird der Aberglaube — gleichgiltig welchen Inhaltes — zur Religion, und der Wille der staatlichen Macht ist somit die einzige Quelle religiöser Ueberzeugung für den guten Bürger. Ist der Souverän Christ, so wird dadurch eo ipso der Staat christlich, und das Christenthum ist darin die einzig anzuerkennende Religion. Man sieht, Hobbes steht der Toleranz sehr fern, und seine Lehre ist ein überaus interessanter Beleg dafür, wie gerade der absolute Indifferentismus, weit entfernt eine nothwendige Quelle der Toleranz zu sein, zu vollkommen despotischen Consequenzen führen kann. Doch müssen wir auch diese Lehre aus ihrer Zeit begreifen; sie ist im Grunde genommen nur ein Contrast zu jenen anarchischen Wirkungen, welche der religiöse Fanatismus besonders der Puritaner in der englischen Revolution entfaltete, und Hobbes sah nicht ohne Berechtigung in dem Starrsinne religiöser Ueberzeugungen eine die Ordnung des Staates bedrohende Macht; sie ist auf der anderen Seite nur ein Reflex des in den politisch-religiösen Kämpfen jener Zeit zur Gewohnheit gewordenen Vorganges, den man in die Worte: „cuius regio, illius religio" zusammengefasst und der im Westphälischen Frieden eine Art von völkerrechtlicher Sanktion erhalten hatte. Das Princip des Staatskirchenthums, welches die gesammte Entwicklung der reformatorischen Kämpfe beherrschte, hat bei Hobbes seine scharfe

Präcisirung gefunden. Er verlangt bis zu äusserster Intoleranz, dass der Staat den Gehorsam für die von ihm angenommene Religion in ganzer Ausdehnung erzwinge; aber er stellt dafür die Bedingung, dass diese Religion vollständig von dem Willen der Staatsgewalt abhängig sei. Sie muss wissen, welche Art des Glaubens für die Aufrechthaltung der gesetzlichen Ordnung bei ihren Unterthanen die heilsamste ist. Am verderblichsten ist es, wenn kirchliche Kräfte unabhängig vom Staat neben und in ihm weltliche Macht ausüben wollen; dann ist die Kirche revolutionär und muss als solche bis zur Vernichtung bekämpft werden.

Das System von Hobbes zeigt in seinem metaphysischen und seinem staatsphilosophischen Theile die gleiche Einseitigkeit eines bis zu den äussersten Grenzen rücksichtslos vorgehenden Naturalismus, und es war selbstverständlich, dass es aus diesem Grunde von den verschiedensten Seiten her lebhaft bekämpft wurde — lebhafter als das Bacon'sche, das zwar vermöge seiner erkenntnisstheoretischen Grundlagen den wahren Ursprung dieser Richtung in sich trug, das jedoch seine Gedanken nicht so scharf geschliffen und so energisch zugespitzt hatte, wie es bei Hobbes geschah. Dass alle Anhänger der alten Lehren und alle Vertreter der officiellen Philospohie sich gegen Hobbes erklärten, braucht kaum erwähnt zu werden: unter den übrigen Gegnern ist besonders bemerkenswerth die grosse Anzahl von **platonisirenden** und zur **Mystik** hinneigenden Denkern, welche England im XVII. Jahrhundert hervorbrachte. Sie entstammen der Mehrzahl nach der Hochschule von **Cambridge**, an der die humanistischen Traditionen der italienischen Renaissance mit Liebe gepflegt wurden. Doch fehlt es ihnen wesentlich an Originalität, und die Waffen, mit denen sie den Naturalismus bekämpfen, sind aus den Rüstkammern der neuplatonischen Naturphilosophie und der phantastischen Bestrebungen der italienischen und der deutschen Renaissance entlehnt. Der hauptsächlichste Angriffspunkt ist dabei die ausschliessliche Geltung der natürlichen Causalität, welche Bacon und Hobbes für die neue Naturwissenschaft und namentlich auch für die Untersuchung der philosophischen, ethischen und socialen Probleme in Anspruch genommen hatten. Ihr gegenüber wird mit Vorliebe die Geltung der **Finalität** hervorgehoben, und wenn man besonders die Lehre von

Hobbes als materialistischen Atheismus bekämpfte, so stellte man ihr den teleologischen Beweis für das Dasein Gottes entgegen. In dieser Weise vereinigte Ralph Cudworth (1617—1688), der bedeutendste Vertreter der Cambridger Schule, in seinem True intellectual system of the universe (London 1678) platonische Gedanken mit dem Systeme von Paracelsus; in gleicher Weise polemisirte Samuel Parker (Bischof von Oxford † 1688) nicht nur gegen Hobbes, sondern auch gegen Descartes durch Berufung theils auf die Lehren des Glaubens, theils auf die Zweckmässigkeit des Universums, und seine Schrift: „Tentamina physico-theologica de deo" (London 1669) wendet zum ersten Mal in der Litteratur den Ausdruck der später geläufig gewordenen „Physico-theologie" für die auf die Gotteserkenntniss hinzielende teleologische Naturbetrachtung an. Aehnliche Gedanken vermischten sich bei Henry More (1614—1687), der sich hauptsächlich an Ficinus anschloss und eine interessante Correspondenz mit Descartes führte, mit neuplatonischen und kabbalistischen Speculationen, und in gleicher Richtung lehrten Theophilus und sein Sohn Thomas Gale. Dass endlich auch die Mystik Jakob Böhme's in England um diese Zeit ihre Anhänger fand, wurde schon früher erwähnt. Weitere und energischere Gegner aber fand die Lehre von Hobbes namentlich von der moralischen und religiösen Seite in denjenigen Männern, durch deren Lehren sich schon um diese Zeit die Ueberzeugungen des englischen Aufklärungszeitalters vorbereiteten, und welche in diesem Zusammenhange unten ihre eingehendere Besprechung finden werden. Für den grossen Gang der englischen Philosophie wurde bald nach Hobbes der Gegensatz gegen die inzwischen in Frankreich und den Niederlanden vollzogene Ausbildung des Rationalismus so entscheidend, dass sie ohne die Kenntniss davon nicht zu verstehen ist.

IV. Capitel.

Der Rationalismus in Frankreich und den Niederlanden.

Dem von Bacon begründeten Empirismus steht in der wissenschaftlichen Entwicklung der modernen Philosophie der Rationalismus gegenüber, dessen Vater Descartes ist. Beide bilden den grossen Gegensatz, innerhalb dessen sich die philosophischen Kämpfe des XVIII. Jahrhunderts abspielten, bis Kant die daraus entsprungenen Probleme unter das Licht eines neuen Princips stellte. Beide legen den Schwerpunkt ihrer Forschungen auf die Entwicklung einer neuen Methode des Denkens: aber die Ausgangspunkte und in Folge dessen die Richtungen dieser beiden neuen Methoden sind diametral einander entgegengesetzt. Bacon wollte die moderne Wissenschaft auf die ursprüngliche Wahrheit gründen, welche in den einzelnen Erfahrungen des Menschen enthalten ist; er lehrte das Denken von seiner Peripherie aus zu beginnen. Descartes, auf den einheitlichen Charakter aller Wissenschaft reflektirend, wies darauf hin, dass der Ausgangspunkt des Denkens in seinem Centrum liegen müsse, und er fand dieses Centrum in dem Selbstbewusstsein der Vernunft. Diese Verschiedenheit des Ausgangspunktes bedingte eine gleiche Verschiedenheit des Fortgangs. Die Bacon'sche Methode ging im Princip von der Peripherie in das Centrum, sie stieg von den zerstreuten einzelnen Thatsachen der Erfahrung zu allgemeineren Sätzen auf, um sich mit langsamer Annäherung zu einer universalen Erkenntniss zu erheben. Descartes, im selbstbewussten Mittelpunkte des Denkens Fuss fassend, suchte von da aus die Erkenntniss mit systematischer Allseitigkeit auf den gesammten Kreis des Universums ausstrahlen zu lassen und wollte nichts als Wissen anerkennen, was nicht seine Herkunft aus jenem Mittelpunkte aufweisen könne. So steht der inductiven die deductive, der empiristischen die rationalistische Methode gegenüber.

Die besondere Gestalt aber, welche diese deductive Philosophie annahm, ist theils durch den auch ihr eigenen Gegensatz gegen die Scholastik, theils durch das besondere Genie ihres Urhebers bedingt. Auch die Scholastik hatte eine deductive Methode besessen, und wenn man nur an den Gegensatz des Inductiven und des Deductiven sich halten und diesen für den wichtigsten erklären wollte, so müsste man eingestehen, dass der Bruch mit der mittelalterlichen Philosophie bei Bacon gründlicher ist als bei Descartes. Der Erstere hat in der That gar nichts mit der Scholastik gemein, der Letztere theilt mit ihr die Forderung einer von der Erfahrung unabhängigen Vernunfterkenntniss. Aber auf der anderen Seite theilt Descartes mit Bacon, wie mit allen Richtungen des modernen Denkens, die Ueberzeugung von der Unfruchtbarkeit der scholastischen Methode des Syllogismus, und er bekämpft sie bis zu fast wörtlicher Uebereinstimmung mit dem englischen Denker.

Aus diesen Gegensätzen und Uebereinstimmungen ergiebt sich die Aufgabe, durch deren Lösung Descartes der Begründer der rationalistischen Philosophie wurde. Die Philosophie ist bei ihm keine Erfahrungswissenschaft, wie sie bei Bacon erscheint, sondern eine Vernunftwissenschaft. Ihre Methode muss eine deductive sein. Aber die deductive Methode des scholastischen Syllogismus darf es auch nicht sein. Es handelt sich also um die Begründung einer neuen **Methode der philosophischen Deduction**, die nicht syllogistischer Natur ist, und diese Aufgabe löst Descartes im Hinblick auf eine Wissenschaft, in der er selbst Meister war, und welche von der Unzulänglichkeit der Empirie und der Unfruchtbarkeit des Syllogismus gleichweit entfernt ist — die **Mathematik**. Die Geburtsstätte der Bacon'schen Philosophie ist das Laboratorium des physicalischen Experiments, die rationalistische Philosophie entspringt in dem Kopfe eines einsam grübelnden Mathematikers.

§ 23. Frankreich nach der Reformation.

Doch sind es nicht nur persönliche Neigung und persönliche Erfahrung, welche Descartes dazu geführt haben, in der Mathematik das Heil der Philosophie zu suchen, sondern es spricht sich darin das gesammte Geschick der französischen Wissenschaft im Beginne der neueren Zeit aus.

Die Wirkungen der reformatorischen Bewegung waren in Frankreich zwar nicht minder unruhevoll, aber doch ganz andersartig gewesen, als in Deutschland. Die Reformation hatte hier nicht eine solche staatliche Zerstückelung wie in dem seiner Auflösung entgegengehenden deutschen Reiche, sondern umgekehrt eine scharfe Concentration der königlichen Macht vorgefunden. Frankreich war schon damals das Reich des Absolutismus, und die neue Lehre wurde hier nicht sowohl in den eifersüchtigen Streit kleiner Souveräne, als vielmehr in die Kabalen eines aufgeregten Hoflebens hineingezogen. Sie wurde zu einem Mittel, welches die verschiedenen Hofparteien in den wechselnden politischen Constellationen gegen einander ausspielten, und das man wieder fallen liess, wenn es darin seinen Zweck erfüllt hatte. So ist es gekommen, dass der Protestantismus sich schliesslich in Frankreich nicht die politische Macht erwerben konnte, welche er in Deutschland errang.

Gleichwohl hatte er sich der religionsbedürftigen Schichten des Volkes auch hier verhältnissmässig schnell bemächtigt, und schon die deutsche und die schweizerische Reformation hatten in Frankreich lebhafte Nachwirkungen hervorgerufen. Zu voller, nachhaltiger Kraft aber gelangte die neue Lehre hier erst durch Calvin. Es kann kein Zweifel darüber obwalten, dass dieser unter den Reformatoren der wissenschaftlich und namentlich philosophisch bedeutendste war, derjenige welcher in der Begründung und Darstellung der neuen Lehre am meisten Folgerichtigkeit und durchdringende Energie bezeigte, und dass er nach dieser Richtung hin einen Luther und Melanchthon ebensoweit überragte wie einen Zwingli. Es ist nicht unwichtig, darauf aufmerksam zu machen, dass seine gesammte Auffassung des Christenthums und speciell der grossen Fragen der Willensfreiheit, der Sünde, der Erlösung und der Gnade von keiner Lehre so sehr beeinflusst ist, wie von derjenigen des Augustin. Es ist überhaupt von hohem geschichtlichen Interesse zu verfolgen, welchen weitgehenden Einfluss dieser grösste der Kirchenväter während des XVI., und bis in das XVII. Jahrhundert hinein auf die französischen Denker ausgeübt hat. Er war damals unter den französischen Philosophen ein bevorzugter Gegenstand des Studiums. Die (früher erwähnten) orthodoxen Skeptiker reproduciren die Angriffe auf die Vernunfterkenntniss wesentlich in einer an Augustin erinnernden Weise und mit einer aus seinen Schriften entnommenen Hinneigung zu der mittleren Akademie; der Calvinismus ist in seiner Ethik und Dogmatik eine consequente Durchführung Augustinischer Principien; selbst die Lehre Descartes' vom Selbstbewusstsein als dem einzigen Grunde aller sicheren Erkenntniss und besonders seine Verschmelzung des Selbstbewusstseins mit dem Gottesbewusstsein kann man der Hauptsache nach in dem Systeme Augustin's wiederfinden; ferner ist es bekannt, wie einerseits die Congregation des Oratoriums, andererseits die Jansenisten von Port-Royal sich die Wiederherstellung der Lehre Augustin's zur Aufgabe machten; und in Malebranche endlich, welcher den Schlusspunkt der Entwicklung des französischen Cartesianismus bildet, wurde der Gedanke Descartes' wieder ganz auf die augustinische Formel zurückgeführt. Bei Calvin trat zu dem Augustinismus noch jener persönliche Zug rigoristischer Strenge und fanatischer Askese hinzu, welcher später in den englischen Puritanern seine grösste historische Entfaltung finden sollte: er ist deshalb zugleich die ernsteste und düsterste Gestalt unter den Reformatoren, und zu diesen tragischen Elementen gesellt sich noch der Eindruck der Verfolgungen, die er und seine Lehre in seinem Vaterlande erlitten, und der geringen Ausdehnung des äusserlichen Erfolges, den die Reformation in Frankreich errungen hatte.

Gleich gering ist aus verwandten Gründen der Einfluss, welchen die Reformation auf die Entwicklung der französischen Wissenschaft hatte. Schon lange vorher war, wie das politische, so auch das geistige Leben Frankreichs am königlichen Hofe concentrirt worden und hatte sich daran gewöhnt, von der Stimmung dieser Kreise sich die Richtung geben zu lassen. Die französische Dichtung liefert auch in ihrer Entwicklung durch das XVII. Jahrhundert hindurch den besten Beweis dafür. Und in diesen Kreisen trat das religiöse Interesse ganz entschieden zurück. Hier war man theils von jenem weltmännischen Skepticismus erfüllt, welchem Montaigne den glücklichen Ausdruck gegeben hat, theils jenem diplomatischen Indifferentismus zugeneigt, der die religiösen Parteiungen nur unter dem Gesichtspunkte der politischen Interessen betrachtete, und der in Heinrich IV. seinen classischen Typus gefunden hat. Hier war man deshalb freilich auch aller scholastischen Subtilitäten herzlich überdrüssig und hier hatte man an dem rhetorischen Feuerwerk der Schriften und der Vorträge von Petrus Ramus ein entschiedenes Wohlgefallen gefunden. Man darf wohl sagen, dass in dem Glanze dieses Hoflebens der wissenschaftliche Ernst geschwunden war, und die mühselige Arbeit der naturwissenschaftlichen Forschung hat deshalb auch in Frankreich um diese Zeit noch keinen grossen Vertreter gefunden.

Dagegen war es ein anderes Gebiet, auf welchem der wissenschaftliche Geist der Franzosen seinen vollen Ernst entfalten sollte. Die Wortgefechte der scholastischen Philosophie hatten auch hier eine Art von Ueberdruss erzeugt, welcher sich in einem flachen Skepticismus und in einer Gleichgiltigkeit gegen dialektische Untersuchungen Luft machte. Zu rein empirischer Forschung fehlte theils die Geduld, theils die Aussicht auf unmittelbare Befriedigung des Ehrgeizes, theils endlich auch das feste Vertrauen in die Gewissheit der sinnlichen Wahrnehmung, welches durch die skeptischen Theorien zersetzt worden war. So schien als ein Gebiet zweifelloser Gewissheit nur die Mathematik übrig zu bleiben. Hier hatte man es weder mit der Unsicherheit von Beobachtungen, noch mit der Willkürlichkeit hypothetischer Speculationen zu thun, und hier konnten vor Allem die Franzosen ihren glänzenden Scharfsinn und die durchsichtige Klarheit des Denkens und Darstellens beweisen, welche eine der besten Gaben ihres nationalen Genius ist. So wurde denn mit dem XVI. und XVII. Jahrhunderte die Mathematik der Boden, auf welchem sie ihre grössten wissenschaftlichen Erfolge errangen.

Das sind die beiden Elemente, welche die Voraussetzungen der rationalistischen Philosophie in Frankreich bildeten: die skeptische Atmosphäre auf der einen Seite, in der sich das geistige Leben der höheren Gesellschaft bewegte, und das fruchtbare Feld mathematischer Untersuchungen auf der anderen Seite, das von den ernsteren Geistern bebaut wurde. Auf diesem Boden und in dieser Atmosphäre wuchs die Lehre Descartes' empor, des bedeutendsten Philosophen, dessen sich Frankreich zu rühmen hat.

§ 24. René Descartes.

Das Leben Descartes' bildet einen gewissen Gegensatz zu demjenigen von Lord Bacon. Für die vornehme Welt geboren, meidet er um der wissenschaftlichen Musse willen den Glanz des grossen Lebens, den jener begierig und zum Schaden seines Charakters suchte. Von dem Ehrgeiz, der in dem englischen Kanzler brannte, findet sich in ihm keine Spur, und die Scheu vor der Oeffentlichkeit steigert sich bei ihm zu furchtsamer Schwäche. Wenn Bacon in kluger Berechnung einen vornehmen Compromiss mit den Mächten der kirchlichen Lehre schloss, so genügte für Descartes die Furcht vor Streitigkeiten oder gar Verfolgungen oder auch nur vor unbequemen Störungen seiner Musse, um ihn ketzerischen Ansichten, wie seine Beistimmung zu den Lehren Galilei's oder seine Stellung zu dem copernicanischen Systeme leicht unterdrücken zu lassen. Und so zeigt sich trotz des Gegensatzes eine Aehnlichkeit zwischen beiden Männern in der wesentlich auf das Individuum bezogenen, in gewissem Sinne egoistischen Auffassung ihrer wissenschaftlichen Thätigkeit. Beiden fehlt die jugendliche Begeisterung, mit der in Italien und Deutschland stürmende Geister, was sie für wahr erkannt hatten, unter Leid und Verfolgung laut in die Welt hinauspredigten. Beide geben ihren Lehren das vorsichtige Gewand berechnender Klugheit, und hüllen sich, der Eine in den Mantel der Frömmigkeit, der Andere in denjenigen des religiösen Indifferentismus. Aber die Art freilich ihres Egoismus ist bei Beiden gar weit von einander verschieden. Dem Einen ist das Wissen die Stufe zur Macht, die er auf der Höhe des Lebens ausüben will, und deshalb in der verallgemeinernden Lehre nur ein Mittel für die Culturarbeit der Menschheit. Dem Anderen ist dasselbe Wissen die Entfaltung eines rein persönlichen Erkenntnisstriebes, dem das Leben nur da ist zur Befriedigung seiner individuellen Sehnsucht nach Erkenntniss, und deshalb in verallgemeinernder Auffassung eine selbständige, ja die höchste Aufgabe des sittlichen Menschen. Der wissenschaftliche Trieb, der ein wesentlicher Zug in dem Charakter des modernen Individuums ist, tritt bei Descartes als eine dominirende Leidenschaft auf, der alle übrigen Bestrebungen des Menschenherzens sich unterordnen müssen. Sein ganzes Leben ist von dem Wunsche nach wissenschaftlicher Musse geleitet und danach eingerichtet. Ohne jede Spur von reformatorischem Bewusstsein lebt er nur der Selbstbelehrung, und selbst seine Schriften werden nicht zur Verbreitung seiner Ansichten, sondern nur in dem Gedanken veröffentlicht, dass die Bewegung, welche sie unter den Gelehrten hervorrufen werden, ihm zu seiner weiteren Ausbildung nützlich und nöthig sei. Es ist der Egoismus der Wissenschaft, welche die Welt meidet, weil sie von ihrem Treiben nur gestört zu werden fürchtet. Bacon wollte die neue Philosophie mitten in die Bewegung des Lebens hineinstellen, Descartes flüchtete sie mit ängstlicher Scheu in die gedankenvolle Einsamkeit. Und so blickt denn auch die Lehre Bacon's allüberall mit aufgeschlossenen Augen in die äussere Wirklichkeit, die cartesianische Philosophie mit geschlossenem Auge in die innere Tiefe des Selbstbewusstseins. Es wiederholt sich im Leben und in der Lehre dieser methodologischen Philosophen der Gegensatz, welchen die metaphysischen Bestrebungen der Italiener auf der einen, der Deutschen auf der andern Seite zeigten.

René Descartes, Seigneur du Perron (latinisirt Cartesius), war als der Sohn eines vornehmen Geschlechtes der Touraine 1596 geboren. Seine schwächliche Natur und die dadurch nöthig gewordene Schonung hemmten anfangs seine geistige Entwicklung, bis sie in der 1604 von Heinrich IV. gegründeten Jesuitenschule La Flèche in glücklichster Weise gefördert wurde. Er machte mit wachsender Fassungsgabe den Cursus in den alten Sprachen, der Logik, der Moral, der Physik und der Metaphysik durch. Am meisten aber fesselte seinen Geist schon hier die Mathematik, und er schied von der Schule, ein längst gereifter Schüler, mit dem klaren Bewusstsein von der Nichtigkeit aller bisherigen Wissenschaften und mit der Einsicht, dass die Mathematik die einzig zuverlässige Erkenntniss biete. Von der Familie für die militärische Laufbahn bestimmt, brachte er einige Zeit in Rennes und dann in Paris mit ritterlichen Uebungen und geselligen Anknüpfungen zu; aber die wissenschaftlichen und namentlich mathematischen Anregungen, welche er in der Hauptstadt erfuhr, veranlassten ihn schon damals, sich mehr als zwei Jahre lang nach dem Faubourg St. Germain zurückzuziehen, wo er in absoluter Einsamkeit sich mit den mathematischen Problemen der Musik beschäftigte. Gegen seinen Willen in die Oeffentlichkeit zurückgezogen, trat er 1617 als Freiwilliger in die Dienste von Moritz von Nassau, dem Statthalter der Niederlande, in denen er jedoch nur die Musse eines zweijährigen Waffenstillstandes zu Breda mit dem Umgange des Mathematikers Isaak Bekmann und mit der Niederschrift seiner Abhandlung über die Musik zubrachte. Im Jahre 1619 ging er nach Deutschland und trat in bairische Dienste; diese brachten ihm zunächst einen militärisch unthätigen, für die Entwicklung seiner Gedanken desto förderlicheren Winteraufenthalt zu Neuburg in der Pfalz, wurden dann durch einen Besuch bei der französischen Gesandtschaft in Ulm und Wien unterbrochen und führten ihn erst zur Schlacht bei Prag nach Böhmen. Im folgenden Jahre vertauschte er den bairischen mit dem kaiserlichen Dienste und machte in diesem unter Boucquoi den ungarischen Feldzug gegen Betlen Gabor mit. Inzwischen war die Sehnsucht nach wissenschaftlicher Musse und nach Lösung der ihn bewegenden Probleme so mächtig geworden, dass er der grossen Welt für immer zu entsagen beschloss und eine Wallfahrt zur Madonna von S. Loretto gelobte, wenn es ihm gelänge, aus seinen Zweifeln sich zur Gewissheit emporzuringen. Zur Rückkehr in seine Heimat schien der Zeitpunkt theils wegen der dort herrschenden Pest, theils wegen der Hugenottenkriege ungünstig, und er nahm daher einen langen Umweg durch Norddeutschland und die Niederlande. Nachdem er dann etwa ein Jahr theils in Paris, theils auf dem Lande zugebracht, unternahm er in den Jahren 1623—25 die gelobte Reise nach Italien und kehrte dann in seine Einsamkeit nach St. Germain zurück, wo er mit wenigen Freunden die gereiften Gedanken seiner Philosophie besprach. Noch einmal liess er sich in die Oeffentlichkeit herausreissen, indem er 1628 der Belagerung von La Rochelle im Stabe des Königs beiwohnte. Dann aber zog er sich definitiv nach Holland zurück, um nach Abbruch aller Beziehungen ganz der Vollendung seiner wissenschaftlichen Arbeiten zu leben. Nur sein vertrauter Jugendfreund Mersenne durfte mit ihm in Correspondenz bleiben. Er hat, um jede Störung dieser Einsamkeit zu vermeiden, während der zwanzig Jahre, die er in Holland zubrachte, vierundzwanzig Mal seinen Aufenthalt gewechselt und an dreizehn verschiedenen Orten gelebt, zuletzt und am längsten in der Abtei Egmond. Unterbrochen wurde dieses wissenschaftliche Eremitenthum nur durch eine Reise nach England, eine nach Dänemark und drei Besuche in der Heimat, von Zeit zu Zeit auch durch einen Besuch an dem Hofe in Haag, wo er mit der ehemaligen Königin von Böhmen und deren Tochter Elisabeth von der Pfalz viel verkehrte. Mit letzterer führte er auch von Leyden aus einen eifrigen Briefwechsel, und für sie schrieb er die nach seinem Tode veröffentlichte Schrift: „Les passions de l'âme". Im Allgemeinen war sein Aufenthalt in Holland bei dem lebhaften Interesse, welches man dort den mathematischen und physicalischen Studien widmete, namentlich der Ausbildung seiner Naturphilosophie günstig, und er legte diese in einer Schrift nieder, deren Veröffentlichung unter dem Titel: „Le monde" schon vorbereitet, in Folge der Nachricht von Galilei's Process und Widerruf zurückgezogen und erst nach dem Tode des Verfassers ausgeführt wurde. In seiner Absicht, aus den gleichen Gründen überhaupt nichts zu veröffentlichen, wurde Descartes schliesslich durch das steigende Bedürfniss nach einem lebendigen Zusammenhange mit der übrigen Gelehrtenwelt irre gemacht, und schon das Jahr 1637 sah die Veröffentlichung seiner „Essais philosophiques", welche neben geometrischen und physicalischen Abhandlungen hauptsächlich den „Discours de la méthode" enthielten, die Grundlegung seiner allgemeinen Philosophie. In noch reiferer Form tritt die letztere in den 1641 veröffentlichten „Meditationes de prima philosophia" auf, einem Selbstgespräch von dramatischer Spannung, in welchem der Philosoph mit allen Mächten des Zweifels um den Sieg der Selbstbesinnung ringt. Er hatte diesen Monolog schon handschriftlich durch Mersenne einer Anzahl von Gelehrten mittheilen lassen und liess die Einwürfe, welche diese auf seinen Wunsch gemacht hatten, mit seinen Entgegnungen zugleich drucken. Endlich erschienen 1643 die „Principia philosophiae", der Prinzessin Elisabeth gewidmet, als der Versuch einer systematischen Gesammtdarstellung seiner Lehre. Von weiteren Veröffentlichungen mögen ihn hauptsächlich die Verhältnisse abgeschreckt haben, welche ihm überhaupt die letzten Jahre seines Aufenthalts in Holland verbitterten. Es hatte nicht ausbleiben können, dass seine Lehre theils durch persönliche Bekanntschaften, theils durch die Mittheilungen seiner Freunde, theils endlich durch seine ersten Schriften Verbreitung und Anerkennung fand, und an den holländischen Universitäten begann schon mit dem Anfang der 40er Jahre sich eine cartesianische Schule zu bilden, welche sehr bald in widerwärtige Streitereien durch die orthodoxen Parteien hineingezogen wurde. Gegenseitige Beschimpfungen, Verleumdungen und Verketzerungen, gerichtliche Klagen, akademische Verdikte, das Alles gab einen unbehaglichen Zustand, welcher der zarten und scheuen Natur des Philosophen auf das Aeusserste zuwider war. Und hierin lag wohl schliesslich eine der Veranlassungen, in Folge deren er nach langem Zögern einer oft und in liebenswürdigster Form wiederholten Einladung der jungen Königin Christine von Schweden, der Tochter Gustav Adolphs, an ihren Hof im Herbste 1649 Folge leistete. Die Königin selbst wünschte die Correspondenz, welche sie schon vorher mit ihm geführt, in einen mündlichen Unterricht seiner Philosophie zu verwandeln, und sie dachte unter seiner Mitwirkung eine Akademie der Wissenschaften zu gründen. Allein kaum hatte Descartes sich in diese neue Thätigkeit hineingelebt, als er der ungewohnten Rauheit des Klimas schon am 1. Februar 1650 erlag, die Abweichung von seinem Lebensprincip der wissenschaftlichen Einsamkeit mit dem Tode büssend.

Descartes' „Discours de la méthode" beginnt in der klaren und schönen Darstellung, welche ihn auszeichnet und unter die grössten prosaischen Schriftsteller Frankreichs stellt, mit einer Art von Abriss seiner wissenschaftlichen Lebensgeschichte. Er schildert (in merkwürdiger Aehnlichkeit mit den Selbstbekenntnissen des Skeptikers Sanchez), wie er die Schule mit der Ueberzeugung von der inneren Haltlosigkeit aller der Wissenschaften verliess, die er darin gelernt; wie er darauf beschloss, eine Zeit lang in dem grossen Buche des Lebens zu studiren, und wie es schliesslich erst die Einkehr bei sich selbst war, der er die Begründung eines sicheren Wissens verdankte. Denn Alles, was er in der Wissenschaft seiner Zeit von Meinungen über Gott, Natur und Menschenseele vorfand, erschien ihm als ein unklares Gemenge von Vorurtheilen und unbeweisbaren Behauptungen, und nur ein einziger Wissenszweig, die Mathematik, als ein völlig gewisser und zweifelloser Besitz. Sie wurde deshalb für ihn der Massstab der wissenschaftlichen Werthschätzung, das Ideal der Wissenschaftlichkeit überhaupt, und er meinte, dass die anderen Disciplinen nur so weit auf den Charakter der Wissenschaftlichkeit Anspruch machen dürften, als ihre Lehren zu dem Grade von Evidenz gebracht werden könnten, wie ihn alle Lehrsätze der Mathematik besitzen. Mit dieser Aufstellung der Mathematik als einer Richtschnur alles wissenschaftlichen und insbesondere des philosophischen Denkens gab Descartes der modernen Philosophie eine Richtung, welche sie bis zu Kant und bis über ihn hinaus beherrscht hat. Es ist keine unter den besonderen Wissenschaften, welche auf den Entwicklungsgang der modernen Erkenntnisstheorie einen so fundamentalen und principiellen Einfluss ausgeübt hätte, wie die Mathematik. Durch das gesammte XVII. und XVIII. Jahrhundert hindurch wird sie gewissermassen als der feste Stamm betrachtet, an welchem alle übrigen Wissensarten sich emporranken. So mächtig sonst der Kampf der Gedankenströmungen in diesen beiden Jahrhunderten hin und her wogt, die Anerkennung der absoluten Gewissheit der Mathematik ist der unentwegte Fels, an welchem sie alle branden und zum Theile scheitern. In diesem Sinne darf man sagen, dass der Einfluss Descartes' der mächtigste und nachhaltigste von allen gewesen ist. Denn es gilt dies nicht nur für das rationalistische, sondern auch für das empiristische Lager der vorkantischen Philosophie. In jenem liegt es zweifellos auf der Hand und vor aller Augen: die Entwicklung der geometrischen Methode durch Spinoza und die mathematischen Grundlagen der Leibniz'schen wie der Wolff'schen Lehre tragen unverkennbar den Stempel des cartesianischen Geistes. Aber vielleicht war es die Einwirkung von Descartes selbst, jedenfalls diejenige der französischen Mathematiker überhaupt, welche Hobbes bestimmte, die Einseitigkeiten des Baconismus zu überwinden. Je mehr die spätere Entwicklung des Empirismus in England und Frankreich an den so vereinbarten Principien festhielt, um so mehr blieb sie unter dem Zauberbann der Mathematik, und noch das abschliessende Denken von David Hume zieht seine skeptischen Consequenzen aus der Auffassung der Mathematik als des sonst unerreichten Ideales der Wissenschaftlichkeit. In Kant endlich hat sich die kritische Methode mit einer so zähen Energie an dem Probleme der mathematischen Erkenntniss emporgearbeitet, dass seine Entwicklungsgeschichte auch nach dieser Hinsicht der typische Ausdruck für die gesammte Bewegung des modernen Denkens geworden ist.

Dieser befruchtende Einfluss der Mathematik zeigt sich bei Descartes wesentlich in zwei Gesichtspunkten, von denen aus er die Reformation der Philosophie nach der Analogie der mathematischen Methode zu vollziehen unternimmt.

Zuerst ist es die Zerstreutheit und Zusammenhangslosigkeit des bisherigen Wissens, woran Descartes Anstoss nimmt. Die Scholastik nicht nur, sondern auch die humanistischen Studien und die experimentellen Untersuchungen bauen sich wesentlich als eine gelehrte Vielwisserei auf; sie besitzen eine Masse von einzelnen Kenntnissen, die sie aus der Uebung, aus historischer Ueberlieferung, aus einzelner Erfahrung und Beobachtung geschöpft haben: was ihnen fehlt, ist die Einheit dieses Wissens. Und doch würde erst mit dieser Einheit der ganze Wust dieser Kenntnisse zu wissenschaftlicher Gewissheit werden können. Der Werth unseres Wissens, das was die Wissenschaft von dem gemeinen Lernen und Können unterscheidet, beruht lediglich in seinem systematischen Zusammenhange. Dieser ist, wie Descartes meint, nur dadurch möglich, dass alles Wissen aus einem einzigen Punkte höchster und absoluter Gewissheit abgeleitet wird. Es kann nur ein Princip geben, in dem alles Wissen wurzelt. Darin besteht der grosse Vorzug der Mathematik, dass sie von einem Punkte aus mit systematischer Erkenntniss das ganze Reich ihres Wissens ausmisst, dass, wer die ersten Sätze der euklidischen Geometrie begriffen und zugegeben hat, mit ihnen auch das ganze System anerkennen muss. Da ist kein gelegentliches Aufgreifen, kein Hin- und Herfahren in der Aufsuchung irgend welcher Wahrheiten; sondern jeder Satz hat seine bestimmte Stelle, auf der er sich aus den vorhergehenden ergibt und von der aus er die folgenden zu begründen hilft. Dieses Princip hat man bisher nur auf die Grössenlehre angewendet: in seiner Ausdehnung auf das gesammte menschliche Wissen soll das Heil der Philosophie bestehen, welches Descartes verkündet. Die Philosophie soll eine **Universalmathematik** werden, ein **einheitliches System**, worin alle Lehren von dem einen Mittelpunkte aus ihre Begründung und ihre Gewissheit empfangen. Kaum schärfer ist jemals die universalistische Tendenz des philosophischen Denkens ausgesprochen worden. Sie versteigt sich bei Descartes zu der Forderung einer Universalwissenschaft: er will nach mathematischer Analogie keine andre Wahrheit anerkannt wissen, als diejenige, welche von dem einzig sicheren Princip sich mit Nothwendigkeit ableiten lässt. Insofern verfährt auch die cartesianische Philosophie durchaus radical. Sie will mit allem bisherigen Wissen tabula rasa machen, ein einziges Princip aller Gewissheit aufstellen und von diesem aus ein völlig neues System der gesammten Wissenschaft construiren. Ohne zu untersuchen, ob vielleicht die Mannigfaltigkeit der zu erkennenden Gegenstände auch eine solche der Ansatzpunkte des menschlichen Denkens nothwendig mache, prägt sie den Gedanken der wissenschaftlichen Systematik mit einer Einseitigkeit aus, als wäre es möglich, das Denken ab ovo zu beginnen und es mit innerer Nothwendigkeit von einem ersten Principe her auszubauen. Indem sie alles Wissen auf die Höhe des philosophischen Zusammenhanges und der mathematischen Evidenz erheben zu können meint, will sie alle besonderen Wissenschaften nur zu Gliedern eines Gesammtorganismus herabsetzen. Dieser Gedanke bildet in der That das absolute Ideal aller wissenschaftlichen Arbeit, und es ist ein Verdienst von Descartes, ihn mit aller Energie dem verworrenen Denkzustande seiner Zeit gegenübergehalten zu haben. Allein seine Verwirklichung liegt in unendlicher Ferne, und es ist eine Uebereilung der rationalistischen Philosophie gewesen, wenn sie auf jedem Punkte ihrer Entwicklung das System, welches sie schaffen zu können meinte, mit diesem Ideale verwechselt hat. Die ungünstigere Folge davon aber war die, dass die Philosophie schon bei Descartes und mehr noch bei seinen rationalistischen Nachfolgern die richtige Schätzung für den selbständigen Werth der einzelnen Wissenschaften aus den Augen verlor und mit dem Begriffe der Wissenschaftlichkeit, den sie nach mathematischer Analogie nur als die Ableitung von dem absolut gewissen Centralpunkte auffasste, sich eine imperatorische und universalistische Stellung anmasste, welche die Specialwissenschaften in eine natürliche Opposition gegen sie hineintrieb. Der Gedanke, dass nur die Philosophie die wahre Wissenschaft sei, ergab sich aus diesen Principien ebenso nothwendig, wie er als eine Ueberhebung von Seiten der übrigen Wissenschaften bekämpft werden musste.

Eine gleich nivellirende Richtung nahm nun die cartesianische Philosophie auch in Rücksicht auf die Methode. Wenn sie die Wissenschaftlichkeit überall an der mathematischen Evidenz mass, so konnten für sie alle einzelnen Erkenntnisse nur dadurch Gewissheit erlangen, dass sie in einer der Mathematik verwandten Weise aus dem ersten Princip abgeleitet wurden. Die mathematische Deduction erschien somit als die allgemeine Methode alles wissenschaftlichen Denkens überhaupt, und an den Gedanken, dass alle Wissenschaft nur als ein einziges System denkbar sei, schloss sich von selbst der andere, dass es auch nur eine einzige Methode dieser wahren Wissenschaft gebe. So lehrt Descartes, sozusagen, einen Pantheismus der Methode; seine erkenntnisstheoretischen Untersuchungen laufen darauf hinaus, alle Zweige des menschlichen Wissens nach derselben Methode zu behandeln. Auch hierin verblendet ihn der universalistische Grundzug seines Denkens gegen die Eigenartigkeit, welche die einzelnen Wissenschaften der besonderen Natur ihrer Gegenstände verdanken. Und wenn alle Disciplinen nur Zweige der Philosophie sein sollten, so mussten sie freilich auch alle nach philosophischer Methode betrieben werden. Auch das ist eine Tendenz, welche der rationalistischen Philosophie von Descartes her bis in unser Jahrhundert hinein aufgeprägt geblieben ist. In dem Wahne, eine Universalmethode alles Denkens auffinden zu können, hat die moderne Philosophie zu ihrem Schaden eine Fülle von Scharfsinn verschwendet, und erst das völlige Scheitern des grossartigsten dieser Versuche, den Hegel machte, hat die Klarheit über ihre Unmöglichkeit herbeigeführt.

In zweiter Linie ist es nun diese allgemeine Methode selbst, deren Grundzüge Descartes aus seiner Werthschätzung des mathematischen Verfahrens entnimmt. Der Fortschritt, welchen das Denken von dem Anfangspunkte aller Gewissheit zu den einzelnen Erkenntnissen nehmen soll, ist natürlich nur durch eine deductive Methode möglich. Allein diese kann niemals diejenige des Syllogismus sein; denn der Syllogismus ist wohl eine Darstellungsweise, aber keine Erkenntnissweise; er ist ein Princip des Beweisens und

Ueberzeugens, aber kein solches des Erforschens und Erfindens. Er kann beweisen was man entdeckt hat, aber er kann nicht selbst entdecken. Zwar scheint es, als ob sich die euklidische Geometrie nur der logischen Folgerungen bediente, und sie thut es auch in der That insofern, als sie ein beweisendes System ist; aber der Fortschritt von einem ihrer Lehrsätze zum anderen ist niemals eine logische Consequenz, er besteht vielmehr in der successiven Combination von ursprünglichen Anschauungen, und der Syllogismus hat nur die Bedeutung, den aus diesen neuen Anschauungen entspringenden Wahrheiten die Beweise durch die früher gefundenen zu geben. Die wahrhaft erzeugende Methode der Mathematik ist somit diejenige der Synthesis; die Entdeckung neuer Wahrheiten ist nur auf dem Wege der schöpferischen Combination möglich. Diese synthetische Methode soll nun von den räumlichen und den Zahlengrössen auf die Begriffe übertragen werden. Die cartesianische Philosophie will auch eine ars inveniendi sein; sie glaubt in der synthetischen Methode der Mathematik das Princip gefunden zu haben, nach welchem von dem Punkte höchster Gewissheit aus der gesammte Zusammenhang des menschlichen Wissens erzeugt werden kann.

Zunächst also handelt es sich um die Auffindung dieses einen Punktes, welcher mit der ihm innewohnenden ursprünglichen Gewissheit das ganze übrige System tragen und stützen soll. Und auch hierfür folgt Descartes einer mathematischen Analogie. Dass dieser Punkt höchster Gewissheit nicht deducirt und demonstrirt werden kann, ist selbstverständlich. Da von ihm aus alles Andere deducirt werden soll, so kann er seine Gewissheit nicht von irgend welchen anderen Sätzen oder Begriffen empfangen, sondern muss sie vielmehr unmittelbar in sich selbst haben. So wird Descartes auf einen Gegensatz aufmerksam, der die ganze neuere Erkenntnisstheorie beherrscht, denjenigen nämlich der unmittelbaren und der mittelbaren Gewissheit. Als mittelbar gewiss muss jede Lehre alle diejenigen Folgerungen ansehen, welche von gegebenen Ausgangspunkten 'aus durch logisch richtige Operationen hergeleitet sind; ein Streit kann, seitdem die Grundzüge dieses logischen Processes feststehen, nur über diejenigen Punkte herrschen, welche nicht durch Folgerungen, sondern eben durch ihre unmittelbare Evidenz bewiesen werden, und man könnte recht gut die Systeme der neueren Philosophie nach dem Gesichtspunkte classificiren, was sie für unmittelbare Gewissheit erklären. Der Bacon'sche Empirismus gesteht die unmittelbare Gewissheit der richtig angestellten Wahrnehmung zu: Descartes will diese unmittelbare Gewissheit nur für den einzigen Grundsatz in Anspruch nehmen, von welchem alle andere Erkenntniss ihre abgeleitete Gewissheit empfangen soll. Diese Wahrheit selbst, das Princip alles Beweisens, ist somit nicht zu beweisen, sie ist nur in ihrer unmittelbaren Evidenz aufzuzeigen, sie muss eine Anschauung, ein einfacher und ursprünglicher Akt der erkennenden Seele sein, und der Ausgangspunkt jener ganzen synthetischen Methode, welche Descartes sucht, muss deshalb eine intuitive Erkenntniss sein: gerade so geht die Geometrie von der Anschauung des Raumes und von den unbeweisbaren Axiomen aus, welche mit und in dieser Anschauung gegeben sind.

Aber wenn dieser archimedische Punkt, welchen Descartes sucht, um das System der Wissenschaften aus seinen Angeln zu heben, nicht bewiesen werden kann, so darf man auch in keiner Weise meinen, dass er durch eine plötzliche Eingebung etwa vor dem Blicke irgend eines Denkers aufleuchten könnte. Von dieser mystischen Unbeweisbarkeit und Unaussagbarkeit ist Descartes weit entfernt. Vielmehr muss dieser Punkt seiner Ansicht nach mit ganz klarer und nüchterner Forschung gesucht werden, und es muss durch dieses Suchen klar werden, dass dieser Punkt der einzige ist, der in unserer ganzen Vorstellungswelt als derjenige der absoluten Festigkeit übrig bleibt. Die höchste Gewissheit darf am allerwenigsten willkürlich erfasst und kühn behauptet werden. Ihre Auffindung muss die Sache eines methodischen Suchens sein. Und auch hier giebt die Mathematik einen Fingerzeig: sie hat zur Lösung der Aufgaben eine analytische Methode, — und unter den Begründern und Bearbeitern gerade dieser Methode nimmt Descartes selbst fast den allerersten Rang ein. Die analytische Geometrie zeigt, wie man den Springpunkt einer Problemlösung systematisch findet. Wenn die synthetische Geometrie deductiv verfährt, so geht die analytische den inductiven Weg. Sie betrachtet besondere Fälle, vielleicht hervorragende Eigenthümlichkeiten, sie bedient sich analogischer Versuche, und vor Allem, sie sucht zunächst eine Uebersicht über alle möglichen Fälle des zu behandelnden Problems zu gewinnen. So orientirt sie sich durch Induction und Enumeration über ihre Aufgabe und arbeitet zuerst daran, die fraglichen

Punkte aufzuklären. In gleicher Weise hat auch die Philosophie zu verfahren. Sie muss, um sich jenem festen Punkte in unserem Denken zu nähern, systematisch das ganze Reich unserer Vorstellungen analysiren, von den dunkleren zu den klareren fortschreiten und so schliesslich Alles forträumen, bis unverkennbar und unleugbar die Evidenz des einzig gewissen Gedankens hervorspringt.

Auf diese Weise verlangt Descartes, dass der Anwendung der synthetischen Methode eine solche der analytischen vorangeht, damit durch die letztere der Punkt aufgefunden werden kann, von dem die Synthesis ausgehen soll. „Um die Wahrheit methodisch zu finden, muss man die verwickelten und dunklen Sätze stufenweise auf einfachere zurückführen und dann von der Anschauung dieser letzteren ausgehen, um ebenso stufenweise zu der Erkenntniss der anderen zu gelangen." Bei vollkommner Durchführung wird also in diesem Systeme Alles zweimal vorkommen, einmal bei der Aufsuchung als ein Glied unserer ganzen mehr oder minder ungewissen Vorstellungswelt, und das andere Mal beim Beweisen als ein Satz, der nun von jenem Punkte der höchsten Gewissheit abgeleitet und damit zur Gewissheit gebracht worden ist. Descartes lehnt also die Induction nicht vollkommen ab, allein er betrachtet sie nur als eine Vorbereitung für die eigentlich beweisende Wissenschaft, als deren Methode ihm nur die deductive Synthesis gilt. In Folge dessen setzt sich die cartesianische Methode aus zwei Bestandtheilen zusammen, welche mit einander in einer Art von umgekehrter Correspondenz stehen. Diese Philosophie nimmt zuerst einen analytischen Gang, um ihr Princip methodisch zu finden, und dann von diesem aus einen synthetischen Gang, um daraus ihr System methodisch zu erzeugen. Sie bildet eine Parabel, deren aufsteigender Ast die inductive Untersuchung, deren absteigender Ast die deductive Entwicklung ist. Und in dem Culminationspunkte dieser Parabel steht der Gedanke, welcher einzig unter allen mit intuitiver Gewissheit sich geltend machen soll.

Die analytische Betrachtung der Vorstellungen, welche von der grossen Masse der Menschen und von der bisherigen Wissenschaft für gewiss ausgegeben werden, zeigt nun zunächst, wie unsicher und schwankend es mit dem ganzen Inhalte unseres Denkens bestellt ist. Wir selbst erleben in mancherlei Richtungen den Wechsel, mit dem neue Vorstellungen die alten verdrängen, um selbst bald wieder als irrig erkannt zu werden. Eine natürliche Leichtgläubigkeit, die wir mit auf die Welt bringen, erfüllt unsere kindliche Phantasie mit einer Menge von Bildern und von Meinungen, die vor der Erfahrung schon unserer Knabenjahre nicht Stand zu halten vermögen. In dem Augenblicke, wo wir aufhören an Märchen zu glauben, wird der erste Grund des Zweifels in uns gelegt. Aber auch jene Erfahrungen, welche die Sinne uns zuführen, sind schwankend und unsicher. Oft erkennen wir sie direkt hinterher als Täuschungen, und was sollen wir dazu sagen, dass dasselbe Ding, welches sich jetzt hart anfühlt, nach einer Viertelstunde, wenn wir es dem Feuer genähert, sich als eine Flüssigkeit darstellt? Welcher dieser Wahrnehmungen sollen wir glauben, dass sie uns die wahre Natur jenes Dinges zu erkennen gegeben habe? Und schliesslich, wer steht uns dafür, dass nicht alle unsere Sinneswahrnehmungen zu der Klasse der Hallucinationen gehören, die wir von Zeit zu Zeit als solche durchschauen, — wer dafür, dass sie nicht alle einen Traum bilden? Auch im Traume glauben wir ja, die Dinge zu sehen, zu hören und zu fühlen, so gewiss und zweifellos wie im Wachen; und erst, wenn wir aufgewacht sind, merken wir, dass wir getäuscht worden sind. Woher die Gewissheit, dass nicht auch das, was wir jetzt Wachen nennen, nur ein Traum sei, aus dem wir einst staunend erwachen und die Täuschungen erkennen werden, die er uns vorgespiegelt? Nur das Erwachen ist ein Kriterium für das Träumen: wie nun, wenn wir, ohne es zu wissen, durch unser ganzes Leben hindurch träumten? Aber der Traum vermag nur die Elemente neu zu verknüpfen, welche im Wachen in die Seele aufgenommen worden sind. Zugegeben, dass alle Verbindungen, in welchen wir die Dinge wahrzunehmen glauben, vielleicht nur geträumt sind, so würden doch die Elemente, die wir dabei verknüpfen, als richtig gelten müssen, um so mehr, als wir überzeugt sind, dass sie durch göttliche Veranstaltung uns gegeben wurden. Allein wäre es denn so ganz unmöglich, dass der allmächtige Gott, dessen Absichten wir nicht kennen und dessen Rathschläge wir nicht erforschen, es für gut befunden hätte, uns zu täuschen? Wenn es ihm gefiel, lauter falsche Vorstellungen in uns zu erwecken, so waren wir machtlos, sie zurückzuweisen, und noch machtloser, sie mit richtigen zu vergleichen und ihre Falschheit zu erkennen. So giebt uns nichts Gewissheit, dass nicht das ganze System unseres Denkens ein von

Grund aus irriges und thörichtes Gewebe sei, und wir haben allen
Grund, an Allem, was wir bisher gedacht haben, zu zweifeln. De
omnibus dubitandum — das ist das Facit, zu welchem Descartes
in der Prüfung der menschlichen Vorstellungswelt gelangt. Der
grundsätzliche Zweifel ist der Ausgangspunkt seiner Lehre;
sie athmet jene Atmosphäre des Skepticismus, welcher die französischen Geister seiner Zeit erfüllte, und sie macht diesen Skepticismus so methodisch und so durchgreifend, wie kaum Einer unter
den Skeptikern selbst. Aber der Zweifel hat bei Descartes eine
ganz andere Stellung, als bei seinen Zeitgenossen. Er ist ihm weder
ein Mittel, um das geängstigte Gemüth in die Arme des Autoritätsglaubens zu treiben, noch eine achselzuckende Gleichgiltigkeit gegen
die wechselnden Meinungen der Menschen, sondern er wurzelt bei
ihm in dem vollen und rückhaltlosen Wahrheitsbedürfnisse eines
tiefen Geistes, und das principielle Misstrauen, welches er allen ungeprüften Meinungen entgegenträgt, wendet er vor Allem gegen sich
selbst. Da sein ganzes Leben eine Selbstbelehrung ist, so meidet
er nichts so sorgfältig, wie jede Art der Selbsttäuschung. Aller
Streit und alles Schwanken der menschlichen Ansichten beruht
darauf, dass die meisten zu voreilig und ohne genaue Prüfung an
den Vorstellungen festhalten, über deren Ursprung sie sich ebenso
wenig klar sind, wie über ihre Berechtigung. Die Einsicht in diese
Selbsttäuschungen ist die erste Stufe der Selbstbelehrung. Es wiederholt sich in Descartes das Sokratische: „ich weiss, dass ich nicht
weiss." Es geht in beiden Fällen aus dem Gewirre der widersprechenden Meinungen, aus der Auffassung von der Relativität aller
menschlichen Ansichten hervor, aber es ist in beiden Fällen auch
nur der Anfang und nicht das Ende der Weisheit.

Denn auch der cartesianische Zweifel ist keine Verzweiflung.
Er ist vielmehr der Ausgangspunkt der Gewissheit; denn gerade
dadurch, dass wir an allem Inhalte unseres Denkens zweifeln,
haben wir einen sichern Punkt gewonnen. Dieser Zweifel selbst
ist eine Thatsache, an der ich nicht zweifeln kann, und diese sagt
mir unwiderleglich und unumstösslich, dass ich mit dieser Denkthätigkeit des Zweifelns wirklich bin. Um zu zweifeln, muss ich
existiren, und zwar als ein denkendes Wesen existiren. Täuscht
mich Jemand, so gehören dazu zwei: der Täuschende und ich
selbst, der ich getäuscht werde, und zwar gehöre ich dazu, als ein
Wesen, welches Vorstellungen, wenn auch in diesem Falle falsche,

haben kann. Und so giebt mir der Zweifel selbst die unumstössliche Gewissheit, dass ich als ein denkendes Wesen existire. Wenn wir aus unserer Vorstellungswelt Alles, woran wir zweifeln können, entfernen, so bleibt nach dessen Abzug doch die Thatsache übrig, dass wir denkende Wesen sind. Die einzige Gewissheit somit, auf welche die Analyse unserer Vorstellungen führt, ist das Selbstbewusstsein des denkenden Wesens, welches durch den Akt des Denkens, der den Zweifel ausführt, seiner eigenen Existenz sich unmittelbar gewiss ist. Unter allen Handlungen, die wir ausführen, besitzt nur die eine Handlung des Denkens die volle Selbstgewissheit und die zweifellose Gewissheit unserer Existenz. Dass ich spazieren gehe, kann ich träumen. Dass ich Vorstellungen habe, bleibt eine Wahrheit, auch wenn ich nur träumen sollte, gewisse Vorstellungen zu haben: denn Träumen ist selbst eine Art des Denkens. Aus allen äusseren Handlungen kann ich meine Existenz nur dadurch erschliessen, dass ich mir ihrer bewusst bin; aus dem Denken brauche ich meine Existenz nicht erst zu erschliessen, weil sie in dem Selbstbewusstsein mit unmittelbarer Gewissheit enthalten ist. Darum ist der Ausdruck des cartesianischen Princips in der landläufigen Form des „Cogito, ergo sum" weniger glücklich als die blosse Zusammenstellung: „cogito, sum", oder „sum cogitans". Denn es handelt sich nicht um einen Schluss aus einer Thätigkeit auf ihr Subjekt, sondern vielmehr um jene unmittelbare und unbedingte Selbstgewissheit, die nur dem Denken innewohnt.

Dies ist nun der grosse Gegensatz, in welchem die cartesianische Philosophie zu der Bacon'schen steht. Für die letztere ergiebt sich aus der Wahrnehmung bei vorsichtiger Kritik der unmittelbar gewisse Inhalt des Denkens, für die erstere dagegen ist aller Denkinhalt ungewiss und ein Gegenstand möglicher Täuschung, nur das Denken selbst ist die einzig gewisse Thatsache. Das Selbstbewusstsein ist der „ruhende Pol in der Erscheinungen Flucht". Aus dem Skepticismus rettet sich Descartes auf den reinen Rationalismus: eine zweifellose Erkenntniss wurzelt ihm nur in der selbstbewussten Besinnung des Denkens. Der erste und alles übrige Wissen bedingende Punkt für die erkennende Vernunft ist sie selbst. Statt der unendlichen Mannigfaltigkeit des äusseren Daseins, von welcher die empiristische Philosophie ihren Weg beginnt, ergreift Descartes die innerste Tiefe der Erkenntniss selbst, und seine Lehre bildet in dieser Hinsicht die Abklärung aller der phantastischen Versuche, welche den Menschen als Mikrokosmos zum Ausgangspunkte der Erkenntnisstheorie nehmen wollten.

Nur der erkennende Mensch ist der Inhalt der Selbsterkenntniss, von der aus Descartes die ganze Philosophie zu gestalten unternimmt. Daraus ergeben sich sogleich eine Reihe von Einseitigkeiten, welche die durch Descartes bedingte Richtung des Rationalismus charakterisiren: zunächst in gewissem Sinne die Ablehnung der Erfahrungserkenntniss, welche die nothwendige Kehrseite dieser abstracten Selbstbesinnung der Vernunft bildete; sodann der vorwiegend theoretische Charakter aller davon abhängigen Untersuchungen und die Tendenz, auch die Probleme des praktischen Lebens unter dem Gesichtspunkte der theoretischen Vernunft zu begreifen; endlich besonders in psychologischer Hinsicht die Neigung, das Vorstellungsleben für die einzige Grundfunction und jedenfalls für die bestimmende Kraft des gesammten seelischen Organismus zu halten. Der Versuch, die ganze Welt zu rationalisiren, trat zunächst als lediglich wissenschaftliches System in der Weise auf, dass die Vernunft aus ihrer Selbsterkenntniss die Einsicht in den Zusammenhang des vernünftigen Universums gewinnen müsse, und sie wurde später zu einer praktischen Ueberzeugung, wonach diese vernünftige Einsicht als Massstab der Kritik für alles Bestehende gelten sollte, um, wenn dieses Bestehende für unvernünftig befunden wurde, es umzustossen und an seine Stelle aus schöpferischer Vernunft heraus ein Neues zu setzen. Mit dieser letzteren Wendung hat der Rationalismus das Jahrhundert der Aufklärung beherrscht und es zu demjenigen der Revolution gemacht. Alle die Theorien, mit denen es den Zustand der menschlichen Gesellschaft umstürzen zu dürfen und umgestalten zu können meinte, wurzelten schliesslich in dieser Ueberzeugung, dass der vernünftige Menschengeist sich nur auf sich selbst zu besinnen brauche, um das Wahre zu finden, um das Richtige zu schaffen. So wurde das cartesianische Selbstbewusstsein zu einer revolutionären Macht, indem es den Menschen lehrte, die Normen des Denkens und des Thuns lediglich aus der vernünftigen Selbstbesinnung zu schöpfen.

Die nächste Folge für die Lehre von Descartes selbst war das erkenntnisstheoretische Princip, dass Alles, was auf den Werth der wissenschaftlichen Wahrheit Anspruch macht, sich vor dem Denken mit derselben Klarheit und Deutlichkeit müsse ausweisen können, wie das Selbstbewusstsein. Die Unsicherheit, welche allen übrigen Vorstellungen beiwohnte, beruhte zuletzt immer in einem Reste von Unklarheit und Undeutlichkeit, die sie an sich trugen, und als gesicherte Wahrheit darf deshalb nur dasjenige in unsern Vorstellungen gelten, was sich ebenso klar und deutlich vor dem Denken auflöst, wie nach der Ansicht Descartes' unser Selbstbewusstsein. Als ob es eindeutig und selbstverständlich wäre, was nun eigentlich dieses unser, seiner Existenz selbstgewisse Selbstbewusstsein inhaltlich ist! Es ist merkwürdig, dass dieser grosse Philosoph niemals die Decke von den Abgründen der Täuschung gezogen zu haben scheint, welche in dem, was wir unsere Vorstellung von uns selbst nennen, enthalten sind: er geht vielmehr immer von der Annahme aus, als könne es gar nichts Einfacheres und Durchsichtigeres geben als diese complicirteste und verdichteste unserer Vorstellungen, und er will von diesem dunklen Hintergrunde unseres Seelenlebens das Licht auf alles Wissen fallen lassen.

Es fragt sich deshalb für ihn zunächst, ob wir die Existenz irgend eines anderen Wesens mit der gleichen Klarheit und Deutlichkeit erkennen wie unsere eigene. Was wir ausser uns als existirend anzunehmen gewöhnt sind, theilen wir ein in Gott, die Engel, die übrigen Menschen, die Thiere, und die Körper. Hier meint nun Descartes, dass, wenn wir neben dem Selbstbewusstsein die Vorstellungen von Gott und den Körpern haben, wir die übrigen selbst zu bilden im Stande sind, und es fragt sich daher, inwieweit diese beiden als gewiss anzusehen sind. Da alle Erkenntniss der Körper durch sinnliche Erfahrung vermittelt, diese aber als etwas durchaus Unsicheres bereits dargethan ist, so bleibt nur die Idee von Gott als diejenige übrig, von welcher ein Fortschritt in der Erkenntniss zu erwarten steht. Es leuchtet danach ein, dass der berühmte Beweis für das Dasein Gottes, welchen Descartes an dieser Stelle giebt, nicht aus einem theologischen, geschweige denn aus einem persönlich religiösen, sondern lediglich aus erkenntnisstheoretischem Interesse entworfen worden ist: Descartes würde den Begriff der Materie ebenso behandelt haben, wie denjenigen der Gottheit, wenn er ihm hier dieselben Dienste geleistet hätte, wie dieser.

Eben deshalb entwirft Descartes an dieser Stelle seiner Erkenntnisslehre (in der dritten Meditation) einen neuen und eigenartigen Beweis für das Dasein Gottes. In dem systematischen Gange seiner Betrachtungen erscheint die Gottesidee nur auf der anthropologischen Grundlage, und es ist nicht die Idee Gottes als solche an und für sich, sondern die **Idee Gottes in uns**, worauf sich sein ganzes weiteres System aufbaut. Denn in uns finden wir mit nicht minder grosser Klarheit und Deutlichkeit wie die Vorstellung von uns selbst, diejenige der Gottheit als eines allerrealsten und vollkommensten Wesens. Wir halten uns selbst für unvollkommen, und wir können dies nur, indem wir uns an der Idee des vollkommenen Wesens messen. Wir haben also diese Idee, aber wir können sie selbst nicht hervorgebracht haben, denn es ist die Idee von einem uns an Realität unendlich überragenden Wesen. Dass wir sie besitzen, ist somit nur zu erklären, wenn sie von diesem allerrealsten Wesen in uns erzeugt worden ist. „Daraus, dass ich existire, und dass ich die Idee eines vollkommensten Wesens habe, folgt ganz einleuchtend, dass Gott existirt." Das ist die eigenthümliche Verwebung des ontologischen und des anthropologischen Elementes in dem cartesianischen Gottesbeweise: es ist im Grunde genommen nur der tief christliche, von Augustin begrifflich geprägte Gedanke, dass unser Selbstbewusstsein, indem es uns unsere eigene Unvollkommenheit zeigt, mit dem Gottesbewusstsein auf das Innigste verwachsen ist; aber diese Idee tritt hier ohne das Pathos des Sündengefühls und ohne die religiöse Wendung des Erlösungsbedürfnisses in lediglich erkenntnisstheoretischer Form auf.

So ist denn auch die weitere Verwendung des Gottesbegriffs wesentlich die, dass, nachdem die Erkenntniss der Gottheit als des allervollkommensten Wesens durch das Selbstbewusstsein gesichert erscheint, der früher hypothetisch aufgestellte Gedanke, es möchte uns ein übermächtiger Dämon durch die Erkenntniss des „natürlichen Lichtes" und namentlich mit der Vorstellung von der Realität der Körper täuschen, nunmehr als absurd abgewiesen wird. Das „lumen naturale" ist die von Gott, der nicht täuschen kann, uns eingepflanzte, der Wahrheit gewisse und theilhaftige Erkenntnissweise. Aus ihm entwickeln sich nunmehr als vollkommen gewiss und zweifellos die logischen, die mathematischen, die ontologischen Wahrheiten, ja darunter jetzt auch (in der fünften Meditation) der altscholastische ontologische Beweis des Daseins Gottes aus dem Begriffe des allerrealsten und vollkommensten Wesens (quo maius concipi non potest). Allein die Tragweite des „lumen naturale" ist für Descartes noch viel grösser. Er hält daran fest, dass zwar nicht unmittelbar, aber doch wenigstens indirekt von Gott durch den von ihm eingesetzten Naturlauf alle unsere Vorstellungen in uns erzeugt werden, und er verfolgt diesen Gedanken in einer Ausdehnung, welche nun umgekehrt die Existenz des menschlichen Irrthums zu einem schwierigen Probleme für ihn macht. Wenn Gott nicht täuschen kann und die letzte Ursache aller Vorstellungen ist, so müssten sie doch alle richtig sein, und der Irrthum wäre unmöglich. So steigt vor Descartes, sozusagen, das Problem der erkenntnisstheoretischen Sünde auf, und er löst es wie das gesammte christliche Denken durch die Annahme der Willensfreiheit. Die Vorstellung selbst, welche ich empfange, ohne sie erzeugt zu haben, enthält niemals einen Irrthum, sie wird erst dazu, wenn mein Urtheil hinzutritt, welches diese Vorstellung für ein Abbild der Dinge hält, und dieses Urtheil ist ein Akt des Willens, eine Bejahung oder Verneinung. Wenn nun unvollständige Vorstellungen in mir hervorgerufen sind, und ich doch mit ihnen gerne urtheilen möchte, weil der Wille weiter reicht als der Verstand, so entspringt ein falsches Urtheil, an welchem jene Vorstellungen nicht Schuld sind, sondern nur mein Wille. Aller Irrthum — das ist die grosse Bedeutung dieser tiefen Einsicht von Descartes — ist Selbsttäuschung. Weder Gott noch irgend ein Mensch oder irgend ein Ding vermag uns zu täuschen; die Vorstellungen, welche ohne unser Zuthun in uns entstehen, sind weder wahr noch falsch: sie werden wahr und falsch erst, indem wir das Urtheil fällen, dass ihrem Inhalte Existenz zukomme. Im Zustande der Hallucination oder des Traumes ist es eine zweifellose Gewissheit, dass ich die betreffende Empfindung habe: die Täuschung beginnt erst damit, dass ich urtheile, ihr Inhalt sei wirklich. Dieses Urtheils, meint Descartes, ähnlich wie im Alterthum die Skeptiker und die Stoiker, kann der freie Wille sich enthalten, und deshalb ist er allein an dem falschen Urtheile schuld. Er darf deshalb, will er nicht der Selbsttäuschung verfallen, erst dann urtheilen, wenn er die Kriterien der Wahrheit, die Klarheit und Deutlichkeit in den Vorstellungen, erreicht hat.

Von besonderer Wichtigkeit wird diese Lehre nun dadurch, dass Descartes den Gegensatz von Klarheit und Unklarheit, Deutlichkeit und Undeutlichkeit mit demjenigen von rationaler Betrachtung und sinnlicher Erfahrung identificirt. Diese Gleichsetzung, welche ihrem geschichtlichen Ursprunge nach auf Duns Scotus zurückweist und bei Descartes auch mehr vorausgesetzt und behauptet, als einer Prüfung und einem Beweise unterzogen wurde, ist für die gesammte rationalistische Erkenntnisstheorie so lange entscheidend gewesen, bis Kant sich und die Philosophie von ihr befreite. Bei Descartes begegnet uns überall die Annahme, dass die Denkthätigkeit des Verstandes, so lange sie rein in sich selbst bleibt, eo ipso nur klare und deutliche Vorstellungen entwickle, dass dagegen die sinnliche Wahrnehmung als solche nur eine unklare und undeutliche, eine getrübte Erkenntniss zu bieten vermöge. Es hing das auch mit einem Vorurtheile zusammen, welches man über die mathematische Erkenntnissweise bis zu Kant hin hegte. Man übersah vollständig — und auch darin stimmten die Empiristen merkwürdigerweise durchaus mit den Rationalisten überein — die anschauliche Grundlage alles mathematischen Erkenntnissfortschrittes und glaubte in dem Systeme der Geometrie ein Werk des reinen Verstandes bewundern zu können. Indem daher Descartes die Gesammtwissenschaft als eine Universalmathematik zu entwickeln hoffte, glaubte er auch diese nur durch die Operationen des reinen Denkens erzeugen zu können, und stellte als den leitenden Grundsatz denjenigen auf, dass von unserer Vorstellung der Welt nur so viel gewiss und richtig ist, als wir mit dem blossen Denken klar und deutlich zu erkennen vermögen. Jenes innere Bedürfniss schattenloser Klarheit, welches für ihn selbst der persönliche Antrieb zum Nachdenken war, gestaltete sich unter seinen Händen zu einem methodologischen Principe, welches mehr als ein Jahrhundert beherrschen sollte, und zu der Ueberzeugung, **dass die Vernunft alle Klarheit und Deutlichkeit nur sich selbst verdanken könne.** Von diesem Gesichtspunkte aus betrachtet, ist die cartesianische Philosophie der Akt der Mündigkeitserklärung des modernen Denkens. Sie hat die Freiheit und die **Selbstherrlichkeit der Vernunft** für die Grundlage aller Wissenschaft erklärt, und wenn sie aus diesem Principe eine Reihe einseitiger und verfehlter Folgerungen gezogen hat, so bleibt ihr doch das hohe Verdienst, diese innerste Triebkraft des modernen Denkens mit vollendeter Klarheit und Nüchternheit proclamirt zu haben.

Dieser Rationalismus hat nun bei Descartes und noch mehr bei seinen Schülern einen für die weitere Entwicklung sehr einflussreichen Ausdruck gefunden. Da nämlich aller Denkinhalt, den der menschliche Geist während seines Lebens aufnimmt (ideae adventiciae), in den sinnlichen Vorstellungen besteht, diese aber als unklar und undeutlich gelten, so mussten andrerseits die klaren und deutlichen Ideen einen ursprünglichen Besitz der Seele, einen ihr von Anfang an mitgegebenen Schatz bilden. Diese Folgerung war nicht nothwendig mit der Annahme verbunden, dass die Seele sich dieses ihres Inhaltes von jeher bewusst sein müsse: aber sie konnte so aufgefasst werden und ist so aufgefasst worden. Jedenfalls ergab sich daraus für den Cartesianismus der Satz, dass alles wahre philosophische Wissen in eingeborenen Ideen (ideae innatae) besteht, und dieser Satz sollte in der Folgezeit zum Stichwort des Rationalismus werden.

Gegenüber diesen methodologischen Errungenschaften tritt der Werth der Weltanschauung, welche Descartes auf dieser Grundlage mit den Kenntnissen seiner Zeit entwickelte, verhältnissmässig mehr zurück. Gleichwohl sind ihre Grundzüge für die Problemstellung der folgenden Systeme so wichtig geworden, dass sie nicht übergangen werden dürfen. Es gilt das namentlich von seiner Lehre von den Substanzen, einem Begriffe, den er in eigenthümlicher Weise nach mehreren Richtungen hin derartig ausgeprägt hat, dass er dem späteren Denken mannigfache Ansatzpunkte gab. Doch findet dieser Begriff in der cartesianischen Philosophie eine verschiedene Fassung, je nachdem er auf Gott oder auf die endlichen Dinge angewendet wird. Wenn Descartes es für das Wesen der Substanz erklärt, in seiner Existenz unabhängig von andern Substanzen zu sein, so gilt dies im vollen Sinne des Wortes natürlich nur von der unendlichen Substanz, der Gottheit; von den endlichen Substanzen dagegen nur in dem Sinne, dass sie einander für ihre Existenz nicht bedürfen. Es ist dies der Punkt, von welchem aus man am klarsten die Lehren Spinoza's und Leibniz' übersieht. Sobald mit dem cartesianischen Substanzbegriff voller Ernst gemacht wurde, so mussten entweder die endlichen Substanzen, wenn man an ihrer Abhängigkeit von der unendlichen festhielt, den Charakter der Substantialität verlieren, oder andrerseits, wenn man diesen nicht fallen lassen wollte, die volle Selbständigkeit erhalten. Bei Descartes dagegen ist diese Zweideutigkeit in der Anwendung des Substanzbegriffes nicht vermieden, sondern vielmehr mit vollem Bewusstsein festgehalten, und seine Lehre ist dadurch ein bezeichnender Ausdruck jener Ungewissheit, in welcher sich das abendländische Denken der Frage nach der Selbständigkeit der endlichen Wesen gegenüber stets bewegt hat. Die unendliche Substanz wird bei ihm nicht nur als die schöpferische Ursache der endlichen, sondern auch die letzteren in der Weise übergreifend gedacht, dass sie auch im Geschehen das Bindeglied zwischen ihnen bildet. Wie der Gottesbegriff schon die erkenntnisstheoretische Rolle spielt, dem Geiste die Gewissheit seiner Vorstellungen von den Körpern zu gewährleisten, so theilt ihm Descartes auch die metaphysische Bedeutung zu, jenen Zusammenhang der geistigen und der körperlichen Welt zu vermitteln, welcher, obwohl eine offenkundige Thatsache, ihm aus dem Wesen dieser Substanzen selbst nicht begreiflich erscheint.

Denn in Bezug auf die beiden Arten der endlichen Substanzen, die Geister und die Körper, hält er an der vollen Ausschliesslichkeit des Seins fest, und in dieser Hinsicht übernahm durch Descartes die moderne Philosophie von der mittelalterlichen die ganze Schroffheit der Entgegensetzung von psychischem und physischem Leben, welche jene, namentlich in den Lehren der französischen Mystiker, der Victoriner, ausgebildet hatte. Die Einsicht in den principiellen Unterschied dieser beiden grossen Theile unseres Vorstellungsinhaltes, durch die platonische Philosophie zuerst gewonnen, hatte in der Entwicklung des europäischen Denkens von da an sich immer mehr vertieft und war durch die Complication mit religiösen Auffassungen soweit befestigt worden, dass die Kluft, welche man zwischen der Welt des Geistes und derjenigen der Materie annahm, sich immer mehr erweiterte, und dass für die gesammte metaphysische Auffassung die Natur immer mehr entgeistigt und die geistige Welt von der Materie immer unabhängiger gemacht wurde: und auf diese Weise kräftigte sich von allen Seiten her jener Dualismus, der Natur und Geist völlig auseinander zu reissen strebte. In den Bewegungen des modernen Denkens trat vielfach ein bewusster Gegensatz gegen diesen Dualismus hervor, und sowohl die italienische Naturphilosophie als auch die Theosophie der deutschen Mystik drängten auf seine Ueberwindung mit einer Energie hin, die sich erst später in den grossen Systemen der deutschen Philosophie entfalten sollte. Es ist eine entschiedene Abhängigkeit Descartes' von der mittelalterlichen Philosophie, dass er diesen Dualismus wie einen selbstverständlichen behandelte und ihm sogar ein so schroffes Gepräge gab, wie es vor ihm noch kaum dagewesen war. Er wollte die beiden Welten der geistigen und der körperlichen Substanzen als etwas vollkommen Geschiedenes behandeln und that Alles, was diese Ansicht unterstützen konnte, bis er auf einen Punkt stiess, wo es selbst ihm nicht mehr möglich erschien.

Was auf der einen Seite die Körperwelt anbetrifft, so wendet Descartes auf sie sein erkenntnisstheoretisches Grundprincip zuerst in der Weise an, dass ihm in unserer Vorstellung von ihr nur so viel als wahr gilt als wir klar und deutlich durch das Denken zu erfassen vermögen. Das wahre Attribut der körperlichen Substanzen ist nur dasjenige, welches das klare und deutliche Denken erkennen kann. Die Beschaffenheiten der Körper, welche uns die Empfindung und die darauf gegründete Einbildung lehrt, können ihnen nicht in Wahrheit zukommen; denn alle Empfindung ist nach cartesianischer Lehre nur eine unklare und undeutliche Vorstellung, eine Wirkung auf uns, eine Art, wie die Körper uns erscheinen, und es ist der ursprünglichste, wenn auch der verbreitetste aller Irrthümer, diese Erscheinungsart für ihr Wesen zu halten. Das wahre Attribut des Körpers kann deshalb nur dasjenige sein, welches nach Abzug der sinnlichen Qualitäten vor dem Urtheile des Verstandes stehen bleibt, und das ist seine räumliche Ausdehnung. So nimmt die cartesianische Naturphilosophie noch eine speciell mathematische Wendung; die Körper sind für sie Raumgrössen, ihr physicalisches Wesen ist identisch mit einem geometrischen Gebilde, und von diesem Gesichtspunkte aus sucht Descartes alle Eigenschaften der Körper und alle Gesetze des natürlichen Geschehens zu begreifen. Da ihm die Körperwelt mit dem Raume identisch ist, so betrachtet er sie als ein unendliches Continuum und polemisirt, wie gegen die Annahme der Endlichkeit der Welt, so auch gegen diejenige ihrer endlichen Theilbarkeit, d. h. gegen die Atomtheorie. Die Körper erscheinen ihm nur als wechselnde Theile und Gestaltungen des unendlichen Raumes, und was man sonst Bewegung nennt, ist für ihn nur eine örtliche Veränderung in dieser Theilung des continuirlichen Raums. Es ist klar, dass diesen Raumgrössen keine selbständige Bewegungskraft innewohnen kann, dass deshalb nach dieser Lehre alle Kraft, welche sie zu entwickeln scheinen, nur als geborgt gelten darf, und der ganze Naturprocess erscheint deshalb für Descartes nur als eine

Uebertragung der göttlichen Kraft von Raumtheil auf Raumtheil. Aus der Unveränderlichkeit Gottes leitet er das Gesetz der Trägheit in der Weise ab, dass er zeigt, wie die Summe dieser Bewegung immer dieselbe bleiben müsse, weil ja in der Körperwelt selbst weder neue Bewegung entstehen, noch die vorhandene vernichtet werden könne. Alles Geschehen in der Natur besteht deshalb in der Uebertragung dieser göttlichen Bewegung von einem Theile auf den andern. Das mechanische Princip des Stosses mit seiner Gleichheit von Wirkung und Gegenwirkung muss alle Erscheinungen erklären. So gelangt Descartes in ganz anderem Zusammenhange als Lord Bacon zu derselben **Ausschliessung aller teleologischen Erklärung**, wie dieser: bei dem französischen Philosophen wurzelt sie in einer bewussten und gewollten Abhängigkeit von der **Mechanik**, und es ist nicht zum wenigsten sein Einfluss gewesen, der diese Wissenschaft mit dem ganzen Glanze der Erfolge, welche sie im XVII. und XVIII. Jahrhunderte aufzuweisen hatte, zu der tonangebenden Naturwissenschaft gemacht hat. Schon Descartes selbst machte den Versuch, die astronomischen Verhältnisse auf dem rein mechanischen Wege zu erklären, und da sein Princip, wonach alle Bewegung nur als übertragen aufgefasst werden sollte, dasjenige der Wirkung in die Ferne ausschloss, so versuchte er, den gegenwärtigen Bestand des Planetensystems, in dessen Auffassung er sich ganz an Copernicus und Galilei anschloss, durch eine Wirbelbewegung zu erklären, vermöge deren sich die Planeten um ihren gemeinsamen Mittelpunkt bewegen sollten. Besonders bemerkenswerth aber ist seine Anwendung dieses mechanischen Princips auf die Physiologie. Auch die scheinbar zweckmässigen Bewegungen der Organismen betrachtet er unter dem Gesichtspunkte der mechanischen Causalität; und die Thiere gelten ihm nur als überaus feine Maschinen. Als die Triebkraft des thierischen Mechanismus bezeichnet er — in Abhängigkeit von der Harvey'schen Entdeckung — das Blut und die darin nach der alten peripatetisch-stoischen Lehre sich entwickelnden, jedoch im rein materiellen Sinne gemeinten „Lebensgeister". Er begreift dabei vollkommen den Doppelprocess, vermöge dessen die von der Aussenwelt auf den Organismus ausgeübten Reize sich auf dessen inneren Leitungsbahnen bis zu centralen Punkten fortpflanzen, um sich von dort aus auf anderen Bahnen in den Bewegungen der äusseren Organe zu entladen, und er glaubt als das allgemeine

Centrum dieser centripetalen und centrifugalen Bewegungen einen Theil des Gehirnes erkannt zu haben, welchen die Anatomie als Zirbeldrüse (conarium) bezeichnet. Werthvoller als diese durchaus willkürliche Annahme ist das Gewicht, welches er für ihre Bestätigung und für die Ausführung der dahin einschlagenden Untersuchungen auf diejenigen Experimente legte, die man schon damals in den holländischen Aerzteschulen über Reflexbewegungen veranstaltete.

Diejenige Stellung, welche in der cartesianischen Naturphilosophie der Ausdehnung als dem Attribute der körperlichen Substanzen zukommt, nimmt in seiner Geisteslehre das Denken als das Attribut der Geister derartig ein, dass er sie geradezu als denkende Substanzen bezeichnet. Doch versteht er unter „Cogitatio" die Gesammtheit der seelischen Thätigkeiten in der Weise, wie wir es jetzt etwa mit dem Worte „Bewusstsein" bezeichnen würden. Gleichwohl kommt auch darin bei Descartes das Uebergewicht des Theoretischen zum Ausdruck. Wie der Körper nie ohne Ausdehnung, so ist nach seiner Lehre die Seele nie ohne Denken. Aber die Vorstellung bildet ihm deshalb auch die eigentliche Substanz alles geistigen Seins, von der alle übrigen psychischen Thätigkeiten nur Modificationen sind. Gefühl und Wille erscheinen deshalb bei Descartes im Grunde genommen nur als Vorstellungsverhältnisse, und die Lehre von der Willensfreiheit, mit der er auch das Problem des Irrthums löste, gestaltet sich gerade dadurch zu einer schlimmen Inconsequenz. Denn in seiner psychologischen Theorie sucht er nach scholastischem Muster auszuführen, dass der Wille durchgängig von der Vorstellung abhängig sei. Die Bejahung des Willens ist ihm identisch mit einer Erkenntniss von dem Werthe des Gewollten: etwas für gut erkennen, ist so viel, wie es begehren, etwas für schlecht erkennen so viel, wie es verabscheuen. Hierin zeigt sich die ganze Einseitigkeit, zu welcher Descartes durch das erkenntnisstheoretische Princip des Selbstbewusstseins sich verleiten liess, indem er sich nicht von dem Gedanken losmachen konnte, dieses bringe dem Geiste seine eigene Existenz lediglich in der Form des Vorstellens zur Gewissheit. Die Consequenz davon war diejenige, dass auch seine ethische Ueberzeugung, auf deren Ausführung er freilich bei der rein theoretischen Neigung seines Denkens weniger Gewicht legte, den Stempel dieser Einseitigkeit an sich trug. Der sittliche Unterschied von

„gut" und „böse" war für ihn nur aus demjenigen von „wahr" und „falsch" abzuleiten. Ist der Wille nur eine Modification des Vorstellens, so hängt sein Werth auch lediglich von demjenigen der Vorstellung ab, die ihn leitet, und der letztere kann nur der erkenntnisstheoretische des Richtigen und des Unrichtigen sein. Eine Handlung wird gut sein, wenn der ihr zu Grunde liegende Gedanke eine adäquate Erkenntniss war, sie ist böse, wenn er eine unrichtige Erkenntniss enthielt. Da nun nach der cartesianischen Lehre lediglich das Denken des Verstandes als wahre Erkenntniss, die sinnlichen Empfindungen dagegen als inadäquate, dunkle und verworrene Vorstellungen galten, so führte ihn dies zu der echt rationalistischen Folgerung, dass nur diejenigen Handlungen als gut angesehen werden dürfen, welche aus klarer und deutlicher Erkenntniss der Vernunft hervorgegangen sind. Dieselbe Vernunft, welche der Angelpunkt seiner theoretischen Philosophie war, wurde auch das Princip seiner Moral, und der Charakter **abstracter Vernünftigkeit**, der sein persönliches Wesen ausmachte, beherrscht somit seine gesammte Philosophie. In diesem Geiste hat Descartes der gesammten Aufklärung die Wege gewiesen. Wie das XVIII. Jahrhundert mit allen seinen psychologischen Theorien das Denken für die bestimmende Grundmacht des psychischen Lebens erklärte, so huldigte es in allen sittlichen Fragen der Ueberzeugung, dass die Bethätigung der auf sich selbst besonnenen Vernunft die höchste Aufgabe des Menschen bilden und die entscheidende Macht in der Gestaltung des gesellschaftlichen Lebens werden müsse.

In dieser Weise sucht Descartes die körperliche und die geistige Welt jede für sich und jede aus ihrer Grundeigenschaft zu begreifen, und er hält daran fest, beide soweit als möglich von einander zu trennen, den Vorgang der Bewegungen in jeder von ihnen so aufzufassen, als ob die andere nicht da wäre. Es geschieht zu diesem Zwecke, wenn er die Processe der sinnlichen Empfindung, die Vorgänge des Gedächtnisses und die sinnlichen Triebe als rein körperliche Bewegungen auffasst; er gewinnt freilich auf diese Weise die Möglichkeit, das Vorhandensein dieser Thätigkeiten in den Thieren, die er ja lediglich für materielle Maschinen erklärt hatte, als vollkommen mit seiner Theorie übereinstimmend anerkennen zu können, und das Wesen der geistigen Substanz bleibt für ihn dadurch um so mehr auf das rein vernünftige Denken beschränkt. Allein trotzdem bleibt nun eine Thatsache übrig, welche für seine Lehre zu einem schwerwiegenden Problem wird und ihn nöthigt, die Strenge seines Dualismus wenigstens an diesem Punkte aufzugeben. Diese Thatsache besteht in den **Affecten und Leidenschaften**, in denen zweifellos auch die denkende Substanz thätig ist und welche doch aus der Klarheit und Deutlichkeit des vernünftigen Denkens so wenig erklärbar erscheinen, dass sie vielmehr das direkte Gegentheil davon ausmachen. Und an diesem Probleme der Affecte und Leidenschaften nimmt die cartesianische Philosophie ein um so grösseres Interesse, als sie gerade die wesentlichste, ja im Grunde genommen die einzige Hemmung für jene Klarheit und Deutlichkeit des Denkens bilden, welche ihr Ideal ausmacht. Aus der Natur der denkenden Substanz ist die Trübung, welche diese Zustände in die Vorstellungswelt bringen, nicht zu erklären, ebensowenig aber aus einer göttlichen Einwirkung, da man unmöglich annehmen kann, dass diese Zustände der Unvollkommenheit und der Sünde von Gott in uns hervorgerufen worden sind. So bleibt für Descartes nichts übrig, als darin eine Thatsache zu constatiren, welche zwar durch anthropologische Erfahrung festgestellt, aber aus dem ganzen Systeme nicht begründet werden kann — die Thatsache nämlich, dass die Affecte und Leidenschaften aus einer Einwirkung des Körpers auf die Seele hervorgehen. Indem Descartes sich diesen Vorgang zu veranschaulichen sucht, gelangt er zu der Annahme, dass die denkende Substanz der menschlichen Seele ihren räumlichen Sitz in jener Zirbeldrüse habe, welche er als den Centralpunkt des physiologischen Organismus und als diejenige Stelle bezeichnet hatte, wo die centripetalen Vorgänge sich in centrifugale umsetzen. Hier, glaubt er, bliebe der Tumult der im Blute lebendig gewordenen Lebensgeister nicht ohne Einfluss auf die Seele, und diese Einflüsse übten auf sie jene störenden und trübenden Wirkungen aus, die wir in den Affecten und Leidenschaften constatiren können. War erst einmal so der Ursprung gewisser Affectzustände gewonnen, so meinte Descartes aus ihnen durch die Vermittlung der Vorstellungsbewegungen die ganze Mannigfaltigkeit dieser Zustände als eine natürliche und nothwendige Entwicklung begreifen zu können. Er setzte deshalb voraus, dass diese Störung in der denkenden Substanz den Affect der Verwunderung und die Begierde errege, dass die letztere die „Leidenschaften" entweder des Hasses oder der Liebe erzeuge, und dass Befriedigung und Nichtbefriedigung dieser Triebe wiederum die

Affecte der Freude und der Trauer herbeiführe. So stellte er von diesen sechs Grundformen aus eine **Naturgeschichte der Affecte und der Leidenschaften** auf, welche einerseits nicht ohne Vorbilder in der alten Philosophie, namentlich der Stoa war, andrerseits aber für mannigfache spätere Versuche zum Vorbilde gedient hat. Er gab endlich dieser Lehre eine ethische Wendung, indem er darauf hinwies, wie diese Abhängigkeit des Geistes von den aus der körperlichen Einwirkung kommenden Affecten und Leidenschaften eine Unfreiheit des Geistes bedeute, aus der er sich emporringen müsse. Das ganze moralische Leben besteht daher nach ihm in einem Kampfe der denkenden Seele mit jenen störenden Lebensgeistern des physischen Organismus, und das Ideal des sittlichen Lebens liegt für ihn darin, dass der Geist durch die Ueberwindung der Leidenschaften sich zu voller Klarheit und Deutlichkeit emporarbeitet. Das Mittel dazu ist natürlich wiederum kein anderes, als die Selbstbesinnung der Vernunft. Die Selbsterkenntniss ist der einzige Weg zu der sittlichen Freiheit des Geistes. Das „cogito, sum" ist das Alpha und Omega der cartesianischen Philosophie.

Allein die zur Erklärung der Thatsache der Leidenschaften angenommene Einwirkung des Körpers auf den Geist blieb doch innerhalb dieser Lehre selbst nur wieder eine unbegreifliche Thatsache und widersprach der Grundannahme, wonach die volle Ausschliesslichkeit der ausgedehnten und der denkenden Substanzen zunächst ihrer Existenz, aber weiterhin doch auch ihrer Function nach behauptet werden sollte. Dies war in der cartesianischen Weltanschauung die Achillesferse, dies deshalb auch der Punkt, an welchem die unmittelbaren Nachfolger die Weiterentwicklung ihrer Gedanken ansetzten.

§ 25. Die Cartesianer und die Occasionalisten.

So wenig Descartes selbst dafür that, so sehr er sogar sich von öffentlicher Wirksamkeit zurückzuziehen suchte, so konnte es doch nicht ausbleiben, dass eine so originelle und in ihren Grundzügen so neue Lehre wie die seinige, nachdem sie einmal bekannt geworden war, eine mächtige Wirkung ausübte, und die philosophische Bewegung in Frankreich und den Niederlanden wurde deshalb in der zweiten Hälfte des XVII. Jahrhunderts wesentlich durch

Descartes bestimmt. Seine Philosophie erregte das grösste Aufsehen und wurde bald sowohl in ihrer principiellen Grundlage, als auch in ihren einzelnen Theorien der Gegenstand lebhaftester Verhandlungen innerhalb der gelehrten Welt. Das Geschick, welches sie dabei erlitt, wurde zum grossen Theil dadurch mitbestimmt, dass sie in die confessionellen und dogmatischen Streitigkeiten der Zeit hineingezogen wurde. Dabei war der Gesichtspunkt der freien Vernunftforschung, welchen sie aufgestellt hatte, den Orthodoxen aller Confessionen gleich unliebsam, und so vorsichtig sich Descartes den Satzungen seiner Kirche gegenüber verhalten hatte, so fand seine Lehre doch bei deren officiellen Vertretern ebensoviel Widerspruch, wie bei dem kirchlichen Systeme der Lutheraner, die hn zuerst anfeindeten. Der Bewegung, welche seine Philosophie auf den niederländischen Universitäten hervorrief, und welche durch die gehässige Form, die sie zwischen seinen Anhängern und den Lutheranern annahm, ihm den Aufenthalt in Holland unbehaglich machte, ist schon früher gedacht worden. In Frankreich gestaltete sich das Geschick seiner Philosophie derartig, dass sie hauptsächlich von den Jansenisten angenommen und schon aus diesem Grunde von den Jesuiten bekämpft wurde. Man kann nicht sagen, dass in diesem Streite wesentlich neue Gedanken vorgebracht wurden; aber den Jansenisten gebührt dabei das Verdienst, mehr und mehr an einer systematischen Gestaltung der von Descartes aufgestellten erkenntnisstheoretischen Principien gearbeitet zu haben; und die aus ihrer Schule von Port Royal hervorgegangene, hauptsächlich von Arnauld und Nicole redigirte Logik (L'art de penser 1662) darf als der vollkommenste Ausdruck der durch das cartesianische System bestimmten Methodologie angesehen werden. Andere Cartesianer, welche den religiösen Fragen verhältnissmässig gleichgiltiger gegenüberstanden, wurden sehr bald darauf aufmerksam, dass die Substanzenlehre Descartes' namentlich in Bezug auf den Einfluss des Leibes auf die Seele einer genaueren und widerspruchsloseren Durchführung bedürfe, und sie neigten im Laufe der Zeit immer mehr dem Bestreben zu, die gegenseitige Ausschliesslichkeit der ausgedehnten und der denkenden Substanzen von der Existenz auch auf die Function zu übertragen und jede Möglichkeit eines Einflusses der einen auf die anderen zu leugnen. So suchte Clauberg (Corporis et animae in homine conjunctio) namentlich in Bezug auf das Verhältniss der Sinneswahrnehmung zur Nervenerregung darzuthun, dass ein natürlicher Zusammenhang zwischen dem leiblichen und dem seelischen Leben des Menschen nicht existiren und dass dessen factisches Bestehen nur als ein „wunderbares" geglaubt werden könne, und in gleichem Sinne schrieben Louis de la Forge (Traité de l'esprit de l'homme, Paris 1666) und Cordemoy (Le discernement du corps et de l'âme, Paris 1668): der letztere betonte namentlich das Verhältniss des Willens zu den ausführenden Leibesbewegungen. Später hat aus diesen Betrachtungen Balthasar Becker (Betoverde weereld, 1690) die echt rationalistische Folgerung gezogen, dass, wenn ein Einfluss der Geister auf die Körperwelt nicht stattfinden könne, alle Berichte von Geistererscheinungen Hallucinationen und der Gedanke der Magie als einer durch Geister vermittelten materiellen Wirksamkeit eine Absurdität sei.

Wenn so schon die cartesianische Schule in Bezug auf jenes von den Principien Descartes' aus unlösbare Problem des Zusammenhanges von Leib und Seele consequenter zu sein sich bemühte, so gilt dies erst recht von einer Schule niederländischer Denker, die von diesem Gesichtspunkte aus die cartesianische Lehre in wesentlichen Punkten umgestaltete. Ihr Hauptvertreter ist Arnold Geulincx (1625—1669), der, zu Antwerpen geboren, nach einer Wirksamkeit an den Universitäten zu Loewen und Leyden, in letzterer Stadt starb. Seine Schriften, unter denen die Logik (1662), die Ethik (1665 und mit Anmerkungen 1675) und die posthume Metaphysik (1695) und Physik (1698) die hervorragendsten sind, suchen das cartesianische Princip der vernünftigen Selbstbesinnung nach allen Seiten hin noch energischer durchzuführen. Aus der geistigen Substanz selbst kann nur so viel hervorgehen, als sie mit klarem und deutlichem Bewusstsein in sich erzeugt. Sie ist deshalb der selbstthätige Grund nur für diejenigen Functionen, bei denen sie sich der Erzeugung vollkommen bewusst ist. Wenn also andere Thätigkeiten in ihr vorgehen, die sie nur in sich bemerkt, ohne ihren Ursprung unmittelbar zu kennen, so müssen diese nicht von ihr selbst, sondern von einer anderen Substanz in ihr hervorgebracht sein. Da aber der influxus physicus, die Einwirkung des Körpers auf die Seele, wie Geulincx mit den späteren Cartesianern annimmt, der Substantialität der Seele widerspricht, so können diese Functionen, bei denen die Seele sich ihres Urprungs nicht unmittelbar bewusst ist, nur durch die Gottheit darin hervorgebracht worden sein. Dabei ist es nun ein Zeugniss von der Selbständigkeit, mit der Geulincx die cartesianischen Gedanken verarbeitete, dass er der Unentschiedenheit, welche in dem Systeme Descartes' in Rücksicht auf die Stellung der sinnlichen Empfindungen des Menschen herrscht, ein Ende machte. In der Erkenntnisstheorie hatte dieser nicht umhin gekonnt, die Sinnesempfindungen wenigstens als unklare Elemente der Vorstellungsthätigkeit anzuerkennen, in der Metaphysik hatte er sie aus oben besprochenen Gründen für lediglich materielle Vorgänge erklärt. Geulincx tritt entschieden dafür ein, dass sie Aeusserungen der geistigen Substanz seien, aber freilich solche, welche ohne Bewusstsein ihrer Herkunft in uns entstehen, bei denen wir uns leidend verhalten, und die deshalb nur durch einen fremden Willen in uns erzeugt sein können. Da aber dieser Wille der göttliche ist, und da zu den Vollkommenheiten Gottes auch seine Wahrhaftigkeit gehört, so müssen wir annehmen, dass er diese Vorstellungen in uns nur erzeugt, weil sie wahr sind, d. h. weil ihr Inhalt gleichzeitig in der Körperwelt wirklich ist. In dieser Weise bilden die Vorgänge in der Körperwelt nicht die direkte Ursache unserer Vorstellungen, sondern vielmehr nur die Veranlassung, auf Grund deren sie von Gott in uns hervorgerufen werden. Bei Gelegenheit einer Thatsache in der Körperwelt erzeugt Gott in den Geistern die entsprechenden Vorstellungen. In diesem Sinne betrachtet Geulincx die materiellen Vorgänge nicht als die wirkenden Ursachen (causae efficientes), sondern als die Veranlassungen oder Gelegenheitsursachen (causae occasionales) der Sinnesempfindungen, und umgekehrt setzt er dasselbe Verhältniss zwischen den Willensentschlüssen der Seele und den ihnen entsprechenden Bewegungen des Leibes an. So wenig, wie der Leib die Seele, kann die Seele den Leib direkt beeinflussen, und die Begierden sind auch hier nur die Veranlassungen, auf Grund deren Gott die Körperwelt in Bewegung setzt. Deshalb ist dieses System als Occasionalismus und seine Anhänger als Occasionalisten bezeichnet worden. Es behauptet, dass die materielle und die immaterielle Welt ohne jeden natürlichen Einfluss fortwährend neben einander bestehen und in dem Flusse ihrer Bewegungen unabhängig von einander ablaufen, und dass der scheinbare Zusammenhang, der zwischen ihnen besteht, durch die stetige Einwirkung der Gottheit vermittelt wird. Der Occasionalismus treibt die Auseinanderreissung der materiellen und der geistigen Welt auf die Spitze, aber er sieht sich, um dies zu erreichen, genöthigt, beiden die substantielle Selbständigkeit durchgehends abzusprechen und sie lediglich der Gottheit zuzuertheilen; er ist gewissermassen die letzte Etappe, auf welche sich das menschliche Denken gedrängt sah, wenn es an der Theorie von der absoluten Geschiedenheit des materiellen und des immateriellen Daseins festhalten wollte.

Die stetige Vermittlung Gottes zwischen geistiger und körperlicher Welt scheint nun Anfangs auch von Geulincx wie von andern Occasionalisten als eine Reihe einzelner Akte aufgefasst worden zu sein, wonach jedes Mal bei Eintritt eines Vorgangs in der einen Welt von Gott der entsprechende Vorgang in der anderen Welt hervorgerufen werden sollte. Diese Vorstellung, welche das Wunder in Permanenz erklärte, stiess aber auf gewichtige Bedenken, insbesondere auf das theologische, dass auf diese Weise Gott für die Ausführung sündiger Absichten verantwortlich erscheinen musste. Daher hat Geulincx in seiner reiferen Entwicklung der occasionalistischen Lehre die Form gegeben, dass eine **dauernde Weltordnung** angenommen wurde, wodurch Gott ein für alle Mal bestimmt habe, dass mit den Vorgängen in der einen Welt die entsprechenden Vorgänge in der anderen Welt verbunden sein sollen. Geulincx veranschaulichte dies durch Ausführung eines in der gleichzeitigen Litteratur häufiger auftretenden Gleichnisses: der gleichmässige Gang zweier Uhren braucht nicht durch eine direkte Abhängigkeit der einen von der andern, sondern kann auch dadurch erklärt werden, dass beide mit vollkommener Kunst gleich eingerichtet und von Anfang an gleich gestellt sind.

Zugleich aber erweiterte sich dadurch bei Geulincx die ursprünglich nur anthropologisch motivirte Lehre des Occasionalismus zu einer allgemeinen **metaphysischen Causalitätstheorie**. Schien es zuerst nur besondere Schwierigkeit zu machen, dass eine körperliche Substanz auf eine so heterogene wie die Seele (und umgekehrt) einen Einfluss ausüben sollte, so zeigte genaueres Nachdenken, dass schon die Wirkung eines Körpers auf einen andern Körper, dass überhaupt die Wirkung einer endlichen Substanz auf die andere unbegreiflich ist. Die Causalbeziehung ist logisch nicht einzusehen: es liegt nicht im Begriff des einen Dinges, Ursache für die Zustandsveränderungen des andern zu sein. Darum dürfen überhaupt die Zustände der endlichen Wesen im Verhältniss zu einander nur als Veranlassungen und Gelegenheiten betrachtet werden. Nicht die endlichen Dinge wirken auf einander; eine solche Einwirkung des einen auf das andere ist unmöglich. Deshalb spricht Geulincx auch den Körpern jede eigne Aktivität ab. Der einzig Wirkende ist Gott. Durch diese Lehre war nun aber den endlichen Dingen, den Seelen wie den Körpern, ein wesentliches Merkmal ihrer substantiellen Selbständigkeit, die Fähigkeit zu wirken, entzogen: als wirkende Substanz blieb nur die unendliche übrig, Gott. Die letzten Consequenzen aus diesem in der occasionalistischen Bewegung unausweichlichen Schlussgedanken haben, je in ihrer Weise, Spinoza und Malebranche gezogen.

Diese metaphysische Basis trägt nun bei Geulincx eine ethische Lehre, welche an die äussersten Consequenzen der mystischen Systeme erinnert, und es ist auch die Annahme nicht ausgeschlossen, dass die in den Niederlanden stets aufrecht erhaltene Tradition der Mystik bei der Ausbildung dieser seiner Lehre mitgewirkt hat. Jedenfalls konnte jene Tendenz der reinen Innerlichkeit kaum einen günstigeren metaphysischen Boden finden, als das System des Occasionalismus, nach welchem die Seele von jedem reellen Zusammenhang mit dem Leibe ausgeschlossen und lediglich mit der allumfassenden Gottheit in Beziehung gesetzt wurde. Es erscheint wie eine ganz einfache Folgerung, wenn Geulincx den ethischen Grundsatz aufstellt, dass die Seele in der körperlichen Welt, in der sie gar nichts zu schaffen hat, auch nichts begehren soll: „ubi nil vales, ibi nil velis." Danach bleibt als die einzige Tugend die Beschränkung der Vernunft auf sich selbst übrig, die Selbsterkenntniss und die Demuth; das moralische Leben soll sich von jeder äusseren Bethätigung auf die rein innerliche Bethätigung der Vernunft zurückziehen, und hier in jener Selbsterkenntniss, welche zugleich Gotteserkenntniss ist, den Frieden der Seele und das höchste Gut suchen und finden. Alles, was Descartes von der Ueberwindung der Leidenschaften durch das Denken gelehrt hatte, fand hier eine begeisterte Aufnahme. Freilich mochte es metaphysisch nicht ganz begreiflich sein, wie in die rein auf sich selbst gestellte Seele die sinnliche Begierde einzubrechen vermag. Immerhin suchte Geulincx seiner Lehre diese sittliche Consequenz zu geben und mit dem cartesianischen Systeme eine Sittenlehre zu verknüpfen, deren Ideal eine Art Flucht aus der Welt und eine Versenkung in die reine Betrachtung bildete, wie sie in den Charakterzügen und in der Lebensgestaltung von Descartes selbst hervorgetreten waren.

So merkwürdig es auf den ersten Blick erscheint, dieses System des strengen Rationalismus, das Produkt eines nüchternen, vor Allem nach durchsichtiger Klarheit ringenden Denkers bot eine Reihe von bedeutsamen Punkten dar, an welche sich mystische Neigungen und tief sittliche Gefühlsregungen anzuschliessen vermochten. Das Ideal der Selbsterkenntniss hatte schon bei Descartes nicht nur erkenntnisstheoretische Bedeutung, sondern zugleich den sittlichen Werth eines persönlichen Lebensprincips; und wenn die innige Verschmelzung, in welche Descartes diese Selbsterkenntniss mit der Gotteserkenntniss gebracht hatte, in seinem Systeme eine lediglich theoretische Operation bildete, so konnte es nicht ausbleiben, dass sie gerade von dem religiösen Bedürfnisse begierig ergriffen und als die rationelle Lösung jener Sehnsucht erfasst wurde, mit der die Mystiker schon immer danach rangen, aus der Selbsterkenntniss des gläubigen Gemüths das Geheimniss der Gottesanschauung zu schöpfen. So nahe vermögen sich Richtungen des menschlichen Denkens zu treten, von denen man ihrer ganzen Grundlage und ihrem innersten Wesen nach vermuthen sollte, dass sie sich auf ewig fliehen müssten. Eine solche Berührung des Rationalismus und des Mysticismus zeigt die Ethik des Occasionalismus. Aber weit eindrucksvoller und weit wunderbarer ist es, dass diese beiden Systeme, der cartesianische Rationalismus und die gottbegeisterte Mystik, schon kurz vorher unabhängig von der Ausgestaltung der occasionalistischen Ideen ihre vollendete Durchdringung gefunden hatten. Diese merkwürdige und in der Geschichte einzig dastehende Verschmelzung ist der Spinozismus. Und jener eigenthümliche Duft, der über diesem unvergleichlichsten aller Denksysteme liegt, besteht zum grössten Theile in dieser wunderbaren Vereinigung so völlig heterogener Elemente.

§ 26. Baruch Spinoza.

Es war nicht zufällig, dass Descartes gerade die Niederlande für die Stätte seiner wissenschaftlichen Musse erkoren hatte. Denn hier konnte er jeden Augenblick aus seiner Einsamkeit in eine reiche Bewegung des geistigen Lebens heraustreten. Dies kleine Land, im Vollgenusse einer eben gewonnenen politischen Freiheit, war in einem mächtigen Aufstreben begriffen und ein fruchtbarer Sammelplatz auch der geistigen Bewegungen der Zeit. Die Kunst fand hier eine neue, eigenartige Blüthe; die humanistischen Studien und die neuen Bestrebungen der Mathematik und der Naturwissenschaft standen auf gleicher Höhe, und die Abwerfung der geistigen Fesseln, welche mit derjenigen des politischen und religiösen Joches verknüpft gewesen war, gab der Entwicklung der neuen Gedanken eine gewisse Freiheit des Spielraums. So wurde Holland um diese Zeit zum Theil wirklich eine Freistatt des wissenschaftlichen Denkens und kam, wie es zu gehen pflegt, noch mehr in den Ruf, eine solche zu sein. Zwar blieb auch hier die verderbliche Wirkung des Orthodoxismus, den die neue Confession geschaffen hatte, nicht aus, und der Cartesianismus selbst gehörte zu den ersten Richtungen, welche darunter leiden sollten. Allein immerhin war doch ein Zug nach geistiger Freiheit selbst auf den Universitäten der Niederlande lebendig. Die Bewegung des Jansenismus, welche innerhalb der katholischen Kirche den Jesuitismus am erfolgreichsten bekämpfte, hatte von den niederländischen Universitäten ihren Ausgang genommen. Auch der lebhafte Anklang, den die cartesianische Philosophie gerade in den Niederlanden fand, darf zuletzt als ein Zeichen dieser freieren Bewegung aufgefasst werden, und vor Allem erfreuten sich hier auch die Naturwissenschaften einer stetigen Förderung.

Unter denjenigen Kräften aber, welche unter dem Schutze der niederländischen Freiheit eine günstige Entwicklung fanden, nahm einen nicht geringen Platz die jüdische Wissenschaft ein. Aus Spanien vertrieben, hatten viele Juden in den Niederlanden eine Zuflucht gefunden, und mit der Begründung der sogenannten portugiesischen Judengemeinde in Amsterdam war auch die philologische, philosophische und theologische Bildung, welche sie mitbrachten, zu einer Art von Blüthe emporgewachsen. In reichster Entfaltung gediehen in der Rabbinenschule zu Amsterdam die wissenschaftlichen Studien, und es war nur eine nothwendige Folge davon, dass sie aus dem engen Kreise der religiösen Orthodoxie ihres Volkes zu der vollen Freiheit moderner Wissenschaft herausdrängten und Conflicte wie den denkwürdigen des Uriel Acosta erzeugten. Die nahe Berührung mit den Ergebnissen der neuen Wissenschaft zersprengte dabei die streng geschlossene Gestalt, welche das jüdische

Denken durch das Mittelalter hindurch bewahrt hatte, und führte innerhalb der Gemeinde zu Kämpfen, welche in ihrer Art, ihren Mitteln und ihrem Ausgange denjenigen der christlichen Kirchen sehr ähnlich waren: zugleich aber wurden dadurch eine Anzahl von Gedanken, an denen die jüdische Wissenschaft während der Verfolgungen von fast zwei Jahrtausenden mit der diesem Volke eigenthümlichen Zähigkeit festgehalten hatte, in den grossen Strom der modernen Geistesbewegung eingeführt. Aus dieser Gemeinde der portugiesischen Juden in Amsterdam stammte der Mann, in dessen gewaltiger Gedankenarbeit sich diese Vorgänge vollzogen, und der durch eine Verbindung des Cartesianismus mit den Elementen seiner Jugendbildung die rationalistische Philosophie auf ihren höchsten Gipfel zu führen und ihr typischer Repräsentant zu werden berufen war.

Baruch Spinoza war, der Sohn einfacher Handelsleute, 1632 zu Amsterdam geboren und empfing seine Bildung auf der Rabbinenschule unter der Leitung des berühmten Talmudisten Morteira. Der gewöhnliche Gang dieser gelehrten Erziehung, welche das Studium der hl. Bücher, des Talmud, der Commentatoren und der jüdischen Scholastiker umfasste, gab ihm ebensowenig Befriedigung, wie sie Descartes auf der Jesuitenschule zu La Flèche gefunden hatte. Der reine Trieb einer vollkommenen Gotteserkenntniss, der ihn im Innersten erfüllte und den Kernpunkt seines geistigen Wesens bildete, liess ihn bald nach anderer Befriedigung suchen. Und es lag wohl zunächst, dass er sich an die mystische Geheimlehre des jüdischen Mittelalters, die Kabbala, wendete. Doch fand er auch hier keine Ruhe, und so zog es ihn unwiderstehlich zu den Grössen des modernen Denkens und zu den Errungenschaften der neuen Wissenschaft hin. Eine reiche Sprachkenntniss unterstützte dies Bestreben, und er vervollkommnete sie durch einen Unterricht im Lateinischen, welchen er bei einem Arzte Namens Franz van den Ende nahm. Dieser Mann, der später, als Freigeist aus Holland vertrieben, in Frankreich ein elendes Ende fand, hat das Verdienst, den jungen Spinoza wohl zuerst auf die Bedeutung der naturwissenschaftlichen Errungenschaften der Zeit hingewiesen zu haben. Vielleicht war es auch durch ihn, dass der geistreiche Jude in die Kreise der Christen hineingezogen wurde, welche der wissenschaftlichen Zeitbewegung mit Interesse folgten. Wenigstens datirt schon aus dieser Zeit die

Bekanntschaft Spinoza's mit dem Arzte Ludwig Meyer, einem begeisterten Cartesianer, und mit Oldenburg, der später von London aus, wo er niederländischer Gesandter war, einen regen Briefwechsel mit dem Philosophen führte. Es ist zweifellos, dass Spinoza sich schon sehr früh mit den Werken Giordano Bruno's beschäftigte, dass in den Kreisen dieses seines weiteren Verkehrs die Schriften Bacon's, Descartes' und Hobbes' gelesen und eifrig besprochen wurden; und wenn wir auch nicht mehr mit genauen chronologischen Daten die Zeitpunkte anzugeben vermögen, zu welchen die einzelnen dieser Lehren in den ungewöhnlich schnellen Entwicklungsgang Spinoza's eingriffen, so verstehen wir doch, wie er, so genährt, das enge Kleid des nationalen Glaubens bald auswuchs und der Synagoge mehr und mehr entfremdet wurde. Das Misstrauen, welches die Lehrer in den selbständig werdenden Schüler zu setzen begannen, scheint durch die neidische Missgunst gewisser Altersgenossen gesteigert worden zu sein. Und so ballten sich allmählich die Wolken des Gewitters zusammen, welches seinem Leben die tragische Wendung geben sollte. Man nahm seine Zurückziehung vom Besuch der Synagoge zum Anlass, ihn auf seine Ansichten aushorchen zu lassen, man veranstaltete eine Art von Glaubensgericht, man bot ihm, um das Aufsehen, welches der Abfall eines so bedeutenden und geachteten Jünglings erregen musste, zu vermeiden, ein Jahrgehalt für das Versprechen des Stillschweigens und die äusserliche Unterwerfung, — und als Alles nicht fruchtete, schritt man zu dem letzten Mittel, der grossen Excommunication. Das war der Wendepunkt in Spinoza's Leben. Von seinem Volke verstossen und ohne das Bedürfniss, irgend einer der menschlichen Gemeinschaften beizutreten, lebte er von nun ab in absoluter Einsamkeit; ohne Heimat wanderte er in der Verborgenheit von einem Orte zum andern, um schliesslich im Haag in der Stille ein friedliches Leben der wissenschaftlichen Arbeit zu führen, — eine Einsamkeit, derjenigen des Descartes ähnlich und doch wieder so ganz unähnlich. Die volle Unabhängigkeit, deren er für dieses Leben bedurfte, und die er in jeder Weise auch gegen mancherlei Anerbietungen seiner Bekannten aufrecht erhielt, erreichte er durch eine bis auf das Aeusserste gesteigerte Bedürfnisslosigkeit, und das Wenige was er zu seinem Unterhalte brauchte, erwarb er durch das Schleifen optischer Gläser, welche ihrer Vorzüglichkeit halber weit und breit gesucht waren. Niemals vielleicht ist die Weltabgekehrtheit einfacher und aufrichtiger gewesen, als bei ihm. Es war nicht das geringste Gefühl von Hass oder Verbitterung, mit dem er des Menschenlebens gedachte, welches ihn ausgestossen hatte. Es erfüllte ihn die heitere Ruhe des geistigen Schaffens und der willenlosen Weltbetrachtung; ein Friede waltet über seinem Dasein, wie die reinliche Poesie niederländischen Stilllebens. Lauterste Uneigennützigkeit und wohlwollende Herablassung zeigt er den Menschen gegenüber, mit denen ihn sein einsames Leben zusammenführt. Eine stille Resignation weht durch sein Leben, aber nicht als ein mühsam unterdrückter Schmerz, sondern als eine ernste, klare Erkenntniss. Aus dieser Zurückgezogenheit liess er sich auch nicht durch die Versuchung reissen, welche in Gestalt eines Rufes an die Universität Heidelberg an ihn herantrat. Zwar wurde ihm von dem freisinnigen Churfürsten Karl Ludwig von der Pfalz — dem Bruder jener Prinzessin Elisabeth, mit der Descartes correspondirt hatte — das Versprechen vollkommener Lehrfreiheit gegeben: aber er wusste recht gut, dass dieses seiner Lehre gegenüber durch die jahrhundertelange Gewöhnung der europäischen Völker sehr bald in enge Grenzen gezogen werden würde; und da er so wenig wie Descartes das reformatorische Bedürfniss nach öffentlicher Wirksamkeit fühlte, so war es gewiss eine That der Weisheit, dass er die Ruhe seiner Gedankeneinsamkeit vorzog. Hatte er es doch nur allzu bald erfahren, wie unsicher und schwankend auch die Versprechungen derer, die sich seine Freunde nannten, im rechten Momente sich erwiesen. Jener kleine Kreis von Männern, in welchem Spinoza während der letzten Zeit seines Amsterdamer Aufenthaltes verkehrt hatte, war mit dem Einsiedler in brieflicher und gelegentlich auch persönlicher Verbindung geblieben. Ihm hatte Spinoza seine Schriften theils im Entwurfe, theils in abgeschlossener Form mitgetheilt, und sie drängten ihn, seine Lehre, welche sie in den Briefen mit Stolz und Bewunderung „unsere Philosophie" nannten, der Menschheit bekannt zu geben. Spinoza begann mit der Veröffentlichung einer Darstellung der cartesianischen Philosophie, eines Diktats, welches er dem unentgeltlich an einen jungen Mann ertheilten Unterricht in dieser Philosophie zu Grunde gelegt hatte. Er wies aber eigens darauf hin, dass nur die mathematische Formulirung sein Eigenthum daran sei, und dass er in wichtigen metaphysischen und psychologischen Punkten von dem grossen französischen Meister des Gedankens abweiche. Erst das wiederholte Drängen dieser Männer, vor Allem Oldenburg's, der ihn immer wieder aufforderte, „nostri temporis homunciones" zu verachten, bewog ihn sieben Jahre später, seine theologisch-politische Abhandlung drucken zu lassen. Sie erschien ohne den Namen des Verfassers mit einer pseudonymen Druck- und Verlagsangabe (Tractatus theologico-politicus, Hamburg bei H. Künrath 1670). Um so schmerzlicher musste es für Spinoza sein, dass in das wüthende Geheul, welches die natürlichen Feinde seines Systems über dieses Buch erhoben, sich auch Stimmen des Schwankens, der Mahnung zur Vorsicht und der Aengstlichkeit von Seiten eben der vermeintlichen Freunde mischten, die ihn zur Veröffentlichung bestimmt hatten. Selbst Oldenburg erschrak vor der radicalen Rücksichtslosigkeit, womit der Philosoph in diesem Buche verfahren sei, und so musste sich Spinoza überzeugen, dass auch in dem gebildeten Europa seiner Zeit kein freier Raum für die Verkündigung seiner Lehre existirte. Trotzdem scheint er eine Weile den Gedanken einer Veröffentlichung seiner Ethik in's Auge gefasst zu haben. Aber schon während der Vorbereitungen dazu setzten sich auf das blosse Gerücht hin, es werde ein neues Buch von ihm erscheinen, nicht nur die jüdischen Rabbinen und die christlichen Geistlichen aller Confessionen, sondern auch die Cartesianer der holländischen Universitäten in Bewegung, um von den Behörden die Unterdrückung dieses noch ungedruckten Buches zu erreichen. Unter diesen Umständen musste es Spinoza gerathener erscheinen, die Wirksamkeit seiner Werke bis auf die Zeit nach seinem Tode zu verschieben. Er sollte nicht lange darauf warten. Mit stetig zunehmender Gewalt zehrte die Schwindsucht an seinem Leben, und schon zwei Jahre nach dem missglückten Versuch, sein grosses Werk der Welt anzubieten, machte am 21. Februar 1677 ein sanfter und ruhiger Tod diesem innerlich so tief bewegten Leben ein Ende.

Der Fanatismus, welcher den Lebenden verfolgt hatte, liess auch den Todten nicht ruhen und häufte auf seinen Namen eine Fülle von Schmähungen und Verleumdungen. Er wurde zu einem Schreckbilde umgewandelt, an dem man die niedrigen Folgen ungläubigen Denkens demonstriren zu können meinte, und nicht ohne Erfolg wurde seine Lehre dem Abscheu des Zeitalters und damit der Vergessenheit übergeben. Erst nach einem Jahrhunderte sollte sein Geist aus diesem Grabe der Verachtung auferstehen, und es waren die grossen Männer der deutschen Dichtung und Philosophie, an ihrer Spitze Lessing und auf ihrer Höhe Goethe, Fichte, Schelling und Schleiermacher, welche den Spinozismus neu entdeckten. So ist allmählich aus den Umhüllungen einer von Vorurtheilen beschränkten Darstellung die Gestalt des Mannes und seiner Lehre herausgeschält worden, und zahllose Geister haben sich mit bewundernder Hingabe in die Werke vertieft, welche er einer verständnisslosen Menge hinterlassen hatte. Durch Ludwig Meyer besorgt, erschien unter dem Titel: „B. D. S. Opera posthuma, Amsterd. 1677" ein dem Umfang nach geringer Band, welcher sein Hauptwerk, die Ethik, die beiden unvollendeten Abhandlungen über die Staatslehre und über die richtige Ausbildung des Denkens, ein Compendium der hebräischen Grammatik und endlich eine Auswahl aus seinem Briefwechsel enthielt, der für manche besondere Punkte seiner Lehre von grosser Wichtigkeit ist.

Ueber den Ursprung der eigenartigen Lehre Spinoza's sind von den Bearbeitern der Geschichte der Philosophie mannigfache und sehr verschiedene Ansichten geäussert worden. Von vornherein war diese Frage durch die Hegel'sche Geschichtsconstruction, welche sich nicht immer genau an die chronologische Reihenfolge hielt, zum Mindesten schief beantwortet worden. Die Beziehungen des Spinozismus zur cartesianischen Philosophie sind so offenkundig und schon biographisch so selbstverständlich, dass der Versuch, den Spinozismus direkt und lediglich aus der Lehre Descartes' herzuleiten, auf der Hand lag. Der weitere Umstand aber, dass, wenn man die Substanzenlehre Descartes' und Spinoza's mit derjenigen des Occasionalismus und von Malebranche vergleicht, die letzteren offenbar Zwischenstufen zwischen beiden darstellen, konnte nur zu leicht zu der Vorstellung verführen, als ob sie auch in der Genesis der spinozistischen Lehre die Zwischenglieder gebildet hätten. Für die Einsicht in den pragmatischen Zusammenhang der Ideen ist es daher richtig, den Fortgang der Lehre von Descartes zu den Occasionalisten, von da zu Malebranche und endlich zu Spinoza als eine nothwendige Entwicklung darzustellen: allein man darf dabei nicht übersehen, dass die ersten Schriften von Geulincx aus den Jahren 1662 und 1665 stammen, dass gar Malebranche, nachdem er erst 1664 mit der Lehre Descartes' bekannt geworden war, sein erstes Werk 1675 veröffentlichte, während Spinoza's Ethik bruchstückweise bereits 1664 und im Zusammenhange 1663 von seinen Freunden gelesen wurde. Davon also, dass die Lehre Spinoza's von den Theorien der Occasionalisten oder gar des Malebranche beeinflusst wäre, kann keine Rede sein. Und selbst jene Schriften der Cartesianer, in denen das Problem der Wechselwirkung der Substanzen schärfer präcisirt wurde, erschienen zu einer Zeit, wo Spinoza bereits mit seinen Gedanken abgeschlossen hatte.

Ist so die Unabhängigkeit Spinoza's den verschiedenen Vertretern des Cartesianismus gegenüber gewahrt, so wird die Frage um so dringender, ob sich sein System direkt und allein aus den Lehren Descartes' entwickelt hat. Eine Reihe von metaphysischen Anschauungen Spinoza's liess diese Annahme verhältnissmässig unwahrscheinlich erscheinen, und wenn man nach anderen Quellen seines Denkens forschte, so lag es gewiss nahe, sie in seiner jüdischen Bildung zu suchen. In diesem an sich berechtigten Bestreben ist man dann aber wiederum viel zu weit gegangen, wenn man die Grundzüge seiner Philosophie vermöge gewisser Aehnlichkeiten auf die Lehren jüdischer Denker zurückführen zu können meinte. Der pantheistische Charakter seiner Weltanschauung in Verbindung mit der Polemik, die er gegen die Rabbinen führt, machte auf die mystische und ketzerische Geheimlehre des jüdischen Mittelalters aufmerksam, und der Versuch, den Spinozismus aus der Kabbala abzuleiten, ist denn auch in allem Ernst gemacht worden. Doch ist es leicht, sich von der Irrthümlichkeit dieser Ansicht zu überzeugen. Dass Spinoza Pantheist ist, macht ihn noch nicht zum Kabbalisten. Pantheismus ist eine so vage und so vieldeutig gebrauchte und missbrauchte Bezeichnung, dass sie erst durch ein wesentliches Merkmal die Befähigung zur Charakterisirung eines philosophischen Systems gewinnt. Nun ist die Kabbala schon vermöge ihrer Abhängigkeit von den Neuplatonikern ein emanatistischer Pantheismus, und gerade das ist die Lehre Spinoza's nicht. Dies Verhältniss ist entscheidender, als die wegwerfende Art, in welcher sich Spinoza gelegentlich über die Kabbala geäussert hat. Denn in Bezug auf den Ursprung ihrer Lehren finden wir die Philosophen häufig genug in einer psychologisch eben nicht schwer zu erklärenden Selbsttäuschung, und alle die Leidenschaftlichkeit, mit der sich Spinoza in begreiflicher Erregtheit gegen jeden Zusammenhang mit den ersten Feinden seiner Ruhe wehrt, wird uns auf der andern Seite nicht abhalten dürfen, die Macht des Einflusses zu würdigen, welchen seine gelehrte Jugendbildung auf ihn ausgeübt hat.

Hier sind es nun namentlich die grossen Scholastiker des jüdischen Mittelalters, mit denen man ihn in Verbindung gesetzt hat. In der That zeigen gewisse Lehren Spinoza's eine unverkennbare Aehnlichkeit mit denjenigen der grossen jüdischen Theologen; vor Allem des Maimonides, Gersonides und Chasdai Creskas. Zweifellos ist der Nachweis gelungen, dass ein grosser Theil derjenigen Gedanken, welche sich in Bezug auf die Kritik der biblischen Offenbarung im theologisch-politischen Traktat vorfinden, wenn nicht diesen mittelalterlichen Gelehrten entlehnt, so doch von ihnen angeregt ist. Der Hinweis auf die moralische Seite der religiösen Dogmen ist gewiss von Spinoza nicht erfunden worden, und die allegorische Deutung, mit der er die Offenbarung auffasst, findet gerade bei diesen Meistern des jüdischen Gedankens gelegentlich selbst bis ins Einzelne hinein ihre Vorbilder. Dennoch bleibt es unbestritten, dass die gewaltigen Grundgedanken auch dieses Buches aus Spinoza's eigenstem Geiste geflossen sind. Die völlige Trennung der Religion von der Wissenschaft, die er predigt, brauchte Spinoza in dieser Form aus der hebräischen Litteratur nicht zu lernen; dies war eine Tendenz, die dem Geiste seiner eigenen Zeit entsprang und in der er sich ganz zu ihrem Sohne bekannte. Auch er gehört unter die Vorfechter der Toleranz; und wenn man vermuthet, dass der theologisch-politische Traktat aus dem Proteste hervorgewachsen ist, welchen der jugendliche Spinoza gegen den Bannfluch niedergeschrieben hatte, so ist daran vor Allem dies richtig, dass seine persönlichen Erfahrungen ihm diese Richtung gewissermassen aufnöthigten. Doch begnügt sich eben Spinoza nicht mit einer declamatorischen Vertretung dieses Princips, wie wir sie bei manchen seiner Zeitgenossen finden, sondern er gründet es auf eine strenge und nüchterne Untersuchung; er führt vor Allem aus, dass der wesentliche Gesichtspunkt, von welchem man die religiösen Urkunden — es sei welcher Kirche und Confession auch immer — zu betrachten und zu erklären habe, lediglich der historische sei. Aus dem Geiste der Zeit und der Persönlichkeit der Verfasser seien diese Schriften nach philologischer und historischer Methode zu studiren, wie alle anderen. Wende man diesen Gesichtspunkt an, so sei es von vornherein klar, wie

verfehlt der Versuch ist, in diesen Büchern irgend eine Offenbarung
theoretischer Wahrheiten und damit eine Richtschnur der Wissenschaft zu sehen. Der Zweck dieser Bücher sei niemals ein anderer
gewesen, als derjenige der religiösen Erbauung und der moralischen
Besserung, und dies dürfe deshalb auch der einzige Zweck sein,
für welchen man die aus diesen historischen Urkunden entnommenen Lehrsätze auszubeuten habe. Der gewohnte Uebergriff aller
Kirchen, diese Sätze für theoretische Wahrheiten auszugeben, sei
ein Unrecht an der wissenschaftlichen Forschung, der allein die
Feststellung der theoretischen Wahrheit zukomme, die aber diese
Aufgabe nur unter der Bedingung vollkommener Voraussetzungs-
losigkeit und Ungebundenheit zu lösen vermöge. Der Gesichtspunkt,
unter welchem Spinoza für die Toleranz eintritt, ist viel weniger
die freie Religionsübung des Individuums, — diese beschränkt er
vielmehr nicht ohne Abhängigkeit von Hobbes zu Gunsten der
staatlichen Ordnung — als vielmehr die Emancipation der Wissenschaft. Und er hat mit genialem Scharfsinn das Geheimniss dieser
Emancipation aufgedeckt, wenn er in der historischen Kritik der
biblischen Schriften die wahre wissenschaftliche Behandlung derselben suchte. Er ist der erste grosse Vertreter dieser historischen Bibelkritik; aber man darf ihn ihren Schöpfer deshalb
nicht nennen, weil es nur zum Theil die direkten Einflüsse seines
Geistes waren, auf Grund deren diese Richtung im XVIII. Jahrhunderte emporkeimte und im XIX. zur Blüthe gelangte. Diese
historische Auffassung der religiösen Urkunden ist bei Spinoza um
so bemerkenswerther, je mehr sie dem unhistorischen Charakter
seines eignen Denkens und der ganzen Zeitrichtung widerspricht.
Eben jener theologisch-politische Traktat aber, in welchem diese
Gedanken entwickelt sind, beweist, wie frei und selbständig der
jugendliche Denker die Elemente seiner nationalen Bildung verarbeitete, und lässt uns einen klaren Einblick dahinein gewinnen,
dass zwar jene Einflüsse seiner ersten gelehrten Bildung in ihm
fortwirkten, dass sie aber keineswegs das bestimmende Element in
seinen besten und höchsten Principien ausmachten. Vollends die
Grundgedanken seines eignen philosophischen Systems stehen aller
Metaphysik der jüdischen Scholastiker so fremd gegenüber, dass
hier an eine Abhängigkeit durchaus nicht zu denken ist. Wenn
man endlich darauf hingewiesen hat, dass der Gedanke der Liebe
zur Gottheit einer der Tragepfeiler des Spinozismus und zugleich

ein in der jüdischen Philosophie des Mittelalters überall wiederkehrender Gedanke ist, so wurde darauf sehr richtig erwidert, dass er in dieser Allgemeinheit die Grundlage aller monotheistischen Religionen bildet, und dass man die jüdische Scholastik nicht zu kennen brauchte, um ihn zu erfassen.

Wenn somit keines der unmittelbar nahe liegenden Elemente den Spinozismus völlig zu erklären vermag, so erwuchs der Lösung dieser Aufgabe eine neue Hoffnung, als man bald nach der Mitte unseres Jahrhunderts mit einer Schrift Spinoza's bekannt wurde, welche alle Merkmale eines Jugendwerkes an sich trägt, und in deren abgerissenen dialogischen Theilen man sogar Bruchstücke einer der Zusammenstellung des Ganzen noch um einige Zeit vorhergegangenen Arbeit unschwer erkennen konnte. Dieser sog. kurze Traktat (Tractatus de deo et homine eiusque felicitate) lässt auf den ersten Blick die Meinung entstehen, als ob das Sternbild, in welchem die aufgehende Sonne des spinozistischen Geistes stand, dasjenige Giordano Bruno's gewesen sei. Die Namen der dialogisirenden Personen, die Anwendung gewisser philosophischer Termini und der Zusammenhang der Gedanken schien es wahrscheinlich zu machen, dass von den Begründern des modernen Denkens zuerst der italienische Naturphilosoph in Spinoza's Gedanken gewirkt habe. Allein auch damit wird das eigenthümlichste Wesen der spinozistischen Lehre noch nicht erklärt. Denn, wenn auch zu dem allgemeinen Zuge des Pantheismus beider Lehren die naturalistische Tendenz und der Gegensatz gegen jede pessimistische Emanationstheorie als gemeinsame Charakteristika hinzutreten, so bleibt doch der überaus bedeutsame Gegensatz zwischen beiden bestehen, dass die all-eine Gottheit für Bruno die lebendige, wirkende Naturkraft, für Spinoza nur die unendliche Substanz der endlichen Modi ist, und dass in Folge dessen der Eine die teleologische Naturbetrachtung ebenso energisch ablehnt wie sie der Andere anwendet. So bildet auch diese Lehre nur höchstens eines der Elemente, welche sich in dem Entwicklungsgange Spinoza's derartig gedrängt haben, dass wir es nicht wagen dürfen, zu behaupten, dass er zu irgend einer Zeit der Schüler einer einzelnen darunter gewesen sei. Dasselbe gilt von der Einwirkung, die er terminologisch und sachlich von der späteren Scholastik des Abendlandes erfahren hat. Alle diese zahlreichen Systeme bildeten in ihm gewiss eine gährende Masse, in der Anfangs bald das eine, bald das andere Element überwogen haben mag, und die schliesslich zu dem klaren Gebilde seiner Ethik zusammenkrystallisiren sollte. Um aber diesen Abschluss seiner so vielseitigen Bildung zu begreifen, bedürfen wir der Einsicht in den eigenthümlichen Vorgang, vermöge dessen zwei jener Elemente sich zuerst ergriffen und durchdrangen, und dadurch die Kräfte der Anziehung und Abstossung zwischen den übrigen derartig auslösten, dass sie sich in durchsichtiger Reinheit um den gefundenen Mittelpunkt anlagerten.

Diesen Vorgang hat uns Spinoza in dem unvollendeten Entwurfe seiner Abhandlung über die Ausbildung des Verstandes geschildert; sie zeigt uns, weshalb er aus innerstem Bedürfnisse einen Grundgedanken der cartesianischen Philosophie ergreifen und ihn zu einem Systeme ausbilden musste; sie zeigt uns zugleich, wie in der Philosophie dieses Mannes nicht nur sein Geist, sondern auch sein Charakter und seine fühlende Seele gelebt hat. Weit entfernt von jenem kühl theoretischen Interesse an der Wahrheit, welches sich in den Meditationen Descartes' ausspricht, enthüllt uns dies Selbstbekenntniss seines grossen Schülers den religiösen und sittlichen Hintergrund, auf welchem sein wissenschaftliches Streben beruhte. Was er mit dem philosophischen Denken verfolgt, ist nicht wie bei Descartes das Ringen einer über alle ihre Vorstellungen zweifelhaft gewordenen Seele, sondern die Befriedigung eines Triebes reinster und sehnsüchtigster Frömmigkeit. Darin ist das Denken Spinoza's viel weniger voraussetzungslos, als dasjenige von Descartes; dem Letzteren handelte es sich nur darum, überhaupt einen Punkt der Gewissheit zu finden, und man sieht nicht, dass dieser für ihn von vorne herein noch irgend einen andern Werth gehabt hätte, da jeder andere Vorstellungsinhalt, wenn er nur der Anforderung, über alle Zweifel erhaben zu sein, genügt hätte, in seinem Systeme die Rolle gespielt haben würde, die nun das Selbstbewusstsein einnimmt. Bei Spinoza dagegen hat das Denken von Anfang an ein in gläubiger Ueberzeugung unerschütterlich feststehendes Ziel: das ist die **erkenntnissvolle Liebe zur Gottheit**. Von dieser Liebe war Spinoza durchdrungen, ehe er sein System fand; sie war es vielmehr, welche ihm die Pflicht einer vollkommenen Gotteserkenntniss auferlegte und ihn dazu trieb, sich über ihren Grund und ihren Inhalt klar zu werden. Auf diese Gottesliebe weist die Betrachtung der erwähnten Abhandlung als auf das höchste und werthvollste Ziel des

Menschenlebens hin, und in diesen Gedanken mündet am Schlusse der Ethik der Strom seiner Gedanken.

Diese Gottesliebe aber erscheint bei Spinoza von vornherein mit einer Grundvorstellung verknüpft, welche ihn den mystischen Richtungen überaus nahe stellt. Es ist schwer zu sagen, in welcher Weise die letzteren auf ihn Einfluss gewonnen haben. Die Möglichkeit dazu war ja in der Gedankenbewegung der Renaissance in der mannigfachsten Weise geboten; und wie viel Spinoza davon gekannt hat, wissen wir nicht. Die Anregungen der praktischen Mystik waren von Deventer aus niemals völlig verklungen. Die grossen Bewegungen der deutschen Mystik nach der Reformation hatten ihre Wellen auch immer nach Holland geworfen, und wie der mystische Gedanke des Neuplatonismus, derjenige eines Aufgehens der begeisterten Seele in die unendliche Gottheit, sich durch alle möglichen Denkrichtungen jener Zeit verzweigte, ist schon mehrfach erwähnt worden. Auch in den Gedanken Bruno's spielte er eine bedeutsame Rolle, und hier namentlich hatte er jene pantheistische Ausprägung gefunden, zu der er von Haus aus und in allen Formen hinneigte und von der wir Spinoza durch alle uns vorliegenden Wandlungen seines Denkens hindurch ergriffen finden.

Wenn man den Quellen dieses mystischen Pantheismus nachgeht, so stösst man schliesslich auf eine der schönsten und grossartigsten Lehren der platonischen Philosophie. Alle jene Vorstellungen von einer Erhebung der Seele zu Gott, mögen sie diese als ekstatische Erregtheit oder als contemplative Seligkeit sich denken, weisen zurück auf Platon's Lehre vom Eros. Aber schon in dieser war es ausgesprochen, dass die Seele sich in die Gottheit nur deshalb erheben kann, weil sie selbst am göttlichen Wesen Theil hat, und für dieses Theilhaben galt eben gerade die Liebe selbst, die Sehnsucht nach der Erkenntniss, als Beweis. Der Trieb nach Gotteserkenntniss — das ist von Platon an der Grundgedanke — ist selbst eine Bethätigung des göttlichen Wesens innerhalb unseres unvollkommenen und endlichen Zustandes. Indem man so den religiösen Trieb selbst als eine Wirkung der Gottheit aufzufassen sich gewöhnte, vollzog sich ganz von selbst die Ausgestaltung eines zunächst psychischen Pantheismus, und für diesen hatte gerade die deutsche Mystik den vollkommensten Ausdruck gefunden. Die Beziehung des Endlichen auf das Unendliche, dieser eigentliche Inhalt des religiösen Gefühls, erschien eben nur dadurch begreiflich, dass das Unendliche in allem Endlichen selbst als das innerste Wesen gegenwärtig sei. Je mehr sich dann der Blick der Wissenschaft auf die äussere Welt richtete, um so mehr dehnte sich die pantheistische Auffassung auch über die Naturbetrachtung aus. Auch hier war es der Lebenszusammenhang der einzelnen Dinge, welcher den Gedanken der Alleinheit nothwendig hervorrief. So kam es, dass der Grundzug des modernen Denkens von vorne herein pantheistisch war. Der Pantheismus war die philosophische Atmosphäre des XVI. und XVII. Jahrhunderts; er war auch die Lebensluft, welche Spinoza von allen Seiten her einathmen musste, nachdem er die Freiheit der wissenschaftlichen Selbstbildung errungen hatte. Und von diesem Gedanken der Welteinheit war Spinoza auf das Tiefste durchdrungen. Die unendliche Gottheit war seine einzige Liebe, und die Begeisterung für ihre Erkenntniss seine einzige Leidenschaft. Wenn es je einen Menschen gegeben hat, der die Triebe des natürlichen Lebens vollkommen in sich absterben und darin nur Raum liess für eine weihevolle Hingabe an die unendliche Gottheit, so war es Spinoza. Jene Schrift über die Ausbildung des Denkens, welche die tiefsten Triebfedern seiner Lehre bloslegt, steigt von den einzelnen Gütern, denen die Menschen nachzustreben pflegen, durch den Nachweis ihrer Nichtigkeit dazu empor, die Liebe zur Gottheit nicht nur als das höchste, sondern als das einzig wahre Gut zu ergreifen. Aber diese Liebe ist für Spinoza nicht eine ekstatische Entzündung des Gefühls, sondern so warm er sie in sich trägt, so sehr sie sein ganzes inneres Leben erfüllt, so klar ist er sich darüber, dass dieser religiöse Trieb nur befriedigt werden kann in einer richtigen Erkenntniss. Seine Gottesliebe ist im Innersten contemplativ, und sie lässt ihn alle Güter des Lebens fortwerfen für dasjenige der Erkenntniss. Es ist ein eigenthümlicher Gegensatz zwischen dem theologisch-politischen Traktate und dieser Abhandlung über die Ausbildung des Denkens. Dort wird Alles angestrengt, um Religion und Wissenschaft soweit wie möglich auseinander zu stellen und jede Beziehung zwischen ihnen abzubrechen. Hier lautet das Selbstbekenntniss des Denkers, dass seine Wissenschaft Religion sei. Jene kritische Scheidung richtet sich gegen die äussere positive Gestalt des religiösen Lebens in der Kirche, nur gegen diese soll die Wissenschaft geschützt werden; diese Begründung seiner eigenen

Lehre zeigt, dass der letzte Grund des philosophischen Denkens im religiösen Bedürfnisse liegt. Es giebt wenige Systeme in der Geschichte der Philosophie, die so durch und durch von religiösem Geiste getragen wären, wie dasjenige Spinoza's. Aber freilich ist das nicht der Geist irgend welcher Kirche oder Confession, sondern eben jener überconfessionelle Trieb, der die Mystik in allen ihren Ausgestaltungen charakterisirt.

Die ganze Aufgabe der spinozistischen Philosophie ist somit in dem Begriffe der Gotteserkenntniss zusammengefasst, und schon darin liegt die pantheistische Voraussetzung, dass die wahre Erkenntniss der Gottheit auch diejenige aller Dinge in sich fasse. Die einzelnen Dinge liegen in Gott beschlossen nach einer ewigen Ordnung. Wenn es deshalb von Gott eine wahre, ihn völlig abbildende Idee geben soll, so muss diese in derselben Weise, wie Gott selbst die Dinge in sich umfasst, auch die Ideen aller Dinge in sich enthalten, und wenn die wirklichen Dinge aus dem unendlichen Wesen der Gottheit hervorquellen, so muss ihre Erkenntniss in derselben Ordnung aus der Idee der Gottheit hervorgehen. Mit diesen Gedanken bringt Spinoza den Pantheismus auf seine schärfste Formulirung. Seine pantheistische Sehnsucht nach Gotteserkenntniss verlangt eine Form des Denkens, nach welcher sich aus der Gottesidee allein alle anderen Erkenntnisse entwickeln sollen, wie in der Wirklichkeit alle Dinge aus der Gottheit hervorgehen. Das ist zu gleicher Zeit der vollendete Ausdruck der deductiven Philosophie. Das Bestreben, von einem allenthaltenden Grundgedanken aus nur durch begriffliche Operationen alles übrige Wissen zu erzeugen, hat keiner so unumwunden ausgesprochen, keiner so genial durchgeführt, wie Spinoza. So verlangte sein mystischer Erkenntnisstrieb eine Form des Denkens, welche von der Idee der Gottheit aus die ganze Philosophie gestalten sollte, und das Problem des Pantheismus verdichtete sich für Spinoza zu der Frage, welches diese Operation des Denkens sei. Hier nun war es, wo er den Gedanken Descartes', die Philosophie durch die Mathematik zu reformiren, in einer durchaus grossartigen und originellen Weise aufnahm. Die mathematische Synthesis Descartes' hatte aus erkenntnisstheoretischen Gründen dieselbe Deduction von einem Grundgedanken aus gelehrt, welche Spinoza aus religiösen und metaphysischen Gründen suchte. Es ist klar, dass, wenn er die Gedanken Descartes' übernahm, er sich des ganzen analytischen

Theiles dieser Philosophie entschlagen konnte. Denn für ihn war die Idee der Gottheit der absolut feste Punkt, den er nicht erst zu suchen brauchte, sondern in tiefster Ueberzeugung von vornherein besass. Hieraus begreift es sich, dass seine Ethik ohne jede Vorbereitung mit dem Begriffe der göttlichen Substanz beginnt und daran die Construction des ganzen Systems anschliesst.

So war es in der That die metaphysische Voraussetzung des Pantheismus, auf Grund deren Spinoza die geometrische Methode zur Lösung seines Problems ergriff. Umgekehrt aber war es dann wieder diese **geometrische Methode** selbst, welche die Lösung seines Problems und den eigenthümlichen Charakter seines Pantheismus bestimmte. Durch die Anwendung dieser Methode kam er dazu, das Verhältniss der Gottheit zu den einzelnen Dingen nach einer mathematischen Analogie zu denken, und wenn sich jede pantheistische Weltanschauung vollständig erst durch das Verhältniss charakterisirt, welches sie zwischen der all-einen Gottheit und den einzelnen Dingen annimmt, so ist Spinozismus nichts Anderes als **mathematischer Pantheismus**, und er bestimmt sich noch genauer dadurch, dass die Analogie, welche Spinoza zur Erklärung jenes Verhältnisses wählte, die geometrische war. In dieser Hinsicht bietet sich für den Zusammenhang seiner Gedanken eine ausserordentlich bedeutsame und lehrreiche Parallele in der antiken Philosophie dar. Hier hatte das Problem, wie die von den Eleaten behauptete All-Einheit des Seins mit den Thatsachen des Geschehens und der Vielheit der Einzeldinge vereinbar sei, neben mannigfachen anderen Vermittelungsversuchen auch denjenigen der Pythagoreer hervorgerufen, welche die Verwandlung der göttlichen Einheit in die Vielheit der Dinge nach dem arithmetischen Schema der Verwandlung der Eins in die Zahlenreihe sich vorstellen zu können glaubten. Diesen Gedanken hat später in der letzten Phase seiner Entwicklung Platon aufgegriffen, und so dunkel unsere Nachrichten über den eigentlichen Inhalt dieser seiner „ungeschriebenen Lehre" sind, so lässt sich doch so viel vermuthen, dass er, um das Verhältniss der Idee des Guten oder der Gottheit zu den übrigen Ideen und zu der Entstehung der realen Welt begreiflich zu machen, jenes arithmetische Schema der Pythagoreer annahm. Damals erwies sich der Einfluss, welchen die Mathematik auf die Entwicklung metaphysischer Ansichten ausübte, dem ganzen Charakter der antiken Mathematik gemäss, als ein arithmetischer.

Wenn jetzt Spinoza zur Lösung desselben Problems sich an die moderne Mathematik wendete, so fand er hier vermöge der Beziehung, welche sie zur Naturwissenschaft suchte, ein vorwiegend geometrisches Interesse vor und gerieth auf diese Weise in den Versuch einer geometrischen Lösung der Grundfrage des Pantheismus.

Es wurde schon früher hervorgehoben, dass die Mathematik in den ersten Jahrhunderten des modernen Denkens durch die Abhängigkeit von der euklidischen Methode in die Stellung einer synthetisch-demonstrativen Wissenschaft ohne principielle Berücksichtigung ihrer anschaulichen Elemente gerückt, und dass sie in Folge dessen als das Ideal rationaler Beweisführung betrachtet wurde. Auf diese Weise entstand bei Spinoza der Gedanke, auch dem System der Philosophie schon äusserlich die Form der euklidischen Geometrie zu geben. Descartes hatte mit seiner tiefen Einsicht in das erfindende Wesen der Synthesis diese Darstellungsform für eine äusserliche Nebensache gehalten und ihre Anwendung nur gelegentlich probirt: Spinoza dagegen that dies versuchsweise schon mit dem gesammten System der cartesianischen Philosophie und presste in der Ethik seine eigene Lehre in die schwerfällige Form dieser Darstellung. Darin besteht der befremdende Hauch, der aus seinem Hauptwerke dem Leser entgegenweht. Er wirkt um so eigenthümlicher, in je grellerem Gegensatze er zu der mystischen Sehnsucht steht, welche die psychologische Triebfeder von Spinoza's Denken bildet. Die tiefe Bewegung eines gotterfüllten Gemüthes spricht sich in der trockensten Form aus, und die zarte Religiosität erscheint im starrenden Panzer festgeketteter Schlussreihen. Die Ethik ist auch nach dieser Seite hin der vollkommene Ausdruck von Spinoza's Denken. Sie zeigt auch hierin jene einzige Verbindung von tief gefühltem Mysticismus und klarem Rationalismus.

Das Eigenthümliche dieser Weltauffassung besteht also darin, dass sie ihre Wurzeln in einer Methode hat. Meist ist in der Philosophie die Erkenntnisstheorie und die Methodologie von einer vorher bestehenden Weltanschauung abhängig. Die Weltanschauungen wachsen aus mannigfachen inhaltlichen Interessen der Geister hervor, und erst wenn sie fertig sind, suchen sie die Methode ihrer Begründung. Spinoza ist einer der Wenigen, deren bedeutendste Gedanken auch ihrem Inhalte nach aus der Methode stammen.

Er war Pantheist, als er diese Methode ergriff, und er ergriff sie, weil er Pantheist war: aber der Pantheismus ist ein Problem, und dieses Problem löste Spinoza, indem er die geometrische Methode in eine Weltanschauung umsetzte. Dies Verhältniss wird dadurch nicht aufgehoben, dass eine Anzahl einzelner Lehren sich bei Spinoza schon vor seiner Aufnahme der geometrischen Methode finden: nur darum handelt es sich, dass die eigenartige Gesammtfärbung seiner Metaphysik nur aus dieser Methode zu verstehen ist.

Hieraus erklärt sich zunächst die Ausgestaltung des Begriffs, von dem Spinoza die synthetische Demonstration begann, desjenigen der Gottheit. Die Gottheit ist nach seiner Lehre für die Welt nichts Anderes, als der Raum für die geometrischen Figuren, Verhältnisse und Gesetze. Wie deshalb der Geometer von der Anschauung des Raumes ausgeht und aus ihr alle seine Erkenntnisse ableitet, so beginnt Spinoza mit der Anschauung der Gottheit. Die Intuition, welche ihr Objekt unmittelbar ergreift, ist ihm die höchste, der Gottbetrachtung allein angemessene Erkenntnissart. Auch in der Parabel der cartesianischen Lehre war der Culminationspunkt ein Gegenstand intuitiver Erkenntniss gewesen; aber dort war es das Selbstbewusstsein des denkenden Geistes, welches auf diese Weise den ursprünglichen Punkt aller Gewissheit bilden sollte. Und doch zeigte schon Descartes die Neigung, das Gottesbewusstsein als etwas in dieses Selbstbewusstsein unmittelbar Eingeschmolzenes zu betrachten. Bei Spinoza fällt vermöge seines ganzen Entwicklungsganges diese Vorbereitung durch das Selbstbewusstsein fort, und ihm gilt, wie der gesammten Mystik, die Gottesanschauung als der allein unmittelbar gewisse Inhalt des Denkens. In erkenntnisstheoretischer Hinsicht zeigt sich deshalb der Spinozismus als der äusserste Gegensatz des Sensualismus: die sinnliche Erfahrung bezeichnet er als die niedrigste und unzulänglichste Stufe der Erkenntniss. Er ist der Schüler des Rationalismus, wenn er demgegenüber die denkende Auffassung des Zusammenhanges der Dinge (ratio) für die zweite und höhere Stufe des Wissens erklärt. Aber das mystische Element in seinem Denken verlangt noch eine Erhebung über diesen cartesianischen Rationalismus und benutzt dazu eben jene intellectuelle Anschauung der Gottheit, welche vollkommen selbständig ohne Beziehung zu den beiden niedrigeren Stufen den werthvollsten Inhalt des Denkens gewähren soll.

Auch die Auffassung vom Wesen der Gottheit ist bei Spinoza von der Analogie des Raumes abhängig. Wie alle geometrischen Formen durch den einen Raum bedingt und nur in ihm möglich sind, so erscheinen bei Spinoza alle einzelnen Dinge nur als Gestalten in der einen göttlichen Substanz. Sie ist das einzige Wesen und trägt in sich die Möglichkeit aller Existenzen, und wie räumliche Formen und Gesetze nichts sind ohne den Raum, der sie trägt, so die Dinge nichts ohne die Gottheit, in der sie sind und durch die sie begriffen werden. Deshalb macht Spinoza der Ungewissheit und Zweideutigkeit, mit welcher Descartes den Begriff der Substanz angewendet hatte, und jener zweifelhaften Unterscheidung der unendlichen von den endlichen Substanzen damit ein Ende, dass er die Substantialität der einzelnen Dinge vollständig aufgiebt und in dem religiösen Geiste seines Volkes keine Substanzen neben der Gottheit anerkennt. Seine Substanz ist der metaphysische Raum für die Dinge. Gerade wie beim geometrischen Raum die Einheit identisch ist mit seiner Einzigkeit, so schliesst hier auch die Substantialität Gottes diejenige aller anderen Dinge aus. Allein ebenso wie andererseits der Raum nur eine formale und qualitativ inhaltlose Vorstellung ist, so bleibt auch für diesen Begriff der spinozistischen Gottheit keine innere Bestimmung übrig; weil sie Alles ist — so hatten auch die Mystiker gelehrt — ist sie Nichts. Wie der geometrische Raum, für sich allein betrachtet, der leere, so ist die spinozistische Gottessubstanz die absolute Leere. Sie ist inhaltlos, qualitätlos, — das metaphysische Nichts. Wie im geometrischen Raum nach Abzug seines sinnlichen Inhalts nur die leeren Formen übrig bleiben, so bleibt in der spinozistischen Substanz nach der Entfernung aller einzelnen Bestimmungen nur die logische Kategorie der Substantialität übrig. Spinoza's Gotteslehre ist die Hypostasirung einer Denkform, und dadurch erhält das ganze System etwas Schattenhaftes und Blutloses; denn so wenig als der Raum die materielle Wirklichkeit, so wenig ist diese inhaltlose Substanz das metaphysische Wesen.

Um so schwerer wird deshalb für Spinoza das Problem, aus dieser inhaltlosen Gottheit die Fülle der Qualitäten und der einzelnen Dinge „nach mathematischer Folge" abzuleiten. Als das Zwischenglied dient ihm dazu seine eigenthümliche und äusserst verwickelte Attributen-Lehre. Auch sie begreift sich am leichtesten, wenn man sich einer geometrischen Analogie erinnert.

Die Attribute der spinozistischen Gottheit verhalten sich zur Substanz, wie die Dimensionen des Raumes zu diesem selbst. Man darf sie nicht als Eigenschaften im gewöhnlichen Sinne des Wortes auffassen, sie sind vielmehr nur die Richtungen, in denen sich das Wesen der Substanz entwickelt; aber sie sollen mit diesem Wesen selbst gegeben, ja vielmehr der eigentliche Inhalt dieses Wesens sein. Mannigfach hat man sich dieses schwierige Verhältniss klar zu legen gesucht. Man wählte die einfachste Erklärung, wenn man die Attribute als die verschiedenen Thätigkeitssphären der Substanz auffasste: aber es schien dann wieder unbegreiflich, wie die einheitliche Substanz zu diesen verschiedenen Formen ihrer Kraftäusserung kommen sollte. Man betrachtete den Spinozismus durch die Brille der kritischen Erkenntnisstheorie, wenn man meinte, die verschiedenen Attribute seien nur die verschiedenen Vorstellungsweisen, welche sich der erkennende Geist von der Gottheit zu machen genöthigt sehe: aber man vergass, dass man dabei theils das Attribut des Denkens schon voraussetzte, theils dem endlichen Geiste eine Selbständigkeit der Gottheit gegenüber vindicirte, welche er in der Lehre Spinoza's nicht haben kann. Man versuchte endlich, die Attribute als selbständige Substanzen aufzufassen, deren Aggregat nur die unendliche Substanz bilden solle: aber man stürzte damit den pantheistischen Grundcharakter des gesammten Spinozismus um. Dagegen erklärt sich Spinoza's ganze Attributenlehre, sobald man jene geometrische Analogie festhält. Die Gottheit Spinoza's ist der metaphysische Raum von unendlich vielen Dimensionen, sie „besteht" aus diesen Attributen ebenso wie der geometrische Raum aus seinen drei Dimensionen, beide aber nicht etwa so, dass die Dimensionen etwas Selbständiges wären, aus denen sich das Ganze erst zusammensetzte, auch nicht so, dass sie gesonderte Kraftäusserungen des Ganzen vorstellten, endlich auch nicht so, dass sie nur die verschiedenen Seiten einer von aussen herantretenden Betrachtung bildeten, sondern vielmehr so, dass die Anschauung des Ganzen in diesen verschiedenen Dimensionen ihr wahres Wesen erschöpft, und dass das Wesen nicht ohne die Attribute, die Attribute nicht ohne das Wesen sein und erkannt werden können.

Allein die Annahme der unendlichen Anzahl der Attribute ist nur eine Forderung, welche die ursprüngliche pantheistische Anschauung an den Begriff der Gottsubstanz stellt. Die menschliche

Anschauung ist unfähig, diese Forderung vollständig zu erfüllen, und sie muss sich daher, wie Spinoza meint, auf die Betrachtung derjenigen Attribute beschränken, welche der menschlichen Natur zugänglich sind. Dies aber sind nur die beiden Attribute des Denkens und der Ausdehnung. An dieser Stelle ist schon einerseits der Verzicht auf eine völlig adäquate Gotteserkenntniss, andererseits der erste Riss in der deductiven Methode der spinozistischen Philosophie; denn dass es gerade diese beiden Attribute sind, welche der Mensch erkennen kann, lässt sich aus dem Begriffe der Substanz nicht ableiten, sondern nur durch eine unvermerkte Aufnahme der Erfahrung in den Process der Synthesis behaupten; und in der Art dieser Aufnahme ist nun Spinoza zweifellos zunächst von der cartesianischen Philosophie, weiterhin aber von jener allgemeinen Auffassung abhängig, vermöge deren man die geistige und die sinnliche Welt als zwei getrennte Sphären der metaphysischen Wirklichkeit zu betrachten sich gewöhnt hatte. Auch ihm gilt dieser Gegensatz als ein durchaus principieller, sodass es für ihn keine unmittelbare Verknüpfung und vor Allem keinen causalen Zusammenhang zwischen Beiden giebt; alles, was in der geistigen Welt geschieht, ist nur durch diese bedingt und durch diese begreiflich, und das gleiche gilt innerhalb der Bewegungen der sinnlichen Welt. Allein Spinoza kann jede dieser Sphären nicht wie Descartes als Reiche von endlichen Substanzen, sondern muss sie nur als die allgemeinen Dimensionen, hier der Ausgedehntheit, dort der Geistigkeit oder des Bewusstseins, betrachten. Denken und Ausdehnung sind deshalb die beiden für den Menschen erkennbaren Attribute der Gottheit, und was wir einzelne Geister und einzelne Körper nennen, sind nur Erscheinungen in diesen allgemeinen Sphären der göttlichen Substanz. In dieser Lehre darf man das letzte und extremste Resultat des mittelalterlichen Realismus sehen. Die Hypostasirung der Allgemeinbegriffe ist hier soweit getrieben, dass alle einzelnen Dinge ihre metaphysische Realität verloren haben, und die letztere nur noch für die beiden allgemeinsten Merkmale übrig geblieben ist, welche die Abstraction aus den Thatsachen der Erfahrung herauszulösen im Stande ist, die Merkmale der Körperlichkeit und des Bewusstseins. Auch diese logischen Verhältnisse haben in der Anknüpfung an die scholastische Philosophie und ihre Terminologie eine wichtige Rolle in der Ausbildung der Lehre Spinoza's gespielt.

Die Attributenlehre hat somit im Spinozismus nur den Sinn, die einzelnen Dinge in vollkommen getrennte Sphären anzuordnen, welche in der unendlichen Gottheit unabhängig neben einander bestehen sollen, und sie giebt noch keinerlei Handhabe für die Lösung des Problems der Individuation. Wie innerhalb jedes dieser Attribute die einzelnen Dinge entstehen, wie sich in jeder dieser Sphären der Process des Geschehens abspielt, das bleibt nach wie vor dieselbe Frage. Gewiss ist von vornherein, dass für Spinoza die einzelnen Dinge, welche er die Modi der göttlichen Substanz nennt, nicht als seiend in dem Sinne der metaphysischen Realität, sondern nur als existirend im Sinne von besonderen Erscheinungen gelten können. Sie müssen betrachtet werden als etwas aus dem Wesen der Gottheit Hervorgehendes, und wenn sie der wissenschaftlichen Erkennbarkeit fähig sein sollen, als etwas mit Nothwendigkeit daraus Hervorgehendes. Aber auch die Nothwendigkeit ist für Spinoza nur eine mathematische, und das Verhältniss der Modi zur Substanz bezeichnet er deshalb als dasjenige der mathematischen Folge. Dies ist der Punkt, an welchem in seinem Systeme die Umsetzung der geometrischen Methode in die metaphysische Weltauffassung am klarsten hervortritt. Wie aus dem Wesen des Raumes alle geometrischen Formen und Verhältnisse, so folgt aus dem Wesen Gottes die gesammte Welt der Dinge und ihrer Gesetze. Allein die mathematische Folge ist kein zeitliches Geschehen, sondern vielmehr nur eine ewige Bedingtheit, kein einmaliges Erzeugtwerden, sondern ein zeitlos bestehendes Verhältniss der Abhängigkeit. Aus diesem Grunde sieht sich Spinoza genöthigt, die Betrachtung des Geschehens unter dem Gesichtspunkte der zeitlichen Auffassung für eine inadäquate und unklare Erkenntniss zu erklären und zu verlangen, dass die Philosophie die Dinge nur als eine „ewige Folge" aus dem Wesen Gottes begreife, dass sie ein Denken sei „sub specie aeternatis". Auch hier springt unwillkürlich der Vergleich mit den Systemen der Mystik entgegen, welche speciell den Inhalt der religiösen Offenbarung nicht als historische Thatsachen, sondern als ewige Vorgänge betrachtet hatten. Der Fortschritt Spinoza's besteht nur darin, dass er diese Anschauungsweise auch auf alles Geschehen überhaupt überträgt. Aber wenn schon mit dem zeitlichen Charakter das Geschehen seinen wahren Inhalt verliert, so hebt die geometrische Analogie bei Spinoza ebenso auch alle

Wirksamkeit und alle Kraftbethätigung innerhalb des Geschehens auf. Denn der Raum ist nicht die wirkende Ursache des Dreiecks oder der Gleichheit der drei Dreieckswinkel mit zwei Rechten, und wenn jeder Modus aus dem Wesen der Substanz in derselben Weise folgen soll, wie die Sätze der Geometrie aus dem Wesen des Raums, so ist die spinozistische Substanz nicht die reale, wirkende Ursache der Dinge. Zwar bezeichnet Spinoza die Gottheit am liebsten auch als Natur (deus sive natura), und zwar im Unterschiede von dem Systeme der Einzeldinge, welches er natura naturata nennt, als natura naturans, und man muss dieses Wort entschieden durch „wirkende Naturkraft" übersetzen. Allein was Spinoza das Wirken der Gottheit nennt, ist eben nicht mehr jene lebendige Kraftbethätigung, welche etwa Bruno darunter verstanden hatte, sondern vielmehr das mathematische Verhältniss des Grundes zur Folge*). Aus dem Gedanken des Hervorbringens ist bei Spinoza das lebendige Wesen der Causalität herausgefallen, und wie seine Substanz nur noch die logische Kategorie der Substantialität, so bedeutet sein „Folgen" nur noch das logische Verhältniss der Dependenz. Diese Welt ist todt, es geschieht in ihr nichts wahrhaft, sondern es giebt in ihr nur ein ewig bestimmtes Verhältniss von Abhängigkeiten. Diese Welt ist nicht erfüllt von einer lebendig wirkenden Naturkraft, sondern sie ist nur noch der leere Raum, in welchem sich — man weiss nicht wie — Linien, Flächen und Körper construiren und wieder verwischen. Auch hier dieselbe Oede, dieselbe Starrheit und Leblosigkeit, wie in dem Wesen der Substanz; denn aus dem Nichts kann auch nur Nichts folgen.

Die eigentliche Aufgabe Spinoza's wäre es nun, für jedes einzelne Ding zu zeigen, in welcher Weise es sich mit Nothwendig-

---

*) Am klarsten leuchtet dies vielleicht ein, wenn man sich an die von Schopenhauer (über die vierfache Wurzel des Satzes vom zureichenden Grunde, 6. Cap.) unter dem Namen des „Satzes vom Grunde des Seins" eingeführte mathematische Bedeutung des Princips der Causalität erinnert, von der Schopenhauer nachweist, dass sie weder den Sinn des Realgrundes, noch bloss denjenigen des Erkenntnissgrundes hat. Spinoza kennt vermöge des mathematischen Grundcharakters seines Denkens in der That nur diese Bedeutung der Causalität. Für ihn ist deshalb „verursacht sein" und „begründet sein" auch nur so viel wie das mathematische Folgen, und dadurch verliert das causale Verhältniss für ihn die Bedeutung der realen Verursachung. Der Begriff der Kraft existirt für Spinoza nicht.

keit aus dem allgemeinen Wesen der Gottheit ergiebt. Allein auch das ist unmöglich. Denn die besondere Richtung, welche das „Folgen" von dem Wesen der Gottheit aus auf einen bestimmten einzelnen Modus nimmt, ist wiederum nicht zu deduciren, sondern nur empirisch aufzufassen. Aus dem blossen Gedanken des leeren Raumes wäre niemals eine Geometrie geworden, wenn man nicht aus sinnlicher Erfahrung einzelne Raumformen gekannt hätte, und aus dem blossen Gedanken der Substanz wäre niemals der Spinozismus geworden, wenn der Philosoph nicht aus der Erfahrung die Kenntniss der einzelnen Dinge gehabt hätte, welche ihre Erklärung aus dem göttlichen Wesen verlangen. Hier bricht zum zweiten Male, und in noch viel grösserer Ausdehnung die Erfahrung in den Process der Deduction ein. Zugleich aber ergiebt sich daraus noch ein Anderes: Spinoza postulirt zwar fortwährend, dass die Gesammtheit der Dinge die nothwendige Folge aus dem Wesen der Gottheit sei, aber er vermag ihr Hervorgehen in der Gestalt, wie sie erfahrungsgemäss bestehen, aus dem Wesen der all-einen Gottheit ebensowenig wirklich abzuleiten, wie es irgend eine andere deductive Philosophie oder irgend eine andere pantheistische Weltanschauung vermocht hat. Es ist eine unvergessliche Lehre, welche aus der eleatischen Philosophie hervorleuchtet, dass aus dem Einen das Viele niemals begriffen werden kann. Schon Nicolaus Cusanus hatte eingesehen, dass die endlose Reihe des Endlichen, in der sich das Unendliche als Welt darstellt, nur als Ganzes von dem Unendlichen abhängt, dass aber kein einzelner Modus darin dem Unendlichen näher steht als der andere: darin liegt der Hauptgegensatz des modernen Pantheismus gegen das Emanationssystem der Neuplatoniker.

Bei Spinoza kommt dies darin zum Ausdruck, dass er von den endlichen Modi, den einzelnen Dingen und Zuständen, noch die „unendlichen Modi" unterschied. Er verstand darunter die unendlichen Zusammenhänge, in denen sich die endlichen Modi als Gesammterscheinung der göttlichen Substanz darstellen: es sind im Attribut der Ausdehnung der Raum und die Materie, im Attribut des Denkens der „intellectus infinitus", und endlich das Universum selbst als die einheitliche Totalität der Natura naturata.

Innerhalb der endlichen Modi aber muss auch der Spinozismus sich begnügen, das Princip der „nothwendigen Folge" auf das Verhältniss der einzelnen Dinge unter einander anzuwenden, und nach dieser Seite hin hat er es mit einer Consequenz durchgeführt, welche in der Geschichte des menschlichen Denkens einzig dasteht, und welche vor keinen der gewöhnlichen Meinung der Menschen noch so paradoxen Folgerungen zurückschreckt. Ausnahmslos will seine Philosophie jedes einzelne Ding als die nothwendige Folge aus anderen einzelnen Dingen, jeden Vorgang als die nothwendige Folge anderer Vorgänge darstellen; und da es für diese Erklärung eine unmittelbare Anknüpfung an das Wesen der Gottheit nicht giebt, so gelten ihm die einzelnen Dinge als ein unendlicher Zusammenhang von nothwendigen Erscheinungen ohne Anfang und ohne Ende. Die Zeitfolge, welche wir zwischen ihnen annehmen, ist nur ein sinnlich getrübtes Bild der Abhängigkeit, welche zwischen ihnen besteht. In diesem ununterbrochenen Zusammenhange des Geschehens kann es deshalb keinen Zufall geben. Ursachlos entstanden zu sein, widerspricht dem Begriffe des Modus, und die Zufälligkeit ist deshalb nur ein „Asyl unserer Unwissenheit" über die wahre Abhängigkeit, in welcher sich die Dinge von einander befinden. Aber wenn Spinoza in der Erklärung der einzelnen Dinge immer davon spricht, dass jedes darunter nur aus seinen Ursachen zu begreifen sei, so verbirgt sich hinter dem unbestimmten Ausdruck „causa" doch immer der Gedanke der mathematischen Folge. Ja, seine ganze Auffassung der Abhängigkeit, in der die einzelnen Dinge zu einander stehen sollen, zeigt einen stark geometrischen Beigeschmack durch die Zweideutigkeit des Wortes „determinatio". Wie nämlich die geometrische Figur das, was sie ist, den begrenzenden Linien verdankt, welche sie von dem übrigen Raum und von anderen Figuren trennen, so bedeutet für Spinoza die gegenseitige Bedingtheit der Dinge wesentlich das Verhältniss, wonach jedes einzelne Ding seine Eigenthümlichkeit durch den Ausschluss der anderen Dinge erhalten soll. Der berühmte Satz: „omnis determinatio negatio" will nichts Anderes sagen, als dass jede Bestimmung, welche ein Ding durch ein anderes erfährt, wesentlich darin besteht, dass die Eigenthümlichkeiten des bestimmenden Dinges von dem Wesen des bestimmten ausgeschlossen werden. Daraus ergab sich für Spinoza die echt scholastische Folgerung, dass der Mangel bestimmter Eigenschaften für die reale Bestimmung der einzelnen Dinge gehalten wurde, und dass damit die Negation, ein bloss psychischer Vorgang, zu einer metaphysischen Realität umgedeutet wurde.

Innerhalb eines jeden Attributes soll diesem Princip gemäss das System der ihm angehörenden Modi nach dem Schema der nothwendigen Folge angeordnet werden, sodass jedes dieser Attribute in dem ganzen Zusammenhange seiner einzelnen Erscheinungen lediglich in sich selbst geschlossen bleibt. Kein Modus der Ausdehnung kann von einem solchen des Denkens abhängig sein, und umgekehrt. Je schärfer Spinoza dies Princip durchführte, um so klarer trat auch bei ihm das Problem des scheinbaren Zusammenhanges hervor, welcher in den Beziehungen von Leib und Seele zwischen beiden Attributen vorhanden ist. Es wiederholte sich genau jene Schwierigkeit, mit der Descartes gekämpft hatte, und welche der Entwicklung des Occasionalismus zu Grunde lag. Für Spinoza war es verhältnissmässig leicht, sie zu überwinden. Alle Attribute waren seiner Lehre nach in der einen göttlichen Substanz vereinigt, und in jedem der Attribute war das System der Modi die nothwendige Folge aus dem Wesen der Gottheit. Da nun dies Wesen der Gottheit in allen dasselbe ist, so müssen die Systeme der Modi in allen Attributen vollkommen mit einander parallel laufen, das heisst, jedem Modus in einem Attribut muss ein Modus in jedem anderen Attribut entsprechen. Mit demselben Abhängigkeitsverhältniss, nach welchem in dem einen Attribut der eine Modus dem anderen folgt, muss diese Folge zwischen den entsprechenden Modis aller übrigen Attribute stattfinden. Für das Verhältniss der dem Menschen bekannten Attribute der Gottheit, der Ausdehnung und des Denkens, ergab sich daraus als einfache Consequenz jener berühmte Satz: Ordo rerum idem est atque ordo idearum[*]. Damit hatte Spinoza auf einen Schlag die gesammte Consequenz des Occasionalismus vorweggenommen. Der scheinbare Einfluss, welchen das Denken auf das materielle Geschehen und umgekehrt

---

[*] Spinoza hat leider diesen Satz zweideutig gemacht, indem er ihm zugleich eine erkenntnisstheoretische Bedeutung beilegte; in diesem letzteren Sinne sollte er bedeuten, dass in dem Systeme der richtigen Philosophie sich die Erkenntnisse in derselben Ordnung aus dem Grundbegriffe der Gottsubstanz entwickeln müssten, wie die einzelnen Dinge, und zwar die Modi sowohl der Ausdehnung als auch des Denkens, in der Wirklichkeit aus dem Wesen der Gottheit. In jenem metaphysischen Sinne dagegen behauptete der Satz, dass allen Vorstellungen, den richtigen so gut wie den falschen, körperliche Vorgänge entsprechen müssen, wie umgekehrt auch allen körperlichen Vorgängen Vorstellungen ohne Rücksicht auf ihren Erkenntnisswerth. Beide Bedeutungen sind wohl von einander zu scheiden.

dieses auf jenes ausübt, war dadurch erklärt, dass Beide in ihrer nothwendigen Folge einander jeden Augenblick entsprechen. Auf Grund dieses Parallelismus musste nun Spinoza behaupten, dass jedes Element der körperlichen Welt zugleich eine entsprechende Vertretung in einem Modus der geistigen Welt finde. Er hätte, wenn er zu diesen Folgerungen Veranlassung gehabt hätte, unbedingt zu der Annahme einer unendlichen Fülle von unbewussten Vorstellungen schreiten müssen, und hätte zu der Lehre gedrängt werden können, mit der ihm die moderne Naturphilosophie nachgegangen ist, dass nämlich auch den einfachsten Vorgängen der mechanischen Bewegung irgend welche, wenn auch noch so elementaren Processe des psychischen Daseins entsprechen. Er hat diesen vollen Parallelismus beider Welten, wonach sich die in der göttlichen Substanz gegebene Vereinigung der beiden Attribute, Denken und Ausdehnung, bis in die Zersplitterung der kleinsten Theile des Weltlebens wiederholen müsste, nicht ausdrücklich durchgeführt, sondern sich mit der anthropologischen Wendung der Sache begnügt. Danach bezeichnet er die menschliche Seele als die Idee des menschlichen Körpers und zieht daraus die Folgerung, dass die Vollkommenheit der ersteren derjenigen des letzteren entsprechen müsse, dass überhaupt die ganze Bewegung des psychischen Lebens das genaue Abbild des physischen sei. Der Einfachheit oder Zusammengesetztheit, der Stärke oder Schwäche, der Gesundheit oder Krankheit des physischen Organismus entsprechen die gleichen Eigenschaften des psychischen. Es ist klar, wie leicht diese Lehre in den Verdacht des Materialismus kommen konnte; während sie in Wahrheit das physische so gut wie das geistige Leben des Menschen für gleich nothwendige ewige Folgen aus dem Wesen Gottes erklärte und Beide nur von diesem abhängig machte, konnte der Parallelismus, welchen sie zwischen Beiden ansetzte, leicht dahin gedeutet werden, als mache sie die Vorgänge des seelischen Lebens von dem Mechanismus des körperlichen abhängig.

Indessen bot dieser **Parallelismus der Attribute** doch in psychologischer Beziehung eine Reihe von Schwierigkeiten dar, deren sich Spinoza mehr und mehr bewusst geworden zu sein scheint. Wenn die Seele als die Idee des menschlichen Körpers bezeichnet wurde, so war es schwer, wenn nicht unmöglich, für die Vorstellung von dieser Seele, für die „Idee der Idee des menschlichen Körpers" den Modus aufzufinden, welcher ihr in dem Attribute der Ausdehnung entsprechen müsste. Das Selbstbewusstsein wurde von diesem Gesichtspunkte aus zu einem schwierigen Problem. Dasselbe aber galt von allen Thatsachen der inneren Erfahrung. Es war leicht, wenigstens im Allgemeinen, sich vorzustellen, dass jedem der einfachen psychischen Vorgänge, wie der Empfindung, dem sinnlichen Gefühl, dem Triebe bestimmte Zustände des Körpers entsprechen; aber unser Wissen von diesen unseren psychischen Zuständen, d. h. unsere inneren Erfahrungen, sind doch auch Modi des Denkens, und zwar von ihrem Inhalte unterschiedene Modi, für sie aber schien man doch niemals andere körperliche Zustände auffinden zu können, als eben dieselben, welche auch den ursprünglichen Empfindungen, Gefühlen und Trieben entsprechen sollten. Hier schien also der Parallelismus der Attribute in Frage gestellt. Es ist aus dem Briefwechsel Spinoza's wahrscheinlich gemacht worden, dass er in den letzten Jahren seines Lebens einer interessanten Lösung dieses Problems auf der Spur war, die er nicht mehr vollständig ausführen sollte. Er scheint dabei ein derartiges Verhältniss der Attribute in's Auge gefasst zu haben, dass sie sich in eine Reihe anordnen sollten, innerhalb deren jedesmal die Modi des vorhergehenden Attributs in den Modis des folgenden den Vorstellungsinhalt bildeten. Als Grundlage bliebe dann das Attribut der Ausdehnung bestehen; in dem zweiten Attribut, demjenigen des einfachen Bewusstseins, erschienen alle körperlichen Zustände vorgestellt: diese Vorstellungen aber, die einfachen Denk-Modi, würden dann den Gegenstand eines Bewusstseins höherer Ordnung bilden, welches das dritte Attribut ausmachte, und welches wir etwa als das Attribut des Selbstbewusstseins oder der Selbsterfahrung bezeichnen dürften. Die unendliche Anzahl der Attribute gab dieser Auffassung die Perspektive einer unendlichen Möglichkeit von Potenzirungen dieses Vorganges, und die Ausführung dieses Gedankens würde Spinoza zu einem System geführt haben, welches auf dem Grunde der körperlichen Welt eine Stufenreihe von Welten immer höherer Geistigkeit aufgebaut hätte, sodass dem Menschen nur die Theilnahme an den drei untersten Attributen, Ausdehnung, Bewusstsein und Selbstbewusstsein, zugefallen wäre. In dieser Wandlung der Gedanken Spinoza's liegt der Beweis, wie seine Lehre durch das cartesianische Problem des Selbstbewusstseins über sich selbst hinausgetrieben wurde.

Auch in dieser Form aber der spinozistischen Lehre hätte die strikte Consequenz aufrecht erhalten werden können, mit der er innerhalb jedes einzelnen Attributs den Ablauf des Geschehens als eine lediglich causale Kette zu begreifen suchte. Auf dem Gebiete des Attributs der Ausdehnung führte dies natürlich zu einer rein **mechanischen Naturphilosophie**, worin Spinoza die Lehre Descartes' womöglich noch zu überbieten suchte. Er zeigt sich dabei mit den grossen naturwissenschaftlichen Entdeckungen der Zeit durchaus vertraut und wendet in diesem Geiste seine Aufmerksamkeit hauptsächlich den optischen Problemen zu. Vor Allem aber betont er mit Bacon und Descartes den principiellen Ausschluss der teleologischen Betrachtungsweise von der wissenschaftlichen Naturerkenntniss. Er eifert geradezu gegen den Begriff der Zweckmässigkeit, insofern dadurch das Entstehen oder die Eigenart irgend welcher Dinge oder die Form irgend welcher Bewegungen erklärt werden soll. Der Zweck ist auf alle Fälle ein Modus des Denkens, und die teleologische Naturbetrachtung sucht daher gewisse Modi der Ausdehnung in Abhängigkeit von den Erscheinungen des anderen Attributs zu setzen: das aber ist für die spinozistische Auffassung selbstverständlich ein schwerer Irrthum. Nur die mathematische Nothwendigkeit causaler Verhältnisse beherrscht deshalb den Gang des Geschehens in der Natur, und aus diesem Grunde muss Spinoza ebenso wie den Zufall und die Zweckmässigkeit auch den Begriff des Wunders ablehnen, welcher gleichfalls die Vorstellung eines Eingriffes der göttlichen Zweckthätigkeit in den Mechanismus der Natur involvirt.

Eigenthümlicher noch und jedenfalls origineller ist die Durchführung des Princips der mechanischen Causalität, welche Spinoza auf dem **psychischen Gebiete** versuchte. Auch hier vermochte er nur die strikte Nothwendigkeit anzuerkennen, mit welcher die Functionen des seelischen Lebens sich aus einander ergeben, und die zunächst in die Augen springende Folge davon war die radicale Leugnung der Willensfreiheit, welche niemals so schroff und so rücksichtslos ausgesprochen ist wie von Spinoza. Es ist in seinem Systeme lediglich die Anwendung seines Grundaxioms, wenn er lehrt, dass auch im seelischen Leben kein einziger Vorgang, keine Vorstellungsthätigkeit und keine Willensentscheidung sich vollziehen kann, welche nicht durch die vorhergehenden Functionen nothwendig gerade so bestimmt wäre, wie sie wirklich ausfällt. Er zieht gegen die Einbildung der Menschen, wonach sie sich für frei halten und im einzelnen Falle meinen, sie hätten sich auch anders entscheiden können als sie es wirklich gethan haben, mit allen Waffen des Spottes und des Ernstes zu Felde, und zerstört mit siegreichem Scharfsinn jenes Wahngebilde der Willensfreiheit, welches man als Ursachlosigkeit aus missverstandenen Gründen der Verantwortlichkeit aufgestellt hatte. Es wird ihm dieser Nachweis um so leichter, als er, wie die gesammten Denker des XVII. und XVIII. Jahrhunderts, von der psychologischen Ansicht ausgeht, dass der Wille nur eine Function der Vorstellungsthätigkeit sei. Auch bei Descartes leuchtet diese Grundvorstellung hervor, aber er wusste von ihr an wichtigen Punkten, z. B. bei der Erklärung des Irrthums, derartig abzuweichen, dass er wenigstens einen Rest von jener alten Vorstellung der ursachlosen Willensfreiheit des „Auchanderskönnens" rettete. Spinoza, wie überall, so auch hier durchaus consequent, behauptete die durchgängige Abhängigkeit des Willens von der Vorstellung und suchte deshalb den ganzen Mechanismus der Triebe auf denjenigen der Vorstellungen zurückzuführen. Diese allgemeine Tendenz war in der von Cartesius begründeten Ansicht, dass das Denken die Grundthätigkeit der menschlichen Seele sei, als eine bestimmende Ansicht für das gesammte Aufklärungszeitalter angelegt und hatte schon bei dem Meister ihre Früchte getragen. Bei dem grossen Schüler vereinigte sie sich mit dessen consequenter Richtung auf die mathematische Causalität und machte ihn auf diese Weise zu dem Typus der deterministischen Weltanschauung. Die nothwendige Folge davon war Spinoza's Betrachtung des menschlichen Lebens lediglich unter dem Gesichtspunkte der mechanischen Causalität, und er führte diese zum Schrecken des Zeitalters gleichmässig auf den Gebieten der Ethik und der Politik aus. Seine allgemeine Verwerfung des teleologischen Gesichtspunktes liess ihn für beide das Princip der idealen Begründung und die Aufstellung abstracter Normen ablehnen. Auf dem einen Gebiete kehrte er sich gegen die moralisirende Tendenz der Behandlung der Ethik, auf dem anderen Gebiete gegen die Aufstellung von Utopien einer idealen Gesellschaftsform. In beiden Beziehungen glaubte er den Standpunkt der Wissenschaft zu wahren, wenn er behauptete, es handle sich nicht um die Beurtheilung, sondern um die Erkenntniss und das Begreifen der Wirklichkeit. Seine Lehre will die

Vorgänge des individuellen und des politischen Lebens mit kalter Zurückhaltung jedes persönlichen Urtheils behandeln, „als ob er es mit Linien, Flächen und Körpern zu thun hätte". Sie will nur die mathematische Nothwendigkeit nachweisen, durch welche sich aus den einfachen Elementen die complicirten Gebilde des Seelenlebens und der politischen Gestaltung aufbauen; er will die Vorgänge der sittlichen und der gesellschaftlichen Welt „weder verabscheuen, noch belachen, sondern begreifen".

In der Ausführung dieser **Mechanik des sittlichen und des politischen Lebens** ist Spinoza von den beiden grossen Vorgängern abhängig, deren Lehren kurz vor ihm die gleiche Richtung genommen hatten: von Descartes und Hobbes. Die Einwirkung des Ersteren liegt auf dem Gebiete der ethischen Psychologie, die des Letzteren mehr auf demjenigen der Politik. Auch Descartes hatte den Versuch gemacht, von wenigen Grundformen aus das System der **Affecte und Leidenschaften** zu construiren. Spinoza ergriff diesen Gedanken und führte ihn mit einer Consequenz durch, welche von jeher als sein Meisterstück bewundert worden ist. Er ging vor allem darauf aus, eine einheitliche Grundlage des gesammten Trieblebens zu schaffen, und wählte dazu (auch nicht ohne Einwirkung der moral-philosophischen Andeutungen von Hobbes) den **Selbsterhaltungstrieb**. Die Erhaltung und Förderung des eigenen Daseins ist ihm die Alles beherrschende Triebfeder des physischen und psychischen Organismus. Der bewusste Egoismus dieser Selbsterhaltung ist nur der Modus des Denkens, welcher dem physiologischen Lebenstriebe entspricht, und von ihm aus wird daher Alles, was das eigene Dasein des einzelnen Wesens stört oder befördert, entweder geflohen oder erstrebt, und danach für böse oder für gut beurtheilt. Auch Spinoza bekämpft, wie Hobbes, den Gedanken des an sich Guten oder an sich Bösen. Wir verabscheuen, sagt er, nicht die Dinge, weil sie böse sind, sondern weil wir sie verabscheuen, nennen wir sie böse. Wir begehren nicht die Dinge, weil sie gut sind, sondern weil wir sie begehren, nennen wir sie gut. Böse und gut sind relative Bestimmungen, welche sich auf Grund des Selbsterhaltungstriebes als Verneinung des Hemmenden und als Bejahung des Fördernden entwickeln. Der Affect, mit dem wir das Fördernde begrüssen, ist die Freude (Lust), derjenige, mit dem wir das Störende empfinden, die Trauer (Unlust). Beiden zu Grunde liegt die Begierde überhaupt als das

Streben nach Selbsterhaltung und Selbstvervollkommnung. Von dieser ersten Eintheilung aus entwickelt sodann Spinoza das ganze System der menschlichen Affecte und Leidenschaften in derselben Weise wie Descartes durch Synthesis der verschiedenen Vorstellungen von den Gegenständen und Ursachen der Begierden und der Affecte. Er scheut sich dabei nicht, den Ursprung der menschlichen Gefühle und Leidenschaften in seiner ganzen Nacktheit blosszulegen, und reisst mit grossartiger Rücksichtslosigkeit die Maske von den Beschönigungen, hinter denen die Sophistik des menschlichen Herzens die Gewalt der elementaren Triebe zu verstecken pflegt. Seine Darstellung ist mit ihrer beinahe naiven Kühlheit classisch in Rücksicht auf die Entwicklung des Charakters von jedem einzelnen der dabei behandelten Seelenzustände; als Ganzes leidet sie an dem Mangel, welcher dem unvollkommenen Zustande der damaligen Psychologie zur Last fällt, dass sie die psychologische Grundverschiedenheit von Affecten und Leidenschaften nicht berücksichtigt und deshalb die heterogensten Vorgänge unmittelbar neben einander stellt. Auf der anderen Seite gehört es zu ihren grössten Vorzügen, dass sie den Zusammenhang zwischen diesen „perturbationes animi" und den leiblichen Vorgängen auf das Engste aufrecht zu erhalten sucht. Vermöge des Parallelismus der Attribute muss jede Begierde einem bestimmten Zustande der körperlichen Bewegung, jeder freudige Affect einer Vervollkommnung, jeder traurige Affect einer Verminderung oder Störung des physischen Organismus entsprechen. Zwar ist Spinoza selbstverständlich nicht im Stande, durch physiologische Erkenntnisse dieses Princip für die einzelnen Vorgänge durchzuführen: allein die blosse Forderung und die principielle Ansicht war ein überaus bedeutender Fortschritt und eine der zukünftigen Forschung vorgreifende Hypothese.

Wenn diese naturalistische Auffassung des Seelenlebens der herrschenden Meinung als eine Untergrabung der heiligsten Ueberzeugungen erschien, so galt dasselbe von der Unbeirrtheit, mit welcher Spinoza in seinem politischen Traktat das gleiche Princip auf die Erkenntniss des Staatslebens anwendete. Wie er die sittlichen Grundbegriffe von gut und böse rein psychologisch als die Bezeichnungen desjenigen, was der Mensch erstrebt oder flieht, abgeleitet hatte, so giebt er auch hier dem Grundbegriffe des Rechts eine rein naturalistische Wendung, wenn er es mit der **Macht** identificirt und den Grundsatz aufstellt, dass Jeder gerade soviel Recht habe als er Macht hat, und dass die Rechtssphäre eines Jeden nichts Anderes sei als der Umkreis der Bethätigung seines Selbsterhaltungstriebes. Das natürliche Recht ist also für Spinoza die volle Entfaltung des Egoismus, und damit geht er auch über Hobbes hinaus, welcher diese Entfaltung des Egoismus nur für den dem Rechtszustande vorhergehenden Vorgang erklärt hat. Die Consequenzen aber sind bei beiden Denkern principiell dieselben, und auch Spinoza entwirft die Mechanik des Staatslebens auf Grund jenes Kampfes Aller gegen Alle, zu welchem die blosse Entfaltung des individuellen Egoismus führen muss. Er deducirt, dass der Selbsterhaltungstrieb in erster Linie das Streben nach der Sicherung der persönlichen Existenz und ihrer Macht- resp. Rechtssphäre mit sich bringe, und dass die Einsicht in die mit dem Kampf Aller gegen Alle nothwendig verbundene Unsicherheit des Lebens und des Besitzes den Staatsvertrag herbeiführe, vermöge dessen durch den gemeinsamen Willen der Menschen Anordnungen zur Sicherung und Beförderung des Wohls jedes Einzelnen mit bindender Gesetzeskraft geschaffen werden. Auch für Spinoza wie für Hobbes ist deshalb der Staat nur eine grosse, von den Menschen zum Zwecke der Beförderung ihres Wohles gebaute Maschine, und der Werth der einzelnen Staatsformen ist lediglich davon abhängig, inwieweit sie diesen ihren Zweck zu erfüllen im Stande sind. Aus diesem Grunde nun bekämpft Spinoza die absolutistische Staatsform, welche Hobbes vertheidigt hatte. Er sagt mit Recht, dass diese dem Begriffe des Staates überhaupt nicht entspreche. Hobbes hatte sie damit begründet, dass alle Einzelnen ihr Recht auf den Monarchen übertragen; dadurch aber wird, wie Spinoza ausführt, das Recht, d. h. die Macht der Individuen aufgehoben, und der Zweck der staatlichen Vereinigung nicht nur verfehlt, sondern sogar direkt umgestossen. Der Absolutismus ist keine Staatsform, sondern nur eine Art des Kampfes Aller gegen Alle, und zwar diejenige, worin Einer alle Uebrigen besiegt hat. Die Mechanik des Staates hat vielmehr die Aufgabe, die Macht- und Rechtssphäre der Einzelnen in eine solche Beziehung zu einander zu setzen, dass sie sich gegenseitig nicht mehr stören, und von dieser Aufgabe meint Spinoza, dass sie am besten durch eine republicanische Staats-Verfassung gelöst werde. Wie bei Hobbes, so ist es auch bei Spinoza unverkennbar, wie er zu diesen besonderen Consequenzen durch politische Erfahrungen getrieben wurde. Er hatte mit vielen Anderen es erfahren, dass das republicanische Holland eine verhältnissmässig günstige Ruhe und Sicherheit des individuellen Lebens gewähre. Aber er hatte auch die Gefahren des republicanischen Lebens mit den Händen zu greifen Gelegenheit, er erlebte es noch, wie der Pöbel im Haag die Brüder Witt in seinem Fanatismus zerriss, und solche ochlokratischen Auswüchse mögen ihn dazu bestimmt haben, dass er zur Empfehlung einer aristokratischen Staatsverfassung hinneigte. Doch hing es andererseits wieder mit den ethischen Bestimmungen seiner Lehre zusammen, dass er diese Aristokratie nicht als diejenige des Blutes sondern als diejenige der Bildung, der vernünftigen Einsicht und der politischen Erfahrung ausgebildet zu sehen wünschte.

Auf den ersten Blick erscheint es fast unmöglich, dass sich auf den Grundlagen der spinozistischen Weltanschauung überhaupt eine Ethik sollte entwickeln können. Wenn der Unterschied des Guten und des Bösen nur darin gesucht wird, was der Mensch thatsächlich begehrt oder verabscheut, so scheint es unmöglich, ein Kriterium festzustellen, wonach allgemeingiltig entschieden werden sollte, was begehrenswerth und was verabscheuenswerth ist. Auf dem breiten Boden der psychologischen Nothwendigkeit erwachsen alle Vorgänge der Willensentscheidung mit gleichem Recht, und es scheint nicht abzusehen, wie man dazu kommen soll, die einen zu billigen und die anderen zu missbilligen. Und dennoch ist es Spinoza gelungen, aus seinen Principien heraus eine Grundlage der Ethik zu finden; ja sein ganzes Denken treibt so sehr auf diese Grundlage zu, dass ihm diese letzte Folgerung seiner Philosophie als die werthvollste erschienen ist und seinem Hauptwerke den Namen gegeben hat. Es ist eine höchst eigenthümliche Verknüpfung der Gedanken, durch welche Spinoza den Begriff der Tugend zu finden vermocht hat. Sie knüpft zunächst in echt naturalistischer Weise an den antiken Wortgebrauch an, wonach „virtus" vor seinem ethischen Sinne zunächst die Tüchtigkeit bedeutet, und sie bringt diesen Begriff in Verbindung mit dem Selbsterhaltungstriebe. Das Streben nach der eigenen Vervollkommnung, d. h. nach der Vergrösserung der individuellen Macht, ist der eigentliche Inhalt des Selbsterhaltungstriebes, und die Tüchtigkeit ist nichts weiter, als die Erfüllung dieses Bestrebens. Deshalb sagt Spinoza, dass die Tugend (im Sinne der Tüchtigkeit) identisch ist mit der Macht. Auch das Sittengesetz kann vom Menschen nichts Naturwidriges verlangen, es ist vielmehr identisch mit dem Naturgesetz. Sein einziges Gebot ist genau dasselbe, was der natürliche Trieb der Selbsterhaltung verlangt: „vergrössere deine Macht"; und der sittliche Begriff der Tugend ist nur derjenige des Strebens nach der vollen Kraftentfaltung der menschlichen Natur. In diesem Sinne sucht die spinozistische Ethik — unabhängig von allen religiösen Voraussetzungen — das sittliche Leben auf den Boden der natürlichen Wirklichkeit zu pflanzen und als dessen nothwendiges Produkt darzustellen. Allein um von diesem Princip aus zu einer Entwicklung der sittlichen Gesetze zu gelangen, bedarf Spinoza noch einer anderen Vermittlung, und es ist überaus merkwürdig, in wie einfacher und genialer Weise er zu diesem Zwecke baconische und cartesianische Gedanken mit einander verknüpft. Nach dem Parallelismus der Attribute kann offenbar die Vollkommenheit, d. h. die Tugend der Seele, nur verbunden sein mit der Vollkommenheit, d. h. mit der Tüchtigkeit des Körpers. Der tüchtigste Körper ist der kräftigste, derjenige, welcher die grösste Macht hat; die vollkommenste Seele ist diejenige, in welcher das Attribut des Denkens am kräftigsten entwickelt ist, diejenige, welche die richtigsten, d. h. die klarsten und deutlichsten Vorstellungen besitzt. Die Tugend besteht daher für Spinoza in dem cartesianischen Ideal der klaren und deutlichen Vernunfterkenntniss; aber der Parallelismus der Attribute bringt es mit sich, dass diese wissende Tugend zu gleicher Zeit die grösste körperliche Macht involvirt, und so schlingt sich das baconische Princip „Wissen ist Macht" mit dem cartesianischen Begriffe des richtigen Denkens zu dem spinozistischen Tugendbegriffe zusammen. Der tugendhafte Mensch ist der wissende und eben dadurch zugleich der mächtige; es ist derjenige, in welchem ein und derselbe Modus individueller Existenz in beiden Attributen eine gleich hohe Vollkommenheit besitzt. Man darf sich nicht an dem scheinbaren Widerspruche stossen, in welchem diese Lehre mit der einfach zu constatirenden Thatsache steht, dass die Entwicklung der Seelenkraft mit derjenigen der Körperkraft im gewöhnlichen Sinne nicht überall gleichen Schritt hält: man muss vielmehr bedenken, dass Spinoza unter der Kraftsphäre eines Körpers den gesammten Umkreis der Wirkungen versteht, welche er durch irgend welche Vermittlungen auszuüben im Stande ist, und in diesem Sinne müssen auch alle realen Wirkungen, welche im Geiste der baconischen Philosophie aus dem Wissen hervorgehen können, in das Gebiet der Macht gerechnet werden, welche der spinozistischen Tugend zukommen soll. Es ist ein Tugendbegriff, der in merkwürdigster Weise auf der einen Seite einen rein theoretischen Inhalt hat, auf der anderen Seite aber einen eminent praktischen Sinn der realen Thätigkeit einschliesst, — von allen Tugendbegriffen, die in der Geschichte des menschlichen Denkens aufgestellt worden sind, vielleicht der verschränkteste und dabei originellste, — um so interessanter, je mehr man bedenkt, dass der Urheber dieses Begriffs zwar jene theoretische Tugend des klaren Denkens im vollendetsten Masse besass, in Rücksicht der Wirksamkeit dagegen auf dem Gebiete der äusseren Welt sich eines gleichen Vorzuges nicht rühmen durfte.

Auf dieser Grundlage aufgebaut, tragen nun die ethischen Lehren Spinoza's ganz den Charakter, zu welchem schon die cartesianische Philosophie nothwendig hinneigte. Bei Beiden tritt die Tugend wesentlich in der Form des klaren und vernünftigen Denkens auf, wie denn auch in dem Leben beider Männer die rückhaltlose Hingabe an die reine Vernunfterkenntniss als der Grundzug ihres Charakters und ihres Lebensschicksals hervortritt. Spinoza bringt, einer Andeutung Descartes' folgend, diese ethische Lehre, wie schon die Entwicklung seines Tugendbegriffes, mit dem aristotelisch-scholastischen Gegensatz der Aktivität und der Passivität in glückliche Verbindung. Ein Körper ist um so vollkommener und mächtiger, je mehr er handelt und je weniger er von anderen leidet: auch die menschliche Seele ist um so vollkommener und tugendhafter, je mehr sie sich thätig und je weniger sie sich leidend verhält. Nun sind die Affecte und die Leidenschaften, deren System Spinoza entworfen hat, für die Seele die unklaren und verworrenen Zustände des Leidens; sie sind zugleich die Vorstellungen derjenigen Zustände, in welchen sich auch der Körper leidend verhält, indem er unter dem Einflusse äusserer Mächte steht. Jene Affecte und Leidenschaften sind deshalb in allen Formen Zustände der Unvollkommenheit, der Schwäche, der Untugend. Ihnen gegenüber muss das klare und deutliche Denken als der Zustand der reinen Thätigkeit der Seele aufgefasst werden, in denen diese sich selbst bestimmt und keinen fremden Einflüssen unterliegt. Diesem Zustande der theoretischen Aktivität entsprechen deshalb auch die mit der reinen Erkenntniss verbundenen „aktiven Affecte", und diese sind der Natur der Sache nach ausnahmslos Zustände der Freude, der Seligkeit. Denn sie sind die höchsten Formen der Selbsterhaltung und Selbstvervollkommnung. Hier kommt wieder das cartesianische Ideal des reinen Rationalismus, d. h. des lediglich durch sich selbst bestimmten Denkens in seinem ethischen Sinne zur Geltung.

Dieser Gegensatz des Aktiven und des Passiven identificirt sich bei Spinoza mit demjenigen der Unabhängigkeit und der Abhängigkeit, oder demjenigen der Freiheit und der Knechtschaft. Der sittliche Begriff der Freiheit steht in keinem Widerspruche mit demjenigen der causalen Nothwendigkeit. Er ist vielmehr dessen höchste Vollendung. Freiheit ist der Zustand, in welchem der endliche Modus bei seinen Thätigkeiten lediglich durch den Inhalt seiner eigenen Bestimmungen bedingt ist, Unfreiheit derjenige, in welchem dieser Modus von den Wirkungen anderer endlicher Wesen abhängig ist. Freiheit ist also nichts Anderes als Selbstbestimmung. Frei ist derjenige Körper, dessen Bewegung durch keinen anderen Körper bestimmt ist, frei diejenige Seele, deren Entschliessungen lediglich von ihrem vernünftigen Denken abhängen. Hieraus folgt, dass der Mensch im Zustande des Affects und der Leidenschaft unfrei, im Zustande der vernünftigen Erkenntniss dagegen frei ist. Tugend ist Macht, und Tugend ist Freiheit; aber diese Tugend ist keine andere als die wahre Erkenntniss. Die sittliche Aufgabe kann somit nur in der Ueberwindung der Leidenschaften durch das Denken bestehen. Eine Leidenschaft kann man nur überwinden, indem man sie begreift. Alles sittliche Leben ist der Kampf der Vernunft gegen die Leidenschaft, und sein Ziel die Erhebung des Menschen aus der Unfreiheit in die Freiheit.

Mit diesen Gedanken nun ringt sich Spinoza aus den starren Formen seines Rationalismus wieder in das ursprüngliche Element des Mysticismus empor, aus dem seine Philosophie geboren wurde. Denn was ist im letzten Grunde diese Erkenntniss, in der die Tugend, die Macht und die Freiheit des Menschen bestehen soll? Es ist die Anschauung Gottes und die Einsicht in die Nothwendigkeit, mit der aus seinem Wesen alle Dinge ewig folgen. Die Erkenntniss Gottes ist der Gipfel des Wissens und damit auch der Gipfel der Tugend. Wenn aber die Tugend den Menschen von der

Knechtschaft befreit, in der er sich unter der Herrschaft seiner Affecte und Leidenschaften befindet, so ist diese Tugend der Gotteserkenntniss die erlösende Macht, welche den Menschen aus den Uebeln und Gebrechen der endlichen Welt zur Theilnahme an der ewigen Vollkommenheit der unendlichen Gottheit emporhebt. Mit diesen Gedanken klingt die grosse Symphonie von Spinoza's Lehren in ihren religiösen Grundton aus. Denn alle Religion wurzelt im Erlösungsbedürfniss und sucht die Befreiung von den Uebeln der Welt.

Von diesem Gesichtspunkte aus vollzieht Spinoza die letzte Synthese seines Denkens. Die vollkommene Gotteserkenntniss hat ihre erlösende Macht darin, dass sie den Menschen von allen Affecten und Leidenschaften befreit, mit denen sonst sein Wille sich den endlichen Dingen zuwendet, und wo diese Tugend vollkommen eingetreten ist, da giebt es für den Menschen nur noch einen einzigen möglichen Gegenstand des Willens: es ist der Gegenstand dieser Erkenntniss selbst, die Gottheit. Wo Gott das gesammte Denken erfüllt, da erfüllt auch er allein den Willen. Wer die Gottheit vollkommen erkennt, der begehrt auch nichts Anderes als sie. Die Erkenntniss Gottes ist identisch mit der Liebe zu Gott. Wer da weiss, dass es nur die eine Substanz giebt und dass alles Andere nur ihre vergänglichen Erscheinungen sind, der begehrt diese flüchtigen Güter nicht mehr, sondern umfängt mit seiner geistigen Liebe nur noch die Gottheit. Diese Begierde aber ist ihrer ewigen Erfüllung sicher. Alle anderen Güter schwinden dahin, alle anderen Begierden, selber vorübergehend, verfehlen entweder ihr Ziel oder führen zu vorübergehender Lust: die Liebe zur Gottheit und die Seligkeit dieser Liebe sind ewig wie ihr Gegenstand. Die Gottesliebe, welche mit der Gotteserkenntniss sich deckt, ist das höchste Gut. Wenn endlich Spinoza für diese geistige Liebe zur Gottheit einen abschliessenden Ausdruck sucht, so bedarf es nur noch der Ueberlegung, dass jene Menschenseele, welche sich in der Erkenntniss zu der Seligkeit der Gottesliebe emporschwingt, ja selbst nichts Anderes ist, als ein Modus in dem unendlichen Wesen der Gottheit, und dass sie kein anderes Wesen und keine andere Kraft in sich trägt und entwickeln kann, als diejenigen der Gottheit selbst. Die Liebe, womit der Mensch die Gottheit umfängt, ist schliesslich nur eine Liebe Gottes zu sich selbst: „amor intellectualis, quo deus se ipsum amat." Die Gottsubstanz ist Alles in Allem: auch unsere erkenntnissvolle Liebe zu ihr ist nur eine ewige Bewegung, mit der sie aus den endlichen Gestaltungen ihres Wesens zu sich selbst zurückkehrt.

Auf diese Weise endet das System Spinoza's in denselben Gedanken, welcher die innerste Triebfeder seines gesammten Denkens und Lebens bildet, in den mystischen Gedanken der Gottesliebe. Der ganze Apparat der geometrischen Methode und der schwerfällige Schritt der rationalistischen Deduction ist ihm nur ein Mittel gewesen, um jene religiöse Sehnsucht nach vollkommener Gotteserkenntniss zu stillen. Darin besteht das Einzige seines Systems, dass es den Rationalismus in den Dienst des Mysticismus nimmt, und dass es den weihevollen Trieb des religiösen Gefühls durch die strengste Klarheit und Deutlichkeit des Denkens zu befriedigen sucht. Seine Bekanntschaft mit der cartesianischen Methode bewahrte ihn vor der Verschwommenheit, in welcher sonst der mystische Gedanke seine Offenbarungen hervorzustossen pflegt, und seine tiefe Religiosität schützte ihn davor, sich mit der abstracten Leere der naturalistischen Verständigkeit zu begnügen. In diesem Doppelbestreben steht er ebenso weit über der Unklarkeit der gewöhnlichen Mystik, wie über der Verständnisslosigkeit, mit welcher der spätere Rationalismus die höchsten Probleme des Denkens ihres inneren Werthes beraubte. Aber auf der anderen Seite berühren sich in der Lehre Spinoza's diese beiden schroffen Gegensätze des Mysticismus und des Rationalismus nur, um sich desto schärfer abzustossen. Der Versuch ihrer Durchdringung ist misslungen. Der Inhalt, welchen die mathematische Methode des Rationalismus der mystischen Idee der Gottheit zu geben vermochte, war das absolute Nichts. Dem religiösen Denken Spinoza's ist die Gottheit Alles: in seiner Metaphysik ist sie nur eine leere Begriffsform. Alle seine Religiosität konnte keine Philosophie schaffen, welche den vollen Inhalt dieses religiösen Gefühls wiederzugeben vermocht hätte.

Immer wird das System Spinoza's unter den Versuchen des menschlichen Denkens, sich seines werthvollen Inhalts in der geschlossenen Form der Wissenschaft bewusst zu werden, eine hervorragende Stelle einnehmen. Sein System ist vielleicht die imposanteste Begriffsdichtung, welche je in eines Menschen Hirn entsprang; die strikte Folgerichtigkeit seines Denkens und die lautere Reinheit seiner Ueberzeugung sichern ihm die Bewunderung der Nachwelt:

aber immer wird auch der unlösbare Widerspruch zwischen der Gluth seiner Gottesliebe und der schneidenden Kälte seiner Weltbetrachtung die Ruhe beeinträchtigen, mit der man den gewaltigen Zusammenhang seiner Gedanken geniessen möchte.

§ 27. Nicole Malebranche.

So befremdend Spinoza's Verknüpfung des Rationalismus mit dem Mysticismus bei den principiellen Gegensätzen, welche sonst zwischen ihnen bestehen, und so unvergleichbar deshalb diese ihre Verschmelzung erscheint, so bietet doch die Entwicklung der cartesianischen Lehre auch in Frankreich eine, wenn auch in geringerem Massstabe ausgeführte, aber doch in den Grundzügen ähnliche Erscheinung dar. Hier war es die Verbindung, in welche der Cartesianismus vermöge gewisser innerer Verwandtschaften mit der Lehre des Kirchenvaters Augustin trat, wodurch dieser eigenthümliche Vorgang bedingt wurde. Er spielte sich innerhalb eines geistlichen Ordens ab, der mit der Geschichte des Cartesianismus in der engsten Verbindung stand. Die Congregation der Väter des Oratoriums Jesu war vom Cardinal Berulle begründet worden, einem Freunde Descartes', dessen dringende Bitten den letzteren mit zur Niederschrift und Veröffentlichung seiner Werke veranlasst hatten, und der das Studium der cartesianischen Philosophie in dem Oratorium einbürgerte. Es war ein Orden ohne hierarchische Beschränkung, eine freie Vereinigung von Männern, welche sich aus der Welt zurückzogen, um in wissenschaftlicher Weise an der Ausbildung der Kirchenlehre zu arbeiten, ein Orden, in welchem deshalb die Jesuiten ein geheimes, der Reformation zuneigendes Ketzerthum witterten und bekämpften. In der That kehrten die Forschungen dieser Männer mit einer der Reformation nicht ganz unähnlichen Tendenz von der aristotelisirenden Scholastik zu der platonisirenden Patristik zurück. Einer von ihnen, G. Gibieuf, hatte schon früh in seiner Schrift De libertate dei et creaturae (1630) für die Freiheitslehre eine Ergänzung der thomistischen Doctrin durch scotistische und augustinische Argumente versucht. Im Ganzen verehrten die Oratorianer in Augustin den grössten aller Kirchenlehrer, während die Jesuiten sich streng an Thomas von Aquino hielten. Auch jene verfolgten eine gewisse Richtung der Verinnerlichung des religiösen Bewusstseins und geriethen dadurch bald in Conflicte mit den kirchlichen Mächten. Auf diesem

Boden begegneten sich nun die cartesianische Philosophie und der Augustinismus, und in der ausgesprochenen Absicht, durch die Verbindung beider die Kirchenlehre mit der modernen Wissenschaft und der weltlichen Bildung zu versöhnen, schrieb André Martin die „Philosophia christiana", welche unter dem Pseudonym Ambrosius Victor 1671 erschien. Das Bindeglied zwischen beiden Lehren war wesentlich die Gotteslehre und die enge Beziehung, in der für beide grossen Denker das Gottesbewusstsein mit dem Selbstbewusstsein des Menschen gestanden hatte. Es war der Gedanke, dass die Selbsterkenntniss des Menschen in seiner Gotteserkenntniss beruhe, dass in unser Selbstbewusstsein unabtrennbar die Erkenntniss der Gottheit eingeschmolzen sei, und dass diese Verbindung den sicheren Ausgangspunkt für alles menschliche Wissen bilden müsse. Dieser Gedanke stand aber, wenn man ihm statt der rein erkenntnisstheoretischen Wendung, die er bei Descartes genommen hatte, im Sinne Augustin's eine mehr religiöse Färbung gab, dem Princip der Mystik sehr nahe, wonach alles Wissen im Gewissen wurzeln und alle menschliche Erkenntniss aus der begeisterten Gottesanschauung fliessen sollte; und so entwickelte sich schliesslich aus dieser Verknüpfung eine Lehre, welche die Gedanken Descartes' zu einem Mysticismus verarbeitete, der freilich von dem spinozistischen Pantheismus weit entfernt war und vielmehr auf den augustinischen Theismus hinauslief.

Der Begründer dieser Lehre ist Nicole Malebranche. 1638 zu Paris geboren, war dieser Mann durch die Zartheit und Kränklichkeit seines Körpers von Jugend an auf ein stilles, zurückgezogenes, der Contemplation und der Wissenschaft gewidmetes Leben hingewiesen, und so trat er schon in seinem dreiundzwanzigsten Jahre in das Oratorium ein. Lange Zeit mit anderen Studien beschäftigt, wurde er erst 1664 zufällig auf die cartesianische Lehre aufmerksam, ergriff sie aber dann mit einem solchen Eifer, dass er des Systemes bald Herr wurde und daran die Fortbildung vollzog, welche seinen Namen berühmt machen sollte. Im Jahre 1675 liess er sein vielbewundertes Hauptwerk „De la recherche de la vérité" drucken, dreizehn Jahre darauf eine compendiöse Zusammenfassung seiner Lehre in den „Entretiens sur la métaphysique et sur la religion". Von den übrigen Schriften, durch die er theilweise in mehr populärer Form hauptsächlich den Gedanken von der Einheit der cartesianischen resp. seiner Philosophie und der christlichen resp. augustinischen Lehre darzustellen und zu begründen suchte, ist namentlich der „Traité de la nature et de la grace" (Amsterdam 1680) wegen des Anlasses hervorzuheben, den derselbe zu einem lange und heftig geführten Streit mit Arnauld gab. Die Cartesianer von Port royal, als deren Hauptvertreter dieser früher erwähnt worden ist, konnten bei ihrer rein rationalistischen Auffassung der cartesianischen Lehre, welche offenbar auch dem Geiste des Meisters am nächsten stand, sich mit den mystischen Ideen von Malebranche nicht befreunden. Dieser Streit, dessen Documente Malebranche seinerseits als Sammlung aller seiner Entgegnungen an Arnauld (4 Bde. Paris 1709) drucken liess, ist eigentlich das einzige äussere Erlebniss in der wissenschaftlichen Zurückgezogenheit des Philosophen, welcher durch eine glückliche Strenge und Mässigkeit seiner Lebensweise ein hohes Alter erreichte und erst 1715 bald nach einer Unterredung mit dem englischen Philosophen Berkeley gestorben ist, — wie man erzählt, an den Folgen der Aufregung, in die ihn der Contact mit diesem in vieler Hinsicht verwandten, in anderer Beziehung aber wieder diametral entgegengesetzten Denker versetzte.

Die Lehre von Malebranche hat sich aus dem Cartesianismus zweifellos in der Richtung des Occasionalismus entwickelt und ist sowohl metaphysisch, als auch erkenntnisstheoretisch durch die Stellung der Probleme bedingt, welche von den Occasionalisten hervorgehoben wurden. Je wichtiger der Substanzbegriff in der cartesianischen Philosophie war, um so mehr gab die Unentschiedenheit, mit der ihn Descartes selbst behandelt hatte, die Veranlassung zur Fortbildung seines Systems. Wie für die Occasionalisten und für Spinoza, so gilt dies auch für Malebranche; der letztere geht in einer oft fast wörtlichen Uebereinstimmung mit Geulincx von der occasionalistischen Ansicht aus, dass von einem Einfluss der geistigen und der körperlichen Substanzen auf einander überhaupt nicht die Rede sein könne, dass vielmehr der scheinbare Zusammenhang der geistigen und der körperlichen Welt eine stetige Vermittlung durch die göttliche Thätigkeit voraussetze. Aber Malebranche zieht daraus sogleich die klare und ausdrückliche Folgerung, dass diese Ansicht jede Selbständigkeit in der Bewegung der körperlichen sowohl wie der geistigen Welt aufhebt, dass danach die endlichen Substanzen aufhören thätig zu sein, und die göttliche Substanz als der alleinige Grund aller Thätigkeit übrig bleibt. Er kommt zu demselben Resultat auf Grund der cartesianischen Physik und der Erwägungen über die Causalität, welche daran schon Geulincx geknüpft hatte. Nach diesen ist ein Körper niemals mit selbständiger Bewegungskraft ausgestattet, er ist niemals im eigentlichen Sinne das Bewegende, sondern immer nur das Bewegte. Was in der Welt der Ausdehnung wahrhaft wirkt, ist nur die göttliche Kraft, welche, in constanter Grösse der Materie mitgetheilt, auf ihre einzelnen Theile nur fortwährend verschieden übertragen wird. Die Kraft, welche ein einzelner Körper auszuüben scheint, gehört ihm in Wahrheit nicht selbst, sondern ist nur ein geborgter Theil der allgemeinen göttlichen Kraft. Die Körper wirken also nicht nur nicht auf die Geister, sondern nicht einmal auf einander. Sie sind nur Objekte und niemals Ursachen der Bewegung. Ursache sein heisst erzeugen und schaffen; wer die einzelnen Dinge für wirkende Ursachen hält, denkt heidnisch, und das ist der Grundfehler der gesammten antiken Philosophie. Gott als der alleinige Schöpfer ist auch der einzig Wirkende. Die Dinge sind seine Wirkungen und selbst wirkungslos. Das Geschehen in der Welt ist nicht eine Folge des natürlichen Wesens der Dinge, sondern vielmehr der Ausdruck der unendlichen und ewigen Thätigkeit Gottes. Damit ist auch für Malebranche aus dem Begriff der Substanz, insofern er auf die endlichen Dinge angewendet werden soll, das Merkmal der Causalität ausdrücklich fortgefallen; sie sind nur noch Existenzen, aber keine selbständigen Ausgangspunkte der Bewegung mehr. Die Parallele mit dem Spinozismus, welcher ebenfalls die gesammte Substantialität der Dinge aufgab, liegt auf der Hand; bei Spinoza ist nur auch in der Terminologie die grössere Consequenz, indem er eben die Gottheit für die einzige Substanz erklärte.

Die Ansicht, dass Gott der in dem gesammten Weltlauf allein Handelnde sei, wird so von Malebranche auf dem occasionalistischen Wege aus der Lehre Descartes' abgeleitet: im Resultat stimmt sie vollständig mit der religiösen Auffassung Augustin's überein. Aber sie wird nothwendig in dieselben unlösbaren Schwierigkeiten verwickelt, denen bereits Augustin unrettbar anheimgefallen war. Auch Malebranche nämlich vermag diese Theorie nur in Bezug auf den gegenseitigen Einfluss der körperlichen und der geistigen Welt und andererseits auf den immanenten Vorgang des materiellen Geschehens durchzuführen: sie scheitert auf dem wichtigsten Punkte, nämlich in Beziehung auf den Process des seelischen Lebens. Denn die nothwendige Folge dieser Ansicht wäre die, dass, wie in der Körperwelt, so auch in der geistigen Welt die einzelnen Substanzen, d. h. hier die menschlichen Seelen, keine Selbstthätigkeit besitzen, sondern dass alles Geschehen auch auf diesem Gebiete unmittelbar von der einzig wirkenden Kraft, d. h. von der Gottheit ausgeht. Will man aber dies durchführen, so ist es auch Gott, welcher irrt und welcher sündigt. Handeln in Wahrheit nicht wir selbst, sondern nur in uns und durch uns die Gottheit, so sind es auch nicht wir, welche für Irrthum und Sünde verantwortlich gemacht werden können. So springt, genau wie in der Prädestinationslehre von Augustin, auch bei Malebranche das Problem des Irrthums und der Sünde hervor. Er entzieht sich demselben ebensowenig, wie sein grosses Vorbild; er giebt zu, dass die Thatsachen des Irrthums und der Sünde nicht fortzuleugnen sind, und dass auf der anderen Seite die Gottheit für sie nicht verantwortlich gemacht werden darf. Er nimmt demnach an, dass diese Thatsachen in einer Freiheit und selbständigen Wirksamkeit der menschlichen Seele begründet sind. Er sucht das Problem zu vereinfachen, indem er nicht nur theologisch, sondern auch philosophisch im Sinne der cartesianischen Erkenntnisstheorie den Irrthum als eine Art oder als eine Folge der Sünde betrachtet wissen will. Er beutet den Gedanken Descartes' aus, dass das falsche Urtheil auf einem Uebergreifen des Willens beruhe, der auch da urtheilen wolle, wo er es nicht vermöge. Er führt auf der andern Seite aus, wie der Mensch durch den Sündenfall unter die Herrschaft der Sinnlichkeit und damit (nach cartesianischem Princip) der Unklarheit und Verworrenheit der Vorstellungen gerathen sei. Aber die Ableitung der Sünde und auch des Irrthums aus der Freiheit des menschlichen Willens ist nur eine Wortlösung des Problems. Denn diese Freiheit und Selbständigkeit der endlichen Substanz ist eben in einem Systeme, welches wie diejenigen von Augustin und von Malebranche die Gottheit als die einzige Ursache aller Thätigkeit bezeichnet hat, absolut unbegreiflich, und so muss sich denn auch Malebranche diesem Problem gegenüber mit dem bekannten Ausspruche begnügen, dass die Freiheit ein Mysterium sei.

Zu einer stärkeren Hervorhebung der Alles bedingenden Stellung des Gottesbegriffs sah sich aber Malebranche auch noch auf einem erkenntnisstheoretischen Wege gedrängt. Nimmt man aus den endlichen Substanzen die Selbstthätigkeit ihrer Wirkung heraus, so bleibt (wie bei Spinoza die absolute Geschiedenheit der beiden Attribute des Denkens und der Ausdehnung) nur die völlige Ausschliesslichkeit der Körperwelt und der geistigen Welt übrig. Macht man aber mit diesem Gedanken völlig Ernst, und führt man das Princip durch, dass jede dieser Welten nur durch sich selbst erkannt werden kann, so erscheint es zunächst unfasslich, wie in den Geist überhaupt die Vorstellung oder gar die richtige Erkenntniss der Körper hineinkommen kann. Daraus folgt, dass auch die Erkenntniss des Menschen weder sein eigenes Werk noch eine unmittelbare Wirkung der Körper auf ihn sei, sondern vielmehr nur durch göttliche Erleuchtung hervorgerufen sein könne. Wenn wir Vorstellungen theils von Körpern, theils von anderen Geistern haben, so sind die Letzteren nur auf dem Wege der Analogie aus unserer Erfahrung von unserm eigenen und von fremden Körpern entstanden. Die Vorstellungen der Körper aber verdanken wir nur der göttlichen Eingebung. Als ursprüngliche Elemente unseres Wissens bleiben uns deshalb nur das Bewusstsein von der Gottheit und dasjenige von uns selbst übrig. Beide aber glaubt Malebranche mit einem Schlage zu gewinnen, indem er den cartesianischen Gedanken mit dem augustinischen durchdringt. Die Vorstellung von Gott als dem allerrealsten Wesen ist ihm die klarste und deutlichste aller Vorstellungen; mit ihr erst wird uns auch das wahre Selbstbewusstsein gegeben, denn unsere gewöhnliche Selbsterfahrung, das sentiment intérieur, zeigt sich an die bestimmten Modificationen unseres Wesens, an die einzelnen Thätigkeiten von Vorstellungen und Willensentschlüssen gebunden. Malebranche macht darauf aufmerksam, dass das, was Cartesius das Selbstbewusstsein genannt hat, die Selbstgewissheit des denkenden Wesens, von der gewöhnlichen inneren Erfahrung wohl zu unterscheiden sei, und er glaubt, dass jene volle Selbstgewissheit nur daraus erwachse, dass wir uns als eines Theils des göttlichen Wesens bewusst sind, dass wir in derselben ursprünglichen Intuition die Erkenntniss der Gottheit und unserer eigenen Existenz zugleich umfassen. Bei Descartes war zwar das Selbstbewusstsein zunächst als rein auf sich selbst begründet und als der Ausgangspunkt aller weiteren Deduction erschienen; allein diese ganze Deduction hatte ihren Durchgang durch das Gottesbewusstsein genommen, welches auch bei ihm schon als unmittelbar mit dem Selbstbewusstsein verschmolzen gedacht wurde. Ein System der neueren deutschen Philosophie, dasjenige von Krause, welches die Parabel der cartesianischen Methode in ihrem Gegensatze des analytischen und des synthetischen Ganges nachahmte, hat deshalb an den Culminationspunkt dieser Parabel den Gottesbegriff gesetzt. Bei Malebranche, kann man sagen, culminirt die Parabel in dieser mystischen Identität des Gottesbewusstseins und des Selbstbewusstseins, vermöge deren wir uns selbst nur in der Gottesanschauung sollen erkennen können. Aus allen diesen Ueberlegungen aber ergiebt sich, dass wir die Körper, die übrigen Geister und schliesslich auch uns selbst nur in der Gottheit und durch die Gottheit zu erkennen vermögen. Das ist der Sinn von Malebranche's Ausspruch: wir müssen alle Dinge in Gott schauen.

Daraus aber ergiebt sich unmittelbar die metaphysische Consequenz, dass alle Dinge auch nur in Gott sind. Denn zunächst wiederholt sich — und auch darin zeigt Malebranche die grosse Energie seines Nachdenkens — dieselbe Schwierigkeit, welche die Möglichkeit der Vorstellung von Körpern in dem endlichen Geiste verursachte, auch bei Gott. Offenbar kann die Gottheit dem endlichen Geiste die Vorstellungen von den Körpern nur deshalb mittheilen, weil sie selbst diese hat. Aber Gott ist ein Geist, und er kann somit diese Vorstellungen nicht erst von den Körpern empfangen, sondern nur aus sich selbst erzeugt haben. Aus diesem Grunde schreitet Malebranche zu der Annahme einer idealen Körperwelt in Gott, welche das Urbild der wirklichen Körperwelt ausmacht und nach welcher die wirklichen Körper erst von der Gottheit geschaffen sind. Dies ist das platonische Element in der Philosophie von Malebranche, welches er offenbar gleichfalls durch die Vermittlung des Augustinismus aufgenommen hat. Was wir in Wahrheit erkennen, sind somit nicht eigentlich und unmittelbar die Körper selbst, sondern vielmehr ihre Ideen im göttlichen Geiste, und diese Erkenntniss stimmt nur deshalb auch mit den wirklichen Körpern überein, weil Gott in seiner Allmacht diese seine ideale Körperwelt in eine wirkliche umgeschaffen hat. Die Gedanken des schöpferischen Gottes sind Wirklichkeit: indem wir sie erkennen, erkennen wir auch die wirkliche Welt. Dieses Urbild der wirklichen Körperwelt betrachtet nun Malebranche ganz nach der Analogie der cartesianischen Naturphilosophie. Die „idée primordiale" ist diejenige der „intelligiblen Ausdehnung", und in ihr entwickeln sich als ihre Modificationen diejenigen der einzelnen Körper. Die wirklichen Körper verhalten sich zu der wirklichen Ausdehnung, wie ihre Ideen zu der intelligiblen Ausdehnung, d. h. als Modificationen. Sie nehmen in besonderer Weise Theil an dem allgemeinen Wesen dieser Ausdehnung. Diese Lehre zeigt dieselbe Grundlage, wie die spinozistische; es ist der von Platon abhängige **Realismus des Mittelalters**, welcher das Allgemeine für die metaphysische Grundlage des Besonderen hält und dem Letzteren nur den Werth einer vorübergehenden Erscheinung in dem allein wahrhaft bestehenden Allgemeinen zuerkennt. Die einzelnen Körper sind danach für Malebranche nur die Abbilder jener ursprünglichen Modificationen in der intelligiblen Ausdehnung, welche ein Attribut Gottes ausmacht. Und ein Aehnliches gilt natürlich auch von den einzelnen Geistern; wie die Körper zu der göttlichen Idee der intelligiblen Ausdehnung, so verhalten sich die Seelen zu der Gottheit, insofern sie ein geistiges Wesen ist. Wie der Raum der Ort der Körper, so ist der göttliche Geist der „Ort der Geister"; sie sind nichts Anderes als die besonderen Modificationen der göttlichen Geistigkeit.

Somit sind denn auch in diesem Systeme alle einzelnen Substanzen, die Geister so gut, wie die Körper nur unvollkommene „Participationen" an dem **einen** unendlichen, vollkommenen Gotteswesen, und hieran knüpft Malebranche in tiefsinniger Einfachheit den Grundgedanken seiner Ethik. Wenn alle Dinge nur Modificationen Gottes sind, so ist auch alles mögliche Streben, es habe einen Gegenstand welchen es wolle, immer nur im letzten Grunde ein Streben zu Gott, eine wenn auch noch so untergeordnete Stufe der Gottesliebe. Aber gerade so wie die einzelnen Gegenstände nur unvollkommene Participationen an dem Wesen Gottes sind, so sind auch die einzelnen Begierden entsprechend unvollkommene Participationen an der Gottesliebe. Sie sind falsch, verwerflich und unheilbringend, wenn über den einzelnen Gegenstand das Ganze vergessen wird, von dem er nur eine Modification bildet. Die vollkommene Begierde dagegen ist diejenige nach dem vollkommenen Gegenstande, nach der Gottheit, die ganze und ungetheilte, die Welt hinter sich vergessende Liebe zu Gott. Aber diese vollkommenste Begierde ist niemals durch das verworrene und unruhige Treiben des gewöhnlichen Lebens zu stillen, ihr

Gegenstand ist der Geist der Geister, und ihre Erfüllung ist seine Erkenntniss.

Die Verwandtschaft dieser abschliessenden Gedanken von Malebranche mit denjenigen Spinoza's ist so augenfällig, dass man unwillkürlich an eine Abhängigkeit zu denken geneigt ist; und freilich ist es nicht zu verkennen, dass die systematische Darstellung, welche Malebranche seinen Lehren nach seiner Bekanntschaft mit dem Spinozismus gegeben hat, gerade diesen Theil davon schärfer und präciser zum Ausdruck bringt, als das Hauptwerk. Allein schon dieses, welches zwei Jahre vor dem Druck der Ethik Spinoza's erschien, enthält auch diese Gedanken mit so erschöpfender Klarheit, dass man Malebranche den Ruhm der originellen Erfassung vollständig lassen muss. Er und Spinoza sind selbständig und völlig unabhängig von einander auf eine in dieser Hinsicht ganz ähnliche Verbindung des Cartesianismus mit mystischen Ideen gekommen. Um so charakteristischer aber ist es, dass Malebranche den Spinozismus nicht sympathisch, sondern vielmehr mit leidenschaftlicher Polemik begrüsste und so lebhaft wie nur irgend einer in das Geschrei fanatischer Verabscheuung einstimmte, welches sich gegen den „Atheismus" des grossen Juden erhob. An diesem Punkte war selbst bei dem friedfertigen Pater des Oratoriums das religiöse Vorurtheil stärker als die Klarheit des rationalistischen Denkens, und das religiöse Gefühl der Abneigung überwog den mächtigen Zug des metaphysischen Denkens, der beide mit einander verband. Spinoza hatte der Substanzenlehre die rationalistische Form des reinen Pantheismus gegeben; Malebranche, in den Anschauungen der Kirche und in den Lehren Augustin's aufgewachsen, hielt an dem Gedanken der göttlichen Persönlichkeit mit unerschütterlichem Glauben fest. Dies war der tiefste Differenzpunkt; von ihm aus gesehen, erscheint die Lehre Spinoza's metaphysisch consequenter, aber diejenige von Malebranche bewegt sich dafür bis zum Schluss in einer vollkommenen Befriedigung des religiösen Triebes, die dem Spinozismus versagt war. Wenn bei Beiden sich Mysticismus und Rationalismus, Religiosität und Philosophie in verwandter Weise kreuzen, so überwiegt in der Gesammtgestaltung der Lehre bei dem Einen das rationalistische, bei dem Andern das mystische Element. Spinoza wollte Mystiker sein und blieb Rationalist, Malebranche wollte Rationalist sein und blieb Mystiker.

Mit Malebranche schliesst die direkte Entwicklung des von
Descartes gegründeten Rationalismus nicht nur in Frankreich,
sondern überhaupt ab. Die weiteren Auszweigungen, welche das
rationalistische Princip erfuhr, waren mehr und mehr durch die
Einwirkung der empiristischen Richtung, vor Allem aber durch
die besonderen Interessen bedingt, welche die gesammte Philosophie des Aufklärungs-Zeitalters in Anspruch nahmen. Was im
Besonderen die Lehren von Malebranche anbetrifft, so führte die
Bewegung des französischen Denkens weit von ihm ab. Das
XVIII. Jahrhundert hatte für ihn kein Verständniss; man bewunderte seinen Stil, und über seine idealistischen „Träumereien"
zuckte man die Achseln. Wenn überhaupt, so haben seine Lehren
nur in der Stille und mehr im Auslande, als in ihrer Heimat
weiter gewirkt. In Italien bekannte sich Michelangelo Fardella in seiner Logik (Venedig 1696) zu einer der Ansicht Malebranche's sehr nahe stehenden Auffassung von dem Verhältniss
der menschlichen Erkenntniss zur Körperwelt, und in England
kreuzten sich die Einflüsse seines Systems mit denjenigen von
Berkeley, welcher mit dem französischen Denker freilich nur die
eine Ansicht theilte, dass der Zusammenhang der Körperwelt
keinen anderen Ursprung habe, als die von Gott gewollte Ordnung
ihrer Ideen.

V. Kapitel.
Die englische Aufklärung.

Aus der grossen Mannigfaltigkeit von geistigen Bewegungen,
welche seit der Renaissance auf dem viel verzweigten Gebiete der
europäischen Cultur stattgefunden hatten, war durch die wechselnden Kämpfe des XVI. und XVII. Jahrhunderts allmählich eine Art
von Niederschlag gebildet worden, welcher wie ein gemeinsames
Besitzthum den Sphären geistiger Bildung überall gemeinsam war.
Die anfangs phantastischen, ihres Ziels nur noch unbewussten Bestrebungen des modernen Denkens hatten ihre Abklärung gefunden,
und gewisse Ueberzeugungen, vor Allem bestimmte Richtungen des
Denkens, waren als das Residuum jener fluthenden Bewegung
zurückgeblieben. An der Spitze dieser Ueberzeugungen stand jenes
Selbstbewusstscin der menschlichen Vernunft, welches

eine Anfangs mehr negative und polemische, später immer mehr positive und in sich ruhende Selbstgewissheit gewonnen hatte. Zum Bewusstsein der eigenen Mündigkeit erwacht, verlangte das moderne Denken nach allen Seiten hin sich selbst die Gesetze zu geben, in vernünftiger Ueberlegung die Principien des Thuns und Lassens zu finden und über sich selbst keinen anderen Richter anzuerkennen. Dies ist die Grundüberzeugung jenes ewig denkwürdigen Zeitalters, welches seinem eigenen Wunsche gemäss von der Culturgeschichte als dasjenige der **Aufklärung** bezeichnet wird, und welches chronologisch am einfachsten als das Jahrhundert vor der französischen Revolution bezeichnet wird. Zwar bezeichnet man schlechthin mit einem gewissen Rechte das XVIII. Jahrhundert als dasjenige der Aufklärung; doch darf man einerseits nicht vergessen, dass die leitenden Geister dieser Periode, ein Locke und Leibniz, schon in der zweiten Hälfte des XVII. Jahrhunderts wirkten, und andererseits nicht verkennen, dass schon mit dem letzten Jahrzehnt des XVIII. Jahrhunderts jene Bewegungen entsprangen, welche auf dem politischen wie auf dem geistigen Gebiete den Kampf mit der Aufklärung aufzunehmen berufen waren.

Es kann nicht die Aufgabe dieser Darstellung sein, die ganze Grossartigkeit der geistigen Umwälzungen, welche dies unvergleichliche Jahrhundert erlebte, auch nur in ihren allgemeinsten Umrissen zu zeichnen: vielleicht ist dazu die Zeit überhaupt noch nicht reif. An dieser Stelle kann es sich nur darum handeln, die Stellung zu beleuchten, welche in dem Zusammenhange dieser Bewegungen die **Philosophie** einnahm. Und diese Stellung ist nun allerdings eine so hervorragende und entscheidende, dass für die culturhistorische Behandlung kaum irgend einer Zeit die Philosophie in dem Masse in Betracht kommt wie für dieses Jahrhundert, welches sich selbst das philosophische nannte. Wenn alle Bestrebungen jenes Zeitalters sich in dem Begriffe der Bildung und Aufklärung concentrirten, so war es eben die Philosophie, von der man aller Orten die Lösung dieser Aufgaben erwartete, — die Philosophie, in der die selbstherrlich gewordene Vernunft ihre Triumphe feierte und ihre Pläne für die Umgestaltung der Wirklichkeit entwarf. Kein Zeitalter der menschlichen Geschichte hat der Philosophie grössere Hochachtung bezeigt, in keinem haben sich mehr die grossen Mächte des gesellschaftlichen Lebens vor ihrem Namen gebeugt, und die platonische Forderung, dass entweder die Philosophen herrschen oder die Herrscher philosophiren sollten, ist niemals so viel erfüllt worden, als in jenem Jahrhundert, wo nicht nur an allen Höfen die philosophischen Fragen den Gegenstand der Salongespräche bildeten, sondern wo auch ein wahrer Philosoph auf dem Throne eines mächtig emporstrebenden Reiches sass. Wenn irgendwie, so zeigt sich dies Uebergewicht der Philosophie im Aufklärungszeitalter durch den Charakter seiner allgemeinen Litteratur. Auch die Dichtung dieser Zeit ist von philosophischen Elementen so stark durchsetzt, dass die Litteraturgeschichte dieser Periode stets die äusserste Schwierigkeit gehabt hat, sich gegen die Geschichte der Philosophie abzugrenzen, und dass eine umgekehrte Verlockung in dieser Darstellung sorgfältig zu vermeiden sein wird. Es wird hier vielmehr nur darauf ankommen, zu zeigen, wie jenes Jahrhundert nur die reifen Früchte von den Bäumen schüttelte, die in dem Völkerfrühling der Renaissance geblüht und dann eine gedeihliche Entwicklung gefunden hatten; es wird die Aufgabe sein, zu entwickeln, wie die Gedanken, welche das Jahrhundert der Aufklärung bewegt haben, in nothwendiger Fortbildung aus jenen Kämpfen hervorgegangen sind, in denen der moderne Geist während des XVI. und XVII. Jahrhunderts um seine äussere und innere Freiheit rang. Wenn er im XVIII. Jahrhundert diese Freiheit besass, wenn er sie als ein stolzes Besitzthum fühlte und sogar bald mit einer Art von pharisäischem Hochmuthe darauf pochte, so ist es die Aufgabe der Geschichte, die Wege zu zeigen, auf denen er dies Ziel theils durch die ernste Arbeit seiner eigenen Absicht, theils aber auch durch wunderbar glückliche Fügungen der Umstände erreicht hatte.

Es ist oben schon einmal darauf hingewiesen, dass namentlich an der philosophischen Bewegung dieser Aufklärungszeit die verschiedenen Nationen keinen gleichmässigen und gleichzeitigen Antheil genommen haben. Die Italiener, unter dem vollen Drucke der katholischen Gegenreformation und bei einer traurigen Zerstückelung ihrer politischen Machtverhältnisse, traten aus der Bewegung des modernen Geistes, in der sie die Führer gewesen waren, schon mit dem XVII. Jahrhundert zurück und beschränkten sich auf eine in der Stille fortgehende Aufnahme dessen, was die übrigen Nationen errangen. Unter diesen waren Anfangs die Deutschen durch ganz ähnliche Verhältnisse zurückgehalten; das Elend des grossen Religionskrieges und die drückende Kleinstaaterei brachten in Verbindung mit der orthodoxen Erstarrung der reformatorischen Bewegung einen ähnlichen Stillstand der Cultur zu Stande, und erst nicht viel vor der Mitte des XVIII. Jahrhunderts brach sich der Geist der Aufklärung in Deutschland Bahnen, auf denen er später zu dem Glanze seiner höchsten Entwicklung emporsteigen sollte. Auch war es nur zum geringen Theil die eigene nationale Kraft, mit der damals die Deutschen in die Aufklärungsbewegung eintraten: sie übernahmen vielmehr die Aufklärung zuerst wie eine importirte Waare, welche sie wie andere Sitten und Moden aus Frankreich bezogen. Aber auch die französische Gestalt der Aufklärung ist, wenn schon die prononcirteste, so doch nicht die originale und ursprüngliche; sondern der Boden, auf welchem die modernen Gedanken zuerst die Zusammenfassungen und Formulirungen gefunden haben, vermöge deren sie sich zu einem Systeme von Ueberzeugungen der Aufklärung zusammenschliessen konnten — dieser Boden ist England. Die englische Nation, zuerst unter allen europäischen zu einer gesetzlich befestigten Freiheit und zu gesunder staatlicher und socialer Ordnung gelangt, hat auch alle die grossen Gedanken, welche das XVIII. Jahrhundert erzeugt und ausgeführt hat, zuerst zu philosophischer Klarheit gebracht. Wie die englische Revolution ein Jahrhundert vor der französischen die besten Ideen, die in dieser ihre siegreiche Gewalt entfalteten, in einer Art von ursprünglicher Einfachheit hervorgetrieben hat, so ist auch die englische Aufklärung das Urbild der französischen. Durch die allgemeinen politischen Verhältnisse des XVIII. Jahrhunderts ist es gekommen, dass auf dem ganzen Continente alle diejenigen Principien und Ideen, welche theils durch die Herrschaft der französischen Sitten und die Ausbreitung der französischen Sprache, theils durch die grosse Fluth der französischen Revolution und der ihr folgenden Kriege sich den übrigen Nationen mitgetheilt haben, zum Theil noch heute unter französischem Namen umgehen, während sie in Wahrheit englischen Ursprungs sind. Jede Geschichte des Zeitalters der Aufklärung hat deshalb in England ihren Anfang zu nehmen und mit jener Zeit zu beginnen, wo die englische Nation, nach langen inneren und äusseren Kämpfen zur Freiheit und Selbständigkeit gelangt, ihre gewaltige Arbeit der geistigen so gut wie diejenige der materiellen Cultur begann.

§ 28. John Locke.

Derjenige Denker, in welchem die Ideen des Aufklärungszeitalters nach allen Richtungen hin zum ersten Male eine klare und durchsichtige Zusammenfassung fanden, und an den sich deshalb, wenn auch manchmal mit polemischer Tendenz, die gesammte folgende Entwicklung angeschlossen hat — in diesem Sinne der beherrschende Geist der gesammten Aufklärung — ist John Locke. Er war 1632 als Sohn eines Rechtsgelehrten zu Wrington bei Bristol geboren. Seine Jugend fiel in die wüsten Zeiten der puritanischen Revolution, sein Vater war während der Cromwell'schen Herrschaft Hauptmann in der Parlamentsarmee und kehrte erst nach der Restauration der Stuarts in die juristische Laufbahn zurück. Er selbst gehörte seit 1651 als Student dem Christchurch-College zu Oxford an und entwickelte hier bald bei einer entschiedenen Abneigung gegen den noch immer wesentlich scholastischen Lehrvortrag eine energische Vorliebe für naturwissenschaftliche und medicinische Studien, in der ihn die Beschäftigung mit den Werken von Bacon und Descartes noch weiterhin bestärkte. Nachdem er ein Jahr lang als Legationssekretär am brandenburgischen Hofe zu Berlin gelebt hatte, gab er sich, in die Heimat zurückgekehrt, wesentlich ärztlichen Studien hin, und diese vermittelten auch seine Bekanntschaft mit dem Lord Shaftesbury, welche für sein ganzes ferneres Leben entscheidend werden sollte. Als Arzt, Freund und Rathgeber, später nach einer kurzen Reise durch Frankreich und Italien auch als Erzieher in seinem Hause, knüpfte er sein Geschick vollständig an die politische Laufbahn dieses, wenn auch nicht in jeder Beziehung unangreifbaren, so doch immerhin bedeutenden und interessanten Staatsmannes. Die Erhebung dieses Gönners zum Grosskanzler verschaffte auch Locke im Jahre 1672 sein erstes Staatsamt, das er im folgenden Jahre mit dem Sturze seines Freundes wieder verlor. Er brachte dann, zum Theil auch seiner Gesundheit halber, mehrere Jahre abwechselnd in Paris und Südfrankreich, namentlich in Montpellier zu und kehrte erst 1679 in die Heimat zurück, um, als Shaftesbury von Neuem Conseilspräsident geworden war, sein Amt wieder zu übernehmen. Aber auch in den zweiten Sturz seines Freundes sah er sich derartig verwickelt, dass er mit ihm nach Holland unter den Schutz Wilhelm's von Oranien flüchtete und auch nach dem Tode Shaftesbury's dort verblieb. Er war sogar genöthigt, um der von der englischen Regierung verlangten Auslieferung zu entgehen, seinen Aufenthaltsort in Holland mehrfach zu verändern. Doch gab ihm dieses Exil die wissenschaftliche Musse zur Vollendung seines bereits im Jahre 1670 entworfenen Hauptwerkes, von welchem er 1688 in Leclerc's Universalbibliothek einen von dem Letzteren in's Französische übersetzten Auszug erscheinen liess. Erst der Sturz Jacob's II., des letzten Stuart's, und die Thronbesteigung Wilhelm's von Oranien führten den Philosophen nach England zurück, wo er nun eine bedeutende politische Rolle zu spielen begann. Wie schon früher von Holland aus, so trat er jetzt mit einer glänzenden publicistischen Thätigkeit für den Liberalismus und im Besonderen für die constitutionelle Regierungsform ein, und seine Amtsstellung im Ministerium des Handels und der Colonien veranlassten ihn, auch an den finanzpolitischen Streitigkeiten sich durch drei Broschüren über das Münzwesen zu betheiligen. Zugleich liess er bereits 1690 sein Hauptwerk unter dem Titel: „An essay concerning human understanding" erscheinen und diesem einige Jahre später seine pädagogischen Skizzen („Some thoughts concerning education", 1693) und die religionsphilosophische Untersuchung: „The reasonableness of christianity" (1695) folgen. Die letzten Lebensjahre brachte er in ländlicher Musse bei einer befreundeten, dem Cambridger Philosophen Cudworth verwandten Familie zu. Als er im Jahre 1704 starb, war trotz der verhältnissmässig geringen Ausdehnung seiner Werke die öffentliche Meinung in den gebildeten Kreisen Englands bereits vollständig dahin entschieden, dass man in ihm einen Geist ersten Ranges und den Verkünder der grossen Ideen verehrte, zu denen sich die Wissenschaft immer entschiedener zu bekennen anfing. Er verdankte diesen Erfolg nicht nur dem glücklichen Griffe, dass er vom philosophischen Gesichtspunkte aus die Rechtfertigung der neuen Aera übernommen hatte, welche die glückliche Beendigung der Revolutionskämpfe über England herbeigeführt hatte, sondern vor Allem auch der ruhigen Klarheit und der analytischen Sicherheit, mit welcher es ihm gelungen war, die grossen Probleme des philosophischen Denkens auf verhältnissmässig einfache und durchsichtige Formeln zu bringen. Seine Schriften haben ihren breiten Erfolg dem Umstande zu verdanken, dass sie bei grosser Klarheit und ruhiger Sachlichkeit der Darstellung an die Fassungsgabe des Lesers keine zu hohen Anforderungen stellen: sie vermeiden glücklich die Tiefen der letzten und schwierigsten Probleme und führen doch mit verständiger Umsicht in die wichtigsten, dem allgemeinen Bewusstsein werthvollsten Fragen geschickt ein.

Man hat sich mit der gewöhnlichen schematischen Darstellungsweise daran gewöhnt, von Locke zu sagen, er habe den Bacon'schen Empirismus zum Sensualismus umgebildet. Und doch zeigen gerade diese beiden Männer, wie wenig solche Schlag- und Stichworte die wahre Bedeutung von wirklichen Grössen zu erschöpfen vermögen. Der Bacon'sche Empirismus charakterisirte sich erst dadurch, dass man begriff, was Bacon mit der Erfahrung wollte, wie er sie anzustellen und wie er sie zu verwenden dachte; sein System zeigte sich dabei als der principielle Ausdruck der entdeckenden und erfindenden Naturforschung. Locke's „Sensualismus" dagegen charakterisirt sich erst durch die Verwendung, welche seine Erkenntnisstheorie von der sinnlichen Erfahrung machen will. Ja, wenn man unter Sensualismus ohne künstliche Verdrehung ganz einfach die Lehre versteht, welche der Sinneswahrnehmung als solcher unmittelbar Wahrheit zuschreibt, so hat es selten einen stärkeren und glücklicheren Gegner dieses Sensualismus gegeben, als Locke; und wenn man Sensualismus die Lehre nennt, dass alles menschliche Wissen aus der Sinneswahrnehmung entstamme, so trifft diese Bezeichnung am wenigsten für einen Denker zu, der die innere Erfahrung ebenbürtig neben die äussere stellte. Aus diesem Grunde sollte man lieber Locke einen Empiristen im grössten Stile und in der besten Bedeutung des Wortes nennen. Weit wichtiger als die Feststellung dieser streitigen terminologischen Etiquettirung ist die Einsicht in den Grundgedanken, welcher den Philosophen in dem Entwurfe seiner Lehre leitete. Er selbst erzählt in der Vorrede zu seinem Hauptwerke, wie die Fruchtlosigkeit metaphysischer Disputationen, denen er beigewohnt, ihn auf den Gedanken gebracht habe, zuerst einmal vor allen Behauptungen und allen Streitigkeiten zu untersuchen, wie weit überhaupt die Erkenntnissfähigkeit des Menschen reiche, ob ihr nicht vielleicht unübersteigliche Grenzen gesetzt seien, und welche man etwa dafür ansehen dürfe. In dieser Fragestellung beruht die historische Bedeutung Locke's. Nicht als ob diese Frage von ihm zuerst aufgeworfen worden wäre. Skeptiker und Mystiker haben sich von jeher vielfach damit beschäftigt. Aber sie haben es doch im Grunde genommen immer mehr gelegentlich gethan: zur Grundfrage der Philosophie ist sie erst durch Locke gemacht worden, und darin liegt der Schwerpunkt seiner Wirksamkeit. Er hat durch sein Hauptwerk und durch den Einfluss, welchen es ausübte, der modernen Philosophie völlig den erkenntnisstheoretischen Charakter aufgeprägt, der von Anfang an in ihr angelegt war. Es wurde früher gezeigt, wie der Gegensatz gegen die alte Wissenschaft, mit dem überall das moderne Denken anhob, die Frage nach der Methode der richtigen Erkenntniss in den Vordergrund seiner Interessen rückte. Und die beiden grossen Systeme, mit denen die wissenschaftliche Philosophie der Neuzeit anhebt, diejenigen von Bacon und Descartes, tragen diesen methodologischen Charakter offen an der Stirn. Aber Methodologie ist noch nicht Erkenntnisstheorie. Bacon und Descartes setzen die Möglichkeit einer allumfassenden Erkenntniss mit unerschütterlichem Vertrauen voraus und fragen nur nach dem Wege, der zu diesem ersehnten Ziele führt. Die erkenntnisstheoretische Philosophie Locke's geht aus dem zweifelnden Gedanken hervor, ob nicht dies Ziel für den Menschen seinem Wesen nach von vorne herein unerreichbar sei. In der Formulirung dieses Problems ist Locke vorangegangen: darin ist er sicher der Vorläufer Kant's, und dessen Locke freilich weit überragende Grösse besteht nur in seiner neuen Methode der Lösung des erkenntnisstheoretischen Problems.

Aber auch die Methode, welche Locke zur Lösung dieses Problems selbst einschlug, ist an sich durchaus bedeutsam und hat namentlich auf das philosophische Denken des ganzen XVIII. Jahrhunderts einen bestimmenden Einfluss ausgeübt. Dies Princip seiner Untersuchungen lässt sich dahin aussprechen, dass er die Frage nach der Möglichkeit und der Tragweite der menschlichen Erkenntniss nur durch die Einsicht in den Ursprung unserer Vorstellungen lösen zu können meint. Er geht von der Ansicht aus, dass mit der Herkunft der Vorstellungen auch ihr Erkenntnisswerth klar werden müsse, und indem diese seine Ansicht von dem Zeitalter getheilt wurde, begann mit seinem Werke eine Reihe von tiefgehenden und fruchtbaren Untersuchungen über die Entwicklungsgeschichte des menschlichen Denkens. Die Methode der Erkenntnisstheorie war bei Locke psychologisch und im engeren Sinne psychogenetisch, und daher datirt von ihm aus die Bevorzugung, welche die Philosophie der gesammten Aufklärung psychologischen Fragen zuwendete. Das ganze Denken des XVIII. Jahrhunderts war von psychologischen Interessen bewegt, und das hatte seinen wissenschaftlichen Grund darin, dass man die Erkenntnisskraft der Gedanken aus ihrem psychologischen Ursprunge beurtheilen zu können glaubte.

Wenn so die Genesis der Vorstellungen von Locke zum Hauptproblem der Philosophie gemacht wurde, so gab er auch schon für dessen Lösung die entscheidende Grundrichtung an. Es giebt einen Hauptunterschied in unseren Vorstellungen: denjenigen der einfachen und der zusammengesetzten, — und es handelt sich deshalb für Locke zunächst darum, welche von beiden die ursprünglichen sind. Wir vermögen im entwickelten Bewusstsein willkürlich sowohl den analytischen Process der Auflösung eines zusammengesetzten Begriffs in seine Elemente, als auch den synthetischen der Bildung eines solchen aus den Elementen zu vollziehen, und damit ist nicht von vornherein entschieden, welcher dieser beiden Processe in der unwillkürlichen Entwicklung unseres Denkens der ursprünglichere war. Das Gleiche gilt mit Rücksicht auf den Unterschied der Einzelvorstellungen und der allgemeinen Sätze, welche darunter subsumirt werden, und da in allgemeinen Sätzen schliesslich alle wissenschaftlichen Erkenntnisse bestehen, so ist es die Frage, ob diese aus den einzelnen Vorstellungen gewonnen sind oder vielmehr schon ursprünglich und vor ihnen vorhanden waren. Locke entscheidet sich nach jeder Hinsicht für die Entstehung des Zusammengesetzten aus dem Einfachen, des Allgemeinen aus dem Einzelnen. Er ist dadurch auf der einen Seite der Urheber derjenigen psychologischen Richtung geworden, welche bisher von allen am meisten zu fruchtbaren Untersuchungen geführt und wissenschaftlich werthvolle Resultate geliefert hat. Er gehört zu den Begründern derjenigen Psychologie, welche das Seelenleben als eine gesetzmässige Bewegung einfacher Elemente auffasst, und welche auch nach ihm in England ihre wesentlichste Förderung gefunden hat. Auf der anderen Seite ist Locke auf diese Weise der consequenteste Vertreter der empiristischen Erkenntnisstheorie geworden.

Er entwickelt diese zunächst polemisch. Wer die allgemeinen Sätze für ursprüngliche Vorstellungsgebilde hält, der muss, da das Allgemeine niemals erfahren werden kann, sie für unmittelbare

Besitzthümer der Seele oder für eingeboren*) halten. In der That fand Locke diese Ansicht vor; Descartes und noch ausgesprochener seine Schüler, besonders aber die Cambridger Schule hatten sie vertreten; sie hatten sowohl von eingeborenen Begriffen, wie denjenigen der Gottheit oder der Pflicht oder des Rechtes, als auch von eingeborenen Sätzen, wie demjenigen der Causalität oder dem Gebote der Nächstenliebe gesprochen. Gegen diese Lehren richtet Locke den berühmten Angriff des ersten Buches von seinem Essay. Er beginnt damit einen Streit, der sich durch das ganze XVIII. Jahrhundert hindurchgezogen hat. Der ursprünglich methodologische Gegensatz des Empirismus und des Rationalismus war damit auf psychologischen Boden verpflanzt und die „eingeborenen Ideen"**) waren seit Locke das meist besprochene philosophische Thema in den Büchern so gut wie in den Salons der Aufklärung. Es blieb auch trotz aller Anwendung von Scharfsinn und Witz der Gegensatz der Meinungen und damit derjenige überhaupt des Rationalismus und Empirismus in derselben Schroffheit, mit der er sich schon bei Locke zeigte, bis zu Kant hin bestehen. Denn das geniale Werk, mit welchem Leibniz die Ueberwindung dieses Gegensatzes angebahnt hatte, war durch ein eigenthümliches Geschick bis zum Jahre 1765 der Welt verborgen.

Der Angriff Locke's gegen die Theorie der eingeborenen Ideen richtet sich nun im Wesentlichen gegen ihre schwächste Seite, gegen die allgemeine Anerkennung dieser Ideen, welche bei der Wesensgleichheit der menschlichen Seelen erwartet werden müsste und von der gegnerischen Seite deshalb auch behauptet worden war. Locke widerspricht dieser Behauptung durch Benutzung psychologischer und ethnographischer Thatsachen. Die logischen Sätze der Identität und des Widerspruchs und der metaphysische Grundsatz der Causalität sind nicht nur Kindern und

---

*) Es wäre richtiger gewesen, wie Eucken (Geschichte und Kritik der Grundbegriffe der Gegenwart, pag. 73) bemerkt hat, wenn man den lateinischen Ausdruck „innatae" statt, wie es üblich ist, durch „angeboren" besser durch „eingeboren" übersetzt hätte.

**) Der Sprachgebrauch der gesammten neueren Philosophie hat bis zum Ende des XVIII. Jahrhunderts sowohl im Lateinischen, als auch in den Nationalsprachen dem Worte „Idee" (idea, idée) die allgemeinere Bedeutung der Vorstellung überhaupt untergeschoben: erst seit Kant ist es wieder in einen dem platonischen mehr oder minder nahestehenden Sinn eingesetzt worden.

Idioten, sondern auch allen unentwickelten Völkern unbekannt. Man darf sich auch nicht der Einrede bedienen, alle diese Menschen wendeten jene Ideen factisch an, ohne etwas davon zu wissen. Das setzt, wie Locke meint, unbewusste Vorstellungsthätigkeit voraus, und deren Thatsächlichkeit glaubt Locke gerade nach cartesianischem Princip, da die Seele ein bewusst denkendes Wesen sei, leugnen zu müssen. Hiermit hängt es zusammen, dass in späterer Zeit die Frage nach der Möglichkeit einer unbewussten Denkthätigkeit zu einem vielbesprochenen Streitpunkte zwischen den beiden grossen Heerlagern der neueren Philosophie wurde, und dass diese Möglichkeit von den Rationalisten ebenso heftig behauptet, wie von den Empiristen geleugnet wurde. Auch eine andere Einrede will Locke nicht zulassen, diejenige nämlich, dass man als eingeboren alle diejenigen Sätze anzuerkennen habe, welche, sobald sie Jemand mitgetheilt worden sind, sofortige Anerkennung finden: diese Geltung wohne auch jeder Wahrnehmung, jeder Rechnung und jeder richtigen Schlussfolgerung bei. Nicht minder als von den theoretischen Grundsätzen gilt es von den praktischen, dass sie durchaus nicht ein überall gleiches Besitzthum der menschlichen Seele bilden. Die Kenntniss der wilden Völker hat gelehrt, was man auch schon an den geschichtlichen und civilisirten hätte wahrnehmen können, dass ihre moralischen Maximen sehr weit auseinander gehen, und dass von einer gleichmässig angeborenen Moralität des Menschengeschlechtes keine Rede ist. Was endlich den höchsten aller Begriffe, denjenigen der Gottheit anlangt, so findet Locke den bisher stets behaupteten „consensus gentium" durch die Bekanntschaft mit solchen Völkern umgestossen, denen jeder Begriff einer Gottheit fehlt, sodass an die Verschiedenheit der Vorstellung, welche sich die übrigen Völker von der Gottheit machen, gar nicht appellirt zu werden brauche. Und so bleibt denn schliesslich nichts übrig, was der menschlichen Seele allgemein eingeboren wäre; man muss vielmehr im Gegentheil annehmen, dass sie ursprünglich wie ein **unbeschriebenes Blatt Papier** ist, eine tabula rasa, auf welches erst die Erfahrung durch die einzelnen Wahrnehmungen ihre Zeichen schreibt. In absoluter Armuth kommt die Seele zur Welt, wie der Körper in völliger Nacktheit, und Alles, was sie später besitzt, verdankt sie der sinnlichen Erfahrung: „Nihil est in intellectu, quod non fuerit in sensu."

Doch bedarf es zur Begründung dieses letzteren, vielfach schon in der Scholastik üblichen Satzes noch einer weiteren Analyse, und es bedarf deren um so mehr, als sich nur dadurch das sensualistische Vorurtheil, welches über Locke's Lehre verbreitet ist, gründlich berichtigen lässt. Von vorne herein nämlich ist Locke sehr weit davon entfernt, den Ursprung des Inhaltes, welchen die anfänglich leere Seele aus der Erfahrung schöpfen soll, lediglich in der sinnlichen Wahrnehmung zu suchen. Er statuirt vielmehr zwei Arten der Erfahrung, die Sensation und die Reflexion, welche mit demjenigen zusammenfallen, was man in neuerer Zeit (mit auch schon bei Locke vorkommendem Ausdruck) als äusseren und inneren Sinn zu bezeichnen gewöhnt ist. Er unterscheidet beide in der Weise, dass der äussere Sinn uns die Einwirkungen der Aussenwelt, der innere dagegen unsere eigenen Thätigkeiten und Zustände zum Bewusstsein bringen soll, und er hält beide von einander für getrennt durch den ursprünglich und durchgehends verschiedenen Charakter ihres Inhalts. Der Gegensatz der physischen und der psychischen Welt, welchen das mittelalterliche Denken nur zu vertiefen und zu verschärfen vermocht hatte, spiegelt sich mannigfaltig genug in den Anfängen des neueren Denkens. Er tritt bei Descartes als jener schroffe Gegensatz denkender und ausgedehnter Substanzen auf, den auch der Spinozismus in seiner Attributenlehre nur zu verhüllen und nicht zu überwinden vermochte. Er nimmt bei Locke die psychologische und erkenntnisstheoretische Form an, die er seitdem behalten hat, diejenige nämlich einer ursprünglichen und nicht weiter ableitbaren Verschiedenheit in dem Inhalte der menschlichen Erfahrung. Diese Ansicht lässt die Frage nach dem metaphysischen Verhältnisse des physischen und des psychischen Daseins principiell offen und behauptet nur, dass der unmittelbare Eindruck unserer eigenen Erfahrungen uns zwinge, zwei gesonderte Sphären davon anzunehmen, die mit einander in keiner Weise vergleichlich erscheinen. Es gehört zu den grössten Erfolgen Locke's, dem grossen metaphysischen Probleme von Natur und Geist diese bescheidenere, aber dafür auch einer wirklich wissenschaftlichen Untersuchung zugänglichere Formulirung gegeben zu haben: und es war damit die andere wichtige Folge verknüpft, dass nach dieser Unterscheidung die Psychologie aufhören konnte, eine metaphysische Speculation zu sein, ohne darum sogleich in materialistische Voraussetzungen zu verfallen. Die neuere empirische Psychologie ist lediglich auf dem historischen Boden dieser Locke'schen Unterscheidung erwachsen. Wenn sie sich später die Erfahrungs- oder die Naturwissenschaft des inneren Sinns genannt hat, so besass sie ihre Selbständigkeit den übrigen Naturwissenschaften gegenüber nur dadurch, dass sie in dem, was Locke Reflexion genannt hatte, eine unmittelbare Erfahrung des Menschen von seinen eigenen psychischen Thätigkeiten gefunden zu haben behauptete.

Wenn er so die beiden Arten der Erfahrung einander selbständig gegenüberzustellen suchte, so hielt er doch ihre wirkliche Entwicklung nicht für gleich ursprünglich. Zwar bedarf es der besonderen Kraft der Reflexion, um uns unsere eigenen psychischen Thätigkeiten erfahren zu lassen; allein ehe die Reflexion in Thätigkeit treten kann, müssen eben schon andere psychische Thätigkeiten vollzogen sein, und diese können somit nur in äusseren Wahrnehmungen bestehen. Die innerliche Selbsterfahrung der Seele ist nur dadurch möglich, dass diese Seele von Aussen her zu einer Reihe von Functionen angeregt worden ist, die dann eben den ersten Inhalt ihres Wissens von sich selber bilden. Dies ist der Punkt, um dessentwillen man ein gewisses Recht gehabt hat, Locke als Sensualisten zu bezeichnen. Es beschränkt sich lediglich auf die Lehre, dass der erste Anstoss auch zu den Thätigkeiten der inneren Erfahrung und deren ursprünglicher Inhalt nur durch die Functionen der äusseren Erfahrung gegeben wird. Freilich boten sich der Ausführung dieses Gedankens im Einzelnen so mannigfache Schwierigkeiten dar, dass gerade dieser Theil der Locke'schen Lehre zahlreichen Angriffen und Modificationen ausgesetzt gewesen ist. Bei den sinnlichen Gefühlen, bei den Verhältnissvorstellungen und bei vielen andern psychischen Gebilden musste es gleich schwer erscheinen, sie auf Seite der inneren wie auf der der äusseren Erfahrung unterzubringen; aber der ganze Grundgedanke war so gesund und zugleich so vollkommen innerhalb der kritischen Schranken gehalten, dass er durchaus sich zum Träger einer exacten Wissenschaft befähigt erwies. Er präjudicirte keine metaphysische Hypothese, er gab der Thatsache der Heterogenität von psychischer und physischer Erfahrung vollkommene Anerkennung und hielt dabei doch den entwicklungsgeschichtlichen Grundsatz aufrecht, dass der erste Anstoss zu allen Seelenthätigkeiten aus den Functionen der Sensibilität stammt. Mit diesen

Principien ist Locke in der That der Vater der modernen Psychologie geworden.

Die nächsten Wirkungen seiner Lehre lagen jedoch wie die Folgerungen, die er selbst zog, auf erkenntnisstheoretischem Gebiete. Hier musste zuförderst die allgemeine Frage nach dem Erkenntnisswerthe der Vorstellungen gesondert für die einfachen sinnlichen Wahrnehmungen und für die zusammengesetzten Vorstellungen beantwortet werden, welche sich aus den ersteren in unserer Seele bilden. In Bezug auf die sinnlichen Wahrnehmungen folgte Locke durchaus der cartesianischen Lehre und gab ihr eine so präcise und so glückliche Form, dass sie in dieser erst ihre grosse historische Wirksamkeit ausgeübt hat. Wenn es auch wahr sein mag, führt er aus, dass diese sinnlichen Bilder von äusseren Gegenständen herrühren, so haben wir doch gar kein Recht anzunehmen, dass sie jenen unbedingt ähnlich sein müssen. Wenn man mit einer Feder ein Wort auf ein Blatt Papier schreibt, so sind diese Schriftzüge zwar eine Wirkung des Worts oder des Gedankens, der in diesem Worte sich ausdrückt, aber sie haben mit dieser ihrer Ursache auch nicht die entfernteste Aehnlichkeit, vermöge deren sie als ihr Abbild angesehen werden dürften. Ebensowenig aber haben wir ein Recht, unsere Sinnesempfindungen für Abbilder der Dinge zu halten. Sie sind zunächst nur Wirkungen, welche diese Dinge auf uns ausüben, und eine jede Eigenschaft, welche wir einem sinnlichen Dinge zuzuschreiben gewöhnt sind, ist, recht gesprochen, nur die Fähigkeit des Dinges, eine bestimmte Wirkung in uns, d. h. eine bestimmte Vorstellung, in unserem Verstande hervorzurufen. An sich also liegt in keiner Sinnesempfindung die Gewähr ihrer Realität; gleichwohl meint Locke, dass innerhalb der Wahrnehmungsinhalte sich ein Unterschied feststellen lasse zwischen solchen Empfindungen, die Abbilder der Wirklichkeit sind, und solchen, bei denen das nicht der Fall ist, und er unterscheidet beide mit dem Namen der primären und der secundären Qualitäten. Primäre Qualitäten wären danach solche, mit deren Aufhebung die Dinge selbst aufgehoben würden, secundäre solche, welche ihnen nur gelegentlich und in bestimmten Beziehungen zukommen. Diese Fassung gab Locke dem Grundgedanken von der Subjektivität der Sinneswahrnehmungen, den wir bei Campanella, Galilei, Descartes und Hobbes gefunden haben. Locke schliesst sich dabei wesentlich an Descartes und dessen Princip an, wonach zum realen Wesen der Körper nur dasjenige gerechnet werden sollte, was wir klar und deutlich zu denken vermögen. Auch die Consequenz ist bei Locke genau dieselbe wie bei Descartes: die primären Qualitäten, die wirklichen Eigenschaften der Körper sind auch ihm nur die mathematischen, die räumlich-zeitlichen Bestimmungen der Grösse, Gestalt, Zahl, Lage und Bewegung; für die secundären Qualitäten dagegen erklärt er die Einwirkungen der Körper auf unsere sinnliche Auffassung, die sogenannten sinnlichen Qualitäten von Farbe, Ton, Geruch, Geschmack, Temperatur u. s. w. Ein Unterschied ist nur der, dass die Undurchdringlichkeit (solidity), welche bei Descartes zu den secundären Qualitäten zählte, von Locke zu den primären gerechnet wurde. Dass man aber in den sinnlichen Qualitäten nur eine menschliche Vorstellungsart, nicht ein Abbild der wirklichen Körperwelt zu sehen habe, wurde, nachdem Galilei, Descartes, Hobbes und Locke mit gleicher Energie dafür eingetreten waren, zu einer so allgemein angenommenen und für so selbstverständlich gehaltenen Ueberzeugung der gesammten Aufklärungsphilosophie, dass z. B. Kant in seinen erkenntnisstheoretischen Untersuchungen gar nicht mehr eigens auf diese Frage einging, sondern die Lehre von den secundären Qualitäten nur einmal gelegentlich streifte und sie im Uebrigen stillschweigend als die Grundlage seiner eigenen Lehren voraussetzte. In der That hat mit diesen Ueberlegungen die Philosophie um weit mehr als ein Jahrhundert der Einsicht vorgegriffen, welche die Physiologie später unter dem Namen der specifischen Energie der Sinnesorgane empirisch bestätigt und durchgeführt hat.

Auf der anderen Seite handelt es sich um die Frage, in wie weit die Verarbeitung der Sinneswahrnehmungen in der menschlichen Seele auf den Werth einer realen Erkenntniss Anspruch hat. Unsere Vorstellungen werden in erster Linie durch das Gedächtniss aufbewahrt, in zweiter Linie gehen sie mit einander eine Reihe von Associationsprocessen der Vergleichung und Unterscheidung, Verbindung und Trennung ein, die wir auch im Thiere wiederfinden, in dritter Linie aber werden durch das abstrahirende Denken daraus Begriffe gebildet, welche dem Menschen eigenthümlich sind und in der Sprache sich niedergelegt finden. In den einfachen Perceptionen liegt, auch wenn sie keine Abbilder der Dinge sind, doch immer eine gewisse Nothwendigkeitsbeziehung auf die reale Welt vor, deren Wirkungen auf uns sie enthalten: die Erinnerungen, Associationen und Abstractionen dagegen sind zunächst rein subjektive Processe, welche sich nach den psychischen Gesetzen in uns vollziehen, sodass gar nicht abzusehen ist, wie den Resultaten, die sich dabei ergeben, den Verbindungen und Trennungen der Vorstellungsinhalte, ein Erkenntnisswerth zukommen soll. Hier steht Locke unmittelbar vor dem Grundproblem aller Erkenntnisstheorie, der Frage nämlich, wie der subjektive Vorgang des Denkens objektive Bedeutung haben kann, oder wie es zu begreifen ist, dass die in uns stattfindenden Vorgänge Abbilder der ausser uns stattfindenden repräsentiren sollen. Wenn er in Bezug auf dieses Grundproblem ein Verdienst hat, so besteht es freilich mehr darin, dass er es klar und deutlich herausgestellt, als dass er zu seiner Lösung etwas Abschliessendes beigebracht hätte. Er bleibt vielmehr im Allgemeinen bei den Voraussetzungen des der englischen Philosophie eigenthümlichen Nominalismus stehen, um daraus die für seine Fragen erforderlichen Consequenzen zu ziehen. Die Vorstellungsverbindungen gelten ihm deshalb als lediglich subjektive Processe, die nur innerhalb des denkenden Wesens eine gewisse psychologische Nothwendigkeit an sich tragen. Wenn man die ganze Masse der auf diese Weise erzeugten Vorstellungscomplexe übersieht, so zeigen sie uns das Bild einer Welt von Dingen, die zu einander in bestimmten Verhältnissen stehen; unsere zusammengesetzten Vorstellungsinhalte sind theils Substanzen, theils deren Modi und Verhältnisse zu einander. Die letzteren haben jedoch immer nur Sinn durch ihre Beziehung auf die Substanzen, und deshalb concentrirt sich die Locke'sche Untersuchung auf diesen Begriff, dessen metaphysische Wichtigkeit durch den Cartesianismus so lebhaft hervorgetreten war. Er kommt dabei zu dem überaus folgenreichen Resultate, dass die Substanz nur der unbekannte Träger einer Reihe von Eigenschaften und Thätigkeiten ist. Wir können erschliessen und mit Gewissheit feststellen, dass irgend ein solcher Träger im einzelnen Falle vorhanden ist; aber was die Substanz eigentlich selbst ist, was nach Abzug aller der auf Beziehungen begründeten Eigenschaften, die wir ihr beilegen, als ihr selbstständiges Wesen übrig bleibt, das entzieht sich für immer unserer Erkenntniss. Diese Untersuchung Locke's steht freilich mit seiner Lehre von den primären Qualitäten der Körperwelt in einem fast handgreiflichen Widerspruche, den man jedoch in der unmittelbar folgenden Entwicklung kaum bemerkt hat, und dessen Ueberwindung erst der Consequenz des Kant'schen Denkens geglückt ist. Für Locke, wie für seine Nachfolger, erschien es wichtiger, das in gewissem Sinne skeptische Resultat dieser Untersuchungen auf die durch Hobbes gestellte und später immer brennender werdende Frage des Materialismus anzuwenden. Das wissenschaftlich schon so schwierige und durch religiöse Bedenken noch viel verwickelter gemachte Problem der Seelensubstanz liess sich auf diese Weise zwar nicht lösen, aber dafür desto bequemer umgehen. Denn wenn wir von dem Wesen der Substanzen überhaupt nichts wissen, so liegt freilich kein Grund vor, das Dasein geistiger Substanzen in Zweifel zu ziehen; ebensowenig aber ist dann auf der anderen Seite die Möglichkeit einer Substanz zu bestreiten, welche die Eigenschaften des Denkens zugleich mit denjenigen der Körperlichkeit besitzt.

Was ferner die Modi und die Verhältnisse der Substanzen anbetrifft, so ist deren Inhalt freilich theilweise durch Wahrnehmungen oder durch Combinationen von Wahrnehmungen gegeben, aber durch keine Ueberlegung kann uns die absolute Gewissheit werden, dass diese Verhältnisse, welche unser vergleichendes Denken zwischen seinen einzelnen Inhaltsbestimmungen setzt, reale Beziehungen der Substanzen wären. Es giebt keinen Beweis, durch welchen die freilich unwahrscheinliche Möglichkeit ausgeschlossen wäre, dass die wirklichen Substanzen entweder in gar keinen oder in ganz anderen Verhältnissen zu einander ständen, als wir sie zu denken genöthigt sind. Es gehört zu den fundamentalen Einsichten der Locke'schen Philosophie, die unwiderlegliche Vorstellung angebahnt zu haben, dass wir vermöge der psychologischen Gesetzmässigkeit die Welt so, wie wir es thun, vorstellen müssten, auch wenn sie eine ganz andersartige wäre; und dass daher unser Denken auch in seinen zweifellosesten Resultaten keine Gewähr für ihre Identität mit der Wirklichkeit besitzt. Locke selbst entwickelt diese Lehre, wie schon Hobbes, nicht ohne Abhängigkeit von den Formen des mittelalterlichen Nominalismus und Terminismus; er kommt namentlich immer wieder darauf zurück, dass diese Verhältnissbegriffe abstracte Vorstellungen sind, welche ohne einen ihnen unmittelbar entsprechenden Gegenstand durch Erinnerung, Verschmelzung und Abstraction mit Hilfe eines Wortzeichens gebildet worden sind, und es erscheint ihm dies so wichtig, dass er ein eigenes Buch seiner Untersuchungen einer Betrachtung der menschlichen Sprache widmet, welche als einer der ersten Anläufe der Sprachphilosophie angesehen werden muss und, als solcher betrachtet, eine Anzahl fruchtbarer Gedanken enthält. Er weist namentlich darauf hin, wie in der Sprache eben dieses ihres Wesens halber neben dem Ursprung des Gedankens überhaupt auch derjenige des Irrthums liegt, und glaubt, der Letztere wurzle hauptsächlich und in den meisten Fällen darin, dass bei demselben Laut- oder Schriftzeichen die verschiedenen Menschen Verschiedenes denken und dabei doch dasselbe zu denken wähnen, sodass in ihre Mittheilungen sich unwillkürlich eine „quaternio terminorum" einschleicht. Er bezeichnet es deshalb als eine Hauptaufgabe der philosophischen Sprachwissenschaft, das logische Element der Sprache von dem psychologischen und historischen auf das Sorgfältigste zu trennen und zu allererst den Inhalt eines jeden Begriffes genau von den Nebengedanken zu befreien, die durch allgemeine oder persönliche Gewöhnung sich daran geheftet haben. Er weist damit einerseits auf Bacon's Lehre von den „idola fori et theatri" zurück und deutet andererseits vorwärts auf alle die Bestrebungen, mit denen man sich theilweise schon bei seinen Lebzeiten um den Entwurf einer philosophischen Sprache mühte.

Hiernach nun glaubt Locke die Materialien für die Beantwortung der erkenntnisstheoretischen Grundfrage vollständig vor sich zu haben, und er zieht das Facit seiner Rechnung im vierten Buche des Werks. Von einer Erkenntniss in dem landläufigen Sinne einer Uebereinstimmung von Vorstellungen mit ihren Gegenständen kann selbstverständlich nur noch in äusserst engen Grenzen die Rede sein, in der Beschränkung nämlich auf die Wahrnehmungen des inneren Sinnes. Die einfachen Vorstellungen, in denen wir unsere eigenen seelischen Zustände erfahren, und welche gar keinen anderen Inhalt als diese Zustände selbst haben, geben uns, wie Locke nicht anzweifeln zu dürfen meint, ein richtiges Abbild der wirklich in uns vorgehenden Zustände. Man kann diese Lehre Locke's eine empiristische und verallgemeinernde Wendung der cartesianischen Theorie des Selbstbewusstseins nennen. Freilich ist die Auffassung des englischen Philosophen nicht von jener abstracten Sicherheit, welche die cartesianischen

Gedanken trägt, aber sie überwindet dafür auch die Einseitigkeit, mit welcher der rationalistische Denker nur dem Denken die Selbstgewissheit zugeschrieben hatte, und setzt an die Stelle der formalen Beziehung des Bewusstseins auf sich selbst die ganze Fülle des lebendigen Inhalts der einzelnen Seele. Aber auch nur diese unsere Selbsterfahrungen gelten bei Locke als Abbilder der Wirklichkeit; die Wahrnehmungen der äusseren Sinne dagegen haben auf diesen Werth keinen Anspruch, die sinnlichen Qualitäten sind nur subjektive Zustände der erfahrenden Seelen, die räumlich-zeitlichen Verhältnisse aber sind zwar primäre Qualitäten, deren Realität jedoch, wie Locke hier sagt, niemals mit vollkommener Sicherheit festgestellt werden kann. Selbst die Existenz einer Körperwelt überhaupt ist durch keinen absolut unbestreitbaren Beweis zu erhärten. Es lässt sich nur darthun, dass sie gegenüber dem absoluten Skepticismus, der die ganze Welt in einen Traum aufzulösen strebt, das Wahrscheinlichere sei. Immerhin ist es aber um unsere Erkenntniss dieser Welt recht schwach bestellt — im Einzelnen, weil keine Wahrnehmung ein Abbild der Wirklichkeit ist, im Ganzen, weil alle Zusammenhänge, in denen wir die Dinge vorstellen, von uns in sie hineingedacht sind: braucht doch Locke geradezu den Begriff „Welt" selbst als schlagenden Beweis dafür, wie Heterogenes und Unvereinbares der Mensch vermöge seiner Sprache in einer Vorstellung zusammenzufassen im Stande sei.

Wenn man daher unter Metaphysik eine wissenschaftliche Welterkenntniss, ein Wissen von den Substanzen und den Gesetzen ihres Zusammenhanges versteht, so erklärt die Locke'sche Philosophie: es giebt keine Metaphysik. Wenn man unter Erkenntniss eine den wirklichen Gegenstand abbildende Vorstellung meint, so sagt Locke (hierin mit Descartes einig): es giebt eine Erkenntniss von uns selbst; aber er fügt hinzu: und keine Erkenntniss von den Dingen. Der transcendente Wahrheitsbegriff, d. h. derjenige des gewöhnlichen Bewusstseins, welcher eine Vergleichung der Vorstellungen mit Dingen voraussetzt, ist damit abgelehnt, und an seine Stelle tritt bei Locke vorbildlich für alle fernere Erkenntnisstheorie der immanente Wahrheitsbegriff, der sich in der ganzen Entwicklung des Nominalismus vorbereitete und bei Hobbes schon völlig ausgesprochen war — dass nämlich die Wahrheit für den Menschen bestehe in der Uebereinstimmung der Vorstellungen nicht mit Dingen, sondern unter einander Wahrheit ist nichts Anderes als richtige Vorstellungsverbindung; sie kommt in diesem Sinne keiner einzelnen und einfachen Vorstellung zu, sondern sie beginnt erst da, wo der Mensch den Inhalt der primitiven Vorstellungen nach gewissen Gesetzen ordnet und mit einander in Verbindung setzt. Solcher Verhältnisse der Vorstellungen, deren formale Erkenntniss möglich sei, unterscheidet Locke in einer sehr wenig logischen Coordination vier: erstens die Identität und Verschiedenheit, zweitens die modalen und causalen Beziehungen, drittens die Coexistenz und viertens die Nöthigung zur Annahme der Wirklichkeit. Er unterscheidet dann wieder in der Erkenntniss dieser Grundverhältnisse den intuitiven und den demonstrativen Vorgang, je nachdem die Einsicht darin unmittelbar aus der Zusammenstellung beider Vorstellungen oder mittelbar durch die Operationen des logischen Denkens gewonnen wird. Er führt ferner aus, dass allgemeine Sätze niemals aus Intuition, sondern nur aus Demonstration hervorgehen. Aber er ist sich in Folge des cartesianischen Einflusses auch darüber klar, dass der logische Vorgang, durch den solche allgemeinen Gesetze gewonnen werden, nicht der inductive ist, welcher seinem Wesen nach unvollständig bleibt; er kehrt gegen Bacon die volle Forderung zweifelloser mathematischer Demonstration. Daneben stellt er bemerkenswerthe Betrachtungen über den Werth dieser allgemeinen Sätze an, den man weder überschätzen noch unterschätzen dürfe. Er macht den Cartesianern gegenüber sehr richtig darauf aufmerksam, dass für das Interesse der besonderen Wissenschaften die Erkenntniss einzelner Thatsachen von nicht geringerer Wichtigkeit ist als die Einsicht allgemeiner Gesetze, wie er andererseits gegenüber der blossen Empirie das wissenschaftliche Ideal zusammenhängender Auffassung aufrecht erhält. Er unterscheidet endlich bei den allgemeinen Sätzen solche, die durch blosse Analysis der Begriffe entstehen und deshalb nichts Neues lehren, von solchen, die eine wirkliche Erweiterung des Wissens bedeuten — eine Untersuchung, welche der Kant'schen Unterscheidung analytischer und synthetischer Urtheile vorgreift. Im Allgemeinen lassen diese methodologischen Betrachtungen das verständige Streben durchblicken, den auf die Erfassung des Thatsächlichen gerichteten Geist der Bacon'schen Philosophie mit der Strenge des cartesianischen Denkens zu versöhnen. Und nach dieser Richtung bewegt sich die Locke'sche Lehre auf dem Wege, den schon Hobbes vorgezeichnet und in mancher Hinsicht mit viel grösserer Exactheit betreten hatte. Der Schwerpunkt seiner Philosophie aber bleibt jene erkenntnisstheoretische Untersuchung, welche das menschliche Wissen auf die Erfahrung des äusseren und des inneren Sinnes beschränkt, und alle Wahrheit, die für den Menschen erreichbar sei, als die logische Einsicht in die Verhältnisse der Vorstellungen unter einander ansieht. So ist die Locke'sche Philosophie die specifisch moderne Form der terministisch-nominalistischen Erkenntnisslehre und damit der einfachste und durchsichtigste Typus des Empirismus: in eben dieser fast kindlichen Einfachheit hat auch der Zauber bestanden, den sie auf das Zeitalter der Aufklärung ausgeübt hat.

Den gleichen Charakter einer verständigen und dabei doch von idealen Gedanken getragenen Anpassung an die wirklichen Verhältnisse zeigen die Gedanken Locke's auch auf den übrigen Gebieten. Interessant ist in dieser Hinsicht hauptsächlich die vermittelnde Stellung, welche er in theoretischer wie in historischer Beziehung den religiösen Angelegenheiten gegenüber einnimmt. Er vertritt weder die kühle Ablehnung Lord Bacon's, noch die staatliche Omnipotenz, welche Hobbes verlangt hatte. Es kam auch die Gunst der öffentlichen Verhältnisse hinzu, in denen die religiösen Leidenschaften sich allmählich mehr beruhigt hatten und der Radicalismus nach keiner Seite hin mehr die politische Logik des Tages bildete. Locke ist deshalb unter den Philosophen jener Zeit gewissermassen der **Vermittlungstheologe**, der den Glauben an die Offenbarung aufrecht erhält und ihn mit der Vernunft in Einklang zu bringen sucht. Er meint in dem Sinne, wie es schon Thomas von Aquino formulirt hatte, dass auch die göttliche Offenbarung in der Religion nur solche Gesetze gegeben habe und habe geben können, welche mit der dem Menschen doch auch von Gott gegebenen Vernunft in Uebereinstimmung sind, und er glaubt andererseits die Nothwendigkeit einer Offenbarung in der Weise begreifen zu können, dass durch sie solche Erkenntnisse mitgetheilt worden seien, welche, wenn sie auch mit der Vernunft übereinstimmen, doch von der auf die sinnliche Erfahrung beschränkten Vernunft des Menschen nicht hätten gefunden werden können. Locke giebt deshalb die Existenz einer natürlichen Theologie, einer durch blosse Vernunft zu findenden Gotteslehre vollkommen zu, allein er behauptet, dass in der positiven Religion daneben noch ein anderes, damit vollkommen übereinstimmendes, aber nur durch Offenbarung zu findendes Element enthalten sei; er bahnt auf diesem Wege eine Versöhnung zwischen der Vernunfterkenntniss und dem religiösen Dogma an, welche in der Weiterentwicklung des englischen Deismus begierig ergriffen wurde, bis sie wieder zu einer leidenschaftlichen Entzweiung führte. Was die einzelnen Confessionen anbetrifft, so stellt sich Locke ihnen unparteiisch gegenüber, und zwar vertritt er im Grunde genommen dabei nur den praktischen und politischen Standpunkt, wie das unter ihren Zeitverhältnissen und von ihren Prämissen aus auch Bacon und Hobbes gethan hatten. Er betont mit dem grossen Zuge der damaligen Denker die Forderung der **Confessionslosigkeit des Staates**, und seine theilweise noch von den Niederlanden aus gegen die Regierung des letzten Stuart gerichteten „Briefe über die Toleranz" treten in lebhaftester Weise für die Gewissensfreiheit ein, indem sie darthun, dass der Staat, dem nur für das weltliche Wohl des Bürgers die Sorge zukommt, durch eine religiöse Parteinahme, welcher Art sie auch sei, seine Wirksamkeit nur schädigen kann. Auf der anderen Seite wird er nicht müde, den Machthabern einzuschärfen, wie die wahre Religion keines Zwanges und keiner staatlichen und polizeilichen Unterstützung bedürfe. Er stellt vielmehr für sie den Gesichtspunkt der freien Association auf und hat dafür eine praktische Verwirklichung gesucht, als er im Jahre 1669 mit dem Entwurfe einer Verfassung für die von Karl II., an acht englische Lords überlassene nordamerikanische Provinz Carolina betraut wurde; er nahm darin die Bestimmung auf, dass die Religion und ihr Cultus nicht Sache des Staates, sondern nur der Gemeinde sein solle. Und es scheint beinahe, als habe er vorahnend das nordamerikanische Princip der „**freien Kirche im freien Staate**" damit ausgesprochen. Er wollte diese Freiheit allen Confessionen und Sekten zugestehen, mit Ausnahme derjenigen, deren Principien einen giltigen Eid entweder unmöglich machen oder in Frage stellen.

Im Ganzen ist es doch nur gelegentlich, dass Locke diese religionsphilosophischen und kirchenpolitischen Gedanken entwickelt; der Schwerpunkt seines wissenschaftlichen Interesses bleibt bei den erkenntnisstheoretischen Fragen. Und so sind auch seine Gedanken über ethische Verhältnisse nur sporadisch und in keiner irgendwie systematischen Weise zu Tage getreten. Er huldigte darin im Allgemeinen dem Grundgedanken, dass die menschliche Glückseligkeit der letzte und höchste Gesichtspunkt auch der Ethik sei, und gab der praktischen Philosophie in Analogie zu seinen theoretischen Untersuchungen den historisch sehr wirksam gewordenen, von ihm selbst aber weiter gar nicht durchgeführten Wink, dass sie zunächst den Einblick in den psychologischen Mechanismus des Trieb- und Willenlebens ihren moralisirenden Betrachtungen zu Grunde zu legen habe. Diese Analyse nun zeigt, dass alle Sittlichkeit in der Befolgung eines Gebots besteht: sie ist deshalb nur möglich und begreiflich, wenn dem natürlichen Triebsystem ein gebietender Wille gegenübersteht, dem sich das Individuum unterwirft. Alle Moral wurzelt in der Autorität. Dreifach tritt sie im Menschenleben auf: als offenbarter Wille Gottes, als Gesetz des Staates, als Norm der Sitte und der öffentlichen Meinung. Doch hat Locke auch diese Gedanken nur gelegentlich geäussert und sie nicht im wissenschaftlichen Zusammenhange ausgeführt.

Aehnliches gilt von seinen pädagogischen Gedanken. Auch sie bilden kein System; aber sie sind mehr als ein solches, sie sind eine befruchtende Macht in der Entwicklung des europäischen Erziehungswesens geworden. Eine grosse Fülle von lose hingeworfenen Gedanken, enthalten sie die Grundzüge der pädagogischen Richtung, welche in Deutschland, weil sie hier wesentlich durch die Schriften Rousseau's bekannt wurden, unter dessen Namen geläufig sind. Der Gedanke einer freien Entwicklung des natürlichen Individuums bildet ihre Grundlage, und alle jene Forderungen der Ausbildung der Selbstthätigkeit, des spielenden Lernens, der freien Leibesübung, der anschaulichen Form des theoretischen Unterrichts, der Berücksichtigung der individuellen Eigenthümlichkeiten, der Entwicklung des eigenen, selbständigen Charakters, alle jene Forderungen, welche die vorschreitende Pädagogik des XVIII. Jahrhunderts mit Begeisterung ergriff und theilweise mit wunderlichen Auswüchsen durchzuführen suchte, sind in Locke's kernigen „Gedanken über Erziehung" zusammengedrängt. Sie erscheinen hier sogar auf einer viel edleren und grossartigeren Grundlage, als bei Rousseau; denn sie beruhen alle auf dem sittlichen Gedanken der Familie. Dabei lässt sich andererseits nicht verkennen, dass die Anlehnung an die specifischen Verhältnisse des englischen Familienlebens und der englischen Sitten, wie manche Vorzüge, so auch eine Anzahl von Nachtheilen und Einseitigkeiten mit sich geführt hat, die später von Rousseau abgestreift worden sind.

Ein ähnliches Geschick, wie die Locke'sche Pädagogik, hat in litterarischer Beziehung seine Staatstheorie erfahren. Auch auf diesem Gebiete pflegt in Frankreich und in Deutschland Montesquieu wenn nicht als Begründer, so doch als der Typus und der vollendetste Vertreter des constitutionellen Staatsrechts angesehen zu werden, während doch in Wahrheit alles Wesentliche und Bedeutende in seiner Theorie nur eine glückliche Reproduction der Lehren bildet, mit denen Locke in seinen „zwei Abhandlungen über die Regierung" das von Wilhelm von Oranien inaugurirte politische System zu begründen und gegen die Angriffe des Absolutismus wie des Republicanismus zu vertheidigen unternahm. In der That gebührt der Nation und der Zeit, welche die erste constitutionelle Monarchie geschaffen hat, auch der Ruhm, ihre Theorie gefunden zu haben. Gegen Filmer und Hobbes, die Vertreter theils des hierarchischen, theils des rein politischen Absolutismus, war schon Algernon Sidney in seinen „Discourses concerning government" siegreich vorgegangen, und Locke vervollständigte nur diese Gedanken unter dem Eindrucke der wirklichen Form, welche das System inzwischen gefunden hatte. Er begriff den Charakter des modernen Staates zunächst aus der völligen Trennung der politischen und der kirchlichen Macht, in deren Verquickung das Wesen des Mittelalters bestanden habe. Aber wenn er demgegenüber den Staat ganz im Sinne von Hobbes auf einen Vertrag gründete, durch welchen alle Bürger ihr Recht zu dessen besserem Schutze der Staatsgewalt übertragen hätten, so deducirte er gegen Hobbes, dass diese Macht nicht in die Willkür eines Einzelnen, sondern nur in den Willen der Majorität gelegt werden dürfe. Von diesem Gesichtspunkte aus entwarf er die Grundzüge der Repräsentativ-Verfassung, indem er für die legislative Gewalt die Vertretung der Staatsbürger, ihrer Stände, ihrer Interessen, ihrer historischen Rechte in den gesetzgebenden Körpern verlangte. Weiterhin war es die Schule der Erfahrungen, welche die englische Nation in ihren Revolutionen gemacht hatte, auf Grund deren dieser Constitutionalismus in der Theorie wie in der Praxis, die Trennung der ausführenden von der gesetzgebenden Gewalt verlangte, und die letztere sowohl in ihrer Richtung nach Innen (als executive Gewalt im engeren Sinne), als in ihrer Beziehung auf die übrigen Staaten (nach Locke's Ausdruck als föderative Gewalt) gemeinsam in die Hände der erblichen Monarchie legte. Die Versöhnung des revolutionären Freiheitsdranges mit der Nothwendigkeit der historischen Entwicklung hatte damit auch ihren theoretischen Ausdruck gefunden. Aber diese Erfahrung, welche die englische Revolution gemacht hatte, wurde in der Entwicklung des Aufklärungszeitalters um so mehr vergessen, je mehr man die Fühlung mit dem historischen Bewusstsein verlor, und es war dem Continente vorbehalten, in den Stürmen der französischen Revolution diese Erfahrung mit umfassenderer und schwererer Macht noch einmal zu machen.

So steht Locke auf allen Gebieten mitten in den geistigen Bewegungen seiner Zeit und an der Spitze der Gedankenbestrebungen, welche das Jahrhundert nach ihm erfüllten. In der nüchternen und verständigen Ruhe seiner Ueberlegung, in der beschränkenden Klarheit seiner Betrachtungen ist er ein Vorbild des gesammten Aufklärungszeitalters geworden, und seine Lehren bilden für die grosse Ideensymphonie dieses Zeitalters gewissermassen das Präludium, in welchem alle Strömungen, alle einzelnen Bewegungsformen bald stärker, bald leiser angeschlagen werden. Speciell für die englische Aufklärung ist Locke der bestimmende Geist, an dessen Gedanken alle Richtungen bald ergänzend und weiterführend, bald verändernd und bekämpfend sich anlehnen. Die Fäden der geistigen Bewegung, die in seinem Denken zusammengefasst waren, laufen theilweise gesondert von ihm aus, um nur noch einmal in David Hume zu einer grossen Gestalt sich zusammenzuschürzen, und es wird daher zunächst die Aufgabe sein, den Verlauf dieser einzelnen Fäden zu verfolgen.

§ 29. Die Moralphilosophie.

Es empfiehlt sich dabei, von derjenigen Richtung auszugehen, welche bei Locke verhältnissmässig am wenigsten behandelt worden war, der Moralphilosophie, welche auch unabhängig von den religionswissenschaftlichen Ueberlegungen, mit denen sie vielfach verknüpft war, einen Gegenstand lebhafter Discussionen bildete. Auf diesem Gebiete waren namentlich die Lehren von Hobbes fruchtbar, freilich zunächst in der Erzeugung mannigfachen Widerspruches. Der Versuch dieses Philosophen, die Moralphilosophie von allen Formeln der religiösen Begründung unabhängig zu machen, war im Grunde genommen nur eine Parallelerscheinung zu dem verwandten Bestreben der Rechtsphilosophen gewesen und fand daher gerade von dieser Seite seine principielle Anerkennung. Neben dem Systeme des **Naturrechts** begrüsste man dasjenige einer **natürlichen Moral** durchaus sympathisch. Allein mit der Ausführung, welche Hobbes diesem Gedanken gegeben hatte, war man nicht einverstanden. Der Gedanke, dass man auch in den edelsten Formen des moralischen Lebens schliesslich immer nur gewisse Endprodukte des an sich vollkommen und durchgehends selbstsüchtigen Mechanismus der individuellen Triebe sehen sollte, verletzte und erschreckte die Meinung der Zeitgenossen, welche aus dem gleichen Grunde auch das Gebäude der Staatslehre von Hobbes verwarfen. Auch in dieser Hinsicht hatte er ja versucht, die Staatsordnung als ein Produkt der Selbstsucht zu begreifen, welche sich aus den Gefahren des allgemeinen Kriegszustandes durch abwägende Uebereinkunft zu retten gesucht habe. Dieser Meinung gegenüber hielt man an den Lehren des Hugo Grotius fest, der für das staatliche Leben ein eigenes, ursprüngliches Organ in der Natur des Menschen unter dem Namen des **Geselligkeitsbedürfnisses** eingeführt hatte. Und in ganz verwandter Weise glaubte man nun auch auf dem allgemeineren Gebiete der Moralphilosophie verfahren zu sollen. Man hielt daran fest, dass das moralische Leben aus der Natur des Menschen begriffen werden müsse; aber indem man sich scheute, es aus den egoistischen Triebfedern abzuleiten, schritt man zu der Annahme einer **ursprünglichen moralischen Anlage im Menschen**, welche vollkommen selbständig sich zu der egoistischen Seite der menschlichen Natur von vornherein in einem gewissen Gegensatze und und Streite befinde. Es ist klar, wie damit das Problem der Moralphilosophie auf das Gebiet psychologischer Untersuchungen oder Hypothesen hinübergespielt wurde. Denn es handelte sich von diesem Gesichtspunkte aus im Wesentlichen nur um die Auffindung und Feststellung eines solchen moralischen Organs im Wesen des Menschen, und in der immer schärferen Ausprägung dieser Begriffsbestimmung hat schliesslich auch die ganze Entwicklung der englischen Moralphilosophie bestanden. Sie knüpfte damit an die stoisch-ciceronianische Lehre von den „eingeborenen Ideen" an, die von den Neuplatonikern von Cambridge Hobbes gegenüber gerade nach der praktischen Seite vertreten wurde, und die Apriorität sittlicher Principien als lex naturae im consensus gentium behauptete.

Den ersten Versuch dazu machte sehr bald nach Hobbes Cumberland (1632—1719) in seiner „De legibus naturae disquisitio philosophica" (London 1671). Er nannte diese selbständige Grundlage der Moralität die wohlwollenden oder altruistischen Neigungen und betrachtete sie als das ursprünglich in der Menschennatur angelegte Gegengewicht gegen die selbstsüchtigen Neigungen: aus diesem Gegensatze suchte er dann durch psychologische Gesetzmässigkeit, wie es Bacon verlangt hatte, und nach dem Mechanismus der Motivation, wie ihn Hobbes durchführte, den ganzen Zusammenhang des moralischen Lebens als einen Kampf der beiden Triebmassen gegen einander zu begreifen. Er fügte dem überdies den Versuch hinzu, als eine der Entwicklungsformen dieser altruistischen Neigungen auch die Begründung des Staatslebens in einer Weise darzustellen, welche der Zurückführung auf das Geselligkeitsbedürfniss im Sinne von Hugo Grotius durchaus entsprach, und dabei machte sich gewissermassen die später so wichtig gewordene und so weit ausgedehnte Tendenz geltend, die philosophische Rechtslehre den allgemeinen Gesichtspunkten der Moralphilosophie unterzuordnen.

Der bedeutendste aber und einflussreichste unter den englischen Moralphilosophen ist der Enkel des Locke befreundeten Staatsmannes, welcher selbst noch den Umgang des Philosophen genossen hatte, Anthony Ashley Cooper, Graf von Shaftesbury (1671—1713). Bei ihm sprach sich zunächst der allgemeine Grundgedanke einer vollkommenen Selbständigkeit der Moralphilosophie mit einer Schärfe aus, welche nach beiden Seiten hin zu gleich heftiger Polemik führte. Der Versuch von Hobbes, die Moralphilosophie im materialistischen Sinne auf physicalische oder physiologische Grundlagen zu stellen, erscheint ihm nicht minder verfehlt, als die theologischen Bestrebungen, sie aus religiöser Offenbarung abzuleiten. In beiden Fällen wird durch die Ableitung selbst den moralischen Ideen ihr eigenster Werth geraubt. Wenn sie im religiösen Sinne als Ausflüsse des göttlichen Willens betrachtet und mit Verheissungen der Belohnung und Drohungen der Strafe verquickt werden, so geht ihre Würde ebenso verloren, wie wenn man sie als mechanische Naturprodukte auffasst. Das Gute, die Tugend und das Recht gelten vielmehr als ein vollkommen in sich selbst Gegründetes, als das an sich Vollkommene und unbedingt Werthvolle, welches deshalb nur erfasst und ergriffen und nicht von anderswo her deducirt werden kann. Shaftesbury hat damit für die Moralphilosophie ein Ideal aufgestellt, dem sie lange und am energischsten bei Kant nachgegangen ist; aber er selbst war weit davon entfernt, diese Aufgabe zu lösen, und er musste sich deshalb später gefallen lassen, von Kant unter die typischen Vertreter einer heteronomischen Moral gerechnet zu werden. Was ihm im Wege stand, war auf der einen Seite der psychologische Grundzug des Denkens, in welchem er sich mit seinem Zeitalter bewegte, auf der anderen Seite eine Reihe von persönlichen Neigungen, deren Zusammenwirkung seiner Moral einen ausgesprochen eudämonistischen Charakter aufprägte. Es war eine eingehende und congeniale Beschäftigung mit dem Leben des classischen Alterthums, der er den ästhetischen Sinn verdankte, mit welchem er in die Entwicklung der moralphilosophischen Untersuchungen eingegriffen hat. Schon der unbedingte Werth, welchen er den moralischen Ideen zuschreibt, hat einen entschieden ästhetischen Beigeschmack. Als an sich gut und werthvoll kann, wie er meint, nur dasjenige gelten, was zugleich Ursache und Gegenstand der höchsten vernünftigen Lust ist, und in echt hellenischem Geiste betrachtet er deshalb den Zustand der Tugend und des Rechts zugleich als denjenigen der höchsten Glückseligkeit. Er führt in die moderne Moralphilosophie den Grundgedanken der antiken Ethik ein, das sokratische Problem der Identität von Tugend und Glückseligkeit, aber damit auch den ganzen Schwarm von casuistischen Schwierigkeiten und Zweideutigkeiten und die ganze Sophistik des menschlichen Herzens, welche dieser Gedanke schon im Alterthume in seinem Gefolge gehabt hatte. Denn die Lehre, dass nur die Tugend die wahre Glückseligkeit sei, hat sich noch immer unter den Händen der Menschen in die andere verwandelt, dass die Tugend das Bestreben nach der Glückseligkeit sei, und Niemand kann der unvermeidlichen Wirkung Einhalt thun, dass, sobald man einmal weiss, dass die Tugend glücklich macht, man sie um dieses Glückes willen, das sie mit sich führt, zu lieben und zu erstreben anfängt. So hat sich denn auch die Shaftesbury'sche Lehre, zumal bei seinen Nachfolgern, zu einem vollkommenen Eudämonismus und zu der Glückseligkeitslehre ausgebildet, zu welcher sich die gesammte Moralphilosophie der Aufklärung bekannte, und der erst Kant entgegenzutreten versucht hat. Doch erscheint dieser Eudämonismus bei Shaftesbury noch keineswegs mit jener prosaischen Nüchternheit, die ihn später kennzeichnete, sondern vielmehr mit einer Art von poetischem Duft. Wenn die Tugend der Gegenstand eines höchsten Wohlgefallens ist, so muss sie etwas an sich tragen, was den Grund dieses Wohlgefallens enthält, und dadurch tritt sie für die Betrachtung Shaftesbury's in die nächste Verwandtschaft mit dem Schönen. Alles Wohlgefallen ist im Grunde genommen ein Ausfluss des ästhetischen Verhaltens; Alles, was uns wohlgefällt, muss in irgend einer Weise den Charakter des Schönen an sich tragen. Dieser Zusammenhang der moralischen mit der ästhetischen Beurtheilung, welchen bei einer viel höheren und feineren Ausbildung der Begriffe erst die Herbart'sche Philosophie zur vollen Klarheit gebracht hat, ist von Shaftesbury mit einer Art genialer Intuition ergriffen worden. Er selbst beschäftigte sich in eingehendster Weise mit der schönen Litteratur und den bildenden Künsten theoretisch und kritisch, und es verknüpften sich ihm so die verschiedenen Interessen seines reichen und lebendigen Geistes unter dem Gesichtspunkt der griechischen Kalokagathie. Die Einheit des Schönen und des Guten ist für ihn der höchste und letzte Gedanke. Sein Eudämonismus ist ein ästhetischer, und es reproducirt sich darin die ganze Poesie hellenischer Lebensweisheit. Darin lag der Reiz, den seine Schriften auf die Geister des XVIII. Jahrhunderts und besonders auf die Dichter Deutschlands ausgeübt haben. Ihm tauchte sich die Welt in den Glanz der Schönheit, und auch die Tugend war ihm zuletzt nur die Erfassung des über das Universum ausgegossenen Geistes des Schönen. Diese Wirkung seiner Gedanken wurde durch seine Darstellung unterstützt. Schon seine Jugendschrift „Enquiry concerning virtue and merit" und alle weiteren Bestandtheile der zuerst 1711 gedruckten Sammlung „Characteristics of men, manners, opinions, times" zeigen einen Glanz der Diktion und eine witzige Anmuth der Sprache, womit der Geschmack in die Wissenschaft einzudringen und eine Fühlung zwischen der Gelehrsamkeit und der schönen Litteratur herbeizuführen begann.

So ist es denn schliesslich auch ein ästhetischer Gedanke, von dem aus Shaftesbury das Wesen der Tugend zu bestimmen unternimmt: alles Schöne beruht auf Harmonie, und deshalb muss auch die Tugend irgendwie den Charakter Harmonie an sich tragen. Harmonie aber ist überall eine Verknüpfung des Verschiedenen, eine Versöhnung der Gegensätze. Die Tugend kann deshalb nur in einer Aussöhnung derjenigen Gegensätze gesucht werden, welche in dem natürlichen Wesen des menschlichen Willenslebens angelegt sind. Das ist der Punkt, auf welchem Shaftesbury die Moraltheorien seiner Vorgänger zu vereinigen, den Streit zwischen ihnen auszugleichen und sich über sie zu erheben meint. Die Lehren des Materialismus haben im Menschen nur den Egoismus anerkannt und die Tugend für eine Art von raffinirter Aeusserung dieses Grundtriebes gehalten. Die Theorien des Geselligkeitsbedürfnisses und der wohlwollenden Neigungen haben neben dem Egoismus die Ursprünglichkeit einer moralischen Anlage des Menschen anerkannt; aber sie haben gelehrt, dass die Tugend in der Unterdrückung der egoistischen und in der Alleinherrschaft der wohlwollenden Motive beruhe: in der einen Lehre kommen die wohlwollenden, in der anderen die egoistischen Neigungen zu kurz. Und doch sind beide von der Natur selbst in uns gepflanzt und haben darum das gleiche Recht, von uns aufrecht erhalten zu werden. Die eine Theorie führt zu einer laxen und leichtsinnigen, die andere zu einer asketischen und trüben Moral. Die wahre Tugend kann nur in der Versöhnung beider Gegensätze bestehen, sie ist der Zustand einer **Harmonie zwischen den selbstsüchtigen und den geselligen Neigungen**. Sie unterdrückt weder das Recht der individuellen Triebe zu Gunsten der allgemeinen Glückseligkeit, noch setzt sie das Interesse des ganzen Geschlechtes den Leidenschaften des Einzelnen gegenüber zurück. Sie ist deshalb nur möglich in dem vollkommen entwickelten Individuum, welches in der harmonischen Entfaltung aller seiner Kräfte und Neigungen sich als ein lebendiges Glied des Universums fühlt. Ihre innerste Wurzel ist weder die kühle Ueberlegung einer selbstsüchtigen Klugheit, noch die sklavische Unterwerfung einer sich selbst vergessenden Demuth, sondern vielmehr jener Schwung der Seele, vermöge dessen sie sich mit der Vollentwicklung ihres eigenen Wesens in den schönen Organismus der Welt einfügt. Diese Grundlage aller Tugend nannte Shaftesbury **Enthusiasmus**, die männliche Begeisterung, welche in stolzem Selbstbewusstsein das innerste Wesen des Menschen auslebt. Das Ideal dieser Ethik ist die Ausbildung des Individuums, und damit hat Shaftesbury das sittliche Geheimniss des Zeitalters der Aufklärung enthüllt. Der Begriff der Bildung, den die moderne Cultur hervortrieb, nimmt hier schon eine ganz bestimmte Gestalt an. Es ist diejenige der vollkommenen Entfaltung einer bedeutenden Persönlichkeit. Dieses sittlichen Rechtes ihrer eigenartigen Natur sind sich alle grossen Männer des XVIII. Jahrhunderts bewusst gewesen, und sie haben eben darin die Feinfühligkeit für die Auffassung fremder Individualitäten gewonnen, die ihnen allen in grossartigstem Masse eigen gewesen ist. Und auch darin ist Shaftesbury ein Vorbild der folgenden Zeit, dass er diese Bildung des Individuums unter dem ästhetischen Gesichtspunkte begreift. Das sittliche Leben in der harmonischen Ausbildung aller individuellen Kräfte ist ihm eine Art von Kunstwerk, und die Tugend wird dadurch zu einer genialen Virtuosität in der Behandlung des eigenen Lebens. In diesem Keime lag die sittliche Grösse des XVIII. Jahrhunderts neben seiner Schwäche und seinen Gefahren. Denn die Verknüpfung des ästhetischen mit dem moralischen Gesichtspunkte konnte leicht dazu führen, den letzteren dem ersteren unterzuordnen, und sie zeigte später die wachsende Neigung, die Moral des gewöhnlichen Lebens dem genialen Drange ästhetischer Interessen zu opfern. Gleichwohl bleibt diese Verschmelzung des sittlichen und des künstlerischen Lebens einer der bedeutsamsten Züge in dem Charakter der Aufklärung, und sie spiegelt sich vor Allem auch in dem ästhetischen Optimismus, welcher die Weltanschauungen dieses Zeitalters zum grösseren Theile durchdringt. Die Vorstellung von einer harmonischen Lebendigkeit des Weltalls, welche alle Mängel und Widersprüche, alle Schäden und Gebrechen der einzelnen Dinge in den grossen Ocean allgemeiner Vollkommenheit untertaucht und in den Disharmonien nur die unumgängliche Bedingung der Harmonien sieht, ist einer der besseren Lieblingsgedanken der Aufklärung, und wenn dieser in der Theodicee von Leibniz seine tiefste metaphysische Ausführung fand, so zeigt er seinen Ursprung aus der ästhetischen Auffassung nirgends deutlicher, als in der begeisterten und schönen Darstellung, die ihm Shaftesbury gegeben hat: auch in dieser Hinsicht hat er auf die deutschen Dichter, besonders der Sturm- und Drang-Periode, einen sehr bedeutenden Einfluss ausgeübt, welcher sich am klarsten bei Herder und in Schiller's Philosophie des Julius zu erkennen giebt. Diese Ansicht erscheint schon bei Shaftesbury in Verbindung mit religiösen Ueberzeugungen, welche mit denen des englischen Deismus überhaupt sich decken und deshalb an späterer Stelle uns dem Namen des grossen Moralisten noch einmal werden begegnen lassen.

Der principielle Standpunkt von Shaftesbury's Moral lief somit darauf hinaus, die moralische Beurtheilung mit der ästhetischen in Parallele zu setzen, und es lag deshalb nahe, wie man von einem künstlerischen Geschmacke als einer besonderen Seelenkraft sprach, so auch zu der Annahme von einer Art von **moralischem Geschmack**, einem ursprünglichen Beurtheilungsvermögen für das Gute fortzuschreiten. Je mehr man das that, je stärker man die Existenz einer moralischen Anlage des Menschen betonte, um so weiter entfernte man sich offenbar von den Principien der Locke'schen Psychologie, in denen die Angeborenheit der praktischen Principien ebenso energisch abgelehnt worden war, wie diejenige von theoretischen Gesetzen und Begriffen. Am stärksten trat dies bei dem Irländer Francis **Hutcheson** (1694—1747) hervor. Schon der Titel seines ersten Werkes „Inquiry into the original of our ideas of beauty and virtue" (London 1720) zeigt die gemeinsame Behandlung der moralischen und der ästhetischen Fragen, und in seinen späteren Schriften, vor Allem in dem posthumen Systeme der Moralphilosophie tritt die Lehre von der Ursprünglichkeit des „moralischen Sinnes" in Parallele zu dem Schönheitssinne mit voller Klarheit und Entschiedenheit auf. Er will die moralphilosophischen Untersuchungen auf die Betrachtung der Thatsache gründen, dass wir bei der Prüfung der Motive unserer Handlungen den principiellen und nicht weiter ableitbaren Unterschied der selbstsüchtigen und der wohlwollenden, der egoistischen und der altruistischen Neigungen vorfinden, und dass wir nur den letzteren und den aus ihnen hervorgegangenen Handlungen unsern moralischen Beifall geben. Diese Billigung kann, wie er meint, nur aus einem ursprünglichen Beurtheilungsvermögen hervorgehen, welches somit für einen wesentlichen Bestandtheil der menschlichen Natur anzusehen sei. Von hier aus war, wie sich zeigen wird, nur noch ein sehr kleiner Schritt zu der Opposition, welche die schottischen Philosophen der Locke'schen Lehre machten. Diese ästhetisirende Richtung zog ihre besondere Stärke aus dem nahen Verhältniss, worin sie selbstverständlich zu der gleichzeitigen schönen Litteratur stand, und gerade in dieser herrschte, wenn man nur an Männer wie Richardson, Fielding, Hogarth, Goldsmith denkt, die moralisirende Tendenz in solchem Masse, dass sie die psychologischen Analysen des ethischen Lebens, die sie bei den Philosophen fand, freudig sich aneignete und weiter spann.

Von der ethischen Fundamentalthatsache aus, die in der Beurtheilung von Handlungen und Gesinnungen nach den Prädicaten gut und böse gegeben ist, verzweigen sich nun die Untersuchungen der englischen Moralisten nach verschiedenen Richtungen. Wenn als Gegenstand der sittlichen Billigung zunächst die altruistischen Gesinnungen und Handlungen betrachtet wurden, so fragte es sich, wie der Mensch mit seinem natürlichen Egoismus dazu komme, das Wohl des Nächsten zum Inhalt seines Wollens zu machen. Der Optimismus Shaftesbury's und der ästhetische Sinn Ferguson's überhoben sich dieser Frage durch die Annahme einer psychologischen Ursprünglichkeit des Altruismus. Weiter schon ging ein Anhänger Shaftesbury's, der Bischof Jos. Butler (1692—1752), der in seinen „Sermons upon human nature" (1726) die moralischen Gefühle als **Affecte der Reflexion** betrachten lehrte und die Motive für die Befolgung des Sittengesetzes, das ihm als göttliches Gebot galt, zum Theil in den Rückwirkungen unserer Voraussicht der Beurtheilungen fand, die unser Wollen und Thun bei Gott und Menschen finden werden.

Viel radicaler hatte schon das von Hobbes begründete „selfish system" die vermittelnden Vorgänge zu analysiren gesucht, durch welche das moralische Handeln als ein zweckmässiges Mittel zur Verwirklichung des Egoismus selbst nachgewiesen werden sollte: hier glaubte man die Annahme moralischer Gesinnungen und Anlagen im Menschen überhaupt entbehren zu können. Der empirische Zusammenhang des gesellschaftlichen Lebens schien zu genügen, um den scheinbaren Widerspruch zwischen dem Egoismus und dem altruistischen Handeln zu erklären. Das ergab eine bequeme Moral. Je mehr es gerade die höheren Stände der Gesellschaft waren, in denen diese Betrachtungen mit Vorliebe gelesen und besprochen wurden, um so mehr kam die Neigung auf, den Lebensgenuss, dessen man sich hier erfreute, und die bald naive bald raffinirte Ausnutzung der Verhältnisse, die hier Sitte war, unter der Form eines philosophischen Systems zu rechtfertigen, ihm aber dabei eine geistreich spielende Darstellung zu geben und sich über die Schwächen dieses grossen Lebens mit mehr oder weniger Frivolität hinwegzuscherzen. Die berühmten Briefe von Chesterfield (1694—1773) an seinen natürlichen Sohn, welche uns das ganze Bild der damaligen Gesellschaft entrollen, sind ein lebendiges Zeugniss dafür, welches jedoch in der Litteraturgeschichte und in der Sittengeschichte einen bedeutenderen Platz in Anspruch zu nehmen hat, als in dem Zusammenhang dieser Darstellung.

Die Annahme jedoch, dass der Mensch von Natur durchweg egoistisch angelegt sei, konnte auch in der entgegengesetzten Richtung verfolgt werden, indem das Bewusstsein des Sittengesetzes auf Autorität begründet und seine Befolgung durch die an die Autorität sich knüpfenden Motive erklärt wurde. Diese an Locke sich lehnende Auffassung wurde viel gröber als von Butler später von William Paley (1743—1805) in seinen „Principles of moral and political philosophy" (1785) vertreten. Dass der Mensch gegen seinen natürlichen Egoismus handelt, ist nur durch die Unterwerfung unter einen allmächtigen Willen zu begreifen, von dem er Strafe zu fürchten und Belohnung zu hoffen hat. So beruht für Paley das Sittengesetz auf dem geoffenbarten Willen Gottes und seine Befolgung auf dem durch Furcht und Hoffnung begründeten Gehorsam des Menschen.

Den Inhalt des Sittengesetzes bildet aber auch hier nur das Wohl des Nebenmenschen. Darin kommt der extreme Orthodoxismus mit den psychologischen Theorien seiner deistischen und ebenso auch seiner sensualistischen Gegner überein. Es geht durch die moralistische Litteratur dieser Zeit in England ein breiter Strom psychologischer Gemeinsamkeit und dieser besteht in einer Grundannahme, die später als Utilismus oder Utilitarismus bezeichnet worden ist. Das menschliche Wollen, so meinte man, kann nur Wohl und Wehe, Lust und Unlust zu seinem Gegenstande haben, indem es die eine begehrt und die andere verabscheut: alles Uebrige wird nur indirekt um der Lust oder der Unlust willen geliebt oder gehasst. Daraus schien sich zu ergeben, dass Werth und Misswerth der menschlichen Handlungen nur danach bemessen werden könne, in welchem Masse sie Lust oder Unlust herbeizuführen geeignet sind. Die Associationspsychologen, von denen später zu handeln sein wird, führten diese ihren Principien durchaus entsprechende Theorie besonders aus, und sie glaubten damit sogar ein objektives Kriterium der Moral gefunden zu haben. Priestley war es, der dafür die später üblich gewordene Formel fand: „**Das grösste Wohl der grössten Anzahl**".

Diesem Utilismus gegenüber fehlte es nicht an entgegenstehenden Theorien, welche ein objektives Princip der Moral auf metaphysischem Wege zu finden hofften. Die Neuplatoniker von Cambridge, die in psychologischer Hinsicht die moralischen Ideen als „eingeboren" betrachteten, sahen die Norm der Sittlichkeit in dem vernünftigen, von Gott gegebenen Wesen des Menschen und seiner immer höheren Vervollkommnung. Interessanter noch erscheinen diejenigen Versuche, welche nicht ohne Abhängigkeit von der cartesianischen Philosophie die Gesetze des moralischen Lebens auf rein **theoretische Principien** zurückzuführen geneigt sind. Auf dieser Seite steht in erster Linie Samuel Clarke (1675—1729), der, ein Schüler Locke's und Newton's, dennoch der cartesianischen Philosophie aus theilweise religiösen Gründen soweit huldigte, dass er die Lehre von der menschlichen Willensfreiheit in seiner ausführlichen Correspondenz mit Leibniz gegen den Determinismus des Letzteren vertheidigte, und sie mit ausdrücklicher Bekämpfung Locke's auf den Begriff der geistigen Substanz und der zu dieser gehörenden Fähigkeit selbständiger und ursprünglicher Handlungen stützte. In der Moralphilosophie ist er dadurch wichtig, dass er, indem er ein **objektives Princip der Moral** suchte, ihre Gesetze als die Vorschriften auffasste, welche der menschlichen Willkür durch die natürliche Beschaffenheit der Dinge auferlegt werden. Es hängt von unserer Willkür ab, ob wir ein Dreieck zeichnen wollen; sofern wir aber ein richtiges Dreieck zeichnen wollen, müssen wir es so einrichten, dass die Winkel weder mehr noch weniger als zwei Rechte betragen. Auch die Eingriffe unserer Thätigkeit in den Zusammenhang der Dinge hängen in ähnlicher Weise von unserer Willkür ab. Aber diese Handlungen sind sogleich falsch, und zwar nach Clarke's Meinung auch in moralischem Sinne falsch, wenn wir sie nicht nach der natürlichen und selbst für die Gottheit unabänderlichen Beschaffenheit der Dinge eingerichtet haben. Was Clarke vorschwebt, ist der immerhin bedeutsame Gedanke, dass der menschlichen Willkür die grossen Gesetze der Wirklichkeit als eine moralisch bindende Macht gegenüber stehen, — ein Moralprincip freilich auf der andern Seite, weit entfernt von jenem Idealismus, mit dem andere Systeme die Umgestaltung der Realität für die eigentliche Aufgabe des sittlichen

Lebens erklärt haben, — eine Moral der Praxis, welche sich ihre Gesetze von der bestehenden Welt diktiren lässt. Das philosophische Element darin ist das Streben nach einer objektiven, in der Natur der Dinge selbst liegenden Begründung der Moral, und diesem gab gleichzeitig und vielleicht nicht ohne Abhängigkeit von Clarke eine logische Wendung William Wollaston (1659—1724). Er fasste die Sache von dem Gesichtspunkt, dass jede moralische Handlung einen theoretischen Satz und damit ein Urtheil über die Beschaffenheit des behandelten Dinges resp. der vorliegenden Verhältnisse involvire. Er machte freilich daneben darauf aufmerksam, dass man von diesem Urtheil nicht nur die Handlung, sondern auch die Willensentscheidung wohl zu unterscheiden habe, wie man auch bei Clarke einer sorgsamen Untersuchung über den Unterschied des Willens vom bejahenden Urtheile begegnet, — ein Problem, das die cartesianischen Untersuchungen über den Irrthum nahe gelegt hatten. Wenn nun auch Wollaston die Handlung von dem Urtheile verschieden dachte, so meinte er doch, dass eben der Werth der Handlung mit dem Werthe dieses Urtheils stehe und falle, und fand in Folge dessen das moralische Kriterium darin, dass dieses Urtheil entweder wahr oder falsch sei. Für ihn ist deshalb die moralische Handlung diejenige, bei der jenes darin enthaltene Urtheil den Gegenstand oder das Verhältniss, worauf sich die Handlung bezieht, richtig und erschöpfend erkannt hat. Es ist klar, dass diese logische Richtigkeit, im Grunde genommen, eben nur dasselbe bedeutet, was Clarke handgreiflicher als Sachgemässheit bezeichnet hatte. Wenn dann Wollaston schliesslich noch den Nachweis hinzufügt, dass die Handlungen, welche sich in dieser Weise eines logisch richtigen Inhalts erfreuen, nothwendig auch zur Glückseligkeit führen, so kann er diesen Weg zu dem Shaftesbury'schen Eudämonismus nur dadurch finden, dass er seiner logischen Richtigkeit die Clarke'sche Sachgemässheit unterschiebt und ausführt, wie diejenige Behandlung der Verhältnisse, welche sich auf deren richtige Erkenntniss stützt, von selbst eine für den Handelnden erspriessliche Gestaltung herbeiführt.

So kommt auch hier schliesslich ein utilistisches Grundmotiv und jener Eudämonismus zu Tage, den Shaftesbury im Anschluss an die Antike vorbildlich verkündet hatte. Er hatte für das Aufklärungszeitalter um so mehr axiomatische Geltung, als er auch das adäquate Princip für die Werthbeurtheilung der öffentlichen Ein-

richtungen zu bilden schien. Als ein negativer Beweis dafür kann
die so verschieden beurtheilte und so oft geschmähte Bienenfabel
von Mandeville (1670—1733) angesehen werden. Ihr Verfasser,
obwohl ein in Holland geborener Franzose, gehört doch seiner
ganzen Bildung nach der Moralphilosophie und dem Deismus der
Engländer an. So schwer es ist, die eigenste persönliche Meinung
des Mannes aus seiner geistvollen „Fable of the bees or private
vices made public benefits" (zuerst London 1714) mit voller Sicherheit herauszulesen, so stark ist das Licht, welches von ihr auf die
Meinungen jener Zeit zurückfällt, und so charakteristisch ist die
Stellung, welche sie in den moralischen Lehren des Aufklärungszeitalters einnimmt. Diese Fabel stellt den Zustand der menschlichen Gesellschaft mit allen ihren moralischen Schwächen und
Gebrechen unter dem Bilde eines Bienenstocks dar, und sie fügt
die Fiktion hinzu, Zeus habe plötzlich, den Bienen nachgebend, alle
Bienen gut, tugendhaft und ehrlich gemacht — und siehe da! die
ganze Maschinerie des gesellschaftlichen Lebens und des staatlichen
Zusammenhanges stand still. Niemand stahl und betrog mehr;
Jeder bezahlte seine Schulden, der Richter und die Polizei waren
zur Unthätigkeit verdammt; alle Concurrenz in den Gewerben, aller
Wettstreit des Ehrgeizes war aufgehoben, und die Gesellschaft fand
sich zu traurigster Lethargie verdammt. Hier wurde den Moralisten
gewissermassen der Revers der Medaille gezeigt; es sollte ihnen
klar werden, dass die menschliche Cultur nur in Verbindung mit
den moralischen Schwächen denkbar, dass ein Staat von nur
tugendhaften Menschen unmöglich sei, und das Einzige, was die
Bienenfabel predigte, war dieses: wollt ihr die Cultur, so bekreuzt
euch nicht vor dem Egoismus, ohne den sie nicht möglich ist.
Man kann annehmen, dass Mandeville damit lediglich eine Thatsache aussprechen wollte, und es ist nicht unbedingt nöthig, in
dieser Darstellung des genauen Zusammenhangs zwischen der Cultur
und den moralischen Schäden, welche sie mit sich führt, eine
Apologie des Lasters oder gar eine Empfehlung der Immoralität
zu sehen. Ebenso falsch aber ist es auf der anderen Seite, die
Bienenfabel unter den Rousseau'schen Gesichtspunkt zu stellen und
zu meinen, Mandeville habe zeigen wollen, dass die Cultur um
ihrer nothwendigen Immoralität willen verwerflich sei. Denn nichts
liegt Mandeville ferner, als von einer ursprünglichen Güte der
menschlichen Natur, etwa wie Rousseau, zu träumen. Der Staat

von ehrlichen Leuten gilt ihm deshalb für unmöglich, weil er unnatürlich ist, und der natürliche Mensch ist ihm nicht der tugendhafte, sondern der selbstsüchtige und von persönlichen Begierden und Leidenschaften erfüllte. Die grosse Bedeutung seiner Fabel liegt vielmehr, wenn auch vielleicht von ihm ungewollt, nach einer ganz anderen Richtung. Er zeigt, wie die Cultur, auf welche das Glückseligkeitsbestreben des Menschen hinausläuft, in einem inneren Widerspruche mit der Moralität stehe; er weist nach, dass wir durch die Tugend nicht glücklich werden, und dass die Triebkraft in der grossen Maschinerie des gesellschaftlichen Lebens nicht die Tugend, sondern der Egoismus ist. Seine Fabel ist — gewollt oder nicht gewollt — eine glänzende Widerlegung des Eudämonismus. Sie lässt durchblicken, dass der Mensch den Zustand einer glücklichen Cultur und einer Befriedigung seiner natürlichen Bedürfnisse nicht der Tugend, sondern der Selbstsucht verdankt; sie lässt ahnen, was später Kant so fein und so tiefsinnig gezeigt hat, dass die Natur, wenn sie den Menschen zur Glückseligkeit hätte schaffen wollen, kein ungeeigneteres Mittel hätte finden können, als indem sie ihm neben den selbstsüchtigen Neigungen den moralischen Trieb einpflanzte; sie deutet darauf hin, dass unter die Mittel zur Herbeiführung der menschlichen Glückseligkeit die Moralität nicht gehört. Mandeville sagt selbst, wenn auch vielleicht persönlich nicht ohne ironischen Anflug, die Tugend sei gar nicht dazu da, uns glücklich zu machen, die christliche Moral lehre ja überall, dass wir unser Fleisch zu kreuzigen hätten, und so wenig auch er selbst sich im kantischen Geiste zu der Forderung hat erheben können, die Tugend zu üben gerade trotz der Hemmnisse, welche sie dem menschlichen Glückseligkeitsbestreben bereitet, so ist doch seine historische Culturbedeutung die, dass er diese Antinomie zwischen der Moralität und der psychologisch-natürlichen Selbstsucht aufgedeckt und damit jenen Eudämonismus ad absurdum geführt hat, der entweder seicht genug war, an eine unausbleiblich beglückende Kraft des tugendhaften Handelns zu glauben, oder raffinirt genug, um in der Tugend nur das sicherste oder anständigste Mittel zur Befriedigung der natürlichen Begierden zu ergreifen. Die Bienenfabel ist ein ausserordentlich bedeutsames Moment in der culturphilosophischen Dialektik des Aufklärungszeitalters, welches im Allgemeinen die moralischen und gesellschaftlichen Zustände an dem Masse der von ihnen herbeigeführten

Glückseligkeit zu messen geneigt war. Je mehr später namentlich in Frankreich das Elend der öffentlichen Zustände das Nachdenken der wohlwollenden Denker in Anspruch nahm, um so energischer tauchte das Ideal eines moralischen und politischen Zustandes auf, der zur allgemeinen Glückseligkeit führe. Die französische Revolution ruhte auf diesem Ideale, und Rousseau ist sein Prophet. Mandeville's Bedeutung besteht darin, dass er dies Ideal als eine Illusion zu zerstören suchte: aber sein Mangel liegt eben darin, dass er sich zu einer von dem Glückseligkeitsbestreben unabhängigen Moral nicht zu erheben vermochte.

§ 30. Der Deismus.

Mannigfache Zusammenhänge persönlicher und gedanklicher Art verbinden die Entwicklung der englischen Moralphilosophie mit derjenigen der Religionsphilosophie, in welcher das Aufklärungszeitalter so sehr seine Hauptgedanken vereinigt zu haben glaubte, dass es den Namen des Freidenkerthums speciell für diese Richtung in Anspruch nahm. Und in der That kam der Charakter jener Zeit mit allen ihren Vorzügen so gut wie ihren Schwächen, in dieser Richtung zum vollendetsten Ausdruck, und auch in ihr haben die Engländer das Verdienst nicht nur der ersten und originalen, sondern auch der einfachsten und wirkungsvollsten Leistungen. Die geistige Revolution Englands war, wie seine politische: gewaltig, grossartig, thaten- und gedankenvoll, aber weder so blendend noch so verzehrend, weder so zündend noch so zerstörend wie die französische. Diese geistige Revolution aber, dem Gedanken der Freiheit ebenso nachgehend wie die politische, musste den Begriff der individuellen Freiheit und das Bestreben einer natürlichen Begründung der Wissenschaft vor Allem auch auf dem religiösen Gebiete entwickeln, und wenn das geistige Leben Europas seit der Renaissance aus den confessionellen Formen und Formeln immer mehr herausgewachsen war, wenn das Denken von allen Seiten her auf einen überconfessionellen Standpunkt hindrängte, so glaubte sich der englische Deismus dazu berufen, das religiöse Leben von der Enge confessioneller Dogmen in der That zu befreien und den positiven Religionen eine natürliche, d. h. eine philosophische Religion gegenüber zu stellen. Wie die Rechtsphilosophie an die Stelle der theologischen Ableitung das Naturrecht, wie die Moralphilosophie an die Stelle der göttlichen

Gebote die moralische Anlage der menschlichen Natur setzte, so entwarf der Deismus der kirchlichen Dogmatik gegenüber die Naturreligion. Die Identificirung des Natürlichen und des Vernünftigen, welche durch die ganze Aufklärung hindurchgeht, trat in diesem Falle nicht nur in der schärfsten Form, sondern bereits von Anfang an mit jener polemischen Tendenz gegen die historisch gewordenen Formen auf, die das XVIII. Jahrhundert immer schroffer ausgebildet hat. Ja man kann sagen, dass durch den Deismus die Unterscheidung des Natürlichen und des Historischen, vermöge deren das Letztere als ein Verkünsteltes und Verdorbenes erschien, und welche bald mit der Unterscheidung des Vernünftigen und des Unvernünftigen für gleichbedeutend erklärt wurde, dem Denken der Aufklärung geläufig gemacht worden ist.

Es ist klar, dass diese Religionsphilosophie mit ihrer Annahme einer aus dem Wesen der menschlichen Natur überall gleichmässig sich ergebenden Religiosität sich zu der Locke'schen Psychologie von Anfang an in einem verwandten Gegensatze befand, wie ihn die Moralphilosophie zum Theil ausprägte. Wollte sie zeigen, dass das religiöse Leben in den allgemeinsten Grundzügen, die sie in ihrem Begriffe der Naturreligion zusammenfasste, ein überall sich gleichbleibender, integrirender Bestandtheil der menschlichen Natur sei, so war sie zu der Annahme eines religiösen Sinnes ebenso genöthigt, wie die Moralphilosophie zu derjenigen eines moralischen Sinnes. Beides aber stand in gleichem Widerspruche mit der Lehre von Locke, wonach die Seele als eine „tabula rasa" aufgefasst werden sollte, auf welche erst die Erfahrung ihre Züge schriebe. Die Religionsphilosophie war von der entgegengesetzten Strömung von vornherein getragen, und ihr Princip war schon weit vor Locke durch den Vater des Deismus, Herbert von Cherbury (1581—1648), ausgesprochen worden. Ihm war die Seele durchaus keine „tabula rasa", sondern vielmehr ein verschlossenes Buch, von dem er lehrte, dass es sich auf die Veranlassungen der Natur öffne und seine inneren Schätze zeige. Sie trägt seiner Ansicht nach eine Anzahl allgemeiner, bei allen Menschen gleicher und deshalb auch allgemein anzuerkennender Wahrheiten in sich; sie besitzt darum auch einen natürlichen Instinkt in Rücksicht der religiösen Probleme, und aus diesem entwickelt sich eine Reihe angeborener Erkenntnisse über das Wesen der Gottheit, welche den Inhalt der Vernunftreligion oder der natürlichen Religion bilden. Auf diesem Standpunkte erscheint Herbert im Gegensatze zu Hobbes; dieser war zwar der Annahme allgemein verbreiteter religiöser Vorstellungen nicht abgeneigt, wollte sie aber am liebsten als Aberglaube bezeichnet und ihre Erhebung zum Werthe der Religion erst von der staatlichen Sanktionirung abhängig wissen: umgekehrt glaubte Herbert den wahrhaft religiösen Geist nur in den einfachen und natürlichen Wahrheiten suchen zu sollen und betrachtete alle in der Geschichte aufgetretenen Zusätze eher als Verirrungen und Verfälschungen. Auf der anderen Seite war es diese Lehre Herbert's von einer angeborenen religiösen Erkenntniss, gegen welche Locke seine schneidige Polemik ebenso energisch, wie gegen die theoretischen Ideen des Cartesianismus richtete. Dass endlich diese Erhebung über alle kirchlichen und confessionellen Einzeldogmen bei den Orthodoxen aller Richtungen auf den lebhaftesten Widerspruch stiess, ist selbstverständlich, und es widerfuhr Herbert bald die Ehre, von dem Kieler Kanzler Korthold neben Hobbes und Spinoza als einer der „drei grossen Betrüger" angeklagt zu werden. Ehe er selbst noch eigentlich polemisch vorgegangen war, ahnte man die kritische Tendenz, welche die Vernunftreligion den positiven Dogmen gegenüber einnehmen musste.

So sehr Locke den Standpunkt des religiösen Instinkts bekämpft hatte, so wenig erschien doch in der Folge seine Lehre damit unaussöhnlich. Konnte man doch auch bei ihm eine Art von Vernunftreligion nachweisen. Freilich hatte er das Christenthum damit identificirt, indem er nachzuweisen suchte, dass dessen Lehren der Vernunft nicht widersprächen. Für den grösseren Theil der Glaubenslehren hatte er allerdings angenommen, dass sie trotz ihrer Vernünftigkeit von der Vernunft allein ohne Hilfe der Offenbarung nicht gefunden werden könnten; aber bei einigen wenigstens, vor Allem bei dem Glauben an die Existenz der Gottheit hatte auch er die volle Rationalisirung vollzogen, indem er sie aus blosser Vernunft, die Existenz Gottes z. B. auf dem Wege des kosmologischen Beweises, darstellbar und begründbar erklärte. Hierin überwog bei Locke das rationalistische, dem Cartesianismus verwandte Moment. Indem nun die Religionsphilosophie die psychologische Streitfrage, wie sie zwischen Herbert und Locke schwebte, fallen liess, zog sie sich mehr und mehr darauf zurück, die Ableitbarkeit der religiösen Grundwahrheiten aus der blossen

Vernunft zu behaupten, in Folge dessen aber auch das religiöse Leben auf diese rein vernunftgemässen Grundwahrheiten zu beschränken. Eine Vorbereitung zu dieser Ansicht war schon während der kirchenpolitischen Streitigkeiten des englischen Revolutionszeitalters durch die Richtung der Latitudinarier gegeben, welche alle zwischen den verschiedenen Confessionen und Secten des Christenthums schwebenden Streitfragen für unwesentlich erklärten und sich mit ihrer Ueberzeugung auf die mit unzweifelhafter Klarheit in der hlg. Schrift niedergelegten „Grundwahrheiten" zurückziehen wollten.

Eine ähnliche Stellung über den Religionen überhaupt nimmt nun die Philosophie bei John Toland (1670—1722) ein. Er ist in gewissem Sinne der charakteristischste Vertreter der aufklärerischen Religionsphilosophie und hat eine Reihe ihrer Grundprincipien auf den typischen Ausdruck gebracht. Zunächst betont er mit voller Schärfe den Grundsatz des „Freidenkerthums" und bespricht in eindringlicher Weise das Recht der Denkfreiheit. Diese Freiheit ist ihm zunächst die individuelle, sie besteht in der Abwerfung der Autorität und in der Ausbildung des selbständigen Urtheils für die denkende Vernunft. So hoch er die grossen Geister aller Zeiten schätzt, so sehr er namentlich den Philosophen in dem phantastischen Cultus seiner Freidenkergemeinde, den er im „Pantheistikon" (1710 mit dem Druckorte Kosmopolis) entwarf, eine analoge Stellung wie den Heiligen und den Kirchenvätern des Christenthums zuwies, so wenig erkannte er doch irgend einem dieser Geister eine absolut bindende Kraft zu, sondern hielt das Recht der Prüfung für die Vernunft unter allen Umständen aufrecht. Es war nur eine Consequenz dieser Gedanken, wenn Toland, wie die späteren Deisten, zum eifrigen Vertreter der Toleranz wurde. Mit der Forderung der Denkfreiheit nahm er dem Staate das Recht, sich um die Meinungen seiner Bürger zu kümmern und gar deren Ansichten zu bestrafen, und es war wesentlich dieser religionspolitische Gesichtspunkt, von dem aus das gesammte Aufklärungszeitalter zu einer Auffassung vom Wesen des Staates gelangte, welche dessen Thätigkeit nur auf den äusserlichen Zusammenhang der Gesellschaft beschränkte und ihm nicht die Gesinnungen, sondern nur die Handlungen des Menschen und auch von diesen nur diejenigen, welche zweifellos in die Sphäre von Rechtsverhältnissen fallen, unterworfen wissen wollte. Schon

Toland predigte deshalb die Toleranz in einer Ausdehnung, vermöge deren sie auch den von Locke preisgegebenen Atheisten noch zu Gute kommen sollte.

Allein die Forderung der Denkfreiheit tritt bei Toland in einer anderen, ganz ausserordentlich charakteristischen Beschränkung auf, einer Beschränkung, welche von einer tiefen und überaus weittragenden Culturbedeutung ist. Kaum einer der englischen Deisten hat sich die Gefährlichkeit verborgen, welche mit der Ausbreitung des Freidenkerthums über die grosse Masse und namentlich in die untersten Schichten des Volkes verknüpft sind; keiner von ihnen hat vergessen, dass die positiven Religionen zu allen Zeiten eines der kräftigsten Bindemittel in dem Gefüge der gesellschaftlichen Ordnung gewesen sind, und dass mit ihrer Aufhebung dieses Gefüge unmittelbar zusammenzustürzen droht. Der englische Deismus hat an dem theoretischen Werthe der positiven Dogmen die schonungsloseste Kritik geübt, aber er hat mit dem eigenthümlichen Instinkte dieser Nation ihre praktische Bedeutung in ihrer ganzen Ausdehnung begriffen, und wenn er dadurch in eine rettungslose Halbheit und Unentschiedenheit gedrängt worden ist, so hat er sich doch niemals zu einem revolutionären Agitationsmittel verwenden lassen, wie es den gleichen Gedanken in Frankreich widerfahren ist. Die englischen Denker machten mit ihrer Toleranzbewegung vor einer gesellschaftlichen Schranke Halt, und sie verlangten das Recht der Denkfreiheit nur für den engen Kreis Derjenigen, welche durch ihre sociale Stellung vor allen staatsgefährlichen Folgerungen bewahrt und durch ihre wissenschaftliche Bildung zu einer massvollen und unbedenklichen Ausübung ihrer Ueberzeugungen befähigt erschienen. In diesem Zusammenhange gewann jener mächtige Classenunterschied zwischen den Gebildeten und den Ungebildeten, auf welchen die geistige Bewegung der Renaissance hingedrängt hatte, eine religiöse Bedeutung. Die grosse Masse der Ungebildeten wurde von den englischen Freidenkern der Herrschaft der positiven Religionen anheimgegeben, und die letzteren fanden auf diese Weise eine ihnen wenig schmeichelhafte Anerkennung als polizeiliche Mächte. Für die Gebildeten dagegen verlangte der Deismus das schrankenlose Recht der Denkfreiheit, ihnen sollten die Fesseln der confessionellen Dogmen abgenommen und die volle Durchführung der vernünftigen Culturreligion gestattet sein. In diesem Sinne machte Toland den

Unterschied einer esoterischen und einer exoterischen Lehre, einer Vernunftreligion für den Gebildeten und einer positiven Religion für die grosse Masse. Hierin lag das Geschick dieser Lehre von vornherein besiegelt; eine religiöse Lehre, welche sich ausdrücklich nur auf wenige Bevorrechtete beschränkt, unterbindet sich selbst die Lebensadern; und die Geschichte hat gezeigt, dass diese Salonreligion des vorigen Jahrhunderts nur ein künstliches und schliesslich lebensunfähiges Gebilde war. Diese Naturreligion, der nach einem schlagenden Bonmot von Shaftesbury alle weisen Männer angehören und von der diese weisen Männer niemals etwas verrathen, war ein Zwitterding, in welchem die grossen Gegensätze der Zeit zwar ausgesprochen, aber keineswegs überwunden waren. Dennoch würde man irren, wenn man diesen verfehlten Versuch einer Trennung des religiösen Lebens zwischen den Gebildeten und den Ungebildeten lediglich etwa den persönlichen Neigungen der englischen Deisten oder den Verhältnissen der englischen Gesellschaft, aus der sie stammten, zur Last legen wollte. Diese Exclusivität ist vielmehr eine allgemeine Eigenthümlichkeit des gesammten aufklärerischen Denkens, und sie zeigt sich selbst in Frankreich, wo diese Schranken noch am meisten durchbrochen wurden. Das Jahrhundert der Aufklärung übernahm von der Renaissance den socialen Gegensatz der Bildung und der Unbildung, und die gesammte geistige Bewegung des XVIII. Jahrhunderts hat sich im Wesentlichen in den höheren Gesellschaftskreisen abgespielt. Von den grossen Fragen, welche dies Jahrhundert bewegten, war die grosse Masse mehr oder minder ausgeschlossen, und erst die französische Revolution hat mit ihren Consequenzen einen socialen Zustand geschaffen, in welchem eine gleiche Exclusivität des geistigen Lebens nicht mehr möglich erscheint. Die culturgeschichtliche Betrachtung wird in dieser eigenthümlichen Abgeschiedenheit des Bodens, auf welchem sich die Ideen des XVIII. Jahrhunderts entwickelten, die Wurzeln ihrer Kraft ebenso gut erblicken wie diejenigen ihrer Schwäche. Sie wird nicht das Zugeständniss verweigern können, dass die Entwicklung der grossen und scharfgeschnittenen Individualitäten und die Ausbildung der ästhetischen Zartheit in den Beziehungen des geistigen Lebens nur in der Geschlossenheit dieser engen Kreise möglich war, — und sie wird andererseits niemals verkennen dürfen, dass aus eben dieser Abgeschlossenheit sich eine gefährliche Verständnisslosigkeit für die schwersten Probleme der menschlichen Gesellschaft entwickeln konnte. Es war eine natürliche Folge, dass gerade über diese engen Kreise das erste sociale Wetter, die französische Revolution, hereinbrach; denn in eben dieser Exclusivität bestand der innere Widerspruch des Aufklärungszeitalters. Die Lehren der Aufklärung selbst, die trotz aller Absperrung leise und allmählich den ganzen Körper der Gesellschaft durchsickerten, erzogen jene socialen Naturmächte, deren Sturm sich gegen nichts Anderes richtete als gegen die gebildete Gesellschaft selbst. Und unter diesen Widersprüchen war einer der gefährlichsten eben der religiöse, in den sich der Deismus verwickelte; denn vor der Macht der Aufklärung musste jene künstliche Scheidewand der esoterischen und der exoterischen Lehre in Staub zerfallen, und je mehr sich diese Gesellschaft den religiösen Bedürfnissen der Masse entfremdet hat, um so rathloser steht sie einmal ihren elementaren Wirkungen gegenüber.

Eine dritte charakteristische Eigenthümlichkeit der Toland'schen Lehren ist die Verschmelzung, in welcher sich bei ihm der Deismus mit den naturwissenschaftlichen Richtungen der Zeit befindet; doch ist es hier noch weniger die exacte Naturwissenschaft, als vielmehr die begeisterte und noch halb mystische Naturauffassung, zu welcher der Deismus eine freundliche Stellung einnimmt, und damit hängt es zusammen, dass der Letztere auf dieser Stufe seiner Entwicklung noch viel eher einem verschwommenen Pantheismus zuneigt, als der ausgesprochenen Lehre von der göttlichen Persönlichkeit, die er später hervorkehrte, und welche der ganzen Richtung schliesslich auch den Namen gegeben hat. Der eigenthümliche Cultus, welchen Toland's Pantheistikon darstellen soll, zeigt eine Art phantasievoller Naturreligion in dem Sinne, dass das begeisterte Gemüth sich in den weihevollen Zusammenhang des Universums versenkt und sein ganzes Heil von der Hingabe an die unendliche Naturkraft erhofft. Als die Priesterin dieser Religion wird die Wissenschaft gefeiert, welche nur aus der menschlichen Vernunft und aus den Offenbarungen der Natur selbst ihre Erkenntnisse schöpft. Aber diese Wissenschaft scheint Toland mehr in der Art der italienischen Naturphilosophie, als in derjenigen der exacten Forschung aufgefasst zu haben, und seine an die Königin Sophie Charlotte von Preussen gerichteten Briefe („Letters to Serena", 1704) preisen die Zweckmässigkeit, Schönheit und Harmonie des Universums, dessen Begriff für den Verfasser mit demjenigen der Gottheit zusammenfällt. Wenn man anderwärts bei ihm liest, dass der Materie selbst die seelische Lebenskraft und die zweckmässige Gestaltungskraft innewohne, so erscheint das Ganze in derselben Weise wie die Lehre der italienischen Naturphilosophen als eine bewusste Erneuerung des altionischen Hylozoismus, welche den Namen des Pantheismus, der vielleicht durch den Titel der Toland'schen Schrift geläufig geworden ist, in voller Ausdehnung, aber auch in seiner ganzen Unbestimmtheit verdient.

Auch bei Toland zeigt sich nun die kritische Tendenz, welche die natürliche Religion den positiven Dogmen gegenüber einnahm. Toland knüpfte dabei fein genug an Locke's Ausführungen über die Vernunftgemässheit des Christenthums an, um ihnen unmerklich eine kritische Zuspitzung zu geben. Wenn Locke gelehrt hatte, dass die Offenbarung zwar auf einem anderen Wege als die Vernunft, aber doch schliesslich immer nur Vernunftgemässes bringen könne, so folgerte Toland daraus, dass die rechte Offenbarung immer nur diejenige sein könne, die Vernünftiges enthalte, und dass eine Offenbarung, bei der das nicht der Fall sei, unmöglich als göttlich angesehen werden dürfe. Damit war die Vernunft in das Recht einer Beurtheilung der Offenbarung eingesetzt, und der letzte Grund des Glaubens aus der Offenbarung selbst in die Vernunft verlegt worden. Toland selbst hatte in seiner anonymen Schrift: „Christianity not mysterious" (London 1696) daran festhalten wollen, dass trotz dieser Forträumung des Offenbarungsgeheimnisses die wesentlichen Grundlagen des Christenthums vor der Vernunft bestehen bleiben. Allein Andere zogen schon um diese Zeit die Consequenzen gegen das Christenthum offener und rücksichtsloser. Zu diesen gehörte in erster Linie Shaftesbury, dessen Bedeutung auf diesem Gebiete der historischen Wirkung nach nicht geringer ist, als auf demjenigen der Moralphilosophie. Die geistvolle Schärfe und der anschauliche Witz, mit dem seine Essays die religiösen Urkunden vom Standpunkte der Vernunftreligion beurtheilten, hat auf die spätere Entwicklung der deutschen Bibelkritik, wie es sich namentlich an Lessing und Reimarus verfolgen lässt, einen viel anregenderen Einfluss ausgeübt, als der strenge Ernst, mit welchem Spinoza die wissenschaftlichen Grundlagen für diese Kritik in seinem theologisch-politischen Traktate festgestellt hatte.

In dieser Richtung lag denn auch die Weiterentwicklung,

welche die englische Religionsphilosophie zunächst fand. Sie gestaltete sich zu einer immer energischeren und radicaleren **Kritik der positiven Religionen** und im Besonderen natürlich des Christenthums. Nachdem Toland das Christenthum der Mysterien der Offenbarung entkleidet haben wollte, begann man namentlich sich mit jenem scheinbar historischen Beweise zu beschäftigen, der aus der Erfüllung der Weissagungen des alten Testaments durch die Thatsachen des neuen von der Theologie entwickelt zu werden pflegt. Hier hatte Whiston, um im Interesse der unbedingten Anerkennung des neuen Testamentes die Widersprüche und Unerfülltheiten fortzuräumen, eine jüdische Fälschung des alten Testamentes angenommen. Diese Meinung suchte Anthony Collins (1676—1727) zu widerlegen, indem er zeigte, dass jenen Weissagungen überhaupt nur ein allegorischer Charakter zugesprochen werden könne, sah sich jedoch eben dadurch genöthigt, die Beweiskraft dieses Arguments erheblich herabzusetzen. Später versuchte Thomas Woolston (1659—1729) sich zwischen jene beiden Männer zu stellen, von welchen er dem Einen zu grosses Hangen am Buchstaben, dem Anderen zu willkürliche Zweifelsucht vorwarf. Er glaubte den allegorischen Weissagungsbeweis aufrecht erhalten zu können, und wendete nun seinerseits die ganze Schärfe seiner Kritik gegen den Wunderbeweis, indem er ausführte, dass die Wundererzählungen des neuen Testamentes weder den göttlichen Ursprung dieser Bücher noch die göttliche Natur des Heilandes zu erhärten vermöchten.

So waren unter den Händen dieser Männer, welche sich selbst als Freidenker bezeichneten (Collins: Discours of free-thinking, London 1713), Schritt für Schritt die historischen Beweise, mit denen man das Christenthum zu begründen pflegte, der Offenbarungs-, Weissagungs- und Wunderbeweis, einer nach dem anderen abgeblättert, und mit ihnen alle diejenigen Elemente der christlichen Lehre, die damit im Zusammenhange stehen. Was übrig blieb, war das rein moralische Christenthum, die Lehren von der Gottheit und der Unsterblichkeit der Menschenseele, welche durch reinen Lebenswandel die Schlacken ihres irdischen Lebens abzustreifen berufen sei, d. h. ein Christenthum, welches mit der Vernunftreligion, wie Herbert und Shaftesbury sie gedacht hatten, sich vollkommen zu identificiren vermochte. Auf diesem Entwicklungsstadium nahm die englische Religionsphilosophie vollständig die nüchterne und moralisirende Form des Deismus an, in der sie die Aufklärung auch in Frankreich und Deutschland repräsentirt und beherrscht hat, eine Form des religiösen Bewusstseins, in der der eigentliche Duft und Zauber der Religiosität sich vollkommen verflüchtigt hatte, und in der es im Grunde genommen nur als ein Vehikel der moralischen Ausbildung betrachtet und benutzt werden sollte. Es ist das jener sterile Rationalismus, der in seiner prosaischen Vernunftgemässheit sich gegen den innersten Kern des religiösen Triebes verschloss, und der mit seiner abstracten Kritik eine öde Verständnisslosigkeit für die tiefsten Regungen und die glühendsten Bedürfnisse der Seele verband. Diese Gestalt der englischen Religionsphilosophie ist am klarsten und schärfsten durch Matthews Tindal (1656—1733) vertreten. Seine Schrift: „Christianity as old as the creation" (1730) beruht auf dem Grundgedanken, dass alle positiven Religionen nur Entstellungen der ursprünglichen und allen Menschen gemeinsamen Naturreligion seien, Entstellungen, die zum Theil durch historische Thatsachen, zum grossen Theil aber auch durch priesterliche Erfindung herbeigeführt worden seien. Diesen letzteren Gedanken hat später die Aufklärungsphilosophie bis zum Ueberdrusse ausgetreten und bis zur Lächerlichkeit gesteigert. Unfähig, den völkerpsychologischen Ursprung religiöser Vorstellungen und seine Naturnothwendigkeit zu begreifen oder auch nur zu ahnen, war sie überall mit der seichten Erklärung bei der Hand, was mit ihrer Naturreligion nicht übereinstimmen wollte, für eine auf den Betrug der Masse angelegte Erfindung der Priester zu halten, und nichts charakterisirt vielleicht besser ihre Unfähigkeit, die grossen Probleme zu lösen, mit denen sie sich beschäftigte. Das Christenthum betrachtete Tindal als eine Wiederherstellung der Naturreligion, als eine Reaction gegen die Verzerrungen, welche sie in den früheren positiven Religionen erfahren habe. Freilich sei diese Wiederherstellung nicht völlig geglückt, und es seien in der christlichen Lehre eine Anzahl jener fälschlichen Zuthaten stehen geblieben, deren Fortschaffung nunmehr die Aufgabe des Freidenkerthums bilde. Der Rest, der so herausgeschält werden soll, ist bei ihm eine mit den Begriffen der Gottheit und der Unsterblichkeit verbrämte Moralphilosophie, deren Gedankengehalt mit der Shaftesbury'schen Glückseligkeitslehre übereinstimmt. In dem Begriffe der allgütigen Gottheit liege es, dass sie die Menschen zur Glückseligkeit geschaffen habe, und das Streben nach einer möglichst grossen Beglückung des gesammten Menschengeschlechts, erscheint danach nur als die Ausführung des göttlichen Weltplans.

Auf diese Weise waren die englische Moralphilosophie und die englische Religionsphilosophie in ein gemeinsames Fahrwasser gerathen. Der Inhalt der Naturreligion, welche die letztere verkündete und mit dem wahren Christenthum für identisch hielt, war kein anderer als die Lehre der ersteren, und die weitere Entwicklung des englischen Deismus in Männern wie Chubb und Morgan hat diese Verschmelzung der beiden Richtungen ohne neue Gesichtspunkte aufrecht erhalten und im Einzelnen ausgeführt. Je mehr nun aber dieser Deismus litterarische Vertreter fand, und in je weitere Kreise der Gesellschaft seine Ansichten eindrangen, um so mehr musste man selbst schon in England auf die gefährlichen Wirkungen, welche diese Verbreitung mit sich führen konnte, aufmerksam werden. Und wenn das Freidenkerthum sich Anfangs den Raum für seine eigene Entwicklung im Gegensatze gegen die kirchlichen Mächte hatte erkämpfen müssen, so wurden mit der Zeit in ihm selbst die Stimmen derer bemerklich, welche einer unbeschränkten Geltung der Denkfreiheit entgegentraten: aus den Vorkämpfern der Toleranz wurden gelegentlich wieder solche der Intoleranz. Die esoterische Meinung entfernte sich immer mehr von der positiven Religion, ja sie begann theilweise unter der Rückwirkung der französischen Litteratur jenen weltmännischen Skepticismus anzunehmen, der dieser eigen war. In der exoterischen Lehre dagegen bequemte man sich wieder mehr und mehr zu der rein politischen oder polizeilichen Auffassung der Religion, welche Hobbes ausgesprochen hatte. Gerade in den höchsten Kreisen der englischen Gesellschaft kam dieser innerlich widerspruchsvollste Zustand zur Geltung, und ein Mann von der umfassenden Bildung Bolingbroke's (1698—1751) gab ihm einen unverhohlenen und bis an die Grenze äusserster Frivolität streifenden Ausdruck. Dieser Mann stand mit feinsinniger Beurtheilungsfähigkeit mitten in dem geistigen Leben der Zeit; er kam einem wesentlichen Bedürfnisse entgegen, wenn er in seinen Briefen über Geschichtschreibung den bis dahin so gut wie völlig unbekannten Werth einer für die gebildete Welt mit litterarischem Geschicke abgefassten Darstellung der Geschichte im Gegensatz zu den trockenen Chroniken betonte. Aber von einer historischen

Auffassung des religiösen Lebens war auch er weit entfernt. In ihm tritt vielmehr jener tiefste sociale Widerspruch des Zeitalters in der Form **bewusster Heuchelei** hervor. Er ist das religionsphilosophische Gegenstück zu jener Rücksichtslosigkeit, mit welcher auf moralphilosophischem Gebiete Chesterfield das Geheimniss des gesellschaftlichen Egoismus aufgedeckt hatte. Bei ihm kehrt sich der esoterische Deismus gegen den exoterischen und die weltmännische Skepsis gegen die überzeugungsvolle Aufrichtigkeit. Selbst so kritisch und so wenig bibelgläubig wie nur irgend einer der Deisten, erklärt er die gesammte Litteratur, welche diese Gedanken verbreitet, für revolutionär und für eine „Pest der Gesellschaft"; er verschweigt nicht die Meinung, dass die Denkfreiheit nur ein Recht der regierenden Klasse sei; er wendet den ganzen Egoismus gesellschaftlicher Exclusivität gegen die idealistische Popularisirung freiheitlicher Gedanken. In den Salons, meint er, dürfe man über die Beschränktheit und Ungereimtheit der Vorstellungen der positiven Religion lächeln, und er selbst hält nicht mit dem frivolsten Spotte zurück: in dem öffentlichen Leben ist die Religion eine unentbehrliche Macht, an der man nicht rütteln darf, wenn nicht die Grundlage des Staats, der Gehorsam der Massen, in die Brüche gehen soll. Es ist leicht, die Kurzsichtigkeit dieser Argumentation zu durchschauen, leichter, ihre Frivolität zu brandmarken: aber im Grunde genommen war Bolingbroke doch nur kühn genug, ein Geheimniss auszusprechen, welches der höheren Gesellschaft seiner Zeit eigen war und dessen Existenz auf diese Zeit nicht allein beschränkt ist.

§ 31. Die mechanische Naturphilosophie.

Je mehr der Deismus die specifisch religiösen Elemente aus dem Systeme seiner Ueberzeugungen herauslöste, um so weniger vermochte ihm die magere Moral der Glückseligkeitslehre auf die Dauer einen positiven Inhalt zu verleihen, und so musste er sich namentlich nach einer theoretischen Ausfüllung der Lücken umsehen, welche durch die negative Kritik der positiven Dogmen entstanden waren. Schon bei Toland zeigte es sich, dass die **Naturerkenntniss** an diese Stelle zu treten geeignet war; aber sie erschien dort noch in jener phantastischen und pantheistischen Form, in welcher sie einer grossen Anzahl von Denkern bereits während der Renaissance den Inhalt des religiösen Bewusstseins gegeben hatte. Diese

Form konnte vor dem gereiften Bewusstsein der modernen Wissenschaft nicht bestehen bleiben, und die exacte Naturforschung war während des XVII. Jahrhunderts bereits so glänzend gefördert worden und in den Besitz so sicherer Errungenschaften gelangt, dass sie mit ihren gereinigten Auffassungen an die Stelle jener unklaren Naturphilosophie sich in den Inhalt auch der deistischen Lehren hineindrängen musste.

Gleichwohl war dieser Vorgang verhältnissmässig schwierig, und es standen ihm der Natur der Dinge gemäss eine Reihe von so bedeutenden Schwierigkeiten entgegen, dass es nur der Einfluss grosser Persönlichkeiten war, unter welchem sich diese Verbindung vollziehen konnte. Anfänglich nämlich mussten in der That die Anschauungen dieser neuen Naturwissenschaft jeder religiösen Betrachtungsweise gleich fremd erscheinen, und es trat deshalb auch zunächst eine entschiedene Abstossung zwischen Beiden ein. Der Punkt, auf welchem sich Beide feindlich begegneten, war die brennende Frage der Teleologie. Alle religiösen Ueberzeugungen waren in der Ansicht einig, dass das Universum einer zweckmässig schöpfenden und erhaltenden Gotteskraft seinen Ursprung und seinen Bestand verdanke, und selbst der Pantheismus, wie ihn auch Toland aufgenommen hatte, hielt, sei es in dem Gedanken einer Weltseele, sei es mit grösserer oder geringerer Anlehnung an die platonische Ideenlehre, sei es in irgend einer anderen Gestalt, an der teleologischen Naturbetrachtung fest. Die moderne Naturwissenschaft dagegen verdankt ihre Selbständigkeit und die Exactheit ihrer Untersuchungen, die Richtigkeit ihrer Hypothesen und die Brauchbarkeit ihrer Methoden am allermeisten der Abwerfung des teleologischen Vorurtheils und der Beschränkung auf eine rein causale Betrachtung des natürlichen Geschehens. Die beiden grossen Methoden der Naturerkenntniss, welche die Philosophie entworfen hatte, sonst einander diametral entgegengesetzt, waren auf diesem Punkte einig. Bacon hatte die teleologische Betrachtung als das gefährlichste aller Idole, Descartes dieselbe als das grösste Hemmniss der Naturforschung bezeichnet, und der schon während der Renaissance hin und wieder laut gewordene Ruf: „vere scire est per causas scire" galt ihnen Beiden als die wichtigste Grundlage der Naturforschung. Was so methodisch ausgesprochen war, wurde von den Naturforschern praktisch überall angewendet; mehr und mehr gewöhnte man sich daran, die Natur nur als einen selbständigen

Zusammenhang von Bewegungen zu betrachten, in welchem jedes Geschehen eine nothwendige Folge aus seinen Ursachen und selbst der Ausgangspunkt gesetzlich folgender und unvermeidlicher Wirkungen sei. Jeder Versuch, einen teleologischen Eingriff in diesen gesetzmässigen Zusammenhang der Naturerscheinungen zu statuiren, schien dieses Axiom, auf welchem alle moderne Naturforschung beruht, umzustossen und alle Forschung illusorisch zu machen. Während so die Naturforscher die Erklärung aus einer zweckmässigen Wirksamkeit der Gottheit als einen Eingriff in ihre Rechte zurückwiesen, sah die religiöse Auffassung in dieser Verselbständigung der Natur und dieser Ablehnung eines unmittelbaren Waltens der Gottheit in dem Ablaufe des Geschehens den Umsturz ihrer tiefsten und heiligsten Ueberzeugung, und hieraus erklärt es sich, dass durch das gesammte Zeitalter der Aufklärung hindurch keine Frage lebhafter discutirt wurde, keine mehr die Leidenschaften erhitzte, keine endlich eine grössere Fülle von Hypothesen zu ihrer Lösung hervorgerufen hat, als diejenige, wie mit den causalen Principien der Naturwissenschaft die Annahme einer zweckmässigen Weltleitung zu vereinigen sei. Damit war zunächst ein sehr bedeutender Schritt gethan: der Gegensatz der wissenschaftlichen Denkfreiheit und der religiösen Ueberlieferung war aus den allgemeinen Declamationen auf eine reale Untersuchung concentrirt, in welcher ein objektiver Kampf mit thatsächlichen Ueberlegungen und philosophischen Beweisen geführt werden konnte.

Auch diese Grundfrage aber hat in dem Verlaufe des XVII. und XVIII. Jahrhunderts eine interessante Entwicklung gefunden, vermöge deren sie sich immer mehr specialisirte. Anfangs konnte man noch zweifelhaft darüber sein und waren die Ansichten der Männer der Wissenschaft in der That noch getheilt darüber, ob man den ganzen Verlauf des kosmischen Geschehens lediglich auf den gesetzmässigen Zusammenhang von Ursache und Wirkung, oder auf zweckmässig wirkende und deshalb in letzter Instanz immer intelligente Kräfte zurückzuführen habe. Bald aber — und schon mit dem Beginn des XVIII. Jahrhunderts war diese Entscheidung eingetreten — hatte sich die wissenschaftliche Erkenntniss von dem ausnahmslos causalen Zusammenhange des Geschehens in der unorganischen Welt so vollkommen befestigt, dass sich das Problem während des XVIII. Jahrhunderts immer mehr auf die

Frage nach der Erklärung der organischen Natur zusammenzog. Die lebhaftesten Streitigkeiten des XVIII. Jahrhunderts beziehen sich auf dies Problem. In den Organismen erschien der Charakter der Zweckmässigkeit so augenfällig, dass an seiner teleologischen Erklärung um so energischer festgehalten wurde, als die Vertreter der mechanischen Auffassung das allgemeine Axiom auf diesem Gebiete noch verhältnissmässig am wenigsten durch Thatsachen zu bestätigen im Stande waren. Beide Parteien jedoch waren von der Giltigkeit des Axioms für die unorganische Natur gleichmässig überzeugt, und die Streitfrage des XVIII. Jahrhunderts war eben nur die, ob das für die unorganische Natur giltige Princip auch für die Erklärung der organischen ausreiche.

Diesen Sieg des Princips der mechanischen Causalität in der Wissenschaft von der unorganischen Natur verdankte das XVIII. Jahrhundert den grossen Entdeckungen einer Specialwissenschaft, von der man deshalb auch den Namen für diese Art der Naturbetrachtung entnommen hat — der Mechanik. Sie ist durch die Errungenschaften des XVII. Jahrhunderts zur Grundlage der gesammten modernen Naturwissenschaft worden, und in ihr vor Allem tritt der sie auszeichnende mathematische Charakter klar und zweifellos hervor. Es ist bekannt, wie die Entwicklung der mechanischen und diejenige der mathematischen Probleme sich gegenseitig forderten und förderten, und wie aus eben diesem Zusammenhange sich eine Reihe der glänzendsten Entdeckungen ergab. Die Forscher aller Nationen wirkten in dieser Arbeit zusammen, und der grosse Triumphzug der modernen Mechanik ist ja am besten durch die vier Namen: Kepler, Galilei, Descartes, Newton bezeichnet.

Die Versöhnung nun dieser mechanischen Naturbetrachtung mit dem religiösen Bewusstsein gelang zuerst den englischen Denkern, und sie vollzog sich bei ihnen schliesslich durch eine eigenthümliche Gedankenverbindung, welche bei Niemand so klar und sicher aufgetreten ist, wie bei Newton. Doch neigten die englischen Denker schon vor ihm wenigstens zu einer allgemeinen Zusammenfassung der naturwissenschaftlichen und der religiösen Ideen hin. Einen charakteristischen Ausdruck dafür bilden die Lehren von Robert Boyle (1626—1691), der, einer der Begründer der neueren Chemie, in seinen werthvollen Versuchen über verschiedene Arten des Oxydationsprocesses, sowie namentlich über die chemische Zusammensetzung der atmosphärischen Luft die strengste

Nüchternheit und Klarheit experimenteller Forschung entwickelte. In seiner allgemeineren Naturtheorie schloss er sich der atomistischen Hypothese bedingungslos an und erklärte die mechanische Erklärung aller Thatsachen der unorganischen Natur für die einzige Aufgabe der Wissenschaft. Daneben jedoch beschäftigte er sich, durch grüblerische Gemüthsanlage und fromme Erziehung beeinflusst, in umfassendster Weise mit den religiösen Problemen, und vielleicht in dem Bewusstsein einer sein ganzes Innere aufregenden, ungelösten Differenz zwischen diesen beiden Richtungen seines Denkens wünschte er seine Thätigkeit darauf zu concentriren, dass der Widerspruch zwischen dem Wissen und dem Glauben ausgesöhnt werde. Voller Abscheu vor den atheistischen Consequenzen des Materialismus und dabei voller Bewunderung für die wissenschaftliche Folgerichtigkeit der atomistischen Mechanik, stiftete er ein Institut, in welchem durch öffentliche Vorträge diese Forschungen erweitert und verbreitet, jene Consequenzen als unrichtig und übereilt dargethan und dem Zeitalter bewiesen werden sollte, dass die neue Wissenschaft mit dem werthvollsten Inhalte des Glaubens nicht im Widerspruche, sondern vielmehr im nothwendigen Zusammenhange stünde. An diesem Institut hielt hauptsächlich der bereits unter den Moralphilosophen berührte Prediger Samuel Clarke die religions-philosophischen Vorträge, welche später unter dem Titel: „A discours concerning the being and attributs of God" (1705 London) gedruckt worden sind. Ihren Inhalt bildet eine Naturreligion, deren Ideen wesentlich den Lehren Newton's entnommen waren.

Dieser schöpferische Geist war es in der That, dem die Lösung des Problems einer Vereinigung des Deismus mit der exacten Naturwissenschaft in einer Weise gelang, welche für den Zusammenhang dieser Ideen im ganzen Aufklärungszeitalter entscheidend blieb. Isaac Newton (1642—1727) ist nicht nur der grosse Naturforscher, dessen Namen mit dem Ideale exacter Wissenschaftlichkeit auf das Engste verschmolzen erscheint, sondern zugleich eines der wichtigsten Mittelglieder in dem so viel verketteten Denken der Aufklärung; und er wurde auf seine eigenthümliche Lösung jenes Problems eben dadurch geführt, dass er das Princip der mechanischen Causalität in ganzer Ausdehnung anwandte und vor Allem zu einer vollendeten Durchführung ebenso, wie zu principieller Erfassung der Methode der modernen Naturwissenschaft fortschritt. Seine Principien der Naturphilosophie (zuerst London 1687), vielleicht in einzelnen Wendungen vervollkommnungsfähig, sind doch im Ganzen ein dauerndes und für alle Zeiten feststehendes Fundament der Naturwissenschaft geworden. Sie zeigen mit derjenigen Vollständigkeit, welche für eine specielle Wissenschaft möglich war, die innige und restlose Durchdringung der beiden grossen Strömungen in der methodologischen Begründung der modernen Wissenschaft. In exact formulirter Weise sprechen sie aus, was Hobbes gesucht, was Locke in den allgemeinsten Zügen bestimmt hatte, dass nämlich der letzte Punkt der menschlichen Gewissheit derjenige ist, wo die Erfahrung mit der Deduction übereinstimmt. Die Beschränkung auf das einzelne Gebiet gestattet diese triumphirende Sicherheit; auf dem Gebiete der Mechanik kann kein Zweifel darüber bestehen, dass diese Deduction die mathematische Berechnung sein muss, und der Gang der letzteren ist so felsenfest, dass dagegen die cartesianische Synthesis von Begriffen wie ein schwankes Spiel der Phantasie erscheint. Dieses Spiel der Phantasie zeigt sich, wie Newton meint, vor Allem in der Bildung falscher Hypothesen. Newton wirft es dem Cartesianismus vor, dass er die analytische Methode nur als eine untergeordnete Vorbereitung behandle und über sie mit geringschätzender Hast sogleich zu dem ersehnten Ausgangspunkte der Synthesis hindränge. Er ist der Ueberzeugung, dass für jedes einzelne Problem die vollständige Orientirung auf dem Wege der Induction den wesentlichen Theil der Aufgabe ausmache, und dass sich aus ihr allein die richtige Erklärung der Thatsachen von selbst ergebe. Die rechte Analysis führt, wie er meint, von den Wirkungen zu den Ursachen, vom Zusammengesetzten auf das Einfache, von den Erscheinungen auf die Gesetze. Erst wenn man so aus der Erfahrung selbst die Elemente gefunden hat, aus denen ihre Thatsachen hervorgegangen sind, empfiehlt es sich, umgekehrt in der synthetischen Methode die Rechenprobe zu machen, indem man durch Herstellung jener Elemente im Experimente die Erfahrung selbst herbeizuführen trachtet, und sobald dann das Resultat mit der im voraus angestellten Berechnung übereinstimmt, so ist die naturwissenschaftliche Gewissheit gewonnen. Wenn damit der methodologische Gedanke Galilei's auf seinen schärfsten und brauchbarsten Ausdruck gebracht, der principielle Grund für die moderne Naturwissenschaft gelegt war, so ist es der Mühe werth, daran zu erinnern, dass Newton gleich stark durch den Bacon'schen Empirismus, wie durch den Mathematicismus Descartes' angeregt und beeinflusst war, dass er mit einem Bestreben, welches wir schon bei Hobbes und bei Locke lebendig finden, die Einseitigkeiten Beider gegen einander auszugleichen und dadurch zu überwinden suchte. Während den Philosophen in Rücksicht der allgemeinen erkenntnisstheoretischen Betrachtungen dieses Bestreben nur unvollkommen gelang (und bis heute überhaupt gelungen ist), so lag für Newton in der Beschränkung auf ein der mathematischen Deduction so offenbar zugängliches Gebiet das Geheimniss seines gewaltigen Erfolges.

Von allen einzelnen Fächern der Naturforschung war nun selbstverständlich die Mechanik dasjenige, innerhalb dessen sich die von Newton gestellte Aufgabe vollständig und zweifellos lösen liess, und nicht zum wenigsten durch ihn wurde sie die beherrschende, den übrigen Ziel und Richtung gebende Naturwissenschaft. In ihr gelang es am ersten, die »qualitates occultae« der Scholastik zu entfernen und aus dem, wie man meinte, sonnenklaren Verhältniss von Stoss und Gegenstoss alle Bewegungen zu erklären. In der Gravitation hatte man ein allgemeinstes Princip für die Erklärung aller Bewegungen innerhalb unseres Sonnensystems erhalten. Wenn die gleiche Kraft und das gleiche Gesetz den Fall des Apfels und den Lauf der Planeten um die Sonne regieren, so ist damit der Einblick in den grossen causalen Zusammenhang der Natur gewonnen. In der Zurückführung auf diese Grundkraft wird deshalb die Erklärung aller Erscheinungen zu suchen sein. Vor der Naturforschung erhebt sich das Ideal einer allgemeinen Weltkraft, welche in tausendfachen Gestaltungen überall dieselbe bleibt und demselben Gesetze gehorcht. Alle Analysis der Erscheinungen wird immer nur die Aufgabe haben, den causalen Mechanismus bloszulegen, durch den sie entstanden sind, und die elementaren Vorgänge aufzuzeigen, aus denen sie sich zusammengesetzt haben. Folgt man diesem Principe, so bedarf man der ganzen bunten Fülle von Hypothesen nicht, mit denen, wie Newton meint, nächst der Scholastik am meisten die Cartesianer die Naturforschung verwirrt haben. Das Verdienst dieser Untersuchungen Newton's besteht in Wahrheit nicht in der absoluten Aufhebung der Hypothese, sondern vielmehr in der grossen Tendenz ihrer Vereinfachung. Sein berühmtes Wort: „hypotheses non fingo" ist dahin zu verstehen, dass er dem Missbrauche ein Ende machen will, mit welchem man jede Erscheinung oder auch jede kleine Gattung von Erscheinungen durch eine eigene, mehr oder minder willkürliche und complicirte Annahme sich begreiflich zu machen suchte. An ihre Stelle setzt er vielmehr eine einzige grosse Hypothese, diejenige der Gravitation, um aus ihr den ganzen Ablauf des kosmischen und des terrestrischen Geschehens mit einem Schlage und nach einem Gesetze zu erklären.

Mit dieser Hypothese nun gewann jene Selbständigkeit des causalen Zusammenhanges der Natur, welche das allgemeine Axiom der modernen Naturwissenschaft bildet, eine reale Gestalt. Die Welt der Gravitation lebt in sich. Als die nothwendigen Folgen ihrer gesetzlichen Constitution ergeben sich alle Bewegungen, die in ihr stattfinden, alle Erscheinungen ihrer einzelnen Gestaltung. Diese zu begreifen, sagt Newton, ist lediglich die Sache der Physik, und es ist im Geiste der Locke'schen Erkenntnisstheorie, wenn er der Physik eindringlich die Mahnung entgegenhält, sich vor der Metaphysik zu hüten, die mit ihren willkürlichen Hypothesen die Erkenntniss der Dinge eher zu hindern als zu befördern im Stande gewesen sei. Damit vollzieht sich auch im principiellen Ausdrucke eine in der Geschichte der Wissenschaften überaus bemerkenswerthe Thatsache: die Ablösung der Naturforschung von der allgemeinen Philosophie. Ursprünglich hatte die ganze menschliche Erkenntniss nur die Gestalt einer einzigen Gesammtwissenschaft gehabt, welche sich bei den Griechen den Namen der Philosophie gab. Erst allmählich griff, genau wie in der Entwicklungsgeschichte der Organismen, der Process der Differenzirung Platz, durch welchen sich mit Anpassung an die besonderen Aufgaben besondere Organe in der Gestalt von einzelnen Wissenschaften herausbildeten, die der Natur der Sache gemäss, indem sie mit dem Wachsen ihres Umfanges die Lebensarbeit eines einzelnen Mannes in Anspruch zu nehmen in den Stand gesetzt wurden, sich auf eigene Füsse zu stellen strebten, ihre volle Selbständigkeit aber erst durch die praktische Bethätigung einer eigenen Methode erlangten und durch deren principielle Feststellung proclamirten. Schon von Anfang an war die Mathematik ein selbständiger Wissenszweig neben den übrigen „Philosophien" gewesen; die Medicin wahrte als „Kunst" ihre Eigenart lange Zeit erfolgreich, und die historischen Wissenschaften hatten früh sich unabhängig von der Philosophie auszubilden gelernt. Das spätere Römerthum gab der Jurisprudenz die Gestalt einer eigenen, systematisch in sich selbst ruhenden Wissenschaft, und die christliche Zeit trieb eine dogmatische Theologie lediglich auf Grund der religiösen Urkunden hervor. Die Naturforschung dagegen war trotz der sorgfältigen Gliederung ihrer Disciplinen, welche bereits das aristotelische System angebahnt hatte, gerade vermöge der methodologischen Principien, die Aristoteles selbst vertrat und welche zwei Jahrtausende lang die herrschenden sein sollten, in dem Mutterschoosse der Philosophie geblieben. Erst die Renaissancezeit brachte für sie die Kämpfe um ihre Selbständigkeit mit sich. In dem Herumsuchen nach einer selbständigen Methode der Naturforschung griff man zunächst nach dem blossen Sensualismus und Empirismus: aber die Einsicht in deren Unzulänglichkeit trieb die neue Forschung in die Arme der Mathematik, und erst als diese beiden Elemente sich gegenseitig ergriffen und durchdrangen, war das Ziel der Selbständigkeit erreicht. Mit den Principien der Newton'schen Forschung ist die moderne Naturwissenschaft ein eigener und selbständiger Organismus geworden, der, von dem Geiste der Mechanik erfüllt, sein eigenes Leben unabhängig von der Philosophie zu führen im Stande ist. Hierin liegt die auf der Ausführung und Verdeutlichung der Galileischen Principien beruhende historische Bedeutung Newton's. Er hat durch die methodische Zusammenfassung der Induction und der mathematischen Deduction das Facit aus der naturwissenschaftlichen Bewegung des XVI. und XVII. Jahrhunderts gezogen und damit das Fundament für alle weitere Naturforschung gelegt.

Aber gerade deshalb stand vor seinem Geiste am klarsten auch das religiöse Problem der teleologischen Naturauffassung. Dass er sie im Einzelnen und als Erklärung der besonderen Vorgänge in der Natur mit Bacon und Descartes zurückweisen musste, verstand sich für den Vollender der Mechanik und den Schöpfer der Astrophysik von selbst. Allein das schloss eine andere Auffassung des Ganzen nicht aus, und Newton benutzte nun umgekehrt gerade den Mechanismus des natürlichen Geschehens, um aus ihm den Vernunftbeweis für die Grundwahrheiten der Religion zu ziehen. Charakteristisch ist dabei, wie dieser Beweis stets (z. B. auch schon von Boyle) im Hinblicke auf den Vergleich der Natur mit den von Menschen construirten Maschinen angelegt wurde. Auch diese beweisen ja durch den relativ vollkommenen Verlauf der in ihnen und von ihnen ausgelösten Bewegungen und durch die Zweckmässigkeit der auf rein mechanischem Wege hervorgebrachten

Wirkungen ihren Ursprung aus der menschlichen Intelligenz. Wenn sich in analoger Weise zeigen lässt, dass alle Vorgänge in der Natur nur die gesetzmässigen Auslösungen mechanischer Kräfte sind, und wenn man daneben bedenkt, wie vollkommen und zweckmässig, wie gut und schön, wie weise und grossartig die Wirkungen dieser grössten aller Maschinen sind, so muss es, wie Newton meint, wie Wahnsinn erscheinen, wenn Jemand den Ursprung dieser Welt aus einer höchsten Intelligenz verkennen oder ableugnen wollte. So ergiebt die mechanische Auffassung der Natur in Verbindung mit der Bewunderung für die Zweckmässigkeit ihrer Leistungen einen neuen und eigenthümlichen Beweis für das Dasein Gottes, welcher nach einem schon von Samuel Parker angewendeten und um das Jahr 1700 immer häufiger auftretenden Ausdrucke der physico-theologische genannt wird (vgl. z. B. Derham, Physico-theologia, London 1713). Es schien dem Zeitalter in diesem Beweise eine würdigere Betrachtung der Gottheit zu liegen, als in der gewöhnlichen und von der positiven Religion anerkannten Auffassung, vermöge deren die zweckmässigen Wirkungen des Naturgeschehens in jedem einzelnen Falle auf eine unmittelbare Einwirkung der göttlichen Intelligenz zurückgeführt werden sollten. Darin kommt, wie in der ganzen Anlage dieses Beweises, die Vorliebe des Zeitalters für mechanische Untersuchungen und Erfindungen und besonders auch das jugendliche Interesse an den aus der Ueberlegung des Menschen construirten Maschinen klar und deutlich zu Tage. Eine Maschine ist offenbar um so unvollkommener, je häufiger sie der Eingriffe des Menschen bedarf, — um so vollkommener, je sicherer sie, einmal in Bewegung, lediglich durch die ihr innewohnende mechanische Triebkraft die zweckmässigen Wirkungen erzeugt, um derentwillen sie gebaut wurde. Nach dieser Analogie glaubte Newton und nach ihm das gesammte Aufklärungszeitalter das Verhältniss der Gottheit zur Natur sich vorstellen zu sollen. Ist die Welt eine grosse Maschine aus der Hand des höchsten Ingenieurs, so hätte dieser seine Aufgabe offenbar sehr schlecht gelöst, wenn er ihrem Gange fortwährend durch neue Eingriffe nachhelfen müsste, damit sie seine Zwecke erfüllte, und so muss man annehmen, dass die unendliche Weisheit Gottes diese grosse Weltmaschine von Anfang an so geschaffen und so in Bewegung gesetzt hat, dass er, ihrer zweckmässigen Thätigkeit vollkommen sicher, sie nun vollständig sich selbst überlassen kann.

Dieser physico-theologische Beweis für das Dasein Gottes war bei Newton selbst, wie es scheint und wie seine Grübeleien über die Apokalypse beweisen, mit einer entschieden positiven Gläubigkeit verbunden, welche selbst vor der Annahme des Wunders nicht zurückschreckte. Aber es leuchtet von selbst ein, dass diese persönliche Verknüpfung weder logisch noch psychologisch nothwendig war, und dass jene Betrachtungsweise gerade den Deisten sympathisch sein musste, welche die Grundwahrheiten der Naturreligion auf Vernunftbeweise zu stützen suchten. Indem diese den physico-theologischen Beweis übernahmen, gewannen sie einerseits die gesuchte Fühlung mit der triumphirenden Wissenschaft der Zeit, der Naturforschung und speciell der Mechanik, andererseits aber auch eine Anlehnung wenigstens an eine Art des religiösen Gefühles, an das erhebende Gefühl nämlich der Bewunderung vor den Werken der göttlichen Kraft. Man brauchte sich in den Kreisen des Deismus nicht auf die kahlen ontologischen und kosmologischen Demonstrationen zu beschränken, dass ein allerrealstes Wesen nothwendig gedacht werden müsse, oder dass die Zufälligkeit und Unvollkommenheit der einzelnen Dinge ein nothwendiges und vollkommenes Wesen, dass der causale Abfluss des Geschehens eine erste Ursache voraussetze: die Deisten konnten nun predigen, sie konnten die Gemüther ergreifen durch den Nachweis der Schönheit, der Güte und Zweckmässigkeit des Universums und sie von dieser Betrachtung emporführen zur Verehrung der unendlichen Güte, Weisheit und Allmacht, die dies Universum geschaffen habe. So wurde die Vernunftreligion eine Gefühlsreligion, sie tränkte sich mit der Bewunderung des Weltalls, und darin lag das Geheimniss, weshalb sie trotz ihrer ursprünglichen inneren Kahlheit, trotz ihrer abstracten Trockenheit auch die Herzen des XVIII. Jahrhunderts ergriff. Erst mit dieser Gedankenverbindung ist das Bild des Deismus im Aufklärungszeitalter vollständig. Nach keiner Seite hin wurde er so lebhaft ausgebildet als nach dieser, und namentlich die Deutschen haben später durch den Nachweis der Vollkommenheit der mechanischen Schöpfungen der Natur die Bewunderung der Gottheit so sehr zu begründen gesucht, dass die Kleinlichkeit, mit der sie dabei vorgingen, den Humor der Kritik unwillkürlich gereizt hat. Aber selbst noch Kant erklärte, während er die theoretische Kraft aller Beweise für das Dasein Gottes zu nichte machte, den physico-theologischen für den menschlich wirksamsten und für denjenigen, welcher das „Gemüth" mit unwiderstehlicher Gewalt ergreife. Und in der That waren gerade in diesem Beweise alle Lieblingsgedanken des Aufklärungszeitalters in glücklichster Weise verknüpft. Er schien die strengsten Anforderungen der Wissenschaft zur causalen Betrachtung der Natur mit dem Bedürfnisse des religiösen Gefühles unter einem höheren Gesichtspunkte zu versöhnen. Er enthielt eine rein philosophische Auffassung der Gotteslehre und wollte diese gerade auf die Naturbetrachtung stützen, in welcher das Zeitalter die wesentliche Aufgabe seiner Wissenschaft suchte. Vernunfterkenntniss und Naturforschung vereinigten sich auf diesem Punkte zu einer religiösen Wahrheit, und deshalb sah man darin den Kernpunkt der Vernunftreligion. Diese Auffassung eignete sich vor allen anderen, um an die Stelle der historischen die natürliche Offenbarung zu setzen und so die Confessionen durch eine Ueberzeugung der wissenschaftlichen Vernunft zu verdrängen.

Die allgemeine Anerkennung aber, welche der Gedanke Newton's fand, hatte noch eine andere Voraussetzung, in der das gesammte Aufklärungszeitalter lebte, und welche sich von diesem Zusammenhange aus am einfachsten übersehen lässt: das war die Ueberzeugung von der Vollkommenheit der Natur und von der Zweckmässigkeit ihrer einzelnen Gebilde. Es war wirklich die Religion des Zeitalters der Aufklärung, an die Unfehlbarkeit der Natur zu glauben und von der vollendeten Güte ihrer Schöpfungen von vornherein durchdrungen zu sein. Alles, was aus der Hand der Natur hervorgeht, galt dieser Zeit als vollkommen und zweckmässig, und früh gewöhnte sie sich daran, in dem Natürlichen das Ideal des Vernünftigen zu erblicken. Der Naturalismus dieser Zeit war identisch mit ihrem Rationalismus, und eben diese Identität sprach sich in dem Optimismus aus, mit welchem sie das Universum als die Manifestation der göttlichen Vernunft betrachtete und ihre Züge in jedem kleinsten Gebilde des Weltalls wiederzuerkennen bestrebt war. Das war das gemeinsame Bette, in welchem die naturtrunkene Gottesbegeisterung der Renaissance und der methodische Ernst der abgeklärten Naturforschung sich vereinigten, um in dem Drange des wissenschaftlichen Strebens dem Ideale einer freien Religiosität zuzuströmen. Bruno hatte gesagt: die Welt in ihrer harmonischen Schönheit und in dem Einklange ihrer Gegensätze ist ein Kunstwerk Gottes. Auf das Jahrhundert der Kunst folgte dasjenige der Technik, und Newton sprach: die Welt in der vollendeten Zweckmässigkeit ihrer Gebilde ist eine vollkommene Maschine aus der Hand des göttlichen Meisters. An die Stelle des ästhetischen ist der praktische Optimismus getreten: aber jene Poesie und diese Prosa ruhen auf dem gleichen Grunde einer Ueberzeugung von der Vollkommenheit der Natur.

§ 32. Die Associationspsychologie.

So hatte der Fortgang der Naturforschung dazu geführt, dass die ausnahmslose Geltung des Princips der mechanischen Causalität für alle Erscheinungen der äussern Natur theils zu einem Axiom der Naturforschung, theils zu einem Gegenstande frei-religiöser Ueberzeugung wurde. Allein eben diese allgemeine Anerkennung warf sehr bald ihre Wellen auch auf das Gebiet der psychischen Erscheinungen. Hier konnte man sich in dieser Beziehung am besten an die principiellen Auffassungen von Hobbes anschliessen. Bei diesem waren Erkenntnisstheorie und Ethik gleichmässig von der psychologischen Voraussetzung beherrscht, dass sich aus den einfachen Elementen des Bewusstseins, der Empfindung und dem Selbsterhaltungstriebe, nach bestimmten Gesetzen alle diejenigen Verbindungen erzeugen, welche den Inhalt des Seelenlebens ausmachen: und je mehr man sich diesen Gedanken klar machte, um so weniger konnte man sich der Folgerung entziehen, welche schon Bacon vorahnend und andeutend ausgesprochen hatte, dass eine wissenschaftliche Psychologie nichts Anderes sein dürfe, als eine **Mechanik der Vorstellungen und der Triebe**. Die Parallele zu der äusseren Naturwissenschaft erschien so schlagend, so einfach und selbstverständlich und so verlockend, dass die Psychologie als die „Naturwissenschaft des inneren Sinnes" sich auf diesem Grunde aufzubauen begann.

Auf dem theoretischen Gebiete machte Peter Brown (als Bischof von Cork 1735 gestorben) den Anfang. Sein Werk: „The procedure extent and limits of human understanding" (London 1729) lehnt sich an die Locke'sche Erkenntnisstheorie mit einer entschieden sensualistischen Wendung, indem es, wie später Condillac in Frankreich, namentlich den Gedanken Locke's ausführte, dass alle und selbst die abstractesten Erzeugnisse des menschlichen Denkens nur die durch die psychologische Gesetzmässigkeit herbeigeführten Umbildungen der ursprünglichen Sinnesempfindungen seien. Locke's Untersuchung war dabei wesentlich auf den Inhalt der Vorstellungen und auf den Nachweis gerichtet gewesen, dass dieser ausnahmslos aus den ursprünglichen Daten der Sensation oder der Reflexion stamme. Ueber den psychologischen Process der Verknüpfung dieser Elemente jedoch hatte Locke sich nur unbestimmt und schwankend geäussert: bald schien es, als sollten diese Elemente von selbst, also rein mechanisch, im Bewusstsein zu den complicirteren Gebilden zusammentreten, — bald andererseits als bedürfe es dazu der Kräfte und Vermögen (faculties) der Seele und als müsse diesen neben jenen Elementen eine eigene Realität zugeschrieben werden. So hat sich später die mechanistische Auffassung der Associationspsychologen ebenso auf Locke berufen können wie ihre Gegner. Peter Brown neigte schon stark zu der ersteren und zog daraus im Wesentlichen die empiristischen Consequenzen, indem er nur mit grösserer Einseitigkeit die Beschränkung des menschlichen Wissens auf die sinnliche Erfahrung und die darin möglichen Vorstellungscombinationen betonte. Von moralphilosophischer Seite scheint zuerst ein Geistlicher Namens Gay den Gedanken des Triebmechanismus mit vollkommener Klarheit ausgesprochen zu haben. Er suchte in einer Abhandlung über das Grundprincip der Tugend den Begriff der letzteren dadurch zu erfassen, dass er von der allgemeinen Annahme aus, es seien alle Seelenvorgänge auf die gesetzmässige Combination gewisser einfacher Bewegungen zurückzuführen, diejenige Form der Verknüpfung suchte, welche wir mit dem Namen der Tugend bezeichnen. Die präcise Art und Weise, in welcher er diese principielle Grundlage seiner im Uebrigen nicht allzu bedeutenden Ausführungen dargelegt hatte, wurde namentlich durch die Anregung bedeutend, welche sie auf David Hartley (1704—1757) nach dessen eigenem Eingeständniss ausgeübt hat. Durch ihn namentlich wurde der schon von Locke angewandte Name „Association" für alle diejenigen Vorgänge, durch welche aus den Elementen neue Gebilde des psychischen Lebens entstehen, geläufig, und er ist durch die umfassende Ausdehnung, in welcher er das Princip des psychischen Mechanismus durchzuführen suchte, der Vater der englischen Associationspsychologie geworden. Er hat ihr aber zu gleicher Zeit ihr charakteristisches Gepräge durch die enge Verbindung aufgedrückt, welche er zwischen den psychologischen und den physiologischen Vorgängen annahm. Zwar war er weit davon entfernt, beide mit einander zu identificiren; er hielt vielmehr an der durchgängigen Verschiedenheit der leiblichen und der seelischen Phänomene so energisch fest, dass er dem Materialismus gegenüber immer wieder betonte, es könne weder aus Bewegungen Empfindung, noch aus Empfindungen Bewegung erklärt und abgeleitet werden. Die Analyse seelischer Vorgänge führe immer auf seelische und niemals auf leibliche Elemente. Allein Hartley liess diese Unterscheidung nur für die Erscheinungen, die Eigenschaften und Thätigkeiten gelten; hinsichtlich der Substanzen dagegen bediente er sich der Locke'schen Ausflucht, dass sie überhaupt unbekannt seien, und dass deshalb die Frage, ob das räumlich ausgedehnte Wesen zugleich zu denken im Stande sei, weder bejaht noch verneint werden könne. Daran jedoch glaubte er unbedingt festhalten zu sollen, dass, wie auch das substantielle Verhältniss sein möchte, zwischen den Erscheinungen beider Sphären ein stetiger und unzerreissbarer Zusammenhang existire. Es ist sicher nicht ohne den Einfluss der im Occasionalismus und Spinozismus entwickelten Probleme und Begriffe gewesen, dass sich Hartley diesen stetigen Zusammenhang als einen vollkommenen Parallelismus der seelischen und der leiblichen Thätigkeit vorstellte. Er meinte, dass jedem psychischen Vorgange eine bestimmte leibliche Bewegung entspreche, und suchte die letztere nach dem damaligen Zustande der Physiologie in den Vibrationen der Gehirn- und der Nervensubstanz. Einfachen Schwingungen sollten auch einfache psychische Processe entsprechen, zusammengesetzten zusammengesetzte, und wenn somit in den Associationen regelmässig mehrere psychische Elemente zu einer Einheit verknüpft sind, so muss nach dieser Theorie der psychischen auch eine nervöse Synthesis, eine einheitliche Verknüpfung von Gehirnschwingungen entsprechen. Diese Lehre suchte Hartley schon in der Schrift: „De sensus, motus et idearum generatione" (London 1746) durch eine Reihe weiterer, mehr oder minder glücklicher Hypothesen über Sinneswahrnehmung, Gedächtniss, Abstraction u. s. w. zu begründen: sein berühmter gewordenes Werk: „Observations on man, his frame, his duty and his expectations" (London 1749) drang in die Schwierigkeiten der Sache und namentlich in die gefährlichen Consequenzen der Theorie noch tiefer und grübelnder ein. Die Hauptschwierigkeit nämlich dabei war eine ganz ähnliche, wie diejenige, vermöge deren auch der Spinozismus in den Ruf des

Materialismus hatte kommen können. Die psychischen Associationen sollen nach dieser Lehre genau parallel den Gehirnfunctionen verlaufen; die letzteren aber, als offenbar rein materielle Vorgänge, sind lediglich durch mechanische Causalität, d. h. theils durch die peripherischen Reizungen, theils durch deren gesetzmässige Auslösung und Uebertragung in den centralen Apparaten bedingt. Danach gewinnt es den Anschein, als müssten die seelischen Vorgänge ausnahmslos von dem Mechanismus der materiellen abhängig sein. So sehr sich also Hartley gegen eine Identification beider Sphären im Sinne des Materialismus gewehrt hatte, so wenig vermochte er doch die Consequenz abzulehnen, dass seine Theorie den Verlauf des seelischen Lebens in einer Ausdehnung, welche der Lehre des Materialismus vollkommen gleichkam, von der Gehirnthätigkeit abhängig machte und damit jede Selbständigkeit der psychischen Action aufhob. Die mechanische Nothwendigkeit der Gehirnfunctionen involvirt auch eine gleiche Nothwendigkeit der Vorstellungsassociationen, und diese Folgerung, welcher sich der wissenschaftliche Geist Hartley's nicht zu entziehen vermochte, brachte in sein tief religiöses Gemüth eine Fülle von Zweifeln, namentlich in Bezug auf die menschliche Willensfreiheit, aus denen er sich vergebens emporzuringen gesucht hat. Diese Schwierigkeiten häuften sich um so mehr, als er das Princip des Associationsmechanismus gerade auch auf dem Gebiete der Gefühle, Leidenschaften und Willensentschlüsse durchführte. Er ging dabei von der analogen Voraussetzung aus, dass, wie die abstractesten Vorstellungen, so auch die verfeinertsten Triebe und Gefühle allmählich entstandene Produkte des seelischen Mechanismus aus den einfachen Grundzuständen seien. Der Versuch, welchen er zur Lösung dieser Aufgabe in seinen „Observations" machte, nimmt einen höchst bedeutenden Platz in der Entwicklung der englischen Moralphilosophie ein: aber er selbst vermochte den Determinismus dieser Untersuchungen mit seinen religiösen Vorstellungen von der Verantwortlichkeit nicht in rechten Einklang zu bringen und fürchtete, in die verrufenen Irrlehren des Materialismus hineingerathen zu sein. Es war eben nicht zu leugnen: dieser erste Versuch der Associationspsychologie, die Gesetzmässigkeit des psychischen Lebens auf physiologischen Grundlagen aufzubauen, streifte so hart an den Materialismus, dass er ihm zum Verwechseln ähnlich sah, und es war im Grunde genommen nur die persönliche Religiosität Hartley's, welche einer vollkommen materialistischen Wendung dieser seiner Lehre von den Vibrationen entgegenstand.

Noch schroffer und unvermittelter ist das Nebeneinanderbestehen der religiösen Ueberzeugungen und der materialistischen Neigungen der Associationspsychologie bei Joseph Priestley (1733—1804), dem berühmten Erforscher des Sauerstoffs, der neben seiner naturwissenschaftlichen Grösse auch eine bemerkenswerthe philosophische Bedeutung besitzt und über die brennenden Streitfragen der Zeit eine Anzahl ausserordentlich lebhafter und geistvoller Schriften hinterlassen hat. Schon in seiner ersten Schrift kritisirte er die Werke der schottischen Philosophen zu Gunsten der Lehre David Hume's, welcher den Grundgedanken der Associationspsychologie angenommen hatte. Sein folgendes Buch: „Hartley's theory of human mind on the principles of the associations of ideas" (London 1775) trat direkt für Hartley ein und wurde zwei Jahre später durch eine Schrift: „Disquisitions relating to matter and spirit" ergänzt, welche unter andern auch durch eine geschichtliche Darstellung der bisherigen Seelenlehre die Unzulänglichkeit der metaphysischen Theorien darstellen wollte. Noch in demselben Jahre 1777 reizte ihn der Angriff, welchen Richard Price, ein platonisirender Spiritualist, in seinen „Letters on materialism" gegen den gesammten Empirismus und Sensualismus gerichtet hatte, zu einer schneidigen Antwort in der Schrift: „The doctrine of philosophical necessity", der im folgenden Jahre die: „Free discussions of the doctrines of materialism" folgten. Später hat er noch eine Anzahl religionsphilosophischer Werke drucken lassen, in denen er sich als ein unerschrockener Vertheidiger des Rationalismus, als Vertreter der Toleranz und als ein begeisterter Anhänger des Deismus zeigt. Dabei ist es ihm mit seinem Glauben völlig Ernst; er will etwa in dem Geiste Tindal's das Christenthum von allen abergläubischen Entstellungen reinigen, damit es seine volle Kraft über die Gemüther bewähren könne. Er greift deshalb mit aller Energie den französischen Materialismus an, der um diese Zeit bereits in dem „Système de la nature" unverhohlen seine atheistischen Consequenzen gezogen hatte, und er stellt sich bedingungslos auf den Standpunkt Newton's, dass die Welt durch den vollendeten Mechanismus ihrer Bewegungen sich als das Werk einer höchsten Intelligenz ausweise. Allein alle diese Ueberzeugungen hindern Priestley nicht, die Hartley'sche Lehre bis zu rückhaltlos materialistischen Folgerungen durchzuführen. Hartley hatte in Bezug auf die Willenslehre sich mit sichtlichem Widerwillen und mit schweren Bedenken im Verfolg seiner Theorie zu einer deterministischen Auffassung bequemt. Priestley erkannte von vornherein den Determinismus in voller Ausdehnung an; er sah mit dem ganzen Zeitalter in den Willensentschlüssen lediglich die Wirkung von Vorstellungsassociationen, und er zögerte nicht zuzugeben, dass von diesem Standpunkte aus die Handlungen des Menschen ebenso, wie die ihnen zu Grunde liegenden Vorstellungsassociationen, sich in bedingungsloser Abhängigkeit lediglich von den Gehirnschwingungen befinden. War das einmal zugestanden, so konnte es keine Schwierigkeit mehr machen, auch den letzten Schritt zu thun. Die Annahme einer principiellen Verschiedenheit des physischen und des psychischen Lebens musste werthlos erscheinen, sobald man so weit gegangen war, den gesammten Verlauf des letzteren lediglich von demjenigen des ersteren abhängig zu machen. So gab denn Priestley jene von Hartley noch entschieden festgehaltene Annahme preis und bekannte sich vollständig zu der Lehre von der Materialität der seelischen Vorgänge. An die Stelle der Reflexion, wie sie Locke zur Grundlage der Psychologie gemacht hatte, an die Stelle der Analyse der psychischen Thatsachen, welche die schottische Schule verlangte, will er eine Physik des Nervensystems setzen und geht bereits vollständig bis zu dem Extrem, die Psychologie für einen Theil der Physiologie zu erklären. Denselben Materialismus, welchen er auf metaphysischem und religionsphilosophischem Gebiete mit aller Lebhaftigkeit bekämpfte, erkannte er auf dem psychologischen Gebiete in einer Ausdehnung an, die nicht mehr überboten werden konnte. Priestley zeigt damit in einer selten schroffen und naiven Gestalt einen inneren Widerspruch, der bei den grossen Naturforschern des XVIII. und XIX. Jahrhunderts besonders in England sich oft wiederholt hat. Zwei grosse Gedankenmassen, auf der einen Seite diejenige der religiösen Erziehung und des metaphysischen Bedürfnisses, auf der anderen Seite das wissenschaftliche System der mechanischen Causalität liegen in diesen Männern, wie es scheint, gänzlich gesondert neben einander, ohne jede innere Verbindung und dabei doch jede von so starker subjektiver Gewissheit getragen, dass, weil sie einander nicht zu verdrängen im Stande sind, der innere Widerspruch, in welchem sie stehen, vollständig erdrückt wird. Diese innere Getheiltheit herrschte Anfangs in Hinsicht der Frage nach der teleologischen Betrachtung der gesammten Natur, und nachdem Newton hier das versöhnende Wort gefunden hatte, spitzte sie sich zu der psychologischen Frage theils nach der Willensfreiheit, theils nach der Abhängigkeit der Seelenthätigkeiten von den mechanischen Functionen des physischen Organismus zu, und in dieser Hinsicht ist Priestley mit seiner merkwürdigen Vereinigung von Deismus und Materialismus eine überaus charakteristische Erscheinung der widerspruchsvollen Unklarheit, welche erst Kant aufzuhellen berufen war.

Wie leicht zu erklären, konnte der Fortgang der Associationspsychologie nur dazu führen, dass ihre materialistische Seite noch energischer betont wurde. Sobald sie die Fühlung mit dem Deismus, welche Priestley aufrecht erhalten hatte, verlor, blieb ihr nur der baare Materialismus übrig. Aber gerade deshalb musste sie bei der Mangelhaftigkeit der physiologischen Kenntnisse jener Zeit zu einer gewissen Unfruchtbarkeit verurtheilt bleiben und sich genöthigt sehen, die Lücken ihres Wissens durch mehr oder minder willkürliche Hypothesen auszufüllen. Am besten tritt dies bei Erasmus Darwin (1731—1802) zu Tage, welcher für Hartley's „Vibrationen des Gehirns" den Ausdruck „Bewegungen des Sensoriums" einführte und die Materialität der Seele in einer an die phantastischen Hypothesen der ältesten griechischen Denker erinnernden Weise daraus zu beweisen suchte, dass Seele und Leib nur in Folge der Gemeinsamkeit gewisser Eigenschaften mit einander in Verbindung stehen könnten, und dass deshalb die Fähigkeit der Seele zu sehen, zu hören, zu riechen u. s. w. umgekehrt auch ihre Sichtbarkeit, Hörbarkeit, Riechbarkeit u. s. w., kurz ihre volle Materialität voraussetze. Darwin schreckte sogar in diesem Zusammenhange nicht vor der wunderlichen Annahme zurück, die Seele müsse ein Wesen sein, welches je nach Belieben gelegentlich alle Eigenschaften, Thätigkeiten und Zustände des Körpers anzunehmen im Stande sei.

So ungeheuerlich und geradezu komisch solche Auswüchse der Associationspsychologie, zumal im Lichte der modernen Physiologie erscheinen, so darf doch die grosse historische Bedeutung nicht verkannt werden, welche diese Richtung gehabt hat. Sie machte mit rein wissenschaftlichem Ernste auf die Zusammenhänge aufmerksam, welche zwischen dem psychischen und dem physischen Organismus bestehen, und welche lange Zeit hindurch vergessen, verkannt oder absichtlich geleugnet worden waren. Sie gewöhnte die Wissenschaft wieder daran, in dem physischen Leben eine Grundlage des psychischen zu sehen; sie schüttete freilich das Kind mit dem Bade aus, wenn sie alsbald diese Grundlage für die einzige hielt, oder wenn sie gar voreilig genug war, diese Grundlage mit dem psychischen Leben selbst zu verwechseln. Aber Einseitigkeit ist der Mangel aller historischen Anfänge, und der Werth der Associationspsychologie des vorigen Jahrhunderts wird vielleicht geschmälert, aber nicht aufgehoben, weil sie diesen Mangel theilte. Es bleibt ihr das grosse Verdienst, die **physiologische Grundlage**, deren die Psychologie nicht entbehren kann, wieder aufgedeckt und damit der Aufnahme dieses wichtigen Theiles in das psychologische System der Zukunft vorgearbeitet zu haben.

§ 33. Der Spiritualismus Berkeley's.

Man kann die Breite der Anregungen, welche von der Lehre Locke's ausgingen, und die Fülle der Keime, die in seinen Ueberlegungen enthalten, aber nicht zur Klarheit gelangt waren, kaum besser übersehen, als wenn man bedenkt, dass neben den Lehren der Associationspsychologie, die so dicht an den Materialismus reichten und nur durch persönliche Ueberzeugungen oder durch erkenntnisstheoretische Vorsicht von einem unmittelbaren Aufgehen darin zurückgehalten wurden, auf demselben Boden die vollkommen entgegengesetzte Weltanschauung, diejenige des Spiritualismus, erwuchs, und dass es dieselbe Neigung zu einer sensualistischen Färbung der Locke'schen Lehre war, in welcher beide gediehen.

Der Vertreter dieses Spiritualismus, gleich bewundernswerth als Mensch wie als Philosoph, war George Berkeley. Ein Irländer von Geburt, hatte er seine Bildung in Dublin und später in London erhalten, brachte dann mehrere Jahre mit Reisen in Italien und Frankreich zu und lernte bei dieser Gelegenheit 1715 auch Malebranche persönlich kennen. Nach einem mehrjährigen Aufenthalte in London ging er 1728 als Leiter eines missionären Unternehmens nach Amerika, sah sich jedoch bald von den versprochenen Unterstützungen verlassen und zur Rückkehr in die

Heimat genöthigt, in der er dann als Bischof von Cloyne abwechselnd in London und in seiner Diöcese verweilte, bis er, 68 Jahre alt, 1753 starb.

Die moralphilosophischen und religionsphilosophischen Doctrinen, so werthvoll sie in ihrem Zusammenhange auf der einen Seite mit den allgemeinen empiristischen Grundlagen der englischen Philosophie, auf der anderen Seite mit dem gesammten Culturzustande des XVIII. Jahrhunderts erscheinen, bilden doch ebenso wie die Anfänge der Associationspsychologie, schliesslich nur gewisse Nebentriebe, welche von dem Hauptstamme der philosophischen Entwicklung sich abzweigen. Von ihnen kehrt man mitten in den grossen Zug des centralen Wachsthums der philosophischen Ideen zurück, wenn man die Lehre Berkeley's betrachtet. In der umfassenden Allseitigkeit seiner Gesichtspunkte, in der eindringenden Schärfe seiner philosophischen Originalität ist er nach Locke wieder der erste Träger der Gesammtentwicklung, und er verdankt diese Bedeutung lediglich dem Umstande, dass er das erkenntnisstheoretische Problem der Locke'schen Philosophie wieder aufnahm und in einer neuen und schöpferischen Weise behandelte.

Diese Weiterentwicklung knüpft sich zunächst an den Gegensatz, welchen Locke zwischen den beiden Sphären der menschlichen Erfahrung, dem äusseren und dem inneren Sinne, zwar principiell statuirt, aber nicht vollständig durchgeführt hatte. Es waren vielmehr eine Reihe von Punkten, an denen diese Unterscheidung sich durchaus nicht mit Sicherheit festhalten liess, und eine Anzahl von Zwischengliedern, welche man mit gleicher Berechtigung sowohl der Sensation als auch der Reflexion zuschreiben zu können und zu müssen schien. Die sinnlichen Empfindungen konnte man doch von dem äussern Sinn nicht gut ausschliessen: sofern sie aber secundäre Qualitäten, d. h. lediglich Empfindungszustände des Subjekts enthalten, bilden sie eine Art von Selbsterfahrung und gehören als solche der Reflexion an. Das Gleiche gilt fast noch augenscheinlicher von den sinnlichen Gefühlen, welche vermöge ihrer organischen Vermittlung unbedingt dem äusseren, vermöge ihres Inhalts als Zustände des Subjekts nicht minder unbedingt dem innern Sinne angehören. Besonders aber legte Locke's Ausführung, wonach die Anregung zu allen Thätigkeiten der Reflexion aus den ursprünglichen Functionen der Sensation stammen sollte, den Gedanken nahe, dass diese beiden Arten der Erfahrung doch schliesslich nicht principiell, sondern nur graduell von einander verschieden seien, und dass es eine aufsteigende Linie continuirlichen Zusammenhanges zwischen den niedrigsten Formen der Sensation und den höchsten und feinsten Gebilden der Reflexion geben müsse. Wenn man mit dem von Locke angeregten Princip, dass die Thatsachen des inneren Sinnes ursprünglich immer nur Verarbeitungen derjenigen des äusseren Sinnes seien, vollkommen Ernst machte, so hob man die qualitative Differenz zwischen jenen beiden Arten der Erfahrung wieder auf: wenn die eine sich in die andere verwandeln kann, so können sie nur verschiedene Formen einer und derselben Grundthätigkeit sein. Dies war nun in der That die Richtung, in welcher sich in Folge jener bei Locke mehr verdeckten als klar hervorgehobenen Schwierigkeiten seine Lehre weiter entwickelte. Es lag in dem ganzen Zuge der Zeit, dass man die Zusammenhänge zwischen der physischen und der psychischen Erfahrung mehr betonte und stärker in's Auge fasste, als den Gegensatz zwischen beiden. In metaphysischer Hinsicht hatte das die Lehre Descartes' erfahren: aus seiner scharfen Sonderung der ausgedehnten und der denkenden Substanzen hatten sich die Probleme des Occasionalismus und des Spinozismus und die Lieblingsfrage nach dem Zusammenhange von Leib und Seele ergeben. In erkenntnisstheoretischer Hinsicht erlitt der Locke'sche Empirismus ein ähnliches Geschick, indem das Problem der Beziehung zwischen innerer und äusserer Erfahrung, deren scharfe Sonderung er gewünscht hatte, an die Spitze der Untersuchung trat. Indem aber dabei die Andeutung des Zusammenhanges, welche er selbst gegeben hatte, lebhafter und klarer entwickelt wurde, erfuhr seine Lehre eine Umbildung zum entschiedensten Sensualismus. Je mehr man die Schranken zwischen Sensation und Reflexion niederriss und die leisen Uebergänge zwischen beiden erforschte, um so mehr erschien die Sinnesempfindung als die einzige Grundlage des gesammten Vorstellungslebens.

Wenn man nun auf diese Weise die Thätigkeiten der Sensation und der Reflexion in eine zusammenhängende Linie anzuordnen suchte, und sie damit alle für die verschiedenen Umformungen einer und derselben Grundthätigkeit erklärte, so war es im Grunde genommen zunächst gleichgiltig, nach welchem der beiden Endpunkte man diese Grundthätigkeit zu bezeichnen für gut fand. Ob man nun die Thätigkeiten der Reflexion als Umformungen und Höherbildungen der Sensationen bezeichnete, oder ob man die Sensationen niedrigste Formen der Reflexion nannte — in beiden Fällen hatte man jene principielle Unterscheidung wieder umgestürzt. Allein so irrelevant diese Verschiedenheit der Bezeichnung an sich erscheinen mochte, für die erkenntnisstheoretischen und metaphysischen Folgerungen war es durchaus nicht gleichgiltig, von welcher Seite man die Sache auffasste. Auf der einen Seite gerieth man zu dem reinen Sensualismus des äusseren Sinnes, dem auch die Abstractionen nur als Spuren von sinnlichen Wahrnehmungen gelten, und der aus der Sinnlichkeit der psychischen Grundlagen auch auf die Sinnlichkeit des vorstellenden Wesens zu schliessen geneigt sein musste. Auf der anderen Seite ergab sich ein Sensualismus des inneren Sinnes, der, von dem Gedanken ausgehend, dass auch die Sinnesempfindungen nur die untersten Stufen der Selbstwahrnehmung sind, die materielle Welt in Vorstellungen der Geister aufzulösen bereit war. So schieden sich die Wege sehr früh. Der Sensualismus des äusseren Sinnes neigte dem Materialismus zu, den er vorfand; derjenige des inneren Sinnes erzeugte den Spiritualismus. Jene Entwicklung geschah in England durch die Associationspsychologie und in Frankreich durch Condillac; diese vollzog sich durch Berkeley.

Es ist nun überaus merkwürdig, wie sich Berkeley zu dieser Art der Umbildung der Locke'schen Lehre durch die Consequenzen desselben Nominalismus gedrängt sah, welcher wie der Grundton durch die gesammte Entwicklung der englischen Philosophie hindurchgeht. Diese Denkrichtung, welche einen Bacon, einen Hobbes und Locke bestimmt hatte, übte hier noch eine und zwar die allermächtigste Wirkung auf das englische Denken aus und gipfelte in einem extremen Resultate. Locke nämlich hatte noch an der Existenz abstracter Allgemeinvorstellungen im Geiste des Menschen festgehalten, wenn er auch in echt nominalistischer Weise ihre objektive Realität leugnete. Berkeley schritt zu der kühneren Auffassung, welche das Vorhandensein abstracter Allgemeinvorstellungen nicht einmal im Geiste des Menschen zugeben wollte, und darin besteht seine Originalität und der eigentliche Grundzug seiner Lehre. Es war vom psychologischen Standpunkte aus ein überaus tiefer Blick in das Wesen der menschlichen Vorstellungswelt, wenn Berkeley den Nachweis zu führen suchte, dass es in Wirklichkeit abstracte Begriffe gar nicht giebt, sondern dass wir uns nur einbilden, solche zu haben, dass die abstracten Begriffe vielmehr nur Ideale sind, zu denen wir mit niemals vollständiger Annäherung hinstreben. Man mag über die Richtigkeit dieser Lehre denken, wie man will, — sie hätte jedenfalls in der Psychologie und besonders auch in der Logik mehr Beachtung verdient, als sie gefunden hat; denn sie traf auf jeden Fall das thatsächliche Verhältniss, welches zum Mindesten in einer grossen Anzahl von Fällen vorhanden ist. Berkeley sucht sie durch den Nachweis zu begründen, dass, wo wir eine abstracte Vorstellung zu haben glauben, uns in der That doch jedesmal vermöge der sinnlichen Phantasie ein bestimmtes, einzelnes Exemplar vorschwebt. Wenn man vom Baum im Allgemeinen spricht, so denkt jeder doch heimlich, wenn auch noch so leise und dunkel, dabei einen einzelnen, sinnlich bestimmten Baum. Wenn man vom Dreieck spricht, so entwirft Jeder sich das Bild eines bestimmten einzelnen Dreiecks, und diese Vorstellung ist, wie Berkeley meint, nur insofern allgemein, als sich aus ihr einige Erkenntnisse ableiten lassen, welche für alle Dreiecke giltig sind. Freilich versäumt es dabei Berkeley, sich klar zu machen, woher denn nun diese allgemeinere Giltigkeit stamme und wodurch man ihrer versichert sei: er glaubt daran festhalten zu können, dass diese Vorstellung in Wahrheit nicht abstract, sondern nur repräsentativ sei. Allgemeine Vorstellungen also, wie sie durch die Wörter der menschlichen Sprache ausgedrückt werden, sind in Wahrheit nicht von den sinnlichen Elementen befreite Abstractionen, sondern vielmehr auch nur sinnliche Einzelvorstellungen, aber solche, welche vermöge irgend welcher Eigenthümlichkeiten — und diese eben vermag die Berkeley'sche Theorie nicht anzugeben — eine Reihe von anderen Einzelvorstellungen zu repräsentiren im Stande sind. Es giebt also nicht nur keine allgemeinen Dinge, sondern nicht einmal allgemeine Vorstellungen. Diese sind, wie Berkeley ausführt, nur eine unheilvolle Fiktion der Schule, und in Wahrheit existiren nur sinnliche Einzelvorstellungen. Das ist die höchste Stufe, welche der Nominalismus je erreicht hat und überhaupt zu erreichen im Stande ist; es ist nicht mehr der metaphysische oder erkenntnisstheoretische, sondern der psychologische Nominalismus. In dieser Beziehung steht Berkeley's Lehre diametral dem Spinozismus gegenüber: wie dieser der äusserste Ausläufer des mittelalterlichen Realismus, so ist seine Lehre das letzte Wort des Nominalismus.

Die nächste Folgerung, welche Berkeley daraus zieht, ist die, dass jene allgemeinen und abstracten Attribute, mit denen bei Locke so gut wie bei Descartes die Dinge selbst hatten ausgestattet werden sollen, zurückgewiesen werden. Es giebt keine abstracte Ausdehnung, d. h. keinen Raum, es giebt keine allgemeinen Eigenschaften der Grösse, der Gestalt, der Lage u. s. w., es giebt vor Allem nicht jenes allgemeine Ding, welches kein Mensch gesehen und welches man nur aus abstracten Eigenschaften zusammengedichtet hat, jenes Ding, welches die Philosophen die Materie nennen. Alle materiellen Eigenschaften der Dinge sind nur Beziehungen, welche wir zu den ursprünglichen Eigenschaften, denjenigen, welche Locke die secundären Qualitäten genannt hat, hinzudenken. An dieser Stelle benutzt Berkeley für sein Hauptwerk „A treatise concerning the principles of human knowledge" (London 1710) die eingehenden Untersuchungen über den Vorgang des Sehens, welche er schon vorher eigens veröffentlicht hatte („Essay towards a new theory of vision", London 1709). Man darf in diesen Untersuchungen eine bedeutende Leistung der physiologischen Optik erblicken: sie zielen auf nichts Geringeres hin, als auf eine Analyse der Sehthätigkeit, vermöge deren die reinen Bestandtheile der unmittelbaren Empfindung von den Formungen und Verarbeitungen gesondert werden sollen, mit denen sie in dem Resultate der vollendeten Wahrnehmung bereits untrennbar verquickt erscheinen. So unvollkommen diese Aufgabe bei Berkeley wegen des geringen Materials von Thatsachen, das ihm vorlag, gelöst ist, so bewunderungswürdig erscheint andererseits der Scharfsinn, mit welchem er bereits damals die Mitwirkungen nachwies, vermöge deren die erinnerten Vorstellungen in einem unmerklich schnellen Process den reinen Thatbestand der neuen Wahrnehmungen alteriren. Er machte auch schon darauf aufmerksam, dass die Grösse und Entfernung eines Gegenstandes nicht sowohl unmittelbar empfunden, als vielmehr unter Mitwirkung früherer Erfahrungen gedacht wird — wenn er auch dieser Einsicht natürlich noch nicht die präcise Formulirung gegeben hat, die sie erst in unserem Jahrhunderte finden sollte. Was er aber daraus in erkenntnisstheoretischer Hinsicht schliesst, ist die wichtige Lehre, dass den wirklichen Inhalt der Empfindung nur die secundären

Qualitäten bilden. Dinge in bestimmter Grösse, Entfernung und Gestalt empfinden wir nicht, sondern setzen wir vielmehr vermöge des Denkens aus den sinnlichen Qualitäten zusammen. Was man gewöhnlich Dinge nennt, sind nur Vorstellungscomplexe. Wenn aber, wie Locke nachgewiesen hat, jene sinnlichen Qualitäten nichts sind als unsere Empfindungszustände, so sind auch jene Dinge, deren Existenz wir anzunehmen gewöhnt sind, nichts weiter als complicirte Vorstellungszustände. Wollte man annehmen, dass diese Dinge noch etwas von den Vorstellungszuständen Verschiedenes seien, so käme man in die grössten Absurditäten. Wenn man von einer Kirsche alle ihre secundären Qualitäten, d. h. die Eindrücke, welche sie auf die einzelnen Sinne, auf das Gesicht, auf die tastende Hand, auf den Geschmack macht, nach einander abzieht, — was bleibt übrig? Berkeley antwortet: Nichts. Locke's Antwort war unentschieden in der einen Richtung diejenige gewesen, es bliebe eine bestimmte räumlich ausgedehnte Grösse, in der andern Richtung diejenige, es bliebe als Träger dieser Eigenschaften eine unbekannte Substanz übrig. Beides muss Berkeley in der Consequenz seines nominalistischen Sensualismus verwerfen. Die räumlichen Eigenschaften gelten ihm als Abstractionen, welche man in Wahrheit nicht für sich allein, nicht ohne die sinnlichen Qualitäten denken kann; eine unbekannte Substanz aber gilt ihm selbstverständlich als ein vollkommen undenkbares Unding. Daraus ergiebt sich, dass, was wir Dinge und ihre Eigenschaften nennen, nur Complexe von Perceptionen sind. Was wir in der Aussenwelt als seiend betrachten, ist in Wahrheit immer nur ein Conglomerat von unseren Vorstellungszuständen. Sein ist nichts Anderes als Empfundenwerden: „esse = percipi".

In dieser extremen Durchführung des Sensualismus glaubt Berkeley die Meinung des gesunden Menschenverstandes den Spitzfindigkeiten der Philosophen gegenüber wieder zu Ehren zu bringen. Er macht — man könnte es fast eine witzige Wendung nennen — darauf aufmerksam, der natürliche Instinkt zwinge ja den Menschen, den Inhalt seiner Wahrnehmung eben als seiend zu betrachten, für ihn sei in der That Wahrgenommenwerden gleichbedeutend mit Existiren. Was wir sehen und fühlen, betrachten wir als seiend. Erst die Philosophen hätten einen Unterschied zwischen den Wahrnehmungen und den ihnen entsprechenden Gegenständen erdacht und wären auf diese Weise zu der Irrlehre gekommen, die Existenz der Dinge sei noch etwas Anderes, als ihr Wahrgenommenwerden. An dieser Bemerkung ist das richtig, dass das unbefangene Bewusstsein in der That jeden Wahrnehmungsinhalt zugleich als existirend betrachtet, offenbar unrichtig dagegen der weitere Zusatz, dass die Unterscheidung der Existenz und des Wahrgenommenwerdens erst eine Erfindung der Wissenschaft sei. Diese Unterscheidung ist vielmehr eine derjenigen Annahmen, welche durch die pragmatischen Nothwendigkeiten des Denkens, wie sie gerade in den ältesten Versuchen der griechischen Metaphysik deutlich zu Tage treten, unaustilgbar in der menschlichen Vorstellungsweise angelegt sind: es ist gerade die That Berkeley's, aufgezeigt zu haben, dass diese Annnahme nicht unangreifbar und jedenfalls ein Gegenstand der erkenntnisstheoretischen Prüfung ist. Aber das Resultat dieser seiner Prüfung, dass die Existenz mit dem Wahrgenommenwerden identisch und nichts davon Verschiedenes sei, ist eben deshalb dem unbefangenen Bewusstsein auf das Aeusserste paradox; denn diesem ist nichts geläufiger und erscheint nichts selbstverständlicher, als die Annahme einer von der Vorstellungsthätigkeit unabhängigen Welt von Dingen.

In dem Sprachgebrauche seiner Zeit drückte Berkeley das Ergebniss dieser Untersuchungen dahin aus, dass alle sogenannten Dinge und ihre Eigenschaften nichts weiter sind, als Ideen, d. h. Vorstellungen, und in Folge dessen wurde seine Lehre als **Idealismus** bezeichnet. Diese Terminologie ist nur richtig, so lange man an dem damaligen degradirenden Sprachgebrauch des Wortes Idee festhält. Innerhalb der deutschen Philosophie hat jedoch das Wort Idee und damit auch der Terminus Idealismus eine wesentlich andere Bedeutung erhalten, und aus diesem Grunde empfiehlt es sich, zur Vermeidung von Missverständnissen diese Bezeichnung für die Lehre Berkeley's aufzugeben und dies System vielmehr, wenn es überhaupt metaphysisch rubricirt werden soll, nach der Ansicht zu benennen, welche Berkeley unmittelbar aus diesen erkenntnisstheoretischen Prämissen folgerte.

Wenn es nämlich keine Substanzen ausserhalb der Perception im Sinne einer Welt von körperlichen Dingen geben kann, so setzt doch, wie Berkeley meint, diese Thätigkeit der Perception auf alle Fälle ein percipirendes Wesen voraus, in welchem allein sie stattfinden kann. Sind die Dinge Ideen, so muss es doch immerhin Wesen geben, welche Ideen haben. Ein Wesen aber, welches Ideen hat, ist ein Geist, und die Auflösung der Körper in Vorstellungen zieht deshalb bei Berkeley unmittelbar die Consequenz nach sich, dass es keine anderen als vorstellende Substanzen geben kann. Die Weltanschauung Berkeley's ist danach sehr einfach; es giebt in ihr nichts als Geister und deren Ideen, und damit charakterisirt sich diese Lehre ganz naiv als der schroffste **Spiritualismus**, der jemals aufgestellt worden ist. Darum steht Berkeley im lebhaftesten Gegensatze zu den materialistischen Neigungen, welche sich in der englischen wie in der französischen Philosophie auf dem gemeinsamen Boden des Locke'schen Empirismus zu entwickeln drohten.

Aber diese Lehre will weit davon entfernt sein, die Körperwelt damit, dass sie deren unmittelbare Substantialität leugnet, für Trug und Schein zu erklären. Auf den ersten Blick zwar gewinnt es den Anschein, als müsse sich diese Folgerung ergeben. Wenn die Sonne nichts ist als ein constanter Complex von Vorstellungen eines gewissen Glanzes, einer gewissen Wärme, einer gewissen Grösse u. s. w., so scheint es zunächst, als müsse, da die Gleichung „esse = percipi" sich umkehren lässt, mit ihrem Vorgestelltwerden auch ihre Existenz verschwinden. Danach existirten alle Körper nur insofern und so lange, als sie wahrgenommen würden, und ein Körper, den Niemand mehr vorstellte, dürfte auch nicht mehr als existirend gelten. Auf der anderen Seite schiene die blosse Vorstellungsthätigkeit irgend eines beliebigen Geistes zu genügen, um jedem Inhalte, den er zufällig dächte, den Werth der Existenz zu ertheilen. Ein geträumter Tisch wäre danach gerade ebenso wirklich wie derjenige, den man sonst für wirklich zu halten pflegt, und zwischen wahren und falschen Vorstellungen schiene der Unterschied eben dadurch aufgehoben, dass eine Vergleichung der Vorstellung mit einem Gegenstande in diesem Systeme nicht möglich ist. Aus diesem Grunde bedarf Berkeley eines anderen Kriteriums der Objektivität, und dieses kann in dem Systeme des Spiritualismus kein anderes sein, als dasjenige eines allbeherrschenden Geistes: seine Ideen müssen an die Stelle der realen Welt treten, in deren Uebereinstimmung mit den Vorstellungen man sonst die Wahrheit der letzteren zu suchen pflegt. Dieser Geist ist natürlich die Gottheit. Die Wirklichkeit, welche dem Inhalte der Ideen, abgesehen von der Vorstellungsthätigkeit der endlichen Geister, zukommt, besteht darin, dass er von der Gottheit vorgestellt wird. Wahre Vorstellungen sind diejenigen, welche mit den Vorstellungen der Gottheit übereinstimmen, Irrthümer und Hallucinationen solche, welche nur in einzelnen Geistern stattfinden. Diese müssen daher einen gewissen Spielraum der Freiheit haben, innerhalb dessen sie im Stande sind, die von der Gottheit gegebenen Elemente in andere Verbindungen zu bringen, als dies in der Gottheit geschieht. Hierin steht Berkeley vollständig auf dem Boden der Associationspsychologie. Die ursprünglichen Elemente der Vorstellungsthätigkeit gelten ihm als unzweifelhaft richtig, und in dieser Hinsicht glaubt er von seinem Standpunkte aus den Akt der einfachen Perception als denjenigen der Mittheilung elementarer Vorstellungen von der Gottheit an die endlichen Geister auffassen zu sollen, von denen auch er überzeugt ist, dass sie einen neuen Inhalt zu produciren nicht im Stande sind. Dass aller Irrthum und alle Täuschung nur in einer unrichtigen Combination der einfachen Elemente bestehen, war seit Hobbes und Locke die gemeinsame Meinung der gesammten englischen Philosophie. Die wahre Idee bleibt also wirklich, auch wenn der einzelne Geist sie nicht mehr vorstellt, zunächst in anderen Geistern und in letzter Instanz lediglich in der Gottheit; sie ist diejenige, welche von Gott den endlichen Geistern zur Perception gegeben wird. Die falsche Idee ist in allen Fällen nur eine willkürliche, in einem oder mehreren endlichen Geistern vollzogene Verknüpfung der ursprünglichen Perceptionen.

Von hier aus entscheidet Berkeley auch die Frage nach dem Wesen der Natur und nach ihrer Erkenntniss. Wenn die Körper nur Ideencomplexe sind, so ist die nächste Folge, dass sie unter einander in keinem Causalverhältniss stehen können, sondern dass jeder von ihnen mit allen Veränderungen, die er im Laufe der Zeit erleidet, seinen Ursprung nur in der göttlichen Vorstellungsthätigkeit haben kann. Es giebt deshalb nach Berkeley nichts Falscheres als die mechanische Naturerklärung, welche die Bewegungen der Körper aus denjenigen anderer Körper zu erklären unternimmt. Die Causalität der Dinge ist nur Schein; in Wahrheit ist der Ablauf der körperlichen Bewegungen nur die Reihenfolge der Vorstellungen, welche die Gottheit in sich erzeugt und den einzelnen Geistern als Perceptionen mittheilt. Die Aufgabe der Naturerkenntniss ist daher nur die Reproduction dieser Reihenfolge, und was der Mensch von Naturgesetzen zu erkennen glaubt, ist lediglich die Einsicht in die constante Ordnung, nach welcher die Gottheit diese ihre Vorstellungen zu produciren pflegt. Ein Naturgesetz ist nur eine von Gott hervorgerufene Ordnung der Vorstellungen. Da aber die Gottheit vermöge ihrer Allmacht und Freiheit über den Gang, welchen sie diesen ihren Vorstellungen geben will, vollkommen Herr ist, so befindet sie sich natürlich auch in der Lage, wo es einmal zweckmässig erscheint, von jener gewohnten Ordnung der Vorstellungen abzuweichen und das, was wir ein Naturgesetz nennen, zu durchbrechen. Auf diese Weise hat in dieser Weltauffassung das Wunder einen selbstverständlichen Platz. Ebenso natürlich ist es aber auch, dass es von diesem Gesichtspunkte aus statt der mechanischen nur eine teleologische Naturbetrachtung giebt, welche den Menschen darauf hinweist, in der gewöhnlichen wie in der ungewöhnlichen Reihenfolge der von Gott gegebenen Vorstellungen die von ihm dabei verfolgten Absichten aufzusuchen und zu bewundern. In diesem Sinne steht Berkeley vollkommen auf dem Boden der Physicotheologie; aber indem er die mechanische Grundlage, welche diese bei den Deisten besass, seinerseits ablehnt, vermag er mit seinem philosophischen Systeme ohne Schwierigkeit den orthodoxen Standpunkt der Hochkirche zu vereinigen, deren Bischof er war. Bei keinem Denker jener Zeit erscheint die oft gesuchte Uebereinstimmung zwischen der Philosophie und dem Christenthume natürlicher, ungezwungener und vollständiger, als bei ihm.

Das Verhältniss Berkeley's zu der Lehre Locke's und zu der beinahe entgegengesetzten Consequenz, welche gleichzeitig aus der letzteren von der Associationspsychologie gezogen wurde, ist überaus interessant und findet eine bedeutsame Parallele in der Entwicklungsgeschichte des Rationalismus. Wie Descartes zwischen denkenden und ausgedehnten Substanzen, so hatte Locke zwischen innerer und äusserer Erfahrung unterschieden, und dasselbe Geschick, welches Jener auf metaphysischem Gebiete erfuhr, vollzog sich an Diesem auf erkenntnisstheoretischem. Die Einsicht, dass, wenn der Unterschied principiell durchgeführt werden sollte, der scheinbare Zusammenhang durch einen absoluten Parallelismus der geistigen und der körperlichen Welt erklärt werden müsse, führte dort theils zum Occasionalismus theils zu der spinozistischen Attributenlehre, führte hier zu Hartley's Associationspsychologie. In beiden Fällen aber war eine Wendung möglich, durch welche die körperliche Welt vollkommen in die geistige aufgelöst wurde. Der Rationalismus nahm diese Wendung in Malebranche, der Empirismus in Berkeley. So kam es, dass die Lehren dieser beiden Männer, auf gänzlich verschiedenem Boden erwachsen und in vielen Beziehungen himmelweit von einander verschieden, sich doch in Rücksicht ihrer Auffassung der körperlichen Welt zum Verwechseln ähnlich sahen. Der consequenteste der Nominalisten, der zugleich den Sensualismus in seine letzten Ergebnisse verfolgte, und der extremste der Realisten, der zugleich durch und durch von der Ueberzeugung des Rationalismus erfüllt war, vereinigten sich in der Lehre, dass die körperliche Welt ohne jede Spur von selbständigem Dasein lediglich in der göttlichen Vorstellungsthätigkeit ihre Existenz habe. Und wenn in dem Systeme von Malebranche der Körperwelt noch ein Rest von Wirklichkeit gegenüber ihrem Vorgestelltwerden im göttlichen Geiste übrig geblieben war, so bedurfte es nur eines Schrittes, um seine Lehre vollständig mit der Berkeley's zu identificiren.

Dieser Schritt geschah merkwürdiger Weise auch in England. Die Werke von Malebranche waren sehr früh von Levassor in's Englische übersetzt worden, und seine Gedanken hatten in John Norris einen energischen und gewandten Vertreter gefunden. Durch dessen Schriften war Arthur Collier (1680—1732) angeregt worden, welcher in seiner Schrift: „Clavis universalis or a new inquiry after truth being a demonstration of the non-existence or impossibility of an external world" (London 1713) behauptete, schon zehn Jahre vorher auf Grund der Ideen von Malebranche zu einer der Berkeley'schen durchaus conformen Weltanschauung gekommen zu sein. Er stellte in der That die Ableitung seiner Lehre aus Malebranche's System in einer ebenso einfachen, wie schlagenden Weise dar. Bei Malebranche war das erkenntnisstheoretisch entscheidende Moment dasjenige gewesen, dass vermöge der absoluten Ausschliesslichkeit körperlicher und geistiger Substanzen der endliche Geist seine richtigen Vorstellungen von der Körperwelt nur der Existenz einer idealen Körperwelt in Gott verdanken könne. Die Körperwelt hatte so in diesem Systeme gewissermassen ihre Verdoppelung gefunden. Ein Mal existirte sie urbildlich als die Welt der intelligiblen Ausdehnung im Geiste Gottes, und ein anderes Mal nachbildlich als die Welt der wirklichen Körper in einer von Gott geschaffenen Realität. Wozu, fragt

Collier, diese Verdoppelung? Die Vorstellungen des endlichen
Geistes von der Körperwelt bleiben gerade so nothwendig und
gerade so richtig, wenn ihnen nichts weiter entspricht, als jene
urbildliche Körperwelt im Geiste Gottes. Die Annahme, dass Gott
nach diesem Urbilde noch eine nunmehr für sich bestehende
Körperwelt geschaffen habe, ist unnöthig; denn sie erklärt nicht
mehr, als die entgegengesetzte Annahme, dass es bei jener urbildlichen Welt in Gott sein Bewenden habe: und sie ist falsch und
widersinnig, weil die Körper, wenn sie von Gott in metaphysischer
Realität geschaffen worden wären, eine sein unendliches Wesen
beschränkende Selbständigkeit gewonnen hätten. Wirklichsein kann
eben nichts Anderes heissen, als von Gott vorgestellt werden, und
von einer Aussenwelt darf man deshalb nur in dem accommodativen
Sinne sprechen, dass sie für den einzelnen endlichen Geist ausserhalb ist, insofern dieser nicht an dem ganzen Wesen des göttlichen Geistes und deshalb nicht an allen Vorstellungen desselben
participirt. Daneben sucht Collier die Unmöglichkeit einer selbständigen Existenz der Körper auch durch den Nachweis darzuthun, dass zwischen Perceptionen und anderen Ideen nur ein
gradueller Unterschied obwalte, und dass deshalb alle unsere Vorstellungen von Dingen nur die Complexe unserer eigenen inneren
Zustände seien. In dieser Beziehung bewegt er sich vollständig in
dem Gedankengange von Berkeley, und so stellt sich seine Lehre
in der Gestalt, wie sie in seinem Werke niedergelegt ist, jedenfalls
als eine Verschmelzung der Gedanken der beiden Männer dar,
welche merkwürdig genug von so verschiedenen Ausgangspunkten
her zu demselben Resultate gekommen waren.

§ 34. David Hume.

Für das Verständniss der Fortentwicklung ist es namentlich
wichtig, das skeptische Element zu beachten, welches in dieser
Lehre lag und sich von ihr aus namentlich gegen die moderne
Naturforschung kehren musste. Malebranche und Berkeley hatten
sich mit gleicher Intensität von ihrem spiritualistischen Gesichtspunkte aus gegen die mechanische Naturerklärung gewendet, in
welcher die neue Wissenschaft gerade ihre Triumphe feierte. Beide
hatten es für unchristlich erklärt, den Dingen selbst Causalität zuzuschreiben und von der Wirkung eines Körpers auf den andern
zu sprechen. Beide griffen gleichmässig das grosse Princip der

Causalität an, auf welchem die gesammten Forschungen der Mechanik und der mehr und mehr von ihr abhängig werdenden übrigen Naturwissenschaften beruhten. Giebt es — und genau so hatten Malebranche und Berkeley gelehrt — keinen reellen Causalzusammenhang der Dinge, so ist auch alle Erkenntniss, welche die Wissenschaft von ihrem Zusammenhange erlangt zu haben glaubt, illusorisch. Diese Folgerung war um so wichtiger, je mehr die neuere Naturforschung schon bei den Italienern, mit vollkommener Klarheit aber bei Bacon und Descartes, ihren Schwerpunkt in die Erforschung der Causalverhältnisse und ihrer gesetzmässigen Formen gelegt hatte, und je mehr durch die Associationspsychologie dieses Axiom auch auf dem Gebiete des psychischen Lebens Platz gegriffen hatte.

Doch waren es nicht erst diese Vermittlungen, durch welche die Causalität zu einem viel umfreiten Probleme der modernen Erkenntnisstheorie gemacht wurde. Der Umstand, dass die Erkenntniss von Causalverhältnissen von der modernen Wissenschaft für ihre Hauptaufgabe erklärt wurde, hatte schon früh genügt, um die Angriffe desjenigen Skepticismus, der sich in den Dienst der Orthodoxie stellte, auf diesen Punkt zu richten. So hatte bereits Hobbes einen skeptischen Gegner in Joseph Glanvil (1636 bis 1680) gefunden. Auf diesen waren zwar, wie einige seiner Schriften beweisen, die Gedanken Bacon's über den Fortschritt der Wissenschaft zu Gunsten der allgemeinen Culturzwecke nicht eindruckslos geblieben; aber im Grunde genommen machte er doch mit dem Empirismus nur so weit gemeinschaftliche Sache, als es sich um die Bekämpfung der rationalen Philosophie handelt, als deren Typus auch bei Glanvil noch Aristoteles erscheint. Um aber dabei die Unzulänglichkeit aller rationalen Philosophie darzuthun, nimmt Glanvil sie gewissermassen beim Wort, indem er sich darauf beruft, dass sie ja überall die Erkenntniss causaler Verhältnisse zu ihrer Aufgabe erkläre. Sie will Alles begreifen, und etwas begreifen soll heissen, es aus seinen Ursachen ableiten. Allein das Verhältniss von Ursache und Wirkung ist niemals aus der Anschauung zu gewinnen; es kann nicht gesehen noch gefühlt noch irgendwie sinnlich wahrgenommen, sondern immer nur auf dem Wege des Denkens erschlossen werden. Diese Schlüsse aber haben zu ihrem Grunde nichts Anderes als die Beobachtung des stetigen Aufeinanderfolgens der beiden Ereignisse, von denen wir das eine für die Ursache des andern halten. Dass diese stetige Folge eine nothwendige sei, dass dasjenige, was unserer Beobachtung nach immer auf ein Anderes folgt, darum auch die Wirkung dieses Anderen sei, diese Umdeutung des post hoc in ein propter hoc kann niemals durch logische Schlüsse erwiesen werden. Man sieht, die Skepsis Glanvil's bewegt sich bereits völlig in der Tiefe des Causalitätsproblems und berührt namentlich auch alle diejenigen Beziehungen darin, welche in Bezug auf die logische Begreiflichkeit des Verhältnisses von Ursache und Wirkung durch die Occasionalisten aufgedeckt wurden. So kommen hier ebenfalls alle die Schwierigkeiten zu Tage, welche seitdem der Behandlung dieses Problems eigen geblieben sind. Die Einsicht, dass der Begriff des causalen Verhältnisses nicht aus dem Inhalte der Wahrnehmung stammt, sondern vom Denken hinzugefügt wird, und die Frage nach der Beziehung der causalen Nothwendigkeit zu der Stetigkeit der zeitlichen Succession sind seitdem nicht wieder aus dem Gesichtskreise der Erkenntnisstheorie entschwunden: die grosse Bedeutung freilich, welche sie gewonnen haben, verdanken sie nicht sowohl diesen gleichsam präludirenden Andeutungen Glanvil's, als vielmehr der tiefsinnigen Energie, mit der sie betont und in den Mittelpunkt der philosophischen Bewegung gerückt wurden durch den grössten Geist der englischen Philosophie, durch David Hume.

Wie Locke der beginnende und beherrschende, so ist Hume der abschliessende Geist der englischen Aufklärung. Wie bei Locke alle die Ideengänge, welche sie später entwickelte, gewissermassen nur vorbedeutend angeschlagen wurden, so klangen sie in Hume's System zu einem gewaltigen Accorde vereinigt aus. Er ist der letzte grosse Träger der Entwicklung, welche der von Bacon angelegte Empirismus in England gefunden hat, und seine Lehre das letzte grosse Wort, welches dieser Empirismus in dem Kampfe der modernen Erkenntnisstheorie gesprochen hat; er ist zweifellos der klarste und rücksichtsloseste, dabei aber der umfassendste und philosophisch durchgebildetste Denker, den die englische Nation hervorgebracht hat.

Sein Leben ist verhältnissmässig ruhig und einfach verlaufen. 1711 zu Edinburg als der Sohn eines schottischen Landedelmannes geboren, bezog er 1728 die dortige Universität, um sich den Studien der classischen Litteratur und der Philosophie zu widmen.

Doch veranlasste ihn, seines schwächlichen Körpers und auch der geringen Vermögensumstände halber, seine Familie, die kaufmännische Laufbahn zu ergreifen. Dieser wurde er aber nach einem kurzen Aufenthalt in Bristol schnell überdrüssig, und so ging er 1734, um unabhängig seiner wissenschaftlichen Ausbildung zu leben, nach Frankreich, wo er beinahe vier Jahre an mehreren Orten lebte. Als er von dort in die Heimat zurückkehrte, brachte er das Manuscript seines genialen „Treatise upon human nature" (in drei Bänden London 1738—40 gedruckt) mit: dies Werk machte aber bei seinen Landsleuten vollständig Fiasco und schadete zunächst ihm nur insofern, als er dadurch heterodoxer Ansichten verdächtig wurde und eine Professur an der Edinburger Universität, um die er sich bewarb, in Folge dessen nicht erhielt. Erst seine „Essays moral, political and literary" (Edinburg 1742) begründeten vermöge ihres feinen und geistvollen Stiles seinen litterarischen Ruhm. Gleichwohl sah er sich zur Annahme einer Privatstellung genöthigt, in der er eine mehrjährige Reise nach Holland, Deutschland, Frankreich, Norditalien und Oesterreich machte. Auf dieser Reise arbeitete er sein erstes Werk um und liess es unter dem Titel: „Enquiry concerning the human understanding" als zweiten Band seiner Essays 1748 erscheinen. Nach seiner Rückkehr erhielt er 1752 die bescheidene Stellung eines Bibliothekars der Juristenfakultät zu Edinburg, und das werthvolle Material, das er darin zu verwalten hatte, veranlasste ihn zu historischen Forschungen. Es ist merkwürdig und zugleich bezeichnend für den politischen Geist der englischen Nation, dass zwei ihrer grössten Philosophen zugleich zu ihren bedeutenden Historikern gehören. Wenn jedoch Bacon mit seiner Geschichte Heinrich VII. nur einen Theil der ihm vorschwebenden Aufgabe löste, so ist Hume's in verschiedenen Abschnitten erschienene und dann unter dem Titel: „History of England from the invasion of Julius Caesar to the revolution of 1688" (sechs Bände 1763) vereinigte Darstellung durch die Grossartigkeit der Auffassung und die Anmuth der Darstellung zu einem classischen Werke nicht nur der englischen, sondern der historischen Litteratur überhaupt geworden. Daneben fand Hume Zeit, seinen philosophischen Arbeiten ferner obzuliegen und neben der Fortsetzung der politischen und philosophischen Essays auch noch sein tiefsinniges Buch: „The natural history of religion" (London 1755) zu schreiben. Endlich sollte ihm, während seine Landsleute in der grossen Masse vermöge ihrer kirchlichen Neigungen sich noch immer wenigstens zurückhaltend gegen ihn verhielten, im Auslande die Genugthuung einer glänzenden Anerkennung zu Theil werden. Als er im Jahre 1763 in der Begleitung des Grafen von Hertford als Gesandtschaftssekretär nach Paris kam, wurde er in den philosophischen Kreisen der dortigen Gelehrten und der grossen Welt mit einem Enthusiasmus aufgenommen und mit einer Begeisterung gefeiert, welche ihm zeigen mussten, dass die Lehren des englischen Empirismus auf diesem Boden noch viel stärkere Wurzeln geschlagen hatten, als in ihrer Heimat. Vielleicht trugen diese Triumphe auch dazu bei, sein Ansehen bei seinen Landsleuten zu erhöhen; wenigstens wurde er bald nach seiner Rückkehr 1767 zum Unterstaatssekretär im Ministerium der auswärtigen Angelegenheiten ernannt, legte jedoch dieses Amt schon nach zwei Jahren nieder und starb nach einer behaglichen Musse zu Edinburg am 25. August 1776.

Hume's Lehre zeigt die grösste speculative Vertiefung, deren der englische Empirismus fähig war; aber sie erweist sich eben darin und besonders in ihren entscheidenden erkenntnisstheoretischen Kriterien von den Einflüssen des mathematischen Rationalismus abhängig, der von Hobbes an mit immer grösserer Intensität in die Entwicklung der Bacon'schen Ideen eingeströmt war. Zunächst freilich scheint Hume's Untersuchung wesentlich in der Richtung des von Berkeley auf die letzte Höhe geführten Sensualismus und Nominalismus zu liegen. Hume erklärt die Entdeckung Berkeley's von der Unmöglichkeit abstracter Begriffe für eine der grössten wissenschaftlichen Thaten, die je geschehen seien. Auch er meint, dass die Locke'sche Unterscheidung von Sensation und Reflexion nicht in dem Sinne zu verstehen sei, als ob beide gleich ursprüngliche und von einander vollkommen geschiedene Gebiete der Erfahrung seien. Er sucht vielmehr jener Locke'schen Unterscheidung diejenige der **ursprünglichen und der abgeleiteten Vorstellungen** unterzuschieben und bezeichnet diese Gegensätze mit den Ausdrücken **impressions** und **ideas**. Er rechnet dabei zu den Impressionen alle einfachen und originalen Vorstellungszustände und will unter den Ideen nur die auf Grund der Impressionen eintretenden abgeschwächten Abbilder davon verstehen. Daraus ergiebt sich die fundamentale Folgerung, dass, wenn die Ideen nur Copien von Impressionen sind, wir keine Idee haben können, die nicht in irgend einer Impression ihr ursprüngliches Abbild besässe. Allein hierbei wird sogleich eine Correktur nothwendig. Wäre in unserm Bewusstsein jede Idee unmittelbar und nothwendig in allen Fällen nur auf diejenige Impression bezogen, deren Copie sie in Wahrheit ist, so bestände zwischen dem Urbilde und der, wenn auch noch so abgeblassten Copie doch noch immer so viel Uebereinstimmung, dass alle Vorstellungen auf Wahrheit Anspruch hätten und der Irrthum unmöglich wäre. So entspringt vor David Hume, ebenso wie vor Descartes und Spinoza, das Problem der Möglichkeit des Irrthums, und es ist für ihn nicht minder wichtig, als für jene Beiden; denn Niemand hat so viele Irrthümer abzuweisen und zu widerlegen, Niemand aber deshalb auch so sehr die Verpflichtung, ihre Möglichkeit durch die Aufdeckung ihres Ursprunges begreiflich zu machen, wie Hume.

Er hat diese Aufgabe in einer überaus tiefsinnigen Weise zu lösen gesucht und zwar dadurch, dass er sich in der allgemeinen Entwicklung der Entstehung des Irrthums nach der Analogie derjenigen Irrthümer richtete, welche im Gedächtnisse auftreten. Die Verwandlung der Impressionen in Ideen geschieht ja in erster Linie durch das Gedächtniss, dessen Thätigkeit keine andere ist, als den Inhalt der ursprünglichen Vorstellungen zu reproduciren, wobei natürlicher Weise jene Abschwächung der sinnlichen Intensität und der ursprünglichen Frische eintritt, in welcher Hume das die Ideen von ihren Originalen unterscheidende Merkmal sieht. Eine falsche Erinnerung nun nennen wir diejenige, in der irgend eine Idee mit einer Impression in Beziehung gesetzt wird, von der sie in Wahrheit nicht das Abbild ist, oder in der umgekehrt irgend eine Impression auf eine Idee bezogen wird, deren wahres Urbild eine andere Impression war. Aller Irrthum also besteht darin, dass entweder den Impressionen fremde Ideen, oder den Ideen fremde Impressionen untergeschoben werden, und die Aufgabe Hume's wird deshalb überall die sein, bei den irrthümlichen Vorstellungen, welche er bekämpft, die Impressionen nachzuweisen, von denen sie in Wahrheit die Copien sind.

Diese Vertauschung aber, vermöge deren im Irrthum Impressionen und Ideen, die eigentlich nichts mit einander zu thun haben, auf einander bezogen werden, ist nicht mehr die Sache des Gedächtnisses, sondern vielmehr diejenige der Phantasie, welche zwar auch nur wie die Erinnerung mit der Reproduction der gegebenen Elemente arbeiten kann, aber eine Verschiebung der zusammengehörigen Elemente herbeizuführen im Stande ist. Doch würde man Hume sehr falsch verstehen, wenn man meinte, er habe unter dieser Einbildungskraft eine willkürliche, etwa auf irgend einer ursachlosen Freiheit beruhende Combination der Impressionselemente verstanden, vielmehr glaubt er, dass diese Thätigkeit der Phantasie, wie überhaupt diejenige der Reproduction, unter ganz bestimmten Gesetzen stehe, und erklärt es für die erste Aufgabe der Erkenntnisstheorie, den Mechanismus dieses Vorganges aufzudecken. Er schliesst sich damit vollständig der Tendenz der Associationspsychologie an, und seine Untersuchungen haben die wesentlichste Förderung in deren Entwicklung gebildet.

Er glaubt nämlich vier Grundgesetze entdeckt zu haben, auf welche sich alle Associationsvorgänge zurückführen lassen, diejenigen der Aehnlichkeit, des Contrastes, der räumlichen und zeitlichen Berührung oder „Contiguität" und des causalen Zusammenhanges. D. h. der Weg, welchen von einer gegebenen Vorstellung aus das Gedächtniss oder die Phantasie nehmen, ist entweder auf inhaltlich verwandte oder auf geradezu entgegenstehende Vorstellungen gerichtet, oder er ist durch diejenigen Elemente bedingt, welche mit der ersten Vorstellung in demselben räumlichen oder zeitlichen Zusammenhange erfahren worden sind, oder endlich er führt vorwärts oder rückwärts zu den Wirkungen oder zu den Ursachen, auf welche wir jenen ersten Inhalt zu beziehen gewohnt sind. Die Aufstellung dieser Associationsgesetze ist für den Fortgang der empirischen Psychologie von grosser Bedeutung gewesen. Man hat sie in der Folge theils zu vermehren, theils zu vereinfachen gesucht, immer aber diese erste systematische Aufstellung im Auge behalten, und man wird kaum fehl gehen, wenn man sagt, dass dies in gewissem Sinne noch heute der Fall ist. Für die Hume'sche Erkenntnisstheorie ist diese Aufstellung vor Allem deshalb werthvoll, weil sich danach deren weitere Fragestellung gliedert. Danach wird von vornherein zu erwarten sein, dass, wie bei Locke und Berkeley, von einer Wahrheit, welche in der Uebereinstimmung unseres Vorstellungsinhalts mit einer ausserhalb der Vorstellung befindlichen Welt von Dingen bestünde, auch bei Hume nicht die Rede sein kann. Selbst die gesammte Existenz einer Körperwelt ist auch nach ihm nur als höchst wahrscheinlich anzunehmen; die Phantasie kann daran glauben, aber die Vernunft kann sie niemals demonstriren. Der einzige Weg eines Beweises wäre derjenige vermittelst der Causalität, und dieser ist, wie sich weiterhin bei Hume zeigt, unsicher und zweifelhaft. Existiren soll nach Hume so gut wie nach Berkeley für den Menschen nur so viel bedeuten wie Wahrgenommenwerden. Die Existenz ist kein begriffliches Merkmal, welches sich jemals erweisen liesse, sondern vielmehr eine mit dem Wahrnehmungsakte und nur mit diesem gegebene Ueberzeugung (belief). Die Wahrheit kann deshalb nur darin bestehen dass die Perceptionen richtig auf einander bezogen werden, und da diese Beziehung sich bedingungslos nach den Associationsgesetzen vollzieht, so kann nur untersucht werden, welchen Grad von Richtigkeit die einzelnen Formen der Association herbeizuführen im Stande sind.

Was nun dabei zunächst die beiden ersten Associationsgesetze, diejenigen der Aehnlichkeit und des Contrastes, anbelangt, so meint Hume hierin auf keine Schwierigkeiten zu stossen. Er glaubt annehmen zu dürfen, dass die Einsicht in die Aehnlichkeit oder in die Verschiedenheit des Vorstellungsinhaltes und in den Grad dieser Aehnlichkeit oder Verschiedenheit unmittelbar mit dem blossen gemeinschaftlichen Auftreten beider innerhalb desselben Bewusstseins gegeben sei. Er nimmt nach dem Princip der mechanischen Psychologie an, dass diese Einsicht keine weitere Kraft und keinen weiteren Vorgang als eben das gemeinsame thatsächliche Vorhandensein der zu vergleichenden Vorstellungen voraussetzt. Er ist, wie viele englische Psychologen, von der Richtigkeit dieses Princips so vollkommen durchdrungen, dass er die vor ihm von Leibniz und nach ihm von Kant aufgeworfene Frage, ob der Akt der Vergleichung noch ein drittes Element neben den beiden zu vergleichenden Vorstellungen in Anspruch nehme, ebensowenig wie seine Vorgänger berührt. Er glaubt dann darthun zu können, dass nach diesem Princip zwei Vorstellungen gerade so ähnlich oder gerade so verschieden sind, wie sie in dem gemeinschaftlichen Bewusstsein für ähnlich gehalten oder unterschieden werden, und dieses Princip ist in dieser Beschränkung vollkommen richtig. Er folgert daraus, dass alle Urtheile, welche diese Beziehungen der Verwandtschaft und der Verschiedenheit zwischen den Vorstellungsinhalten zum Gegenstande haben, richtig und gewiss sind. Die in ihnen behauptete Beziehung ist mit ihren Gegenständen selbst, ihr Prädicat mit ihren Subjekten entweder schon unmittelbar gegeben, oder kann mittelbar durch einen Schluss vermöge eines Mittelbegriffes aus ihnen gefunden werden. Was das Denken hierbei vollzieht, ist lediglich eine Analysis seines eigenen Inhalts, alle diese Urtheile sind nach der seit Kant üblich gewordenen Terminologie analytisch, und die analytischen Urtheile sind von zweifelloser Gewissheit.

Daraus ergiebt sich zunächst, dass die Erkenntnisse, welche der Mensch von der Aehnlichkeit oder Verschiedenheit seiner eigenen Vorstellungen besitzt, nicht angezweifelt werden können. Jedoch damit allein kann man noch keine Wissenschaft begründen. Alle realen Wissenschaften wollen eine Erkenntniss der ausserhalb der Vorstellung bestehenden Welt auf demonstrativem Wege gewinnen, und dazu genügt die immanente Vergleichung unserer Vorstellungen nicht. Nur eine einzige Wissenschaft ist auf diesem Wege der Analysis und der Demonstration möglich. Es wurde schon erwähnt, dass nach Hume's Meinung die Erkenntniss der Aehnlichkeit und Verschiedenheit unserer Vorstellungen sich auch auf ihren Grad erstreckt. Dies aber geschieht in doppelter Beziehung: erstens vermögen wir die Gradverschiedenheit der Qualität in dem Inhalte unserer Wahrnehmungen, also z. B. der Stärke des Lichts und des Tons oder der Heftigkeit der Freude und des Schmerzes, zweitens aber die Massverschiedenheit der Quantität, d. h. der räumlichen Grösse oder der Anzahl unseres Wahrnehmungsinhaltes unmittelbar aus dem Wahrnehmungsakte selbst zu erkennen oder mittelbar durch den Verstand daraus zu finden. Beides aber ergiebt die Einsicht in die mathematischen Verhältnisse unserer Vorstellungen. Die mathematische Erkenntniss setzt nichts als die Erfahrung der Grad- und Quantitätsverhältnisse unserer Vorstellungen und die aus ihnen durch logische Operationen abzuleitenden Beziehungen voraus. Die Mathematik ist deshalb die einzige rein analytische und rein demonstrative Wissenschaft, und sie besitzt, die einzige von allen, eben deshalb zweifellose Gewissheit und Richtigkeit. Hume steht in der Auffassung der Mathematik ganz unter dem allgemeinen Vorurtheile der vorkantischen Philosophie: auch er hält sie mit Vernachlässigung ihres anschaulichen Elementes für eine in rein logischer Weise operirende Verstandeswissenschaft. Vermöge dieses Vorurtheils wurde die Mathematik das wissenschaftliche Ideal der gesammten neueren Philosophie: vermöge desselben machte Descartes die geometrische Methode zur Richtschnur aller Vernunfterkenntniss und vor Allem auch der Philosophie; vermöge desselben sah Hume in der Mathematik die einzig zu Recht bestehende und vor den Ansprüchen der Erkenntnisstheorie Stand haltende Wissenschaft. Er konnte es um so mehr, als er sich auch in Hinsicht des Raumes und der Zeit den Consequenzen des Berkeley'schen Nominalismus anschloss. Der allgemeine Raum und die allgemeine Zeit galten auch ihm nicht für etwas an sich Existirendes, ja nicht einmal für etwas wahrhaft Vorstellbares; sie sind nur die Idee von der Impression unserer Unfähigkeit, den Vorstellungen räumlicher und zeitlicher Continuität jemals ein Ende zu setzen. Es giebt deshalb nach Hume's Lehre weder leeren Raum noch leere Zeit, sondern nur einzelne Räume und einzelne Zeiten, und jeder Raum ist nur eine Ordnung sichtbarer und fühlbarer Punkte, jede Zeit nur eine Reihenfolge zusammenhangender Wahrnehmungen. Je mehr in dieser Weise Hume auf die objektive Giltigkeit des Raumes und der Zeit verzichtet, um so mehr vermag er die Ansicht von der subjektiven Richtigkeit der mathematischen Erkenntnisse aufrecht zu erhalten; denn um so weniger bedarf er für die letzteren des gewöhnlichen Kriteriums der Wahrheit, wonach ihre Uebereinstimmung mit einer von der Vorstellung unabhängigen Wirklichkeit erforderlich wäre. Analytische Erkenntnisse betreffen nicht den Zusammenhang unserer Vorstellungen mit einer äusseren Wirklichkeit, sondern nur ihre inneren Beziehungen. Raum und Zeit sind bei Hume nur Beziehungen unserer Vorstellungen, und darum eben kann es von ihnen eine analytische und demonstrative Wissenschaft wie die Mathematik geben.

Wenn so Hume's Anerkennung der Mathematik auf der Beschränkung beruht, dass ihr Erkenntnisswerth sich nur innerhalb der menschlichen Vorstellungswelt bewegt und diese nicht überschreitet, so leitet ihn dasselbe Princip in der Bestimmung einer überaus wichtigen Grenze, welche er für die analytische Erkenntniss der Aehnlichkeit der Vorstellungen festzusetzen sucht. Die vollkommenste Aehnlichkeit zweier Vorstellungen ist offenbar da vorhanden, wo ihr Inhalt sich vollständig deckt, und der Einsicht in diese ihre Gleichheit steht nach den Hume'schen Principien nichts im Wege. Allein die menschliche Vorstellungsthätigkeit pflegt sich mit der Constatirung dieser vollkommenen Aehnlichkeit nicht zu begnügen; sie pflegt vielmehr da, wo sie mitten in dem

Wechsel verschiedenen Vorstellungsinhaltes andauernd die gleichen Bestimmungen wahrgenommen hat, diese constante Gleichheit in eine metaphysische Identität umzudeuten und diesen dem Wechsel gegenüber sich gleichbleibenden Inhalt als eine Substanz aufzufassen, zu der sich das Wechselnde als Modi, Zustände und Thätigkeiten verhalte. So gestaltet sich in diesem Zusammenhange Hume's Untersuchung des Begriffs der Identität zu einer scharfsinnigen und genialen Kritik des Substanzbegriffes, dessen Bedeutung für die Entwicklung der rationalistischen Philosophie schon mehrfach hervorgehoben worden ist. Es ist von vornherein klar, dass Hume die metaphysische Geltung dieses Begriffs als eine Ueberschreitung der Grenzen der analytischen Erkenntniss nur zurückweisen konnte; denn die Substantialität ist in dem Inhalt der Wahrnehmung weder unmittelbar noch mittelbar gegeben. Alle Impressionen zeigen uns nur Eigenschaften, Zustände und Thätigkeiten, und zieht man diese ab, so bleibt, wie schon Berkeley gelehrt hatte, nichts übrig. Es giebt unter allen Eindrücken keinen, welcher die Substantialität in sich enthielte; sondern diese wird immer zu einem constanten Eigenschaftscomplex hinzugedacht. Aber hier muss sich Hume fragen, wie wir denn hiernach überhaupt zu der Vorstellung von Substanzen und zu der Idee der Substantialität gelangen. Seine Theorie, dass jede Idee die Copie einer Impression sei, legt ihm die Verpflichtung auf, die Impression aufzuweisen, von der die Idee der Substanz in Wahrheit die Copie ist, und dieser Aufgabe hat er sich mit grossem Scharfsinn entledigt. Offenbar kann es keine der unmittelbaren Inhaltsbestimmungen der einzelnen Wahrnehmung sein, welche das Urbild der Idee der Substanz bildet; aber indem die Vorstellungsthätigkeit mehrmals dieselbe Combination von Wahrnehmungen zu vollziehen hat, entsteht in der Phantasie die Impression einer constanten Gleichmässigkeit ihres eigenen Thuns, und von dieser Impression ist die Idee der Substanz das eigentliche Abbild. Hume bedient sich des heraklitischen Beispiels vom Fluss, um zu zeigen, wie die Sprache und die gewöhnliche Anschauung der Menschen selbst da von einer Substanz sprechen, wo genauere Ueberlegung sogleich davon überzeugt, dass man es mit einer metaphysischen Identität nicht zu thun haben kann. Das, was den Fluss wirklich bildet, das in ihm strömende Wasser, ist in jedem Augenblicke etwas Anderes, als im vorhergehenden: aber die gleichförmige Nöthigung zur

Wahrnehmung desselben sinnlichen Bildes mit stets gleichen Formen und Farben genügt, um nicht nur den sprachlichen Ausdruck des Substantivums, sondern auch die Vorstellung eines mit sich selbst identischen Dinges hervorzurufen. Die Impression, welche der Idee einer Substanz zu Grunde liegt, ist diejenige einer **constanten Vorstellungsverknüpfung**. Nun bezieht aber das menschliche Denken seine Ideen von Substanzen nicht auf diese constanten Vorstellungsverknüpfungen, sondern vielmehr auf eine metaphysische Identität der verknüpften Vorstellungsinhalte. Sie schiebt ihren Impressionen eine Idee unter, welche die Copie einer anderen Impression ist, und dadurch wird diese Idee eine falsche. In Wahrheit dürfen wir nur sagen, dass wir eine Anzahl constant gleicher Vorstellungsverbindungen in uns vorfinden; die Annahme aber, dass diesen eine mit sich selbst identische Substanz entspricht, ist ungerechtfertigt. Vom Standpunkte der Associationspsychologie, welche die Verknüpfungen der Vorstellungen lediglich für mechanische Wirkungen ihrer Elemente hält und von einer die letzteren nach eigenen Gesetzen verarbeitenden Kraft nichts wissen will, ist dies in der That das letzte und das consequenteste Wort über das Problem der Substantialität, und es lässt sich die Entwicklung, welche dieses von Descartes und Locke bis zu Hume gefunden hat, von hier aus am klarsten übersehen. Descartes behauptete eine metaphysische Erkennbarkeit der unendlichen Substanz und der endlichen, der Körper und der Geister: Locke hielt an der Realität der Substanzen fest und erklärte sie für unerkennbar, womit er die Metaphysik im gewöhnlichen Sinne des Wortes aufhob. Berkeley verfolgte diesen Gedanken einseitig nach der Seite der sinnlichen Erfahrung und löste dadurch die materiellen Substanzen in Vorstellungscomplexe auf, während er doch an der gewohnten Vorstellungsweise so weit festhielt, dass er für die Vorstellungen selbst das Substrat der geistigen Substanzen voraussetzen zu müssen glaubte und dadurch zum Spiritualisten wurde. Hume war radical genug, dieselbe Consequenz auch gegen die geistigen Substanzen zu kehren und auf Grund seiner Untersuchungen den Substanzbegriff für eine zwar psychologisch nothwendige, aber erkenntnisstheoretisch nicht zu rechtfertigende Illusion zu erklären. Er erhob sich damit gleich weit über den Spiritualismus wie über den Materialismus, den Locke durch seine Lehre von der Unerkennbarkeit der Substanzen mehr zu umgehen, als zu überwinden gewusst hatte. Denn Hume wendete in seinem ersten und bedeutendsten Werke, dem Treatise, diese Kritik des Substanzbegriffes wesentlich dazu an, um darzuthun, dass auch die Vorstellung von einer geistigen Substanz und im Besonderen von einer metaphysischen Identität der menschlichen Persönlichkeit unbeweisbar, und dass das Ich nur eine Collectividee der nach den Associationsgesetzen constant angeordneten Vorstellungsreihen sei. Zwar liess er diesen Gedankengang, welchem er vielleicht nicht mit Unrecht den negativen Erfolg des Treatise bei seinen Landsleuten zuschrieb, bei der Umarbeitung im Enquiry fort; allein er hat sein Ergebniss niemals zurückgenommen, und es darf als ein wesentlicher Bestandtheil seiner Philosophie angesehen werden: das Ich ist nur ein Bündel von Vorstellungen.

Das dritte der Associationsgesetze verknüpft die Vorstellungen nach Massgabe ihrer gegenseitigen räumlichen und zeitlichen Berührung, mag das letztere Verhältniss Gleichzeitigkeit oder Succession sein. Der Erkenntniss dieser Beziehungen stehen nun ebensowenig Schwierigkeiten entgegen, wie der Einsicht in die Verwandtschafts- und Verschiedenheitsgrade des Vorstellungsinhalts. Denn da Raum und Zeit nach Hume's Lehre die Ordnungsverhältnisse sind, nach denen sich die Vorstellungen in uns aneinander reihen, so ist nicht abzusehen, wie wir darin einer Täuschung anheimfallen sollten. Wenn wir feststellen, dass zwei Vorstellungen in uns aufeinander gefolgt sind, so ist das eben die Reihenfolge, in der sie sich angeordnet haben; wenn wir zwei Körper neben einander wahrnehmen, so ist das wirklich die Ordnung, in welche sich eben unsere Vorstellungen gefügt haben. Auch hiervon also giebt es eine Erkenntniss und zwar eine völlig richtige und adäquate Erkenntniss, aber freilich in diesem Falle kein demonstratives Wissen, vermöge dessen wir die Nothwendigkeit gerade dieser bestimmten und keiner anderen Beziehungen nachzuweisen vermöchten, sondern nur eine völlig sichere und genaue Constatirung der Thatsachen, dass gewisse Wahrnehmungsinhalte sich in bestimmten räumlichen Gliederungen dargeboten haben, und dass gewisse Vorstellungen gleichzeitig oder unmittelbar hinter einander oder durch einen gewissen Zwischenraum getrennt in uns eingetreten sind. Wir haben es also hier mit der Constatirung von Thatsachen zu thun, und so lange sich das Denken einfach darauf beschränkt, kann es nicht fehl gehen. Hierin zeigt sich nun andererseits Hume als entschiedenster Empirist; er erkennt eine vollkommen selbständige und in sich durchaus wahre Region des menschlichen Wissens in dieser Feststellung von Thatsachen an und sucht auf diese Weise die rein empirische Forschung gegen die Missachtung, welche sie von rationalistischer Seite erfuhr, auch seinerseits sicher zu stellen.

Aber er zieht die Grenzen dieser thatsächlichen Erkenntniss überaus eng, und er schliesst von ihr alle diejenigen Deutungen aus, welche der Mensch gewöhnlich in den reinen Thatbestand der Erfahrung unwillkürlich und unmerklich hineinzulegen pflegt. Jedes Hinausgehen über die reine Thatsächlichkeit besteht aber darin, dass man jenen Zusammenhang, welchen man erfahren hat, als einen nothwendigen aufzufassen geneigt ist. Wo wir Körper im Raume bei einander wahrnehmen, suchen wir dieses Verhältniss als ein nothwendiges zu begreifen; wo wir zwei Vorgänge auf einander folgen sehen, gelüstet es uns stets, den einen als die Ursache des andern zu betrachten. Alle diese über die reine Erfahrung hinausgehenden Deutungen wurzeln in dem vierten Associationsgesetze, demjenigen der Causalität. Hume's Untersuchung über dies Grundproblem der modernen Wissenschaft ist von allen seinen Lehren am berühmtesten geworden, einerseits weil sie auch den empirischen Wissenschaften den Boden unter den Füssen fortziehen zu wollen drohte und deshalb überall grosses Aufsehen erregte, andererseits weil Kant ihr einen besonderen Werth beilegte und sie sogar als die Anregung zu seiner eigenen Philosophie bezeichnete. Diese Untersuchung ist jedoch nicht mehr und nicht weniger als ein Seitenstück zu derjenigen über die Substantialität, welcher sie vollständig parallel läuft, und die letztere ist nur deshalb nicht ebenso berühmt geworden, weil sie in dem überall gelesenen Enquiry fortgelassen worden war und sich nur in dem verschmähten und vergessenen Treatise fand: daher sie denn auch z. B. Kant fremd geblieben war. Der Parallelismus beider Argumentationen ist überaus einfach und deutlich. So wenig wie es eine Impression giebt, deren Copie die Idee einer Substanz wäre, so wenig lässt sich auch eine Impression aufweisen, welche das Urbild der Idee eines causalen Verhältnisses wäre. Wenn man den Vorgang a für die Ursache des Vorganges b hält, so ist das ursächliche Verhältniss weder in der Wahrnehmung a, noch in der Wahrnehmung b enthalten; ebensowenig aber in dem thatsächlichen Verhältniss beider.

Das Wirken kann man so wenig sehen und fühlen, wie das Sein. Die Causalität wird wie die Substanz niemals wahrgenommen, sondern nur gedacht. Aber sie kann auch nicht erschlossen und deshalb auch nicht erwiesen werden; denn erschliessen und erweisen kann man nur, was in dem Inhalte der Vorstellungen schon vorher enthalten war. Das Verhältniss von Ursache und Wirkung steckt weder in der Vorstellung der einzelnen Ursache noch in der der einzelnen Wirkung als ein analytisch daraus zu gewinnender Bestandtheil. Somit ist die Causalität weder intuitiv noch demonstrativ, d. h. also gar nicht erkennbar. Um so mehr aber entsteht hier, wie bei der Substantialität die Frage, wie wir überhaupt dazu kommen, sie vorzustellen und zu meinen, dass wir sie erkennen; und auch die Antwort lautet jener ersten wegen der Substantialität durchaus parallel. Wenn wir mehrmals denselben Vorgang b auf denselben Vorgang a haben folgen sehen, so entsteht in uns ein Gefühl von der Gewohnheit dieses wiederum sich gleichbleibenden Thuns unserer Phantasie, und die Idee dieser Impression ist diejenige des causalen Verhältnisses, welche wir nur wiederum in der Meinung, eine metaphysische Nothwendigkeit begriffen zu haben, dem Verhältniss jener wahrgenommenen Gegenstände unterschieben: wir betrachten das subjektive Verhältniss der Vorstellungen, von denen eine die andere im Bewusstsein nach sich zieht, als ein objektives Verhältniss der Vorstellungsinhalte zu einander. Hierin benutzt Hume ganz die Untersuchungen Glanvil's. Die Gewohnheit des post hoc ist das Original für die Idee des propter hoc. Aber dieses propter hoc und damit der ganze nothwendige Zusammenhang der Erscheinungen ist niemals zu beweisen, sondern nur zu glauben.

In der Anwendung dieser letzteren Lehre auf den ganzen Umfang der empirischen Wissenschaften liegt das eigentlich skeptische Element der Hume'schen Lehre. Denn alle diese Wissenschaften wollen, sofern sie nicht bloss eine Thatsachensammlung, sondern eine Theorie enthalten, die Einsicht in den nothwendigen Zusammenhang gewinnen, welcher zwischen den durch Wahrnehmung zu gewinnenden Thatsachen besteht. Diese Einsicht aber erklärt Hume für eine Sache nicht der wissenschaftlichen Beweisführung, sondern des gewohnheitsmässigen Glaubens. Er nimmt damit im Grunde genommen nur den Empirismus beim Worte; er verbietet, dass aus der Wahrnehmung mehr gemacht werde, als wirklich in ihr liegt; und mit der rücksichtslosen Consequenz, in der seine Grösse besteht, führt er den Bacon'schen Gedanken ad absurdum, dass aus der blossen Beobachtung der Thatsachen mit rein logischen Operationen eine Wissenschaft von dem nothwendigen Zusammenhange dieser Thatsachen gewonnen werden könne. Er deckt damit die geheimen Voraussetzungen auf, mit denen das menschliche Denken den reinen Inhalt seiner Wahrnehmungen überall durchsetzt, um sie zu einer Erkenntniss der Nothwendigkeit umzuformen. Sein Skepticismus ist die unmittelbare Consequenz des Empirismus: es giebt für den Menschen zwar Erfahrung, aber keine Erfahrungswissenschaft. Hume selbst besass in seinen empiristischen Voraussetzungen nicht die Mittel, um die hierin liegenden Probleme endgiltig lösen zu können; aber gerade seine Verwerfung der Ansprüche, welche die empirischen Wissenschaften auf die Erkenntniss der Nothwendigkeit in dem Zusammenhange der Erscheinungen machen, bereitete die Problemstellung vor, durch welche Kant alle diese Fragen unter ein neues Licht zu stellen vermochte.

Das Gesammtresultat der Hume'schen Erkenntnisstheorie ist also dies: es giebt eine empirische Erkenntniss der Verwandtschaft und Verschiedenheit sowie der räumlichen und zeitlichen Verhältnisse unseres Wahrnehmungsinhalts, denn sie ist unmittelbar und intuitiv in den Wahrnehmungen selbst gegeben; aber es giebt nur eine demonstrative Wissenschaft, welche daraus logisch zu entwickeln ist, die Mathematik, die sich mit der immanenten Gesetzmässigkeit der räumlichen und zeitlichen Anordnung unserer Vorstellungen zu beschäftigen hat. Alle übrigen Wissenschaften überschreiten die Grenze der Beweisfähigkeit, wenn sie die von ihnen beobachteten Verhältnisse der Thatsachen als real und nothwendig begreifen und damit eine Theorie von ihnen aufstellen wollen. Für eine Metaphysik endlich, die das Wesen einer unabhängig von den Vorstellungen bestehenden Welt von Substanzen und deren nothwendige Beziehungen erkennen will, ist selbstverständlich in dieser Lehre gar kein Raum. So endet der Empirismus, indem er sich selbst negirt, und er negirt sich auf Grund eines rationalistischen Princips. Will sich der Empirismus überall mit der blossen Feststellung von Thatsachen begnügen, so erkennt auch Hume bedingungslos dieses Recht an. Er verweigert ihm nur den Uebergang aus der Thatsächlichkeit in die Nothwendigkeit, aus der Wahrnehmung in die Theorie. Dass er der Mathematik diesen Uebergang gestattet, beruht auf der Meinung, dass diese ihre Erkenntnisse lediglich der Logik verdanke. Aber wenn man so auch bei Hume die Mathematik als das Ideal der demonstrativen Wissenschaft auftreten sieht, und wenn man verfolgt, wie er sich den übrigen Wissenschaften gegenüber nur deshalb skeptisch verhält, weil sie das Gleiche nicht leisten können, so springt es klar in die Augen, dass diese abschliessende Selbstauflösung des Empirismus sich direkt unter dem Einflusse des cartesianischen Rationalismus vollzogen hat. Die beiden grossen Richtungen der vorkantischen Philosophie haben drei überaus merkwürdige Synthesen gefunden: Hume's Lehre ist diejenige, in der sie sich beide paralysiren; Leibniz' diejenige, in der sie sich beide zu versöhnen suchen; und aus der gegenseitigen Durchdringung beider entsprang Kant's Kritik der reinen Vernunft.

Die Zeitgenossen haben Hume schlechtweg als Skeptiker bezeichnet, und die Geschichte der Philosophie hat diese Bezeichnung meist adoptirt. Auch hier bewährt sich die Unangemessenheit so allgemeiner Rubricirungen für das originelle System eines grossen Geistes. Jene Bezeichnung entstand zunächst dadurch, dass Hume die Möglichkeit einer Metaphysik leugnete und in Folge dessen sogar die Erkennbarkeit der Lieblingsgegenstände der Aufklärungsphilosophie, der Gottheit, der Willensfreiheit und der Unsterblichkeit, bestritt. In diesem Sinne ist er in der That Skeptiker; er ist es nicht für die Mathematik, rücksichts deren er vollständig auf dem Standpunkte des Rationalismus steht; er ist es ebensowenig hinsichtlich der Wahrnehmungserkenntniss, welche er sogar für so richtig und so zweifellos hält, dass man ihn einen Sensualisten nennen dürfte: er ist es nur wieder für die empirischen Wissenschaften, insofern diese über die Feststellung der Thatsachen hinaus eine causal erklärende Theorie beweisen zu können meinen. Deshalb bezeichnet man seine Lehre am besten als empiristischen Skepticismus. In der Ausdrucksweise des XIX. Jahrhunderts pflegt, hauptsächlich nach dem Vorgange Auguste Comte's, die Art der wissenschaftlichen Thätigkeit, welche sich mit der Feststellung von Thatsachen und deren stetiger Zeitfolge bescheiden zu können glaubt und auf erklärende Theorien Verzicht leisten will, meist als positiv oder positivistisch bezeichnet zu werden. In diesem

Sinne ist Hume der wahre und der einzige **Vater des Positivismus**.

Denn auch die Skepsis, welche er den empirischen Wissenschaften entgegenhält, ist nicht so total abweisend, dass sie deren Arbeit für völlig nutzlos erklärte. Freilich hält Hume daran fest, dass alle causalen Verhältnisse niemals stricte bewiesen werden können; aber sie dürfen geglaubt werden, und wir bedürfen dieses Glaubens behufs der praktischen Sicherheit, mit der wir bei bestimmten Vorgängen, die wir entweder erleben oder selbst herbeiführen können, bestimmte andere Vorgänge, die dann als deren Wirkungen bezeichnet werden, erwarten müssen. Je öfter eine solche Succession eingetreten ist, um so wahrscheinlicher wird ihre Wiederholung; und wenn sich die empirischen Wissenschaften damit bescheiden, diese Wahrscheinlichkeit festzustellen und womöglich ihren Grad mathematisch zu bestimmen, so können sie den unbeweisbaren Begriff der Causalität entbehren und doch ihre Aufgabe, die relative Stetigkeit der Succession bestimmter Vorgänge zu constatiren und in praktischer Hinsicht die Erwartung auf das Wahrscheinliche zu richten, durchaus erfüllen. Was wir ein Naturgesetz nennen, hat seine völlige Berechtigung, wenn es nichts weiter sein soll, als ein Gattungsbegriff beobachteter Thatsachen oder Thatsachenverhältnisse, deren Wiederholung höchst wahrscheinlich ist; es überschreitet die Grenzen der menschlichen Erkenntnissfähigkeit, sobald wir darin eine real bindende Macht zu erkennen glauben. In diesem Zusammenhange gestaltet sich die Hume'sche Lehre zu einem **empiristischen Probabilismus**, und er benutzt dafür die Ausbildung, welche inzwischen die Mathematiker der Wahrscheinlichkeitstheorie gegeben hatten. Nur hinsichtlich der Metaphysik und aller auf die Erkenntniss des Uebersinnlichen gerichteten Bestrebungen bleibt er unerbittlich und endet mit dem Rufe: „In's Feuer mit Allem, was nicht entweder mathematische Untersuchungen oder Beobachtungen über Thatsachen und über die Wirklichkeit enthält!"

Nicht minder auflösend verhält sich Hume's Lehre der **religionsphilosophischen Bewegung** gegenüber, und auch hierin zerstört er jene Vertrauensseligkeit, mit welcher die Philosophie der Aufklärung die „Vernunftwahrheiten" apodiktisch durch reines Denken beweisen zu können meinte. Mitten aus der Bildung dieser Zeit hervorgewachsen, erhebt sich Hume durch vollendete Hand-

habung ihrer Methoden und durch energische Ausbildung ihrer
Principien weit über sie, und, ein Riese des Gedankens, zerschlägt
er jene Lieblingsgebilde, mit denen der Deismus vornehm that.
Wenn seit Locke die englische Religionsphilosophie zuerst in der
Form eines Compromisses und später in derjenigen einer beinahe
vollständigen Versöhnung die Vernunfterkenntniss mit den Lehren
der Religion zu vereinigen geglaubt hatte, so sucht Hume auf
Grund seiner Principien zu zeigen, dass diese Hoffnung von vornherein illusorisch ist. Wenn es keine Metaphysik giebt, wenn nicht
einmal die Einsicht in den nothwendigen Zusammenhang der erfahrenen Thatsachen beweisbar, geschweige denn ein Hinausschreiten
der Wissenschaft über die Grenzen dieser Erfahrung gestattet ist,
so kann es natürlich auch keine wissenschaftliche Erkenntniss der
Gottheit oder ihres Verhältnisses zur erfahrungsmässigen Welt
geben. Alle Beweise für das Dasein Gottes suchen entweder die
Nothwendigkeit seiner substantiellen Existenz darzuthun, oder sie
erschliessen das Dasein Gottes als einer Ursache sei es für die
endlichen Dinge überhaupt, sei es für deren zweckmässige Gestaltung. Sie operiren also mit jenen beiden Grundbegriffen der
Substantialität und der Causalität, deren Unbeweisbarkeit Hume
dargethan zu haben glaubt. Der causale Schluss, d. h. der sogenannte kosmologische Beweis, dessen sich z. B. auch Locke bedient
hatte und der in der Physicotheologie des Deismus doch schliesslich auch die Hauptrolle spielte, erscheint Hume in diesem Falle
um so weniger ausreichend, als er von endlichen Dingen auf eine
unendliche Ursache schliessen und auf diese Weise incommensurable
Begriffe in eine syllogistische Beziehung bringen will. Was aber
die Thätigkeit anbetrifft, mit der die Gottheit in den Gang der
Dinge eingreifen soll, so ist diese als ein causales Verhältniss auch
wiederum nicht beweisbar, sondern kann nur geglaubt werden.
Dabei macht Hume den Versuch, die Glaubwürdigkeit der Wunder
nach den Principien der Wahrscheinlichkeitslehre zu prüfen, und
kommt dabei zu dem Resultate, dass diese ihre Glaubwürdigkeit
lange nicht ausreiche, um darauf ein System und eine wissenschaftliche Erkenntniss zu gründen, welche auch nur den Werth der
übrigen empirischen Wissenschaften hätte. So ergiebt sich für
Hume, dass das, was man religiöse Wahrheit nennt, niemals gewusst, sondern immer nur geglaubt werden kann. Jene Uebereinstimmung, welche die Freidenker zwischen Religion und Vernunft,

zwischen Glauben und Wissen herbeizuführen gesucht hatten, hebt Hume wieder auf und erklärt, dass aus wissenschaftlicher Erkenntniss niemals eine Religion hervorgegangen sei und hervorgehen könne. Jene künstliche Religion, welche der rationalistische Deismus unter dem Namen der Naturreligion zu erzeugen gesucht hatte, wird von Hume für eine Unmöglichkeit erklärt. Religion ist deshalb niemals als Wissen möglich. Damit erneuert er den Standpunkt Bacon's, welcher auch die Brücke zwischen Religion und Wissenschaft abzubrechen gewünscht hatte, und so läuft die Linie der religionsphilosophischen Entwicklung der Engländer, nachdem sie die Sphäre des Freidenkerthums durchmessen hat, in ihren Anfangspunkt zurück. Mit Hume löst sich die versöhnungsvolle Verbindung von Wissen und Glauben, in der das Freidenkerthum geschwelgt und mit der es das Aufklärungszeitalter beherrscht hatte, wieder auf.

Wie aber Hume die Unmöglichkeit der naturwissenschaftlichen Theorie praktisch durch das Vertrauen auf die Erfahrung wieder ausgeglichen hatte, so giebt er auch in Bezug auf die Religion zu, dass im Ganzen — trotz der theoretisch nicht abzuweisenden Einwürfe und Bedenken — das Weltall auf den verständigen Menschen den Eindruck mache, als ob in ihm eine einheitliche Intelligenz walte, deren Realität deshalb zu glauben praktisch erlaubt sei.

Wenn so die postumen „Dialoge über die natürliche Religion" ein vielseitiges Abwägen ohne bestimmtes und eindeutiges Ergebniss darbieten, so hatte Hume in der „Natürlichen Geschichte der Religion" einen andern Gedanken verfolgt. Seine Leistung darin ist die Einführung einer Betrachtungsweise der positiven Religionen, welche er zwar noch unvollkommen durchgeführt, aber doch mit principieller Klarheit erfasst hat, und von der die Aufklärung in dem stolzen Bewusstsein ihrer Superiorität keine Ahnung hatte. Auch dieser Gesichtspunkt ist in den Principien der gesammten Hume'schen Lehre begründet. Wenn die Religion keine Erkenntniss sein kann, so ist doch die Thatsache nicht zu leugnen, dass sie eine solche sein will und zu sein glaubt. Wie deshalb die Hume'sche Erkenntnisstheorie überall, wo sie Irrthümer oder falsche Ansprüche des Denkens aufdeckte, deren Entstehung zu begreifen suchte, so will nun auch seine Religionsphilosophie die Entstehung des Glaubens erklären. Diese Erklärung aber kann wiederum nur vom Standpunkte der Associationspsychologie in der Aufdeckung der psychischen Vorgänge bestehen, aus denen, wie dort die erkenntnisstheoretischen Illusionen, so hier der religiöse Glaube entspringt. Dadurch wird die Religionsphilosophie zu einer **Psychologie der Religion**, und das Bestreben Hume's geht dahin, aufzuzeigen, dass alle Religionen ein nothwendiges Produkt des psychischen Mechanismus gewesen sind. Damit erhebt er sich weit über die pedantische Einseitigkeit und Verständnisslosigkeit, mit der sonst die Denker der Aufklärung die Abweichungen der positiven Religionen von der in ihrer Lehre als normal aufgestellten Vernunft- oder Naturreligion sich nur aus willkürlicher und betrügerischer Priestererfindung erklären zu sollen meinten. Er stellt ihr den Gesichtspunkt entgegen, dass eine Religion sich niemals machen lässt, sondern immer nur wird, und dass ihre Wurzeln in der nothwendigen Entwicklung des menschlichen Geistes liegen. In dieser Lehre kommt bei Hume der grosse Historiker zu Tage: denn der psychologische Gesichtspunkt ist in der Erklärung der Religion identisch mit dem **historischen**. Wenn die Religion ein nothwendiges Produkt des menschlichen Geistes ist, so sind die einzelnen Religionen in ihrer Verschiedenheit und in ihrem Wechsel die nothwendigen Produkte der **Entwicklungsgeschichte des menschlichen Geistes**. Gerade darin besteht die Bedeutung Hume's für die Geschichte der Religionsphilosophie, dass er jener abstracten Kritik des Freidenkerthums gegenüber den psychologisch-historischen Gesichtspunkt für die Erklärung und Betrachtung der positiven Religionen zur Geltung gebracht hat.

Freilich ist die Ausführung dieses Gedankens bei Hume nur noch unvollkommen, und man kann auch nicht sagen, dass er sich von dem Standpunkte der Naturreligion gänzlich frei gemacht hätte. Denn er sucht zu zeigen, wie die Geschichte der religiösen Vorstellungen wesentlich darauf hinauslaufe, von dem ursprünglichen Polytheismus durch fortschreitende Verschmelzung der Göttergestalten auf jenen Monotheismus hinzuführen, den er selbst für die plausible Ansicht des gebildeten Menschen hielt. Im Besonderen führte er aus, dass das religiöse Gefühl, welches die Deisten seit Herbert vorausgesetzt hatten, kein ursprüngliches, sondern vielmehr ein aus den Elementen des menschlichen Triebmechanismus abzuleitendes sei; aber er versperrte sich eine genügende Lösung seiner Aufgabe vor Allem dadurch, dass er einseitig die praktischen und sittlichen Triebfedern für die Erklärung des religiösen Gefühls zu Grunde legte und deshalb die theoretischen Bedürfnisse, welche sich im religiösen Leben zu befriedigen suchen, mehr vernachlässigte. Das ist ein begreiflicher Rückschlag gegen das Freidenkerthum, welches anfänglich in der Religion nur das hatte gelten lassen wollen, was einer vernünftigen Erkenntniss fähig ist, und der gleiche Rückschlag begegnet uns bei Voltaire, Lessing und Kant, sodass danach in der Religionsphilosophie jenes moralische Element das herrschende und einzig bestimmende wurde, welches schon die englischen Deisten, um einen Inhalt für die natürliche Religion übrig zu behalten, als das massgebende betrachtet hatten. Die Folge davon war die, dass man von diesem Standpunkte aus den Werth der Religionen lediglich nach der Förderung zu schätzen sich gewöhnte, welche sie dem moralischen Leben zu gewähren geeignet sind, und das ist denn auch die Kritik, welcher Hume, hierin Bayle folgend, rücksichtslos die positiven Religionen unterwarf. Bei dieser Kritik kommen nun die monotheistischen Religionen schlechter fort, als die polytheistischen, indem Hume nachzuweisen sucht, dass die ersteren ihrem Wesen nach viel unduldsamer als die letzteren sind. Wenn dann schliesslich Hume sich ziemlich deutlich dahin ausspricht, dass die religiösen Triebfedern für das Leben des wirklich sittlichen Menschen entbehrlich seien, so zeigt sich darin der völlige Indifferentismus, der in Bezug auf die Religion seine persönliche Ueberzeugung war. Er sieht auf alle positiven Religionen etwa im Geiste von Hobbes herab; aber er behandelt seine ganze Stellung zu diesen Fragen vollständig in dem aristokratischen Sinne, den Bolingbroke so frivol ausgesprochen hatte. „Es heisst", schrieb er einmal, „dem Aberglauben der Menge zu viel Respekt erweisen, wenn man sich ihm gegenüber mit Offenheit quält. Macht man es zu einem Ehrenpunkte, Kindern und Narren die Wahrheit zu sagen?" Deshalb wurde er in seinem antireligiösen Denken, das er Anfangs ziemlich unverhohlen gezeigt hatte, mit der Zeit zwar nicht anderen Sinnes, aber vorsichtiger und zurückhaltender. Nachdem er sich gerade aus diesem Grunde mehrfach zurückgesetzt gefunden und die kühle Aufnahme seiner Schriften damit in Zusammenhang gebracht hatte, passte er, da er keine Lust zum Märtyrerthum fühlte, seine Ausdrucksweise den Wünschen des englischen Publicums an und änderte z. B. in der zweiten Ausgabe seiner Geschichte Grossbritanniens den Ausdruck

„superstition", den er früher stets wie Hobbes angewendet hatte, durchgehends in „religion".

Der psychologische Grundcharakter, welcher der Hume'schen Lehre eigen ist, zeigt sich auch in der eigenartigen und feinsinnigen Gestalt, welche dieser allseitige Denker der Moralphilosophie gegeben hat. Auch auf diesem Gebiete meint er, dass es sich nicht um die abstracte Aufstellung von Gesetzen und um das Pathos des Moralisirens handle, sondern vielmehr um die Einsicht in den psychologischen Zusammenhang des menschlichen Willenslebens. Alle Moralphilosophie beruht auf einer gründlichen Untersuchung der Affecte, Leidenschaften und Willensentscheidungen. Diese bilden das andere Gebiet, welches die menschliche Erfahrung neben den Impressionen und Ideen zwar in stetiger Verbundenheit damit, aber doch in einer deutlich erkennbaren Verschiedenheit davon aufweist. Auch hierin aber muss auf die einfachen Elemente zurückgegangen und aus ihnen das Zusammengesetzte abgeleitet werden. Damit betritt Hume unter den Principien der Associationspsychologie den Boden, welchen Bacon und Hobbes, Descartes und Spinoza bearbeitet hatten, und auch er will eine Naturgeschichte der Affecte und der Leidenschaften geben. Als deren Grundelemente betrachtet er die Gefühle der Lust und der Unlust und entwickelt daraus mit theilweise ausserordentlich feiner Beobachtungsgabe die ganze Reihe der Affecte und der Leidenschaften. Er benutzt dabei, wie die grossen Rationalisten, neben der Synthese der Gefühle und der Begierden auch die Mitwirkung der Vorstellungsreihen und zeigt, wie lebhaft die Phantasie an der Entstehung der Gemüthsbewegungen betheiligt ist. Auch in dem Gesammtresultat dieser Untersuchung begegnet sich Hume vollständig mit der Consequenz des spinozistischen Denkens. Je mehr in einer solchen Naturgeschichte der Gemüthsbewegungen die psychologische Nothwendigkeit erkannt wird, mit der sie entstehen, desto mehr verschwindet der Gedanke einer ursachlosen Willensfreiheit, und merkwürdig genug, vertritt der Mann, der die Erkenntniss causaler Verhältnisse für ein überall missliches und höchstens wahrscheinliches Ding erklärte, in der Psychologie des Willens den Determinismus durch eine Reihe glänzender Untersuchungen.

Dennoch ist diese Art des Determinismus vollständig von derjenigen verschieden, welche sonst dem Aufklärungszeitalter geläufig war, und auch darin zeigt sich, wie an allen anderen Punkten, dass Hume aus den Vorurtheilen seiner Zeit in grossartiger Originalität herauswuchs. Der sonstige Determinismus der vorkantischen Philosophie bestand, wie mehrfach erwähnt, bei Empiristen so gut wie bei Rationalisten, in der Meinung, dass die Willensentscheidung überall durch Vorstellungen bedingt sei. Hume setzte diesem Vorurtheil eine scharfsinnige Untersuchung entgegen, in welcher er nachwies, dass die Vorstellung allein niemals über den Willen Kraft habe, und dass sie zum Motiv erst durch ein begleitendes **Gefühl der Billigung** oder Nichtbilligung werde. Wenn bloss die Vorstellungen entschieden, so brauchte man nur zu überlegen oder einem Anderen nur Vorstellungen zu erwecken, um einer bestimmten Willensentscheidung sicher zu sein. Die Erfahrung lehrt das Gegentheil; jene Wirkung bleibt aus, wenn das Gefühl der Billigung fehlt oder durch ein stärkeres Gefühl verdrängt wird.

Damit widerlegt Hume die Theorien von Clarke und Wollaston, welche den Werth der moralischen Handlungen durch ihre theoretische Richtigkeit hatten bestimmt wissen wollen, und zeigt, dass die Moralphilosophie nur von der Thatsache des moralischen Gefühls ausgehen könne, auf dessen Bedeutung namentlich Hutcheson hingewiesen hatte. Aber er will nicht wie dieser das moralische Gefühl für ein besonderes, ursprünglich in sich bestimmtes Vermögen halten, sondern vielmehr auch hier die Principien der Associationspsychologie anwenden und nur dasjenige Verhalten ausfindig machen, welches überall gleichmässig bei verschiedenen einzelnen Veranlassungen das Wesen der sittlichen Gefühle und Beurtheilungen ausmacht.

In der Entwicklung der moralischen Begriffe auf dieser Grundlage theilt nun Hume die Tugenden in natürliche oder individuelle und in sociale ein. In dem Begriffe der natürlichen Tugend schliesst er sich zunächst dem antiken und dem spinozistischen Begriffe an, wonach als Tugend (virtus, virtue) alle diejenigen Eigenschaften des Individuums bezeichnet werden, welche diesem selbst förderlich sind, wie etwa: Klugheit, Fleiss, Geistesstärke, Vorsicht u. s. w. Diese gewinnen jedoch sogleich eine sittliche Bedeutung dadurch, dass wir sie keineswegs nur an uns selbst, sondern auch an anderen Menschen billigen und uns ihrer dabei sogar dann freuen, wenn sie uns selber in keiner Weise zu Gute kommen oder gar hinderlich entgegenstehen. Das Gefühl der

Zustimmung, welches uns etwa bei einer moralischen Erzählung ergreift, für deren Inhalt die Phantasie auch keine Spur von Beziehung auf unsere persönlichen Interessen zu entdecken vermag, und gar die vom Standpunkte des blossen Egoismus völlig paradoxe Erscheinung, dass wir solche Eigenschaften auch an unsern Feinden bewundern, die uns gerade damit schaden, alle diese Erfahrungen beweisen, dass unsere Thätigkeiten der Billigung und der Missbilligung noch andere Wurzeln als diejenige der Selbstsucht haben, und dass der Versuch, den Egoismus zum Princip der Moral zu machen, an den Thatsachen scheitert. Stellt man vielmehr die von Bacon geforderte Induction auf dem Gebiete der moralischen Erscheinungen an, so stösst man auf das Grundgefühl der Sympathie, welches den Menschen zwingt, nicht nur dasjenige, was sein eigenes Wohl fördert, sondern auch dasjenige, was fremdes Wohl herbeizuführen geeignet erscheint, zu billigen und das Entgegengesetzte zu missbilligen. Gewiss ist diese Thatsache unmittelbar in der Natur des Menschen angelegt, aber wie der nominalistische Denker darthut, nicht als ein abstractes Princip der Mitfreude oder des Mitleids oder als ein besonderer Instinkt, sondern vielmehr in jedem einzelnen Falle als eine Art von naturnothwendigem Hinüberzittern der psychischen Bewegung aus dem einen in den andern Organismus. Die Sympathie, welche Hume an die Stelle von Cumberland's Wohlwollen setzt, ist nur der gemeinsame Name für die verschiedenen Formen dieser Mitbewegung, vermöge deren die Billigung sich auf Alles erstreckt, was überhaupt das Wohl irgend eines Wesens zu befördern im Stande ist. Wenn es dabei eine Mitwirkung der Vernunft giebt, so besteht sie nur darin, dass die vernünftige Ueberlegung uns lehrt, was in jedem einzelnen Falle das Förderliche oder das Hemmende sein wird: die Billigung aber und die Missbilligung, welche das Eine und das Andere erfährt, ist aus dieser Ueberlegung allein nicht zu erklären, sondern hat ihren Grund lediglich in jenen sympathischen Gefühlen.

Die ursprünglichste moralische Thätigkeit ist somit nach Hume diese Beurtheilung der Eigenschaften anderer Menschen vom Standpunkte der Sympathie, und erst daraus ergiebt sich rückwärts auch eine Beurtheilung unserer eigenen Thätigkeiten und Gesinnungen, welche denselben Gesichtspunkt des fremden Wohls zu ihrer Richtschnur nimmt. Wenn wir unter unsern eigenen Handlungen diejenigen zu missbilligen anfangen, welche fremdes Wohl zu hemmen oder zu stören geeignet sind, so geschieht das nur, weil wir durch die sympathischen Gefühle gelernt haben, das fremde Wohl als einen Gegenstand zu billigender Bestrebungen anzusehen. Das Gewissen also, welches uns über den moralischen Werth unserer eigenen Thätigkeiten belehrt, ist nichts ursprünglich im Individuum Gegebenes, sondern vielmehr ein Produkt der in dem geselligen Zusammensein entspringenden sympathischen Gefühle. Damit ist der Standpunkt der moralischen Beurtheilung aus dem Individuum in die Gesellschaft, aus dem Gewissen in die gegenseitige Beobachtung und Beurtheilung verlegt: aber die Gesellschaft erscheint dabei nicht als äussere Macht und Autorität, wie bei Hobbes und Locke, sondern als ein gemeinsames inneres, seelisches Leben. Hierin besteht das Eigenthümliche der Hume'schen Ethik, deren Untersuchungen sich somit auf die Betrachtung der geselligen Tugenden zusammendrängen. Als den Grundbegriff bezeichnet Hume hier die Gerechtigkeit, welche er dahin bestimmt, dass für gerecht auf dem Standpunkte der Gesellschaft alle diejenigen Handlungen und Gesinnungen angesehen werden, welche das Wohl des Ganzen befördern: nur in dieser Beziehung und Beschränkung kann Hume sich die Principien des englischen Utilismus zu eigen machen. Nicht auf dem individualistischen Wege der Umsetzung egoistischer Gefühle in verstandesmässig erkannte Mittel erklärt er den Zusammenhang des Altruismus mit dem Eigenwillen des auf sich gestellten Menschen, sondern aus dem Gesammtleben der Gesellschaft, als deren Glied das Individuum von vornherein nur existirt.

Auch hierbei gilt nun dasselbe Princip, dass zwar allein die Vernunft uns belehren kann, welche Handlungen und Gesinnungen der Gesellschaft nützlich sind, dass aber unsere Billigung und die eigene Ausführung dieses Nützlichen, selbst wo es unserer Selbstliebe indifferent oder entgegen ist, sich lediglich aus den sympathischen Gefühlen begreift, in denen wir das Wohl der Gesellschaft zu einem Gegenstande unserer Wünsche machen. Was jedoch nützlich ist, hängt jedesmal von den besonderen Bedingungen des geselligen Zusammenlebens ab. Deshalb giebt es nach Hume's Meinung auch kein abstractes und allgemeingiltiges Gerechtigkeitsgefühl, deshalb auch kein abstractes und in allen Fällen a priori giltiges Recht. Aus diesem Grunde wendet sich Hume gegen die Vertragstheorie, welche aus allgemeinen Ueberlegungen heraus ein allgemeines Natur- oder Vernunftrecht construiren zu können und den Staat aus einem solchen willkürlichen Vertrage erklären zu sollen meinte. Die Gesellschaft ist früher als der Staat. In ihren besonderen Verhältnissen erwachsen mit ihren Bedürfnissen die einzelnen Bestimmungen ihres Gerechtigkeitsgefühls, und daraus entsteht im nothwendigen Verlauf der gesellschaftlichen Gewohnheit die besondere Form, welche sie sich jedesmal im Staate giebt. Auch hierin steht Hume riesengross über dem Zeitalter der Revolution. Von jenem Wahn, dass man aus abstracten Ueberlegungen und durch einen willkürlichen Vertrag einen Staat machen könne, ist der grosse Historiker weit entfernt. Wie er dem Deismus gegenüber begriff, dass man Religionen nicht macht, sondern dass sie mit Nothwendigkeit aus dem menschlichen Geiste entstehen, so weiss er, dass die Staaten in der Geschichte wurzeln und dass das Recht aus der Gesellschaft emporwächst.

Wenn somit Hume den Schwerpunkt der Ethik und der Politik gleichmässig in den Begriff der Gesellschaft verlegte, so ging er in dieser Beziehung Hand in Hand mit einem intimen Freunde. Adam Smith (1733—1790) hat das Princip der Sympathie und der gesellschaftlichen Moral im XVIII. Jahrhundert am vollkommensten zum Ausdrucke gebracht. Wir wissen Angesichts des freundschaftlichen Verkehrs beider Männer nicht, wie viel von den ihnen gemeinschaftlichen Anschauungen auf den Einen oder den Andern zurückzuführen ist. Wir können nur feststellen, dass in Smith's umfassender „Theorie der moralischen Gefühle" (London 1759) der Hume'sche Grundgedanke mit systematischer Allseitigkeit und theilweise mit feiner Berichtigung durchgeführt worden ist. Vor Allem wird dabei mit Ausbildung der Butler'schen Theorie der reflexiven Affecte der Ursprung des moralischen Urtheiles wesentlich auf die Billigung oder Missbilligung, womit der Mensch vermöge der Sympathie die Thätigkeiten des Nebenmenschen beurtheilt, und das Gerechtigkeitsgefühl auf einen Grundtrieb der gesellschaftlichen Ausgleichung zurückgeführt. Dieser Begriff der gesellschaftlichen Ausgleichung spielt aber auch die Hauptrolle in dem berühmten Werke „über das Wesen und die Ursachen des Nationalreichthums" (1766), durch welches Smith die Nationalökonomie zu einer selbständigen Wissenschaft machte. Zwar scheint es, als ob das eine dieser Werke den Menschen nur von dem Hobbes'schen Standpunkte des Selbsterhaltungstriebes und das Leben der Gesellschaft nur als das bellum omnium contra omnes betrachte, das andere dagegen in der Sympathie eine beinah entgegengesetzte Grundauffassung verrathe: allein wenn die Moralphilosophie bei Smith die innerliche Ausgleichung der egoistischen Triebe durch das Gefühl der Sympathie zum Gegenstande hat, so entwickelt das nationalökonomische Werk die äusserliche und naturnothwendige Ausgleichung, welche der Mechanismus des Lebens zwischen ihnen vollzieht, und trotz der scheinbaren Differenz ist der gemeinschaftliche Grundgedanke beider Schriften der, dass die natürliche Socialität die Wurzel wie der Civilisation, so auch der Moral ist. Die Theorien Hume's und Smith's bezeichnen in der Geschichte der menschlichen Gesellschaft denjenigen Moment, wo sie zur vollen und klaren Erkenntniss ihres Culturwerthes gelangt. Sie lehren das gesellschaftliche Leben als einen grossen Mechanismus begreifen, aber sie zeigen, dass eben dieser Mechanismus zu seinen nothwendigen und in seinem Wesen angelegten Ergebnissen die äussere und die innerliche Cultur, die Civilisation und die Sittlichkeit hat.

§ 35. Die schottische Philosophie.

Den meisten Widerspruch fand die Lehre David Hume's gerade bei seinen Landsleuten, welche während der zweiten Hälfte des vorigen Jahrhunderts mit grosser Lebhaftigkeit in die philosophische Bewegung eintraten. Doch entspricht dieser Lebhaftigkeit, der Anzahl der Vertreter und dem Umfang der Schriften, welche diese schottische Schule aufzuweisen hat, durchaus nicht eine ähnliche Originalität oder Tiefe ihres Denkens. Sie haben sich vielmehr wesentlich darauf beschränkt, den in der Moralphilosophie durch Shaftesbury angebahnten und von Hutcheson in principieller Klarheit ausgesprochenen Standpunkt eines ursprünglichen Beurtheilungsvermögens für das Rechte auf andere Gebiete auszudehnen und in einer breiten Anlage der empirischen Psychologie durchzuführen. Sie beweisen ihre Abkunft von der englischen Philosophie durch den psychologischen Charakter, welchen sie allen philosophischen Untersuchungen aufprägen; aber sie treten aus ihrem Hauptzuge mit der Annahme heraus, dass die menschliche Seele von vorne herein eine Fülle ursprünglicher Erkenntnisse in sich besitze, welche es nur herauszustellen gelte. Die Vermittlung für die allgemeinere Anwendung dieses Princips lag in der ästhetischen Analogie, welche Shaftesbury und Hutcheson für die moralische Beurtheilung in Anspruch genommen hatten. So waren es zunächst eine Reihe von Aesthetikern, welche dem Gesichtspunkte ursprünglicher Beurtheilungsvermögen der menschlichen Seele zunächst für das Gute oder Schlechte und das Schöne oder Hässliche allgemeinere Anerkennung verschafften. Unter ihnen ist hauptsächlich Henry Home (Lord Kaimes) zu nennen, dessen Schriften (besonders Elements of criticism, 1762) eine entschiedene Abhängigkeit von Shaftesbury verrathen, und der sich der deistischen Moral- und Religionsphilosophie mit anmuthiger Darstellung anschloss. Er hat manche feinsinnige Bemerkungen zur Analyse der ästhetischen Gefühle und auch zur Lehre von der Verschiedenheit der einzelnen Kunstgattungen beigebracht. Viel wirkungsvoller freilich war auf diesem Gebiete Edmund Burke (1730—1795), der neben seiner ausgebreiteten staatsmännischen und publicistischen Thätigkeit Zeit fand, in seinem: „Philosophical enquiry into the origin of our ideas of the sublime and the beautiful" (London 1756) eine grundlegende Untersuchung zur Psychologie des ästhetischen Lebens zu entwerfen. Er wendet dabei in ausgedehntem Masse die Principien der Associationspsychologie an und sucht die elementaren Gefühle auf, die sich in verfeinerter und umgebildeter Form als die ästhetischen Zustände darstellen. Indem er dabei von dem so vielfach erörterten Gegensatze der altruistischen und der egoistischen Triebe ausging, gelangte er zu dem für die Folgezeit äusserst wichtigen und einflussreichen Ergebniss, dass er neben dem Schönen das Erhabene als eine eigene, zweite Art des ästhetischen Verhaltens erkannte: er dachte die Auffassung des Schönen durch die Gattungsgefühle, durch Liebe und Wohlwollen, die des Erhabenen durch die individuellen Gefühle von Furcht und Schrecken bestimmt: dabei aber fand er den Unterschied zwischen den ästhetischen Zuständen und diesen ihren elementaren Grundgefühlen darin, dass im Anschauen des Schönen und Erhabenen nicht das unmittelbare persönliche Erlebniss, sondern nur die Vorstellung seiner Möglichkeit die Gefühle auslöst. Die Wuth des stürmenden Meeres in eigener Gefahr zu erleben, ist schrecklich, — sie anzuschauen ist erhaben. Das ist ein Element der ästhetischen Lehre, welches auch in Kant fortgewirkt hat.

Im Allgemeinen jedoch rückten die ästhetisch-moralischen Untersuchungen der Engländer gerade deshalb nicht vorwärts, weil sie sich mit der Annahme des Geschmacks als eines ursprünglichen, nicht weiter abzuleitenden Beurtheilungsvermögens begnügten. Hatte man nun so einen ästhetischen, einen moralischen, einen religiösen „Sinn" in der menschlichen Seele statuirt, so lag es nahe, dasselbe Princip auch auf das erkenntnisstheoretische Gebiet auszudehnen. Denn die Prädicate „wahr" und „falsch" enthalten in der That Akte der Billigung und Missbilligung, ebenso wie diejenigen von „gut" und „schlecht" oder „schön" und „hässlich", und setzen deshalb, so wie die letzteren, ein Beurtheilungsprincip voraus. Hat man dies auf dem einen Gebiete in einem ursprünglichen und nicht weiter ableitbaren Geschmacke gesucht, so muss es schliesslich auch auf dem anderen geschehen. Und aus einer solchen Uebertragung entsprang die schottische Philosophie oder die sogenannte Commonsense-Lehre.

Ihr Hauptvertreter ist Thomas Reid. Er wurde 1710 zu Strachan geboren und genoss seine Bildung in Aberdeen. Seit 1752 war er an dieser, von 1764—1780 an der Glasgower Universität als Professor thätig und starb in der Zurückgezogenheit 1796. Seine Lehre ist im Wesentlichen in dem „Inquiry into the human mind on the principles of common-sense" (Edinburg 1764) niedergelegt und in seinen späteren „Essays" nur mit grösserer Ausführlichkeit entwickelt. Sie geht von einer durchgängigen Bekämpfung des grossen Ganges aus, welchen die englische Philosophie von Locke zu Berkeley und Hume genommen hatte. Sie erkennt an, dass die letzteren Männer vollkommen richtige Consequenzen aus den Prämissen Locke's gezogen haben. Aber sowohl die Leugnung der materiellen Welt, zu welcher der Eine, als auch die Bestreitung der Erkenntniss der Substantialität und der Causalität, wozu der Andere gekommen sei, erscheinen Reid so absurd, dass er dadurch jene Prämissen für vollständig widerlegt und diese idealistischen und skeptischen Folgerungen für einen apagogischen Beweis gegen die Richtigkeit der Locke'schen Voraussetzung hält. Die letztere aber besteht darin, dass die Seele eine tabula rasa sei, auf welche erst die Erfahrung ihre Züge schreibe, und welche von vornherein keinen selbständigen Besitz habe. Am meisten bekämpft daher Reid und nach ihm die ganze Schule die Methode der Associationspsychologie, welche, auf jener Voraussetzung beruhend, den Mechanismus klar machen will, durch welchen aus den einfachen Elementen die complicirten Gebilde unserer innern Erfahrung entstehen. In der That liegt hier eine Principienfrage ersten Ranges vor, und Reid berührte den Kern der Sache, wenn er darauf aufmerksam machte, dass jene Grundvoraussetzung der Associationspsychologie erst noch einer Prüfung bedürfe. Das freilich sei nicht zu leugnen, dass wir in unseren Urtheilen Vorstellungsverknüpfungen mannigfachen Inhaltes vorfinden und diese in ihre Bestandtheile zu zerlegen vermögen; aber damit sei noch nicht erwiesen, dass die einfachen Elemente, auf welche man so bei der Analyse stösst, auch die ursprünglichen seien, aus denen sich die complicirten erst zusammengesetzt haben. Diese Annahme habe die Associationspsychologie gemacht, ohne ihre Allgemeingiltigkeit zu erweisen. Gewiss lasse sich feststellen, dass in manchen Fällen die complicirteren Vorstellungen und namentlich die besonderen Urtheile z. B. der Erfahrung aus den einfachen Bestandtheilen, in die man sie zerlegen kann, auch wirklich hervorgegangen sind. Aber damit sei noch nicht erwiesen, dass das immer so der Fall sei; es bleibe vielmehr denkbar, dass es andere Urtheile gebe, die mit der ganzen Mannigfaltigkeit ihres Inhalts ursprünglich in uns entstehen, und deren künstliche Zerlegung deshalb keine Erkenntniss ihrer Genesis zu sein beanspruchen darf. Dies ist der einzig originelle Grundgedanke, auf dem Reid seine Lehre aufgebaut hat. Wenn es danach denkbar erscheint, dass in der Seele ursprüngliche Urtheile vorhanden sind, so glaubt Reid in der Thatsache des moralischen Gefühls, die er durch Hutcheson für festgestellt erachtet, und des ästhetischen Geschmacks, dem man allgemein denselben Werth zuschrieb, den Beweis für die Realität solcher ursprünglichen Urtheile gefunden zu haben. Ist aber so Locke's Voraussetzung von der tabula rasa gefallen, so liegt auch kein Grund vor, sie für die Erklärung und Beurtheilung des Erkenntnissprocesses aufrecht zu erhalten. Wie man vielmehr ohne die Annahme eines ursprünglichen Beurtheilungsvermögens nicht zur sicheren Begründung der Moral kommt, so wird man auch nach Reid's Meinung keine sichere Erkenntnisstheorie finden, wenn man nicht die ursprünglichen Urtheile aufsucht, nach denen wir Wahres und Falsches in derselben Weise, wie auf dem anderen Gebiete Gutes und Böses von einander unterscheiden.

Es handelt sich deshalb für Reid nur um die Aufsuchung und Feststellung dieser ursprünglichen Urtheile, und diese kann nicht anders erfolgen, als durch die innere Erfahrung; denn sie bilden die Grundthatsachen des Bewusstseins überhaupt und damit den

Inhalt des „gesunden Menschenverstandes" — des „Common-sense". Mit diesem Ausdrucke bezeichnet Reid selbst die Grenze seiner philosophischen Untersuchung: er begnügt sich damit, die Voraussetzungen festzustellen, welche der Mensch, und zwar der Durchschnittsmensch, vermöge der natürlichen Einrichtung seiner Vorstellungsthätigkeit — stamme diese nun, woher man wolle — über den Zusammenhang der Dinge macht und aller seiner Erkenntnissthätigkeit zu Grunde legt. Es fällt Reid nicht ein, sich diesen gegenüber kritisch zu verhalten und etwa zu fragen, ob diese Urtheile nicht etwa ebenso viele Vorurtheile sind; sondern er betrachtet sie als Instinkte des Denkens, an deren Richtigkeit man ohne weitere Prüfung einfach glauben müsse, wenn man überhaupt irgend wie mit der Thätigkeit des Erkennens sich abgeben wolle. Es ist klar, dass es von diesem Standpunkte aus ebenso leicht wie kurzsichtig war, die tiefsinnigen Untersuchungen eines Berkeley und eines Hume mit einem Schlage über den Haufen zu werfen. Gehört es doch in erster Linie zu den Instinkten dieses gesunden Menschenverstandes, an die Existenz einer materiellen Welt sowie daran, dass ihre Substanzen sich in causalen Beziehungen zu einander befinden, zu glauben: was soll da noch der ganze Aufwand von Untersuchungen über die Möglichkeit und Nützlichkeit einer solchen Erkenntniss? Wie es ursprüngliche Grundsätze des Handelns giebt, so auch ursprüngliche Gesetze des Denkens, und diese sind in ihrer ursprünglichen Gewissheit unanfechtbar: was ihnen widerspricht, ist falsch und absurd, so geistreich es vorgetragen sein mag. Wenn dies das Ende des englischen Empirismus bedeutet, so heisst es, dass er seine eigenen Untersuchungen für unnöthig erklärt, weil der gesunde Menschenverstand, dies bequeme Ruhekissen der Forschung, schon vorher sich im Besitze aller Wahrheit befindet. Die Probleme werden hier nicht gelöst, sondern einfach bei Seite geschoben, und das gewaltige Ringen Hume's erscheint als eine wunderliche Caprice. Es zeugt von einer entschiedenen Erschlaffung des philosophischen Denkens, dass diese Ansicht ein halbes Jahrhundert in der Nation, aus der Hume hervorgegangen war, eine fast unumschränkte Herrschaft ausüben konnte.

Doch wäre es ungerecht, die Förderungen zu vergessen, welche die Wissenschaft trotzdem der schottischen Schule zu verdanken hat. Auch in ihr herrschte schliesslich der Geist Bacon's und

Locke's, so sehr sie sich namentlich gegen den Letzteren sträubte. Denn die Art und Weise, wie Reid zu der Erkenntniss jener ursprünglichen Urtheile zu gelangen hoffte, war wesentlich durch das Princip des Empirismus bedingt. Die ursprünglichen Thatsachen des Bewusstseins können nur aus der Erfahrung gewonnen werden. Deshalb erklärt Reid die Selbstbeobachtung für die Methode der Philosophie und sucht damit die letztere gänzlich auf den Standpunkt der empirischen Psychologie zurückzuführen. Aber weit davon entfernt, im Sinne der Associationspsychologie die physiologischen Vermittlungen des seelischen Lebens aufzusuchen, will er vielmehr die Psychologie zu einer selbständigen Wissenschaft erheben, indem er sie lediglich auf innere Erfahrung und Beobachtung gründet. Hier gewinnt Locke's Begriff der Reflexion eine methodische Bedeutung. Reid ist sich vollkommen bewusst, dass seine Untersuchungen ein Gegenstück zur Naturwissenschaft bilden sollen, und dass sie sich, ebenso wie die Naturwissenschaft auf sinnliche Wahrnehmung und Beobachtung, so ihrerseits auf innere Wahrnehmung und Beobachtung stützen sollen. Er wendet daher lediglich die Methode der Induction an und sucht aus einer umfassenden und sorgfältigen Beobachtung der seelischen Thatsachen durch Aufzählung, Zergliederung und Verallgemeinerung zu jenen ursprünglichen Urtheilen aufzusteigen, welche den Besitzstand des gesunden Menschenverstandes bilden. Er und seine Schule haben auf diese Weise für die Förderung der empirischen Psychologie, ganz wie es Bacon verlangt hatte, zahlreiche und werthvolle Beiträge geliefert. Auch das ist hervorzuheben, dass er von vornherein davon Abstand nahm, zu einem centralen Satze zu gelangen, der etwa den ganzen Inhalt dieses „Common-sense" unter sich enthalten könnte, sondern sich vielmehr in echt empiristischer Weise damit begnügte, die Thatsachen festzustellen, welche er für nicht weiter ableitbar hielt, wie er denn z. B. zwölf Grundsätze aufstellte, welche die Richtschnur der Erkenntnissthätigkeit enthalten sollten. Freilich blieb er damit weit hinter einer wirklich systematischen Auffassung zurück; freilich vermochten weder er noch seine Schule den Mangel einer physiologischen Grundlage für die Probleme der Psychologie auch nur im Entferntesten zu ersetzen: aber ihre Bestrebungen bildeten auf der anderen Seite ein werthvolles Gegengewicht gegen die Versuche der französischen Psychologen, die Wissenschaft des Seelenlebens lediglich zu einem Zweige der äusseren Naturwissenschaft zu machen und sie gänzlich in die Nervenphysiologie aufzulösen, und sie haben in ihren eingehenden Analysen wichtige Vorarbeiten für die Psychologie der Zukunft geschaffen.

Von den weiteren Vertretern dieser Richtung ist hier wenig zu bemerken. Sie war überhaupt nicht auf die Entwicklung bedeutender Principien angelegt, sondern mehr auf eine behagliche Ausbreitung in die Mannigfaltigkeit der psychischen Thatsachen. Es ist daher eingetroffen, was schon Priestley in seiner ersten Schrift, in der er zwischen den Schotten und Hume zu Gunsten des Letzteren Stellung nahm, weissagte, dass nämlich diese Schule es zu keinen bedeutenden Leistungen bringen werde und dass die Berufung auf den gesunden Menschenverstand einer kritiklosen Gewohnheit in die Hände arbeite. Ohne die Aussagen des gemeinen Denkens zu prüfen, nahm man sie als unmittelbare Wahrheit und schob damit gerade die schwierigsten Probleme ungelöst zurück, indem man das, was sich nicht weiter erklären liess, für eine Thatsache des gesunden Menschenverstandes ansah. Andererseits aber vervollständigte man die Untersuchungen Reid's, dessen principiellen Standpunkt man nicht mehr überschritt, durch umfangreiche, zum Theil geschmackvolle Ausführungen und durch feinsinnige allgemeine Beobachtungen. Nach der moralphilosophischen Seite suchte in dieser Weise Adam Ferguson (1724—1816) das Gesetz der aufsteigenden geistigen Vervollkommnung des Menschen als das Princip des sittlichen Lebens aufzuweisen. In der Aesthetik arbeitete James Beattie (1735—1803) an einer systematischen Ausbildung des Princips des gesunden Menschenverstandes für die Theorie der Kunst. In erkenntnisstheoretischer und religionsphilosophischer Hinsicht suchte James Oswald den Meister womöglich durch die Beschränkung auf die Trivialität des gewöhnlichen Denkens noch zu überbieten, und in allseitiger Zusammenfassung dieser Bestrebungen ist Dugald Stewart (1753—1828) als der eigentliche Träger dieser Schulmeinung zu betrachten, welcher er eine kritischere und systematischere Gestalt zu geben versuchte. Durch ihn und seine zahlreichen Schüler haben sich dann diese Gedanken in die ersten Jahrzehnte des XIX. Jahrhunderts hinein verbreitet.

Mit den Lehren der schottischen Schule verläuft die Bewegung der englischen Philosophie. Die Rückkehr zum gesunden Menschenverstande enthielt die Aufgebung ihrer speculativen Energie und war der Ausdruck ihrer erkenntnisstheoretischen Erschöpfung. Die Gedanken Bacon's und Locke's hatten in ihr eine allseitige Ausbildung gefunden, und nachdem sie in Hume sich zu ihrer grössten Leistung zusammengefasst hatte, war ihre Mission erfüllt. Die zahlreichen Gedankenkeime aber, welche sie erzeugt, hatten inzwischen schon einen fruchtbaren Boden ihrer weiteren Entwicklung gefunden in Frankreich und in Deutschland.

VI. Capitel.
Die französische Aufklärung.

Die Geschichte des französischen Denkens im Zeitalter der Aufklärung zeigt ein Bild fast überreicher Mannigfaltigkeit und einer so lebendigen Entwicklung, dass sie sich schliesslich in der Mitte des XVIII. Jahrhunderts gewissermassen Schlag auf Schlag drängt. Es ist in ihr ein stetiger und in der einmal begonnenen Richtung nothwendiger Fortschritt klar zu erkennen, und indem dieser beinahe von Jahr zu Jahr und von Werk zu Werk immer energischer vordringt, führt er schliesslich zu einem Ergebniss, welches sich der Weltanschauung des Mittelalters als ein geschlossenes System mit nicht minder einseitigem Dogmatismus entgegenstellt. Wenn deshalb in Frankreich die extremsten und radicalsten Consequenzen der neueren Philosophie gezogen worden sind, so bilden sie auf diesem Boden doch durchaus nicht allein gelehrte Folgerungen aus den abstracten Systemen; sondern der Radicalismus, der sich darin aussprach, war in gewissem Sinne nur der Reflex der politischen und der socialen Verhältnisse. Die französische Philosophie und ihre Aufklärung enthielt ein wesentliches Moment, welches der englischen nicht zu ihrem Schaden fehlte: sie war agitatorisch, sie wurde stets in die lebendigste Beziehung mit den Problemen des öffentlichen Lebens gebracht, und je schärfer sich mit der Zeit die Gegensätze des letzteren zuspitzten, um so radicaler wurden auch die Theorien, mit denen die Wissenschaft darin einzugreifen suchte, bis schliesslich unmittelbar vor dem wirklichen Ausbruch des Völkersturmes die Philosophie nach allen Seiten hin das gefährliche Wort aussprach, welches ihn weissagte. In der französischen Revolution concentriren sich die negativen Elemente, welche bereits dem Ringen der Renaissance zu Grunde lagen. Die neue politische und sociale Ordnung, welche sie anstrebte, war mit vollem Bewusstsein der äusserste Gegensatz gegen den von der Kirche beherrschten Zustand der mittelalterlichen Gesellschaft, und auch die französische Aufklärungsphilosophie entwickelte sich wesentlich in der polemischen Tendenz gegen diejenige Weltanschauung, welche sie in der Kirchenlehre niedergelegt fand. Deshalb ist der Grundcharakter der französischen Aufklärungsphilosophie nicht wie derjenige der englischen die ruhige wissenschaftliche Forschung, sondern vielmehr der mehr oder minder leidenschaftliche Kampf. Ihre Energie ist diejenige der Verneinung. Während sie mit rastloser Agitation in allen Schichten der Gesellschaft die bisherigen Vorstellungen zu untergraben suchte, ist sie selbst mit all ihrer vielverschlungenen Durcharbeitung des neuen Wissensstoffes nicht zu einem grossen und originellen Systeme der Philosophie gelangt. Und jenes abschliessende System des äussersten Materialismus, welches sie in dieser Hinsicht allein noch zu bieten wusste, war nur eine trockene Reproduction lang bestehender Gedanken.

Auf diese Weise wurzelt die französische Aufklärung noch viel tiefer in dem historischen Leben der Nation, als es bei den Engländern der Fall war. Zwar spielt, dem allgemeinen Charakter der Zeit gemäss, auch ihre philosophische Abklärung sich in den aristokratischen Cirkeln, in den Pariser Salons ab. Aber ihre Denker fassen mit wenigen Ausnahmen die wissenschaftliche Erkenntniss nicht als ein exclusives Vorrecht auf; sondern mit jenem demokratischen Bewusstsein, welches die absolute Monarchie erzogen hatte und welches tief in das Wesen des französischen Volkes eingedrungen ist, predigten sie ihre Gedanken dem Volke und warfen diese als zündende Ideen mitten in die Bewegung hinein, welche bereits den Boden der Gesellschaft zu unterwühlen begonnen hatte. Oft ohne selbst die Tragweite ihres Worts zu ahnen oder zu bedenken, hielten sie es in allen Fällen für die erste Pflicht der Wissenschaft, rückhaltlos mit ihren Resultaten und ihren Urtheilen vor die Oeffentlichkeit zu treten und an der Förderung des allgemeinen Wohles mitzuarbeiten. Diese französischen Denker haben damit zuerst die Aufgabe der Wissenschaft, das Volk aufzuklären, ergriffen, ausgesprochen und an ihrem Theile zu lösen gesucht. In diesem Sinne sind sie die wahren Typen des Aufklärungszeitalters. Auch die wohlwollendsten und rücksichtslosesten unter den englischen Denkern standen unter den eigenthümlichen socialen Verhältnissen ihrer Nation in dem Grade, dass sie dieser Tendenz, wo sie ihr nicht unmittelbar entgegentraten, doch gewiss nicht absichtlich in die Hände arbeiteten. Es giebt in dieser Hinsicht kaum einen charakteristischeren Gegensatz, als er in der Thatsache ausgesprochen liegt, dass Voltaire die Gedanken, welche Bolingbroke als ein Geheimniss der höheren Classen sorgfältig innerhalb ihrer Kreise beschränkt wissen wollte, ausdrücklich zu popularisiren unternahm.

Eine vollkommene Geschichte dieser Bewegung ist noch nicht geschrieben, und es ist überaus schwer, auch nur im Entferntesten eine Darstellung von dem reichen Leben dieser Zeit zu geben. Die Schwierigkeit liegt vor Allem darin, dass die eigentlichen Träger dieser Entwicklung nicht die einzelnen Persönlichkeiten sind, sondern dass sie sich in der Gesammtheit vollzog. Es ist eine Geschichte mehr der allgemeinen Gedanken und der Bücher, in denen sie sich aussprechen, als der Menschen, welche sie schaffen. Mehr als sonst tritt in dem allgemeinen Zuge dieser Entwicklung die Eigenthümlichkeit der Persönlichkeiten, so sehr sie an sich vorhanden ist, zurück. Sobald man es versucht, ein einzelnes dieser Bilder zu zeichnen, sprengt es seinen Rahmen und leitet in die übrigen hinüber; denn im Grunde genommen machte Jeder dieser Männer die Entwicklung des Ganzen auf seine eigene Weise in sich selber durch. Das geistige Leben, das sie führten, war ein gemeinsames. In Paris vereinigt und in stetigem geselligem Contakte, bildeten sie eigentlich nur ein einziges philosophirendes Individuum. Die neuen Gedanken oder auch nur Gedankenkeime, bei dem Einen erwachsen, schlugen sogleich in den Uebrigen Wurzel und traten dann gleichzeitig oder unmittelbar hinter einander, wenn auch in verschiedener Ausgestaltung und mit verschiedener Anwendung, in den Werken der Einzelnen hervor. So ist es häufig schwierig und manchmal sogar durchaus unmöglich, den besonderen Urheber einzelner Gedanken oder Gedankenwendungen genau zu bezeichnen. Eine eingehende Darstellung würde dem eigenthümlichen Wesen dieser Periode nur in der Weise gerecht werden können, dass sie dieselbe wie die Geschichte der geistigen Entwicklung eines einzigen Individuums, die sich bekämpfenden Gegensätze als die darin ringenden Gedankenmassen und die einzelnen Werke ohne einseitige Beziehung auf ihre Verfasser als die Phasen der Entwicklung dieses einen Individuums behandelte.

Wenn es trotzdem möglich erscheint, die Uebersicht über diese Zeit in der gewöhnlichen Weise im Anschlusse an die Darstellung ihrer einzelnen Denker zu geben, so beruht dies darauf, dass in jener allgemeinen Bewegung sich eine Anzahl von Elementen mischen, welche man wenigstens annähernd zu isoliren im Stande ist, sodass die einzelnen Männer, je nachdem, sei es in ihrer Bildung sei es in ihrer Wirksamkeit, das eine oder das andere dieser Elemente überwiegt, nach ihrer grösseren oder geringeren Verwandtschaft sich anordnen lassen. Es wird sich also im Folgenden darum handeln, jeden der einzelnen Fäden, aus welchen sich das bunte Gewebe zusammensetzt, gesondert zu verfolgen und dabei an den geeigneten Stellen die Punkte aufzuweisen, an denen sie sich unter einander verschlingen.

Diese Elemente sind nun freilich sehr mannigfacher Natur. In der französischen Gesellschaft selbst herrschte zunächst jene skeptische Grundstimmung, die, von Montaigne begonnen, sich der allgemeinen geistigen Atmosphäre mitgetheilt hatte. Wie dem Orthodoxismus, so war sie auf der anderen Seite auch dem Mysticismus günstig, der im Anfange hie und da seine Stimme erhob, aber bald vor den lauteren Theorien verstummte. Daneben stand der wissenschaftliche Geist der Franzosen unter dem Zauber der Mathematik. In ihr lag die siegreiche Kraft, welche der Cartesianismus mehr und mehr ausübte; sie war auch, wie man sehr richtig gesagt hat, das Zeichen, unter welchem in Frankreich Newton's mechanische Naturphilosophie siegte. Neben diesen autochthonen Einflüssen aber übten diejenigen der gesammten englischen Philosophie eine von Jahrzehnt zu Jahrzent steigende Wirkung aus. Seit dem Tode Ludwigs XIV. begann, theilweise in Folge der Verschiebung der politischen Verhältnisse, ein intensiver Geistesverkehr zwischen Frankreich und England. Die Franzosen vergassen den einseitigen Stolz, mit dem sie sich in dem Rausche politischer Grösse und in dem Glanze ihrer schönen Litteratur während der Zeiten des grossen Königs gegen das Ausland abgeschlossen hatten, und während ein Jahrhundert vorher Männer wie Bacon und Hobbes ihre Studien in Paris vollendet hatten, fingen nun die Franzosen an, in London zu lernen. Man darf sagen, dass einzig schon der Aufenthalt Voltaire's in England unermessliche Folgen für das geistige Leben der Franzosen gehabt hat. So strömten die Ideen der Engländer nach Frankreich hinüber, vor Allem die Lehre Locke's, der Deismus, die Moralphilosophie, die Associationspsychologie, die Gedanken Hume's und schliesslich sogar die Richtung der Schotten. Aber sie alle fanden in Frankreich eine eigenthümliche Gestaltung. Die Franzosen verhielten sich in dieser Bewegung nicht nur lernend, sondern sie fassten das Aufgenommene sogleich in einer bestimmten Richtung auf. Bei der grossen Mehrzahl der Engländer war neben aller Energie des wissenschaftlichen Denkens ein tief religiöses Bedürfniss herrschend geblieben, welches direkt oder indirekt, bewusst oder unbewusst auf die Gestalt der philosophischen Lehren zurückwirkte und ihnen, wie dies z. B. Hartley und Priestley zeigen, die extremsten Spitzen abbrach. In Frankreich war dies Interesse lange nicht in gleichem Grade vorhanden, und so kam es, dass hier alle Lehren, zumal unter dem Einflusse der socialen und politischen Tendenzen, einen radicaleren Charakter annahmen. Nimmt man dazu die durchsichtige Klarheit des französischen Geistes, die in dem Stile der französischen Sprache liegende Nöthigung zu scharfer und lebendiger Formulirung der Ansichten und die Vorliebe für einen frappirenden und antithetischen Ausdruck, so begreift es sich, weshalb die in der englischen Philosophie angelegten Gedanken in der französischen Litteratur so viel kühner, schroffer und gewaltsamer hervorgetreten sind, als in ihren Originalen.

§ 36. Der Mysticismus.

In der Ablösung der einzelnen Fäden dieser Bewegung scheint es gerathen, mit demjenigen zu beginnen, welcher die geringste Bedeutung darin besitzt, dem schliesslichen Resultate am fernsten liegt und, nur anfänglich angesponnen, sich früh verläuft. Das sind die mystischen Theorien, welche, auf religiösem Interesse beruhend, aus der Unbefriedigung erwuchsen, die man von diesem aus der Ausbildung des Cartesianismus gegenüber empfand. Die grössere Mehrzahl der Cartesianer, von der mathematischen Seite her für diese Philosophie gewonnen, verfolgte den Cartesianismus am liebsten in die Consequenzen seiner mechanischen Naturphilosophie. Es war gewissermassen als eine Reaction gegen diese Richtung zu betrachten, dass Malebranche aus dem Cartesianismus selbst mit Hilfe des Augustinismus sich auf den mystischen Standpunkt zu retten suchte. Aber schon vor ihm hatte ein grosser Mathematiker sich durch die Intensität seines religiösen Gefühls aus den mathematischen und naturphilosophischen Untersuchungen, die er mit seltener Kraft beherrschte, herausgedrängt gesehen.

Blaise Pascal, 1623 geboren und schon von seinem zwölften Jahre an in vollkommen selbständiger Weise mit mathematischen Studien beschäftigt, fühlte sich doch von seinen grossen mathematischen Entdeckungen und von dem Ruhme, welchen ihm seine „Lettres provinciales" über den Kreis der cartesianischen Schule hinaus verschafft hatten, so wenig befriedigt, dass er sich mit fast fanatischem Eifer von seinem zwanzigsten Lebensjahre an in ein asketisches und contemplatives Leben zurückzog, von welchem ihn ein früher Tod 1662 erlöste. Seinen philosophischen Ruhm haben die „Pensées sur la religion" begründet, welche, von ihm während seines Lebens mehrfach umgearbeitet und niemals systematisch vollendet, erst aus seinen Papieren 1669 herausgegeben wurden. Sie bilden das Denkmal, zwar nicht einer philosophischen Grösse, aber einer Reinheit des Herzens und einer Tiefe der Ueberzeugung, wie sie nur selten in der Geschichte aufgetreten sind. Aus der Einsamkeit seiner religiösen Betrachtungen schaut Pascal ruhigen Blicks ebenso auf die bewegte Menschenwelt, aus der er geschieden, wie auf die wissenschaftliche Arbeit, von der er sich losgerissen, zurück. Wohl erkennt er an, dass in beiden ein Schatz von Weisheit enthalten sei; aber für das Höchste, das er sucht, genügen sie nicht. Im praktischen Leben gilt es einen „esprit de finesse", eine intuitive Klarheit und eine Sicherheit des geistigen Blicks, welche die Verhältnisse der Dinge zu durchdringen und sich zwischen ihnen zurechtzufinden weiss. In der Wissenschaft arbeitet die Vernunft methodisch an der zweifellosen Klarlegung dieser Verhältnisse, sie sucht zu beweisen, was jener esprit de finesse gewissermassen ahnungsvoll ergriffen hat, und methodisch erforschen und beweisen — hier kommt der Schüler Descartes' zu Tage — kann sie nur, wenn sie überall so verfährt wie die Mathematik. Der wissenschaftliche Geist ist der mathematische. Aber diese beiden Erkenntnissarten, so berechtigt sie in Rücksicht auf ihren besonderen Zweck sind, reichen doch nicht aus, die Bedürfnisse des Herzens zu befriedigen. Denn das Herz will mehr als das was es unmittelbar in der Wirklichkeit auffinden kann, und mehr als das was sich mathematisch beweisen lässt. Es will die Erlösung von seiner eigenen Sündhaftigkeit und die Seligkeit des Ausruhens in einem unbewegten Mittelpunkte. Dieses Bedürfniss zu befriedigen, meint Pascal, hat das Herz seine eigene Erkenntniss, an welche die Vernunft nicht heranreicht. Es ist eine Ueberhebung der Wissenschaft, wenn sie ihren Weg für den einzigen, es ist schon eine Ueberhebung, wenn sie ihn für den werthvollsten hält, der zur Erkenntniss führt. Das Beste, was der Mensch erkennen kann, ist die Gottheit und die Gnade, mit der sie den Menschen erlöst, und diese Erkenntniss gewährt nicht die Vernunft, sondern nur das reine und demüthige Herz. Der Mysticismus, den Pascal vertritt, ist durchaus originell; es ist nicht derjenige einer intellectuellen Gottesanschauung, sondern er legt den Schwerpunkt seines inneren Lebens lediglich in das religiöse Gefühl. Vielleicht Niemand hat so unverhüllt, wie Pascal, das Geheimniss der religiösen Stimmung ausgesprochen, wenn er für den Inhalt des Gefühls die höchste erkenntnisstheoretische Bedeutung in Anspruch nimmt. In jener scharfen antithetischen Weise, die dem Stile seiner Nation entspricht, drückte er das so aus: „Le cœur a ses raisons, que la raison ne connait pas" — ein Satz, der in seiner Paradoxie selbst seine eigene Widerlegung enthält. Aber das Gefühl ist bei Pascal von einer unendlichen Tiefe und von einer heiligen Lauterkeit: die Gotteserkenntniss des Herzens, welche er predigt, ist eine Religion der Liebe, welche ihre Erkenntnisse niemals durch den Schrecken oder die äussere Gewalt verbreiten will, sondern nur zu Herzen geht, weil sie von Herzen kommt. Und so steht Pascal, einer der echtesten Christen, die je gelebt haben, mit seiner nie übertroffenen Gläubigkeit mitten unter den Vorfechtern der Toleranz. Das religiöse Leben besteht auch diesem Mystiker niemals in äusserlichem Thun oder in dogmatischem Fürwahrhalten, aber es besteht ihm auch nicht allein in der Seligkeit der Contemplation der Gottheit. Wohl ist es ihm das Ideal, dass der Mensch einmal nichts Anderes sein soll, als ein gotttrunkener Gedanke, und diese Bestimmung zeigt sich ihm auch darin, dass alle Macht des Menschen in der Wirklichkeit nur auf seinen Gedanken beruht. Aber der Mensch, wie er jetzt ist, kann nicht reiner Gedanke sein, er lebt in natürlicher Vermittlung, und er bedarf in dieser der Leidenschaft. Zwei Grundformen dieser Leidenschaft giebt es: die eine ist der Ehrgeiz, der den Menschen in die Welt der Geschäfte oder in die Arbeit der Wissenschaft treibt, Macht und Ruhm zu gewinnen, die andere die Liebe, welche die Selbstsucht in ihm erstickt und sich in der Gottesliebe vollendet. Es ist eine ganze Geschichte, die Geschichte eines mit sich selbst ringenden Herzens, welches sich in diesen Lehren Pascal's ausspricht. Und darin liegt auch der wesentliche Reiz seines Werkes: es ergreift nicht als Philosophie, sondern als Selbstbekenntniss, und sein Eindruck ist nicht der einer grossen Gedankenarbeit, sondern der einer grossen Persönlichkeit, — einer Persönlichkeit, deren Bild um so wirksamer ist, je fremdartiger sie sich von dem Hintergrunde ihrer Zeit abhebt.

Pascal's Mysticismus hatte sich, seiner weichen, liebevollen Natur gemäss, der wissenschaftlichen Erkenntniss gegenüber mit einer Art von schonender Anerkennung verhalten. Viel schroffer und rücksichtsloser verfuhr in dieser Hinsicht Pierre Poiret (1646—1719). Bei ihm sind direkte Einflüsse nicht nur von Tauler und von Thomas a Kempis, sondern auch von Jakob Böhme zu constatiren: seine „Censura philosophiae teutonicae" ist in seinem Briefwechsel mit dem englischen Religionsphilosophen Henry More (vergl. § 22) bei des letzteren Werken gedruckt. Da aus seinen Schriften hervorgeht, dass er ursprünglich Cartesianer war, so ist zu vermuthen, dass er durch jene Einflüsse bekehrt und zum Gegner der rationalen Philosophie gemacht worden ist. Dabei wirkte zugleich der Eindruck des Spinozismus mit, welchen er für die letzte Consequenz des Rationalismus hielt. Es ist merkwürdig genug, dass auch die Mystiker das verwandte Element in Spinoza nicht herausfühlten, sondern in seiner Lehre den baaren Atheismus sahen, den sie dann, wie es Poiret that, mit gleicher Leidenschaft wie der Orthodoxismus bekämpften. Diese Meinung mag Poiret veranlasst haben, die rationale Erkenntniss überhaupt für nothwendig irreligiös zu halten, und er wendete in geistreicher Weise einige cartesianische Gedanken an, um den Beweis für diese Ansicht in seiner bedeutendsten Schrift: „De eruditione triplici: solida, superficiaria et falsa" (Amsterdam 1692) zu führen. Er geht dabei von dem cartesianischen Unterschied des aktiven und des passiven

Verstandes aus, indem er das von Descartes festgesetzte Werthverhältniss umkehrt. Der aktive Verstand, dessen höchste Leistung die Mathematik ist, kann nur die leeren Formen, den Schatten der Wirklichkeit, den Leichnam der Natur, nicht ihr inneres, zweckvolles Wesen begreifen. Wenn die Vernunft selbständig und nur aktiv verfahren will, ohne sich den wahren Inhalt geben zu lassen, so ist sie zu trostloser Oede verurtheilt. Die wahre Erkenntniss — das ist ein echt mystischer Gedanke — ist Empfänglichkeit und daher nur durch den passiven Verstand zu gewinnen. Dieser passive Verstand aber empfängt seine Erkenntnisse theils durch die sinnliche Erfahrung, theils durch die offenbarende Einwirkung Gottes. Hier macht in höchst charakteristischer Weise der Mysticismus mit dem Sensualismus gemeinschaftliche Sache gegen den Rationalismus. Um nur nicht die Selbständigkeit der menschlichen Vernunft anerkennen zu müssen, sucht Poiret in einer direkten Polemik gegen Descartes darzuthun, dass die auf Sinneserfahrung gegründete Erkenntniss der Körper reeller und gewisser sei, als alle Vernunfterkenntniss. Es verdient bemerkt zu werden, dass in einer ganz ähnlichen Weise die Jesuiten den Cartesianismus auf sensualistischer Grundlage bekämpft hatten. Doch wendet Poiret diese Anerkennung der sinnlichen Erfahrung nicht weiter an, sondern zieht die Folgerungen dieser Auseinandersetzung nur für die Erkenntniss der religiösen Wahrheiten. Gewiss ist darin, führt er aus, nur die Erkenntniss des gläubigen Gemüthes. Wenn die Vernunft hinzutreten will, so kann sie entweder nur Dasselbe sagen, und dann ist sie überflüssig, oder etwas Anderes, und dann ist sie falsch. Von diesem Gesichtspunkt hat Poiret dann später Locke's Versuch, die Vernunftgemässheit des Christenthums zu erweisen, in einer eigenen Schrift bekämpft.

Poiret's Bestreitung des Rationalismus zeigt noch mehr als die Grenzen, welche Pascal der mathematischen Erkenntniss ziehen wollte, die nothwendige Verknüpfung, in welche der Mysticismus mit skeptischen Theorien treten musste, um seinem Princip des Glaubens Bahn zu brechen. Es ist jedoch klar, dass dieselben Gedankengänge, welche auf diese Weise der ausserconfessionellen oder überconfessionellen Mystik dienten, auch für die Orthodoxie sich in derselben Weise verwenden liessen. Und in dieser Richtung bewegte sich auch in der That die grössere Mehrzahl der französischen Skeptiker.

§ 37. Der Skepticismus.

Schon die ersten Nachfolger Montaigne's, Charron und Sanchez (vergl. § 3), hatten den von Jenem erneuerten skeptischen Elementen der alten Philosophie eine orthodoxe Wendung zu geben versucht, und diese Auffassung fand auch noch gegen Ende des XVII. Jahrhunderts mannigfache Vertreter. François de la Mothe le Vayer (1586—1672) liess sich durch historische und ethnographische Studien von der Relativität und Wandelbarkeit der menschlichen Meinungen so tief überzeugen, dass er die Geltung aller Vernunftprincipien für die Religion leugnete und ein über die Vernunft erhabenes, nur durch Gnade mittheilbares Princip des Glaubens an deren Stelle zu setzen suchte. Von seinen Schülern wirkten Samuel Sorbière durch eine Uebersetzung der „Hypotheses Pyrrhoneae" des Sextus Empiricus und Simon Foucher durch eine „Geschichte der platonischen Akademie", sowie durch eine Kritik der Malebranche'schen Lehre für die Ausbreitung skeptischer Gedanken. Zu gleicher Zeit benutzte Bossuet, der berühmte Redner der gallicanischen Kirche, den Skepticismus als ein Propagations- und Agitationsmittel gegen die Protestanten, denen er den Versuch, den Glauben mit der Vernunfterkenntniss zu identificiren, als einen absurden und von vornherein verfehlten vorwarf. Die umfassendste Vertretung aber fanden diese Gedanken durch den Bischof von Avranches, Pierre Daniel Huet (1630—1721), dessen interessante Autobiographie über die Gegensätze der religiösen und der wissenschaftlichen Bewegung in Frankreich wichtige Aufschlüsse enthält.

Auch er war anfangs Cartesianer gewesen und legte seine Lehre, als er diesem Systeme durch die Bekanntschaft mit Sextus Empiricus entfremdet war, in einer „Censura philosophiae Cartesianae" (Paris 1689) und in dem nach seinem Tode gedruckten „Traité de la faiblesse de l'esprit humain" (Amsterdam 1728) nieder. Diese Darstellung gestaltete sich jedoch zu einer umfassenden und destructiven Kritik der gesammten gleichzeitigen Philosophie, welche besonders eindrucksvoll deshalb war, weil der als Polyhistor berühmte Bischof eine reiche Fülle mannigfachsten Wissens in ihre Entwicklung hineinzuarbeiten wusste. Diese Kritik zeigt wiederum eine interessante Combination der verschiedensten Denkrichtungen. Aehnlich wie Poiret will Huet lieber sensualistisch als rationalistisch sein. Wenn man irgend einem Theile der menschlichen Erkenntniss trauen darf, so ist es die sinnliche Wahrnehmung, in der der Mensch sich des Uebermuths der eigenen Denkwillkür entschlägt und aufnimmt, was die Welt ihm giebt. Huet verfolgt diese sensualistischen Principien so weit, dass er — vielleicht schon nicht ohne Abhängigkeit von den aus England herüber verlautenden Gedanken — alle menschliche Erkenntniss aus der Thätigkeit der Sinne stammen lässt, und die Abhängigkeit des Denkens von den Functionen des Gehirnes in einem Grade gelten lässt, welche bei einem weniger gläubigen Gemüthe unbedingt zum Materialismus geführt hätte. So jedoch giebt Huet diesen Untersuchungen eine ganz andere Tendenz. Er erkennt mit entschiedener Abneigung gegen den Rationalismus an, dass der von Gassendi erneuerte Materialismus von Demokrit und Epikur die folgerichtige Consequenz des lediglich auf sinnliche Erfahrung zu stützenden menschlichen Denkens sei. Der Rationalismus sei eine völlig werthlose Träumerei; das verhältnissmässig Beste, was der natürliche Mensch in seinen Vorstellungen habe, seien seine sinnlichen Wahrnehmungen; deren Consequenz aber führe nothwendig zu den unsittlichen und irreligiösen Theorien des Materialismus und Atheismus. Es ist in verhältnissmässig origineller Form der jesuitische Skepticismus, zu dem sich Huet bekennt, indem er der selbständigen Erkenntniss des Menschen einen möglichst niedrigen Ursprung und Werth zu geben sucht, um sie dann desto sicherer vor der Offenbarungserkenntniss und dem dogmatischen Systeme zurücktreten zu lassen. Er greift zu diesem Zwecke zu allen ihm von der Philosophie der Zeit dargebotenen Mitteln und reproducirt alle Formen des Angriffs auf die Erkenntnisskraft des Syllogismus in der Meinung, dadurch den Rationalismus überhaupt zu widerlegen, und er schreckt vor der Consequenz nicht zurück, zu erklären, dass die höchsten Axiome, welche die Vernunft als Kriterien bei der Beurtheilung des Wahren und des Falschen verwendet, ihre Giltigkeit nicht der Vernunft selbst, sondern vielmehr dem Willen der Gottheit verdanken, welcher sie daher jeden Augenblick umzustossen im Stande und berechtigt sei.

So führte die Kirche sehr stolz und sicher das Schwert des Skepticismus. Aber wenn irgend eine, so ist diese Waffe zweischneidig, und wie sehr sie es ist, sollte gerade die französische Orthodoxie durch den charaktervollsten und tiefsten der Skeptiker erfahren, durch Pierre Bayle.

Sein Leben zeigt innerlich wie äusserlich ein ruheloses Hin- und Hergeworfenwerfen zwischen den grossen Gegensätzen der Zeit, und je weniger diese Gegensätze in ihm eine Versöhnung gefunden haben, um so mehr ist er mit seiner edlen und unerschrockenen Offenherzigkeit ein charakteristischer Ausdruck des geistigen Lebens seiner Zeit gewesen. Er war 1647 zu Carlat als Sohn eines reformirten Predigers geboren. Von tief innerlicher Gläubigkeit erfüllt, mit einer seltenen Vielseitigkeit das reale Wissen seiner Zeit umspannend und mit scharfsinniger Empfänglichkeit in die philosophischen Theorien eingelebt, durchschaute er bald, dass die Hoffnung, die Lehren der positiven Religion mit der menschlichen Vernunfterkenntniss zur Deckung zu bringen, diese Hoffnung, welche in keiner der christlichen Confessionen so lebendig war wie in der unter dem Einflusse Calvin's stehenden reformirten, illusorisch sei; und diese Zweifel führten sein glaubensbedürftiges Gemüth in den Schooss der römischen Kirche. Allein hier war es nun wieder umgekehrt das zu grosse Opfer der selbstdenkenden Vernunft, welches ihn bald zurückschreckte und schon in seinem dreiundzwanzigsten Jahre wiederum zu seinem ursprünglichen Glauben zurückführte. In Folge dieses Abfalls sah er sich genöthigt, seine Heimat zu verlassen und nach Genf zu flüchten, und er fand erst eine äussere Ruhe, als er in Sedan und später in Rotterdam Professor geworden war. An letzterem Orte starb er 1706. Seine wissenschaftliche Thätigkeit ist in einer Ausdehnung einflussreich gewesen, wie sich einer ähnlichen nach ihm nur einerseits Voltaire und andererseits die Encyclopädisten haben rühmen können. Bayle ist der Pionier der Aufklärung. Er hat zuerst und in systematischer Weise daran gearbeitet, das allgemeine Denken der Gesellschaft mit der wissenschaftlichen Erkenntniss zu tränken und die Resultate der Philosophie für die Ueberzeugung der gesammten gebildeten Welt flüssig zu machen. Er suchte nicht nur in den von ihm begründeten „Nouvelles de la république des lettres" die Arbeit der verschiedenen Gelehrten in gegenseitiger Ergänzung zu concentriren, sondern er machte in seinem „Dictionnaire historique et critique" (zuerst 1695 und 1697 in zwei Bänden erschienen) den ersten Versuch, dem gebildeten Publicum in einer zugleich präcisen und geschmackvollen Form den gesammten Stoff der wissenschaftlichen Erkenntniss vorzuführen. Mit einer Vielseitigkeit des Wissens, welche kaum von Leibniz übertroffen worden ist, arbeitete dieser Mann allein an einer Aufgabe, der sich nach ihm nur Vereinigungen von Gelehrten unterzogen haben. Sein Dictionnaire fand eine rapide Verbreitung. Es wurde nicht nur in Frankreich, sondern in der ganzen Welt der europäischen Bildung auf das Eifrigste gelesen und gestaltete sich damit zum ersten grossen Träger der wissenschaftlichen Aufklärung. Seine Wirkung war jedoch in ihren Resultaten auf das Entschiedenste durch den Geist seines Urhebers mitbedingt; ja die Ausbreitung wissenschaftlicher Kenntnisse, welche es mit sich brachte, trat fast zurück hinter der Förderung des skeptischen Geistes, der darin wehte, und hinter der Befestigung des moralischen Standpunktes, welchen es athmete.

Die Bedeutung Bayle's liegt wesentlich darin, dass er den Widerspruch zwischen Vernunfterkenntniss und Offenbarung auf die schärfste Spitze brachte, in der schroffsten Weise formulirte und ihre völlige Unvereinbarkeit nachzuweisen bestrebt war. In entschiedener Abhängigkeit von Bacon, aber mit principieller Zuspitzung der von diesem sehr viel ruhiger entwickelten Gedanken suchte er darzuthun, dass die Dogmen der positiven Religion den einfachsten und einleuchtendsten Grundsätzen der natürlichen Vernunft widersprechen, und dass deshalb von einer Vernunftreligion, d. h. einer durch die Vernunft zu gewinnenden oder auch nur mit der Vernunft vereinbaren Glaubenslehre nun und nimmermehr die Rede sein könne. Mit durchdringendem Scharfsinn zergliedert er die religiösen Grundbegriffe und zerstört jede Hoffnung, sie der vernünftigen Erkenntniss zugänglich zu machen. Darauf beruhte die mächtige und erschütternde Wirkung, welche seine Schriften auf seine Zeit und auf deren bedeutendste Männer, wie z. B. auf Leibniz ausübten. Wenn Locke den Schwerpunkt seiner religionsphilosophischen Betrachtung in den Begriff der Uebervernünftigkeit der religiösen Dogmen verlegt hatte, wonach diese für die menschliche Vernunft nicht auffindbar, wohl aber begreifbar sein sollten, so richtet Bayle seine ganzen Untersuchungen darauf, zu zeigen, dass sie widervernünftig sind. So radical, wie nur jemals, sprach er es aus, dass zwischen Glaube und Vernunft kein anderes Verhältniss existire als dasjenige des Widerspruchs. Schon seine „Pensées diverses sur la comète de 1680" suchten zu zeigen, dass die Lehren von der Schöpfung der Welt durch einen gütigen Gott und von der Vorsehung mit den zahllosen physischen und moralischen Uebeln der Welt, die Lehre von der Erbsünde mit dem

Bewusstsein der Verantwortlichkeit u. s. w. in einem niemals zu versöhnenden Widerspruche stehen. Aber Bayle ist weit entfernt, um dieser Widervernünftigkeit willen an der Wahrheit der religiösen Lehren zu zweifeln. In einem viel ehrlicheren und tieferen Sinne, als Bacon, wiederholt er das tertullianische „credo, quia absurdum". Er verneint, dass die menschliche Vernunft in den höchsten und werthvollsten Dingen irgend eine positive und adäquate Erkenntniss gewinnen könne. Sein beispiellos umfassendes Wissen erlaubte ihm, alle Theorien einer umsichtigen historischen Kritik zu unterwerfen und die verschiedenen Ansichten durch einander zu paralysiren. Er zweifelte mit Descartes an der Richtigkeit der sinnlichen Erfahrung und an der Realität der Körperwelt, er zweifelte gegen Descartes an der Gewissheit des Selbstbewusstseins, er erlaubte sich sogar — zu seiner Zeit die grösste Kühnheit — an der Unumstösslichkeit der mathematischen Axiome zu zweifeln und zu meinen, dass diese vielleicht nur aus einer Erfahrung abstrahirt seien, welche, so constant sie bisher gewesen sei, doch keine absolute Gewähr biete, in alle Zukunft nicht wieder umgeworfen werden zu können. So suchte er zu zeigen, dass der menschlichen Erkenntniss nirgends eine zweifellose Gewissheit innewohne. Die menschliche Vernunft sei darin stark Irrthümer zu entdecken, aber zu schwach um ohne fremde Unterstützung selbst die Wahrheit zu finden — ein Aperçu, von dem man sehr richtig gesagt hat, dass Bayle es von der Natur seines eigenen Geistes abstrahirt hatte. Aber in dieser Unfähigkeit der Vernunft, zu abschliessender Erkenntniss zu gelangen, sieht Bayle im Geiste des alten Kirchenvaters eine überaus weise Einrichtung. Denn nur durch sie wird der Glaube zum Verdienst. Das Vernünftige zu glauben, sagt er, ist so selbstverständlich, dass es Niemandem als Verdienst angerechnet werden kann: erst der Glaube an das Widervernünftige zeigt jene Selbstüberwindung, welche den Werth der Religiosität ausmacht.

Das ist der höchste Gipfel, welchen die „Lehre von der zweifachen Wahrheit" erreicht hat. Bayle giebt nicht nur zu, dass die religiöse Wahrheit vor dem Standpunkte der Vernunft falsch sein könne, sondern er verlangt, dass sie es sein müsse, wenn der Glaube ein Verdienst sein solle. In ihm stehen sich Wissen und Glauben so schroff gegenüber, dass sie nicht mehr, wie es in dem religiös indifferenten Geiste Descartes' der Fall gewesen war, ohne

Beziehung zu einander sind, sondern vielmehr einander ausdrücklich und im ganzen Umfange widersprechen. Der Bayle'sche Skepticismus machte in seiner absoluten Ehrlichkeit den Thatbestand klar, dass die Philosophie mit der Religion zerfallen war, und statt des Versuchs einer scheinbaren Versöhnung hielt er es vielmehr für seine Aufgabe, diese Thatsache, die er in den Geistern seiner Zeit vorfand, mit aller Aufrichtigkeit auszusprechen. Daraus ist zu gleicher Zeit die Stellung klar, welche Bayle in der Entwicklung dieser Fragen historisch einnahm. Nachdem er die Widervernünftigkeit der Dogmen erwiesen zu haben glaubte, war nur noch ein Schritt nöthig, damit diejenigen, welche diesen seinen Beweis annahmen, das dogmatische System um seiner Widervernünftigkeit willen verwarfen. Es gehörte dazu nur, dass sie, sei es im Geiste des Rationalismus, sei es in demjenigen des Empirismus, unter Verwerfung des Skepticismus von der Erkenntnisskraft der menschlichen Vernunft überzeugt waren. Diesen Schritt thaten die Encyclopädisten und mit ihnen die gesammte französische Aufklärung. Bayle selbst that ihn nicht, und was ihn davor bewahrte, war eben sein Skepticismus: er blieb gläubig, weil er ein Skeptiker war.

Um so schärfer aber tritt der innere Gegensatz seines Denkens hervor. Mit einschneidendem Scharfsinne zersetzt er vom Standpunkte der menschlichen Vernunft alle die Lehren des Glaubens, von deren Richtigkeit er überzeugt bleibt, und es ist daraus begreiflich, wie man hat meinen können, es sei diese von ihm stets betonte Gläubigkeit nur der Deckmantel seiner Ungläubigkeit gewesen. In Wahrheit ist das nicht der Fall, man müsste denn annehmen, dass er der vollendetste Heuchler war, der je existirt hat. Man hat häufig darauf hingewiesen, dass der Text in den Artikeln seines Dictionnaire's häufig vom Standpunkte des Glaubens aus geschrieben ist, während die Noten mit breiter Ausführlichkeit sich in der Entwicklung der vernünftigen Einwürfe dagegen ergehen. Auch dieser Gegensatz ist in der That vorhanden; allein er ist, wie zuerst Feuerbach gezeigt hat, der vollkommene Ausdruck eben des Widerspruches, in welchem Bayle mit sich selber rang. Er war im Innersten gläubig und dabei doch von der Philosophie seiner Zeit so tief ergriffen, dass er den Widerspruch, in welchem sie mit dem Dogma stand, klar durchschaute: und er war zu ehrlich, um diesen Widerspruch zu verschweigen oder zu verhüllen. Er selbst hatte jenes Verdienst des widervernünftigen Glaubens, und wie schon die ersten Lehrer der zweifachen Wahrheit, sprach er in diesem Widerspruche das Geheimniss seines inneren Zustandes aus. Dass er dies Verdienst des widervernünftigen Glaubens seiner Zeit nicht mitzutheilen vermochte, lag nicht an ihm. In der That freilich wirkte aus seinen Schriften auf die Masse der Gebildeten Frankreichs und Europas nicht der Glaube, von dem er überzeugt war, sondern vielmehr die zersetzende Kritik, welche er an dessen Inhalt in Rücksicht auf sein Verhältniss zur vernünftigen Erkenntniss übte: denn diese Masse der Gebildeten stand nicht mehr auf dem Standpunkte des Glaubens, sondern, wie sie meinte, auf demjenigen der Vernunft, und sie sog deshalb aus den glänzenden Blüthen von Bayle's Darstellung nur den Saft des Unglaubens. So konnte seine persönliche Frömmigkeit den grossen Skeptiker nicht davor schützen, dass die Wirkung seiner Lehren nur die negative war, und dass seine Schriften unter denjenigen, welche die Gläubigkeit untergruben, in erster Linie standen.

Aber neben dieser negativen Wirksamkeit gab es eine positive Erkenntniss von grosser Bedeutung, welche Bayle erfasste, in zahllosen Wendungen ausarbeitete und durch seine Werke als fruchtbare Keime in das Zeitalter der Aufklärung streute. Je leichter bei ihm die Schale der theoretischen Vernunft stieg, um so tiefer und inhaltschwerer senkte sich diejenige der praktischen Vernunft, und dadurch kam eine höchst eigenthümliche Gedankenverbindung zu Stande. Die religiösen Dogmen, lehrte er, sind widervernünftig, aber das moralische Handeln ist rein vernünftig. Aus diesen beiden Sätzen erwuchs der dritte, dass die Moralität von religiösen Ueberzeugungen durchaus unabhängig sei. Der Mann, der in dem Gewirre theoretischer Zweifel zwei Mal die Confession gewechselt hatte, war sich bewusst, dass er moralisch dabei derselbe geblieben war, und diese Selbsterfahrung machte ihn zu dem wirkungsvollsten Vorkämpfer der Toleranz. Er suchte zu zeigen, dass die moralischen Gebote ihre Würde nur in sich selbst und in ihrer Abstammung aus der menschlichen Vernunft haben, dass ihre Beziehung auf eine göttliche Gesetzgebung ihren moralischen Werth nicht vergrössern, sondern nur durch die Einmischung von Wünschen, Hoffnungen und Befürchtungen beeinträchtigen könne. Er wies mit historisch offenem Sinne bei jeder Gelegenheit darauf hin, wie herrliche sittliche Erscheinungen das Heidenthum aufzuweisen und zu welchen Greuelthaten auf der anderen Seite der christliche

Fanatismus Veranlassung geboten habe; und dem Einwurfe, dass man für diese unsittlichen Auswüchse die Religion nicht verantwortlich machen dürfe, begegnet er mit dem schlagenden Worte, dass, wenn das sittlich Schlechte nicht ihre Frucht sei, man sie auch nicht für den Ursprung des sittlich Guten halten dürfe. Die religiöse Meinung sei an sich moralisch indifferent; ob sie zu Gutem oder zu Bösem führe, hänge von der moralischen Richtung ab, mit der sie sich in den Individuen verbinde, und welche durchaus selbständig in sich bestehe. Bayle will daher die Religion ebenso, weit von der Moralität, wie von der Wissenschaft, getrennt wissen. Der grosse Einfluss, welchen diese seine Lehre ausgeübt hat, bestand darin, dass sie die Unabhängigkeit des moralischen Werthes des Menschen von der positiven Religion, der er angehört, zu einer Ueberzeugung der weitesten Kreise machte. Wenn dann der Deismus und die Religionsphilosophie in Voltaire, Hume, Lessing und Kant die Moralität zum wesentlichen Inhalte der Vernunftreligion zu machen suchten, so war das nicht mehr im Geiste Bayle's, welcher die Existenz einer Vernunftreligion überhaupt leugnete. Aber er hatte diese Möglichkeit eben dadurch vorbereitet, dass er die Welt daran gewöhnt hatte, den moralischen Werth eines Menschen als etwas von seiner positiven Religion Unabhängiges zu betrachten. Mit der moralischen ging nothwendig die bürgerliche Werthschätzung Hand in Hand, und Bayle wurde nicht müde, in den verschiedensten Richtungen darzuthun, wie falsch es sei, Jemanden um irgend einer religiösen Ansicht willen bürgerlich zu verketzern und öffentlich zu proscribiren. Mit einer Lebhaftigkeit, die nur aus den Zuständen seiner Zeit und Frankreichs im Besonderen begreiflich ist, plaidirt er für die bürgerliche Gleichstellung aller Confessionen und tritt in der Vertheidigung der Toleranz so radical auf, dass er, der Meinung selbst wohlwollender Männer entgegen, die Duldung auch den Atheisten zu Gute kommen lassen will. Er kleidet das in die berühmt gewordene und später vielfach discutirte Beweisführung, dass ein Staat von Atheisten sehr gut denkbar sei. Bayle dachte zu edel und persönlich zu hoch von der Religion, um sie etwa im Sinne von Hobbes oder des esoterischen Deismus der englischen Moralisten zu einem Polizeimittel in der Hand der Machthaber herabzuwürdigen, und da er überzeugt war, dass ebenso das moralische Wesen wie der egoistische Triebmechanismus des Menschen von dem besonderen Inhalte seiner religiösen Meinung unberührt bleibe, so glaubte er das staatliche Leben in derselben Weise wie das wissenschaftliche und das moralische von dem religiösen trennen zu können und zu sollen. Ja er betont viel eher sogar die negative Kehrseite. Statt einer fördernden fürchtet er vielmehr eine hemmende Einwirkung der Religiosität auf das Staatsleben; er macht darauf aufmerksam, dass das nur auf den Himmel gerichtete Streben den Christen viel eher zu einem schlechten und indifferenten, als zu einem guten und begeisterten Staatsbürger mache. Allein er schwächt diese Bemerkung durch den vernichtenden Zusatz ab, dass darin keine Gefahr läge: denn wirklich für den Himmel und in reiner Religiosität habe wohl fast noch nie Einer gelebt, und die Natur sorge jedenfalls dafür, dass die grosse Masse es niemals thue.

§ 38. Die mechanische Naturphilosophie.

Wenn dem Mysticismus in der Entwicklung des französischen Denkens der Aufklärung überhaupt nur eine geringe und schnell verklingende Bedeutung zukommt, so war der Skepticismus zwar ungleich verbreiteter und wirkungsvoller, aber in letzter Instanz doch nur ein negatives Element, dessen Wirkung im Wesentlichen darin bestand, für die positiven Einflüsse der englischen Philosophie Raum zu schaffen. Denn obwohl die Vertreter des Skepticismus und unter ihnen selbst Bayle die skeptischen Gedankengänge wesentlich zur Bestreitung jeglicher Vernunfterkenntniss der religiösen Wahrheiten angewendet hatten, so wurde es doch in Frankreich immer mehr Sitte, durch eine Verbindung dieses Skepticismus mit dem Cartesianismus die Vernunfterkenntniss für das Entscheidende zu halten und den Skeptikern nur so weit zu folgen, als sie lehrten, dass mit dieser Vernunfterkenntniss das Dogma der positiven Religion unvereinbar sei. So wirkte der Skepticismus negativ und zerstörend nur in Bezug auf den Glauben, und gerade in Frankreich hatte es seinen Ursprung, dass man einen Skeptiker während des ganzen Aufklärungszeitalters hauptsächlich denjenigen nannte, der an der Vernünftigkeit der kirchlichen Dogmen zweifelte.

Auf diese Weise hatte der Skepticismus trotz aller orthodoxen Neigungen seiner Vertreter in Frankreich schliesslich nur daran gearbeitet, die freie Entwicklung der selbständigen Elemente der modernen Wissenschaft zu befördern. Unter diesen aber stand in erster Linie jene mechanische Naturphilosophie, welche von Galilei,

Hobbes und Descartes principiell begründet und inzwischen zur herrschenden Auffassung in allen eigentlich wissenschaftlichen Kreisen geworden war. Gerade in der durch den Skepticismus gewonnenen Freiheit des Denkens gewann dies Princip schnell eine überraschende Tragweite. Descartes hatte in seiner vorsichtigen Weise, um alle Conflicte mit den kirchlichen Mächten zu meiden, sich niemals offen zu den grossen Entdeckungen der neueren Naturwissenschaft bekannt. Aber je mehr es auf der Hand lag, dass seine ganze Lehre von demselben Geiste getränkt war und nothwendig auf dieselben Resultate hindrängte, um so kühner wurden allmählich mit der allgemeineren Rücksichtslosigkeit des Denkens auch seine Anhänger. Als der offene Durchbruch dieser Consequenz müssen Fontenelle's (1657—1757) „Entretiens sur la pluralité des mondes" (Paris 1686) angesehen werden, welche sich vollständig auf den durch Copernicus und Galilei gewonnenen Standpunkt der Mechanik und der Astrophysik stellten. Schon sein Werk ist der Beweis davon, mit welcher Vorliebe man sich um jene Zeit namentlich mit astronomischen und astrophysischen Problemen beschäftigte. In dieser Hinsicht versuchte Fontenelle, die von der exacten Forschung gefundenen Thatsachen und speciell die Kepler'schen Gesetze mit der Wirbeltheorie des Descartes in erklärende Verbindung zu bringen. Schon seine Darstellung aber zeigte in ihrer eleganten Popularität die Richtung, welche die gesammte französische Aufklärung nahm: sein Buch lag in kurzer Zeit auf den Tischen aller Salons und machte den Gedanken des allgemeinen Naturmechanismus und der mathematischen Gesetzmässigkeit in allen Köpfen des gebildeten Frankreich heimisch. Von nun an wurde es der Ehrgeiz der französischen Mathematiker, die allgemeine Meinung mit ihren Theorien zu beherrschen. Man war darüber einig, dass man nur mit der Mathematik der Natur zu Leibe gehen könne, und die grosse Entwicklung, welche die französische Mathematik von einem Pascal und Fermat bis zu einem Lagrange und Laplace gefunden hat, stand wesentlich unter den Bedürfnissen der Naturerkenntniss. Andererseits aber hielten es gerade diese Mathematiker für ihre Aufgabe, über die so gewonnenen Fortschritte der Naturerkenntniss in allgemein verständlicher Weise ein Publicum zu unterrichten, welches diesen Fragen das lebhafteste Interesse entgegentrug.

Je weiter aber diese Entwicklung ging, um so entscheidender

wurde selbstverständlich von dem Augenblicke an, wo er bekannt geworden war, der Einfluss Newton's. Der mathematisch klare Geist der Franzosen musste bald einsehen, dass dessen „Principien" die Höhe dieser Geistesrichtung bedeuteten. Und so verdrängte während der ersten Hälfte des XVIII. Jahrhunderts in immer stärkerem Masse die Newton'sche Naturphilosophie diejenige Descartes'. Auf dem specifisch wissenschaftlichen Gebiete geschah das wesentlich durch Maupertuis (1698—1759), der, seitdem er in Berlin lebte und dort Präsident der Akademie geworden war, in mannigfache Streitigkeiten mit den dortigen Anhängern von Leibniz gerieth. Gegen diese vertheidigte er namentlich den Gesichtspunkt der mechanischen Erklärung der einzelnen Naturerscheinungen, und es wurde ihm verhältnissmässig leicht, mit den Waffen Newton's das beschränkte Nützlichkeitssystem zu bekämpfen, welches damals in der Naturauffassung der deutschen Philosophen landläufig war. Auf der anderen Seite aber ging er durchaus auf Newton's teleologische Grundanschauung ein, den gesammten Mechanismus der Natur mit seinen zweckmässigen Consequenzen aus einer göttlichen Zweckthätigkeit abzuleiten. Allein auch darin war er weit von jener Felsenfestigkeit der persönlichen Ueberzeugung entfernt, mit der Newton diese Verbindung gesucht hatte. Er betrachtete vielmehr die Frage nach der Zweckmässigkeit der Natur vorwiegend unter einem skeptischen Gesichtspunkte. Die Naturforschung, meinte er, habe sich auf die Erkenntniss der nächsten Ursachen der einzelnen Phänomene zu beschränken und diese möglichst auf die mathematische Formel zu bringen. Zur Erkenntniss der ersten Ursache und des Zusammenhanges, in welchem aus ihr alle übrigen folgen, vermöge der Mensch doch nicht zu gelangen. „Point de système" ist sein Lieblingsausspruch, und er meint damit ganz die Bescheidung des skeptischen Empirismus, der, an einer abschliessenden Erkenntniss des Universums verzweifelnd, sich mit einer Einsicht in die mathematische Nothwendigkeit der faktischen Verhältnisse begnügen will.

Zu einem Gemeingute der französischen Bildung aber war die Newton'sche Naturphilosophie schon vor ihm durch Voltaire geworden. Seine Uebersetzungen und Bearbeitungen der Newtonschen Lehre gewannen mit einem Schlage die ganze gebildete Welt Frankreichs für diese Lehre, verdrängten die Schrift Fontenelle's aus dem Gedächtnisse der Zeit und wurden eines der allerstärksten

Mittel für die Untergrabung des orthodoxen Glaubens. Bereits seine „Lettres sur les Anglais" (Paris 1734) hatten auf die Bedeutung der englischen Wissenschaft, von der er sich bei persönlichem Aufenthalte in London überzeugt hatte, sehr energisch aufmerksam gemacht. Einige Jahre darauf schrieb er die „Éléments de la philosophie de Newton", welche jedoch, durch die von den Cartesianern beherrschte Censur lange zurückgehalten, erst 1741 erschienen, sodass die etwas milder gefasste „Métaphysique de Newton" bereits ein Jahr früher gedruckt wurde. Allein bei Voltaire verband sich die mechanische Naturauffassung Newton's nicht nur mit dessen allgemeiner teleologischer Anlehnung an religiöse Ueberzeugungen, sondern vielmehr mit dem ganzen kritischen Gedankenkreise des englischen Deismus. Er ist das wichtigste Mittelglied in der so überaus fruchtbaren Verschmelzung der englischen mit den französischen Ideen, und seine gesammte Weltanschauung, welche vielleicht mehr als die irgend eines anderen Menschen in die allgemeine Bildung durchgesickert ist, entlehnte ihre Grundzüge allen Grössen der englischen Philosophie, welche bis dahin deren Gang bestimmt hatten. Es concentrirten sich alle diese Einflüsse bei Voltaire vermöge der umfassenden Receptivität seines Geistes und der glänzenden Gestaltungskraft seines Stiles zu einer Vereinigung, welche mit Recht als der Typus der gesammten Aufklärung gilt. Der innerste Kern davon besteht darin, dass Voltaire es verstand, Newton's mechanische Naturphilosophie, Locke's erkenntnisstheoretischen Empirismus und Shaftesbury's Moralphilosophie unter dem Gesichtspunkte eines Deismus zu vereinigen, welcher mit der Tendenz der Volksaufklärung eine propagatorische Wirkung ohne Gleichen ausübte.

§ 39. Voltaire's Philosophie der deistischen Aufklärung.

Freilich war Voltaire durchaus nicht der erste, welcher sich in Frankreich offen zum Deismus bekannte. Der Gedanke der Vernunftreligion war schon vorher mehrfach hervorgetreten; doch lagen auch hier Einflüsse der Locke'schen Lehre zu Grunde. Namentlich Jean Leclerc, der einflussreiche Herausgeber mehrerer wissenschaftlicher Zeitschriften um die Wende des XVII. und XVIII. Jahrhunderts, war durch den persönlichen Verkehr mit Locke für den Gedanken der Vernunftreligion gewonnen und trat dafür lebhaft ein. Doch geschah dies den positiven Religionen gegenüber schon in einer kritischen Weise, welche Locke ferner gelegen hatte, und in der Leclerc vielleicht unter dem Einflusse von Bayle gestanden hat. Jedenfalls begann mit ihm für Frankreich dieselbe Wendung, welche die englischen Deisten ihrerseits der Locke'schen Religionsphilosophie gaben. Vollendet aber und besiegelt wurde diese Wendung durch Voltaire, der nun freilich schon aus den fertigen und reichströmenden Quellen des englischen Deismus schöpfen konnte.

Francois Marie Arouet le Jeune, 1694 geboren, war einer der Schüler der französischen Jesuiten, welche den Lehrern nachher am unbequemsten werden sollten. In allen Künsten und Wissenschaften gebildet, mit einer unglaublichen Aneignungsfähigkeit ausgestattet, stand er schon in frühester Jugend auf der Höhe der Bildung seiner Zeit. Der spielende Reichthum seiner dichterischen Phantasie und die anmuthige, sonnenklare Eleganz seines Stils, welche ihn zu einem der ersten, wenn nicht zu dem ersten Schriftsteller Frankreichs machten, kamen auch seiner wissenschaftlichen Wirksamkeit zu Gute. Er ist nie ein grosser Forscher noch ein tiefsinniger Grübler gewesen, aber er wusste mit seltener Feinfühligkeit dasjenige, was dem geistigen Zuge der Zeit entgegenkam, herauszufinden und ihm die Form zu geben, in der es die Gemüther packte und beherrschte. Der grosse Eindruck aber, welchen auch seine philosophischen Schriften, und diese beinahe am meisten, auf das Zeitalter machten, beruhte fast noch mehr auf der Wärme des sittlichen Gefühles, welches sie durchwehte. Freilich war Voltaire weit davon entfernt, in diesem Gefühle eine feste und unerschütterliche Ueberzeugung zu besitzen, welche ihn sicher durch die Wechselfälle des Lebens geführt hätte. Es ist unverkennbar und ihm oft genug vorgeworfen, wie sein massloser Ehrgeiz, seine bis an's Komische grenzende Eitelkeit, seine Neigung zur Intrigue und zuletzt selbst eine wunderliche Habgier ihn zu Handlungen führten, die des Philosophen wenig würdig waren. Aber das giebt noch kein Recht, ihn einen Schauspieler zu nennen, der mit jenen Gefühlen nur gespielt und die Mache ihrer rhetorischen Verwendung meisterlich verstanden habe. Wir haben vielmehr aus zahlreichen Thatsachen seines Lebens alle Veranlassung, an die volle Wahrheit seiner Begeisterung für das Recht und die Sittlichkeit zu glauben. Aber er war moralisch wie geistig eine weiche Natur, und wenn ihn das geistig gross gemacht hat, so hat es seinem Charakter geschadet. Er war nicht dazu angethan, still und unentwegt durch das Leben zu gehen, sondern stürzte wie ein Falter dem Glanze des äusseren Lebens zu, ohne ihn ertragen zu können. Schon im Anfang verdarb er sich eine glänzende Stellung in der Pariser Gesellschaft durch Unvorsichtigkeiten und Rücksichtslosigkeiten. Aber diese Conflicte wurden für ihn werthvoll und fruchtbar dadurch, dass sie ihn nöthigten, ihnen in den Jahren 1726—29 nach London auszuweichen, wo er sich, ernster und tiefer geworden, mit den Gedanken der englischen Wissenschaft tränkte. Nach seiner Rückkehr begann er, von den Idealen der Aufklärung begeistert, jenen unerschrockenen Kampf gegen die Vorurtheile, gegen die Missstände des politischen und des kirchlichen Lebens, gegen die Unbildung und Gedankenlosigkeit der Menschen, welcher sein Leben ausgefüllt hat. Er hat diesen Kampf nicht immer mit den zartesten Waffen geführt, er hat in der Noth des Streits zu den Mitteln des Hohnes und der Satire, die ihm so wunderbar zu Gebote standen, so reichlich gegriffen, dass die Beschuldigung seiner Frivolität fast trivial geworden ist. Aber frivol ist nichts, als der Nihilismus der Alles begeifert; Voltaire jedoch handelte und schrieb aus einem Glauben an das Recht der Vernunft, welcher sein innerstes Wesen ausmachte. Er sah in der blinden Hingabe an die bestehenden Autoritäten nicht nur eine Dummheit, sondern auch etwas dem Wohle der Menschheit wie des Einzelnen Schädliches, und in dem redlichen Streben, dieses Wohl seinerseits zu befördern, war sein ganzes Leben ein ununterbrochener Kampf gegen das Unrecht der Autorität, ein Kampf, der um die grossen Güter der Duldung und der Geistesfreiheit von ihm mit überlegener und siegreicher Kraft geführt wurde, — so siegreich, dass seine Gedanken in die allgemeine Bildung als ein für das spätere Bewusstsein selbstverständlicher Besitz eingedrungen sind. Aber natürlich trugen ihm diese Lehren zahlreiche Verfolgungen ein, und mit Schmerz empfand er, dass er am französischen Hofe unmöglich war. Bekanntlich war es zuerst seine gelehrte Freundin, die Marquise du Châtelet, die ihm auf ihrem Landgute Cirey in der Champagne eine Zuflucht anbot, und später sein geistvoller Schüler, der Philosoph von Sanssouci, der ihn zur Zierde seines Hofes machte. Aber hier traten nur zu bald die Schattenseiten seines Charakters hervor, die ihn mit dem Könige entzweiten und das Verhältniss auflösten. Von 1755 an hat er dann, im Wesentlichen nur mit seinen Werken beschäftigt, auf seinem Landsitze Ferney bei Genf gelebt; von hier aus war es, wo er in einigen eclatanten Fällen als eine europäische Autorität gegen offene Verletzungen des Rechts und der Gewissensfreiheit mit einer Energie eintrat, die seinen Namen, wenn es möglich war, noch gefeierter machte als zuvor. Was ihm fehlte, war nur die äusserliche Anerkennung, und in dem Streben nach ihr ist sein Leben zu Ende gegangen. Als er es wagen konnte, den ersehnten Boden von Paris wiederzubetreten, begab er sich dorthin, wo schon die revolutionäre Frucht seiner Ideen gezeitigt war. Mit einem ungeheuren Enthusiasmus aufgenommen, erlag der Greis den Aufregungen dieser Reise und starb, unter den Lorbeerkränzen fast erstickt, am 30. Mai 1778.

Unter den Einflüssen, welche in Voltaire's philosophischer Schriftstellerthätigkeit zunächst nach der negativen Seite hin hervortreten, steht derjenige des englischen Deismus in seinem „Examen important de Mylord Bolingbroke" (Paris 1736) obenan. Er entnimmt ihm die einschneidende Kritik der positiven Religionsbegriffe und, von ihrer Unvernünftigkeit und Schädlichkeit überzeugt, begnügt er sich nicht damit, sie wie der Weltmann, dem er jene Schrift unterschob, mit vornehmem Achselzucken zu belächeln und für die blöde Masse des Volkes gerade gut genug zu finden, sondern er übernimmt ausdrücklich die Mission, diese zersetzende Kritik der Dogmen zu popularisiren. Der Widerspruch, welchen Bayle's mit sich selbst ringender Geist zwischen Vernunft und Offenbarung statuirt hatte, war Voltaire bei seinem unerschütterlichen Glauben an das Recht der Vernunft gerade bequem, um die ätzende Lauge der Kritik schonungslos über den Autoritätsglauben auszugiessen. In dieser Hinsicht steht er auch auf den Schultern des Skeptikers. Aber wenn dieser in sich selbst widerspruchsvoll gewesen war, so glaubte Voltaire viel zu fest an die Kraft des eigenen Denkens, um nicht mit sich einig zu sein. Wenn man von ihm gesagt hat, er habe Nichts geleugnet, aber Alles untergraben, so gilt das letztere nur von dem dogmatischen Apparate der Kirchenlehre. Er führte den Kampf nicht aus der Freude am Streite und aus der Sucht zur Zerstörung, sondern von einer gegentheiligen Ueberzeugung aus und in der Hoffnung, diese zum Siege zu führen. Der Deismus war ihm wirklich Religion, und wir haben keinen Grund an der Wahrhaftigkeit seiner Ueberzeugung, die er sein Leben lang gegen die extremen Richtungen beider Seiten und mit gleicher Energie gegen den Atheismus wie gegen den Orthodoxismus vertheidigt hat, einen willkürlichen Zweifel zu erheben.

Die positiven Lehren, in denen Voltaire's Bedeutung für die Geschichte der Philosophie liegt, sind in erster Linie durch Locke bedingt. Er hat dessen Lehre auf den Boden Frankreichs verpflanzt, und wenn sie später auf diesem Boden neben Voltaire eigenartigere Früchte getragen hat, so stammte doch eben von ihm der Hinweis auf diese gemeinsame Grundlage. Aber selbst jene späteren Consequenzen des Locke'schen Empirismus finden sich bei ihm schon angedeutet; er betont noch energischer als das Original, dass der Inhalt aller Vorstellungen, auch derjenige der Reflexion, lediglich aus der Thätigkeit der äusseren Sinne stamme, und nähert sich dadurch der sensualistischen Umbildung, welche die Locke'sche Theorie in England durch die Associationspsychologen, in Frankreich durch Condillac fand. Mit solchen erkenntnisstheoretischen Neigungen gehen entsprechend metaphysische Hand in Hand. Wenn Locke den Materialismus durch die Lehre von der Unerkennbarkeit der Substanzen umgangen hatte, so nahm Voltaire die dadurch immerhin stehen gebliebene Möglichkeit schärfer auf's Korn. Dass die Substanz, welche ausgedehnt ist, auch dieselbe ist, welche denkt, erscheint ihm nicht nur nicht ausgeschlossen, sondern sogar wahrscheinlich. Neben dem cartesianischen Satze „ich denke" sei derjenige „ich bin Körper" mit mindestens gleicher Selbstgewissheit in dem nämlichen Bewusstsein enthalten, und so sei es im Grunde genommen überflüssig, für diese beiden verschiedenen Attribute, welche unser Bewusstsein in sich finde, verschiedene Substanzen anzunehmen. So gut wie in demselben Bewusstsein, müssten sie auch in demselben realen Wesen vereinbar sein. Von diesem Gesichtspunkt aus bekämpft Voltaire namentlich die Annahme einer substantiellen Selbständigkeit der Seele, welche diese mit ihrem Leibe nur als zufällig verbunden und als unabhängig davon betrachtet. Diese Annahme sei eine Abstraction, welche gewisse Glieder aus dem Zusammenhange der Wirklichkeit herausreisse, um ihnen willkürlich eine gesonderte Existenz zuzuschreiben. Aber Voltaire ist weit entfernt, damit in den eigentlichen Materialismus zu verfallen; er denkt zu klar, um zu übersehen, dass die Anerkennung der Abhängigkeit der seelischen

Functionen von den körperlichen noch keine Gleichsetzung und Verwechslung beider nothwendig macht. Er dringt darauf, dass man zugebe, die Seelenthätigkeiten seien durchaus von dem physiologischen Organismus abhängig: aber er verlangt nicht minder, dass man sie trotz dieser Abhängigkeit für etwas davon Grundverschiedenes halte. Aus diesem Grunde kam er zu der Lehre, dass Materialität und Intellectualität die beiden Ureigenschaften alles Bestehenden bilden, — eine Lehre, welche später von Robinet in umfassendster Weise durchgeführt wurde. Es ist eine **hylozoistische Grundansicht**, welche mit der Substanz der Materie unmittelbar das Princip des Lebens und der Seelenthätigkeit gegeben erachtet, ohne es darum gleich für eine Art der körperlichen Bewegung zu erklären. Aus demselben Grunde aber kehrte sich Voltaire mit lebhaftester Polemik gegen den Materialismus, der diese Verwechslung beging. Er war der scharfe Gegner von Lamettrie und schliesslich auch des „Système da la nature", mit dem er seine eigene Ansicht nicht auf gleiche Linie gestellt wissen wollte.

Seine Bekämpfung des Materialismus richtet sich hauptsächlich gegen dessen atheistische Consequenzen. So sehr er die positiven Dogmen angreift, so sehr ist er andererseits von der Nothwendigkeit der **Vernunftreligion** überzeugt. Schon theoretisch betrachtet er die Vorstellung von der Gottheit als den nothwendigen Abschluss der Weltanschauung. Er hält im Anschluss an Locke den kosmologischen Beweis für das Dasein Gottes aufrecht, führt aber mit jener Vorliebe, welche das Aufklärungszeitalter mehrfach zeigt, besonders den physiko-theologischen aus. Doch hat er darin eine bemerkenswerthe Wandlung seiner Ueberzeugungen durchgemacht. Anfangs war er durchaus optimistisch gesinnt und führte in Newton'scher Weise den Beweis, dass der vollendete Mechanismus dieser durch und durch zweckmässigen Welt einen intelligenten Urheber voraussetze. Später jedoch regte sich ihm gegen diese Zweckmässigkeit der Welt der Zweifel so stark, dass er auf die pessimistische Seite übertrat und bekanntlich in seinem „Candide" die optimistische Lehre von der „besten der möglichen Welten", die Leibniz aufgestellt hatte, mit allen Waffen der Ironie geisselte. Man hat darauf aufmerksam gemacht, dass diese Wendung hauptsächlich durch das Erdbeben von Lissabon 1755 herbeigeführt worden sei. Möglich, dass diese Katastrophe, welche bekanntlich ganz Europa auf das Aeusserste erschütterte, auch Voltaire, wie andere bedeutende Männer zu erneuter Betrachtung dieser Fragen veranlasste: aber die Gründe für die Antwort, welche er jetzt darauf gab, lagen offenbar tiefer; sie beruhten auf den trüben Erfahrungen seines eigenen Lebens und in der Reife des Alters, welchem die rosenfarbene Stimmung der Jugend abhanden gekommen war. Dennoch bekämpfte Voltaire auch in dieser Hinsicht mehr die kleinliche Nützlichkeitstheorie, zu welcher die teleologische Auffassung namentlich bei den deutschen Schülern von Leibniz ausgeartet war. Im Ganzen hielt er an dem Gedanken einer geläuterten Teleologie fest, und in dem lebendigen Organismus des Universums hat er nie etwas Anderes gesehen, als das vollkommene Kunstwerk der Gottheit.

Der deistische Gottesbegriff hat aber für ihn noch die weit höhere Bedeutung, dass er den Mittelpunkt und den einzig sichern Stützpunkt für das moralische Leben bildet. Der Werth der religiösen Ueberzeugung besteht für Voltaire hauptsächlich darin, dass sie den **moralischen Zusammenhang des Menschenlebens** trägt. Es wirkt darin bei Voltaire zum Theil der Gedanke von Hobbes, nur mit dem Unterschiede, dass er persönlich der religiösen Ueberzeugung ungleich näher steht, als dieser. Aber auch bei Hobbes könnte jener berühmte Ausspruch von Voltaire stehen: „Si dieu n'existait pas, il faudrait l'inventer", wenn auch nicht der Voltaire'sche Zusatz: „mais toute la nature nous crie, qu'il existe." Es ist wesentlich im Geiste von Hobbes gedacht, wenn Voltaire ausführt, ohne den Glauben an Gott und Unsterblichkeit würde die menschliche Gesellschaft bald aus den Fugen gehen. Bayle, sagt er, würde seinen atheistischen Bauern, aus denen er einen Staat zu bilden sich verpflichtet hat, bald genug Gott und Unsterblichkeit predigen lassen müssen. In Bezug auf die Unsterblichkeit ist bei Voltaire ein ähnliches Schwanken, wie bei der Vorsehungslehre zu constatiren. Anfangs auch theoretisch vollkommen von ihr überzeugt, fängt er in dem Masse an, daran zweifelhaft zu werden, als er die Abhängigkeit der Seelenthätigkeiten von den physiologischen Functionen auf Grund der englischen Einflüsse in den Vordergrund stellt. Aber während er sich dieser theoretischen Zweifel nicht entschlagen kann, hält er um so mehr an dem moralischen Glauben fest. Das Streben nach der moralischen Vervollkommnung scheint ihm sinnlos, wenn ihm nicht die Hoffnung auf Erfüllung jenseits des Erdenlebens zu Grunde liege. Die Unsterblichkeit zu leugnen ist, als ob man Jemand, der mit den Wellen des Oceans ringt, zurufen wollte: es giebt kein Festland. So zersetzen sich in der Entwicklung Voltaire's allmählich die theoretischen Grundlagen seiner Weltanschauung; immer mächtiger greifen die skeptischen Consequenzen des Sensualismus und des Materialismus darin ein: aber nur um so energischer hält er an der moralischen Grundlage der deistischen Ueberzeugung fest. Immer stärker tritt bei ihm eine Vorstellungsweise hervor, welche als eine dunkle Vorahnung oder als eine unvollkommene Vorstufe der Kantischen Lehre angesehen werden darf. Wenn wir mit unseren Gedanken keine Gewissheit über die Räthsel finden können, welche uns umgeben, so ist die einzige Befriedigung die, dass wir in der sittlichen Arbeit unsere Schuldigkeit thun und darin unser Glück suchen. Und so enden die Speculationen des „Candide" über die beste der Welten mit dem Rathe: „lasst uns unser Glück besorgen, in den Garten gehen und arbeiten."

Während also Voltaire in sich den Wechsel und die Unbefriedigung der Erkenntnissthätigkeit erlebte, glaubte er das moralische Bewusstsein als ein unerschütterliches Gut in der menschlichen Seele annehmen zu dürfen. Deshalb bekannte er sich in der Moralphilosophie nicht zu Locke, sondern zu Bayle und Shaftesbury. Die moralischen Ideen, meint er, sind ursprünglich und nothwendig in der menschlichen Natur angelegt; sie sind nicht Produkte der Entwicklung, nicht conventionell, sondern allgemein und unveränderlich und deshalb von absoluter Sicherheit. Der Mensch, sagt er, bringt die Ueberzeugung von Recht und Unrecht ebensogut mit auf die Welt wie seine Beine, wenn er auch ihre Anwendung nicht minder als das Gehen lernen muss. In Rücksicht auf die Theorie der Willensentscheidung hat er seine Ansicht in ähnlicher Weise wie auf den übrigen Gebieten geändert. Anfangs war er durchaus Indeterminist. Später war es namentlich der Einfluss Lamettrie's, der ihn zum Determinist machte und ihm die ausnahmslose Abhängigkeit des Willens von den Motiven als die einzig wissenschaftliche Auffassung erscheinen liess. Er lobte in dieser Hinsicht besonders die Consequenz von Leibniz, der auch die Betrachtung des göttlichen Willens unter diesen Gesichtspunkt gestellt hatte. Es sei eine Absurdität, unter Freiheit die Fähigkeit zu verstehen, dass man wollen könne, was man will; sie bestehe nur darin, thun zu können, was man will, und ihr

Gegensatz sei nicht die causale Nothwendigkeit, sondern die Gezwungenheit.

Das Wesentliche bleibt, dass Voltaire die eingeborenen Ideen von Recht und Gerechtigkeit für den innersten Charakter der menschlichen Gattung erklärte und rastlos an ihrer Realisirung im öffentlichen Leben arbeitete: auf kirchlichem, politischem und socialem Gebiete trat er, wo es nöthig schien, mit schonungsloser Schärfe für die Menschenwürde und die Gerechtigkeit ein. In England hatte er die Gleichheit vor dem Gesetze als die Grundlage des staatlichen Lebens kennen gelernt, und dieser Zustand wurde durch ihn zu dem Ideal für die Umbildung der französischen Zustände gemacht. Er erhob mit lauter und eindringlicher Stimme den Gedanken des Menschenrechts und zeigte, dass er allen Sphären des Lebens und allen Schichten des Volkes zu Gute kommen müsse. Es ist keins der geringsten unter seinen Verdiensten, dass er in die Geschichtschreibung, wie es theilweise schon Bolingbroke verlangt hatte, die Berücksichtigung der Sitten und Gebräuche, der Bildung und des geistigen Zustandes, kurz der allgemeinen Cultur der Nationen eingeführt und ihr die Aufgabe gestellt hat, die in die Augen springenden Thaten und Begebenheiten in ihrer Beziehung auf den Hintergrund des Volkslebens zu schildern. Aber es zeigt sich bei ihm auch darin nur der Reflex seiner politischen Ueberzeugung, welche das Volk in seiner ganzen Ausdehnung für den Träger des Staatslebens erklärt. Damit hing es zusammen, dass er im Geiste der englischen Verfassung an Stelle der persönlichen Willkür, wie sie damals in Frankreich auf der widerwärtigsten Höhe angekommen war und wie er selbst sie erfahren hatte, die Herrschaft des Gesetzes für das praktische Ideal des Staatslebens erklärte. Auch hier war die Freiheit in der Form des Gesetzesgehorsams der immer wiederholte Gedanke, welchen er der Verworrenheit und Verdorbenheit des öffentlichen Lebens entgegenhielt. Wenn Voltaire diesen Gedanken, mit dem er der Revolution vorarbeitet, in England eingesogen hatte, so zeigt sich darin am klarsten, dass, während die negativen Bedingungen der französischen Revolution in den bodenlos verrotteten Zuständen dieses Landes lagen, die Wurzel ihrer positiven Ideen in dem englischen Vorbilde zu suchen ist.

§ 40. Der Naturalismus.

In der persönlichen Weltanschauung Voltaire's findet sich die deistische Aufklärung mit der mechanischen Betrachtungsweise verknüpft. Die Vereinbarkeit beider Elemente, durch Locke angebahnt, war seit Newton durch die Geschichte festgestellt, und Voltaire gebührt nur das Verdienst, sie durch seine Werke zur Ueberzeugung des Zeitalters gemacht und so in weiteren Kreisen wenigstens für einige Zeit die Versöhnung des wissenschaftlichen Denkens mit dem deistischen Reste des religiösen Lebens zur Anerkennung gebracht zu haben. Aber diese beiden vereinbaren Elemente sind nicht nothwendig zusammengehörig, sie gerathen sogar in der teleologischen Frage gar leicht mit einander in Conflict. Die Geschichte des französischen Denkens zeigt deshalb noch mehr als diejenige des englischen ihre Trennbarkeit. Wenn die skeptische Kritik auch die deistischen Begriffe zersetzt, und wenn den letzteren der moralische Rückhalt, welchen sie bei Voltaire in diesem Falle gefunden hatten, entzogen wird, so bleibt als der Inhalt des wissenschaftlichen Denkens nur der Naturmechanismus übrig. Diese Trennung liegt um so näher, je selbständiger in der mechanischen Naturphilosophie selbst bei Newton und bei Voltaire die Natur erschien. Die Welt der Gravitation lebt in sich. Einmal vorhanden, erzeugt sie alle ihre Gestalten mit der ihr selbst innewohnenden Nothwendigkeit. Wenn man daher die Vorfrage nach dem Ursprunge dieser Natur selbst und ihrer mechanischen Gesetzmässigkeit aus irgend welchen Gründen niederschlägt und sie lediglich als gegeben betrachtet, so beginnt das wissenschaftliche Denken gegen den Deismus indifferent zu werden, es erkennt nur noch die Natur in ihrer gesetzmässigen Wirksamkeit an und muss bei jener Antwort von Laplace enden, welcher sagte, er habe der Hypothese der Gottheit nicht bedurft. Die nächste Etappe auf diesem Wege ist deshalb ein Standpunkt, welcher die Frage nach der Gottheit mit gleichgiltiger Skepsis behandelt und nur die Natur als das Objekt der wissenschaftlichen Forschung ansieht. Er ist kein ausdrücklicher Materialismus, aber er treibt nothwendig auf diesen zu. Er bezeichnet sich am besten als Naturalismus.

Seine Vertreter sind selbstverständlich hauptsächlich unter den Naturforschern zu suchen. In erster Linie ist hier Buffon (1708 bis 1788) zu nennen. Seine „Histoire naturelle générale et particulière" (Paris seit 1749) spricht zwar officiell und vorsichtiger Weise von der Gottheit, aber etwa in dem Sinne Spinoza's, dessen „deus sive natura" er durchaus unterschreiben könnte. Aber für ihn ist die Natur nicht eine leere Substanz, sondern eine thätige Kraft, welche die ganze Fülle der einzelnen Erscheinungen aus sich erzeugt. Den Schwerpunkt der Betrachtung verlegt Buffon deshalb nothwendig in die organische Welt. Sobald die Natur selbständig gemacht ist, so verwandelt sich die kunstvolle Maschine, von der Newton und Voltaire gesprochen hatten, in einen lebendigen Organismus. Buffon bekennt sich zwar zu der cartesianischen Forderung, dass der Mechanismus der physiologischen Functionen namentlich bei den Thieren lediglich auf dem Wege mechanischer Nothwendigkeit zu Stande komme und zu begreifen sei; aber er will nicht, dass man die physischen Organismen, wie es Descartes gethan hatte, für todte Maschinen halte, welche, wie alle Körper, ihre Kraft erst borgen müssen, sondern er betrachtet den Organismus als eine selbständige Gestaltungskraft, als eine Maschine, welche in der höchsten Vollendung sich selbst baue und wieder zerstöre. Er stützt diese Theorie durch die Hypothese der organischen Moleküle, durch welche er in einer noch unklaren, verschwommenen Weise der modernen Zellentheorie vorgriff. Der Gedanke, dass durch das gesammte Universum solche organische Theilchen verstreut seien, aus deren Wirksamkeit die in der Erfahrung auftretenden Organismen hervorgehen, tritt kurz vor der Mitte des XVIII. Jahrhunderts mehrfach hervor: vielleicht stammt er von Lamettrie; aber auch Diderot und Maupertuis haben ihn früh geäussert. Jedenfalls hat Buffon das Verdienst, das flüchtig Hingeworfene principiell durchgebildet und darauf ein System gegründet zu haben, welches einen mächtigen Eindruck hervorrief. Wenn diese Hypothese richtig war, wenn die Eigenthümlichkeiten des organischen Lebens sich aus den besonderen Eigenschaften und Thätigkeitsformen gewisser Moleküle auf dem mechanischen Wege erklären liessen, so schien auf der einen Seite die verwickelte Streitfrage der Teleologie auf die einfachste Weise gelöst und dabei die Einheit des gesammten Naturprocesses gewahrt; man hatte den Gegensatz des mechanischen Geschehens und des organischen Lebens überwunden, indem man ihn in die Natur der Moleküle zurückschob. Auf der anderen Seite aber war erst dadurch die Natur vollkommen selbständig geworden. Die zweckmässigen Wirkungen, welche sie in den Organismen hervorbringt, brauchten nicht mehr auf einen Maschinisten zurückgeführt zu werden, die Maschine selbst war eine lebendige, und schon Buffon ahnte die Aufgabe, dass man die Einheit aller Organismen auf dieses Princip werde zurückführen können. Die ganze Fülle der organischen Gestalten erschien ja schon hier als eine Reihenfolge von Produkten, welche aus der principiell einheitlichen Thätigkeit der organischen Moleküle in Folge der Verschiedenheit der mechanischen Umstände hervorgegangen seien. Diese Theorie Buffon's war es, auf Grund deren Lamarck die ersten Versuche für den empirischen Nachweis der Umänderung der Arten durch mechanische Einflüsse machte und sich dadurch für ein Jahrhundert später den Ruhm sicherte, der Vorläufer des Darwinismus gewesen zu sein. Zunächst wurde dieser organische Naturalismus Buffon's in Frankreich zu einem Lieblingsthema des philosophischen Gesprächs; die Naturgeschichte lag neben Voltaire's Elementen der Naturphilosophie auf den Tischen der Salons und verdrängte den Deismus der letzteren. Ein allgemeiner Naturcultus, in mehr oder minder unklarem Pantheismus sich aussprechend, bemächtigte sich der Geister. Man enthusiasmirte sich für den grossen Lebenszusammenhang der Natur, der, in sich selbst begründet, das ganze Reich des Organischen umspanne.

Von solchen Anschauungen aus konnte die Weiterentwicklung einen doppelten Weg einschlagen. Der Gegensatz des Organischen und des Unorganischen war noch nicht vollständig überwunden, sondern in der verschiedenen Constitution der Moleküle, die für ursprünglich angesehen wurde, stehen geblieben. Aber der pantheistische Gedanke der Natureinheit musste auch darüber hinausstreben. Er konnte sich nicht damit begnügen, den Mechanismus für die allgemein gleiche Form des Geschehens anzusehen, sondern musste auch eine Gleichartigkeit der Substanz verlangen. Je nachdem er die letztere unter dem Gesichtspunkte des Unorganischen oder des Organischen ansah, nahm er sehr verschiedene Gestalten an. In dem einen Falle setzte er wieder die Atome voraus und erklärte Buffon's organische Moleküle für mechanisch zu Stande gekommene Complexe von Atomen; dann war der Mechanismus vollständig und ganz consequent, aber dann war er auch gleichbedeutend mit Materialismus. In dem anderen Falle erklärte man das organische Leben für das geheime Wesen auch der unorganischen Natur, und in diesem Falle gelangte man zu einem universalen Vitalismus. Den ersten Weg ging, vom Glanze der Mechanik gelockt, der grösste Theil der französischen Denker, auf dem zweiten begegnen wir nur einem bedeutenden Manne: Jean Battiste Robinet (1735—1820).

Seine Werke, unter denen die Schrift: „De la nature" (Amsterdam 1761) und die „Considérations philosophiques de la gradation naturelle des formes d'être" (Amsterdam 1767) die wichtigsten sind, fallen mehr als ein Jahrzehnt nach dem Erscheinen aller derjenigen Bücher, in denen der Materialismus zuerst sein Haupt erhob, und wenn sie eine gewisse Reaction dagegen enthalten, so verdankt Robinet dies in erster Linie den Einflüssen, welche seine Ansichten von den Gedankengängen der grossen Rationalisten, Spinoza und Leibniz, erfahren hatte. Er ist fast der einzige unter den französischen Denkern, auf den namentlich die Lehren des Letzteren einen positiven Eindruck gemacht haben, und gerade das Princip des Vitalismus war ja das Princip der Leibniz'schen Philosophie (vgl. unten § 48). Darin jedoch unterscheidet sich Robinet sehr stark von Leibniz, dass er dessen deistische Ansichten in keiner Weise theilt. Wenn es eine höchste Ursache giebt, sagt er, so ist sie unerkennbar. Aber es ist auch nicht nöthig, sie anzunehmen; denn das Universum, mit dessen Betrachtung wir uns allein beschäftigen können, zeigt überall eine immanente Lebendigkeit und eine grossartige Selbständigkeit der Kraftwirkung. Robinet's System ist ein monadologischer und hylozoistischer Pantheismus, und seine Lehre gründet sich hauptsächlich darauf und hat ihre Bedeutung wesentlich darin, dass Robinet die Hypothese der **Empfindungsfähigkeit der kleinsten Stofftheile** durchführte, welche bei den Denkern jener Zeit in der mannigfachsten Weise variirt erscheint. Zwei Gedankenreihen wurden dabei besonders wichtig. Erstens war es die spinozistische Attributenlehre, welche ihm dabei vorschwebte. Dem naturalistischen Forscher zersplitterte sich gleichsam die eine Substanz des grossen Metaphysikers in die unendliche Masse der Theilchen, von welchen dann jedes die beiden Attribute der Substanz, Ausdehnung und Bewusstsein, Materialität und Intellectualität, in sich vereinigen sollte. Zweitens aber führte ihn auf diese Hypothese die Leibniz'sche Monadenlehre, welche an die Stelle der körperlichen Atome vorstellende Kräfte gesetzt hatte. Diese ursprüngliche Verbundenheit von Raumbehauptung und Empfindung in jedem kleinsten Stofftheilchen galt Robinet als eine Urthatsache, ebenso unbegreiflich wie die erste Ursache der Welt selbst. Seine ganze Lehre läuft darauf hinaus, zu zeigen, dass das Universum mit seinem unendlichen Leben gegeben sei, und dass man nicht fragen könne, woher es komme, und warum es gerade so lebendig sei wie es ist.

Auf diese Weise erweitert Robinet die Buffon'sche Theorie der organischen Moleküle zu der Annahme einer allgemeinen Beseeltheit der gesammten Materie. Er betrachtet deshalb das Organische nicht sowohl als ein Produkt des unorganischen Mechanismus, sondern vielmehr als den natürlichen und ursprünglichen Zustand der Materie. Im Verfolg dieser Gedanken erklärt er nicht nur die Pflanzen, sondern auch die Mineralien für beseelt und glaubt auch in den Weltkörpern organisirte, empfindungs- und gedankenfähige Wesen sehen zu dürfen. Weiterhin aber stützt sich auf diese Annahme seine Theorie der allgemeinen **Entwicklung**. Von dem scheinbar leblosesten Gestein bis zum Menschen herauf haben wir nur eine zusammenhangende Entwicklungsreihe von organischen Wesen und ein Stufenreich des organischen Lebens, dessen Glieder selber durch immer höhere Organisation der primitiven Moleküle entstanden sind. So ist also auch der Mensch ein zugleich physischer und psychischer Organismus. Diese beiden verschiedenen Seiten seines Seins und seiner Thätigkeit können bei ihm so wenig wie irgend wo anders auf verschiedene Substanzen vertheilt werden. Die Unterscheidung von Seele und Leib ist eine Täuschung. Wie jedes kleinste Stofftheilchen zugleich Empfindungen besitzt, so ist im Menschen dieselbe unbekannte Grundkraft, welche sein körperliches Leben gestaltet, auch die Ursache seiner geistigen Thätigkeiten. Hier erinnert Robinet an Voltaire und noch mehr an Locke. Das Wesen der gemeinsamen Kraft gilt ihm als unbekannt, und nur ihre Erscheinungen treten theils als physische, theils als psychische Eigenschaften und Thätigkeiten in unsere Erfahrung. Von hier aus macht Robinet eine eigenthümliche und interessante Anwendung des Princips der Erhaltung der Kraft. Da, wie er annimmt, diese Grundkraft jedes Organismus sich stets gleichbleibt, so muss auch die Summe der von ihr ausgehenden Wirkungen immer dieselbe bleiben. Wenn somit eine Kraftäusserung im physischen Organismus verschwindet, so muss eine entsprechende im psychischen auftreten, und umgekehrt. Die werthvollste Anwendung, welche von diesem Gedanken zu machen wäre, deutet Robinet nur an; es ist diejenige, welche noch heute ein bisher nicht zu lösendes Problem der physiologischen Psychologie bildet, ob nämlich in dieser Weise die Umsetzung der Reize in Empfindungen und der Willensentschlüsse in Bewegungen sich dem grossen Axiom der Naturwissenschaft von der Erhaltung der Kraft unterordnen lässt, wonach freilich dessen bisher rein physicalische Geltung zu Gunsten einer metaphysischen abgeändert werden müsste. Die Richtung, in welcher Robinet seine Hypothese verfolgt, ist vielmehr darauf angelegt, die Entwicklungsreihe der Organismen aus diesem Principe zu construiren. Danach werden sich diese wesentlich dadurch von einander unterscheiden, dass die Kraftwirkung der einen mehr auf dem physischen, diejenige der anderen mehr auf dem psychischen Gebiete liegt. Die niedrigsten Organismen zeigen nur ein Minimum von dumpfem psychischen Dasein und bethätigen ihr Leben fast nur durch physische Wirkungen; die höchsten, zu denen er den Menschen rechnet, benutzen dagegen die physischen Functionen nur als Grundlagen, um sie in psychische umzusetzen. Die Aehnlichkeit dieser Entwicklungsreihe mit der von Leibniz aufgestellten Stufenfolge der Monaden ist evident. Für den menschlichen Organismus nimmt somit Robinet an, dass seine wesentliche Aufgabe darin bestehe, physische Thätigkeiten in psychische zu verwandeln. Damit aber betritt er den Standpunkt des Sensualismus, auf dem auch er die abstracten Vorstellungen für Umbildungen der Sinnesempfindungen erklärt. Durch ein gewisses Spiel mit dem Worte „Sinn" fügt er sodann den gewöhnlichen fünf Sinnen des Menschen noch einen sechsten bei, den moralischen Sinn, wie ihn Shaftesbury aufgestellt hatte, und so schmelzt er die psychologischen Theorien der englischen Moralphilosophie in sein System der anthropologischen Entwicklung ein.

Den höchsten und phantasievollsten Schwung aber nimmt das Denken von Robinet, indem er das Gesetz der Erhaltung der organischen Kraft auf das Universum anwendet. Man muss dabei die Inconsequenz in den Kauf nehmen, dass die Kraft des einzelnen Organismus, welche oben als constant gelten sollte, hier als vermehrbar und verminderbar gilt. Die Erhaltung der Kraft ist danach bei den einzelnen Organismen nur relativ; zur vollen Geltung kommt sie erst in dem ganzen Organismus der Natur, dessen zusammenhangende Glieder die einzelnen sind; geht deshalb in einem Theile Kraft verloren, so muss sie anderswo als Vermehrung auftreten und umgekehrt. Da nun Vermehrung der Kraft Lust und Verminderung derselben Unlust ist, so wird im ganzen Weltall jeden Augenblick der Zuschuss von Lust durch einen entsprechenden Zuschuss von Unlust aufgehoben, und beide, Lust und Unlust, bleiben sich stets gleich. Der Schmerz des Einen ist die Freude des Andern und umgekehrt. Das nennt Robinet eine harmonische Auslösung der Naturthätigkeiten, welche den Schmerz und die Trübsal versöhnen. Diese Welt ist die beste; denn hätte sie mehr Glück, so hätte sie auch mehr Schmerz, und hätte sie weniger Schmerz, so hätte sie auch weniger Glück — eine Argumentation, welche freilich für jeden beliebigen Grad von Glück und Schmerz gilt. — Auch hier ist ohne weitere Ausführung klar, wie stark diese Wendung nach der Theodicee von Leibniz schmeckt.

§ 41. Der Materialismus.

Robinet bildet mit seinem lebhaften und phantasievollen Denken den Höhepunkt des pantheistischen Naturalismus, und es ist nicht unwahrscheinlich, dass in dieser Hinsicht die frühesten Werke von Diderot, welche einen ähnlichen Aufschwung nahmen, auf ihn eingewirkt haben. Dass diese Denkart sich auf die Dauer nicht in Frankreich halten konnte, sondern vielmehr von der oben angedeuteten materialistischen Wendung verdrängt wurde, lag darin, dass der Materialismus schon vorher in ursprünglicherer Weise sich im Denken der Franzosen festgesetzt hatte. Er war zuerst durch Gassendi's Erneuerung des demokritischen und epicureischen Atomismus eingeführt worden, und wenn bei der allgemeinen Beschäftigung mit der englischen Philosophie, die nun in Frankreich Sitte wurde, die scharfe Ausbildung, welche der Materialismus bei Hobbes gefunden hatte, einen mächtigen Eindruck hervorrief, so durfte man darin gewissermassen ein Zurückströmen des Gassendi'schen Einflusses sehen, insofern als auch Hobbes in gewissem Sinne darunter gestanden hatte. Allein dieser Einfluss hatte inzwischen eben durch Hobbes den Orthodoxismus abgestreift, mit welchem Gassendi die atomistische Theorie naiv genug zu verbinden gewusst hatte, und trat nun unverhüllt als reiner Materialismus um so mehr hervor, als er an der mechanischen Naturphilosophie eine Stütze fand. Ausserdem aber erwuchs ihm eine wesentliche Förderung und gewann er seine eindrucksvollste Gestaltung erst durch die anthropologische Begründung, welche man ihm in Frankreich, ähnlich wie es die englischen Associationspsychologen thaten, aber zunächst durchaus selbständig und unabhängig von ihnen gab. Die Vereinigung aller dieser Elemente findet sich zum ersten Male bei Julien Offrai de Lamettrie.

Er war 1709 zu St. Malo geboren und nach einer umfassenden Schulbildung zuerst zum eifrigen Jansenisten geworden, vertauschte jedoch später das theologische mit dem medicinischen Studium und betrieb das letztere seit 1733 in Leyden unter Boerhaeve. Dieser bedeutende Mann hatte damals eine grosse Schule der ärztlichen Wissenschaft um sich versammelt; er selbst, durchaus philosophisch gebildet und namentlich mit den Problemen der cartesianischen Schule wohl bekannt, war seiner allgemeinen Ansicht nach Spinozist, und durch ihn übte der in philosophischen Kreisen todtgeschwiegene Spinozismus eine ausserordentlich werthvolle Wirkung auf die empirischen Wissenschaften aus. Ueberzeugt, dass die materiellen und die seelischen Thätigkeiten nicht verschiedenartigen Substanzen zugeschrieben werden dürften, sondern vielmehr als parallele Phänomene derselben Grundkraft aufzufassen seien, hielt er es für die Aufgabe der Physiologie, diesen Parallelismus aufzuzeigen, und gab, dem Wesen dieser Wissenschaft zufolge, diesen Untersuchungen die Wendung, festzustellen, wie sich mit der Abänderung des physischen auch das psychische Leben ändert. Er hat dadurch für die Medicin äusserst segensreich gewirkt, in Lamettrie aber jene anthropologische Richtung angelegt, welche dieser später zur Begründung des Materialismus verwendete. Nach Beendigung seiner Studien wurde Lamettrie zunächst in Paris Militärarzt und nahm in dieser Function auch an einem Feldzug nach Deutschland Theil. Allein bald machte er sich diese Position unmöglich. In dem Bewusstsein, als Schüler Boerhaeve's auf der Höhe der wissenschaftlichen Medicin seiner Zeit zu stehen, schrieb er mit dem boshaften Stil, der ihm eigen war, eine Anzahl übermüthiger Pamphlete gegen die rohen Empiriker und Charlatane, welche sich als Aerzte in der Pariser Gesellschaft breit machten. Seine erste philosophische Schrift „Histoire naturelle de l'âme" (La Haye 1745) führte zu Zwistigkeiten mit dem Regimentsprediger, und nach allen diesen Verfeindungen musste er, als der Tod ihm seinen Gönner raubte, zunächst nach Leyden flüchten, sah sich aber nach kurzer Zeit, als er neben weiteren Satiren gegen die Pariser Aerzte auch noch sein materialistisches Hauptwerk: „L'homme machine" (Leyden 1748) veröffentlicht hatte, auch aus Holland vertrieben und wurde nun von Friedrich dem Grossen an seinen Hof gezogen, wo er bis zu seinem Tode im Jahre 1751 ein Asyl genoss.

Albert Lange hat ihn mit Recht den Prügeljungen des französischen Materialismus genannt. Lamettrie hat es selbst verschuldet; er zog aus seiner Theorie auf moralischem Gebiete so rücksichtslose und so absichtlich freche Consequenzen, dass sich vor ihm selbst diejenigen bekreuzten, welche seine Theorie offen unterschrieben und jene Consequenzen im Stillen billigten und ausübten. In Wahrheit ist er für das XVIII. Jahrhundert der Urheber des Materialismus, dessen Werke die Nachfolger geplündert haben, ohne den Verrufenen zu nennen, und zu dessen Gedanken sie nur noch Weniges hinzufügen konnten. Wenn er sich selbst einmal einen Pyrrhonianer nannte, so ist das nur dahin zu verstehen, dass er alle Glaubenslehren in Bausch und Bogen verwarf. Im Uebrigen war er von der Fähigkeit der menschlichen Erkenntniss, die Welt zu erkennen, vollständig durchdrungen. Er nannte mit Begeisterung Montaigne den ersten Franzosen, der zu denken gewagt habe, indem er der Autorität gegenüber sich auf das eigene Urtheil verliess. Seine eigene Lehre wurzelt zunächst in der mechanischen Naturphilosophie Descartes'. Er sagt, wenn man diese rücksichtslos zu Ende denke, alle Teleologie wirklich ausschliesse und alle Bewegungen nur auf Stoss und Gegenstoss zurückführe, so bleibe eben nichts übrig, als die Materie und ihre Bewegung. Die „mechanici" müssen nothwendig „materialistici" werden. Er nennt sich boshaft genug einen Cartesianer und behauptet (nicht ohne eine gewisse Berechtigung), er sei ein Schüler, der die Gedanken auszusprechen wage, welche der Meister aus Furcht vor den Pfaffen verschwiegen habe. Er rühmt es, dass Descartes die Thiere für Automaten erklärt habe; allein die Gründe, die dafür sprechen, gelten ebensogut beim Menschen, und es sei kein Grund, diese Consequenz zu verhüllen. Lamettrie sucht deshalb vor Allem nachzuweisen, dass zwischen Mensch und Thier kein qualitativer, sondern nur ein quantitativer und gradueller Unterschied ist, und lenkt damit den Materialismus aus dem naturphilosophischen Fahrwasser in dasjenige der **physiologischen Psychologie**. Er selbst behauptet, durch die Beobachtung der Fieberwallungen seines Gehirns zuerst auf den Gedanken dieser Abhängigkeit der Seele vom physischen Organismus gekommen zu sein, und knüpft daran die Forderung, dass man die bisher unbekannte und für sich allein unerkennbare Seele aus dem Körper zu studiren anfangen solle. Alles, was in der Seele sich findet, ist irgendwie durch den Körper hindurchgegangen. Man mache einmal — damit warf Lamettrie unter Bezugnahme auf den Kirchenlehrer Arnobius einen später vielfach variirten Gedanken hin — das Experiment: man lasse einen Menschen von frühester Jugend an in voller Einsamkeit ohne jede Gedankenmittheilung von Anderen aufwachsen, und man sehe zu, was in ihm von Vorstellungen zu finden sein wird. Es wird Alles noch seinen Ursprung aus den Sinnen erkennen lassen. Folgt man aber dieser sinnlichen Erkenntniss und entschlägt man sich aller künstlichen Abstractionen, so zeigen die Sinne uns niemals jene todte oder formlose Materie, von der die Naturphilosophien gesprochen haben, sondern wir kennen die Materie nicht anders als in Bewegung und in bestimmten Formen. Was berechtigt uns, die Abstraction, welche wir selbst vollziehen können, in die Welt hineinzudeuten? Wir haben keinen Grund, noch etwas Anderes zu dichten, woher die Bewegung und die Form stamme; die Materie trägt vielmehr das Princip der Lebendigkeit und ihrer Bewegung in sich selbst. Sie thut es nicht nur in den grossen Organismen, sondern schon in deren einzelnen Theilen. In dieser Hinsicht hat Lamettrie werthvolle Untersuchungen und Experimente angestellt und veranlasst. Er verfolgte mit Vorliebe die Selbständigkeit des Lebens, welche den einzelnen Organen nach ihrer Ablösung vom Ganzen oder aber dem Ganzen nach Fortnahme wesentlicher Theile übrig bleibt, die Bewegungen enthaupteter Thiere u. s. w., und benutzte auch diese Gelegenheit durchaus correct, um den mechanischen Charakter auch des organischen Lebens darzulegen. Alles in Allem kommt er darauf hinaus, dass dasjenige, was empfindet, denkt und will, nichts Anderes sein kann, als die materiellen Stofftheilchen. Er führt diesen Beweis in der Naturgeschichte der Seele mit fein andeutender Verhüllung durch die Schulbegriffe von Substanz, Accidenz u. s. w. „L'homme machine" dagegen spricht ihn in populärer Darstellung ganz offen und rückhaltslos aus. Der Geist ist also nichts Anderes, als eine gewisse Function, welche der Körper so wie die übrigen ausübt. Das Organ dafür ist das Gehirn, mit dessen Bewegungen sich Lamettrie relativ vertraut zeigt. Die hohe Entwicklung, welche das menschliche Denken den Thieren gegenüber zeigt, führt er bereits auf die feinere Anlage der Gehirnwindungen des Menschen, auf die damit gegebene ausgedehntere Erinnerungsfähigkeit und die dadurch möglich gewordene, mit Hilfe der Gewöhnung immer weiter bildende Erziehung zurück. Wenn man es nur recht verstünde, meint Lamettrie, so müssten sich auch die niederen Organismen heranbilden lassen, und er verfolgte in dieser Hinsicht den Gedanken, den Affen zum Sprechen zu erziehen, was nun freilich die ganze Kurzsichtigkeit der damaligen Auffassung charakterisirt.

Die Grundzüge des Materialismus sind damit festgestellt, und Lamettrie findet eine Freude daran, ihre negativen Folgerungen so schroff wie möglich auszusprechen. Ist der Geist nichts als ein Gehirnsecret, so geht er auch mit dem Gehirn zu Grunde, und die Unsterblichkeit ist eine Absurdität. Und wo hat das Universum ein Gehirn, welches den göttlichen Geist erzeugte? Ein solcher ist absolut unvorstellbar, und der Atheismus erscheint als der Zwillingsbruder des Materialismus. Zwar stellt Lamettrie gelegentlich die Existenz Gottes als eine wissenschaftlich unentscheidbare Frage hin, allein er lässt klar durchblicken, dass Alles gegen die positive und Alles für die negative Antwort spreche. In theoretischer Hinsicht ist die Hypothese der Gottheit unnöthig, wenn die Materie die eigentliche Substanz und das Princip ihrer eigenen Bewegung ist, und man kann von ihr höchstens einen Gebrauch machen, welcher der Methode der mechanischen Naturbetrachtung hindernd oder störend im Wege steht. Am meisten aber nimmt der Atheismus Lamettrie's seine polemische Tendenz nach der moralischen Richtung. Er erneuert in dieser Hinsicht die epicureische Lehre und betont an ihr gerade diejenigen Seiten, welche Gassendi mehr hatte zurücktreten lassen. Der Gottesbegriff sei für das Wohl der Menschheit auf das Aeusserste gefährlich: aus dem religiösen Fanatismus seien mehr Störungen des Einzelglücks, der staatlichen Ruhe und des Völkerfriedens hervorgegangen, als aus allen menschlichen Lastern zusammengenommen, und die Welt werde nicht glücklich werden, ehe sie Bayle's Staat von Atheisten realisirt habe.

Noch radicaler wurde Lamettrie in Rücksicht sittlicher Fragen, und seine Schriften enthalten auch hier die Quintessenz von Allem, was der spätere französische Materialismus breitgetreten hat. Man stellt das gewöhnlich so dar, als habe Lamettrie unmittelbar aus der materialistischen Leugnung der Unsterblichkeit die billige Folgerung gezogen: geniesse so lang du kannst — nachher ist's aus: „la farce est jouée." Gewiss findet sich bei ihm auch diese Wendung; wenn man aber in Folge dessen meint, das sei eine nothwendige Consequenz des Materialismus, so muss dieser als eine rein theoretische und metaphysische Hypothese gegen solche Ungerechtigkeit in Schutz genommen werden. Von Demokrit an haben zahlreiche Denker in der Geschichte bewiesen, dass der Materialismus auch mit der edelsten und reinsten Gesinnung Hand in Hand gehen kann. Dass er es bei Lamettrie nicht that, lag theils an dessen Persönlichkeit, theils an der Verknüpfung des Materialismus mit dem Eudämonismus. Denn erst durch diese wird der Materialismus moralisch destructiv. Erst wenn alles ethische Leben auf das Princip des Glückseligkeitstriebes gegründet wird, erklärt der Materialismus: die Glückseligkeit besteht in der sinnlichen Lust. Genau so verfährt Lamettrie und zeigt damit nur die materialistischen Consequenzen des Eudämonismus, welcher die gesammte Ethik des vorigen Jahrhunderts beherrschte. Von der Annahme aus, dass der Zweck des Menschenlebens in nichts Anderem als in der Glückseligkeit zu finden sei, sucht er zu beweisen, dass, da wir sinnliche Wesen sind, auch der Sinnengenuss das höchste Ziel des Handelns bilden müsse. An die Stelle eines absoluten tritt damit ein relatives Princip der Moral, indem für Jeden das gut sein soll, was ihm die meiste Lust giebt. Von diesem Standpunkte aus entwickelt er sodann eine aristippische Lusttheorie, welche sich, ganz wie die antike, um die Vorzüge körperlicher und geistiger Lust dreht und sich für die ersteren entscheidet. Wenn er z. B. gelegentlich der Freude an der wissenschaftlichen Arbeit mit einer Art von Begeisterung gedenkt, so fragt er auf der anderen Seite, ob nicht die ganze Gelehrsamkeit vielleicht schliesslich als eine Art von Depravation der natürlichen Anlage des Menschen anzusehen sei — dieselbe Frage, welche später Rousseau, freilich in ganz anderem Sinne, bedingungslos bejahte. Jedenfalls, meinte Lamettrie, gründe sich das Glück des Menschen nicht auf seine geistige Bildung, sondern auf seine **körperliche Genussfähigkeit**. Das geistige Leben hat für den Genuss nur den Werth, die sinnliche Lust zu zügeln und zu ordnen, den Unterschied grober und feiner, kurzer und dauernder Lust einzusehen und richtig zu verwerthen. Besonders aber verfolgt Lamettrie den epicureischen Gedanken, der Werth der Bildung bestehe in der Untergrabung der Vorurtheile, welche das Glück hemmen und stören, und diese Vorurtheile sind auch für ihn wesentlich die religiösen. Namentlich rechnet er dazu die Gewisssensbisse, welche er auf das Lebhafteste verwirft. Die Reue habe nur auf einen vergangenen Zustand Bezug, sie beeinflusse die Zukunft nicht, und ihre einzige Wirkung sei eine selbstquälerische Verderbung und Vergiftung der gegenwärtigen Lust. Diese Behauptungen sind gewiss selbst auf dem Standpunkte Lamettrie's unglaublich oberflächlich und kurzsichtig: aber es ist andererseits lächerlich, wenn man gemeint hat, er habe diese Theorie nur ersonnen, sein eigenes Gewissen zu betäuben und sein Lustleben zu beschönigen. Freilich war er kein Ascet; aber wir wissen auch durchaus nichts von ihm, was ihn sittlich tiefer stellte, als durchschnittlich die ganze Gesellschaft, aus der er hervorging, und als die grosse Masse der Menschen zu allen Zeiten war. Mit Recht ist sogar hervorgehoben worden, dass das Widerwärtige in dem rücksichtslosen Cynismus, mit dem er namentlich das Geschlechtliche behandelt, gerade in der Gemachtheit und Affectirtheit besteht. Während Gassendi aus der epicureischen Ethik nur die edleren Seiten entnahm, bleibt Lamettrie ganz absichtlich bei den niedrigeren stehen, und auch diese Absicht ist durchsichtig genug. Mit einem fast bornirten Hass gegen das Christenthum hebt er gerade diejenigen Seiten hervor, welche diesem am ärgerlichsten sind. Der mönchischen Enthaltsamkeit gegenüber predigt er den vollen Sinnengenuss, und das Problem, womit sich das christliche Gemüth und das christliche Denken wie mit keinem anderen beschäftigt hat, das Bewusstsein der Sünde, die Reue, erklärt er für eine nutz- und grundlose Selbstquälerei. Diese Spitze seiner Expectorationen erklärt sie, ohne sie zu entschuldigen. Lamettrie gehört zu jenen blinden Parteigängern, ja er figurirt mit in erster Linie darunter, welche in der berechtigten Auflehnung gegen die kirchliche Bevormundung wahllos zu den schärfsten Waffen griffen: es ist charakteristisch genug für diese ganze Richtung, dass er lieber lüderlich, als fromm erscheinen wollte. Um endlich aus den individuellen Tugenden der Genussfähigkeit die socialen abzuleiten, begnügte er sich mit einer oberflächlichen Benutzung des englischen Princips der wohlwollenden

Neigungen. Was man im socialen Sinne gut nenne, sei das Uebergewicht der Rücksicht auf das allgemeine über diejenige auf das private Wohlsein. Die psychologische Möglichkeit dieses Uebergewichts in dem nach der eigenen Lust strebenden Menschen sucht er auf eine höchst interessante Weise zu begründen: er führt in die Moralphilosophie ein specifisch französisches Element ein, das Ehrgefühl, welches, an sich nur eine verfeinerte Form des Egoismus, seinen moralischen Werth dadurch erhält, dass es sich nur in einem Streben für das allgemeine Wohl realisiren kann. Daneben hat Lamettrie den Blick der Zeit in höchst bemerkenswerther Weise auf gewisse Missstände der Gesellschaft geleitet und namentlich ausserordentlich glücklich gegen die Barbarei der Strafen von seinem Standpunkte aus polemisirt, indem er sie als nutzlose und deshalb ungerechtfertigte Vermehrung der menschlichen Unlust bezeichnete. So sehr er damit der unvernünftigen Praxis seiner Zeit gegenüber im Rechte war, so gefährlich wurde es auf der anderen Seite, dass er auch hierin kein Mass zu halten vermochte. Er behandelte diese Frage gewissermassen in Parallele zu derjenigen der Reue. Die Bestrafung des Verbrechers ist ja eine Art von Reueakt der Gesellschaft, und auch hierin führt ihn eine ähnliche Kurzsichtigkeit zu dem Extreme gänzlicher Verwerfung. Er benutzt den an sich werthvollen Gedanken der Verwandtschaft von Verbrechen und Wahnsinn, um der Gesellschaft das Recht zur Strafe im Princip abzustreiten. Ueberall tritt uns bei ihm ein forcirter Radicalismus entgegen, eine unreife Freude an der Paradoxie, und dadurch verdiente er das Geschick der masslosen Verketzerung, welches sein Andenken überall erfahren hat.

§ 42. Der Sensualismus.

Die Begründung des Materialismus geschieht bei Lamettrie zweifellos durch eine Anlehnung an die sensualistische Erkenntnisstheorie, und in der That ist der Sensualismus die einzige Erkenntnisstheorie, welche der Materialismus gebrauchen kann. Aber wenn man gewöhnlich meint, in der historischen Entwicklung sei der Materialismus die nothwendige Consequenz des Sensualismus, so ist das ein Irrthum. Weltanschauungen wachsen überhaupt in den seltensten Fällen aus Methoden hervor; sie ziehen vielmehr diese nach sich, wenn sie selbst aus irgend welchen sachlichen

Ueberlegungen oder Interessen entstanden sind. So hat im Alterthum der naive Materialismus der frühesten kosmologischen Metaphysik trotz rationalistischer Postulate eine durchweg sensualistische Psychologie und Erkenntnisstheorie erzeugt. Für die verwandten Verhältnisse in Frankreich ist es ein entschiedenes Verdienst Albert Lange's, der Hegel'schen Construction gegenüber, wonach der Sensualismus, von Locke aus durch Condillac nach Frankreich verpflanzt, dort den Materialismus erzeugt haben sollte, an der Hand der Thatsachen nachgewiesen zu haben, dass Lamettrie's Materialismus nach dieser Seite hin durchaus unabhängig entstanden ist, dass vielmehr der französische Materialismus den Sensualismus erst ergriffen und zu seiner systematischen Ausbildung benutzt hat. Aber er brauchte ihn in diesem Falle nicht erst zu erzeugen, sondern fand ihn vor. Der Sensualismus entwickelte sich aus der Locke'schen Lehre mit einer Nothwendigkeit, welche am klarsten bei Berkeley hervortrat. Aber gerade dieser Schöpfer des Spiritualismus beweist am besten, wie wenig der Materialismus die nothwendige Consequenz des Sensualismus ist. Das Gleiche bewies Voltaire, der trotz aller Neigung zu einer sensualistischen Auffassung der Locke'schen Lehre sich dem Materialismus stets gegenüberstellte, und das Gleiche lehrt der bedeutendste unter den französischen Sensualisten, **Etienne Bonnot de Condillac** (1715 bis 1780).

Dieser war anfangs, wie Voltaire, lediglich ein Verbreiter der Locke'schen Ansichten. Sein „Essai sur l'origine de la connaissance humaine" (Amsterdam 1746) brachte den Locke'schen Empirismus in systematischer Durchführung zur Kenntniss seiner Landsleute, und der drei Jahre darauf erschienene „Traité des systèmes" vertheidigte ihn gegen Malebranche, Spinoza und Leibniz. Erst der „Traité des sensations" (London 1754) begründete im Unterschiede von Locke seinen eigenen, überaus einflussreich gewordenen Standpunkt. Hatte er früher Sensation und Reflexion als die beiden gleich ursprünglichen Quellen der Erfahrung angesehen, so that er nun denselben Schritt wie Berkeley, dass er beide in einer Linie als nur graduell verschieden ansah, und im Gegensatz zu Berkeley gab er dieser Ansicht die Fassung, dass die innere Wahrnehmung nur eine umgeformte Art der äusseren sei. Deshalb ging er darauf aus, alle Thatsachen des Denkens bis zum

Selbstbewusstsein und alle Thatsachen des Gefühls- und Trieblebens bis zum bewussten Willen durch das Princip der Umformung aus der sinnlichen Empfindung genetisch abzuleiten und zu zeigen, dass alle geistigen Vorgänge nur modificirte Empfindungen seien. Dabei ist er sich des Gegensatzes gegen Berkeley ebenso bewusst, wie der Verwandtschaft mit ihm. Er erklärt, dessen Lehre sei Wahnsinn; aber von allen Systemen sei keines so schwer zu widerlegen, wie dieses. In der besonderen Begründung geht er auf den Gedanken Lamettrie's ein, das menschliche Seelenleben als eine graduelle Steigerung des thierischen zu betrachten und den Unterschied beider nur aus dem Umfange der Empfindungen abzuleiten, welche zur geistigen Umformung gelangen. Er machte dabei, einem Winke Lamettrie's folgend, die berühmte Fiktion einer Bildsäule, der man successive die Empfindlichkeit der einzelnen Organe, der Nase, des Ohres, des Gesichts, der Haut, mittheile, um zu zeigen, in welchem Umfange diese successive Zufuhr der Empfindungen die Gestalt des geistigen Lebens verändern würde. Da in der Empfindung jedesmal eine doppelte Beziehung gegeben ist, einerseits ein Vorstellen, anderseits ein Gefühl und das daraus erwachsende Verlangen, so sollen sich nach Condillac aus den Empfindungen zwei Reihen seelischer Zustände entwickeln: auf der theoretischen Linie durch allmähliche Umbildung Aufmerksamkeit, Erinnerung, Unterscheidung, Vergleichung, Schlussthätigkeit, Einbildung, Verwunderung, Abstraction und zuletzt Erkenntniss allgemeiner Wahrheiten, — auf der praktischen Linie Begierde, Liebe, Hass, Hoffnung, Furcht und zuletzt der moralische Wille. Das ist genau die Richtung der Associationspsychologie und genau derselbe Versuch, die Umbildungen, welche der Empfindungsinhalt erfährt, als blosse Produkte des verschiedenen Empfindungsinhaltes aufzufassen, oder aus dem Inhalte auch die Form zu erklären, welche nach rationalistischem Principe aus dem Wesen des Geistes stammt. Die Einseitigkeit des Empirismus bestand darin, die Form für ein Produkt des Inhalts zu halten, diejenige des Rationalismus darin, den Inhalt aus der Form ableiten zu wollen; die Ueberwindung beider durch Kant führte deshalb zunächst nothwendig auf den Dualismus von Form und Inhalt. Nebenbei wird in dieser Untersuchung von Condillac mit entschiedener Anlehnung an Locke ein Hauptgewicht auf die Mitwirkung der Sprache gelegt, welche, ursprünglich nur der natürliche Ausdruck der Empfindung, vermöge der lautlichen Association die Thätigkeiten der Reproduction und der Abstraction ermöglicht und erleichtert.

Später ist Condillac in immer einseitigerer Verfolgung der nominalistischen Theorien und namentlich der Hume'schen Lehren zu den letzten Consequenzen des Terminismus und Positivismus fortgeschritten. Er bildete die Locke'sche Sprachphilosophie zu einer allgemeinen „Theorie der Zeichen" aus. Nach dem Princip der „Semeiotik" sind die Empfindungen des Menschen nur Zeichen für Dinge und nicht deren Abbilder, und besteht das Denken nur in der correkten, widerspruchslosen Verbindung solcher Zeichen. Die übliche und vornehmste Art dieser Zeichen bietet die Lautsprache dar; aber neben ihr giebt es zu gleichem Zwecke auch die Gebärdensprache, die Ziffern, die Buchstaben und die Infinitesimalrechnung. Jede solche „Sprache" hat die Aufgabe, die Erscheinungen zu zerlegen und ihre Elemente, die Ideen, zu neuen Bildungen zusammenzufügen. Doch ist diese spätere Lehre Condillac's, angedeutet in seiner Logik (1780), erst in der postumen Schrift „Langue des calculs" ausgeführt worden: ihr Erscheinen im Jahre 1798 ist für die Philosophie der französischen Revolution positiv und negativ bestimmend geworden.

Wie wenig aber dieser Sensualismus und Positivismus an sich materialistisch ist oder sein will, beweist die Condillac'sche Erkenntnisstheorie. Er macht durchaus nicht den falschen Schluss, dass, weil wir nur aus den Sinnen Erkenntniss haben, auch die wirklichen Dinge sinnlich seien. Zwar meint er, dass von allen Sinnen der Tastsinn uns die Wirklichkeit am ersten und besten erkennen lässt; aber auch dies ist nur im Locke'schen Geiste gedacht. Die Ideen gelten ihm für Einwirkungen der Dinge auf uns, die sinnlichen Qualitäten nur als subjective oder secundäre Eigenschaften. Lediglich die räumlichen und zeitlichen Bestimmungen sollen den Dingen selbst zukommen, und der Vorzug des Tastsinns besteht nach ihm wesentlich darin, dass er uns am reinsten die räumliche Configuration eines Dinges zur Empfindung bringt. Von den wahren inneren Eigenschaften der Dinge dagegen meint er, dass sie uns seit dem Sündenfalle unerkennbar geworden seien. Der Schluss auf die Materialität der Seele ist in seinem Sinne nicht nur unerlaubt, sondern geradezu falsch. Zwar besteht das Ich seinem Inhalte nach nur aus der Gesammtheit der Sensationen, wie er sehr sorgfältig darzuthun sucht; aber die Einheit des zusammenfassenden Bewusstseins setzt ein einfaches Substrat voraus, in welchem alle jene Umformungen von Statten gehen. Da nun alles Materielle in's Unendliche theilbar sei, so könne das Denkende keine Materie sein. Ebensowenig negativ verhält sich dieser Sensualismus in theologischer und moralischer Beziehung. Zwar leugnet er Locke gegenüber die Möglichkeit einer Naturreligion und namentlich, dass sich auf sensualistischen Grundlagen ein Beweis für das Dasein Gottes finden lasse; aber dem gegenüber behauptet er die Möglichkeit einer auf sinnlichem Wege stattfindenden Offenbarung und des darauf gebauten Glaubens. So wenig er endlich daran zweifelt, dass Lust und Unlust die Triebfedern aller menschlichen Handlungen bilden, so ist er doch andererseits überzeugt, dass die moralischen Gesetze eine davon unabhängige Geltung haben. Er ist nicht Eudämonist und darum auch kein Vertreter des praktischen Materialismus.

Noch weniger zeigen sich solche materialistische Neigungen bei Charles Bonnet (1720—1793), einem französischen Schweizer, dessen „Essai de psychologie" (London 1755), „Essai analytique sur les facultés de l'âme" (Genf 1759) ebenso wie seine „Contemplation de la nature" namentlich in Deutschland von Einfluss wurden. Auf Grund einer der Condillac'schen ganz ähnlichen Fiktion der successiven Empfindungszufuhr weist er nach, dass alle psychischen Bewegungen des Menschen nur aus der Sinnesempfindung stammen. In eingehendster Weise betrachtet er die Abhängigkeit der Vorstellungen von den Bewegungen des Gehirns und behauptet, man müsse, da wir von dem eigentlichen Wesen der Seele nichts wissen, sich auf die Untersuchung der physiologischen Bedingungen ihrer Thätigkeit beschränken. So arbeitet er daran, für die einzelnen Stufen der Geistesthätigkeit eine aufsteigende Reihe von Gehirnzuständen aufzufinden, und macht namentlich die Hypothese, dass das Gedächtniss und überhaupt alles Beharren der Vorstellungen auf einer gewissen Einübung des Gehirns und seiner Gewöhnung an bestimmte Bewegungsformen beruhe. Für die Begriffsbildung wird es schon schwieriger, den physiologischen Zustand auch nur hypothetisch näher zu bestimmen: doch benutzt Bonnet dazu feinsinnig in einer gleichfalls an Condillac erinnernden Weise die Mitwirkung der sprachlichen Vorgänge und zeigt dann, wie sich aus diesen constanten Begriffen die vernünftige Persönlichkeit bilde. Aehnlich verfährt er auf dem praktischen Gebiete.

Als das Grundbestreben bezeichnet er hier die Selbstliebe und entwickelt daraus mit principieller Durchführung des Determinismus in letzter Instanz auch das sittliche Leben.

Trotz dieser weitgehenden Concessionen an die physiologische Psychologie unterscheidet sich der Sensualismus Bonnet's von demjenigen Condillac's durch die Betonung der selbständigen Function, welche hier den „Vermögen" (Facultés) der Seele zugeschrieben wird. Die Umbildung, welche die Data der Sinnesempfindung in den höheren Seelenthätigkeiten durch Verknüpfung, Trennung und Neuverbindung erfahren, werden von Bonnet nicht bloss als associationsmechanische Produkte jener Elemente, sondern als Leistungen der Kräfte der Seele betrachtet. Ist diese selbst ihrem substantiellen Wesen nach unbekannt, so geben sich doch ihre Kräfte in eben diesen Thätigkeiten zu erkennen. Das Seelenleben ist kein passives Geschehen, sondern eine Thätigkeit der Kräfte. Wenn bei Locke die Stellung und Bedeutung der Seelenvermögen in unbestimmter Unklarheit geblieben war, so hat Bonnet ihre Realität und Aktivität ebenso bestimmt behauptet, wie Condillac sie bei Seite schob und in seiner Associationspsychologie entbehren zu können glaubte.

Eben deshalb aber erblickt nun Bonnet noch viel sicherer und ausdrücklicher als Condillac in der Einheitlichkeit des Bewusstseins die entscheidende Instanz gegen den Materialismus. Sie hindere absolut daran, die seelischen Vorgänge mit den physiologischen zu verwechseln, die ihre Bedingungen sind; man müsse beide Principien, Seele und Leib, für gleich ursprünglich halten und zwischen beiden nur das Verhältniss annehmen, dass sie an einander gebunden sind und ihre Thätigkeiten sich gegenseitig anregen. Sie verhalten sich zu einander nicht als „causae efficientes", sondern als „causae occasionales"; der sinnliche Eindruck ist nur der Reiz für die auffassende Seele und der Willensentschluss nur die Veranlassung für die Auslösung der körperlichen Bewegung. So verknüpft sich der Occasionalismus ein Jahrhundert nach seiner rationalistischen Entstehung mit dem Sensualismus. Zur Durchführung dieser Ansicht bedient sich Bonnet der Buffon'schen Theorie von den organischen Molekülen und verbindet damit ähnlich wie Robinet die Annahme, dass in ihnen das materielle und das immaterielle Princip gleichmässig angelegt seien und einander zur Thätigkeit anregen. Auch der Mensch ist danach solch ein gemischtes Wesen, und so unkörperlich seine Seele an sich sein mag, so ist sie doch stets an einen Körper gebunden, ohne dessen Vermittlung sie nicht in Thätigkeit treten könnte. Diese Lehre bekommt nun eine eigenthümliche Conseqenz in der Unsterblichkeitslehre, von der Bonnet bei seinem allgemeinen Festhalten am Orthodoxismus um so mehr überzeugt ist, als er für den Eudämonismus seiner Moral nur in der jenseitigen Belohnung den Abschluss des Systems finden kann. Die Seele bedarf aber nicht nur überhaupt eines Körpers, sondern, da ihre Thätigkeiten von ihm abhängig sind, so bleibt sie nur so lange dieselbe, als sie auch denselben Leib hat. Aus diesem Grunde behauptet Bonnet die völlige leibliche Auferstehung des Menschen. Da jedoch auch im Momente des Ueberganges die Seele nicht leiblos sein kann, so glaubt er Alles durch die Annahme zu erklären, dass sie von vornherein und unabtrennbar mit einer Art von ätherischem Leibe verknüpft sei, der sich den irdischen Leib gestalte und nach dessen Verfall aus den materiellen Stoffen einen gleichen wiederbaue. Diese Theorie, in den „Palingénesies philosophiques" (Genf 1769) niedergelegt, imponirte namentlich Lavater, weil sie die Abhängigkeit des materiellen Leibes von einem dem Charakter des Menschen noch näher stehenden Princip behauptete und dadurch sich seinen physiognomischen Theorien einfügte. Er übersetzte sie deshalb mit enthusiastischer Empfehlung.

Den Franzosen selbst lagen solche Phantasien ferner. Bei ihnen gewann der Sensualismus immer mehr die materialistische Färbung. Er selbst konnte principiell nicht gut weiter geführt werden, ehe nicht die Physiologie, von deren Erkenntnissstande er abhängt, entschiedene Fortschritte gemacht hatte. Dies geschah jedoch erst später. Es gehörten die grossen Fortschritte der Chemie dazu, um der Ansicht Bahn zu brechen, dass man die Thätigkeiten des Gehirns nicht als mechanische Bewegungen, sondern als chemische Vorgänge aufzufassen habe. Die neue Gestalt aber, welche der Sensualismus dadurch in der Lehre von Cabanis erhielt, steht bereits an der Schwelle des XIX. Jahrhunderts. Die von Condillac und Bonnet vertretene Phase des Sensualismus genügte jedoch den erkenntnisstheoretischen Ansprüchen der französischen Aufklärung um so vollständiger, als sie sich mit der naturphilosophischen Grundlage vollkommen im Einklange befand. Der Sensualismus wurde, vielleicht gerade weil er sich so bequem mit dem Skepticismus hinsichtlich der religiösen Ueberzeugung verknüpfen liess, eine Lieblingstheorie der Franzosen des vorigen Jahrhunderts. Es tritt das unter Anderem auch in ihrer Kunsttheorie hervor. In dieser suchte schon Dubos (1670—1742) in seinen „Réflexions critiques sur la poésie, la peinture et la musique" (Paris 1729) durch die Annahme eines sechsten, des ästhetischen Sinnes der Auffassung vom Wesen der Kunst eine ähnliche Grundlage wie die Schotten zu geben. Noch mehr aber trat diese Tendenz hervor, als Batteux (1713—1780) in seinem einflussreichen Hauptwerke „Les beaux arts reduits à un même principe" (Paris 1746) die Nachahmung der schönen Natur als das Wesen aller Kunst bezeichnete. Von ihm an hat der Empirismus in der Aesthetik der Franzosen und in ihrer Nachahmung auch der Deutschen unbedingt geherrscht, bis die grosse Entwicklung der deutschen Philosophie auch auf diesem Gebiete neue Gesichtspunkte zur Geltung brachte.

§ 43. Die Moral-, Rechts- und Gesellschaftsphilosophie.

Auch die Moralphilosophie der Franzosen stand unter dem Einflusse jener skeptischen Grundstimmung, mit der Montaigne sie gelehrt hatte, mehr die Schwächen, als die Vorzüge der Menschen zu betrachten und sich bewusst zu werden, dass der natürliche Charakter des Menschen die Selbstsucht ist. Zahlreiche Schriftsteller verfolgten diesen Gedanken namentlich in der Richtung, zu zeigen, dass auch der Culturzustand nur eine Verfeinerung dieses ursprünglichen Egoismus mit sich bringe. Als ein Ausdruck dieser dem Leben der Gesellschaft durchaus entsprechenden Meinung müssen einerseits schon Larochefoucauld's „Réflexions ou sentences et maximes morales" (Paris 1665), andererseits La Bruyère's „Caractères ou les mœurs de ce siècle" (Paris 1687) angesehen werden. Mit dieser Auffassung kreuzten sich nun diejenigen Einflüsse der englischen Moralphilosophie, welche darauf hinzielten, die moralischen Eigenschaften des Menschen aus seiner selbstsüchtigen Naturanlage abzuleiten. Ausserdem aber verknüpften sich damit die sensualistischen Theorien, um dieser Anschauung eine theoretische Grundlage zu geben. Als der Typus dieser Vereinigungen und der schärfste Ausdruck dieser auf den Egoismus zu gründenden Moral gelten mit Recht die Schriften von Claude Adrien Helvétius (1715—1771), von denen schon die erste und berühmteste „De l'esprit" (Paris 1758) die wesentlichen Gedanken enthält.

Er benutzt hauptsächlich Locke, Mandeville und theilweise auch in Bezug auf den Sensualismus Voltaire, zeigt aber zugleich auch bereits Einflüsse von Hume. Er spricht wie dieser davon, dass der geistige Inhalt des Menschen nur aus den Impressionen und den Ideen, welche die Copien davon sind, bestehe, und dass deshalb die innere Gestalt des Menschen ursprünglich nur durch die zufälligen Eindrücke, welche er von aussen empfängt, bedingt ist. Auf diesem Naturzustande kennt der Mensch nur den Egoismus, und was seinen Willen ausfüllt, ist allein das Streben nach möglichst grosser und vieler sinnlicher Lust. Dieses bildet deshalb die Grundlage alles praktischen Lebens; selbst in der Bethätigung der geistigen Kräfte erweist es sich als entscheidend. Der Mensch denkt ursprünglich entweder nur, wo es sich um unmittelbar praktische Zwecke handelt, oder um sich die Langeweile zu vertreiben, also immer aus Selbstsucht und zur Befriedigung seiner Bedürfnisse. Wenn das aber ein Naturgebot ist, so, sagt Helvétius mit echtem Naturalismus, ist es auch absolut zu achten. Die Sittlichkeit kann nichts Anderes verlangen als die Natur, und der Egoismus ist die Norm alles Handelns. Von einer Tugend kann deshalb auf dem Standpunkte des Individuums gar nicht die Rede sein. Sie ist nur eine Bezeichnung für gewisse, an sich gleichfalls egoistische Handlungsweisen, welche innerhalb des menschlichen Zusammenseins hervortreten. Die Gesellschaft nennt diejenigen Handlungen tugendhaft, welche für die Gesammtheit nutzbringend sind. Diese Tugend kann deshalb, wie Helvétius mit merkwürdiger Kurzsichtigkeit ausführt, niemals in einem Widerstreite mit dem Egoismus stehen. Denn die Glückseligkeit der Gesammtheit ist nur die Summe der Glückseligkeit der Einzelnen. Tugend ist also eine besondere Art des Egoismus, und zwar diejenige, welche mit dem Wohle des Einzelnen auch das der Allgemeinheit fördert, oder wenigstens nicht hemmt. An dieser Art des Egoismus hat freilich der Einzelne kein Interesse, desto grösseres aber die Gesellschaft, und ihr erwächst daraus die Aufgabe, ihn heranzubilden. Das Mittel dazu ist die Erziehung; sie ist dazu da, den Egoismus des Individuums zum Wohle des Ganzen zu corrigiren, aber sie kann dazu natürlich nur wieder die selbstsüchtigen Interessen benutzen, indem sie diejenigen befördert, welche nach dieser Richtung hin ausschlagen. Unter sie rechnet Helvétius, wie Lamettrie, in erster Linie das Ehrgefühl, auf dessen Ausbildung er daher das grösste

Gewicht legt. Er bezeichnete damit denjenigen Trieb, welcher in dem öffentlichen Leben der Franzosen in der That die bedeutendste Rolle spielte, und welchen mit feinsinniger Beobachtung schon Montesquieu als die Tugend der Monarchien charakterisirt hatte.

So lief auch diese extrem egoistische Moralphilosophie auf das grosse Problem hinaus, dessen Umrisse Mandeville mit kecker Hand gezeichnet hatte, und welches mit so realer Macht die französische Gesellschaft bewegte: wie mit dem Wohle des Einzelnen dasjenige der Gesellschaft theils verbunden theils vereinbar sei, und welche Rolle dabei die Moralität spiele. Der Zustand des öffentlichen Lebens drängte diese Frage dem Beobachter überall auf. Nach dem Tode Ludwig's XIV. trat die Unhaltbarkeit des politischen und des socialen Zustandes, welche durch den Glanz seiner Regierung verdeckt worden war, immer deutlicher hervor, und die ungeheure Kluft zwischen dem Genussleben der regierenden Klassen und dem rechtlosen Elende der regierten klaffte immer düsterer auf. Es war natürlich, dass man die Ursachen dieser Verworrenheit zunächst in den politischen Einrichtungen suchte. Die Staatsverfassung fing an, das Problem der Gesellschaft zu werden, und in Paris bildeten sich die Clubs, in denen man die politischen Fragen von allgemeineren Gesichtspunkten aus zu discutiren begann. Das Gefühl, dass die bestehenden Verhältnisse einer Abänderung bedürften, wurde immer allgemeiner, intensiver und kühner. Schon fing es an, auch am Hofe seine Stimme zu erheben. Bereits Fénélon hatte als Erzieher der Enkel Ludwig's XIV. mit der Wahrheit nicht zurückgehalten und in Folge dessen sich selbst wie seinen „Télémaque" vom Hofe verbannt und unterdrückt gesehen. Jetzt nahm sich auch der gefeierte Massillon in seinen Predigten vor dem jungen Könige der Unterdrückten an, und zahlreiche Andere stimmten ihm, die Einen leiser, die Anderen lauter, bei. Eine bestimmte Richtung und einen positiven Werth erhielten aber diese humanen Tendenzen erst dadurch, dass man ein Ideal der politischen Gestaltung fand, an welchem man das eigene Elend messen konnte, und dessen Einführung im eigenen Lande man zu seiner Aufgabe machte. Dies Ideal war England und die repräsentative Verfassung, welche das Resultat seiner Revolution gewesen war. In dieser Richtung wirkte Voltaire durch seine „Lettres sur les Anglais" und durch sein niemals aufgegebenes Bestreben, für die Herrschaft des Gesetzes und die darin allein begründete Freiheit einzutreten. Nicht minder wirkungsvoll aber war es, dass den Franzosen dieser Geist der englischen Gesetzgebung durch Montesquieu in systematischer Gestalt entgegentrat.

Charles de Secondat Baron de la Brède et de Montesquieu (1689—1755) hatte schon durch seine „Lettres persanes" (Paris 1721) eine gewaltige Aufregung hervorgerufen und dann in den „Considérations sur la cause de la grandeur des Romains et de leur décadence" (Paris 1734) seine Landsleute an eine Betrachtung der Geschichte unter grossen politischen Gesichtspunkten gewöhnt, von denen der vornehmste die rücksichtslose Betonung von Recht und Gesetz war. Aber erst sein Hauptwerk „De l'esprit des lois" (Genf 1748) gab die abgerundete Theorie des Ideals der politischen Freiheit, welches er, wie Voltaire, dem Vorgange der englischen Theorie und der englischen Praxis entnahm. Den Geist der Gesetze sucht er in ihrer Zusammengehörigkeit mit den natürlichen und den historischen Bedingungen der Völker. Daher ist er ein Gegner aller abstracten und doctrinären Schematisirungen, und er sucht in das Naturrecht, das sich in seiner philosophischen Tendenz allzuweit von der Wirklichkeit entfernt zu haben schien, wieder jenes historische Element einzuführen, welches vor ihm Bodin vertreten hatte. Der nivellirenden Tendenz gegenüber, welche in dem Ideal des ein für alle Mal besten Staates lag, betonte er die Nothwendigkeit einer nationalen Staatenbildung, welche sich an die historischen Bedingungen anzuschliessen habe. Deshalb sah er den Ursprung des Rechtes nicht, wie Hobbes oder Spinoza, in einem willkürlichen oder bewussten Akte des Staatsvertrages, sondern suchte vielmehr darzuthun, dass das Recht in dem natürlichen Wesen des Menschen begründet sei und nach der verschiedenen Gestaltung der menschlichen Bedürfnisse sich nothwendig zu ändern habe. Er gab sodann die systematische Grundlage der gesammten Jurisprudenz, indem er die drei Grundformen des Civilrechts, Staatsrechts und Völkerrechts genau von einander sonderte. Seine eigenen Untersuchungen beziehen sich wesentlich auf das Staatsrecht. Er nahm vier Hauptformen der Verfassungen an: die Demokratie, die Aristokratie, die Monarchie und die Despotie, und zeigte, wie der Mechanismus des politischen Lebens in jeder von ihnen verschiedene psychische Zustände als treibende Elemente voraussetze. Die Demokratie kann nicht ohne die Bürgertugend bestehen, mit der Jeder sein Wohl demjenigen des Ganzen hintansetzt. Der Bestand der Aristokratie setzt eine weise Mässigung der regierenden Klassen voraus. Die Monarchie muss in den Unterthanen das Gefühl für die Ehre entwickeln, mit der sie den thätigen Staatsdiener für den Mangel an ursprünglicher Rechtsausübung entschädigt. Für die Despotie endlich giebt es keine andere Grundlage, als die Furcht und den Schrecken. Weiterhin zeigt sich an der Hand der Geschichte, dass, während grosse Reiche nothwendig die Tendenz zur despotischen Gestaltung haben, kleine Staaten sich eine republikanische Verfassung zu geben geneigt sind, in der je nach den socialen Verhältnissen das demokratische oder das aristokratische Element vorherrscht. Nur die Staaten mittlerer Grösse sind dauernd für monarchische Zustände geeignet, in denen nach der Meinung Montesquieu's die Extreme der Republik und der Despotie gleichmässig vermieden werden. In der Schilderung dieser Monarchie tritt jedoch bei ihm die historische und psychologische Betrachtung fast hinter einer apriorischen Construction zurück, und er zieht mit einer hohen und lauteren Begeisterung für die auf der Herrschaft der Gesetze beruhende Freiheit die Grundlinien der englischen Verfassung. Die Versöhnung der Gegensätze, welche er in dieser findet, beruht namentlich auf der **Trennung der drei Staatsgewalten**. Die gesetzgebende Gewalt, im Parlamente repräsentirt, enthält im Unterhause das demokratische, im Oberhause das aristokratische Element. Die executive Gewalt, vermöge deren die Regierung die innere Verwaltung und die äussere Vertretung des Staats in der Hand hat, erinnert an die Macht des Monarchen. Aber unabhängig von beiden — das ist die lebhafteste Forderung Montesquieu's und zugleich diejenige, welche ihn den französischen Zuständen gegenüber zunächst am populärsten machte — soll der Stand sein, welcher darüber zu wachen hat, dass die Gesetze, in deren unbedingter Herrschaft das einzige Heil des Staatslebens liegt, treu und streng erfüllt werden, der Richterstand.

Das waren mit wenigen Veränderungen die Grundzüge der englischen Repräsentativverfassung, welche die dortige Revolution erzeugt hatte, und der **constitutionellen Monarchie**, deren Theoretiker Locke gewesen war. Montesquieu hatte wenig Eigenes hinzugefügt; aber die von aufrichtiger Begeisterung getragene Darstellung dieses Ideals wirkte auf dem dunklen Hintergrunde der französischen Zustände wie ein blendendes Licht. Sie erschreckte die Einen, und sie enthusiasmirte die Andern. Sie gab dem unklaren Gefühle des politischen Elendes das klare Bewusstsein einer bestimmten Aufgabe und eines zu erreichenden Ziels. Sie trug am meisten dazu bei, in den französischen Geistern das Streben nach einer Umgestaltung der öffentlichen Verhältnisse zu nähren: denn sie zeichnete eine bestimmte Bahn vor. Freilich erfuhr auch Montesquieu das Geschick, welches tief im Wesen dieser ganzen Bewegung begründet war, dass er radicaler wirkte, als er gewollt hatte. Umsonst hatte er auf die historischen Bedingungen hingewiesen, ohne welche kein dauerndes Staatsleben besteht, umsonst gezeigt, dass sich eine lebensfähige Verfassung nicht lediglich aus abstracten Theorien bauen lässt. Diese Stimme der historischen Betrachtung verhallte, und wie er selbst schliesslich doch auch ein Ideal der Staatsverfassung gezeichnet hatte, so wirkte aus seinen Schriften nur dieses Bestreben, die politische Freiheit unter allen Bedingungen zu realisiren. Wenn er gezeigt hatte, dass es ein Recht giebt, welches der Staatenbildung vorangeht und in ihr nur nach den besonderen Bedürfnissen modificirt wird, so lag gerade darin die Möglichkeit der revolutionären Wendung, dass man auf Grund dieses ursprünglichen Rechtes den bestehenden Staat verdammte und einen neuen an seine Stelle setzte.

Gleichwohl würde die französische Revolution nicht mit so elementarer Gewalt aufgetreten sein, wie es wirklich geschah, wenn ihr nur politische Interessen zu Grunde gelegen hätten und wenn nicht in ihrem Hintergrunde die sociale Bewegung gestanden hätte. Das Elend der niederen Schichten der Bevölkerung war ihre mächtigste Triebfeder, welche sich nur in dem Rufe nach politischen Rechten zuerst Luft machte. Diese Frage war die brennendste, und mit ihr beschäftigten sich in Frankreich Tausende von Geistern. Die Vorschläge zu ihrer Lösung und zur Herbeiführung eines anderen Zustandes der Gesellschaft wuchsen wie Pilze aus dem Boden. Hier galt es, praktisch jenes moral-philosophische Problem zu bearbeiten, wie das Wohl des Einzelnen mit dem Wohle der Gesellschaft vereinbar sei. Es ist bekannt, wie aus diesen Bestrebungen die Anfänge der Nationalökonomie erwuchsen, wie die Physiokraten, an ihrer Spitze Quesnay, dessen epochemachender „Tableau économique" 1758 erschien, und Turgot in wohlwollender Meinung die Beförderung der natürlichen Produktionskraft des Landes und der damit verknüpften

Industrie befürworteten, bis ihre einseitige und unhaltbare Theorie durch Adam Smith gestürzt wurde. Aber je schamloser von den sensualistischen Principien aus die Moral der Selbstsucht, welche diejenige der öffentlichen Zustände war, verkündet wurde, um so mehr traten auch die Gedanken der Männer hervor, welche, indem sie das Uebel an der Wurzel zu packen meinten, vor den extremsten Folgerungen nicht zurückscheuten. Wenn sie die Ausrottung der Selbstsucht in lauterster Absicht als die erste moralische und politische Pflicht ansahen, so glaubten sie in dem Privatbesitz, in dem „désir d'avoir pour soi", den Grund des gesammten gesellschaftlichen Unglücks zu erblicken, und mit rücksichtsloser Consequenz lehrten sie, dass seine Abschaffung die kranke Gesellschaft heilen würde. So entwickelten sich, getragen von dem socialen Gegensatz der rechtlosen Armuth und der Willkürherrschaft des Reichthums, schon damals die communistischen Theorien. Morelly, dessen 1755 geschriebener „Code de la nature" fälschlich unter Diderot's Werken steht, ging voran, und Mably folgte ihm in der Schrift „De la législation ou principes des lois" (Paris 1776) nach. So drängte auch die Theorie auf den Ausbruch der wühlenden Kräfte hin, welche unter dem hohlen Boden der Gesellschaft ihr Spiel trieben.

§ 44. Die Encyclopädisten.

Wenn sich alle die bisher betrachteten Elemente der französischen Aufklärungsphilosophie mannigfach in einander verzweigten und auf diese Weise eine buntschillernde Fülle von Gedanken erzeugten, wenn jedes davon auf seinem Gebiete seine nothwendige Wirkung auf die Geister ausübte, so haben sie ihre zündende Macht doch erst durch die Vereinigung erhalten, welche sie in der Encyclopädie fanden. Diese schöpfte von all' den gährenden Gedankenmassen gewissermassen den Schaum, aber ihre Leiter hatten es vorzüglich verstanden, darin die ganze agitatorische Kraft der Ideen zu concentriren. Im Jahre 1751 erschien der erste Band unter dem Titel: „Encyclopédie ou dictionnaire raisonné des sciences, des arts et des métiers" und bis 1772 folgten ihm 27 andere Bände, ausserdem 5 Supplementbände (Amsterdam 1776 und 1777) und zwei Bände „Tables analytiques" (Paris 1780). Es war das Reallexikon des Zeitalters der Aufklärung. Seine Wirkung war eine unermessliche. Es verbreitete die realen Erkenntnisse der neuern Wissenschaft durch alle europäischen Culturvölker, es vermittelte die Anschauungen der verschiedenen Schichten der Gesellschaft, indem es die einen mit den Ideen und Erkenntnissen der anderen bekannt machte, und legte so den Grund zu einer allgemeinen sachlichen Bildung. Es beruhte seinem philosophischen Standpunkte nach auf den Principien des Empirismus und der sensualistischen Umbildung, welche dieser in Frankreich erfahren hatte. Es neigte seinen metaphysischen Ansichten nach, wenn auch mit grosser Vorsicht des Ausdrucks, Anfangs dem skeptischen, später dem materialistischen Denken zu, und seine kolossale Ausbreitung untergrub in der wirksamsten Weise die kirchlichen Lehren. Verständiges, durchsichtiges und aufklärendes Raisonnement war der Charakter seiner metaphysischen Betrachtungsweise, Zersetzung des Glaubens sein vorsichtig und verhüllt verfolgter, aber desto sicherer erreichter Zweck. Es leugnete kein Dogma, aber es bezweifelte alle.

Eine grosse Anzahl von Männern hatte sich zu diesem gemeinsamen Zwecke vereinigt. Wir finden darunter Grössen ersten Ranges neben Männern, die nur an dieser Stelle zu nennen sind. Da sind Artikel von Voltaire, der eine Zeit lang an dem Werke mitarbeitete, bis er den Plan seines eigenen „Dictionnaire philosophique" gefasst hatte, und von Rousseau, der sich jedoch seit 1757 zurückzog und als offener Gegner auftrat. Daneben erscheinen Grimm, Holbach, Turgot, Jaucourt, Daubenton, Marmontel, Duclos und Andere. Allein das Beste davon war die Mitarbeiterschaft der Herausgeber: d'Alembert, der sich jedoch, als die Encyclopädie wachsendes Aergerniss erregte, auch bereits 1757 zurückzog, und Diderot, der seitdem die Encyclopädie allein redigirte.

Jean d'Alembert (1717—1783) ist, abgesehen von seinen grossen Leistungen auf mathematischem Gebiete, für die Philosophie vor Allem wichtig durch den „Discours préliminaire", in welchem er den allgemeinen Standpunkt der Encyclopädie festlegte. Er entwirft darin den „globus intellectualis" mit vollkommenem Anschlusse an die Bacon'sche Eintheilung und Methodik. Es ist das eine höchst interessante und bedeutsame Nachwirkung Bacon's; es ist zugleich einer der schlagendsten Beweise für die durchgängige Abhängigkeit des französischen Denkens von dem englischen; es charakterisirt die Hauptrichtung dieser Zusammenfassung der französischen Aufklärung als empiristisch. Aber d'Alembert vollzieht zugleich die Schwenkung zu Locke, indem er den Standpunkt der Encyclopädie auf die Erfahrungserkenntniss zu beschränken sucht. In allen Fragen, welche über die Erfahrung hinausgehen, will er sich und das Werk — und zwar nicht nur aus den naheliegenden taktischen Gründen, sondern, wie aus seinen „Mélanges de litérature, d'histoire et de philosophie" (Paris 1752) hervorgeht, aus innerer Ueberzeugung — auf den skeptischen Standpunkt stellen. Zwar giebt er dem Deismus zu, dass die zweckmässige Zusammengehörigkeit der organischen Thätigkeiten insbesondere und auch der ganze Naturlauf im Allgemeinen auf einen intelligenten Urheber hinzudeuten scheine: aber in welchem Verhältnisse diese Intelligenz zu der Materie stehe, die jede mathematische Naturphilosophie als selbständig denken muss, darüber, sagt er, können wir nie etwas wissen. Weder vom Geiste noch von der Materie haben wir eine deutliche Erkenntniss, das Wesen der Dinge ist uns unerforschlich, und es ist höchst wahrscheinlich, dass in Wirklichkeit nichts so existirt, wie die auf die Sinnesthätigkeit angewiesene Natur unseres Geistes uns zwingt, die Welt uns vorzustellen. Als daher die Encyclopädie wesentlich unter dem Einflusse der Wandlung, welche Diderot selbst durchgemacht hatte, diesen skeptischen Standpunkt überschritt und sich immer rückhaltsloser zum Materialismus zu bekennen anfing, musste d'Alembert mit innerer Nothwendigkeit sich von ihr lossagen.

Weitaus der interessanteste aus diesem Kreise ist das Genie darin, Denis Diderot (1713—1784), eine geistig tief und noch mehr reich angelegte Natur. Ursprünglich zum Geistlichen bestimmt, dann zum Rechtsstudium übergegangen, wählte er endlich die adäquate Lebensform eines unabhängigen Schriftstellers und machte bis zum Tode alle Leiden und Freuden dieser Stellung durch. Tief versenkt in die geistige Bewegung der Zeit, durch Fäden wissenschaftlichen Interesses mit allen bedeutenden litterarischen Erscheinungen Frankreichs und Englands, durch zahllose Bekanntschaften und Beziehungen mit fast allen gleichzeitigen Denkern verbunden, stellt er den Entwicklungsprocess der französischen Aufklärungsphilosophie in sich mit einer Vollständigkeit dar, wie kein Anderer. Daher ist es durchaus kein gleichbleibendes oder einheitliches Denken, was man bei ihm findet. Er schreitet vom gläubigen Theismus zum skeptischen Deismus und von da zum naturalistischen und schliesslich zu einem hart an der Grenze des Materialismus stehenden Pantheismus fort. Er ist der Mikrokosmos der französischen Aufklärung oder, mit Leibniz zu reden, ihre Centralmonade. Daher ist es leicht, in seinen verschiedenen Schriften, häufig sogar in einer und derselben, wenn sie gerade ein Uebergangsstadium darstellt, wie z. B. die „Pensées philosophiques", mehr oder minder starke Widersprüche nachzuweisen. Dieser Eindruck des Widerspruchsvollen in seiner Gesammtpersönlichkeit wird noch durch einen ursprünglichen Gegensatz erhöht, der den Menschen so gut wie den Schriftsteller trifft. Von einer tief idealen Anlage, ist er zugleich mit einer kräftigen und lebendigen Sinnlichkeit ausgestattet, und durch deren Vermittlung gewinnen mit der Zeit die sensualistischen, eudämonistischen und materialistischen Theorien seiner Umgebung einen immer mächtigeren Einfluss auf ihn, mit welchem jedoch stets der ideale Grundzug seiner Natur im Kampfe liegt. Diesen Eindruck des Einheitlosen vollendet endlich die massenhafte Vielseitigkeit seines Denkens und Schreibens, die agitatorische Rührigkeit seines litterarischen Treibens und die damit nothwendig verbundene stetige Zersplitterung seiner Geistesthätigkeit. Wir sehen das Licht dieses Geistes niemals rein, sondern immer durch ein vielfarbiges Prisma.

Aber solch ein chamäleonartiges Genie war dazu nöthig, um alle Bildungselemente der Zeit in einer Person zu vollständiger Durchdringung zu vereinigen und sie als die Entwicklungsphasen eines Individuums zu durchleben. Es findet sich deshalb auch in Diderot nur ein verhältnissmässig geringes Mass von schöpferischer Originalität in Hinsicht philosophischer Principien. Aber er besitzt eine unglaubliche Fähigkeit, das Entscheidende zu sehen, aufzufassen, zu verarbeiten und darzustellen. Es ist kaum einer der Gedanken der französischen Aufklärung, der sich mit Sicherheit auf ihn allein zurückführen liesse, und doch ist er der bedeutendste Denker jener Tage, weil seine rastlose Entwicklung alle die um ihn zerstreuten Elemente umspannt. Man kann in ihm die ganze französische Philosophie des vorigen Jahrhunderts in nuce studiren: aber man hätte alle ihre Theile fast ebenso auch ohne ihn. Nur findet einerseits Alles bei ihm den glücklichsten Ausdruck, und andererseits ist es fraglich, ob jene Theile ohne ihn jemals die innige Verknüpfung gefunden hätten, in welche sie wirklich gerathen sind. Wenn die Eigenthümlichkeit jener Epoche in der Gemeinsamkeit des Denkens der Pariser Gesellschaft beruhte, so ist es keine Frage, dass es in ihrem geistigen Connexe kein lebendigeres Bindeglied gegeben hat als ihn. Er war wie der befruchtende Wind, der den Samen der Idee von Staude zu Staude trug. Und diese Wirkung beruhte darauf, dass er im besten Sinne des Wortes eine grosse Persönlichkeit war. Sein ganzes Wesen ging auf in zündender Genialität: diese aber wurzelte in jenem idealen Schwunge seines innersten Lebens, den er niemals verloren hat. Seine Schriften freilich zeigen ihn selten auf dieser dithyrambischen Höhe seiner Genialität; allein alle Schilderungen der Zeitgenossen lassen erkennen, dass er sich im persönlichen Verkehre viel häufiger darauf befand. Seine mündliche Wirkung ist noch packender als seine schriftliche gewesen; er besass nach dem Zeugnisse auch seiner Neider eine wahrhaft hinreissende Beredtsamkeit, jene Beredtsamkeit, die „aus der Seele dringt und mit urkräftigem Behagen die Herzen aller Hörer zwingt". Solche Wirkung aber hatte ihren Grund in letzter Instanz darin, dass er trotz aller metaphysischen Wandlungen unwandelbar den Glauben an die Tugend in sich trug. Was bei Bayle und Voltaire eine ernste und fast nüchterne Ansicht war, dass die Wurzeln der Moral unerschütterlich tief in der menschlichen Natur liegen, das war bei Diderot eine enthusiastische Ueberzeugung. Er war das Urbild des Tugendenthusiasten, wie ihn Shaftesbury gezeichnet hatte.

So war es denn begreiflich, dass seine erste Schrift: „Principes de la philosophie morale ou essai sur le mérite et la vertu" (Paris 1747) wesentlich eine Bearbeitung der entsprechenden Schrift von Shaftesbury war. Aus der Ordnung der Natur geht ihm das Bild der Wahrheit, Schönheit und Güte Gottes in leuchtenden Farben auf. Aber er beschränkt seinen Gottesglauben nicht auf diese rationalistische Basis. Er zeigt sich zugleich als einen gläubigen Christen und einen Anhänger der Offenbarung, strebt jedoch dabei mit fast mystischen Wendungen über die confessionellen Formen hinaus. Wo Shaftesbury's Kritik sich gegen den christlichen Theismus wendet, sucht er sie sichtlich zu mildern und abzuschwächen, und das moralische Leben erscheint ihm auf dieser Anfangsstufe noch als ein Ausfluss des religiösen. Aber gerade an dem letzteren Punkte erweist sich bald der Einfluss Shaftesbury's als überwiegend. Bereits in den „Pensées philosophiques" (La Haye 1746) ist die Verbindung gelöst. Er sucht nunmehr die

Wurzel der Moral wie Shaftesbury in dem eigenen Wesen der menschlichen Natur, er sieht sie darin aus jener Leidenschaft für das Gute erwachsen, ohne welche nach dem englischen Denker nichts Grosses geschehen ist und geschehen kann, und er wendet sich mit grosser Bitterkeit gegen Lamettrie's Ableitung der Moral aus der Selbstsucht, wie er später an demselben Punkte die Grenze zwischen sich und Holbach zog. Vor Allem aber wichtig ist es, dass er die Ansicht von der Unabhängigkeit der Moralität von den metaphysischen Anschauungen der Religion gewonnen hat. Neben der skeptischen Kritik des englischen Deisten ist diejenige von Bayle in ihm mächtig geworden, damit aber auch die grosse positive Lehre, welche dieser verkündet hatte. So gewinnt er einen Standpunkt, auf dem sich der Skepticismus mit dem Deismus noch unklar verschmilzt. Er polemisirt auf das Heftigste gegen den Atheismus, welchen jeder Schmetterlingsflügel widerlege, während man doch den ganzen, schönen und zweckvollen Zusammenhang der Natur habe, um ihn zu zermalmen. Aber nachdem sie den teleologischen Beweis für das Dasein Gottes in aller Breite ausgeführt haben, fügen die Pensées ein Kapitel hinzu, worin sie die wissenschaftliche Beweiskraft dieses Arguments nach den Principien der Wahrscheinlichkeit auf das Einschneidendste zersetzen. Während er an dem Beweise aus Ueberzeugung festhält, zweifelt er an seinem wissenschaftlichen Werthe. Aber freilich, der Gott, an welchen Diderot hier glaubt, ist ein anderer als derjenige des gewöhnlichen Glaubens. Er steht dem positiven Dogma bereits so schroff gegenüber, dass er den kühnen Ausspruch wagt, wenn Gott so sei, wie ihn die Gläubigen sich vorstellen, so müsse man wünschen, er existire nicht. Darum nimmt sein Denken nun eine von demselben moralischen Enthusiasmus erfüllte Wendung zur Polemik gegen die kirchlichen Formen des religiösen Lebens. Er tritt in den skeptischen Kampf gegen die kirchliche Autorität mit aller Energie ein, und wesentlich aus diesem Zwecke entsprang der Gedanke der Encyclopädie. Schon ihre Anfänge, mehr aber noch die seit dem siebenten Bande von ihm allein redigirten Artikel stehen auf diesem Standpunkte. Allerdings legten auch ihm die heftigen Angriffe, welche die Encyclopädie von den staatlichen und den kirchlichen Gewalten erfuhr und welche mehr als einmal die Fortsetzung des Werkes in Frage stellten, eine gewisse Zurückhaltung und Accommodation auf: aber seine eigene Auffassung war doch für denjenigen, der lesen wollte, immer nur sehr durchsichtig verhüllt.

Allein auch dabei konnte Diderot nicht stehen bleiben. Die radicaleren Elemente des französischen Denkens, die Schriften eines Lamettrie, Condillac, Robinet, der Umgang mit Grimm, Holbach u. s. w. zogen ihn unwiderstehlich gegen den idealistischen Drang seiner Natur in naturalistische Anschauungen hinein und bis an materialistische heran, und so wurde der Widerspruch in seinem Wesen mit seiner fortschreitenden Entwicklung immer schroffer. Schon in den „Pensées sur l'interprétation de la nature" (Paris 1754) hat auch er die Hypothese der Gottheit fallen lassen.*) Die Natur gilt ihm jetzt als ein grosses Instrument, das sich selbst spielt. Er ist Pantheist geworden. Er übernimmt die Buffon'sche Theorie der organischen Moleküle und verbindet damit schon vor Robinet eine Hypothese von der Empfindungsfähigkeit der Atome, welche er zu diesem Behufe mehr im dynamischen, als im materialistischen Sinne aufgefasst wissen will. Die Empfindung gilt ihm gewissermassen als in den Atomen gebunden, und er meint, dass sie in deren unmittelbaren Contakte frei wird und dass dadurch die Empfindungen der verschiedenen Atome die Fähigkeit des Verschmelzens gewinnen. Von dieser Grundlage aus bemächtigt er sich sodann der sensualistischen Theorien und sucht nach dem Princip der Associationspsychologie aus dem Doppelinhalte der Empfindungen theils die Reihe des Denkens, theils diejenige des Wollens abzuleiten, was natürlich zu einer Leugnung sowohl der Freiheit als auch der Unsterblichkeit führt. An die Stelle der Psychologie tritt der Mechanismus der Nervenphysiologie, und in diesem Sinne konnte Diderot bei dem „Système de la nature" mitwirken. Aber selbst auf diesem äussersten Standpunkte wahrt er den idealen Schwung seines Denkens. Er ist niemals ganz Materialist geworden, sondern immer Pantheist geblieben, selbst wo er den Namen der Gottheit aufgab und an seine Stelle denjenigen der Natur setzte. Das „Abrégé du code de la nature", welches das Schlusskapitel des „Système de la nature" bildet, verräth, worauf zuerst Alb. Lange aufmerksam gemacht hat, unverkennbar

---

*) Noch klarer und unverhüllter tritt diese Wendung Diderot's in den während seines Lebens nicht gedruckten und erst 1830 zu Tage getretenen Schriften hervor, besonders in dem „Entretien d'Alembert et de Diderot" und in dem „Rêve d'Alembert".

den Stil Diderot's, und es weht in ihm ein religiöser Geist. Er weist den Menschen in allen Dingen darauf hin, sich in den grossen Gang des Naturmechanismus einzufügen und in den gesetzmässigen Strom der Dinge auszumünden. Aber er stellt diesen mächtigen Zusammenhang mit so grossartigen und so ergreifenden Zügen dar, wie es dem blossen Materialismus niemals möglich gewesen wäre. Und so schliesst dies trockenste aller Werke mit einem Dithyrambus.

In diesen letzten naturalistischen Ueberzeugungen Diderot's wurzelt auch seine ästhetische Wirksamkeit. Hatte er Anfangs die zweckvolle Ordnung der Natur anerkannt und zu dem teleologischen Beweis für das Dasein Gottes benutzt, so leugnete er diese jetzt mit dem „Système de la nature". Giebt es aber in der Natur keine von Zwecken regierte Gestaltung, und ist Alles gleichmässig ein Produkt ihrer unentfliehbaren Nothwendigkeit, so giebt es auch keine Norm mehr für die Beurtheilung ihrer Bildungen, und wenn nach dem empiristischen Princip der französischen Kunstphilosophie die bildende Kunst auf der Nachahmung der Natur beruht, so existiren auch für sie keine Ideale mehr. Dann ist der Buckelige ebensoviel werth wie der Apoll, dann ist das Ideal der Kunst nur noch eine Beschränktheit der menschlichen Betrachtung, welche am teleologischen Vorurtheil hängt, und dann sollte an die Stelle dieses Ideals das Princip der Consequenz der Natur treten oder die Nachahmung der mechanischen Nothwendigkeit, mit der diese, auch wo sie einmal von dem gewohnten Wege abgegangen ist, vor keiner Folgerung der natürlichen Bildung zurückschreckt. Dann giebt es kein Sollen mehr, sondern nur noch ein Müssen. Wenn so das Schöne dem Consequent-Wahren untergeordnet wird, so ist damit aller Schönheitsunterschied aufgehoben; denn in der Wirklichkeit ist Alles consequent wahr. Das war der Grund, aus welchem Goethe gegen Diderot's „Essai sur la peinture" in seinen Bemerkungen zu dessen Uebersetzung den ganzen Idealismus seines Künstlerbewusstseins geltend machte. —

Die gährenden Elemente des französischen Denkens sind in Diderot mit wunderbarer Allseitigkeit vereinigt; aber man darf nicht sagen, dass sie bei ihm eine gleiche Abklärung und Abrundung gefunden hätten. Auch darin ist er der wahre Typus für das Denken des revolutionären Frankreich. Er zeigt in seiner reichen Entwicklung die ganzen Gedankenmassen, von denen jenes erfüllt war: aber ein Schwanken und Hin- und Hergezogenwerden bleibt bei ihm bis zu Ende, wie es in der Nation bestehen blieb. Wenn man es versuchte, dieser ganzen Bewegung einen radicalen und einseitigen Abschluss zu geben, so konnte Diderot sich dazu niemals völlig bekennen, obwohl er in nächster geistiger Verbindung mit den Männern stand, welche, beschränkter als er, das Ende der Wissenschaft gefunden zu haben meinten.

§ 45. Das Système de la nature.

Diese Männer nannten sich selbst die Philosophen. Sie verdankten diesen Titel zuerst spottweise einem an sich herzlich schlechten Lustspiele von Palissot und nahmen ihn dann allen Ernstes für sich in Anspruch. Zu ihnen gehörte ein grosser Theil der an der Encyclopädie mitarbeitenden Gelehrten, ausserdem Naigeon, Galiani und Andere. Den Ton aber in diesem Kreise gaben zwei Deutsche an, Grimm (1723—1807), der neben der Rolle des Philosophen die zweifelhaftere eines politischen Agenten spielte und dessen in unserem Jahrhunderte veröffentlichte litterarische Correspondenz neben Diderot's Briefwechsel den umfassendsten Aufschluss über das Wesen und Treiben dieser Männer gegeben hat, und neben ihm vor Allem Dietrich Baron von Holbach (1723—1789), der, zu Heidelsheim in der Pfalz geboren, in Paris von seinen grossen Reichthümern lebte und dessen gastfreies Haus den geselligen Vereinigungspunkt dieser Männer bildete. Aus diesem Kreise ging das Werk hervor, welches sich rühmte, der Abschluss der Philosophie zu sein, und welches man mit Recht die Bibel des Materialismus genannt hat. Es erschien 1770 angeblich in London, in Wahrheit in Amsterdam unter dem Titel: „Système de la nature ou des lois du monde physique et du monde moral par feu Mr. Mirabaud". Die Pseudonymität, als solche trotz der vorangeschickten Lebensbeschreibung des 1760 als Sekretär der französischen Akademie gestorbenen Mirabaud vollkommen durchsichtig, liess doch lange Zeit den wirklichen Verfasser nicht feststellen. Diderot, der Mathematiker Lagrange und Andere wurden dafür gehalten. Nach dem Erscheinen des Grimm'schen Briefwechsels ist kein Zweifel mehr, dass der wahre Verfasser in der Hauptsache Holbach ist, wenn auch bei einzelnen Theilen Grimm, Diderot, Lagrange und Naigeon mitgewirkt haben.

Auch sind die Züge Holbach's deutlich genug zu erkennen,

und zwar nicht nur in der doctrinären und systematischen Gliederung des Ganzen, sondern auch in der trockenen Ausführung des Einzelnen. An die Stelle des leichten beweglichen Kampfes, welchen die Franzosen überall geführt hatten, ist eine gepanzerte Pedanterie getreten. Der Schmetterling der französischen Aufklärung ist in diesem Werke aufgespiesst. Statt der pikant verdeckenden und sophistisch versteckenden Darstellung herrscht hier eine grunddeutsche Ehrlichkeit und Offenheit. In diesem Buche fliesst das schwere Blut eines Deutschen. Der Materialismus ist trocken und langweilig geworden und hat in der Hauptsache jede Spur des poetischen Naturalismus abgestreift. Deshalb konnte Goethe sagen, dies Werk sei der jungen Generation in Deutschland „so greisenhaft, so grau, so cimmerisch, so todtenhaft" vorgekommen, dass es Niemandem gefährlich wurde. Es hatte sich eben die systemsuchende Schwerfälligkeit der alten deutschen Gelehrsamkeit hier der französischen Gedanken bemächtigt, und wo die echten Franzosen ein halb frivoles und halb begeistertes, aber immer geistreiches Geplänkel gegen die kirchliche Autorität und ihre Weltanschauung geführt hatten, da stellte das „Système de la nature" mit vollem, tiefem Ernste ein festes Gebäude geschlossener Doctrinen diametral allem gläubigen Denken gegenüber: Dogma gegen Dogma und Verketzerung gegen Verketzerung.

Holbach that es, weil er von der moralischen Gefährlichkeit und der socialen Schädlichkeit der Religion im Allgemeinen und des Christenthums im Besonderen überzeugt sein zu dürfen glaubte und es für ein gutes Werk im Interesse der menschlichen Gesellschaft hielt, an der Zerstörung dieses Gegners zu arbeiten. Alle die von Lamettrie aufgewärmten Gedanken des Epicureismus werden in dem „Système de la nature" breitgetreten. Der Glaube an das Uebersinnliche soll die Wurzel aller moralischen und socialen Uebel sein. Aber aller Aberglauben, alle thörichte Furcht und Unseligkeit den unfassbaren, selbstgedichteten Mächten gegenüber und in ihrem Gefolge alle hierarchischen Fesseln, welche die Menschheit im geistigen und socialen Leben trägt, ergeben sich, wie Holbach mit Epikur und Lamettrie lehrt, aus der Unwissenheit über die Natur. Wer sie kennt und versteht, von dem fallen die Ketten ab. Deshalb will das „Système de la nature" ehrlich und rückhaltlos diesen Erfindungen, wie es sagt, die Wahrheit der Naturerkenntniss entgegen halten. Freilich bleibt Holbach überzeugt, dass diese Wahrheit durch die schon tief in den Menschenseelen haftenden Vorurtheile sich nur spät und mühsam Bahn brechen werde, sodass die neue Lehre für's Erste nur in einem kleinen Kreise Anerkennung finden wird. Aber um so schärfer und wuchtiger tritt er Denen gegenüber, welche aus irgend einem Klasseninteresse die Ausbreitung der Wahrheit beschränken wollen. Hier wendet sich die französische Aufklärung mit vollem Bewusstsein gegen den socialen Charakter der englischen. Die Meinung der Leute, welche die religiösen Vorstellungen und Einrichtungen als unentbehrliche Polizeimittel für die sociale Ordnung ansehen, sei ungefähr so weise, als wollte man der Gesellschaft zur Stärkung ihrer Kräfte Gift geben. Die Wahrheit muss laut verkündet werden, und ihre Zeit wird kommen, sei es auch noch so spät.

Diese neue Wahrheit nun kündigt sich mit verhältnissmässig rohem Dogmatismus als eine rein materialistische Naturlehre an. In diesem System der Natur giebt es nichts als die Materie und die in ihr selbst liegende und ihr von Anfang an inhärirende Bewegungskraft. Der Gedanke einer Materie, welche, an sich bewegungslos, einer unabhängig von ihr bestehenden Kraft bedarf, erscheint Holbach wie Lamettrie als eine falsche Abstraction. Die Materie ist immer und von selbst bewegt. Was die Veranlassung zu jener falschen Abstraction gab, ist der Schein von Ruhe, welchen einzelne Theile der Materie hin und wieder erregen. Aber dieser Schein entsteht nur daraus, dass der Erfolg der bewegenden Kraft durch die Gegenwirkung einer anderen gehemmt ist. Wenn der Stein in deiner Hand ruht, so wirst du schon fühlen, dass er sich zu bewegen strebt, und wissen, dass es nur deine Muskelkraft ist, welche ihn daran hindert. Die Ruhe ist ein Specialfall der Bewegung. So wird die Mechanik für den Materialismus ausgenutzt. Dabei statuirt das System drei Grundformen dieser Bewegung. Die eine beruht auf der Tendenz der Natur, den jedesmal vorhandenen Bewegungszustand aufrecht zu erhalten, d. h. auf der Trägheit. Diese Bewegungsform kommt jedem einzelnen Atom zu. Die beiden anderen entwickeln sich aus der Beziehung der Atome auf einander: theils streben sie auf einander zu, theils von einander fort. Die Beziehungsbewegung ist entweder Attraction oder Repulsion. Als Substrate aller Bewegung gelten also die Atome. Möglich, sagt Holbach, dass deren wahres Wesen für uns unerkennbar ist, aber was wir von ihnen wissen, ist auch dasjenige, was uns allein interessiren kann, diejenigen nämlich unter ihren Eigenschaften, welche auf unsere Sinne wirken und sich diesen zu erkennen geben.

Alle Bewegung ist Ortsveränderung der Atome: aber diese Ortsveränderung ist entweder sichtbar als diejenige grösserer Atomcomplexe, welche wir Körper nennen, oder sie ist unsichtbar, als die molekulare Veränderung im Innern dieser Körper. Die letzteren nennen wir organisch, so lange wir sie mechanisch nicht begreifen können, und nennen sie geistig, sofern wir die Bewegung selbst gar nicht sehen können und sie deshalb für andersartig halten. Mit dieser Deduction ist die immaterielle Welt abgethan. Dasjenige, was man als das psychische oder moralische Wesen des Menschen annimmt, besteht deshalb nur aus den unsichtbaren Bewegungen, welche in seinen Nerven und in seinem Gehirn von Statten gehen. Die Verwechslung von veranlassendem Reize und psychischer Folgeerscheinung, welche jeden modernen Materialismus charakterisirt, macht sich hier ganz naiv breit. In der Ausführung dieser Meinung fügt das „Système de la nature" den Gründen Lamettrie's noch die Ausführung eines andern Arguments hinzu. Es fragt, was man denn eigentlich unter all den geistigen Wesen verstehe, mit denen die Metaphysik und die Kirchenlehre so verschwenderisch umgeht, und es findet darin nur eine unnütze und abstracte Verdoppelung der materiellen Wirklichkeit. Man begnügt sich nicht, von der Gehirnthätigkeit des menschlichen Körpers zu sprechen, sondern denkt sie noch einmal, verfeinert sie und nennt sie Seele. Man begnügt sich nicht, von dem grossen Zusammenhange der in den Atomen wirkenden Kräfte zu sprechen, sondern man denkt ihn noch einmal, verfeinert ihn und nennt ihn Gott. Aber diese Verdoppelung, meint Holbach, erklärt nicht mehr, als die blosse Annahme der Materie und ihrer Kräfte, sie ist eine unnütze und darum schädliche Hypothese. So ist mit wenigen Zügen in einem Athem der Materialismus und der Atheismus gewonnen.

Auch was das Système die „Natur" nennt, ist nicht eine Grundkraft, — denn das würde zum Pantheismus führen — sondern vielmehr nur die Summe aller Körper in dem (von diesem Standpunkte aus freilich unerklärlichen) Zusammenhange ihrer Bewegungen. In diesem Zusammenhange aber wirken die Körper, fährt Holbach fort, nur nach der unausweichlichen Nothwendigkeit des Causalgesetzes. Die Wirkung aller Atomkräfte bleibt stets dieselbe, und in einem ewigen Kreislaufe lösen sie sich nach bestimmten Gesetzen gegenseitig aus. Woher diese Gesetze stammen, darüber giebt sich Holbach keine Rechenschaft, er nimmt sie mit dem Zusammenhange der Atome, der unbegreiflich, aber gegeben ist, an. Aus zerstreuten Körperstücken baut jene dreifache Bewegungsnothwendigkeit der Trägheit, der Attraction und der Repulsion Sonnensystem nach Sonnensystem auf, um sie dereinst wieder in die Atome zu zerstreuen. In grossen Zügen und ohne specielle Durchführung wird hier jene Hypothese der Astrophysik aufgeworfen, welche von einem grossen Mathematiker, Laplace, und einem grossen Philosophen, Kant, ihren Namen erhalten hat. Das „Système de la nature" verfolgt diesen Kreislauf der physischen Nothwendigkeit auch im terrestrischen Leben und zeigt, wie die drei Reiche der Natur sich einander in die Hände arbeiten, indem die sogenannten unorganischen Körper in das pflanzliche Leben, die Vegetabilien in den Ernährungsprocess der Animalien aufgenommen werden, und der zerstörte thierische Organismus wieder in die unorganische Grundform zurücksinkt.

Aber dieser Kreislauf des Zusammenwirkens ist nur durch streng causale Nothwendigkeit bedingt. Von Zweck und Ordnung ist in der Natur keine Rede. Gleichwerthig, aus gleicher absichtsloser Nothwendigkeit hervorgegangen, steht neben einander das Grösste und das Kleinste, das Alltäglichste und das Ungeheuerlichste. Eine Ordnung und eine Werthbeurtheilung der Dinge, die nur in Rücksicht auf irgend eine Norm gedacht werden könne, träumt nur der beschränkte Menschenverstand, der seine Zwecke in die Natur hineindichtet. Hier wurde ein spinozistisches Moment in das materialistische System aufgenommen. Das war der Punkt, an welchem sich Materialismus und Deismus schieden. Den Mechanismus aller Naturerscheinungen proclamiren beide. Aber in diesem Mechanismus erkennt der Deismus eine Ordnung an, welche auf einen intelligenten Werkmeister hinweist. Auch diesen letzten Rest von Anthropomorphismus und Kirchenthum, wie er es nennt, will der Holbach'sche Materialismus beseitigen. An die Stelle der Vorsehung, welche der Deismus unter dem Namen eines Gesammtzwecks des materiellen Mechanismus stehen gelassen hatte, setzt er nur die absolute Nothwendigkeit des Naturgesetzes. Daher entbrannte an diesem Punkte die erbitterte Polemik Voltaire's gegen das „Système de la nature".

Dieses hingegen erklärt seine Auflösung aller Dinge in Materie und die ihr nothwendige Bewegung für das einzig consequente System. Der Dualismus, welcher jene systematische Verdoppelung enthält, sei eine unbegreifliche Absurdität. Darum aber empfindet Holbach es sehr lebhaft, dass ihm das entgegengesetzte Extrem, der Berkeley'sche Spiritualismus, am schwersten zu widerlegen ist, und er hilft sich nur dadurch, dass er, wie Condillac in erkenntnisstheoretischer Hinsicht, dies System für consequent, aber für consequenten Wahnsinn erklärt.

Die negativen Folgerungen liegen auf der Hand. Die nächste ist der systematische Atheismus; der ganze zweite Theil beschäftigt sich mit einer den früheren Ausführungen gegenüber wenig originellen Kritik des Gottesbegriffs. Er entwickelt, wie diese abergläubische Verdoppelung des Naturbegriffs aus Furcht und Unwissenheit über aussergewöhnliche Naturerscheinungen entsprungen sei. In Wahrheit sei der Inhalt dieses Begriffes rein negativ, die Hypostasirung der Negation der Materie. Alle Wesen, welche man jenseits der Materie setzt, sind eingebildet. In diesem Sinne bekämpft das System nicht nur den Kirchenglauben, sondern auch den Deismus, indem es zu zeigen sucht, dass dieser sich doch irgendwie immer mit abergläubischen Vorstellungen verquicken müsse, und sogar den Pantheismus, weil er mit dem Namen auch noch einen Rest religiöser Ansicht aufrechterhalte. Es polemisirt gegen alle Religion, nicht nur ihrer theoretischen Unwahrheit halber, sondern auch aus moralischen und socialen Gründen. Es sieht in dem Gottesglauben den Hauptquell menschlicher Verdorbenheit und menschlichen Elendes. Der Atheismus dagegen befreit, lehrt es, von der thörichten Dämonenfurcht, er schützt vor den unnützen Gewissensbissen — und da schilt Holbach vornehm über Lamettrie! — und er opfert nicht wie alle Religionen den Genuss des Erdenlebens der werthlosen Chimäre des Jenseits.

In diesen letzten Wendungen erkennt man den materialistischen Eudämonismus wieder. Die Verschmelzung, welche in Lamettrie angelegt war, ist vollständig gelungen. Denn auch der Mensch ist im Système natürlich nur ein Körper, wie die übrigen. Sein Denken ist Gehirnfunction, sein Wille die Thätigkeit motorischer Nerven, unter Seele kann man nur etwas Negatives verstehen. Sie ist ein Unding, und Freiheit und Unsterblichkeit sind

Illusionen. An die Stelle der Psychologie tritt die Nervenphysik, und nur von diesem physiologischen Gesichtspunkte aus ist die Umbildung der Empfindungen zum Denken und diejenige der Triebe zum Willen zu begreifen. Dass hier eine sensualistische Erkenntnisstheorie eingefügt wird, ist selbstverständlich; ebenso selbstverständlich ein rücksichtsloser Eudämonismus der Moral. Die drei Grundformen der materiellen Bewegung, Trägheit, Attraction und Repulsion, kehren als molekulare und unsichtbare Formen in der Gestalt von Selbstliebe, Liebe und Hass wieder, und aus diesen Elementen baut sich, wie das physische, so auch das psychische Leben auf. Aber es ist nur ein Missverständniss, wenn man diese Bewegungsformen für immateriell hält, und so wird man in allen Fällen besser thun, den Arzt als den Seelsorger zu Rathe zu ziehen. Fragt es sich aber bei allen Willensentschliessungen nur, wie man am besten für sein Wohl sorgt, so antwortet das Système, dass das wohlverstandene Interesse des Menschen stets im Zusammenhange mit demjenigen der Gesellschaft stehe. So nimmt Holbach's Moral die sociale Wendung des associationspsychologischen Utilismus, und sie betont hauptsächlich die Bürgertugend als die Grundlage aller übrigen. Zugleich aber zeigt seine Auffassung des gesammten gesellschaftlichen und historischen Lebens einen weitschauenden und grossen Blick. Er betrachtet die Geschichte unter dem Gesichtspunkte eines mächtigen Mechanismus complicirter Bewegungen, er sieht in den Umwälzungen des Staatslebens etwas von der Art der Orkane und Erdbeben, er deducirt, wie beide als Auslösung elementarer Kräfte naturnothwendig und deshalb berechtigt sind, und, ein persönlicher Anhänger der Volkssouveränität, weissagt er den Sturm der Revolution, deren Beginn in sein Todesjahr fiel.

Die Entwicklung des französischen Denkens verlangte es, dass alle seine Elemente in scharf geschliffener Form vor die Oeffentlichkeit traten. Aber diese extremste seiner Consequenzen behagte in ihrer trockenen Systematik und in ihrer prosaischen Nüchternheit dem Bedürfnisse des Zeitalters nicht. Das „Système de la nature" schlug nicht durch. Vergebens machte Holbach in seiner Schrift „Le bon sens ou idées naturelles opposées aux idées surnaturelles" (Paris 1772), wie es Grimm treffend bezeichnete, den Materialismus für Kammerzofen und Friseure zurecht; vergebens gab neben anderen populären Darstellungen Helvétius durch seinen

„Vrai sens du système da la nature" (London 1774) einen geschmackvollen Auszug daraus: das Publicum blieb kühl, und die Gegenschriften hagelten dicht. Das Frankreich, das mit aller Leidenschaft nach einer Erlösung von seinem Elende strebte, konnte sich für das kahle Gesetz der Naturnothwendigkeit, vor dem Alles gleichwerthig erschien, nicht begeistern und darin nicht beruhigen. Die Revolution verlangte einen andern Propheten als den vornehmen Systematiker des Materialismus. Dieser wahre Prophet war Rousseau.

§ 46. Jean Jacques Rousseau.

Von der Mehrzahl der Denker der französischen Aufklärung gilt es, dass sie als Persönlichkeiten interessanter waren, denn als Philosophen; es gilt auch von Voltaire und von Diderot, aber von keinem in höherem Grade als von Jean Jacques Rousseau. Die vielverschlungenen, zwischen Licht und Schatten scharf contrastirenden Wege seines äusseren wie seines inneren Lebens sind durch die „Confessions" bekannt, in denen er es nicht unterlassen konnte, mit seinen Schwächen ebenso wie mit seinen Vorzügen zu kokettiren. Er war 1712 zu Genf geboren und arbeitete sich, von tiefem Bildungsbedürfnisse getrieben, auf wunderlichen Umwegen herauf. Aus der Lehre fortgelaufen, wurde er eine Zeit lang der Bediente einer reichen Dame, später eines Grafen. Nachdem er diesem Verhältniss entflohen war, suchte er mit abenteuerlichem Wechsel auf den verschiedensten Feldern ein Unterkommen — bis er schliesslich bei einer Gönnerin in wenig beneidenswerther Gunst eine Zuflucht fand. Als er später in Paris sein Heil versuchte, war er durch ein ausgebreitetes Studium und durch die glänzenden Eigenschaften seines Geistes berechtigt, mitten in den Kreis der dortigen Bildung einzutreten. Während er persönlich ein unbegreifliches Verhältniss anknüpfte, das ihm bis zum Tode hemmend anhing, lebte er im Kreise der Encyclopädisten und nannte einen Diderot seinen Freund. Inzwischen regte ihn eine Preisfrage der Akademie von Dijon zu dem 1750 erschienenen „Discours sur les sciences et les arts" an, welcher mit einem Schlage seinen europäischen Ruhm begründete und ihn unter die gefeiertsten und gelesensten Schriftsteller Frankreichs rückte. Seine wissenschaftliche Bildung war mangelhaft, sein philosophisches Denken oberflächlich und seine Logik sehr ungeschult. Allein sein Stil war glänzend und packend, wie Voltaire's, und er überragte dessen Schreibweise durch einen berauschenden Zug von Begeisterung, der alle Schriften Rousseau's erfüllt. So war seine Wirkung eine immense; fast mehr als Voltaire hat er innerhalb und ausserhalb Frankreichs Bewunderer und Anhänger gefunden, und der Jugend des litterarischen Deutschland war er unverhältnissmässig viel sympathischer als Jener. Aber der Zwiespalt zwischen ihm und der Gesellschaft, welchen seine Schriften zeigen, war ein persönlicher. Bei aller Begeisterung, die seine Werke weckten, stand er allein. Sein urwüchsiges Denken hatte ihn allen Parteien gegenübergestellt. Dazu kam in diesem Manne, dessen vornehmstes Dogma die unverwüstliche und ursprüngliche Güte der menschlichen Natur war, ein krankhaftes Misstrauen gegen alle Uebrigen, welches in einer masslosen Eitelkeit wurzelte und sich bis zu deutlichen Spuren des Verfolgungswahnsinns steigerte. Wilde Leidenschaften und trübe Erfahrungen thaten das Uebrige, sein Gemüth zu verdüstern, und diese seine Stimmung charakterisirt sich am besten darin, dass, nachdem ihn Hume mit zu sich nach England genommen hatte, er sich dort sehr bald mit ihm in dem Wahne entzweite, sein Wohlthäter handle gegen ihn im Complotte mit seinen Feinden. Nach seiner Rückkehr lebte er, gesellig unzugänglich, an verschiedenen Stätten, die ihm vornehme Bewunderer eröffneten, und starb einsam und verbittert 1778 zu Ermenonville.

Er erlebte die Revolution nicht mehr, und es war seine ehrliche Meinung gewesen, wenn er persönlich stets jede gewaltsame Umwälzung perhorrescirt hatte, und doch haben seine Schriften wie diejenigen keines anderen Menschen die französische Revolution vorbereitet. Rousseau ist der Philosoph der Revolution. Sie war nichts als die Ausführung seiner Lehren. Darin liegt seine culturphilosophische Bedeutung. Der Grund davon ist vor Allem der, dass er wie kein Anderer das Culturproblem der modernen Welt philosophisch formulirt hat. Durch die Renaissance war die wissenschaftliche und künstlerische Bildung zu einer socialen Macht erhoben, und wie schon die Denker jener Zeit, so rangen nachher diejenigen der Aufklärung um das sociale Problem der Bildung: je mehr die französische Aufklärung demokratisch war, je mehr sie verlangte, dass die Vernunft das entscheidende Wort in der Gestaltung des menschlichen Lebens sprechen solle, um so bedeutsamer wurde ihr die Frage, in welchem Verhältnisse die geistige Cultur zur Glückseligkeit der Menschheit stehe. In dieser Frage liegt auch der Schwerpunkt von Rousseau's Denken. Gerade in ihrer Beantwortung aber zeigt sich das tief Widerspruchsvolle seiner Natur. Der edelste Zug in seiner verworrenen Jugendentwicklung war der Drang nach Bildung, und das Werk, das ihn berühmt machte, enthielt den Beweis, dass die Bildung eine Abirrung von dem natürlichen und deshalb normalen Zustande der Menschheit sei. Ein gelehriger Schüler der Aufklärung, war er auf der einen Seite ihr radicalster Vertreter und auf der anderen einer ihrer schärfsten Gegner. Die Beschäftigung mit den Problemen der Gesellschaft und vor Allem die Discussion der Frage nach der Stellung, welche die Bildung und die gebildeten Klassen darin einnehmen, war damals Modesache in Frankreich. Aber die Paradoxie, welche, wenn man von gelegentlichen Andeutungen Mandeville's und Lamettrie's absieht, in vollkommener Originalität von Rousseau aufgestellt wurde, war darum so überaus eindrucksvoll, weil sie den Zustand Frankreichs in's Herz traf. Jene Kreise der Pariser Gesellschaft, in denen die aufklärerische Bildung ihren Sitz aufgeschlagen hatte, führten auf dem dunklen Hintergrunde eines unterdrückten und in's Elend gestossenen Volkes eine Existenz, deren tiefe Unsittlichkeit wohl an dem socialen Werthe der geistigen Cultur zweifelhaft machen durfte, und indem Rousseau in tiefem Mitgefühle für das Volk, dem er entstammte, diese Thatsache verallgemeinerte, kam er zu dem Schlusse, dass die Cultur mit allen ihren Umwälzungen des wissenschaftlichen, des künstlerischen und des socialen Lebens nur immer mehr von dem Zustande abgeführt habe, welcher das Ideal der Gesellschaft bilden müsse. Durch ihre Leistungen führte er die geistige Cultur ad absurdum. Er zeigte, dass sie die Wurzel der Uebel sei, an denen die Gesellschaft kranke, und der ganzen künstlichen Maschinerie des menschlichen Culturlebens mit allen den moralischen und physischen Gebrechen, welche Mandeville als seine nothwendigen Voraussetzungen dargestellt hatte, stellte er ein Ideal des goldenen Zeitalters gegenüber. Er schilderte den Menschen, wie er aus der Hand der Natur hervorgegangen sei, als ein glückseliges Kind, das am Busen der Mutter ruhte und in ihr alle seine Bedürfnisse befriedigt fand, und meinte, die Cultur habe ihn aus dieser Seligkeit herausgerissen und damit sein ganzes Wesen, sein Denken und sein Wollen verdorben. Es spricht in diesen Aeusserungen Rousseau's und noch mehr in der poetischen Darstellung seines 1761 erschienenen Romans „La nouvelle Héloise" ein persönliches Heimweh, ein Heimweh nach den Bergen seiner schweizerischen Heimat, in denen er die schönsten Tage seiner Kindheit verträumt hatte, ein Heimweh nach dem Idyll eines Lebens, welches genügsam allüberall an die Natur sich anschmiegt. Aber es spricht darin zugleich das tiefere Heimweh, welches den Culturmenschen in den Zeiten des Elends und der Verworfenheit noch immer ergriffen hat, das Heimweh nach einer **natürlichen Gestaltung des menschlichen Lebens**. Jener faustische Drang, welcher die Renaissance belebte, war nur zum geringsten Theile befriedigt worden, und die Entwicklung der modernen Cultur hatte zumal in Frankreich Zustände herbeigeführt, welche dies Gefühl des Heimwehs nach der Natur noch intensiver machten. Trotz aller Kunst und aller Wissenschaft war es in der Welt nicht besser geworden; geschraubter und verworrener denn je, hielt sich die Gesellschaft nur noch durch eine künstliche Täuschung über ihr Gleichgewicht, das längst gestört war. Es ist das Verdienst Rousseau's, diese Täuschung enthüllt zu haben. Hierin lag sein ursprünglicher Gegensatz gegen die Aufklärung. Schonungslos zeigte er, wie alle Errungenschaften der Wissenschaft spurlos an den socialen Bedürfnissen vorübergegangen seien und wie das Raffinement des Lebens, welches sich aus der Cultur ergiebt, die Menschheit nicht glücklicher, sondern elender gemacht habe.

Aber er begnügt sich nicht damit. Er will die tiefste Wurzel dieses Elendes aufdecken, und er fragt sich, worin diese schädliche Wirkung der Cultur beruht. Alle Cultur ist Arbeitstheilung, sie entwickelt nothwendig eine Ungleichheit der Menschen, und in dieser Ungleichheit, meint er, liegt der Ursprung alles Uebels. Begreiflich sind diese Betrachtungen seines „Discours sur l'origine et les fondemens de l'inégalité parmi les hommes" (1753) nur auf dem Hintergrunde von Zuständen, in denen thatsächlich diese Ungleichheit der Menschen auf das Schreiendste entwickelt war, und begreiflich ist dieser Gedankenzusammenhang nur durch die Einsicht, dass seit der Renaissance zum kräftigsten Hebel der socialen Ungleichheit der Menschen eben die Bildung geworden war. Das ist der Punkt, wo Rousseau unmittelbar vor dem Geheimniss der modernen Cultur steht. Ihre immer brennender werdende Frage ist diejenige nach dem Masse der Ausbreitung, welche das höchste Culturgut, die Bildung, unter den Menschen finden kann, ohne den Bestand der Gesellschaft zu gefährden. Rousseau zeigt nun, wie schon die ersten Stufen des Culturfortschritts diese Ungleichheit, aus der das Unglück hervorgeht, gefördert haben. Jeder Schritt, mit dem die Menschheit sich über den Naturzustand erhob, machte die Ungleichheit grösser und drückender. Mit der Institution des Eigenthums wurde der Gegensatz des Reichthums und der Armuth geschaffen, die Einsetzung der Obrigkeit theilte die Menschen in Stärkere und Schwächere, und die willkürliche Ausbeutung der obrigkeitlichen Macht gab schliesslich den Knecht in die Hände des Herrn. Im diametralen Gegensatze zu Hobbes sucht Rousseau darzuthun, dass das Staatsleben und überhaupt der gesammte Culturzustand das „bellum omnium contra omnes" sei. Das menschliche Culturleben sei die wüsteste und raffinirteste Form des Kampfes um's Dasein. Der wahre Naturzustand, wie ihn Rousseau sich ausmalt, ist derjenige des idyllischen Friedens, in welchem der Mensch ohne gesellschaftliche Vereinigung, auf die natürlichen Bedürfnisse beschränkt, nach dem Naturgesetze lebte, — ein Ideal, von dem Voltaire sehr richtig erwiderte, dass es den Menschen wieder zur Bestie machen wolle, und welches bei Rousseau nicht ohne litterarischen Zusammenhang mit den Robinsonaden entsprang, in welche sich zuerst die englische Dichtung aus der Uebersättigung am Culturleben geflüchtet hatte.

Dennoch ist Rousseau nicht der Träumer, der jenen Naturzustand unmittelbar wieder herbeiführen zu können glaubte. Die Cultur mit ihren Uebeln ist eine Thatsache. Der Mensch, der in die Gesellschaft hineingeboren wird, kann nicht mehr als Wilder aufwachsen. Der Naturzustand ist ein für alle Mal verloren: ja er ist überhaupt nicht das Höchste, was der Mensch zu erreichen vermag; in dem Fortschritt über ihn hinaus ist wohl eine Steigerung des menschlichen Wesens möglich: nur liegt sie nicht in der Richtung welche die Geschichte bisher eingeschlagen hat. Zunächst aber wird es sich darum handeln, die schädlichen Folgen der bisherigen Entwicklung so weit wie möglich wieder aufzuheben. Unter diesen Umständen erwächst dem Elende der Gegenwart gegenüber nur die eine Aufgabe, diesem Culturleben eine Richtung zu geben, durch welche es sich dem Naturzustande wieder nähert. Es muss diese Richtung sowohl in dem Individuum, als auch in der Gesellschaft nehmen. Der moderne Culturmensch kann nicht mehr wild aufwachsen, sondern er bedarf einer Erziehung, aber einer solchen, die ihn nicht verbildet, sondern ihn natürlich entwickelt. Die moderne Gesellschaft ist nicht mehr bloss eine Summe natürlicher Individuen, sondern sie bedarf einer gesetzlichen Form ihrer Gemeinsamkeit, aber nicht einer solchen, welche die Ungleichheit zum Princip macht, sondern einer solchen, welche auf der natürlichen Gleichheit Aller beruht und Jedem die Wahrung seines ursprünglichen Rechts garantirt. So entwickeln sich die positiven Vorschläge Rousseau's in einer Erziehungslehre und einer Staatslehre.

Das pädagogische Werk „Émile ou de l'éducation" (1762 erschienen) ist in seinen einzelnen Bestimmungen vielfach von Locke abhängig. Es betont aber keine Richtung der Locke'schen Erziehungslehre mehr als diejenige des Individualismus. **Die Entwicklung der natürlichen Individualität ist ihm die höchste Richtschnur.** Die bisherige Erziehung hat sie körperlich und geistig gehemmt, körperlich durch ein System von Verkünstelung und durch Unterdrückung der natürlichen Bewegungsbedürfnisse, geistig durch ein rein autoritatives Lernen und durch eine einseitig theoretische Ausbildung. In ersterer Beziehung macht Rousseau den ganzen Naturalismus seines Wesens geltend; er verlangt, dass das Kind in der Natur und in vollkommen freier Entfaltung seiner Bedürfnisse aufwachsen soll, und er überbietet Locke's Verlangen nach einer Berücksichtigung der körperlichen Ausbildung derartig, dass er sie in allererste Linie stellt. Gab er damit zu den Uebertreibungen des deutschen Philantropinismus Anlass, so darf doch nicht vergessen werden, dass auch der grosse Reformator der modernen Pädagogik, Pestalozzi, auf den Schultern Rousseau's stand. Die anschauliche Ausbildung des persönlichen Denkens und die selbständige Entwicklung des individuellen Charakters, mit deren systematischer Ausführung dieser die Einseitigkeiten des Philantropinismus besiegte, waren auch von Rousseau nicht vergessen worden, wenn auch nicht zu leugnen ist, dass die Geringschätzung, welche er namentlich der theoretischen Bildung bezeigte, jenen Einseitigkeiten entschieden Vorschub gab. Hinsichtlich der psychischen Ausbildung aber machte Rousseau dadurch Epoche, dass er den Schwerpunkt dafür in dem Elemente suchte, welches den natürlichen Untergrund aller Seelenthätigkeiten bildet: im **Gefühle**. Die Verschränktheit des Culturlebens führt er vor Allem darauf zurück, dass auf allen Gebieten das ursprüngliche Gefühl sein natürliches Recht verloren hat, dass man auf diese innere Stimme der Natur nichts mehr giebt, sondern sich durchgehends von verstandesmässigen Ueberlegungen leiten lässt. Mit diesem Grundgedanken erhebt sich Rousseau gegen den rationalistischen Charakter der Aufklärung, und er bezeichnet in schärfster Weise die Grenze dieses Bildungssystems. Alles von der Vernunft abhängig zu machen, Alles nach abstracten Principien zu regeln — das war die wesentliche Tendenz der Aufklärung, und eine trockene, poesielose Ueberlegtheit, eine unnatürliche Kühlheit war ihr allgemeines Wesen. Diesem gegenüber machte Rousseau die elementare Energie der menschlichen Natur geltend. Es war ein Evangelium des Gefühls, das er verkündigte. Er hatte sich zum Sprecher für das Elendsgefühl des bedrückten Volkes gemacht, und er bekämpfte mit Erbitterung diejenigen Kreise, welche im Hochmuthe ihrer wissenschaftlichen Bildung die Fühlung mit den natürlichen Empfindungen ihres eigenen Herzens und der grossen Masse der Menschen verloren hatten. Aus jener trockenen Verstandesaufklärung strebte er hinaus, und diesem durch und durch gesunden Bestreben hatte er keine andere Form zu geben, als diejenige der Proclamation des Urrechts des Gefühles.

Von diesem Standpunkte aus bekämpfte Rousseau die radicalen Conseqenzen, welche die französische Wissenschaft gezogen hatte. Er schied sich von ihr, wie es sein Rücktritt von der Encyclopädie äusserlich bethätigte, an der religiösen Frage. Er nannte es einen Uebermuth, in diesen höchten und letzten Dingen des menschlichen Lebens nur Das gelten zu lassen, was die Wissenschaft erkennen kann. Dieser Angriff richtete sich nicht nur gegen den Materialismus, dessen kahle Gefühllosigkeit das warme Herz Rousseau's auf das Aeusserste empörte, sondern vor Allem gegen den Deismus, der seinen Glauben auf diejenigen Bestimmungen beschränken wollte, welche er für die wissenschaftliche Erkenntniss durchsichtig machen zu können meinte. Ihnen gegenüber lehrt das berühmte „Glaubensbekenntniss des savoyischen Vikars" eine Religion des Gefühls. Es erinnert an Pascal, wenn Rousseau nicht müde wird, darzuthun, dass die Religion nicht im Kopfe, sondern im Herzen liege, und der blutlosen Wissenschaft zuzurufen, dass sie an dem heiligen Inhalte der Gefühle nicht rühren dürfe. Mit flammender Begeisterung predigte er diese Religion des Gefühles. Er verwarf den Sensualismus, der über seiner Betrachtung der Verbindungen, welche die Vorstellungselemente mit einander eingehen, die verbindende Seele vergisst, welche ihnen ihren eigenen Inhalt hinzufügt. Man hat diese Kritik mit derjenigen der Schotten verglichen, aber sie bewegt sich auf einem ganz anderen Boden als diese. An die Stelle eines theoretischen Gemeinsinns, welchen die Schotten auf dem Wege der Selbstbeobachtung finden wollten, setzt sie das natürliche Gefühl, und die trockenen, wenn auch noch so feinen Untersuchungen, welche jene ausführten, waren himmelweit von dem Feuer der Begeisterung verschieden, welche in Rousseau's Gefühl loderte. Nur in der Bekämpfung der Associationspsychologie besteht die Gemeinschaft: wie die Schotten, so leugnet auch Rousseau, dass die Ideen ihre Verbindungen in der Seele vollziehen, ohne dass diese Seele selbst dabei thätig wäre.

Wie alle Gefühlsreligion stand auch diejenige von Rousseau dem positiven Dogma kritisch und polemisch gegenüber. Das Dogma galt ihm als eine gelehrte Verunstaltung des natürlichen Religionsgefühls, und mit Benutzung der deistischen Kritik suchte er es als überflüssig und schädlich darzustellen. Damit erging es ihm wie den Mystikern, auf welche seine religiösen Ueberzeugungen entschieden zurückweisen, wenn er auch seinerseits das religiöse Gefühl in durchaus origineller Weise mit dem Naturgefühl zu verschmelzen suchte. Er verdarb es mit allen Parteien: den Einen war er zu gläubig, den Andern nicht gläubig genug. Die Encyclopädisten, die Anfangs gemeint hatten, ihn als einen der Ihrigen betrachten zu dürfen, bekämpften ihn, je mehr er bekannte, dass er wirklich eine tiefe, wahre Religiosität besass: die Orthodoxen verketzerten ihn, weil er diejenige Form, in welcher sie das religiöse Leben ausgeprägt hatten, für unwesentlich erklärte. So stand er allein: aber allein nur in der Gelehrtenwelt, in deren einander gegenüberstehenden Meinungen er nur den Hochmuth der Bildung sah. Hinter ihm aber stand die Masse des Volks, für deren Gefühl er den Ausdruck suchte und fand. Das ist die wahre Culturposition Rousseau's: er ist der Sprecher des Volks gegen die Gelehrten, des Gefühls gegen die intellectualistische Bildung.

Genau die gleiche Stellung bezeichnet in politischer Beziehung der „Contrat social". Auch dieser fusst durchgängig auf den Errungenschaften der Rechtsphilosophie der Renaissance und der Aufklärung. Aber den historischen Begrenzungen gegenüber, welche zu dem Begriffe des constitutionellen Staats geführt hatten, gründet er seine Lehre vom besten Staate auf das Gefühl der Freiheit und der rechtlichen Gleichheit, welches er als mit dem Wesen des Menschen selbst gegeben betrachtet. Dieses Werk bildet die Ergänzung der Schrift über die Ungleichheit der Menschen. Es erkennt die sociale Ungleichheit, diejenige des Besitzes und des Berufs, als eine unabänderlich gewordene Thatsache der Cultur an, und es sucht nachzuweisen, dass das einzige Correctiv dafür in einer absoluten Rechtsgleichheit bestehe, vor der alle Standesunterschiede verschwinden. Der Staat soll in der Cultur die Forderung der Natur wieder zur Geltung bringen. Darum ist Rousseau's Staatsideal absolut republicanisch und demokratisch. Er bekämpft Locke's und Montesquieu's Repräsentativsystem nicht nur, weil es die verschiedenen Gesellschaftsklassen mit verschiedenen staatlichen Rechten ausstattet, sondern auch, weil es überhaupt eine Entäusserung des Stimmrechts des Einzelnen an den Repräsentanten enthält und dadurch der Persönlichkeit des letzteren ein über das gewöhnliche Mass hinausgehendes Recht verleiht. Er bekämpft die Trennung der Gewalten, welche das Wesen des Constitutionalismus ausmacht. Nur der Volkswille ist souverän, und seine Souveränität ist untheilbar. Wenn daher Rousseau in der besonderen Ausführung dieses Ideals auf Grund des allgemeinen Wahlsystems eine aristokratische Tendenz in dem Sinne zeigt, dass immer die Besten und Einsichtigsten zu Staatsbeamten gewählt werden sollen, so macht sich doch sein ganzer Demokratismus darin geltend, dass er durch stetige und von selbst zusammentretende Volksversammlungen die Thätigkeit der Regierung und den ganzen Mechanismus des Staatslebens controlirt und regulirt wissen will. Diesem direkt geäusserten Volkswillen soll, weil er nie etwas Anderes im Auge haben kann, als den allgemeinen Nutzen, jeden Augenblick sowohl die Beseitigung der Regierung, als auch die Abänderung der Verfassung zu Gebote stehen. Zweifellos waren diese Theorien von Rousseau aus den Zuständen seiner schweizerischen Heimat abstrahirt, und er verbarg sich vollständig ihre gefährliche Kehrseite. Er machte stillschweigend die bekanntlich nicht immer zutreffende Voraussetzung, dass der Republicaner eo ipso der gute Mensch sei, der das Gesammtwohl bei der Ausübung seines politischen Stimmrechts auch da im Auge habe, wo es dem eigenen Wohle zuwider ist, und dass er zugleich der einsichtige Mensch sei, der stets das Volkswohl in der rechten Richtung suche. Seine Theorie vergisst nicht mehr und nicht weniger als die Durchschnittsnatur des Menschen, und sie arbeitet jenem Massendespotismus in die Hände, den die französische Revolution in grossen und andere Republiken in kleineren Verhältnissen entwickelt haben. Dieser despotische Charakter, welcher der demokratischen Republik unvermeidlich innewohnt, tritt am klarsten in Rousseau's kirchenpolitischen Ansichten hervor. Es ist nicht zufällig, dass er sich dabei in genauer Uebereinstimmung mit Hobbes befindet: denn es giebt nur zwei Formen des Despotismus: die absolute Monarchie und die demokratische Republik; und wenn Hobbes mit dem ganzen Staatsleben auch die Religion von der Willkür des Herrschers abhängig gemacht hatte, so verlangte Rousseau dasselbe für die Willkür der Majorität. Der reinen Gefühlsreligion gegenüber galten ihm alle Formen des Dogmas und des äusserlichen Cultus als gleich wenig werth. Wenn deshalb das gemeinsame Leben der Gesellschaft einer äusseren Gestaltung und Bestimmung des religiösen Lebens bedarf, so ist es im rein religiösen Sinne ganz gleichgiltig, welche der äusseren Formen dazu gewählt wird, und dann kann die Wahl zwischen ihnen natürlich nur dem Souverän, d. h. bei Rousseau dem allmächtigen Willen des Volks, der sich in seinem Majoritätsbeschlusse ausspricht, zufallen. Der Staat kann in sich keine Gemeinschaften dulden, die er nicht geschaffen hat, er ist daher auch die einzige Instanz für die positive Religion, welche in ihm gelten soll.

So wenig Rousseau selbst daran dachte, seine Ideale auf dem Wege der Gewalt zu realisiren, so mächtig war doch die revolutionäre Kraft seiner Schriften. Er hatte den Funken in ein Pulverfass geworfen. Das Zeitalter war gewöhnt, vom Standpunkte der überlegenden Vernunft aus die bestehenden Verhältnisse des öffentlichen Lebens auf allen Gebieten zu kritisiren. Es war gewöhnt, das Ideal der Vernunft zugleich als dasjenige aufzufassen, welches in der Natur der Dinge seine Begründung habe. Aber noch niemals war in so beredter Weise und in so grossen Zügen über die Vernunft und die Ueberlegung hinweg an das natürliche Gefühl appellirt worden, wie es Rousseau that. Die Renaissance hatte begonnen, mit unklarem Gefühle der Natur und dem natürlichen Wesen zuzustreben, das Jahrhundert der Aufklärung hatte mit ernster Arbeit sich gemüht, in die Erkenntniss der Natur und des natürlichen Wesens der Dinge einzudringen, und nun an ihrem Abschlusse erschienen die Resultate dieser Erkenntniss, insoweit sie den Zustand der menschlichen Gesellschaft angehen, als das Bild eines idealen Zustandes von Freiheit und Gleichheit und getragen von einem tiefen und begeisterten Gefühle. Aber es war nicht das Gefühl eines einzelnen Menschen, es war die Sehnsucht einer Nation, man kann sagen, diejenige eines Continents. Rousseau sprach das Wort, das Tausenden und Abertausenden auf der Zunge schwebte, und die Stichworte seiner Werke hallten durch Europa als die Losungsworte einer Bewegung, deren Wellen immer höher schlugen und schliesslich die alten Zustände hinwegschwemmten. Wenn Rousseau diese Wirkung mehr als die zum grossen Theile viel extremer Denkenden ausgeübt hat, so liegt das in der ausdrücklichen Behandlung, welche er dem Probleme der geistigen Cultur selbst zu Theil werden liess. Sein Nachweis von den schädlichen Wirkungen der Cultur hat bei der elementaren Gewalt der Gefühlstöne, die er damit im Herzen des Volkes anschlug, mehr als irgend etwas Anderes dazu beigetragen, die Achtung vor dem historisch Gewordenen zu untergraben. Rousseau's Schriften bezeichnen in der geistigen Bewegung den **Bruch mit der Geschichte**, welcher sich im öffentlichen Leben durch die Revolution vollzog. Denn die Geschichte des Menschengeschlechts ist nichts als die Entwicklung der Cultur, und wer wie Rousseau leugnet, dass die Cultur einen Werth für den Menschen habe, der verwirft auch die Geschichte. Wer die Errungenschaften dieser Cultur erst zu missbilligen und dann zu verachten gelernt hat, der bedarf nur noch eines Schrittes, um, wenn sie ihm unbequem sind, sie zu beseitigen. Und wer auf der anderen Seite von dem Traume eines glückseligen Naturzustandes berauscht ist, der durch die Geschichte zum Elende der Menschheit zerstört worden sei, — warum sollte der nicht einmal versuchen, mit dieser Geschichte tabula rasa zu machen und jenen Naturzustand zurückzuführen?

In dieser Richtung, welche die Wirkung der Rousseau'schen Ideen einschlug, und in ihrem Ziele, in der Revolution, gipfelte die **unhistorische Denkart**, welche den wesentlichen Mangel der Philosophie des Aufklärungszeitalters bildete. Ihre Ueberzeugungen keimten aus methodischen Bestrebungen, welche die wahre Erkenntniss der Natur zum Richtpunkte nahmen, und sie vollendeten sich durch die grossen Errungenschaften der Naturwissenschaft. Die Philosophie vertiefte sich in die ewig gleich bleibenden Gesetze des Naturlebens, und sie verlor das Verständniss für das Gesetz der Entwicklung, das alles historische Leben beherrscht. Das Zeitalter der Aufklärung wusste mit den Erzeugnissen der Geschichte nichts Anderes zu machen, als ihren Werth nach dem Massstabe der Vernunftwahrheit zu messen, welche es aus den Naturgesetzen schöpfen zu können meinte. Und als dann aus dem Elende der wirklichen Zustände heraus das leidenschaftliche Gefühl sich eines idealen Bildes vom natürlichen Zustande der Gesellschaft bemächtigte, da glaubte man die historischen Formen nur abschaffen zu müssen, um an ihre Stelle den Zustand der Vernunft zu setzen. Diese Leidenschaft impften Rousseau's Schriften der Masse ein, und sie vollzog, was er selbst zwar gedacht, aber nie gewollt hatte. Der Vulkan, dessen bedeutendster Seismograph er war, brach aus und schüttete die verheerende Gluth seiner Ströme über die Städte der Menschen. Man proclamirte die Menschenrechte, deren ewige und unantastbare Geltung er verkündet hatte. Der Naturzustand war da. Aber es war nicht das Idyll Rousseau's, sondern die Tragödie des Terrorismus: es war das „bellum omnium contra omnes". Hobbes hatte Recht behalten gegen Rousseau.

VII. Kapitel.
Die deutsche Aufklärung.

Das Jahrhundert der Aufklärung ist in seinem geistigen und besonders in seinem philosophischen Leben ein wesentlich geniessendes Zeitalter. Im Vollbesitz der geistigen Freiheit, welche die Renaissance errungen hatte, und in unbeschränkter Verfügung über die grossen Principien des Denkens, welche das XVI. und XVII. Jahrhundert erarbeitet hatten, bereichert von den Schätzen eines neuen Wissens, das mühelos auf den Wegen der festgestellten Methoden sich verbreitete, schwelgte diese Zeit in dem stolzen Bewusstsein ihrer Ueberlegenheit und ihres inneren Gehaltes. Berauscht von der Grösse des eigenen Denkens, glaubte die Philosophie dieses Jahrhunderts auf die Leistungen früherer Zeiten wie auf schwache Vorahnungen ihrer eigenen Vollkommenheit zurückblicken zu dürfen, und fühlte auf der anderen Seite sich kräftig genug, um die reale Welt mit den eigenen Ideen meistern zu wollen. Was sie selbst den grossen Gedanken, deren Erbschaft sie antrat, hinzufügte, bestand hauptsächlich in deren energischer und rücksichtsloser Ausbildung, vermöge deren die allgemeinen Principien sich allmählich auch in die entlegensten Winkel der wissenschaftlichen Betrachtung verzweigten, und ausserdem in der geistreichen, die nationalen Litteraturen durchsetzenden Formulirung dieser Ansichten.

Dieser Charakter des vorwiegenden Geniessens trat nirgends lebhafter und handgreiflicher hervor, als in der Bewegung der deutschen Aufklärung. Diese war darauf schon dadurch angewiesen, dass an der Ausbildung jener grossen Principien des wissenschaftlichen Denkens, welche sich im XVII. Jahrhundert vollzogen hatte, die deutsche Nation keinen Antheil genommen hatte. Sie verhielt sich deshalb dem Empirismus und dem Rationalismus gegenüber zunächst nur aufnehmend und versuchte in Leibniz zuerst eine Vereinigung der beiden grossen Gegensätze, an der sie während des ganzen XVIII. Jahrhunderts gearbeitet hat. Auf diese Weise wurde Leibniz der beherrschende Geist der deutschen Aufklärung: aber die eigenthümliche Gestalt, in der seine Lehre öffentlich erschienen war, brachte es mit sich, dass der Ideengehalt der deutschen Aufklärung wesentlich durch das Bekanntwerden zuerst der französischen und dann immer mehr auch der englischen Litteratur bedingt war. Von jeher ist deshalb der Beginn der neueren deutschen Philosophie erst mit dem Auftreten von Leibniz datirt worden, und seine Erscheinung ist in der That so bedeutend, dass sie von dem Ende des XVII. Jahrhunderts an alles rückwärts Gelegene zu verdunkeln geeignet ist. Gleichwohl waren auch im Verlaufe des XVII. Jahrhunderts wenigstens hie und da schwache Sterne in dem Dunkel aufgetaucht, welche freilich ihr Licht fast ausnahmslos den grossen Geistern des Auslandes verdankten, dabei aber doch soviel leisteten, dass der Geist einer freieren Forschung nicht ganz verloren ging und dass unter ihrem eingestandenen Einflusse Leibniz selbst im Stande war, die zerstreuten Strahlen zu lebendigster Wirkung zu vereinigen.

§ 47. Deutschland im XVII. Jahrhundert.

Es ist schon oben erwähnt worden, wie das grosse allgemeine Culturunglück der deutschen Nation, der dreissigjährige Religionskrieg, auch die frische Bewegung der deutschen Philosophie hemmte. Als die Nation ihren Boden von den fremden Heeren gereinigt sah und, zu ruhigeren, wenn auch unsäglich traurigen Zuständen zurückgekehrt, wieder aufzuathmen begann, fand sie ihre katholischen Universitäten von der alten, ihre protestantischen von der neuen Scholastik beherrscht, und auch die mystische Bewegung, welche vorher noch im Volke weiter gewühlt hatte, war mit der geistigen Regsamkeit unter dem Druck der äusseren Sorge verloren gegangen. Nur hie und da lebte die letztere ohne innere Fortbildung weiter und suchte sich z. B. einen wehmüthig poetischen Ausdruck in den Gedichten von Johann Scheffler, dem Angelus Silesius. Die Gelehrtenwelt war in einer fast unbedingten Weise von dem Orthodoxismus beherrscht und entschädigte sich für den Mangel freiheitlicher Bewegung theils durch dialektische Spitzfindigkeiten, theils durch eine gedankenlose Anhäufung von gelehrtem Wissen. Die Verzweiflung an sich selbst, welche unter diesen Umständen die Wissenschaft einer ausserhalb ihrer selbst festgestellten Lehre gegenüber ergriff, spiegelt sich am besten in dem orthodoxen Skepticismus des Prager Prämonstratenser-Abtes Hieronymus Hirnhaym (1637—1679), dessen Schrift ihres bezeichnenden Titels „de typho generis humani sive scientiarum humanarum inani ac ventoso tumore" (Prag 1676) durchaus würdig ist. Statt wie die englischen und französischen Skeptiker aus einer erkenntnisstheoretischen Untersuchung das negative Resultat zu ziehen und daraus zu folgern, dass nur bei der Kirchenlehre das Heil sei, gründet er vielmehr umgekehrt ganz klar und offen den Skepticismus auf den Orthodoxismus. Er zeigt, wie der Grundsatz der Causalität durch die Schöpfung der Welt aus Nichts und der Grundsatz der Identität durch die Dreieinigkeit widerlegt werde, und weiss aus diesem Widerspruch nur die Consequenz zu ziehen, dass ein Wissen, welches auf so falschen Grundsätzen beruhe, unmöglich das richtige sein könne. Er giebt zugleich dieser Lehre eine ähnlich sensualistische Grundlage, wie es die Jesuiten zu thun pflegten. Die menschliche Vernunft sei an die Sinnlichkeit gebunden und könne deshalb das Uebersinnliche nicht begreifen. Daneben konnte sich dieser schwache Denker dem bestechenden Eindruck der **paracelsischen Naturphilosophie** nicht entziehen, welche ihm durch den in Prag lehrenden **Marcus Marci von Kronland** († 1655) in einer unklaren Verschmelzung mit der platonischen Ideenlehre und der aristotelischen Theorie der Entelechie vermittelt worden war.

Trotz dieser allgemeinen Gebundenheit fanden sich aber doch Denker, welche den Werth der wissenschaftlichen Neubegründung, die inzwischen die Philosophie bei den westlichen Nationen gefunden hatte, zu würdigen und zu vertreten verstanden. Unter diesen nimmt die erste Stelle **Joachim Jungius** ein (1587—1657), ein tüchtiger Naturforscher, der sich die Lehren und den Standpunkt des **baconischen Empirismus** aneignete, dabei aber doch derartig mathematisch geschult war, dass er darin ein glückliches Gegengewicht gegen die Einseitigkeiten Bacon's besass. Seine „Logica hamburgiensis" (seit 1638 erschienen) zeigt eine scharfsinnige Verknüpfung beider Richtungen und hat auf Leibniz einen entschiedenen Einfluss ausgeübt, den dieser selbst in seinen logischen Jugendschriften mehrfach hervorgehoben hat.

Seine Lehren können als ein Beweis dafür angesehen werden, dass die Bestrebungen Johann Kepler's (vergl. oben S. 89), so vereinsamt dieser zunächst in seiner Heimat geblieben war, doch auch in Deutschland nicht ganz ohne Anerkennung und Wirkung gewesen sind. In der gleichen Richtung und zu dem gleichen Ziele führte auch der wachsende Einfluss, welchen während der zweiten Hälfte des XVII. Jahrhunderts der Cartesianismus gewann. Der Weg, auf welchem dieser nach Deutschland gelangte, ging zunächst über Holland, und unter den Häuptern der cartesianischen Schule nahm bei Gelegenheit der occasionalistischen Probleme schon der in Duisburg wirkende **Clauberg** eine bedeutende Stelle ein. Später wanderte der Cartesianismus in Deutschland hauptsächlich durch die Hugenotten ein, welche in Folge der ungünstigen Wendung, die der religiöse Kampf für sie in Frankreich nahm, in immer grösseren Schaaren ihre Heimat verliessen und in Deutschland mit offenen Armen aufgenommen wurden. Die reformirten Prediger, welche an ihrer Spitze zogen, waren zum grossen Theil Anhänger dieser Philosophie und wirkten in der neuen Heimat energisch für ihre Ausbreitung. In dieser Hinsicht ist namentlich die Thätigkeit des Predigers Chauvain in Berlin hervorzuheben. So kam es, dass der Cartesianismus auch auf den deutschen Universitäten seinen Einzug hielt. Der bedeutendste Vertreter war hier Joh. Christoph Sturm (1635—1703), welcher schliesslich Professor in Altdorf war und in seinem „Compendium universalium seu metaphysica Euclidea" nicht nur eine vollkommene Durchführung der geometrischen Methode versuchte, sondern auch sich in den Problemen der cartesianischen Schule durchaus heimisch zeigte. Er schwankte, wie sein Briefwechsel mit Leibniz beweist, zwischen dem Standpunkte des Occasionalismus und einer Hinneigung zu den Lehren von Malebranche, suchte aber namentlich das Princip der mathematischen Gewissheit im Geiste Descartes' weiter auszubauen. Die Einführung der geometrischen Methode wurde besonders von Seiten der Mathematiker befördert, und unter diesen ist in erster Linie Erhard Weigel zu nennen, der in Jena gerade nach dieser Richtung hin eine vielfach anregende Thätigkeit entwickelte.

Der Einfluss, welchen die geometrische Methode auf die Behandlung der philosophischen Probleme auch in den besonderen Disciplinen erhielt, ist fast am klarsten in den rechtsphilosophischen Untersuchungen von Samuel Pufendorf, der, 1632 geboren, in Leipzig und Jena gebildet, als Erzieher im Hause des schwedischen Gesandten zu Kopenhagen bei gelegentlicher Gefangenschaft die Lehren von Hugo Grotius und Hobbes studirte, 1663 in Folge seines grossen Werkes: „Elementa juris universalis" (1660) auf den ersten Lehrstuhl des Natur- und Völkerrechts an der Universität Heidelberg berufen wurde, später an der schwedischen Universität zu Lund docirte, darauf als Staatshistoriograph nach Stockholm und in gleicher Stellung 1686 nach Berlin übersiedelte und in letzterer Stadt im Jahre 1694 starb. Er hat nicht nur die wissenschaftliche Seite der Rechtsphilosophie ausgebildet, sondern auch mit den allgemeineren Problemen des socialen Lebens sich eingehend beschäftigt, vor Allem aber in die brennenden Rechtsfragen des schon damals in innerer Auflösung begriffenen deutschen Reiches durch seine unter dem Pseudonym Severinus de Monzambano 1667 erschienene Schrift „De statu imperii germanici" auf das Glänzendste eingegriffen. Seine wissenschaftliche Bedeutung liegt vor Allem darin, dass er zuerst den Versuch machte, das System der Rechtsphilosophie von einem

Grundprincip aus nach geometrischer Methode in derselben Weise deductiv zu entwickeln, wie Descartes dies für die gesammte Philosophie gelehrt hatte. Als Ausgangspunkt dieser Deduction behandelt er den Grundsatz, dass das egoistische Interesse des Individuums nur durch die Gesellschaft zu erfüllen sei, und sucht dann nachzuweisen, dass auch die Gesellschaft dies nur mittels der staatlichen Ordnung zu leisten vermöge. Er glaubt in diesem Princip diejenigen von Hobbes und von Hugo Grotius mit einander combinirt zu haben. Die geschlossene Form streng mathematischer Beweisführung, welche er seiner Lehre gab, wurde für lange Zeit ein Vorbild der rechtsphilosophischen Untersuchungen: die wissenschaftliche Selbständigkeit, welche die Renaissance für die Jurisprudenz nach verschiedenen Seiten hin erstrebt hatte, schien damit vollkommen gewonnen, und das Ideal von Hobbes, wonach die Lehre vom Staat eine rein demonstrative Wissenschaft sein sollte, hatte seine Erfüllung gefunden.

In dieser Weise befreundete man sich in Deutschland immer mehr mit der geometrischen Methode, und es blieb schliesslich nicht aus, dass man sie mit pedantischem Schematismus überall anzuwenden trachtete. Eine weitere Folge aber war die, dass auf diese Weise die Geister für die grossartigste Leistung, welche aus dieser Methode hervorgegangen war, eher eingenommen werden konnten, als es sonst der Fall gewesen wäre. Der Spinozismus wurde zwar auch in Deutschland als eine unchristliche und unsittliche Lehre auf das Leidenschaftlichste verworfen und, wie es zu geschehen pflegt, gerade von Denjenigen geschmäht, die ihn zu begreifen nicht im Stande waren. Er blieb im Allgemeinen auch hier mehr verrufen als gekannt, bis die grossen Geister des XVIII. Jahrhunderts nach Lessing's Vorgange ihn wieder entdeckten. Dennoch fand sich hie und da schon im XVII. Jahrhundert ein Mann, der, durch die exacte Handhabung der geometrischen Methode gefesselt, vorurtheilslos genug war, um den Werth dieses Systems zu würdigen, und unerschrocken genug, dafür einzutreten. Eine Anzahl von Anhängern Spinoza's wählte freilich bis tief in das achtzehnte Jahrhundert hinein für die Verbreitung der Lehre des grossen Philosophen die vorsichtig versteckte Form einer scheinbaren Widerlegung: so veröffentlichte noch Lorenz Schmidt, der Herausgeber der Wertheimer Bibelübersetzung, 1744 eine vortreffliche deutsche Uebersetzung der „Ethik" mit dem Anhang von ein paar unbedeutenden Paragraphen aus Wolff's „Natürlicher Theologie" als „Widerlegung Spinoza's". Andere dagegen traten offen für ihn ein: unter diesen ist hauptsächlich Fr. Wilh. Stosch zu nennen, der in seiner Schrift „Concordia rationis et fidei" (1692) den Spinozismus als ein willkommenes Mittel in dem Kampfe gegen den Orthodoxismus anwendete. Dabei zeigt er eine entschiedene Neigung, die Lehre Spinoza's in einem dem Materialismus nahestehenden Sinne aufzufassen. So wenig das dem ursprünglichen Geiste des Spinozismus entsprach, so wurde doch selbstverständlich dem grossen Ketzer auch diese Folgerung in die Schuhe geschoben, und diese materialistische Tendenz war natürlich ein Vorwand mehr, um seine Lehre so verwerflich wie möglich erscheinen zu lassen.

Gegen den Materialismus mussten sich jedoch die übrigen philosophischen Ansichten schon zu Ende des XVII. Jahrhunderts auch direkt rüsten; die Einflüsse der französischen und der englischen Litteratur, namentlich der Lehren von Gassendi und Hobbes machten sich auch in dieser Richtung fühlbar. Pancratius Wolff erklärte in seinen „Cogitationes medico-legales" (1697) die Gedanken für Wirkungen des körperlichen Mechanismus, welche aus diesem mit der gleichen Nothwendigkeit hervorgingen, wie alle seine übrigen Leistungen. Den schärfsten Ausdruck aber hat diese materialistische Ansicht in offenbarer Abhängigkeit von Hobbes durch den berüchtigten „Briefwechsel vom Wesen der Seele" erhalten, welcher 1713 anonym erschien, für dessen Urheber fälschlicher, vielleicht ironischer Weise zwei Theologen ausgegeben wurden, und dessen Autorschaft nicht mehr mit völliger Sicherheit festgestellt werden kann. Mit kaustischem Witze, wenn auch in der höchst geschmacklosen Sprache jener Zeit geschrieben, plaidirt dieses interessante Schriftchen in erster Linie für die völlige Unabhängigkeit aller philosophischen Forschung von jeglicher Autorität und will namentlich die Geister auch von dem Banne der Methode und der Lehren Descartes' befreit wissen. Es betritt sodann den baconischen Standpunkt der experimentellen Forschung und sucht auch die psychischen Probleme unter diesen Gesichtspunkt zu stellen. Der Schwerpunkt seiner materialistischen Beweisführung liegt (wie mehr als vierzig Jahre später bei Lamettrie) in einer Vergleichung des menschlichen und des thierischen Seelenlebens, welche darauf hinausführt, zwischen beiden keinen qualitativen, sondern nur einen graduellen Unterschied zu setzen. Kommt man deshalb bei der Erklärung des thierischen Seelenlebens ohne die Annahme einer unsterblichen Seelensubstanz aus, so bedarf man ihrer auch bei dem Menschen nicht, so muss man auch bei ihm den gesammten Vorgang seines seelischen Lebens auf die mechanischen Kraftauslösungen in der Thätigkeit der Gehirnfasern zurückführen. In diesem Zusammenhange kann natürlich von einer Willensfreiheit nicht mehr die Rede sein, und es wird deshalb auf dem Boden eines vollkommenen Determinismus namentlich der Werth hervorgehoben, welchen auf dem Wege des rein mechanischen Einflusses Uebung und Erziehung für die Ausbildung der Kräfte des Denkens so gut wie des Wollens besitzen. Es ist offenbar nur ironisch gemeint, wenn diese Lehre in dem „Briefwechsel" schliesslich von dem orthodoxen Standpunkt des aristotelisirenden Melanchthonianismus mit Berufung auf die Lehren von der Schöpfung, der Auferstehung u. s. w. widerlegt wird.

So mannigfach zerstreut und so unzusammenhängend waren die Regungen des philosophischen Denkens während des XVII. Jahrhunderts in Deutschland. Es bedurfte eines grossen Genies, um diesem traurigen Zustande ein Ende zu machen und die geistigen Kräfte zu einer systematischen Lösung der Probleme zusammenzuraffen. Dieses Genie, der Vater der neueren deutschen Philosophie, war Leibniz.

§ 48. Leibniz.

Es könnte eigenthümlich erscheinen, dass Leibniz erst an dieser Stelle seine Darstellung findet, nachdem die Entwicklung der englischen und der französischen Philosophie des XVIII. Jahrhunderts, welcher sein Leben und seine Lehre chronologisch weit vorausgehen, berichtet worden ist. Allein diese Anordnung erschien gestattet, weil die Gedanken dieses Mannes vermöge der sporadischen Form, in der sie aufgetreten waren, wenn überhaupt, so nur einen geringen, meist in die Grenzen persönlichen Austausches durch den Briefwechsel eingeschlossenen Einfluss auf jene Entwicklung ausgeübt haben. Die englische so gut wie die französische Philosophie lag der Gedankenwelt Leibniz' so fern, dass sie den „Schöpfer der Lehre von der prästabilirten Harmonie" höchstens einmal gelegentlich wie eine Curiosität erwähnte. Von einer entschiedenen Einwirkung kann nur bei dem einzigen Robinet die Rede sein, und diese ist dort bereits verzeichnet worden. Auf der anderen Seite aber erschien diese Anordnung dadurch geboten, dass von Leibniz zweifellos der bestimmende Einfluss auf die gesammte Entwicklung der deutschen Aufklärung ausgegangen ist, und deshalb die Darstellung seiner Lehre die Geschichte dieser Bewegungen, welche den Abschluss der vorkantischen Philosophie bilden, nothwendig eröffnen musste.

Gottfried Wilhelm Leibniz war als der Sohn eines Leipziger Professors der Moral am 21. Juni 1646 geboren. Begabung und Lernbegier gaben ihm früh eine solche Belesenheit, dass er mit fünfzehn Jahren in der antiken und der neueren Philosophie gleich heimisch war und die Systeme von Aristoteles, Platon, Bacon, Hobbes, Gassendi und Descartes vollkommen beherrschte. Seit 1661 studirte er an der Leipziger Universität, bildete sich sodann in Jena unter Weigel weiterhin methodisch aus und habilitirte sich bei der Leipziger philosophischen Fakultät mit einer Abhandlung über den Zusammenhang der Jurisprudenz und der Philosophie. Persönlichen Abneigungen ausweichend, erwarb er den juristischen Doctorgrad an der Universität Altdorf, an welcher ihm die Nürnberger sofort eine Professur anboten. Er schlug jedoch die akademische Laufbahn für immer aus und lebte eine Zeit lang in Nürnberg, mit verschiedenen Studien beschäftigt, bis er durch die Bekanntschaft mit Boineburg, dem Minister des Mainzer Kurfürsten Joseph Philipp von Schoenborn, sich veranlasst sah, 1668 in des Letzteren Dienste zu treten. In dieser Stellung entwickelte Leibniz eine ausserordentlich lebhafte politische und publicistische Thätigkeit, worin er namentlich die von Ludwig XIV. dem zerbröckelnden Deutschen Reiche drohenden Gefahren in's Auge fasste. Er begriff durchaus die unheilvollen Folgen der religiösen Zersplitterung Deutschlands und wurde nicht müde, in echt nationaler und patriotischer Begeisterung an die Einigung dem äusseren Feinde gegenüber zu mahnen, welcher damals schon sich anschickte, ein Stück nach dem anderen aus dem Reichskörper an sich zu reissen. Er verfiel sogar auf den abenteuerlichen Gedanken, die Eroberungslust des französischen Königs nach Aegypten abzulenken, entwarf ein Mémoire, worin er diesen Plan im Zusammenhange mit demjenigen eines allgemeinen Kreuzzuges gegen die Türken dem Könige zu unterbreiten dachte, und liess sich in dieser Absicht einer Gesandtschaft nach Paris als Erzieher des jungen Boineburg attachiren. Wenn auch dieser Plan scheiterte, so war doch diese Reise für Leibniz' wissenschaftliche Verbindungen von ausserordentlicher Bedeutung. Es war die beste Zeit der französischen Litteratur, und die pariser Gesellschaft hatte eben angefangen, die Heimstätte der geistigen Bewegung zu werden, an welcher damals auch die englischen Gelehrten ihre Nahrung suchten. In dem Glanze der Regierung des grossen Ludwig sonnten sich Kunst und Wissenschaft. Damals feierten Racine und Molière ihre Triumphe, damals bildeten die cartesianische Philosophie und die Probleme der Mechanik einen Lieblingsgegenstand der Unterhaltung in allen Kreisen der Gesellschaft. Mit der Gewandtheit und Lebendigkeit, welche ihn auszeichnete, lebte sich Leibniz in diese Bewegung der Geister ein. Die gleichen Vortheile gewährte ihm sodann ein Aufenthalt in London, wohin sich die Gesandtschaft 1673 begab und wo Leibniz unter Anderem der Akademie eine von ihm erfundene Rechenmaschine vorstellte. Ein weiterer Aufenthalt in Paris führte ihn namentlich mit Tschirnhausen zusammen, und er fühlte sich in den dortigen Verhältnissen so wohl, dass er daran dachte, sich in Paris dauernd niederzulassen. Inzwischen entschied sein Geschick sich anders, indem er der Berufung des Herzogs von Hannover in eine Stelle als Rath und Bibliothekar Folge leistete. In dieser neuen Stellung nun war es, wo Leibniz eine Thätigkeit von grossartigster Vielseitigkeit entfaltete. Er war ein Universalgenie, wie es kein zweites gegeben hat, und ein Gelehrter von vielleicht nie wieder erreichter Ausdehnung des Wissens; seine wissenschaftliche Thätigkeit erstreckte sich, überall anregend, überall in die Tiefe gehend und vielfach Epoche machend, auf alle Gebiete des menschlichen Wissens. In der allgemeinen Richtung der Zeit legte er selbst fast das Hauptgewicht auf die Mathematik und veröffentlichte 1684 in den Leipziger „Acta eruditorum" seine geniale Methode der Differentialrechnung (Nova methodus pro maximis et minimis). In ihrer Anwendung auf die Mechanik gestaltete er die von Cartesius aufgestellten Principien wesentlich um und stellte eine dem Newton'schen Gravitationsgesetz sich annähernde Grundformel dafür auf, wodurch ein während des ganzen XVIII. Jahrhunderts zwischen seinen Anhängern und denjenigen des Cartesius lebhaft geführter Streit sich entspann. Auch in der Chemie war er nach dem damaligen Standpunkte der Forschungen thätig und glücklich und beschäftigte sich hauptsächlich mit der Darstellung des Phosphors. Daneben regte er im Herzogthum Hannover zahlreiche geognostische Untersuchungen an und wirkte nach wissenschaftlichen Grundsätzen für die Ausbreitung und die Fortschritte des Bergbaues und für die Verbesserung des Münzwesens. Auf dem Gebiete der Jurisprudenz schuf er eine Reihe umfangreicher und werthvoller Sammelwerke, und unter die Historiker gesellte er sich durch eine im Auftrage der Regierung unternommene und durch eine mehrjährige Studienreise durch Deutschland und Italien beförderte Geschichte des Hauses Braunschweig-Lüneburg, wobei ihm auch die seit 1691 ihm übertragene Verwaltung der Wolfenbütteler Bibliothek zu Hilfe kam. Besonders regsam aber war er in der politischen Thätigkeit. Als persönlicher Rathgeber und Freund zweier im Herzogthum auf einander folgenden Brüder nahm er an den verwickelten Verhandlungen der politischen und der kirchenpolitischen Zeitgeschichte Theil. Es gelang ihm, zu Gunsten der Reichseinheit die immer drohender werdende Eifersucht zwischen den beiden norddeutschen Hauptmächten, Brandenburg und Hannover, zu beschwichtigen und die Heirat des späteren ersten preussischen Königs mit der Tochter des hannoverschen Herzogs, seiner philosophischen Schülerin Sophie Charlotte, herbeizuführen. Diese Beziehungen suchte er dann hauptsächlich für seine kirchenpolitischen Pläne auszunutzen. Im Anschluss an Spinola's Bestrebungen für eine allgemeine Vereinigung aller christlichen Confessionen, correspondirte er nicht nur mit Pellisson und Bossuet, sondern entwarf auch als Grundlage dazu ein „Systema theologicum". Als sich dieser Plan schliesslich zerschlagen hatte, fasste er eine Union der lutherischen und der reformirten Kirche in's Auge, deren mächtigste Vertreter gerade das hannoversche und das brandenburgische Haus waren. Dabei sah er sich in der lebhaftesten Weise, obwohl schliesslich ohne Erfolg, von Sophie Charlotte unterstützt. Diese geistvolle Frau — die Nichte jener Prinzessin Elisabeth von der Pfalz, welche die Freundin Descartes' war, und jenes Kurfürsten Carl Ludwig, welcher Spinoza nach Heidelberg hatte berufen wollen — hielt von Berlin aus die Beziehungen zu dem Philosophen aufrecht, und je unerquicklicher für ihn während der letzten Regierungsjahre des Herzogs Ernst August von Hannover die Vermittlung in schwierigen und traurigen Familienverhältnissen gewesen war, je kälter sich seine Beziehung zu dem seit 1698 regierenden Sohne Georg Ludwig gestaltete, desto lieber ergriff er die Gelegenheit, für jene Unionspläne in Berlin selbst zu wirken, wo er an dem Hofe der Kurfürstin mannigfache geistige Anregung fand und auch unter anderem mit dem englischen Freidenker Toland zusammentraf. Seine Anwesenheit führte hier ausserdem im Jahre 1700 zur Stiftung der Berliner Akademie der Wissenschaften, deren erster Präsident Leibniz wurde und in deren erstem Berichte er zu gleicher Zeit mit historischen, antiquarischen, etymologischen, mathematischen und physicalischen Abhandlungen auftrat. Dabei war er auch hier unermüdlich für allgemeine praktische Interessen thätig; er beförderte die Einführung des Seidenbaues, arbeitete an einer zeitgemässen Reform des Schulwesens und lieh seine publicistische Gewandtheit den politischen Interessen des brandenburgischen und des hannoverschen Hauses. In der Folgezeit lockerten sich seine Beziehungen zu dem hannoverschen Hofe immer mehr, und seine Vorliebe für äussere Ehren liess ihn Anknüpfungen mit anderen Regenten suchen. Dabei unterliess er es jedoch nicht, für das Interesse der Wissenschaft gerade an diesen Stellen thätig zu sein. In der Hoffnung, einen allgemeinen Bund von Akademien herbeizuführen, versuchte er, wenn auch nicht mit unmittelbarem Erfolge, in Dresden und Wien die Stiftung wissenschaftlicher Societäten anzuregen. Namentlich aber benutzte er die Gunst, welche ihm Peter der Grosse zuwandte, um diesen zur Gründung der Petersburger Akademie zu bewegen und durch seine Vermittlung an zahlreichen Punkten des grossen Reiches magnetische Beobachtungen anordnen zu lassen. Doch fand dies bewegte und glänzende Leben einen einsamen und traurigen Abschluss. Als Georg Ludwig den englischen Thron bestiegen hatte, suchte Leibniz vergebens an den Londoner Hof berufen zu werden, und seine Bemühungen darum scheiterten hauptsächlich am Widerstande der dortigen Akademie. Diese hatte in dem trübseligen Prioritätsstreit, welcher sich zwischen Leibniz und Newton wegen der Erfindung der Differentialrechnung nicht ohne beiderseitige Schuld entspann und mit Bitterkeit Jahre lang geführt worden war, in welchem schliesslich Leibniz auch zu entschieden ungerechtfertigten und gehässigen Mitteln gegriffen hatte, ihr Verdikt gegen Leibniz ausgesprochen. Die Zurückweisung, welche er jetzt erfuhr, schmerzte ihn tief, sodass er den Gedanken einer Uebersiedelung nach Paris wieder erwog. Kränklichkeit und andererseits die Hoffnung, den 1716 in Pyrmont weilenden König Georg für sich einzunehmen, hinderten ihn an der Ausführung. Allein der inzwischen selbst in die Intriguen der Hofparteien hinein gespielte Streit entschied sich auch hier zu seinen Ungunsten, und so bemächtigte sich seiner eine tiefe Verstimmung, welche durch die Angriffe der hannoverschen Geistlichkeit und die Missachtung der Hofleute nur noch gesteigert wurde. So starb er am 14. November 1716 verbittert und einsam zu Hannover.

Die geradezu kolossale Vielseitigkeit und rastlose Lebendigkeit, welche man von jeher an dem Wesen von Leibniz bewundert hat, ist doch gerade für seine philosophische Thätigkeit nicht ohne Nachtheil gewesen. Zwar von der Oberflächlichkeit, welche der Vielseitigkeit als ihr Schatten zu folgen pflegt, ist bei ihm keine Spur; mit einer ungeheuren Arbeitskraft verband er einen so durchdringenden Scharfsinn und einen so in die Tiefe wühlenden Geist, dass er allen Dingen, mit denen er sich beschäftigte, auf den Grund und Kern kam. Allein die grosse Ausdehnung seiner wissenschaftlichen Interessen und daneben die Vielgeschäftigkeit seines diplomatischen Lebens mussten selbst bei seiner Arbeitskraft eine einheitliche und streng wissenschaftliche Ausbildung, vor Allem aber eine geschlossene litterarische Formulirung seiner philosophischen Errungenschaften verhindern. So stark deshalb auf der einen Seite die belebenden Wurzeln sind, welche die Philosophie dieses Mannes gerade in dem Reichthum seiner grossartigen Individualität fand, so ungünstig wirkte eben diese Zersplitterung auf die litterarische Gestalt, in welcher seine Lehre auftrat. Leibniz war weit davon entfernt, ein Gelehrter zu sein in dem Sinne der einsamen Forschung, wie es Descartes und Spinoza jeder in seiner Weise gewesen waren. In ihm floss ein Tropfen baconischen Blutes, etwas von jener Gewandtheit, die sich auf glattem Parket zwischen Intriguen bewegt und dabei doch die grossen Pläne des geistigen Lebens mitten in der politischen und socialen Welt zu realisiren trachtet, zugleich aber auch etwas von jenem brennenden Ehrgeiz, der Bacon zu Fall gebracht hatte, und von der Sucht, auf den Höhen des Lebens zu glänzen. Schon aus dem äusseren Rahmen dieses Lebens kann man abnehmen, dass es zu einer ruhigen Ausarbeitung wissenschaftlicher Werke nur im geringsten Masse Raum gegeben hat. Es giebt daher kein Werk, in welchem das Ganze der Leibniz'schen Philosophie eine ausführliche und umfassende Darstellung gefunden hätte. Die grosse Mehrzahl seiner philosophischen Schriften sind Kinder der Gelegenheit, kleine Abhandlungen (oder Anfänge und Entwürfe dazu) über einzelne Probleme, welche theils in der Jugend zu akademischen Zwecken, theils später in gelehrten Zeitschriften veröffentlicht wurden, theils auch erst aus seinem Nachlass herausgegeben worden sind; und selbst die beiden Schriften, in denen er noch am meisten den Zusammenhang seiner metaphysischen Lehre dargethan hat, sind aus bestimmten persönlichen Veranlassungen entstanden. Sein „Essai de Théodicée" (Amsterdam 1710 gedruckt) ist aus Niederschriften erwachsen, welche er nach Gesprächen über die Zweifel Bayle's wegen der Probleme des Uebels und der Sünde für die Königin von Preussen entworfen hatte, und seine „Monadologie" wurde 1714 für den Prinzen Eugen geschrieben, um ihm einen kurzen Abriss seines Systems zu geben. Unter diesen Umständen bildet die beispiellos ausgebreitete Correspondenz, welche Leibniz mit den gleichzeitigen Gelehrten führte, eine der wesentlichsten Quellen für das Studium seiner Philosophie, und in den ersten Jahrzehnten nach seinem Tode haben sich denn auch mehrere Sammler um die Herausgabe dieser zerstreuten Gedankenkeime verdient gemacht. Einen besonderen Werth besitzt unter diesen Correspondenzen diejenige mit Clarke, welche zu den tiefsten Problemen des Leibniz'schen Denkens in sehr nahen Beziehungen steht. Das merkwürdigste litterarische Geschick hat endlich das philosophisch bedeutendste Werk von Leibniz erfahren. Seine „Nouveaux essais sur l'entendement humain", welche, als ein Gegenstück zu Locke's Hauptwerk gedacht, sich zu einer fortlaufenden Kritik gestaltet hatten und den vollkommensten Ausdruck von ihres Verfassers philosophischer Originalität enthalten, waren bereits im Jahre 1704 vollendet; da aber Locke in diesem Jahre starb, und da der Prioritätsstreit mit Newton schon damals die Höhe seiner Leidenschaftlichkeit erreicht hatte, so zog es Leibniz vor, dieses Werk, welches die Lehren einer anderen und nicht minder hochgeschätzten Grösse der englischen Wissenschaft zu widerlegen bestimmt war, nicht unmittelbar nach deren Abscheiden zu veröffentlichen. So kam es, dass dieses sein gewaltigstes Werk bis zu seinem Tode in seinem Pulte liegen blieb, und dass es erst im Jahre 1765 mit anderen seiner Manuscripte von Raspe herausgegeben wurde.

Während daher diese Schrift den tiefsten Einblick in den inneren und namentlich in den erkenntnisstheoretischen Zusammenhang seiner Gedanken giebt und zugleich seine historische Stellung am vollkommensten bezeichnet, blieb die darin niedergelegte Theorie bis über die Mitte des XVIII. Jahrhunderts hinaus verborgen und wirkungslos. Die Philosophie der deutschen Aufklärung arbeitete nur mit der metaphysischen Anschauung von Leibniz und mit einigen zerstreuten Bruchstücken seiner Methodologie. Der volle Einfluss seines neuen Standpunktes entwickelt sich erst in Kant, dessen Inauguraldissertation die unmittelbare historische Continuität zu Leibniz' „Nouveaux essais" bildet.

Die Vielseitigkeit ist auch der wesentliche Charakter in der philosophischen Lehre von Leibniz. Sie erstreckt ihre Wurzeln fast in alle Systeme der neueren Philosophie und gleichmässig auch in die grossen Lehren des Alterthums. Wie Leibniz selbst nach allen Seiten des wissenschaftlichen und des praktischen Lebens eine anregende Wirkung ausübte, so war er auch den mannigfachsten Einflüssen in seinem Denken zugänglich. Er hat selbst einmal gesagt, er billige das Meiste, was er lese, und er besass eine staunenswerthe Fähigkeit, aus den verschiedenartigsten Lehren dasjenige herauszufinden, was ihm sympathisch sein konnte, eine Virtuosität der Aneignung und gelegentlich auch der Anpassung, vermöge deren er das ganze Material seines Wissens auf das Glücklichste zu verwerthen im Stande war. Es war in ihm keine Spur von jener Einseitigkeit, mit der Spinoza Alles, was sich dem Zuge seiner mathematischen Consequenz nicht fügte, von sich wies; keine Spur von jener erhabenen Strenge, mit der Jener meinte, dass seine Wahrheit den Irrthum aller übrigen Lehren klar mache. Statt der grossen abstracten Einheit ist hier eine lebendige, farbige Mannigfaltigkeit. Aber diese Aneignungsfähigkeit von Leibniz ist weit davon entfernt ihn zum Eklektiker zu machen; sie besteht vielmehr unmittelbar neben einer schöpferischen Originalität und hat ihren Werth eben darin, dass er unter dem klar ausgesprochenen Gesichtspunkte seines eigenen Denkens die Theorien der Vorgänger zu verarbeiten, ihre Einseitigkeiten zu überwinden, und aus ihnen eine höhere Vereinigung zu bilden suchte und vermochte. Leibniz ist eine conciliatorische Natur. Wie er in kirchenpolitischer Hinsicht die verschiedenen Confessionen auf der Basis ihrer gemeinsamen Ueberzeugungen zu versöhnen hoffte, so arbeitete er daran, die Gegensätze der philosophischen Meinungen auszugleichen und dabei diese vollkommenere Philosophie auch mit den Lehren der Religion zu vereinigen.

Unter den zahlreichen Einflüssen, aus deren Kreuzung sich seine Lehre entwickelte, ist einer besonders hervorzuheben, weil er eine merkwürdige Aehnlichkeit auch der Persönlichkeiten involvirt: derjenige von Giordano Bruno. An Umfang der Gelehrsamkeit freilich und an Klarheit des Denkens darf man Bruno mit Leibniz nicht vergleichen: in der einen Hinsicht verhalten sie sich zu einander, wie der entlaufene Mönch zu dem Schüler einer deutschen Universität, in der anderen Hinsicht wie die phantastische Verschwommenheit der Renaissance zu der wissenschaftlichen Reife des XVII. Jahrhunderts. Aber ein überaus interessanter Gegensatz ist Beiden gemeinsam. Bei Bruno bildete gegen den poetischen Schwung seiner Weltanschauung das trockene und pedantische Tasten nach der Erfindung einer Denkmaschine ein seltsames Gegengewicht, und zwischen diesen beiden Richtungen seines Denkens gab es kaum auch nur den Schatten einer Vermittlung. Bei Leibniz ist derselbe Gegensatz nicht so schroff und nicht so ohne alle Vermittlung, aber doch noch in einer bemerkenswerthen Stärke vorhanden. Er war während seines ganzen Lebens von dem Streben nach einer sicheren Methode des Denkens erfüllt und machte zahlreiche Ansätze, um eine solche festzustellen. Ja er verlief sich dabei in so wunderliche Versuche, dass ihre Verwandtschaft mit denjenigen von Bruno und ihre Abhängigkeit davon ganz klar ist: aber diese stets gesuchte Methode hat niemals eine feste Gestalt bei ihm angenommen und ist niemals zu einer Ausbildung gediehen, vermöge deren sie gar die Darstellung seiner Lehre hätte bestimmen können. Den grossartigen Zusammenhang seiner Weltanschauung verdanken wir nicht sowohl der strikten Herrschaft einer strengen Methode, als vielmehr der inneren Harmonie seines eigenen Wesens. Hierin zeigt Leibniz den diametralen Gegensatz zu Spinoza: des Letzteren Metaphysik ist aus seiner geometrischen Methode gefolgt; die Leibniz'sche Weltanschauung hängt mit seiner Erkenntnisstheorie nur in einzelnen Auszweigungen zusammen.

Das Streben nach der Methode ist nun bei Leibniz wesentlich durch den Einfluss der cartesianischen Schule bedingt, welcher während der Zeit seiner Bildung in Deutschland um sich zu greifen begann. Das Licht der Mathematik will auch er in die Philosophie tragen, und die Mathematiker erscheinen ihm als „die einzigen unter den Menschen, welche, was sie behaupten, auch zu beweisen pflegen". Nicht ohne Anlehnung an Hobbes giebt er dieser Forderung die Form, dass man auch mit Begriffen ebenso wie mit Zahlen müsse rechnen lernen, und er hofft eine Aufhebung der Schulstreitigkeiten der Philosophen von der Herbeiführung eines Zustandes, in welchem man einen Denkfehler mit derselben Klarheit und Zweifellosigkeit wie einen Rechenfehler werde aufzeigen können. Selbst für die Fälle, in denen man auf absolute Gewissheit verzichten muss, würde man dann doch den Grad der Wahrscheinlichkeit bestimmen können, der irgend einem Satze zukommt, und so fasst auch Leibniz verhältnissmässig unabhängig den Gedanken einer Anwendung der Wahrscheinlichkeitsrechnung auf die Methodologie der übrigen Wissenschaften. Sein niemals gehaltenes Versprechen, einen Theil der Logik unter dem Titel: „De aestimandis gradibus probabilitatis" zu schreiben, liegt ganz in der Richtung, welche später die französischen Mathematiker am Ende des XVIII. Jahrhunderts verfolgt haben; für ihn freilich wäre, da er an dem cartesianischen Ideal der absoluten Gewissheit festhielt, diese Wahrscheinlichkeitsrechnung nur ein Theil der allgemeinen Methode gewesen. Für diese allgemeine Methode verlangt er aber die Erfüllung einer Doppelaufgabe, welche gleichmässig bei Bruno, bei Bacon und bei Descartes hervorgetreten war und die gesammte Gliederung der modernen Logik bedingt. Neben der Methode des Beweisens (méthode de la certitude) muss es eine solche des Erfindens (art d'inventer) geben, und Leibniz fasst die Richtung der letzteren nicht in dem praktischen Sinne Bacon's, sondern in dem theoretischen Sinne Bruno's und Descartes' auf. Die Wissenschaft hat nicht nur den Weg zu zeigen, wie man einzelne Sätze beweist, sondern vor Allem auch denjenigen, wie man neue Sätze findet. Die Logik soll nicht nur die Methode des Beweisens, sondern auch diejenige des Forschens entwickeln.

Was die erstere anbetrifft, so folgt Leibniz bis zu gewissen Grenzen zunächst dem Gedankengange Descartes'. Alle wissenschaftliche Demonstration besteht in der Zurückführung des zu beweisenden Satzes auf andere Sätze, aus denen der erstere durch logische Operationen abgeleitet wird; und diese Beweisführung muss nothwendig eine Grenze haben, indem die höchsten Sätze, aus denen alle übrigen folgen, selbst nicht mehr bewiesen werden können. Doch geht Leibniz nicht bis zu jener äussersten Consequenz fort, mit welcher Descartes vorausgesetzt hatte, dass es nur einen einzigen Satz von dieser unableitbaren Gewissheit geben dürfe; zwar schliesst er sich der Forderung an, dass die Anzahl dieser unbeweisbaren Sätze möglichst vermindert werde, und dass z. B. die Axiome der Geometrie auf noch einfachere Grundformeln zu reduciren seien; allein er hält doch daran fest, dass es mehrere auf einander nicht weiter zurückführbare solcher „ersten Wahrheiten" gebe, und erachtet es für die Aufgabe der Philosophie, diese in erster Linie festzustellen. Es läuft dies also auf die Forderung gewisser Grundwahrheiten hinaus, aus denen alle andere Erkenntniss abzuleiten sei, und welche selbst nur unmittelbare, d. h. intuitive Gewissheit besitzen sollen. Es muss Wunder nehmen, dass Leibniz kaum einen Versuch gemacht hat, diese ursprünglichen inhaltlichen Wahrheiten, aus denen alles Uebrige folgen soll, zu entwerfen; doch erklärt sich dies einfach daraus, dass er eine Methode zu ihrer Auffindung nicht zu geben vermochte und sich deshalb mit einer systemlosen Aufstellung von Grundsätzen hätte begnügen müssen. Gleichwohl ist der Gedanke eines solchen Systems von Grundwahrheiten nicht verloren gegangen: Kant hat ihn in der grossartigsten Weise wieder aufgenommen, und die Systeme des deutschen Idealismus haben alle ihren Schwerpunkt in seine Realisirung gelegt.

An dem Mangel dieses Systems ist nun auch in erster Linie der Versuch von Leibniz gescheitert, eine Erfindungskunst für die Erkenntniss zu entwerfen. Denn der Ausgangspunkt dieser erfindenden Thätigkeit könnte, wie er selbst sehr richtig bemerkt, nur eben die Feststellung jener ersten Wahrheiten sein. Es klingt an sich sehr plausibel, wenn Leibniz seine Gedanken darüber mit der Bemerkung einleitet, dass jede Wahrheit, deren Beweis aus jenen ersten Grundsätzen abgeleitet werden kann, auch hätte durch geschickte Combination von ihnen aus gefunden werden können. Gewöhnlich freilich, meint er, erfassen wir gewisse Gedanken zufällig oder mit einer Art von Intuition oder durch Analogie und Hypothese, und sehen uns dann erst danach um, wie wir sie etwa zu beweisen, d. h. auf die ersten Wahrheiten zurückzuführen vermöchten. Ist das aber möglich, so hätte man, wenn man es nur richtig angestellt hätte, jenen Gedanken auf dieselbe Weise finden können, wie man ihn jetzt beweist. Deshalb meint Leibniz, müsse sich eine Methode auffinden lassen, vermöge deren man von den Grundwahrheiten aus alle übrigen Erkenntnisse in derselben Reihenfolge erzeugen könnte, wie man sie jetzt zu beweisen sucht; d. h. er will die Methode des Forschens mit derjenigen des Beweisens identificiren: die Dinge sollen auf demselben Wege erkannt, wie die Erkenntnisse bewiesen werden. Diese Voraussetzung ist vielleicht die schärfste logische Ausprägung, welche das Princip des Rationalismus überhaupt gefunden hat. Descartes war sich des Unterschiedes zwischen dem beweisenden Syllogismus und dem erfindenden Gedankenfortschritt der Mathematik bewusst, wenn auch einer klaren und principiellen Darstellung davon nicht fähig gewesen. Dass schon Spinoza diesen Unterschied vergass, zeigte sich in seiner äusserlichen Handhabung der geometrischen Methode. Die Meinung, dass mathematischer Beweis mit logischem Beweise identisch sei, war mit der Zeit in die andere umgeschlagen, dass auch mathematischer Denkfortschritt mit logischem Denkfortschritt sich decke, und indem die cartesianische Methode in Deutschland von dieser Seite aufgefasst wurde, gerieth man unmerklich ganz in die scholastischen Operationen zurück, welche den Syllogismus als das Instrument der Philosophie benutzten. Wie nahe Leibniz, dessen Gelehrsamkeit auch eine ausgebreitete Kenntniss der Scholastiker einschloss, im Zusammenhange dieser Gedanken der Gefahr stand, davon eingesponnen zu werden, bezeugt die Zähigkeit, mit der er wie Bruno und im entschiedenen Anschluss an diesen sich um eine Ausbildung der lullischen „Ars combinatoria" mühte. Von früher Jugend an hat ihm die Hoffnung, eine solche Kunst schliesslich doch noch zu finden, vorgeschwebt, und es ist wie bei Bruno merkwürdig genug, dass ein Mann von seiner geistigen Eigenartigkeit und von seinem lebhaften Verständnisse für die Bedeutung der Individualität auch nur an die Möglichkeit glauben konnte, dass die höchsten Thätigkeiten des Geistes sich einmal in dieser Weise würden mechanisiren lassen; er schreckte selbst vor der Consequenz nicht zurück, dass, wenn einmal diese Methode gefunden wäre, es nur noch der Uebung und Geschicklichkeit in ihrer Handhabung bedürfen würde, um neue Wahrheiten aufzufinden, und ein Mann, der die Genialität selbst war, arbeitete so daran, das Genie überflüssig zu machen.

In den Versuchen der Ausführung kreuzten sich jedoch die Gedanken von Lullus und Bruno nicht nur mit der geometrischen

Methode, sondern auch mit einem anderen Bestreben, das gleichfalls in der cartesianischen Schule seinen Sitz hatte. Die Cartesianer, denen der synthetische Blick des Meisters fehlte, hatten längst das Bedürfniss gehabt, seine mathematische Methode in eine syllogistische zu verwandeln, und hie und da kam der Einfluss von Hobbes hinzu, um den Gedanken zu befestigen, dass auch das logische Denken nur eine Art von Rechnen sei. Die Schulformeln der Logik gaben diesen Gedanken eine bestimmte Richtung: hier war man gewohnt, die Verhältnisse theils von Subjekt und Prädicat, theils von positiven und negativen oder von allgemeinen und besonderen Urtheilen durch Buchstaben auszudrücken, und hatte sich durch den sprachlichen Ausdruck der Copula verleiten lassen, die Urtheile stets in der Form von Gleichungen zu schematisiren. Damit schienen die Anfänge einer **philosophischen Rechnung** gegeben zu sein. Wenn man nun aber den Versuch machte, den Buchstaben, welche bisher nur ganz unbestimmt etwa Subjekt und Prädicat bedeutet hatten, den Sinn bestimmter Grundbegriffe unterzulegen, so schien die Möglichkeit vorhanden, von gewissen anfänglichen Gleichungen aus, die dann den ersten „Wahrheiten" von Leibniz entsprachen, durch Substitution und sonstige arithmetische Operationen neue Beziehungen der Grundbegriffe und dadurch neue Wahrheiten aufzufinden, damit aber die Philosophie zu einer unanfechtbaren Rechnung umzugestalten. Die Ausführung dieses Planes schien auch einem anderen Uebelstande abzuhelfen, welcher die internationale Arbeit der Wissenschaft durch die Verschiedenheit der Sprachen beeinträchtigt; denn diese Rechnungszeichen für die höchsten und allgemeinsten Wahrheiten würden, einmal fixirt und für jede besondere Sprache festgestellt, eine allgemeine menschliche Zeichensprache bilden. Leibniz erinnert an den schon von Jacob Boehme geäusserten Wunsch nach einer Lingua adamica; aber auch der cartesianischen Schule waren solche Versuche, im philosophischen Interesse eine menschliche Natursprache herzustellen, nicht fremd. Descartes selbst hatte einmal den Gedanken der **Universalsprache** angedeutet, und in der Richtung seiner Methode war dieser von J. J. Bekker (Character pro notitia linguarum universali, 1661), von dem Engländer G. Dalgarn (Ars signorum vulgo character universalis et lingua philosophica, 1661) und von dem Jesuiten Athanasius Kircher (Polygraphia nova et universalis, 1663) weiter ausgearbeitet worden. Im Nachlasse von Leibniz fand man ganze Stösse von Entwürfen zu einer solchen Charakterologie, und er hoffte von ihr in erster Linie auch die Abstellung der terminologischen Willkür, welche philosophische Darstellungen meistens ungeniessbar machte. Doch führten selbstverständlich alle die Formeln, die er versuchte, ihn nicht zum Ziele. Denn sobald man mit Begriffen zu rechnen anfängt, droht jeden Augenblick ihr eigentlicher Inhalt herauszufallen: es giebt eine unendliche Fülle feiner Beziehungen der Begriffe, welche gerade in der philosophischen Betrachtung flüssig gemacht werden sollen, und für welche ein schematischer Ausdruck im Sinne der mathematischen Rechnung schon deshalb unmöglich wird, weil die Formeln, welche an die Stelle treten sollten, wo jetzt ein einziges Wort eine Verdichtung ganzer Gedankenketten enthält, eine ganz unförmliche Gestalt annehmen und auf diese Weise die Rechnung ungleich umständlicher, als die Versenkung selbst in die verwickeltste Terminologie machen müssten.

Offenbar stammt die ganze Auffassung, aus der diese Bestrebungen Leibniz' hervorgingen, aus derjenigen Zeit, in welcher er unter dem Zauber der cartesianischen Methode und des logischen Scholasticismus stand, in den sich diese bei den deutschen Philosophen und Mathematikern verwandelt hatte. Vielleicht hat gerade die Unmöglichkeit, zu einem befriedigenden Resultate dieses Schematismus zu gelangen, in ihm die Wirksamkeit eines anderen erkenntnisstheoretischen Elementes befördert, dem er erst seine wahre Bedeutung verdankt, und es scheint, als ob seine Entwicklung, soweit wir sie zu übersehen vermögen, ihn von jenem logischen Formalismus immer mehr abgezogen und dem lebendigen Inhalt der Erfahrung zugeführt hätte. Denn Leibniz selbst war in den besonderen Wissenschaften viel zu sehr heimisch und auch in ihren äussersten Auszweigungen viel zu selbstthätig, als dass er den Werth der Erfahrung für die Philosophie mit der Einseitigkeit hätte unterschätzen können, wie es etwa Spinoza gethan hatte; in ihm empörte sich daher von Anfang an ein empiristisches Element gegen eben den Rationalismus, den er principiell in die schroffste Form zu bringen wünschte. Hierin liegt das Eigenthümliche von Leibniz' wissenschaftlicher Persönlichkeit: von dem Ideale der mathematischen Methode erfüllt, vermag er doch sich gegen die Erfahrung nicht ablehnend zu verhalten, und er nimmt unter dem allgemeinen Gesichtspunkt des Rationalismus schliesslich so viel von den Theorien des Empirismus auf, dass von einer einheitlichen Methodologie bei ihm nicht mehr die Rede sein kann. Er hat das rationalistische und das empiristische Element nicht endgiltig zu versöhnen gewusst: aber indem er beide aufnahm und mit einander in Beziehungen setzte, bereitete er die kantische Lösung des Problems vor, und er zog bereits die Grundlinien dieser Lösung, wenn er die Beurtheilung der Erfahrungserkenntniss nach den Principien des Rationalismus anlegte.

Die vermittelnde Stellung, welche die deutsche Philosophie mit Leibniz zwischen den Gegensätzen des englischen Empirismus und des französischen Rationalismus einzunehmen begann, spricht sich schon in verhältnissmässig frühen Aeusserungen des Philosophen dadurch aus, dass er einen doppelten und beiderseits berechtigten Ursprung des menschlichen Wissens annahm. Alles wahre Wissen stammt aus den eingeborenen Ideen, — das war das Feldgeschrei der Rationalisten: es stammt aus der Erfahrung, — dasjenige der Empiristen. Es giebt zwei Arten von Wahrheiten, erwidert Leibniz: die einen, welche nur durch den Verstand gefunden werden und der empirischen Bestätigung weder fähig noch bedürftig sind, — die andern, welche nur durch Erfahrung erkannt werden und niemals durch logische Operationen beweisbar sind. Die einen nennt er die **geometrischen oder metaphysischen oder ewigen**, die anderen die **thatsächlichen Wahrheiten**. Die ersteren bilden jenes System, in welchem die cartesianische Methode ihr alleiniges Recht hat, die zweiten verlangen behufs ihrer Sicherstellung der durchgängigen Anwendung der empiristischen Methoden. Die Einsicht in die ersteren ist rein logischer Natur: sie beruhen lediglich auf der Nothwendigkeit des Denkens, und der Grund ihrer Annahme besteht in der Unmöglichkeit ihres Gegentheils. Die letzteren dagegen lassen sich aus den ersten Wahrheiten nicht ableiten, sie beruhen nur auf einem Akte der Erfahrung, und der Grund ihrer Annahme besteht nur in der Thatsächlichkeit unserer Vorstellung von ihnen, welche den Gedanken der Möglichkeit des Gegentheils nicht ausschliesst. Dass die Winkel eines ebenen Dreiecks zusammen nicht mehr und nicht weniger als zwei Rechte betragen, lässt sich, wie Leibniz meint, rein logisch aus dem Begriffe des Dreiecks und den Axiomen der Geometrie darthun, sodass die Unmöglichkeit des Gegentheils erhellt. Dass es heute regnet, ist gleichfalls eine Wahrheit, aber diese lässt sich nicht logisch begreifen, und das Gegentheil bleibt immer denkbar. Die wahre Bedeutung dieses Gegensatzes sucht Leibniz in der Natur der Urtheile: alle Wahrheiten der ersten Art sind analytische Sätze, welche sich durch eine Zergliederung der in ihnen verknüpften Begriffe auf logischem Wege feststellen lassen: empirische Sätze dagegen sind, wie er lehrt, eine Zusammenfassung von Vorstellungen, welche nicht in der gleichen Weise bis in ihre letzten Elemente zerlegbar sind und deren Verknüpfung deshalb nur thatsächlich constatirt werden kann. Um eine mathematische Analogie anzuwenden, so führt Leibniz aus, dass die Bestandtheile der geometrischen Wahrheiten sich zu einander wie commensurable Grössen verhalten, welche auf ein gemeinsames Mass zurückzuführen sind, dass dagegen die Elemente der thatsächlichen Sätze sich ebensowenig in die ersten Wahrheiten auflösen lassen, wie die incommensurablen Grössen die Zurückführung auf ein gemeinsames Mass gestatten. Innerhalb der logischen Operationen bildet nun jenes gemeinsame Mass in letzter Instanz das Princip der Unmöglichkeit des Gegentheils oder der Satz des Widerspruchs: er ist deshalb das allgemeine Princip für das gesammte System der geometrischen oder metaphysischen Wahrheiten. In einer Hinsicht aber besitzt er eine gewisse Aehnlichkeit mit allen thatsächlichen Wahrheiten. Er ist nämlich ebensowenig logisch deducirbar und beweisbar wie diese, und besitzt wie sie eine rein intuitive Gewissheit. Die Nöthigung, welche Descartes empfunden hatte, an die Spitze der demonstrativen Wissenschaft einen rein intuitiv erkennbaren Satz zu stellen, wiederholt sich bei Leibniz, nur mit dem Unterschiede, dass neben das logische Princip auch die ganze Fülle der Erfahrungen mit dem Anspruch auf diese intuitive Gewissheit treten. Man kann sagen, dass in dieser schon früh entwickelten Lehre des Philosophen die Verknüpfung der baconischen und der cartesianischen Intuition gegeben ist.

Diese erkenntnisstheoretischen Bestimmungen verschränken sich nun in höchst eigenthümlicher Weise durch die Mitwirkung einer Terminologie, welche Leibniz aus scholastischen Gewohnheiten übernahm. Die reine Verstandeserkenntniss bezeichnete man zu seiner Zeit gern als diejenige a priori, die empirische dagegen als diejenige a posteriori. Ursprünglich aber hatten diese Benennungen einen anderen Sinn gehabt, der aus der Methodologie des Aristoteles stammt. Erkenntniss a priori nannte man danach die aus der Kenntniss der Ursachen auf das Eintreten der Wirkung vorausschliessende, Erkenntniss a posteriori dagegen die aus der Kenntniss der Wirkung nach einer bekannten Regel auf das Vorhandensein der Ursachen zurückschliessende Einsicht. Es war der aristotelische Gegensatz des „πρότερον τῇ φύσει" und des „πρότερον πρὸς ἡμᾶς". Diese Beziehung schmolz in die Leibniz'sche Begriffsbestimmung um so leichter ein, als man sich des Unterschiedes von Erkenntnissgründen und Realursachen noch nicht klar bewusst geworden war. So entwickelte sich jener Gegensatz dahin weiter, dass Leibniz unter geometrischen oder metaphysischen Wahrheiten diejenigen verstand, welche man bis auf die letzten Gründe oder Ursachen zurückzuführen vermöge, unter thatsächlichen dagegen diejenigen, bei denen dies nicht der Fall sei. In dem Verfolge dieser Gedanken nahm jedoch jener Gegensatz eine andere Gestalt an: die geometrischen oder logischen Wahrheiten lassen sich so weit und so restlos auf die ersten Wahrheiten zurückführen, dass daraus die Unmöglichkeit ihres Gegentheils einleuchtet; bei den thatsächlichen Wahrheiten ist zwar auch jene rückschliessende Thätigkeit möglich, welche die Ursachen davon erkennt, aber diese Ursachen sind selbst immer nur wieder Thatsachen oder thatsächliche Beziehungen, und bei keiner Thatsache ist eine so vollständige Analyse möglich, dass daraus die klare Einsicht in die Unmöglichkeit ihres Gegentheils entspränge. Dieser Unterschied gilt freilich, wie Leibniz ausdrücklich hervorhebt, nur für den beschränkten Verstand des Menschen: die göttliche Erkenntniss muss im Stande sein, jene Analyse, welche dem Menschen nur bei den geometrischen und logischen Wahrheiten glückt, auch für die thatsächlichen auszuführen, und für die Gottheit müsste danach der Gegensatz ewiger und thatsächlicher Wahrheiten fortfallen. Dies ist in einer anderen Verschiebung derselbe Grundgedanke, welcher Spinoza bei seiner Unterscheidung der rationalen Erkenntniss und der Erkenntniss „sub specie aeternitatis" vorschwebte. Bei Leibniz nimmt er die Form an, dass für den Menschen nur die geometrischen und logischen Wahrheiten bis zu der Einsicht in die Unmöglichkeit des Gegentheils gebracht werden können; dass man sich dagegen bei den thatsächlichen Wahrheiten auf das Verständniss des causalen Zusammenhanges beschränken müsse, in welchem sie mit anderen Thatsachen stehen. So kommt er dazu, zwei höchste und letzte Principien aller Wahrheit aufzustellen: das **Princip des Widerspruchs auf der einen Seite für die ewigen Wahrheiten, das Princip des zureichenden Grundes auf der anderen Seite für die thatsächlichen Wahrheiten.**

In dieser Fassung erscheinen die Theorien des **Rationalismus** und des **Empirismus** dicht neben einander: die Forderung des einen, dass alle Erkenntniss auf logischer Deduction beruhe, ist ebenso anerkannt, wie das Bestreben des anderen, von den erfahrenen Thatsachen aus deren causalen Zusammenhang zu begreifen. Das ist eine Verknüpfung, aber keine vollkommene Versöhnung: beide Elemente stehen hier noch unvermittelt neben einander. Aber auch diese gleichmässige Anerkennung wäre gänzlich ungefährlich gewesen, wenn ihr nicht Leibniz in offenbarer Inconsequenz eine metaphysische Bedeutung zuzuschreiben versucht hätte. Er hatte ausdrücklich hervorgehoben, dass für die Gottheit jener Unterschied fortfalle, indem diese die unendliche Analysis, vermöge deren die logische Nothwendigkeit auch der thatsächlichen Wahrheiten eingesehen werden könnte, auszuführen im Stande sein müsse. Das setzte voraus, dass auch die thatsächlichen Wahrheiten in letzter Instanz ebenso in der logischen Nothwendigkeit wurzeln, wie diejenigen, welche der Mensch darauf zurückzuführen vermag. Spinoza hatte diese Consequenz gezogen, er hatte das Postulat aufgestellt, dass alle Dinge als eine ewige Folge aus dem Wesen der Gottheit begriffen werden müssten, wenn er auch diese Aufgabe nicht im Einzelnen zu erfüllen vermocht hatte. Leibniz dagegen liess sich verleiten, den Werthunterschied der ewigen und der thatsächlichen Wahrheiten, welchen er zunächst nur für die menschliche Erkenntniss festgesetzt hatte, in einen metaphysischen Unterschied umzudeuten. Danach sollte der Inhalt der geometrischen und logischen Wahrheiten einem ewigen, mit sich selbst identischen, d. h. widerspruchslosen Weltgesetze entsprechen, der Inhalt der thatsächlichen Wahrheiten dagegen immer nur durch andere Thatsachen bedingt sein.

Hierin besteht die principielle Verwandtschaft der Leibniz'schen Lehre mit dem **Platonismus**. Denn diese metaphysische Ausdeutung oder Hypostasirung des erkenntnisstheoretischen Gegensatzes von rationaler und empirischer Wahrheit, wonach ihm der reale Gegensatz einer ewigen und einer zeitlichen Wirklichkeit entsprechen soll, — diese Lehre führt genau zu der Auffassung, welche Platon auf dem gleichen Wege gewonnen und zu der Unterscheidung der immateriellen und der materiellen Welt ausgebildet hat. So steht auch bei Leibniz eine Welt ewiger, unveränderlicher Wesenheit einer anderen Welt gegenüber, in der sich Thatsachen nach dem Princip des zureichenden Grundes in der Zeitfolge abwickeln. Es ist der alte Gegensatz von Idee und Erscheinung. In beiden Fällen aber, bei Leibniz wie bei Platon, bildet er nur den metaphysischen Reflex des Gegensatzes von Rationalismus und Empirismus.

In der Ausführung dieses Gedankens nun sprach Leibniz von einer doppelten Art der Nothwendigkeit, einer **absoluten und unbedingten Nothwendigkeit**, welche den ewigen Wahrheiten, und einer **bedingten oder hypothetischen Nothwendigkeit**, welche den thatsächlichen Wahrheiten zukomme. Diese bedingte Nothwendigkeit nannte er Zufälligkeit. Auch hierbei ist der Vergleich mit Spinoza lehrreich. Die Zufälligkeit im Sinne der Ursachlosigkeit erkannte der Eine so wenig wie der Andere an: aber das Gegentheil davon, die Nothwendigkeit, wurde von Spinoza nur in dem einen Sinne einer zugleich logischen und causalen Bedingtheit aufgefasst: Leibniz dagegen machte den Unterschied einer logischen Nothwendigkeit, als der Unmöglichkeit des Gegentheils, und einer causalen Nothwendigkeit, als der Abhängigkeit einer Thatsache von anderen Thatsachen. Im gewissen Sinne freilich erinnert diese Lehre von Leibniz an die doppelte Causalität im spinozistischen System, wonach jeder Modus zwar eine „ewige Folge" aus dem Wesen Gottes, zugleich aber innerhalb des Attributs durch andere Modi „determinirt" sein sollte. Allein für Leibniz kam so der Unbegriff einer zufälligen Nothwendigkeit zu Stande, mit dem er die thatsächliche Bedingtheit, deren Gegentheil für den menschlichen Verstand denkbar bleibt, bezeichnen wollte. Indem er dann aber andererseits unter Nothwendigkeit im engeren Sinne nur die absolute und unbedingte verstand, setzte er wieder nothwendig und zufällig einander gegenüber und bezeichnete schliesslich den Gegensatz der ewigen und der thatsächlichen als denjenigen der **nothwendigen und der zufälligen Wahrheiten**.

Dabei aber blieb er nicht stehen, sondern dem Begriffe der Wahrheit gemäss betrachtete er nun auch allen Inhalt der nothwendigen Wahrheiten als nothwendig existirend, allen Inhalt der zufälligen Wahrheiten als zufällig existirend. Alles, was sich begrifflich aus der Unmöglichkeit des Gegentheils einsehen lässt, ist nothwendig im metaphysischen Sinne; Alles dagegen, was nur Thatsache ist, gilt, wenn es auch auf zureichende Gründe in anderen Thatsachen zurückgeführt werden kann, doch nur als zufällig. Hierin zeigt sich Leibniz trotz der Aufnahme der empiristischen Principien als vollkommener Rationalist, ja es verwandelt sich bei ihm eben damit nach platonischem Muster die verschiedene Art der menschlichen Erkenntniss in eine verschiedene Art der metaphysischen Wirklichkeit. Das Kriterium, welches so zwischen Nothwendigkeit und Zufälligkeit unterscheiden soll, ist lediglich das logische Kriterium der Unmöglichkeit des Gegentheils. Das höchste Princip dieser Philosophie ist das rationalistische der Denknothwendigkeit. Die Thatsachen werden als causal bedingt anerkannt, aber sie gelten trotzdem als zufällig, weil kein logischer Grund vorliegt, das Gegentheil für unmöglich zu erklären. Die absolute Nothwendigkeit aber, welche den ewigen Wahrheiten zukommt, besteht lediglich darin, dass sie gedacht werden müssen; ihre Nothwendigkeit ist eine begriffliche. Dieses System kennt keine andere Nothwendigkeit des Seins, als diejenige des Denkens: was absolut gedacht werden muss, existirt auch absolut nothwendig, was nur bedingt gedacht wird, existirt auch nur bedingt. Die Hypostasirung der Denkformen, welche das Wesen alles Rationalismus ausmacht, ist niemals unverhüllter und klarer zu Tage getreten, als bei Leibniz, und das zeigt sich vor Allem bei seiner Behandlung des Begriffes der Möglichkeit. Der Inhalt jedes wahren Gedankens, entwickelt er, muss möglich sein; aber seine Wirklichkeit beruht entweder nur in ihm selber, und wo das eintrifft, da ist auch das Gegentheil unmöglich und er selbst unbedingt nothwendig, oder sie beruht auf etwas Anderem, und dann ist das Gegentheil denkbar und der Gedanke selbst nur bedingt nothwendig. Auf diese Weise haben durch Leibniz die Begriffe Möglichkeit und Nothwendigkeit eine so vieldeutige und verkünstelte Bedeutung erhalten, dass dadurch in der folgenden Entwicklung der deutschen Philosophie eine gewaltige Verwirrung angestiftet worden ist: namentlich hat jener Gegensatz der unbedingten und der bedingten Nothwendigkeit zu zahllosen Schwierigkeiten und wunderlichen Verschiebungen des Gedankens Veranlassung gegeben. Er hat vor Allem das Vorurtheil genährt, als ob die Unmöglichkeit des Gegentheils das höchste und werthvollste Kriterium für die Erkenntniss der Wirklichkeit sei, und auf der anderen Seite den noch gefährlicheren Irrthum veranlasst, als ob die logische Möglichkeit aller Wirklichkeit vorangehen müsse. Schon Leibniz bezeichnete die nothwendigen Wahrheiten als „primae possibilitates" und schöpfte daraus den Gedanken, dass der wirklich bestehenden Welt eine Fülle von Möglichkeiten zu Grunde liege, zwischen denen eine nur thatsächlich zu begreifende Wahl getroffen worden sei. So wurde das wahre Verhältniss der Begriffe von Möglichkeit und Wirklichkeit geradezu umgekehrt. Während Alles, was wir Möglichkeiten nennen, nur Gedanken sind, die auf dem Grunde der bestehenden Wirklichkeit erwachsen, erscheint hier die Wirklichkeit als eine zufällige Thatsache auf dem Hintergrunde der vor ihr bestehenden Möglichkeiten.

So wichtig diese erkenntnisstheoretischen Untersuchungen von Leibniz und namentlich sein Bestreben, das rationalistische mit dem empiristischen Denken zu vereinigen, in der Folgezeit geworden sind, so wenig haben darin seine metaphysischen Ansichten ihren Ursprung: umgekehrt vielmehr ist, wie sich weiterhin zeigen wird, seine Erkenntnisstheorie später von dem Standpunkte seines metaphysischen Systems aus vertieft worden. Dieser Standpunkt selbst aber ist lediglich aus Ueberlegungen erwachsen, welche Leibniz über die grossen metaphysischen und besonders auch die naturphilosophischen Probleme seiner Zeit unabhängig von jenen logischen oder methodologischen Auffassungen anstellte. Hierin gaben lediglich sachliche Momente den Ausschlag, und hierin hatte er sich schon früh die hohe Aufgabe gestellt, die Gegensätze der antiken und der modernen Wissenschaft zu versöhnen. Es war die brennende Frage der Zeit, ob die Erklärung der Naturerscheinungen dem causalen oder dem teleologischen Gesichtspunkte folgen solle, welche auch Leibniz in erster Linie bewegte, und seine vermittelnde Natur bewährte sich auch hier in dem Versuche, die Gegensätze mit einander auszugleichen. Die besondere Richtung, welche dieser Versuch einschlug, war dadurch bedingt, dass die einseitige Verfolgung der mechanischen Naturerklärung theils wirklich zum Materialismus führte, theils dieser Consequenz beschuldigt wurde, und dass auf der anderen Seite die teleologische Naturerklärung leicht mit einer spiritualistischen Metaphysik Hand in Hand ging. Die Streitfrage zwischen Materialismus und Spiritualismus aber hing wesentlich an dem metaphysischen Problem der Substanz. Die Frage: „was sind die Substanzen?" war deshalb auch für Leibniz die Cardinalfrage, und seine Lehre liegt, von dieser Seite betrachtet, direkt in der Fortsetzung derjenigen Entwicklung, welche die rationalistische Philosophie von Descartes zu den Occasionalisten, zu Spinoza und zu Malebranche genommen hatte. Man kann die eigenthümliche Ausprägung, welche der Substanzbegriff bei Leibniz gefunden hat, als eine Reaction gegen die Aufhebung der substantiellen Selbständigkeit betrachten, welche die Nachfolger Descartes' den endlichen Substanzen gegenüber zu vollziehen gesucht hatten. Bei den Occasionalisten und bei Malebranche war alle Wirkungsthätigkeit aus den Substanzen in die Gottheit verlegt worden; Spinoza hatte es vorgezogen, sie statt dessen gar nicht mehr als Substanzen zu bezeichnen; aber seine unendliche Substanz besass gleichfalls keine reale Thätigkeit mehr, sondern war nur eine logische Kategorie, welche statt der Wirkungen „modi" besitzen sollte. Wenn darin eine Consequenz des logischen Formalismus lag, so ist es bezeichnend, dass Leibniz in den Begriff der Substanz dasjenige Element wieder einzuführen trachtete, welches die in der Erfahrung gewissermassen handgreifliche Seite an ihm bildet: sein von Erfahrungsstoff getränktes Denken lehrte ihn, dass wir von Substanzen überall nur da sprechen, wo wir ihre Wirkungen zu constatiren im Stande sind. Substanzen, welche nichts wirken, sind keine Substanzen: die Ursache der Wirkung aber nennen wir Kraft. Deshalb verwandelt Leibniz den Begriff der Substanz in denjenigen der **wirkenden Kraft**.

Dieser Grundbegriff entwickelt sich im Gegensatz gegen die cartesianische Naturphilosophie an der Auffassung des **Körpers**, und insofern ist es richtig, dass sein „Système nouveau de la nature" (1695) zunächst die Bedeutung einer neuen Auffassung der mechanischen Probleme gehabt hat: eben darin aber besteht die philosophische Natur des Mannes, dass er diese Gedanken zu allgemeinen metaphysischen Principien ausgebildet hat. Die materielle Substanz, der Körper, hatte bei Descartes nur das Attribut der Ausdehnung gehabt; das metaphysische Wesen des einzelnen Körpers sollte bei ihm lediglich in einer bestimmten Form der Ausdehnung bestehen, und der Formalismus dieser mathematischen Philosophie trat auf dem Gebiete der Naturerkenntniss darin hervor, dass das mathematisch Construirbare für das ganze Wesen des Körpers erklärt wurde. Deshalb konnte von einer selbständigen Kraft der Körper schon bei Descartes so wenig wie bei den Occasionalisten, bei Spinoza und Malebranche die Rede sein. Alle Kraft, welche die einzelnen Körper zu entwickeln scheinen, galt als übertragen und nur als ein Theil der allgemeinen, von Gott der Materie mitgetheilten Kraft. Das war gewissermassen die Mortification der Materie: die Natur in der Philosophie Descartes' war eine todte Maschine. Dieser Gedanke widerstrebte Leibniz auf das Aeusserste, welcher, die Lebendigkeit selber, überall Leben und Selbständigkeit zu sehen geneigt war. Deshalb empfand er der mechanischen Naturphilosophie gegenüber die von Aristoteles begründete Naturerklärung der alten Philosophie als ein wohlthuendes Gegengewicht. Das Bestreben, die Fülle der Erscheinungen in lediglich quantitative Verhältnisse aufzulösen, galt ihm als ein unmögliches, und er glaubte, man müsse zu jener Annahme qualitativ bestimmter Kräfte zurückkehren, welche Aristoteles mit dem Namen der „Entelechien" bezeichnet hatte. Er wollte damit das Princip der mechanischen Erklärung nicht aufheben, sondern nur einschränken. Seine Grundanschauung war die, dass das innere Wesen der Körper nur in der Kraft bestehe, welche sie ausüben, und dass die räumliche Gestalt, ihre mathematische und quantitativ bestimmbare Form, nur die Erscheinung dieser Kraft bilde.

Doch von hier aus trieb der Gedanke sogleich weiter: alle Kraft ist nicht materieller, sondern immaterieller Natur, und Leibniz war der letzte, sich dies zu verbergen. Wenn die Substanzen Kräfte sind, so sind sie **immaterielle Wesen**, so kann ihre räumliche Form nicht zu ihren ursprünglichen Attributen gehören, sondern nur ein Produkt ihrer Thätigkeit sein. Der Körper ist in Wahrheit etwas Anderes, als das ausgedehnte Wesen, das er zu sein scheint: er ist eine wirkende Kraft, und seine Ausdehnung selbst gehört zu den fundamentalen Wirkungen dieser Kraft. Es giebt keine ausgedehnten Substanzen, sondern die Körper sind diejenigen Substanzen, welche eine räumliche Erscheinungsform erzeugen. Hierin liegt der spiritualistische Grundcharakter der Leibniz'schen Lehre: sie zeigt eine Umbildung der cartesianischen, welche sich derjenigen von Malebranche, wenn auch aus anderen Gründen nähert und in ihrem Resultate mit dem Berkeleyanismus zusammenzutreffen scheint. Wenn sie trotzdem gewöhnlich nicht als Spiritualismus bezeichnet wird, so hat das seinen guten Grund. Denn weder die Aufhebung der materiellen Substanzen, noch auch das immaterielle Wesen, welches allein den Substanzen zugeschrieben werden soll, sind bei Leibniz in demselben Sinne gedacht wie bei Berkeley. Der Letztere hatte den Körpern überhaupt jede Substantialität abgesprochen und sie nur für Vorstellungscomplexe in den Geistern erklärt. Leibniz fusst darauf, dass die Körper wirkliche Substanzen sind, aber nicht ausgedehnter, sondern immaterieller Natur, und dass ihre räumliche Gestalt nicht als Erscheinung in anderen Wesen, sondern als ihre Wirkungsform von ihnen selbst erzeugt wird. Berkeley's Weltanschauung kannte deshalb nur menschliche und ihnen übergeordnete Geister, Leibniz dagegen nimmt die Existenz beseelter Substanzen bis in die äussersten und scheinbar unbelebtesten Theile der Materie hinein an und schreitet folgerichtig zu der Annahme mannigfaltigster und zum Theil viel niedriger stehender Formen des geistigen Lebens, als dies im Menschen zur Erscheinung kommt.

Neben der Immaterialität bringt die Einführung des Kraftbegriffes in denjenigen der Substanz bei Leibniz noch eine andere Folgerung mit sich: die Pluralität der Substanzen. Der stolze Versuch Spinoza's, die Mannigfaltigkeit der Dinge als die nothwendige Folge aus dem Wesen Gottes abzuleiten, war gescheitert, und die Ueberzeugung davon, dass man zur Annahme qualitativ bestimmter Kräfte zurückkehren müsse, machte Leibniz zum ausdrücklichen Gegner jenes starren Monismus. Sein System setzt eine unendliche Mannigfaltigkeit von Substanzen voraus. Aber in dem ganzen Zuge der rationalistischen Philosophie war der Gedanke einer einheitlichen Methode so unmittelbar mit demjenigen eines einheitlichen Weltzusammenhanges verbunden, dass sich auch Leibniz ihm nicht zu entziehen vermochte und in manchen Punkten seiner Lehre unmittelbar an den auch von ihm abgelehnten Spinozismus streifte. Vor allem meinte er, dass der Begriff der Substanzen nicht in der Weise gefasst werden dürfe, dass sie beziehungslos auseinanderfallen. Denn der Zusammenhang der Dinge ist selbst eine Thatsache, und die werthvollste von allen. Auch das ist ein Grund, weshalb Leibniz diese unendliche Anzahl von Substanzen nicht mit dem Namen der Atome bezeichnet, welchen er ausserdem schon der materiellen Bedeutung halber, die er von je her und namentlich auch zu jener Zeit hatte, gern vermied.

Seine beseelten Substanzen sind Individuen, und das Problem ist auch für ihn deshalb dasjenige, welches in dem Ringen der italienischen Naturphilosophie den Grundtrieb bildete: den Individualismus mit dem Universalismus zu versöhnen. In den Gegensätzen der Philosophie seiner Zeit fand er diese beiden Elemente in weitester Entfernung von einander: auf der einen Seite hatte der Spinozismus die vollendetste Form des Universalismus erzeugt, auf der anderen Seite drohte der Materialismus das Weltall in eine Anzahl beziehungsloser Punkte aufzulösen. In dem Bestreben, hier die rechte Mitte zu treffen, wählte Leibniz für seine Substanzen die Bezeichnung aus der Lehre Giordano Bruno's, welcher in gleicher Weise damit sich dem Atomismus und der neuplatonisirenden Einheitslehre hatte entgegensetzen wollen; er nannte sie „Monaden". Allein die Lösung des Problems ist bei Leibniz viel tiefer als bei Bruno, und er gewann sie hauptsächlich dadurch, dass er von dem immateriellen Charakter der Substanz aus das Wesen der Kraft mit Rücksicht auf dieses Problem zu bestimmen suchte.

Der Begriff der Substantialität verlangt es, dass jede Substanz etwas in sich Einheitliches und Abgeschlossenes sei, welches keinerlei Bestimmung von den übrigen Substanzen in der Aeusserung seiner Kraftwirkung erfährt. Wenn es trotzdem einen einheitlichen Zusammenhang aller Dinge geben soll, so ist das nur dadurch möglich, dass schon in dem ursprünglichen Wesen einer jeden Substanz eine innere Beziehung auf alle übrigen vorhanden ist. Der einheitliche Zusammenhang der Individuen ist nur so denkbar, dass er in dem Wesen jedes Individuums selbst enthalten ist. Universum und Individuum sind nur so vereinbar, dass das Individuum, jedes in seiner Weise, das Universum in sich trägt. In diesem Sinne sagt auch Leibniz, dass jede Monade ein Spiegel der Welt sei, und er verallgemeinert dadurch in metaphysischem Geiste jene erkenntnisstheoretische Forderung, welche überall in der Renaissance hervortrat, dass der Mensch, nur weil er Mikrokosmos sei, den Zusammenhang der Dinge zu erkennen vermöge. Jenes „omnia ubique", welches die Phantasie aller Naturphilosophen und Mystiker belebt hatte, wurde bei Leibniz zu einem klaren Begriff.

Daraus aber ergiebt sich, dass in dem Wesen jeder einzelnen Substanz jede andere vertreten, oder wie Leibniz sich ausdrückt, „repräsentirt" sein muss. In jeder Monade muss die ganze Mannigfaltigkeit der übrigen enthalten sein; auf der anderen Seite aber erfordert der Begriff der substantiellen Einheit, dass diese Mannigfaltigkeit in einer einheitlichen Zusammenfassung vorhanden sei. Das Wesen der Monade besteht deshalb darin, eine Einheit in der Mannigfaltigkeit zu sein. Der ästhetische Begriff der künstlerischen Einheit, welchen Bruno auf das Universum bezogen hatte, wird von Leibniz auf jede Monade angewendet, und dadurch werden für ihn auch die geringsten Monaden dasjenige, was bei Bruno nur die höheren und im letzten Sinne nur das Ganze gewesen war: **Organismen**. Dadurch charakterisirt sich das Leibniz'sche System als absoluter **Vitalismus**. Er kennt keine todte Materie, die ganze Welt ist ihm voll inneren Lebens, und der organische Begriff der einheitlichen Entwicklung des Mannigfaltigen durchleuchtet ihm das Universum.

Fragt man nun aber nach derjenigen immateriellen Thätigkeit, in welcher diese Zusammenfassung des Mannigfaltigen zur Einheit sich fortwährend vollzieht, so ist es diejenige der **Vorstellung**. In der Vorstellung werden jedesmal verschiedene Elemente zu einem einheitlichen Gedankengebilde verknüpft, und wenn man deshalb nach einem gemeinsamen Grundcharakter aller Substanzen fragt, so kann es kein anderer sein als dieser. Die Monaden sind **vorstellende Kräfte**. Es ist nicht zu leugnen, dass in dieser Argumentation bei Leibniz die Doppelbedeutung des Wortes „représentation", wonach es einmal soviel besagt, wie „vertreten sein", und das andere Mal den Sinn der geistigen Thätigkeit ausdrückt, welche wir im Deutschen mit „Vorstellung" bezeichnen, eine grosse und gefährliche Rolle spielt. Andererseits ist diese Bezeichnung der Monaden als vorstellender Kräfte eine höchst interessante Illustration der öfter schon erwähnten Thatsache, dass die gesammte vorkantische Philosophie als die Grundfunction des immateriellen Lebens überall die theoretische Thätigkeit des Vorstellens oder Denkens betrachtete. Gleichwohl ist diese Combination der Begriffe so glücklich, dass eine sinnigere und schlagendere Lösung jenes grossen Problems kaum gefunden werden konnte. Denn wie die übrigen Substanzen in jeder einzelnen anders lebendig sein sollen, als dadurch, dass sie deren Vorstellungsinhalt ausmachen, wäre in der That nicht abzusehen. Freilich verbarg sich Leibniz dabei eine völlig unlösliche Schwierigkeit: wenn jede Monade alle übrigen vorstellen soll, jede der übrigen aber ihrem Vorstellungsinhalte nach auch durch das System aller übrigen bedingt ist, so entsteht daraus ein Cirkel von Wechselbeziehungen, in welchem es schliesslich keinen absoluten Inhalt für diese gesammte Vorstellungsthätigkeit aller Monaden giebt.

Für Leibniz ist also der Thätigkeitsinhalt aller dieser vorstellenden Kräfte derselbe, nämlich das Universum selbst, und ein Unterschied zwischen den verschiedenen Monaden ist nur in der Verschiedenartigkeit der Vorstellungsthätigkeit zu suchen. Diese nun entnimmt der Philosoph dem cartesianischen Princip der Klarheit und Deutlichkeit. Die Monaden unterscheiden sich unter einander nur dadurch, dass die einen das Universum klarer und deutlicher vorstellen als die anderen, und sie ordnen sich dadurch in eine Stufenreihe an, welche von denjenigen Monaden, die nur unklare und verworrene Vorstellungen haben, bis zu derjenigen aufsteigt, in der es nur eine klare und deutliche Vorstellung aller übrigen giebt. Dabei definirt Leibniz als Klarheit die Eigenschaft der Vorstellung, vermöge deren ihr Gegenstand sicher und eindeutig wieder erkennbar und von allen anderen unterscheidbar ist; deutlich aber nennt er die Vorstellung, welche auch bis in alle ihre einzelnen Merkmale und deren Beziehungen klar ist. Diese Bestimmungen erhalten sodann eine greifbare Bedeutung, indem sich gleichfalls nach cartesianischem Princip das Klare und Deutliche zu dem Unklaren und Verworrenen ebenso verhalten soll wie die Sinnesempfindung zur Verstandesthätigkeit. Danach geht die Stufenreihe der Monaden von denjenigen aus, welche nur sinnliche Empfindungen haben, und endet mit derjenigen, welche nur reines Denken besitzt; und die Monaden unterscheiden sich nach dem Grade, in welchem sie die Welt entweder verworren, d. h. sinnlich, oder deutlich, d. h. mit dem Verstande vorstellen. In diesem Gegensatze hebt endlich Leibniz noch besonders die Beziehung hervor, worin sich jener schon bei Descartes zu dem aristotelischen Gegensatze der Aktivität und der Passivität befunden hatte. Leidend nennt er danach denjenigen Zustand der Monade, in welchem sie sinnlich verworrene, thätig denjenigen, in welchem sie verstandesmässig klare Vorstellungen hat.

Hieraus nun erhellt sogleich, was in dieser Weltanschauung die äussersten Gegenstätze sind: die untersten Monaden, welche nur verworrene Vorstellungen als sinnliche Empfindungen entwickeln und welche deshalb als nur leidend erscheinen, bilden das, was man sonst die Materie nennt; die höchste Monade dagegen, deren Vernunft nur klare Vorstellungen hat und welche deshalb die reine Thätigkeit darstellt, ist die Gottheit. Jener unteren Monaden sind offenbar unendlich viele, da in der Verworrenheit des Vorstellungsinhalts unendlich viele Grade möglich sind: die höchste Monade dagegen ist nur Eine; denn mehrere, welche gleichmässig die vollkommenste Klarheit und Deutlichkeit aller Vorstellungen besässen, wären absolut gleich und ihren Merkmalen nach ununterscheidbar, d. h. mit einander identisch. Hierin macht Leibniz das echt rationalistische Principium identitatis indiscernibilium geltend, d. h. den Grundsatz, dass Begriffe, deren Merkmale durchgängig und vollständig gleich sind, sich nur auf einen identischen Gegenstand beziehen. Es giebt nicht zwei völlig gleiche Dinge. Gerade dies Princip unterscheidet die Monadologie von der Atomistik. Die letztere nimmt an, dass die Atome völlig gleiche Wesen sind, welche sich nur zufällig an verschiedenen Raumpunkten befinden und lediglich nach diesem äusserlichen Umstand, der kein Merkmal ihres Begriffs ist, von einander unterschieden werden. Der Individualismus der Monadologie verlangt dagegen, dass jede Substanz in sich selber vollkommen bestimmt sei und fasst deshalb auch die räumliche Position jeder Monade als ein Produkt ihres Wesens und in ihrer Veränderung durch dies Kraftwesen selbst bestimmt auf.

Zwischen jenen beiden Polen, der Materie und der Gottheit, liegt nun die ganze unendliche Mannigfaltigkeit von Zwischenstufen, bei denen Klarheit und Verworrenheit, Verstand und Sinnlichkeit, Aktivität und Passivität in allen möglichen Mischungsformen vorkommen und unter denen auch der Mensch seine Stelle findet. Das Bedeutendste in diesem Systeme liegt darin, dass es die ganze Mannigfaltigkeit der Dinge als einen grossen Zusammenhang betrachtet, in welchem jedes Glied seine nothwendige und unersetzliche Stellung einnimmt. Jede Monade ist danach eine besondere Spiegelung des Weltalls, bei deren Fortfall dieses Weltall selbst ein anderes würde. Jede ist ein Individuum, aber nur dadurch, dass sie diese ihre nur ihr eigenthümliche Stellung im Systeme des Ganzen einnimmt. Diese Weltauffassung, zuerst von den beiden grossen Denkern des Alterthums erfasst, pflegt man in der neueren, durch Schelling und Hegel beeinflussten Terminologie das „System der Entwicklung" zu nennen. Man muss dabei aus der gewöhnlichen Bedeutung dieses Wortes den Sinn eines zeitlichen Hervorgehens fallen lassen, und darunter nur das metaphysische Postulat verstehen, dass das Wesen jedes einzelnen Theils im Weltall ein für den Zusammenhang des Ganzen nothwendig erforderliches Glied bildet und dass der Grund für die besondere Gestaltung jedes Einzelnen in dem Gesetz des Ganzen liegt. Diese organische Einheitlichkeit des Universums hat in dem System der Monadologie einen so präcisen Ausdruck gefunden, dass Leibniz in der That an der Spitze der Bewegung der deutschen Philosophie steht, welche dies tiefste Resultat des griechischen Denkens auf dem Boden der modernen Wissenschaft wieder zur Geltung zu bringen suchte. Sie hat von Leibniz an rastlos an dieser Aufgabe gearbeitet, und wenn die Formen, in denen sie das Problem auf dem Standpunkte der Identitätsphilosophie gelöst zu haben glaubte, wieder zerfallen sind, so muss ihr dieses Ziel noch immer als das höchste und letzte vorschweben. Es kann keine Frage sein, dass Leibniz diese seine historische Bedeutung der Vertiefung in die grossen Systeme des Alterthums und besonders des Aristoteles verdankt. Kein Denker hat in der Geschichte eine nachhaltigere und vielseitigere Wirkung ausgeübt, als Aristoteles; aber dieser letzte grosse Einfluss, mit welchem der innerste Kern seiner Lehre die Monadologie von Leibniz durchdrungen hat, ist sehr viel werthvoller, als die ganze Masse von äusserlichen Anlehnungen theils an die Form theils an die Schlagwörter seiner Philosophie, von der das Mittelalter gelebt hat.

Der einheitliche Zusammenhang, welcher so zwischen den Substanzen ihrem innerlichen Wesen nach besteht, muss sich auch in ihrer Thätigkeit entfalten. Es ist selbstverständlich, dass innerhalb dieses Systems diese Thätigkeit nur diejenige der Vorstellung sein kann. Aber die Vorstellungen allein begründen niemals den Fortgang zu anderen Vorstellungen: dieser kann vielmehr nur in dem inneren Thätigkeitstriebe der Substanz selbst beruhen. Neben der Vorstellung nimmt deshalb Leibniz in den Monaden eine „Tendenz", von einer Vorstellung zur anderen überzugehen, an, welche mit demjenigen, was man sonst Trieb oder Begierde nennt, identisch sei. Diese ist es, welche in jeder Monade das System der Vorstellungen in Fluss bringt und darin erhält. Das Resultat dieses Triebes aber kann in jedem Augenblicke nur durch den Inhalt der vorher vorhandenen Vorstellungen bedingt sein. Das

Leben jeder Monade besteht also in einer fortwährend durch ihren inneren Thätigkeitstrieb hervorgerufenen Entwicklung ihrer Vorstellungen. Da aber in allen Monaden dasselbe, nämlich das gesammte Universum, vorgestellt wird, so muss auch in jedem Augenblicke das Resultat dieser Vorstellungsbewegung in allen Monaden dasselbe sein, d. h. der ganze Weltprocess spielt sich in allen Monaden gleichmässig ab, und dadurch erklärt Leibniz aus der Tiefe seines Gedankenganges heraus jenen Schein des Einflusses der Substanzen auf einander, der das Problem der gesammten cartesianischen Schule bildete. Auch für ihn ist ein „influxus physicus", eine unmittelbare Einwirkung einer Substanz auf die andere, dem Begriffe nach unmöglich. „Die Monaden haben keine Fenster", wie er sich ausdrückt, durch welche sie von den übrigen etwas erfahren könnten. Jede lebt nur in sich; aber sie leben alle dasselbe, und darum scheint es so, als ob sie stets auf einander wirkten. Diese bezeichnendste Folgerung seiner Grundbegriffe nannte Leibniz die „prästabilirte Harmonie der Monaden", und er verwendete diese Theorie hauptsächlich, um den Zusammenhang von Leib und Seele begreiflich erscheinen zu lassen. Die Monaden, aus denen der Körper besteht, und die Monade, welche die Seele bildet, stehen so wenig in causalem Zusammenhange mit einander, wie Substanzen überhaupt; aber weil die Seele in jedem Augenblicke genau dasselbe vorstellen muss, was sich im Körper vollzieht, so scheint es, als ob sie bald auf den Körper einwirke, bald von ihm Einflüsse erführe. Er erläuterte dies durch das in jener Zeit vielfach, z. B. auch von Geulincx angewendete Beispiel von den zwei Uhren, deren stets gemeinsamer Gang sich entweder durch eine mechanische Abhängigkeit der einen von der anderen oder aus der stetigen Regulirung durch den Mechaniker oder aber daraus erklärt, dass beide von Anfang an gleich gestellt sind und gleich vollkommen gehen. Die eine Erklärung sei die cartesianische des influxus physicus, die andere diejenige des perpetuirlichen Wunders, welche die Occasionalisten annähmen*), die dritte diejenige der prästabilirten Harmonie: und man müsse überzeugt sein, der höchste Künstler habe die Dinge so eingerichtet, dass sie

---

*) Damit traf Leibniz freilich nur die unvollkommensten Anfangsstadien der occasionalistischen Lehre, nicht deren tiefere Entwicklung, wie sie sich namentlich in den späteren Darstellungen von Geulincx zeigte. Vgl. oben S. 194.

sich in steter Harmonie befinden, ohne dass eines das andere beeinflusse oder dass er gar von Moment zu Moment nachzuhelfen genöthigt wäre.

Es war eine Anzahl höchst bedeutender Nebengedanken, welche in diesem System der prästabilirten Harmonie implicite enthalten waren. Zunächst derjenige, dass der gemeinsame Lebensinhalt aller Monaden, der nimmermehr zufällig zu Stande gekommen sein kann, auf eine gemeinsame Ursache hinweise. Gerade durch diese ihre innere Gleichheit erweisen die Monaden, dass sie alle aus derselben Quelle stammen. Dieses ganze System muss seinen Ursprung in jener höchsten Monade haben, in der alle Vorstellungen klar und deutlich enthalten sind. Die prästabilirte Harmonie ist unbegreiflich, wenn sie nicht von Gott stammt, wenn nicht angenommen wird, Gott habe vermöge seiner absolut klaren und deutlichen Vorstellung alle Monaden von Anfang an mit einem solchen Inhalte ausgestattet, dass sie, jede in ihrer Weise sich entwickelnd, in jedem Augenblicke mit einander übereinstimmen. Aus der göttlichen Schöpferthätigkeit ist die unendliche Fülle der Monaden und eben damit die Harmonie des Weltalls hervorgegangen.

Allein diese Ansicht setzt sogleich noch ein anderes Element voraus. Sie lässt sich offenbar nur unter der Annahme halten, dass der Entwicklungsprocess der Vorstellungen ausnahmslos in allen Monaden jeden Augenblick nothwendig durch den Inhalt der vorhergehenden Vorstellungen bedingt ist. Denn wenn irgendwo ein Spielraum wäre, innerhalb dessen auch nur eine der Monaden zufällig oder willkürlich von jenem allgemein gleichen Gange der Vorstellungsentwicklung abzuweichen vermöchte, so wäre sogleich die Harmonie des ganzen Universums gestört. Das System der prästabilirten Harmonie setzt den Determinismus und die strikte Nothwendigkeit des gesammten Vorstellungslebens der Monaden voraus. Dies ist der Punkt, an welchem Leibniz seine Versöhnung des Mechanismus und der Teleologie vollzogen zu haben glaubte — es ist der Höhepunkt seiner Gedanken. Die Harmonie in dem Ablauf des Geschehens bei allen Monaden wird von ihm aus der göttlichen Schöpferthätigkeit erklärt, welche das System der Monaden nach ihren Zwecken angeordnet hat, welche aber diese zweckmässige Anordnung nur dadurch hat erreichen können, dass von dem gegebenen Anfangszustande aus mit unausweichlicher Nothwendigkeit alle Monaden den von Gott gewollten und von Anfang an festgestellten Entwicklungsgang nehmen. So grenzen sich beide Gegensätze einander ein, indem sie einander fordern. In dem Ablauf des einzelnen Geschehens herrscht nur mechanische Nothwendigkeit, und kein einziger Vorgang kann anders als aus seinen Ursachen erklärt werden. Der gesammte Ablauf des Weltgeschehens aber ist gerade in dieser seiner ausnahmslosen Nothwendigkeit durch die zweckmässige Schöpferthätigkeit Gottes von vornherein bestimmt. Der Mechanismus herrscht bedingungslos, aber er ist nur dazu da, um den Zweck zu erfüllen. Es ist merkwürdig, wie nahe Leibniz mit dieser Lehre seinem Gegner Newton stand. Der Gedanke, die Welt als eine von Gott zur Erfüllung seiner Zwecke gebaute Maschine zu betrachten, ist Beiden gemeinsam, und in diesem Sinne hat Leibniz auf die religiöse Aufklärung der Deutschen genau denselben Einfluss ausgeübt wie Newton auf diejenige der Engländer.

Der dritte Nebengedanke des Systems der prästabilirten Harmonie ist eine psychologische Hypothese von eminenter Tragweite. Es verlangt, dass jede Monade in jedem Momente den ganzen Weltzustand in sich vorstellt. Offenbar ist das nun schon bei der menschlichen Monade nicht in dem Sinne der Fall, dass diese sich aller dieser Vorstellungen bewusst wäre, da sie vielmehr stets nur einen äusserst geringen Umfang der Vorstellungen von der übrigen Welt zu umspannen vermag; und noch weniger darf man natürlich eine Erfüllung dieser Forderung von Seiten der niedrigsten Monaden annehmen, welche nicht einmal ein Bewusstsein überhaupt, geschweige denn ein derartig umfassendes Bewusstsein besitzen können. Es giebt deshalb für Leibniz nur den einen Ausweg der weiteren Hypothese, dass die Monaden eine grosse Menge von Vorstellungen besitzen, ohne von ihnen zu wissen, mit anderen Worten, dass es eine **unbewusste Vorstellungsthätigkeit** giebt, vermöge deren die niedrigere Monade ein Spiegel der Welt bleiben kann, ohne sich dieser ihrer Thätigkeit bewusst zu sein. Diese metaphysische Veranlassung war es, auf Grund deren Leibniz die für die gesammte Psychologie überaus wichtige Hypothese der Existenz unbewusster Vorstellungen machte. Es wurde ihm nicht schwer, sie mit seinen übrigen Theorien in Einklang zu bringen. Indem er das Bewusstsein für eine Function der Klarheit und Deutlichkeit in der Vorstellungsthätigkeit erklärte, fügte es sich von selbst, dass die Monaden in demselben Masse, wie sie verworrene Vorstellungen besitzen, auch des Bewusstseins davon ermangeln. Danach erschienen denn die die Materie constituirenden niedrigsten Monaden als diejenigen, welche zwar auch das gesammte Universum vorstellen, aber mit einer solchen Verworrenheit, dass sie sich dessen niemals bewusst werden, die Gottheit dagegen als die allwissende Centralmonade, welche sich in jedem Augenblicke des gesammten Universums mit voller Klarheit und Deutlichkeit bewusst ist. Die Annahme der unbewussten Seelenthätigkeit verband sich zugleich auf das Glücklichste mit Leibniz' grosser mathematischer Entdeckung. Von dem Zustande des klaren und deutlichen Bewusstseins bis hinab zu der absoluten Verworrenheit der rein sinnlichen Passivität liess sich nach Analogie der Infinitesimalrechnung durch alle möglichen Grade hindurch eine allmähliche, bis zum unendlich Kleinen hinabsteigende Abschwächung der Bewusstseinsenergie annehmen, ohne dass man diesem unendlich Kleinen die Realität abzusprechen genöthigt war. In diesem Sinne bezeichnete Leibniz die unbewussten Vorstellungen als „petites perceptions" und betonte es mehrfach, dass mit diesen kleinen Vorstellungen das System der prästabilirten Harmonie stehe und falle. Er suchte dann auch die Existenz der unbewussten Vorstellungen aus der menschlichen Erfahrung nachzuweisen und bediente sich dazu besonders des Beispiels vom Rauschen des Meeres. Der Fall eines einzelnen Wassertropfens bringe eine so minimale Erregung mit sich, dass er eine Wahrnehmung nicht hervorzurufen pflege; das donnergleiche Geräusch der Brandung dagegen setze sich auch nur aus einer unendlichen Anzahl solcher unendlich kleinen Erregungen zusammen, und hier habe man ein psychologisches Beispiel dafür, wie nach dem Princip der Differentialrechnung sich aus der Summirung einer unendlichen Anzahl unendlich kleiner Werthe eine stattliche reale Grösse, aus einer Masse unbewusster eine bewusste Vorstellung von lebhafter Energie zusammensetze. Jedenfalls aber war diese zunächst aus metaphysischen Ueberlegungen entsprungene Hypothese der unbewussten Vorstellungen von ausserordentlicher Bedeutung für die Entwicklung der Psychologie. Sie durchbrach jene Voraussetzung, welche dem Rationalismus und dem Empirismus gleichmässig eigen gewesen war, dass der Geist nur so viel in sich trage, als er von sich wisse; sie war zwar in dem Streite über die eingeborenen Ideen schon hin und wieder von den Cartesianern angedeutet und deshalb von Locke ausdrücklich bekämpft worden: aber im Allgemeinen war auch der Rationalismus schon durch Descartes' erkenntnisstheoretisches Princip dazu geführt worden, in der Seele nur so viel als wirklich anzuerkennen, als ihr Selbstbewusstsein enthält, und jedenfalls hat Leibniz das Verdienst, jene Hypothese zuerst in einer umfassenden und psychologisch brauchbaren Form ausgesprochen und damit ihre fruchtbare Verwerthung für die folgende Zeit angebahnt zu haben.

Von diesen allgemeinen Grundbegriffen aus entwarf nun Leibniz, freilich nur gelegentlich und in grossen Umrissen, auch die Grundzüge einer Neugestaltung der einzelnen philosophischen Disciplinen. Am schwierigsten war sie offenbar in der Naturphilosophie, obwohl gerade diese den Ausgangspunkt für die neue Theorie gebildet hatte. Aber das Princip, worauf Leibniz eben dabei geführt worden war, dass nämlich alle Körper ihrem Wesen nach Monaden und Organismen seien, gerieth selbstverständlich mit der mechanischen Naturphilosophie der Zeit, die er doch selbst nicht ablehnen, sondern nur einschränken wollte, in scharfe Conflicte. Der hauptsächlichste Differenzpunkt war der, dass Leibniz, indem er den Körpern den Charakter ausgedehnter Substanzen absprach, den Raum nicht als eine Realität betrachten konnte, innerhalb deren sich die Körper bewegen. Aus diesem Grunde musste er sowohl die Atomtheorie, als auch Newton's Annahme einer in die Ferne wirkenden und durch Abstandsverhältnisse in ihrer Energie bestimmten Kraft bestreiten, und der Begriff der Masse wurde für ihn zu einem schwierigen Problem, weil von einer eigentlichen Zusammensetzbarkeit der Monaden bei deren vollkommen in sich geschlossenem Wesen in seinem Systeme keine Rede sein konnte. Er suchte daher den Begriff des zusammengesetzten Körpers auf einem anderen Wege zu gewinnen, indem er auch hier lediglich das Princip des Organischen geltend machte. Er nahm nämlich an, dass unter den Monaden sich einzelne befänden, welche einen Complex niederer Monaden mit einer höheren Klarheit und Deutlichkeit in sich vorstellen, sodass sie diesem Complex gegenüber eine Art von Centralmonade bilden. In diesem Verhältnisse erscheinen dann jene niederen Monaden als die lediglich leidenden, diese Centralmonade als die verhältnissmässig thätige ihnen gegenüber und als diejenige, deren deutlichere Vorstellung die verworreneren Zustände der übrigen bestimme. So gewinnt die Centralmonade den niederen gegenüber die Bedeutung einer Substanz im höheren Sinne, und in diesem bildet sie das „substantielle Band", welches jene verknüpft. Zusammengesetzte Körper sind deshalb für Leibniz stets Organismen, deren thätiges Leben sich in einer Centralmonade concentrirt. Der Unterschied der organischen und der unorganischen Natur ist von einem principiellen zu einem graduellen herabgesetzt, in diesem Falle jedoch zu Gunsten der organischen, deren niedere Stufen nur in der unorganischen enthalten sein sollen. Jene Vereinigung aber, welche die niedersten Monaden in der Centralmonade erfahren, erscheint als ein räumliches Verhältniss derselben, und so kommt die ausgedehnte Gestalt der Körper und in letzter Instanz der gesammte Raum zwar nicht als eine metaphysische Wirklichkeit, aber doch als ein „wohl gegründetes Phänomen" zu Stande. Ein Gleiches gilt von der Zeit, welche aus der Anordnung der Vorstellungen in den Monaden entspringt. Der Raum ist nur die Ordnung der coexistirenden, die Zeit nur diejenige der aus einander sich entwickelnden Vorstellungen. Sie sind nur das verworrene sinnliche Bild der Verhältnisse, in welchen die Monaden mit einander nothwendig nach der prästabilirten Harmonie gedacht werden müssen. Im Grunde genommen sind deshalb auch die räumlichen Bewegungen, welche die Körper ausführen, nur verworrene Vorstellungen der wirklichen metaphysischen Beziehungen, in welchen sie sich befinden. Da aber diese Erscheinungsform in den inneren Beziehungen der Monaden begründet ist, so müssen auch in dem Ablauf dieser räumlichen Bewegungen gewisse Gesetze mit unverbrüchlicher Nothwendigkeit herrschen. So sucht Leibniz das Princip der mechanischen Naturphilosophie wieder zu gewinnen, obwohl er daran festhält, dass die gesammten Gesetze des mechanischen Naturzusammenhanges nicht in sich selbst, sondern in dem von der Gottheit zweckmässig angelegten Vorstellungsprocesse der Monaden beruhen und deshalb nicht nothwendige, sondern zufällige Wahrheiten bilden. Diese mechanische Naturerklärung soll dann zeigen, wie jede Bewegung aus einer anderen hervorgeht und zwar dadurch, dass die eine sich in die andere verwandelt. Leibniz erklärt es für seine grösste Entdeckung auf diesem Gebiete, gezeigt zu haben, dass alle Veränderungen der Natur nur ganz allmählich von Statten gehen, weil sie lediglich das verworrene Abbild der allmählichen Umbildung der Vorstellungen in den Monaden sind. Er spricht diese Behauptung als das **Gesetz der Continuität** aus und macht zu dessen Begründung hauptsächlich den Versuch, die Newton'sche Gravitationstheorie und die darin behauptete Wirkung in die Ferne durch eine mehr im Anschluss an Descartes gedachte Hypothese der sich continuirlich fortpflanzenden Wirbelbewegung zu widerlegen. Doch tritt er andererseits Newton soweit bei, dass er die mit der Vergrösserung des Abstandes in dem bekannten quadratischen Verhältniss wachsende Verminderung der Kraftwirkung zugesteht. Unter diesen Umständen glaubt er das Princip der Erhaltung der Kraft umgestalten zu müssen. Descartes hatte es nur in dem Sinne aufgestellt, dass die Grösse der Kraft derjenigen der Bewegung stets direkt proportional sei, und er hatte deshalb aus der Unveränderlichkeit der von Gott der Materie mitgetheilten Kraft geschlossen, dass die Summe der Bewegung im Weltall stets dieselbe sei. Leibniz zeigt, dass das letztere durch zweifellose Thatsachen widerlegt werde, und setzt an die Stelle der cartesianischen Behauptung eine dem Axiome der modernen Naturwissenschaft viel näher stehende Formulirung des Gesetzes, indem er behauptet, die Summe der Kraft bleibe im Weltall stets die gleiche, aber die Summe der wirklichen Bewegung wechsle vermöge der verschiedenen Möglichkeiten der Krafthemmung; d. h. er macht, um das Gesetz der Erhaltung der Kraft aufrecht zu erhalten, in einer freilich noch vielfach unklaren und nicht consequent durchführbaren Weise den Unterschied der lebendigen und der latenten Kraft. Daneben zeigt er eine annähernde Vorstellung von der Umsetzbarkeit der verschiedenen Bewegungsformen in einander und entwickelt namentlich, dass der scheinbare Kraftverlust bei dem Zustammenstoss elastischer Körper sich durch eine Umsetzung in molekulare Bewegung erkläre. Doch war natürlich eine strikte Durchführung und ein allseitiger Beweis für dies Princip so lange nicht möglich, als man von der Rolle, welche dabei die Wärme spielt, noch keine exacte Vorstellung hatte.

Wie in der Naturphilosophie die Abgrenzung des Organischen gegen das Unorganische, so bietet in der **Psychologie** für Leibniz die Differenz des Menschen von den übrigen Organismen nicht geringe Schwierigkeiten dar. Dass die Seele als die Centralmonade des Körpers auftritt, ist selbstverständlich; dass sie unsterblich ist, soll unmittelbar aus ihrer Natur als Monade folgen, da jede Substanz ihrem Begriffe nach unzerstörbar ist. Aber diese Art von Unsterblichkeit trifft alle Monaden und besonders auch die Thierseelen. Es ist daher ganz willkürlich, wenn Leibniz annimmt, eine thierische Centralmonade sei im Stande, in den dumpfen Zustand einer nur unbewussten Vorstellungsthätigkeit zurückzusinken, die menschliche dagegen bewahre die einmal klar und deutlich gewonnene Vorstellung der Persönlichkeit bis in alle Ewigkeit. Selbstverständlich kann es in diesem System keine Centralmonade geben, welche nicht irgendwie mit niedrigeren Monaden in dem Verhältniss stünde, dass sie das substantielle Band zwischen ihnen ausmacht, d. h. keine Seele ohne einen Leib. Allein es ist deshalb nicht nöthig, dass dieser Leib immer derselbe bleibe, sondern schon die Erfahrung des Wachsthums und des Stoffwechsels zeigt, dass die niederen Monaden, welche den Körper der höheren ausmachen, in stetem, wenn auch noch so langsamem Wechsel begriffen sind. Denn auch hier, meint Leibniz, herrsche das Gesetz der Continuität; keine Seele springe plötzlich aus einem Körper in den anderen, sondern bilde nur den früheren stetig in einen neuem um. Was speciell den Menschen betrifft, so sieht sich Leibniz vermöge der Ewigkeit der Monaden genöthigt, die Consequenz des Unsterblichkeitsglaubens auch nach rückwärts zu ziehen und eine Präexistenz der Seele vor dem gegenwärtigen Leben anzunehmen. Doch hält er dabei an der Ansicht fest, dass die menschliche Persönlichkeit von diesen Monaden nur einmal in der Verbindung mit einem menschlichen Organismus für immer gewonnen wird, dass somit die menschlichen Seelen vorher eine niedere Form des Daseins geführt haben (wofür er gern die kurz zuvor gemachte Entdeckung der Samenthierchen ausnutzte), und das andererseits diese zum Bewusstsein der Persönlichkeit gekommene Monade nach ihrer Auslösung aus dem dabei gestalteten Organismus, welche wir den Tod des Menschen zu nennen pflegen, sich eine höhere Form der Leiblichkeit bilde: das war denn nun freilich nicht mehr anschaulich vorzustellen, und da stiess namentlich die Annahme der continuirlichen Umbildung auf unüberwindliche Schwierigkeiten.

Viel wichtiger als diese Speculationen ist die Anwendung, welche Leibniz von seinen metaphysischen Begriffen auf den Vorstellungsprocess und die Erkenntnissthätigkeit des Menschen machte. Erst dadurch gewann er die werthvollste Vertiefung seiner Erkenntnisstheorie, und dies war der Punkt, wo er es in meisterhafter Weise verstand, seine methodologischen Untersuchungen mit seiner Metaphysik in Zusammenhang zu setzen. Schon deshalb sind die „Nouveaux essais", in denen er dies versuchte, sein reifstes und bedeutendstes Werk. Selbstverständlich und verhältnissmässig einfach war es, die Doppelrichtung, welche er der menschlichen Erkenntnissthätigkeit zugeschrieben hatte, auf die Mittelstellung zurückzuführen, welche die Monade des menschlichen Geistes in der Stufenreihe des Universums einnimmt. Sie hat weder bloss verworrene noch bloss klare und deutliche Vorstellungen, sondern eine Mischung aus beiden. Jene sind die sinnlichen Erfahrungen, aus denen die thatsächlichen Wahrheiten stammen, diese sind die klaren Begriffe, aus denen die ewigen Wahrheiten hervorgehen; und auch das Werthverhältniss beider, welches er durch ihre Bezeichnung als zufällige und nothwendige Wahrheiten ausgedrückt hatte, liess sich in dieser Ableitung als richtig begreifen. Die menschliche Monade, wie sie Leibniz in seiner Metaphysik dachte, war genau so eingerichtet, dass ihre Vorstellungen jenen doppelten Werth und jenen doppelten Ursprung haben mussten, welchen ihnen seine Erkenntnisstheorie zuschrieb. So fügte sich Alles in der glücklichsten Weise zum System, und seine Metaphysik schien selbst die Verknüpfung des Empirismus und des Rationalismus zu fordern, die seine Methodologie sich zur Aufgabe gemacht hatte. Hieraus ergab sich, dass seine Betrachtung des Locke'schen Versuchs sich zu diesem in erster Linie durchaus anerkennend verhielt und dass er die Richtigkeit der Locke'schen Theorie über den Ursprung und den Zusammenhang der Erfahrungserkenntniss in einem Grade billigte, welcher es gestattet hat, dass man aus der Vergleichung beider Werke eine Uebereinstimmung beider Denker in wesentlichen Punkten nachwies.

Gleichwohl ging Leibniz weit über sein Vorbild hinaus und zeigte auf das Schlagendste die Irrthümer, in welche Locke durch die einseitige Verfolgung dieser an sich richtigen Principien gerathen war. Der deutsche Denker verhielt sich zum Empirismus genau so wie zur mechanischen Naturerklärung: er erkannte beide an, um sie sogleich einzuschränken, diese durch die Teleologie, jene durch den Rationalismus. Das letztere gelang ihm durch eine geniale Verwendung jener Hypothese der unbewussten Vorstellungen, welche sich als die Consequenz der Lehre von der prästabilirten Harmonie ergeben hatte. Dass die sogenannten eingeborenen Ideen nicht alle in allen Seelen jederzeit mit Bewusstsein vorgestellt werden, giebt Leibniz der Locke'schen Beweisführung bedingungslos zu. Aber schon Locke hatte den Kern der Frage getroffen, wenn er gegen die Möglichkeit ihres unbewussten Vorhandenseins polemisirt hatte. Alle Theorien, mit denen Leibniz über ihn hinausging, liegen deshalb in dieser Richtung, und an die Stelle des aktuellen Eingeborenseins setzt er principiell und in ganzer Ausdehnung das virtuelle Eingeborensein. Diese Lehre ändert damit aber auch zugleich die ganze Auffassung von der Verarbeitung der sinnlichen Empfindungen durch das Denken, und indem Leibniz so den Rationalismus wieder zur Geltung bringen wollte, vertiefte er zugleich den Empirismus in sich selber. Für die allgemeine psychologische Theorie, auf der seine ganze Anschauung beruhte, erfand er einen Ausdruck, der namentlich für die neuere Psychologie wichtig geworden ist: er nannte die Vorstellungen überhaupt „représentations" oder, wie es auch in England und Frankreich theilweise geschah, „perceptions". Aber das blosse Haben von Vorstellungen muss nach seiner Theorie von dem Bewusstsein derselben sorgfältig unterschieden werden, und dieses Bewusstsein bezeichnete er mit dem Namen der „apperception", worunter er also die bewusste Aneignung eines Vorstellungsinhaltes durch den denkenden Geist verstand. Danach haben nun alle Monaden ausnahmslos die gleichen Perceptionen, aber sie unterscheiden sich dadurch, dass die einen mehr, die anderen weniger davon appercipiren, und die Entwicklung des menschlichen Geistes besteht darin, die Perceptionen in Apperceptionen zu verwandeln. Dieser Vorgang ist natürlich kein anderer als derjenige, wodurch der Anfangs dunkle oder verworrene, d. h. mehr oder minder unbewusste Zustand in das klare und deutliche Bewusstsein erhoben wird.

Hieraus folgte nun sogleich den Locke'schen Ausführungen gegenüber eine ganz andere Auffassung vom Wesen der Erfahrung. Schon in den allgemeinen Voraussetzungen der Leibniz'schen Metaphysik lag es begründet, dass es für Leibniz eine eigentliche Erfahrung im Sinne Locke's nicht geben konnte. Sie steht und fällt mit der Annahme des „influxus physicus". Wenn Leibniz überhaupt die Möglichkeit der Einwirkung von einer Substanz auf die andere leugnete, so konnten ihm auch die sinnlichen Empfindungen nicht Wirkungen der Dinge auf die menschliche Seele, sondern nur innere Erzeugnisse der letzteren sein, welche nach dem Princip der prästabilirten Harmonie in Conformität mit den inneren Vorgängen der Dinge aus ihr selbst hervorgehen. Sie bildeten ihm deshalb die verworrenen Vorstellungszustände, in welche die Seele aus eigener Nothwendigkeit geräth. Allein daraus ergiebt sich, dass in den Erfahrungen selbst Vieles, was die Seele schon besitzt, ihr selbst noch unbekannt ist, und dass der Vorgang der Apperception nur darin besteht, diesen schon vorhandenen und mit der Erfahrung selbst gegebenen Besitzstand in das klare Bewusstsein zu erheben. Soweit sieht das Resultat von Leibniz demjenigen von Locke zum Verwechseln ähnlich; denn auch er scheint zu lehren, dass die Erkenntnissthätigkeit lediglich in der Verdeutlichung des mit der Erfahrung gegebenen Inhaltes bestehe. Aber der gewaltige Unterschied zwischen beiden beruht in ihrer Auffassung von dem Inhalte dieser Erfahrung selbst. Locke hatte darin nur die einfachen Elemente theils der inneren, theils der äusseren Wahrnehmung gesucht und gemeint, die Beziehungsbegriffe, welche das verdeutlichende Denken zwischen ihnen statuirt, für die Produkte dieser Elemente oder für Wirkungen der Seelenvermögen ansehen zu müssen; er hatte darüber nicht zu scharf bestimmten Entscheidungen gelangen können. Darauf beruhte es, dass schliesslich Hume nachweisen konnte, einige dieser Beziehungsbegriffe und zwar die wichtigsten, nämlich diejenigen der Substantialität und der Causalität, seien nicht wirkliche Produkte dieser Elemente und deshalb illusorisch. Leibniz dagegen begriff — und das ist seine grösste That —, dass diese Beziehungsbegriffe wirklich schon in den Erfahrungen enthalten sind, aber nicht als Produkte der Wahrnehmungselemente, sondern vielmehr als selbständige Vorstellungen.

Die Vorstellungen, mit welchen auch die menschliche Monade die Erkenntniss des Universums in sich trägt, sind zunächst dunkel und unbewusst; der erste Schritt der Apperception macht sie zu bewussten, aber verworrenen Vorstellungen, d. h. zu sinnlichen Erfahrungen. Diese enthalten somit die Wahrheit zwar schon in bewusster, aber noch in verworrener Gestalt, und die sinnlichen oder thatsächlichen Erkenntnisse sind die verworrenen Bilder der ewigen Wahrheiten. Der Empirismus ist die psychologische Vorstufe des Rationalismus: das ist seine Berechtigung und zugleich seine Grenze. Denn diese verworrenen Vorstellungen bedürfen nur einer zweiten und höheren Apperception, um zu klaren und deutlichen zu werden. Durch diese neue Verarbeitung fallen die verworrenen Formen der Sinnlichkeit ab, und es entstehen die deutlichen Begriffe, mit denen wir den Zusammenhang der Dinge denken. Diese Begriffe stammen also nicht aus der Aussenwelt und ebensowenig aus den sinnlichen Elementen der Vorstellungsthätigkeit, sondern sie bilden einen ursprünglich dunklen und unbewussten Besitz des Geistes, dessen sich dieser in der Apperception durch Vermittlung der sinnlichen Erfahrung bewusst wird. Nichts Anderes versteht Leibniz unter dem virtuellen Eingeborensein der Ideen. Die ewigen Wahrheiten existiren nicht von vornherein im Bewusstsein des Menschen, aber sie kommen auch nicht von aussen hinein; sie waren vielmehr von Anfang an als „petites perceptions" mit jenem unendlich geringen Grade von Bewusstsein, welchen wir als unbewusst bezeichnen, in der Seele vorhanden, und sie werden nur in der Apperception auf Grund der Erfahrung, in der sie noch verworren erscheinen, auf die klare Höhe des Bewusstseins gehoben. Die Monade, welche das Universum spiegelt, trägt in sich auch die Weltgesetze, die ewigen Wahrheiten: aber die menschliche Monade ist sich ihrer von Anfang an so wenig bewusst wie des grössten Theils des Universums überhaupt, sie lernt sie nur durch die verworrenen sinnlichen Vorstellungen hindurch erst zur Deutlichkeit zu bringen und erfährt auf diese Weise nur, was sie von Anfang an besass und ausübte. Diese Weltgesetze sind zugleich die Gesetze ihres eigenen Denkens, welche sie unbewusst anwendete, lange ehe ihr Bewusstsein sie kannte. Mit dieser tiefsinnigen Lehre glaubt Leibniz alle Schwierigkeiten der Erkenntnisstheorie überwunden und die unversöhnbar scheinenden Gegensätze ausgeglichen zu haben. Jedenfalls hat er damit die innere Gesetzmässigkeit aufgedeckt, welche der denkende Geist in sich selber trägt, und den Rationalismus aus der groben Form, in der ihn Descartes aussprach, in die feinere Gestalt gebracht, welche später Kant zur Vollendung führte. Wohl gab er dem Empirismus zu, dass der menschliche Geist nur an der Hand der Erfahrung seine Erkenntnisse gewinnt, aber er durchschaute, dass diese Erfahrung nicht nur aus den sinnlichen Elementen besteht, sondern bereits, wenn auch in dunkler und verworrener Weise, mit den Gesetzen des Denkens durchsetzt ist. Dies sprach er in der classisch gewordenen Form aus, dass er dem von Locke angenommenen Satze „Nihil est in intellectu, quod non fuerit in sensu" das eine Wort hinzufügte: „nisi intellectus ipse".

Die Folgerungen, welche Leibniz von diesen psychologischen Grundlagen aus in der Ethik zog, waren verhältnissmässig einfach und fügten sich dem allgemeinen Gedankengange des Rationalismus ohne besondere Originalität ein. Da er das gesammte Triebleben nur als die Tendenz, von einer Vorstellung zur anderen fortzuschreiten, ansah, so erschien ihm nicht nur jede Triebthätigkeit durch den augenblicklichen Vorstellungszustand bedingt, sondern es musste sich auch, wie das schon bei Descartes und Spinoza der Fall gewesen war, der Werth der Triebe nach dem Werthe der sie als Motive bedingenden Vorstellungen richten. So wurde auch bei Leibniz der theoretische Unterschied der falschen und der wahren Vorstellung zum entscheidenden Kriterium des sittlich Unrichtigen und Richtigen. Analog dem Entwicklungsprocesse, welchen die Vorstellungen in der Apperception durchmachen, unterschied er drei Formen des Trieblebens: den dunklen unbewussten Trieb, welcher aus dunklen, unbewussten Vorstellungen hervorgeht, die sinnliche Begierde, welche in den verworrenen Vorstellungen der sinnlichen Erfahrung ihren Ursprung hat, und den bewussten, sittlichen Willen, dessen Motive in klaren und deutlichen Begriffen bestehen. Dass in seinem Systeme alle Erscheinungen des Trieblebens auf dem Mechanismus des Vorstellungsprocesses beruhen und deshalb durchaus deterministisch aufgefasst werden, ist selbstverständlich; der Begriff der Freiheit in dem Sinne einer motivlosen Entscheidung gilt auch bei Leibniz als ein Unding, und er wendet das Wort nur in einer Bedeutung an, welche der spinozistischen analog ist. Da die Monade sich soweit leidend verhält als sie dunkle und verworrene Zustände entwickelt, so befindet sie sich bei der Herrschaft der dunklen und der verworrenen Triebe im Zustande des Zwanges: da sie soweit thätig ist als sie klare und deutliche Zustände entwickelt, so befindet sie sich unter der Herrschaft des sittlichen Willens im Zustande der Selbstbestimmung, und diesen nennt Leibniz Freiheit. **Frei sein heisst der Vernunft gehorchen.** Auch der besondere Inhalt des sittlichen Willens entwickelt sich aus der klaren und deutlichen Erkenntniss. Diese besteht darin, dass die Monade die adäquaten Vorstellungen der übrigen Monaden zum klaren und deutlichen Bewusstsein bekommt und nach dem Princip der prästabilirten Harmonie den universellen Zusammenhang begreift, in welchem sie sich mit ihnen befindet. Aus dieser Erkenntniss ergiebt sich in dem Masse als sie klar und deutlich ist, dem Egoismus der sinnlichen Begierden gegenüber ein Trieb, welcher das Wohl der übrigen Wesen als das eigene empfindet, ihre Förderung als Freude, ihre Beeinträchtigung als Schmerz fühlt, d. h. die Liebe. Hieraus folgen die Grundzüge der sittlichen Lebensanschauung von Leibniz. Jeder Trieb geht auf Vervollkommnung, die wahre Vervollkommnung des Menschen aber beruht in der klaren und deutlichen Ausbildung seiner Vorstellungen. Das Ziel des sittlichen Strebens ist deshalb die Aufklärung des Geistes; je aufgeklärter ein Geist ist, mit desto grösserer Liebe macht er das Wohl der übrigen Geister zu seinem eigenen. Deshalb trägt die Tugend auch die Gewähr der Glückseligkeit in sich: zunächst für den Einzelnen selbst, indem er dadurch seiner wahren Vollkommenheit zustrebt, sodann für die Anderen, indem die Frucht der Erkenntniss die Liebe ist. Damit sprach Leibniz das philantropische Moralitätsideal des Aufklärungszeitalters aus, und die Popularphilosophie des XVIII. Jahrhunderts hat sich in Deutschland wesentlich um diesen Gedanken bewegt. Weisheit und Tugend sind ihr Eins; die geistige Aufklärung ist ihr identisch mit der sittlichen, und mit diesen Ueberzeugungen bereitete sie das Ideal der Humanität vor, welches wie ein zauberischer Duft über der Entwicklung der deutschen Dichtkunst liegt. Den Deutschen war es vorbehalten, das Princip der Aufklärung auf seine sittliche Höhe zu bringen. Die Engländer hatten es wesentlich unter dem Gesichtspunkte der intellectuellen Cultur aufgefasst und deren propagatorische Tendenz abgelehnt; die Franzosen vertraten zwar die letztere, aber mehr im Sinne eines politischen und socialen Agitationsmittels; die deutsche Aufklärung war unter dem Einflusse von Leibniz von der Ueberzeugung beseelt, dass die geistige Cultur die höchste und wesentlichste sittliche Aufgabe sei, an welcher der Einzelne für sich und für die Gesammtheit gleichmässig zu arbeiten habe. „Kläre Dich auf, und sorge für die Aufklärung Deiner Mitmenschen, dann werdet Ihr alle glücklich sein", das ist die Weisheit, zu der sich das ganze XVIII. Jahrhundert in Deutschland bekannte. Hier ist der ethische Rationalismus populär geworden, und die Abhängigkeit der Moralität von der Einsicht zum Losungsworte der geistigen Bewegung gestempelt. Darin beruhte der sympathische Zug, mit welchem sich die Deutschen des vorigen Jahrhunderts zu der Persönlichkeit des Sokrates hingezogen fühlten. Kein Name vielleicht findet sich in dieser Litteratur öfter als der seine, und zu keiner Zeit hat seine Gestalt mehr Bewunderer gefunden als in dieser. Jene Verknüpfung der Sittlichkeit mit der klaren Durchbildung des Geistes, die er gelehrt hatte, machten ihn auch der deutschen Aufklärung zum Ideale der Weisheit.

In der Rechtsphilosophie vertritt Leibniz, wenn auch nur mit gelegentlichen Bemerkungen und ohne jede systematische Durchführung, den Gedanken ihres unmittelbaren Anschlusses an die Ethik, und er bekämpft in dieser Hinsicht namentlich die Theorie von Pufendorf. Zwar erkennt er mit Grotius den Unterschied des natürlichen und des positiven Rechtes an, aber er behauptet, dass die Grundlage des ersteren nur in der Sittlichkeit gesucht werden dürfe. Das Recht gelte durchaus nicht nur für die äusserlichen Beziehungen der Menschen, sondern es beruhe in der sittlichen Liebe, welche das Bedürfniss fühlt, das Glückseligkeitsbestreben anderer Personen in der gleichen Weise wie das eigene anzuerkennen. Diese Liebe entwickelt sich negativ als die Scheu vor der Verletzung des fremden Gutes, positiv theils im Allgemeinen als die Beförderung der Glückseligkeit der Gesellschaft, theils im Besonderen als die vernünftige Vertheilung der Güter der Welt nach dem Masse der Vollkommenheit und des Verdienstes der einzelnen Personen. Diese drei Formen des Rechts bezeichnete Leibniz als die gegenseitige Gerechtigkeit (justitia commutativa), die wohlwollende Billigkeit (aequitas) und die austheilende Gerechtigkeit (justitia distributiva). Ueber allen dreien aber steht ihm die fromme Rechtschaffenheit (pietas), welche aus der Erkenntniss der göttlichen Weltordnung das ganze Leben nach der bewussten Harmonie aller Verhältnisse zu gestalten sich bemüht. In dieser Lehre sind die aristotelischen Begriffe mit christlichen Idealen in ähnliche Verbindung gebracht, wie in der thomistischen Philosophie.

Damit aber drängt auch die Rechtsphilosophie, wie alle Theile der Leibniz'schen Weltanschauung, auf jene letzte Zusammenfassung hin, welche die Vereinigung des Universums in dem göttlichen Geiste zu erkennen anstrebt. Die Religionsphilosophie war das Lieblingsgebiet seines Nachdenkens und seiner schriftstellerischen Thätigkeit. Hier concentrirten sich ihm alle Probleme, hier verlangte das System der prästabilirten Harmonie seine höchste Vollendung. In erster Linie ergiebt sich daraus, dass Leibniz eine Religionsphilosophie überhaupt für möglich hielt, d. h. dass er eine

Vernunfterkenntniss der Gottheit für die höchste Aufgabe aller Wissenschaft erklärte. Auch hier aber bewegte er sich in ähnlich vermittelnder Richtung wie Locke: alle Versuche, Vernunft und Glauben, Philosophie und Theologie aus einander zu reissen, fanden an ihm einen lebhaften Bekämpfer, und Bayle's einschneidende Kritik veranlasste ihn zu seinen bedeutendsten und umfangreichsten Erörterungen dieses Gegenstandes. Die versöhnende Stellung, welche er auch auf diesem Gebiete einnimmt, liess sich ebenfalls auf die Unterscheidung der geometrischen und der thatsächlichen Wahrheiten gründen. Die Vernunftreligion gilt in diesem Falle als eine aus den höchsten Grundsätzen beweisbare Erkenntniss des reinen Denkens, und als ihren Inhalt bezeichnet Leibniz neben der Lehre von der Unsterblichkeit der Seele hauptsächlich die Erkenntniss der Gottheit. Er sucht in ausführlicher Weise die verschiedenen Beweise für das Dasein Gottes als vollkommen zwingend darzustellen. Er wendet den ontologischen Beweis an, indem er zeigt, dass der Begriff der Gottheit zu jenen ersten Wahrheiten gehöre, deren Ungiltigkeit nicht gedacht werden kann, zu jenen Wahrheiten, deren Möglichkeit ihrem inneren Wesen nach ihre Nothwendigkeit involvirt. Er giebt dem kosmologischen Beweise von seinen Principien aus die Form, dass die ganze Welt in allen ihren endlichen Erscheinungen, deren zeitlicher Ablauf unter dem Causalgesetze steht, eine höchste und letzte Ursache voraussetze, und dass der Inbegriff der Dinge, der, nur in zufälligen Wahrheiten bestehend, auch anders gedacht werden könne und somit nur zufällig existire, seine Wurzel in einem absolut nothwendigen Wesen habe, welches dann auch unbedingt nothwendig erkannt werden könne. Er bringt endlich den physikotheologischen Beweis mit der Lehre von der prästabilirten Harmonie in Verbindung, indem er zeigt, dass die zweckmässige Uebereinstimmung in der Entwicklung der Monaden nur durch eine gemeinschaftliche Ursache zu begreifen sei, welche mit höchster Weisheit und in voller Klarheit und Deutlichkeit jedem Wesen seine Stelle in dem grossen Zusammenhange derartig angewiesen habe, dass es in der Nothwendigkeit seiner inneren Entwicklung stets mit den übrigen in Uebereinstimmung bleibe; er weist in dieser Hinsicht mit vollem Recht überall darauf hin, dass der Atomismus mit seiner Annahme von vornherein selbständiger und von einander unabhängiger Substanzen niemals den Zusammenhang des Geschehens zu erklären im Stande sei. Der influxus physicus sei nur eine Worterklärung, er setze durchaus eine höhere Gemeinschaft voraus, in der diese gegenseitige Einwirkung der Substanzen überhaupt möglich werde. Selbst diese Lehre komme daher nicht ohne die Annahme eines gemeinsamen Ortes, der die Verbindung der Substanzen vermittele, aus, und dieser Raum für die Substanzen sei eben die Gottheit. Gegenüber dieser nothwendigen Erkenntniss, welche den Inhalt der Vernunftreligion bildet, stehen nun die Dogmen der positiven Religion als thatsächliche und zufällige Wahrheiten. Sie können nicht aus der Vernunft abgeleitet, sondern nur als Thatsachen constatirt werden, und diese Thatsachen, auf welche sie sich stützen, sind die Offenbarung und die Wunder. Erkenntnisstheoretisch betrachtet Leibniz sie genau so, wie alle thatsächlichen Wahrheiten. Sie können aus der Vernunft nicht abgeleitet und deshalb von ihr allein nicht gefunden werden: aber sie widerstreiten ihr ebensowenig wie die übrigen thatsächlichen Wahrheiten. Sie beruhen auf Erfahrung, und zwar in diesem Falle auf historischer Erfahrung. Jede positive Religion gründet sich (wie es Lessing später ausgedrückt hat) auf Geschichte und ist so glaubwürdig wie diese. Aber diese thatsächlichen Wahrheiten sind darum nicht widervernünftig, sondern vielmehr übervernünftig. Namentlich soll dies von den Wundern gelten. Wenn diese den Naturgesetzen widersprechen, so sind ja nach Leibniz diese Naturgesetze selbst nur zufällige Wahrheiten, welche auch anders gedacht werden könnten; und wenn es der Gottheit zweckmässig erschienen ist, einmal eine andere Thatsache eintreten zu lassen, als die jenen zufälligen Wahrheiten entsprechende, so kann eine solche exceptionelle Thatsache in der göttlichen Vernunft wohl begründet sein, wenn sie auch der menschlichen nicht begreiflich ist.

Aber wenn so die natürliche und die positive Religion auf den Gegensatz der nothwendigen und der zufälligen Wahrheiten zurückgeführt werden, so fallen sie auch unter die Werthschätzung, welche für diese Principien massgebend ist. Deshalb musste für Leibniz als der eigentliche Kern aller Religiosität die Vernunftreligion, ihr gegenüber aber die positiven Dogmen als ein minder werthvolles und zufälliges Beiwerk erscheinen; deshalb vermochte er in seinen Unionsbestrebungen die Rolle des Vermittlers zwischen den verschiedenen Confessionen zu übernehmen, indem er ihnen zeigte, dass die sogenannten Unterscheidungslehren ein unwesentliches Beiwerk bildeten, wenn man nur in der Hauptsache einig sei. Dasselbe aber, wie vom Glauben, galt natürlich für das religiöse Leben. Die äusseren Ceremonien des Cultus waren ihm etwas Entbehrliches und Zufälliges: das Wesentliche besteht darin, dass, wie die klare und deutliche Erkenntniss der Monaden die Liebe mit sich führt, so erst recht die Erkenntniss der vollkommensten Monade mit der Gottesliebe eins ist. Diese Gottesliebe aber umfasst, weil in der Erkenntniss Gottes diejenige des Universums beschlossen ist, die ganze Welt. Genau so hatte, „nur mit ein bischen anderen Worten", auch Spinoza gesprochen. Für Leibniz laufen in diesem Gedanken ebenfalls alle Linien seines Systems zusammen. Die wahre Religiosität ist zugleich höchste Aufklärung und höchste Tugend. In diesem Geiste hat er selbst gelebt, er hat sogar die Gedanken solcher überconfessionellen Frömmigkeit in Wendungen ausgesprochen, welche theils an die Mystik, theils an den damaligen Pietismus, mit dessen Begründer Spener er früh bekannt geworden war, heranstreiften. Aber sein Verhältniss zu den positiven Dogmen, speciell des Christenthums, ist nicht immer dasselbe gewesen, sondern sein Wunsch, die Religion mit der Philosophie zu versöhnen, führte ihn zu wiederholten Malen auf Versuche, dieselben Dogmen, welche er sonst nur als thatsächliche Wahrheiten der Offenbarung anerkannte, als logisch nothwendig zu begreifen oder wenigstens darzustellen.

Die Vereinbarkeit der religiösen Wahrheit mit der Vernunft ist der Grundgedanke von Leibniz' Religionsphilosophie. Allein in dem religiösen Bewusstsein selbst entspringt die tiefste Schwierigkeit für die Lösung dieses Problems, und sie tritt gerade in dem Systeme von Leibniz besonders stark hervor. Die Religion ihrer theoretischen Ueberzeugung nach gipfelt in dem Glauben an die Gottheit; ihrem Gefühle nach concentrirt sie sich in dem Bedürfniss nach Erlösung. Sie setzt demnach als Gefühl das Bewusstsein des ganzen physischen und moralischen Elendes voraus, welches in der Welt herrscht, und erhebt sich als Glaube zu der Vorstellung eines unendlich weisen und gütigen Gottes, dessen Allmacht die Welt geschaffen habe. Gerade bei Leibniz traten diese Eigenschaften der Gottheit ganz besonders hervor. Die vollkommene Monade, welche nur klare und deutliche Vorstellungen hat, muss die vollendete Weisheit sein und damit, dem allgemeinen Princip der Leibniz'schen Lehre nach, auch die vollendete Güte;

und da aus ihr alle übrigen Monaden stammen, da der Entwicklungsprocess der endlichen Substanzen nichts Anderes ist, als die nothwendige Erfüllung der Mission, welche einer jeden die Gottheit in dem Zusammenhange des Ganzen von Anfang an zugewiesen hat, so ist die absolute Centralmonade auch das allmächtige Wesen. Wie ist mit diesem Begriffe der Gottheit die Fülle von Gebrechen zu vereinen, welche seine Welt in sich trägt? Das religiöse Gefühl mit seinem Erlösungsbedürfniss erhebt sich gegen den Glauben an einen Gott, mit dessen Begriffe eine Welt, die der Erlösung bedürftig wäre, nicht vereinbar erscheint. Diesen Widerspruch hatte Niemand klarer und schärfer ausgesprochen als Bayle, und gegen diesen richtete daher Leibniz das Werk, in dem er jenes Problem zu lösen suchte, die Théodicée. Er sucht hier zunächst die Schwierigkeit des Problems dadurch abzuschwächen, dass er (mit einer Anlehnung an die Lehre Spinoza's von der Negativität und in dem Sinne wie es schon im Alterthum von Plotin geschehen war) die metaphysische Realität des Uebels und der Sünde leugnet. Wie nun Spinoza gemeint hatte, der Irrthum bestehe nur in dem Mangel der Wahrheit, so sucht Leibniz auszuführen, dass einerseits alle Leiden der einzelnen Monaden nur in dem Mangel jener Aktivität bestehen, welche sich durch klare und deutliche Vorstellungen zu erkennen giebt, und dass andererseits alle Sünde gleichfalls nur der Begierdezustand falscher, verworrener und unklarer Vorstellungen ist. Das physische wie das moralische Uebel wurzelt gleichmässig in demjenigen, was Leibniz das metaphysische Uebel nennt, darin nämlich, dass die endlichen Monaden verworrene und unklare Vorstellungen und die daraus sich ergebenden Zustände haben müssen. Dabei setzt Leibniz überall voraus, dass das physische Uebel die nothwendige Folge des sittlichen sei. Denn die Natur ist ja nichts als die Erscheinungsform des Zusammenhanges der Monaden; die nothwendigen Wirkungen, welche in ihr erfolgen, müssen sich mit den nothwendigen Wirkungen in Uebereinstimmung befinden, welche im Reich der Sittlichkeit von Statten gehen, oder wie Leibniz es ausdrückt: „das Reich der Natur ist dasselbe wie das Reich der Gnade." Der Sünde entspricht das physische Uebel, und wenn die Entwicklung des sittlichen Lebens darauf hinausgeht, schliesslich im Weltgericht die Erlösung zu vollenden, so muss in demselben Momente die Natur den Abschluss ihrer nothwendigen Verwandlungen in ihrer Verklärung gefunden haben. Beide aber, das moralische und das physische Uebel, sind die Folgen der metaphysischen Unvollkommenheit. Allein diese ist nichts Positives, sondern vielmehr nur der gradweis verschiedene Mangel an Vollkommenheit. Was wirklich positiv existirt, ist nur die Vollkommenheit; diese jedoch wäre nicht sie selbst, wenn nicht ihr Mangel und ihr Gegentheil, d. h. die Unvollkommenheit möglich wäre. Auf der Möglichkeit des Unvollkommenen beruht daher überall diejenige des Vollkommenen: die Lust wäre nicht da ohne den Schmerz, und die Heiligkeit nicht ohne die Sünde. Die Unvollkommenheit ist die nothwendige Voraussetzung der Vollkommenheit. Darin besteht der Leibniz'sche Optimismus. Im Grunde genommen leugnet er die empirische Existenz des Uebels nicht, er behauptet nur dessen metaphysische Negativität, und er nimmt selbst diese Behauptung gewissermassen dadurch zurück, dass er das Negative für die unentbehrliche Voraussetzung des Positiven erklärt. Es liegt darin eine Verwechslung der Begriffe vor, vermöge deren logische Positivität oder Negativität mit metaphysischer Realität vertauscht werden, eine Verwechslung, welche erst Kant aufgedeckt hat. In der Durchführung zeigt sich dieser Optimismus durchweg von dem Universalismus abhängig. Betrachtet man die einzelne Monade, so weist sie immer den Charakter der Unvollkommenheit auf: erst in dem Ganzen verschwinden die Unvollkommenheiten des Einzelnen vor der Harmonie und vor derjenigen Vollkommenheit, welche in der alle verknüpfenden Centralmonade, in der Gottheit, mit absoluter Realität vorhanden ist. Wie schon Bruno, so zeigt Leibniz auf's Neue, dass der Optimismus nur in der Betrachtung des Universums, niemals in derjenigen des Individuums möglich ist. Das ganze Weltall als das Abbild der göttlichen Vollkommenheit muss selbst vollkommen sein. Die endliche Monade ist zwar auch ein Spiegel der Welt, aber nur ein unvollkommener, und daraus ergiebt sich ihre moralische Schwäche und ihr physisches Leiden. Diese ganze Betrachtung ist nur auf dem Boden des Leibniz'schen Rationalismus möglich, und sie zieht die letzten Consequenzen seiner Metaphysik. Wenn er als die Thätigkeit der Substanzen nur die Vorstellungen betrachtete, so sieht er hier unter diesen nur diejenigen für wahrhaft wirklich an, welche klar und deutlich geworden sind. Das cartesianische Erkenntnissprincip ist zum Realprincip geworden: die Klarheit und

Deutlichkeit der Vorstellungen ist zugleich die metaphysische Wirklichkeit und Vollkommenheit.

Diese Hypostasirung des Denkens, welche überall das letzte Resultat der Leibniz'schen Lehre bildet, erreicht nun ihre schärfste Ausprägung in derjenigen Theorie, mit welcher diese optimistischen Betrachtungen sich abschliessen. Denn zum Schluss entsteht noch die Frage, weshalb die allweise, allgütige und allmächtige Gottheit eine Welt von Monaden schuf, aus deren Unvollkommenheit nothwendig ihre Sündhaftigkeit und ihr Leiden hervorgehen musste. Stand die weltschöpferische Thätigkeit unter der Willkür eines allgütigen Gottes, warum schuf er nicht eine Welt der reinen Vollkommenheit, die alle Sünde und alles Leiden ausgeschlossen hätte? In der Antwort, die Leibniz auf diese Frage giebt, ziehen sich alle Fäden seines Denkens zusammen, und hier wächst seine Erkenntnisstheorie unmittelbar in seine Metaphysik hinein. Allerdings, sagt er, die Sünde und das Uebel in der Welt sind zufällige Wahrheiten: es ist eine andere Welt denkbar, es sind die mannigfachsten Combinationen für die Entwicklung des unendlichen Verstandes der Gottheit gegeben, und der möglichen Welten sind offenbar unendlich viele. Dass Gott unter diesen möglichen gerade die bestehende gewählt hat, um sie zur Wirklichkeit zu bringen, ist bei seiner Allweisheit, Allgüte und Allmacht nur unter der Voraussetzung zu begreifen, dass sie unter den möglichen Welten die beste war. Wenn sie gleichwohl den Charakter der Unvollkommenheit an sich trägt, so muss angenommen werden, dass jede von den übrigen möglichen Welten noch unvollkommener gewesen wäre, so folgt daraus, dass ohne Unvollkommenheit überhaupt keine Welt möglich war. Und in der That, diese Behauptung hält Leibniz aufrecht, indem er sagt, dass die Unvollkommenheit ein nothwendiges Moment in dem Begriffe der Welt bilde. Keine Welt ist denkbar ohne endliche Wesen, aus denen sie besteht; endliche Wesen aber sind eben deshalb unvollkommen, weil sie endlich sind. Wenn somit überhaupt eine Welt geschaffen werden sollte — und sie musste es, um die Fülle der göttlichen Lebensthätigkeit zum Ausdruck zu bringen —, so musste sie aus endlichen und unvollkommenen Wesen bestehen. Diese Unvollkommenheit der endlichen Wesen ist das metaphysische Uebel; es ist eine ewige, nothwendige, unbedingte Wahrheit, deren Gegentheil unmöglich gedacht werden kann. Das moralische und das von ihm abhängige physische Uebel dagegen sind nur thatsächliche Wahrheiten, welche in der göttlichen Wahl wurzeln. Diese Wahl aber war bedingt durch die Güte Gottes, welcher unter all den möglichen unvollkommenen Welten die am wenigsten unvollkommene zur Wirklichkeit brachte. Die Vollkommenheit der Welt ist daher nicht absolut, sondern nur relativ. **Sie ist nicht die gute Welt, sondern nur die beste unter den möglichen.**

Nach dieser Lehre befand sich also die Gottheit bei der Schöpfung der Welt nicht in willkürlicher Freiheit, sondern war durch die Möglichkeit gebunden, welche in ihrer unendlichen Weisheit gegeben war. Gott hätte gern die gute Welt geschaffen, aber seine Weisheit erlaubte ihm, weil es ein ewiges Gesetz ist, dass jede Welt aus endlichen und unvollkommenen Dingen bestehen muss, nur die beste. Auch der göttliche Wille steht unter dem Fatum der von ihm unabhängigen ewigen Ideen, und der unbedingten Nothwendigkeit der letzteren haben wir es zuzuschreiben, dass Gott bei dem besten Willen die Welt nicht absolut gut, sondern nur eben so gut als möglich schaffen konnte. Das logische Gesetz der Unvollkommenheit der endlichen Wesen war der fatale Zwang, weshalb die Welt trotz der göttlichen Güte so voller Gebrechen ausfiel. Der tiefste Kern dieser Metaphysik ist der, dass den Hintergrund der bestehenden Wirklichkeit das unendliche Reich der logischen Möglichkeiten bilde, von denen die beste von der gütigen Gottheit in Wirklichkeit umgesetzt wurde. Fasst man das Resultat der Leibniz'schen Lehre in dieser Form, so würde man ihre innere Verwandtschaft mit den grossen Systemen der antiken Philosophie nicht verkennen können, auch wenn Leibniz nicht selbst ausdrücklich darauf hingedeutet hätte. Er sagt einmal: „Platon a dit dans le Timée, que le monde avait son origine de l'entendement joint à la nécessité, d'autres ont joint dieu et la nature . . . . : **c'est la région des vérités éternelles, qu'il faut mettre à la place de la matière.**" Die antike Philosophie ist niemals über den Begriff eines weltbildenden Gottes hinausgekommen, dessen schöpferische Thätigkeit an eine Materie gebunden war, die er vorfand, so ewig, so nothwendig existirend, wie er selbst: und das Chaos der Kosmogonien, das μὴ ὄν des Platon, die ὕλη des Aristoteles, das βάθος des Neuplatonismus — sie sind in der rationalistischen Philosophie zu der „région des vérités éternelles" als der bindenden Möglichkeit der Weltschöpfung geworden. Ueber dem göttlichen

Willen schwebt die göttliche Weisheit; sie giebt ihm die Möglichkeiten zur Wahl, und er entnimmt aus ihnen die beste. Die logische Wahrheit war die Richtschnur von Leibniz' Erkenntnisstheorie; die logische Wahrheit ist auch das Fatum seiner besten unter den möglichen Welten. Seine Lehre ist **intelligibler Fatalismus**.

Der Grund, weshalb die wirkliche Welt so unvollkommen ausfiel, lag in der logischen Möglichkeit — das ist das letzte Wort der Leibniz'schen Philosophie: die Möglichkeit ist ihr Schiboleth. Sie hat die Denkgesetze zu Weltgesetzen gemacht. Wenn das begriffen wird, so ist das Geheimniss des Rationalismus enthüllt, und die Sphinx stürzt in den Abgrund. Der, welcher dies Wort fand, war Kant.

§ 49. Tschirnhausen und Thomasius.

Die Beherrschung der deutschen Aufklärungsphilosophie, welche Leibniz ausgeübt hat, entwickelte sich nach zwei verschiedenen Richtungen. Auf der einen Seite theilte sich seine Weltauffassung in ihrer versöhnenden Tendenz und mit ihrer harmonisirenden Betrachtungsweise der allgemeinen Bildung der Zeit mit, erweckte und erfüllte das Aufklärungsbedürfniss und wanderte durch **popularphilosophische** Darstellungen in die allgemeine Litteratur hinüber. Auf der anderen Seite ergriff die **Schulphilosophie** der deutschen Universitäten mit besonderem Eifer die methodologischen Bestrebungen des Meisters. Der letztere Vorgang aber vollzog sich unter eigenthümlichen Einschränkungen. Die tiefsten Gedanken der Leibniz'schen Erkenntnisstheorie, in den „Nouveaux essais" niedergelegt, blieben unbekannt; es waren zugleich diejenigen, welche den inneren Zusammenhang dieser Erkenntnisstheorie mit dem monadologischen Systeme in sich trugen. Da jedoch das, was Leibniz sonst über Methode geschrieben hatte, mit diesem Systeme nur lose zusammenhing, so ist es begreiflich, dass die Schulphilosophie diese Methodologie weiterentwickelte, ohne an dem metaphysischen Systeme von Leibniz durchaus festzuhalten, und dass sie dabei den grössten der Leibniz'schen Gedanken, denjenigen der prästabilirten Harmonie, wieder fallen liess. Es geschah dies um so mehr, als diese Schüler, denen das Genie des Meisters fehlte, sich an die äusseren Formen halten mussten, deren innere Verbindung mit seinem Geiste vor der Veröffentlichung der „Nouveaux essais" Keiner zu reconstruiren vermochte. Der allgemeine

Charakter dieser Schulbestrebungen hängt daher von dem Gegensatz ab, den das Leibniz'sche Denken überall durchzuführen gesucht hatte, von dem Versuche nämlich, den Rationalismus mit dem Empirismus zu vereinigen. In Folge dessen variiren alle Denker der deutschen Schule des XVIII. Jahrhunderts nur das Leibniz'sche Thema von dem Verhältniss der Vernunfterkenntniss und der Erfahrungserkenntniss: je nachdem sich diese beiden Principien gegen einander verschoben, nahm die deutsche Aufklärungsphilosophie die verschiedensten Gestalten an. Im Allgemeinen lässt sich in dieser Entwicklung der Process verfolgen, wie die von Leibniz zuerst nur als zufällige Wahrheit anerkannte Erfahrungserkenntniss mehr und mehr sich ausbreitete, festen Fuss fasste und so den rationalistischen Charakter der Philosophie als reiner Vernunftwissenschaft allmählich zersprengte. Unterstützt wurde dieser Vorgang durch den wachsenden Einfluss des ausländischen Denkens. Anfangs gingen die Deutschen, der Bewegung ihrer politischen, geselligen und litterarischen Verhältnisse gemäss, bei den Franzosen in die Schule, dann aber wendeten sie sich mehr den englischen Originalen zu. Eine lebhafte Uebersetzungsthätigkeit verbreitete auf diese Weise die empiristischen Ansichten so weit, dass schliesslich in der deutschen Aufklärung Locke durchaus über Descartes siegte. So erhoben sich die beiden in Leibniz harmonisch vereinigten Richtungen des Denkens feindlich gegen einander. Ueberhaupt kann man sagen, dass in den zahlreichen Schülern von Leibniz die verschiedenen Elemente seiner reichen und allseitigen Natur auseinanderfielen, und dass deshalb, je mehr die einzelnen Richtungen seines wissenschaftlichen Denkens zu scharfer Eigenthümlichkeit ausgebildet wurden, um so mehr der verbindende Geist seines Systems verloren ging.

Schon zu seinen Lebzeiten fanden die beiden Endpunkte der vielen glänzenden Eigenschaften, die in ihm vereinigt waren, zwei einander scharf gegenüberstehende Vertreter. Bei Leibniz gesellte sich zu dem fortwährenden Streben nach einer streng geschlossenen und einheitlichen Methode der Philosophie eine stets lebendige und liebenswürdige Accommodation an das Denken Anderer. Seine Lehre, ihrer Absicht nach strenger Methodismus, ist in ihrer Erscheinung eine lockere Philosophie der Gelegenheit, und während sie eine neue Methode sucht, stellt sie sich in der populärsten Form, in Brief und Conversation, dar. Diese beiden Seiten, Methodik und Popularität, vertheilen sich auf seine beiden bedeutendsten philosophischen Zeitgenossen in Deutschland: Tschirnhausen und Thomasius, zwei Männer, die in jeder Beziehung, im Charakter wie in der Lehre, einen diametralen Gegensatz bilden. Der Eine eine vornehm in sich zurückgezogene, mit sich selbst einheitliche Natur, ein Mann von wissenschaftlicher Exclusivität, ein streng methodischer Denker, geschult in der geometrischen Methode von Descartes und Spinoza, — der Andere ein allseitig aufgelöster Charakter, ein unruhiger Neuerer, der die Wissenschaft zum Hebel gemeinnütziger Interessen macht, ein kritikloser Eklektiker, und dabei ein überaus wirkungsvoller Popularisator. Beide mit eigenthümlichen Vorzügen ausgerüstet, haben sie, ohne wesentlich neue Gedanken aufzustellen, doch neben Leibniz stark bestimmend auf den Gang des philosophischen Denkens der Deutschen eingewirkt und sind deshalb in der Geschichte der Denkformen werthvoller als in derjenigen des Denkinhalts.

Walther Graf von Tschirnhausen (1651—1708), ein reicher Privatgelehrter, in Holland mit Spinoza, in Paris mit Leibniz befreundet geworden, legte seine Methodologie in der „Medicina mentis" (Leipzig 1687, in zweiter Auflage 1695) nieder. Den Ausgangspunkt nimmt er mit Descartes im Selbstbewusstsein, aber es gilt ihm dies nicht als eingeborene Idee, sondern als eine Thatsache der inneren Erfahrung. In dieser glaubt er drei Grundformen aufzeichnen zu können: 1) Einiges berührt uns wohl, anderes übel; 2) Einiges begreifen wir, anderes nicht; 3) Wir haben Eindrücke von aussen, in Folge deren wir uns bei gewissen Vorstellungen leidend verhalten. Hieraus ergeben sich ausser dem ersten Grundbegriffe „mens sive conscientia" die drei anderen „voluntas, intellectus, imaginatio", und für die letztere ausserdem als ihre Bedingung der Begriff der Körperlichkeit, und auf diese drei Grundbegriffe stützen sich die drei Wissenschaften: Moral, Logik und Naturphilosophie. Mit dieser offenbar an die antike erinnernden Eintheilung glaubt Tschirnhausen eine vollkommene Encyclopädie der Wissenschaften gegeben zu haben. Nachdem aber in dieser Weise der aposteriorische Ausgangspunkt fixirt ist, soll von ihm aus nach mathematischer Methode und mit logischen Operationen alles Uebrige erkannt werden. Allein diese apriorische Entwicklung genügt ihm doch nicht ganz, sondern er sucht womöglich für jedes Resultat der Deduction noch die empirische Bestätigung. So verknüpfen sich die beiden Principien der Erfahrung und der Deduction in eigenthümlicher Weise. Tschirnhausen stützt von vornherein die apriorische Deduction auf die „experientia evidentissima", das Selbstbewusstsein, und nachdem er daraus das ganze System der Erkenntnisse abgeleitet, soll dasselbe sich in der äusseren Erfahrung wiederfinden. Die Deduction ist ihm gewissermassen nur der wissenschaftliche Weg von einer Erfahrung zur anderen. Nach dieser Methode hat sein Werk nur die Logik durchgeführt. Ihre Aufgabe ist zunächst die Feststellung der Kriterien des Begriffenen und des Unbegriffenen und sodann der Entwurf einer „ars inveniendi" oder der Methode der begrifflichen Erkenntniss, welcher drittens noch einige nützliche Regeln für die praktische Anwendung hinzugefügt werden sollen. In ersterer Hinsicht identificirt Tschirnhausen Begreiflichkeit und Unbegreiflichkeit mit Wahrheit und Falschheit. Er zeigt sich durchaus als Rationalist, indem er nur das verstandesmässige, begriffliche Denken als wahr anerkennt und im Gegensatz dazu die sinnliche Perception als unsicher und irreführend betrachtet. Jede Wahrheit, verlangt er, muss mittheilbar sein, und das ist nicht mit den Perceptionen, sondern nur mit den Begriffen der Fall, deren Zusammensetzung man logisch durchschaut hat und deshalb deutlich bestimmen kann. Darum legt er das Hauptgewicht auf die Definition, und zwar auf die sogenannte genetische, d. h. diejenige, welche ihren Gegenstand aus seinen Elementen entstehen lässt. Er ist dabei von dem spinozistischen Ideal eines Systems von Gedanken, dessen Anordnung genau dem Systeme der Dinge und ihres wirklichen Zusammenhanges entspreche, so vollkommen erfüllt, dass er verlangt, eine solche Definition habe den Process der wirklichen Entstehung des zu definirenden Dinges vollkommen auszudrücken. Auch ihm ist die logische Nothwendigkeit gleich der realen. Der Satz des Widerspruchs, in der Begriffsbildung das höchste Princip, ist es auch in der Natur. Auch die Axiome, aus denen alles Uebrige abgeleitet werden soll, gelten ihm deshalb als identische Sätze, in denen die ursprünglichen Begriffe logisch zergliedert werden.

Merkwürdig ist es nun, wie Tschirnhausen in der Methodologie dazu gekommen ist, bei diesen Ueberzeugungen doch der logischen Deduction so lange zu misstrauen, bis sie von der Erfahrung bestätigt worden ist. Nach seinen Principien ist weder abzusehen, wie diese logische Deduction von den wahren Grundbegriffen aus zu anderen als wahren Resultaten kommen soll, noch andererseits, wie diese Resultate durch ihre Uebereinstimmung mit der Perception, welche ausdrücklich für täuschend und unsicher erklärt worden ist, eine Steigerung ihrer Gewissheit gewinnen können. Es zeigt sich in dieser Anerkennung der Erfahrung ein gesunder Sinn, der bei Tschirnhausen durch seine Beschäftigung mit der Naturwissenschaft gross gezogen worden war. Denn er verlangt diese Methode wesentlich für die „göttliche" unter den Wissenschaften, die Physik, in der er die höchste Leistung des menschlichen Geistes erblickt. Aber von einer organischen Verknüpfung der empiristischen und der rationalistischen Theorien ist bei ihm durchaus keine Rede. Dennoch gelangt er auf diese Weise zur Aufstellung einer physicalischen Methode, welche äusserlich und in ihrer Anwendung den grundlegenden Principien der Mechanik sehr nahe kommt. Denn da das Verhältniss der Körper zu einander nur in der Form ihrer mathematischen Beziehungen begreiflich ist, so verlangt er eine rationale, wesentlich mathematische Begründung und Erklärung aller physicalischen Thatsachen, zugleich aber auch eine experimentelle Bestätigung aller von der Theorie aufgestellten Behauptungen. Erst durch die Uebereinstimmung beider entsteht ihm die volle Gewissheit. Aber die Bestätigung durch die Sinneswahrnehmungen erfolgt nicht in der rohen Form unserer primitiven Perceptionen und Einbildungen, sondern nur in derjenigen sorgfältig angestellter Experimente, — eine Restriction, welche sich freilich bei Tschirnhausen weniger auf eine wissenschaftliche Untersuchung der Sinnesthätigkeit, als auf das rationalistische Dogma von der Infallibilität des Verstandes den Sinnen gegenüber stützte. Denn er betrachtete das Experiment als eine durch die Ueberlegung des Verstandes zu Stande gekommene und regulirte Form der sinnlichen Wahrnehmung. So schwach diese Theorie schliesslich begründet sein mochte, so war doch ihre Wirkung ausserordentlich gross, und zwar deshalb, weil sie die Uebereinstimmung mathematischer Deduction und sinnlicher Erfahrung, auf welcher die Newton'sche Naturwissenschaft beruhte, zum philosophischen Princip erhob. In dieser Hinsicht wirkte Tschirnhausen in derselben verbindenden Richtung wie Leibniz, und seine Form der Versöhnung der beiden Gegensätze des Empirismus und des Rationalismus hat die späteren Forscher ebenso stark beeinflusst wie diejenige von Leibniz.

Ganz andersartig ist die Gedankenwelt von Chr. Thomasius (1655—1728), der, philosophisch und juristisch gebildet, an der Leipziger Universität einen freimüthigen Kampf gegen die veralteten Zustände des öffentlichen, litterarischen und wissenschaftlichen Lebens führte, den mannigfachen Anfeindungen schliesslich weichen musste und, von der brandenburgischen Regierung in Schutz genommen, an der Begründung und ersten Thätigkeit der Universität Halle Theil nahm. Dem streng methodischen Standpunkte von Tschirnhausen steht er schon durch die Auffassung gegenüber, welche er vom Wesen und Zweck der Erkenntniss selbst hatte. Während für Jenen die Wissenschaft als ein an sich erstrebenswerthes Gut und als höchster Zweck seines eigenen Lebens galt, so hat für Thomasius alle Erkenntniss nur dann Werth, wenn sie die Menschen aufklärt und dadurch den praktischen Zwecken des Lebens dienstbar wird. Er hat diese Tendenz der Wissenschaft, Aufklärung zu verbreiten und dadurch praktisch zu nützen, in Deutschland zuerst ausgesprochen und durch sein eigenes Leben energisch genug und durchaus nicht ohne Erfolg bethätigt. Darin liegt der Grund seiner ausserordentlich kräftigen Wirkung: unbedeutend in Rücksicht auf den Inhalt dessen, was er lehrte, ist er dadurch mächtig geworden, wie er es lehrte und was er damit bezweckte. Leibniz gab der deutschen Philosophie den Gehalt ihres lebendigen Denkens und die Mittel der Aufklärung: Thomasius dagegen war ihr Prophet und der offene und unerschrockene Verkündiger ihres Princips. Schon in der „Introductio in philosophiam aulicam" (Leipzig 1688) klagt er darüber, wie wenig Beziehungen bisher die Philosophie zum realen Leben habe und wie unnütz sie sich durch ihre Trennung von den sonstigen Arbeiten des Menschengeschlechtes mache; und doch sei auch ihre letzte und höchste Aufgabe nur die Gemeinnützigkeit. Darum müsse sie sich von allen Fesseln befreien, welche sie bisher an deren Erfüllung hindern, und die Schranken niederreissen, welche zwischen ihr und dem Leben bestehen. Dazu gehöre besonders die zopfige Form, in welcher sie bisher ihre Erkenntnisse darstelle. So lange sie nicht in allgemein verständlicher Gestalt auftrete, könne sie nicht aufklärend wirken. Den Hauptangriff erfährt dabei der Gebrauch der lateinischen Sprache. Thomasius macht Ernst mit dem auch von Leibniz ausgesprochenen, aber nur sehr sparsam ausgeführten Gedanken, dass die deutsche

Sprache zur philosophischen Darstellung durchaus angemessen sei, und es ist hauptsächlich seinem Einflusse zu verdanken, dass die Philosophie der deutschen Aufklärung sich mehr und mehr daran gewöhnte, ihren Ideen den Ausdruck der nationalen Sprache zu geben. Ein grosser Theil seiner Terminologie ist auf Wolff und durch dessen Schüler auf Kant übergegangen; aber er schrieb nicht nur deutsche Werke, sondern er kündigte auch — eine unerhörte That, welche die Vertreibung von Leipzig nach sich zog — 1687 an einer deutschen Universität in einem deutschen Programm deutsche Vorlesungen über Gratian's „Grundlage vernünftig und artig zu leben" an. Er gründete die erste deutsche gelehrte Zeitschrift „Teutsche Monate", worin er z. B. Tschirnhausen's Medicina mentis besprach, und später eine Vierteljahrsschrift: die „Geschichte der Weisheit und Thorheit". Bedenkt man, welch eine Fülle von Ideen die deutsche Philosophie später dem reichen Stoffe der deutschen Sprache entnommen und mit wie wunderbarer Kraft sich der philosophische Gedanke in unserem Idiom entfaltet hat, so kann man das grossartige Verdienst schätzen, welches Thomasius sich durch diese principielle Einführung der nationalen Sprache in die Philosophie erwarb. Namentlich wurde erst dadurch jene lebendige Berührung der Philosophie mit der allgemeinen Litteratur ermöglicht, deren befruchtender Einfluss auf die deutsche Wissenschaft noch weiterhin zur Sprache kommen wird.

Alles Wissen ist nur dazu da, den Menschen geschickt zu machen, dass er das Wahre vom Falschen, das Gute vom Bösen unterscheiden lerne und danach richtig und nützlich zu leben verstehe. In diesem Geiste schrieb Thomasius eine Einleitung und eine Ausführung sowohl der Vernunftlehre als auch der Sittenlehre. Alle Gelahrtheit ist aber entweder Gottesgelahrtheit oder Weltweisheit. Mit der ersteren, die ihren Quell in der Offenbarung habe, findet er sich leicht ab und erkennt ihre Geltung so weit an, dass er darin dem extremsten Orthodoxismus huldigt und sich sogar in seinem „Versuch vom Wesen des Geistes" bis zum vollen Mysticismus versteigt. Ueber den Widerspruch zwischen dieser Richtung und der hausbackenen Verständigkeit seiner Weltweisheit giebt er sich bei dem Mangel an präciser Methodik keine Rechenschaft und fragt nicht weiter nach dem Verhältniss beider, sondern behauptet vielmehr einfach, die Weltweisheit beruhe lediglich auf den Bestimmungen der menschlichen Vernunft und solle damit die Menschen zu einem richtigen und gemeinnützigen Gebrauch ihrer Verstandeskräfte erziehen. Die Vernunftlehre enthält deshalb in ihrem ersten Theile die Lehre von den allgemeinen Begriffen, von der Wahrheit und von deren Principien und Kriterien, und daran schliesst sich (äusserlich ganz wie bei Tschirnhausen) ein zweiter Theil über die Anwendung dieser allgemeinen Begriffe, über die Mittel zur Erforschung der Wahrheit und zur Mittheilung des Verständnisses, endlich über die Principien der Beurtheilung und der Widerlegung. Für die Wahrheit findet sich bei Thomasius bald die objektive Bestimmung und dann als ihr Kriterium die gewöhnliche Auffassung von der Uebereinstimmung der Vorstellungen mit Dingen, bald die subjektive Definition der Uebereinstimmung der Vorstellungen mit den Principien der Vernunft. Nun ist die Vernunft entweder thätig in den Verstandesbegriffen oder leidend in den Functionen der Sinne. Also ist das Kriterium der Wahrheit die Uebereinstimmung entweder mit den Begriffen oder mit den Sinneswahrnehmungen. Da es aber so zwei Arten von Wahrheit giebt, die der Begriffe und die der Sinne, so muss es auch zwei Arten von Gegenständen des Erkennens geben, welche ihnen entsprechen, und da die Sinne das Sichtbare, die Begriffe das Unsichtbare erkennen, so sind alle Dinge entweder sichtbar oder unsichtbar, entweder Körper oder Kräfte. So gestalten sich aus diesen wenigen erkenntnisstheoretischen Definitionen sogleich die Grundzüge einer höchst einfachen und rohen Metaphysik. Von einer Kritik der Vorstellungen ist keine Spur; die Sinneswahrnehmungen, ebenso wie die allgemeinen Begriffe gelten ohne nähere Untersuchung ihrer Entstehung und ihrer Berechtigung von selbst für wahr und für den Massstab aller übrigen Wahrheit. Es ist eine flache Lehre vom „gesunden Menschenverstande", der ohne wissenschaftliche Schulung in sich alle Erkenntniss besitzen will. Thomasius verfährt noch viel oberflächlicher, als die Schotten. Das Unsystematische ist bei ihm geradezu beabsichtigt. Er wendet sich mit vollem Bewusstsein gegen alle pedantische Schulweisheit und zugleich gegen jede systematische Form. Er verachtet den Syllogismus und nicht minder das mathematische Verfahren; er will mit der Schulsprache so wenig wie mit den Schulregeln etwas zu thun haben — so wenig, dass seine eigenen Ausdrücke und Beweise sich überall widersprechen. An die Stelle der Gelehrsamkeit, welche immer nur für Wenige da war, soll die allgemeine

Aufklärung treten, und seine persönliche Aufgabe sieht er weniger in eigener Erforschung der Dinge, als vielmehr in der Popularisirung der allgemeinsten und nützlichsten Wahrheiten. Deshalb ist seine Lehre ein kritikloser Eklekticismus ohne systematische Einheit und ohne methodisches Princip.

Wenn er gleichwohl segensreich gewirkt hat, so geschah dies, weil er auf allen Gebieten die Bildung und Durchführung des eigenen Urtheils für die Aufgabe des Menschen erklärte und in diesem Sinne einen Kampf gegen die Vorurtheile führte, welche sowohl einer gesunden und praktischen Erkenntniss als auch einem menschenwürdigen Zustande der Gesellschaft entgegenstehen. Es wird ihm stets ein rühmliches Andenken sein, dass er einer der bedeutendsten Vorkämpfer der Aufklärung gegen die Hexenprocesse und die Tortur gewesen ist. Freilich waren die Begründungen seiner Lehren von oft unglaublicher Seichtigkeit und reproducirten in oberflächlicher Weise die grossen Gedanken, welche in dem Kampfe des modernen Denkens um seine eigene Freiheit errungen waren, wie die Unabhängigkeit der Moral und des Rechts von orthodoxer Bevormundung, die psychologische und deterministische Betrachtung des Willenlebens u. s. f. Allein es waren lebhafte und eindrucksvolle Declamationen, hie und da mit einem groben Witz verziert, der bei aller Geschmacklosigkeit auf seine Leser Eindruck machte, und seine ganze rührige Agitation hat wesentlich dazu beigetragen, den deutschen Philister aus der dumpfen Abgestorbenheit seines geistigen Lebens aufzurütteln. Wissenschaftlich betrachtet, verdienen die Theorien, welche er für diese Zwecke leicht hinzimmerte, keine eingehendere Betrachtung: der Weg, den er einschlug, führte mehr aus der Wissenschaft heraus, als in die Wissenschaft hinein. Aber dieser unwissenschaftliche Charakter des Mannes zeigte nur die jugendliche Unreife, mit der sich ein bedeutender Gedanke zuerst Bahn brach. Die Forderung, dass die Wissenschaft mit dem wirklichen Leben Fühlung halte und die Ausbreitung ihrer Gedanken durch eine verständliche Form ihrer Darstellung befördere, war im Wesen der Sache ebenso wie in den Bedürfnissen der Zeit begründet. Was Thomasius nur nicht begriff, war die richtige Art dieser Accommodation der Wissenschaft an das gemeine Bewusstsein. Seine Philosophie des gesunden Menschenverstandes meinte sich ohne Kritik mit dem Thatbestande der allgemeinen Vorstellungen beruhigen zu dürfen und hielt es für die Aufgabe der Wissenschaft, diese nur klar und deutlich auszusprechen. Er hatte keine Ahnung davon, dass die Wissenschaft berufen ist, dies allgemeine Bewusstsein zu erziehen, und dass sie dies nur vermag, wenn sie bei allem Streben nach Popularität keinen Schritt von der Strenge des methodischen Forschens und Beweisens abweicht.

§ 50. Wolff und seine Schule.

Die reifere Form der Aufklärung ist diejenige, welche von dem ganzen Ernst der wissenschaftlichen Arbeit erfüllt ist, und diese hat ihren Vertreter an Christian Wolff gefunden. Ein Sohn des Volks, war dieser 1679 zu Breslau geboren und von seinem Vater früh für den Dienst der Kirche bestimmt worden. Seit 1699 studirte er in Jena Theologie und vervollständigte seine Bildung durch die gleichzeitige Beschäftigung mit mathematischen und philosophischen Studien. Bei den letzteren wurden namentlich Spinoza und Tschirnhausen für seine Entwicklung bedeutend. Er versah die „Medicina mentis" mit Anmerkungen, welche den Beifall ihres Verfassers hatten. Den meisten Einfluss aber gewannen auf ihn die Schriften von Leibniz, und nachdem er sich in dessen methodische Bestrebungen vollständig hineingearbeitet hatte, erfasste er den Plan, sie zu Ende zu führen und nach dieser Methode das ganze System der Erkenntnisse auszuführen, einen Plan, dessen Durchführung er mit der ihm eigenen Zähigkeit in der That sein ganzes Leben gewidmet hat. Die Bekanntschaft mit Leibniz vermittelte auch im Jahre 1706 seine Berufung an die Universität Halle, wo er, als Professor der Mathematik angestellt, bald eine philosophische Thätigkeit entwickelte, deren segensreiche Ausdehnung in stetigem Wachsthum begriffen war. Er sprach deutsch, und trotz der logischen Trockenheit übten seine Vorträge durch ihre durchsichtige Klarheit und bündige Sicherheit eine mächtige Anziehungskraft auf die Jugend aus. Aber dieser Erfolg weckte den Neid seiner Collegen; Orthodoxe und Pietisten verbanden sich, den unerschrockenen Logiker der Vernunftreligion zu verdrängen, und nach mannigfaltigen Verdächtigungen und Intriguen gelang es ihnen 1723, den König Friedrich Wilhelm I. zu bewegen, dass der Philosoph unter den entehrendsten Formen aus dem Lande verbannt wurde. Er fand eine Zuflucht in Marburg und gewann durch seine Lehrthätigkeit wie durch seine Bücher einen immer grösseren Ruhm. Als der Thronwechsel in Preussen eintrat, war es eine der ersten Regierungshandlungen Friedrich's, den Verfolgten in Halle zu rehabilitiren, und Wolff hat bis zu seinem Tode im Jahre 1754 seine akademische Thätigkeit in Halle mit allmählich sich abschwächender Kraft fortgesetzt. Seine zahlreichen, theils deutschen, theils lateinischen Schriften haben in grosser Ausführlichkeit mit logischer Schärfe, aber meist auch in pedantischer Breite seine Absicht verwirklicht. Sie wurden bald, und zum grössten Theil noch bei seinen Lebzeiten, als Lehrbücher auf den protestantischen Universitäten Deutschlands eingeführt, und die Vertreter der Philosophie bekannten sich in überwiegender Mehrzahl zu diesem Systeme. Auf diese Weise wurde zunächst eine Einheitlichkeit der philosophischen Bildung herbeigeführt, welche Deutschland bisher nicht gekannt hatte. Man besass ein herrschendes System, man hatte eine überall bekannte und anerkannte Terminologie, und die Arbeit zahlreicher Denker wurde auf die Ausführung einer Reihe gemeinsamer Grundgedanken concentrirt. Wolff schuf im eigentlichsten Sinne des Wortes eine Schule, und darin besteht sein grosses Verdienst um die nationale Entwicklung des deutschen Geistes.

Der Gedankeninhalt dieses Schulsystems war in der Hauptsache von Leibniz abhängig. Wolff war weder ein Genie noch eine originelle Natur; er hat den Ideen Leibniz' der Sache nach nichts hinzugefügt, sondern vielmehr einige der feinsten und werthvollsten Gedanken seines Meisters, denen er nicht zu folgen vermochte, fortgelassen. Aber was Leibniz gedacht hatte, würde in der unzusammenhängenden Form, in der er es gelegentlich äusserte, niemals die Wirkung ausgeübt haben, die es in der systematischen Zusammenfassung gewann, welche ihm Wolff gab. Das Denken der Deutschen war durch Melanchthon und die Lehrthätigkeit der protestantischen Theologen viel zu sehr an die dogmatische Form und die methodische Darstellung gewöhnt und durch die Einwirkung der cartesianischen Lehre viel zu sehr darin bestärkt worden, als dass es einer freieren Einführung der neuen Gesichtspunkte zugänglich gewesen wäre. Das Geheimniss von Wolff's Erfolgen lag in der Meisterschaft, mit der er den logischen Schematismus handhabte, und der Sieg der Leibniz'schen Philosophie beruhte auf dieser Systematisirung, die sie durch ihn erfuhr.

In der Absicht Wolff's verknüpften sich die beiden Gesichtspunkte, welche Tschirnhausen und Thomasius so weit von einander trennen. Hatte den Schwerpunkt der Philosophie der Eine in die methodische Gewissheit, der Andere in die aufklärerische Nutzbarkeit des Wissens gelegt, so begann Wolff seine Logik mit dem Satze: „Arduum aggredior opus et periculosum, dum philosophiam universam et certam et utilem reddere studeo." Er vermisst in der bisherigen Philosophie sowohl die sichere Evidenz als auch die praktische Anwendbarkeit; beide Mängel aber hangen auf das Innigste mit einander zusammen: denn eben die Unsicherheit, welche der Philosophie in Folge des bisherigen Mangels einer festen Methode anhaftet, ist auch der Grund, weshalb sie nicht im Stande ist aufklärend zu wirken. Die Menscheit bedarf zu ihrer Glückseligkeit einer sicher erkannten Wahrheit, nach der sie richtig und nützlich leben kann. Beiden Mängeln ist daher durch dasselbe Mittel abzuhelfen: durch deutliche Begriffe und gründliche Beweise, welche die Erkenntniss sowohl gewiss und zweifellos, als auch allgemein verständlich und mittheilbar machen werden.

Indem es Wolff unternimmt, der Philosophie diesen Dienst zu leisten, glaubt er zunächst ihr Verhältniss zu den übrigen Wissenschaften klar stellen zu sollen. In dieser Hinsicht spricht er die von Descartes angelegte, Alles beherrschende Tendenz der Philosophie dahin aus, dass sie die Wissenschaft von allem Denkbaren sei, d. h. dass es keinen Gegenstand gäbe, mit dem sie sich nicht zu beschäftigen habe. Wenn aber die Philosophie alle Dinge zu erkennen hat, so kann zwischen ihr und den übrigen Wissenschaften nicht ein Unterschied der Gegenstände, sondern nur der Behandlungsweise existiren. Nun giebt es nach Wolff's Ansicht drei Arten der Erkenntniss: die mathematische, welche die Dinge nur nach ihren Grössenverhältnissen betrachtet, die „historische", welche nur die Thatsächlichkeit feststellt, und die philosophische, welche ihre Gründe untersucht. In Rücksicht der Mathematik hat sich Wolff, so nahe er ihr persönlich stand, eigenthümlich verhalten. Er hat ihren Werth für die Naturerkenntniss niemals genügend geschätzt und ist darin weit hinter Tschirnhausen zurückgeblieben: in seinem Systeme der Wissenschaften findet sie keine Stelle. So bleibt in seiner Gliederung der Wissenschaften der Gegensatz der historischen und der philosophischen Erkenntniss übrig, von denen die erstere demjenigen entspricht, was wir heute empirisch nennen. Es leuchtet von selbst ein, dass hier der Leibniz'sche Gegensatz der zufälligen und der nothwendigen Wahrheiten zu Tage tritt.

Die erstere giebt nur die Wirklichkeit, die zweite auch die „Möglichkeit" und die Nothwendigkeit der Dinge zu erkennen. Die rationale Erkenntniss soll deshalb für jeden Satz die Ableitung aus seinen Gründen bringen; sie kann das nur durch den logischen Beweis. Für sie existirt keine andere Methode als die deductive. Diese fasst Wolf wieder mehr im Sinne der absoluten Einheitlichkeit wie Descartes auf. Er sucht ein oberstes Princip, von dem alle anderen mit absoluter Nothwendigkeit abgeleitet werden sollen. Aber in der Aufstellung dieses Princips zeigt sich am klarsten jene rein logische Wendung, welche die cartesianische Methode in Deutschland gefunden hatte. Es fällt Wolff nicht ein, nach einem höchsten Gedankeninhalt zu suchen, wie ihn Cartesius im Selbstbewusstsein, Spinoza im Gottesbegriff gefunden hatten; sondern er ist von dem logischen Schematismus so tief durchdrungen, dass er meint, von dem höchsten Gesetze der Logik, von dem **Satze des Widerspruchs** aus müssten sich alle philosophischen Wahrheiten durch richtige Schlüsse finden lassen. Wolff leidet an einer Art von logischem Fanatismus; er sucht in der Logik nicht nur die Form, sondern auch den Inhalt des Denkens, und er ist in dieser Beziehung der extremste unter allen Rationalisten. Jedes intuitive Element ist aus seinem Denken in dieser Richtung herausgefallen. Wenigstens der Absicht nach. Die Philosophie soll eine rein begriffliche Entwicklung sein, und darin besteht nach Wolff mehr als in der Anwendung des äusserlichen Schematismus der geometrische Charakter ihrer Methode. Das Vorurtheil einer rein logischen Beweisführung in der Mathematik wird auch bei ihm zu einem allgemein philosophischen. In der Ausführung ist das freilich, wie es in der Natur der Sache liegt, nur scheinbar festzuhalten. Ihm selber unvermerkt, schieben sich seiner logischen Deduction überall erfahrungsmässige und nur durch die Anschauung gewonnene Elemente unter. So allein bringt er es fertig, dass die rationalistische Beweisführung überall in eine Erkenntniss der wirklichen Welt ausläuft. Diese Kryptogamie mit der Erfahrung ist für jede scheinbar rein logisch verfahrende Methode unerlässlich. Sie findet sich schon bei Descartes, sie kehrt auch bei Hegel wieder. Sie wird am besten durch das mathematische Verfahren illustrirt, in welchem, wie es Descartes richtig erkannt hatte, der Fortschritt der logischen Beweisführung stets durch den Eingriff der Intuition bedingt ist.

Neben der reinen Begriffswissenschaft des Möglichen und Nothwendigen steht die Erfahrungswissenschaft des Wirklichen. Für diese freilich hat Wolff auch, dem allgemeinen rationalistischen Charakter seines Denkens gemäss, die Verarbeitung der Thatsachen durch eine empiristische oder inductive Methode verschmäht, er sieht ihren Werth nur in einer massenhaften und logisch rubricirenden Aufspeicherung von Thatsachen, fasst also die Erfahrungswissenschaft in der Hauptsache nur als descriptive Wissenschaft auf. Das Verhältniss der Begriffs- und der Erfahrungswissenschaft behandelt er gänzlich unter dem Gesichtspunkte von Tschirnhausen. Die letztere hat nur die Wirklichkeit der Thatsachen zu constatiren, welche in der philosophischen Theorie aus den obersten Gründen als nothwendig deducirt werden sollen. In dieser Beziehung giebt er dem von Leibniz aufgestellten Gegensatze der nothwendigen und der zufälligen Wahrheiten eine interessante Wendung. Indem er den subjektiven Charakter dieses Gegensatzes noch energischer betont, zeigt er, dass jedes Erkenntnissobjekt im Menschen doppelt vorgestellt wird: einmal durch das Denken, insofern es aus seinen Gründen abgeleitet wird, und ein ander Mal durch die sinnliche Wahrnehmung, insofern es als thatsächlich erkannt wird. Im ersteren Falle wird es klar und deutlich, im letzteren unklar und verworren vorgestellt. Wolff geht nun von der Annahme aus, dass die begriffliche Erkenntniss eines Gegenstandes die sinnliche Erfahrung desselben nicht verdränge oder aufhebe, sondern vielmehr sie neben sich bestehen lasse, und er sucht dadurch die empirische Erkenntniss als vollkommen berechtigt neben der rationalen anzuerkennen. Gleichwohl entzieht er sich der von Leibniz gegebenen Werthschätzung beider Arten nicht. Die apriorische Verstandeserkenntniss, welche die Nothwendigkeit des Dinges zu ihrem Gegenstande hat, gilt ihm als das höhere Erkenntnissvermögen, die aposteriorische Erfahrungserkenntniss, welche die Thatsächlichkeit giebt, als niederes Erkenntnissvermögen. Dabei ist er sich freilich über das Verhältniss beider weder völlig klar geworden noch in seiner Darstellung dieser Verhältnisse immer gleich geblieben. Manchmal nimmt er an — und dahin trieb ihn der Hauptzug seiner Lehre —, dass die Vernunfterkenntniss ihre Wurzeln vollständig in sich selbst und in letzter Instanz in dem logischen Gesetze des Widerspruchs habe; manchmal fasste er in unverkennbarem Anschluss an Locke die Sache so auf, dass der vom oberen Erkenntnissvermögen klar und deutlich begriffene Inhalt aus demjenigen des unteren hervorgehe, und bezeichnete dabei die Thätigkeit der Aufmerksamkeit, welche die einzelnen Elemente der Sinneswahrnehmung allmählich zur Deutlichkeit erhebt, ausdrücklich als Reflexion. Es scheint fast, als wäre er sich damit bewusst geworden, dass jene logische Demonstration ihre Aufgaben doch nicht ohne Aufnahme des sinnlichen Inhaltes erfüllen kann.

Trotzdem hielt er in der Hauptsache an dieser Unterscheidung derartig fest, dass er darauf seine Encyclopädie der Wissenschaften gründete. Da sie nur eine Unterscheidung der Erkenntnissthätigkeit ist, so ist jeder Gegenstand in doppelter Hinsicht wissenschaftlich zu behandeln: einerseits in thatsächlicher Feststellung durch eine empirische Wissenschaft, andererseits in der Erkenntniss der Gründe durch eine philosophische Disciplin. So läuft denn in dem Wolff'schen System der Wissenschaften neben jedem Theile der Philosophie eine empirische Wissenschaft einher, welche denselben Gegenstand, den jene begrifflich und erklärend behandelt, ihrerseits in seiner thatsächlichen Gestaltung festzustellen hat, und die Absicht der Wolff'schen Lehre geht dahin, zu zeigen, dass beide stets auf dieselbe Wahrheit führen, dass nämlich in der logischen Entwicklung der Philosophie nichts bewiesen wird, was nicht durch die empirischen Wissenschaften als thatsächlich aufgezeigt wird. Wenn so z. B. der rationalen Psychologie eine empirische Psychologie gegenübersteht, so verfolgt Wolff damit die Absicht, zu beweisen, dass die Formen des psychischen Lebens, welche man in der Erfahrung des Menschen von sich selbst zu constatiren hat, dieselben sind, welche sich aus der in der Metaphysik begründeten Aufstellung des Begriffs der Seele als deren nothwendige Thätigkeitsweisen ergeben. Das Ganze läuft also darauf hinaus, dass durch diese übereinstimmende Gegenüberstellung der Philosophie und der Erfahrungswissenschaften gezeigt werden soll, wie Alles, was die erstere auf begrifflichem Wege als nothwendig deducirt, in der erfahrungsmässigen Wirklichkeit auch in der That vorhanden ist. Die sinnliche Erkenntniss der Thatsachen ist die Rechenprobe für die Begriffsentwicklung der Vernunft. Damit sprach Wolff in methodischer Form ein Geheimniss aus, welches der Rationalismus immer stillschweigend vorausgesetzt hatte. Denn so sehr dieser jeden Eingriff der Erfahrung in die beweisende Methode der Philosophie ablehnte, so wenig wäre er doch mit einer

Metaphysik zufrieden gewesen, welche aus der begrifflichen Deduction schliesslich eine ganz andere Welt entwickelt hätte, als diejenige welche in der Erfahrung vorliegt. Auch seine Absicht war immer die, die bestehende Welt zu begreifen, und wenn er meinte, dass er dies durch bloss begriffliches Denken würde leisten können, so musste er doch immer die Absicht haben, von den Begriffen aus zu Resultaten zu kommen, welche mit der Erfahrung übereinstimmen. Trotz allen Gegensatzes gegen den Empirismus ist somit das letzte Kriterium für die Richtigkeit der gewonnenen Resultate auch im Rationalismus nur die Uebereinstimmung der a priori entwickelten Begriffe mit der Erfahrung. Eine Welt zu begreifen, die nicht wirklich existirt, hat auch der Rationalismus nie die Absicht gehabt, und das hat Wolff durch diese Gegenüberstellung klar gemacht.

Neben dieser Grundunterscheidung tritt bei Wolff eine zweite in Kraft, welche, seit Aristoteles üblich, gleichfalls auf Bestimmungen des Leibniz'schen Systems beruhte und auch von Thomasius angenommen worden war. Leibniz hatte in jeder Monade neben der Vorstellungsthätigkeit den Trieb von einer Vorstellung zur anderen fortzugehen, neben der „vis repraesentativa" die „vis appetitiva", neben dem Erkenntnissvermögen das Begehrungsvermögen angenommen. Wie bei Thomasius ergiebt sich daraus bei Wolff eine Eintheilung der theoretischen und der praktischen Philosophie, welche die antike Scheidung auch in seiner Schule herrschend machte. Diese Unterscheidung hatte jedoch bei Wolff noch die weitere Bedeutung, dass darin die Absicht seiner Philosophie, nicht bloss theoretisch aufzuklären, sondern zugleich praktisch zu wirken, ihren systematischen Ausdruck fand. Die Wissenschaft soll nicht nur lehren, wie Alles, was ist, möglich ist, sondern auch, wie der Mensch vernünftig, glücklich und nützlich leben soll.

Wie nun aber für das Erkenntnissvermögen, so giebt es auch für das Begehrungsvermögen jene Unterscheidung des Unklaren und Verworrenen auf der einen Seite, des Klaren und Deutlichen auf der anderen Seite, des sinnlichen Triebes und des vernünftigen Willens, oder im Parallelismus zu der theoretischen Unterscheidung, des niederen und des höheren Begehrungsvermögens. Auf der Kreuzung dieser beiden Gegensätze beruht endlich folgendes Schema der Wolff'schen Encyclopädie:

	Oberes Erkenntnissvermögen		Unteres Erkenntnissvermögen		
Vis repraesentativa	Ontologie und Metaphysik	Pneumatik { Rationale Theologie, Rationale Psychologie, Rationale Kosmologie }	Teleologie, empirische Psychologie, Physik u. bes. Naturw.	empirische Theorie	theoretische Wissenschaften
Vis appetitiva	Allg. prakt. Philos. und Naturrecht	{ Ethik, Politik, Oekonomik }	Technologie od. empir. Praxis.		praktische Wissenschaften
	Wissenschaften a priori (Vernunftwissenschaften oder Philosophie)		Wissenschaften a posteriori (Erfahrungswissenschaften)		

Allen diesen Disciplinen voran schickt Wolff die Logik als die Technik des wissenschaftlichen Verfahrens. Die Ausführung dieser Theorie zeigt alle Vorzüge und alle Schwächen des Mannes. Ihre systematische Vollständigkeit und sorgfältige Bedächtigkeit artet in pedantische Breite und lächerliche Mikrologie aus, und bei allem Umfang und aller Reinlichkeit der Deduction vertritt sie doch eigentlich keinen originellen Gedanken. Sie hält sich in der Lehre von der Verdeutlichung der Vorstellungen an Leibniz, in derjenigen von den Definitionen an Tschirnhausen und sucht deren Gedanken möglichst mit einander zu vermitteln. Sehr bezeichnend aber für seinen ganzen Standpunkt ist es, dass er den Unterschied der „ars demonstrandi" und der „ars inveniendi" trotz einiger Anläufe wieder aufgiebt. Wolff hatte nichts zu suchen: seine ganze Philosophie war eine Beweiskunst; wie er selbst den Inhalt seiner Weltanschauung im Wesentlichen von Leibniz übernahm und ihn nur in ein demonstratives System brachte, so setzt auch seine Logik überall die Wahrheit theils in Axiomen, theils in Thatsachen als schon vorhanden voraus und will nur den Weg für ihre wissenschaftliche Begründung aufzeigen. In dieser Beziehung muss namentlich hervorgehoben werden, dass die dogmatische Verwechslung von Erkenntnissgründen und Realursachen von Niemandem systematischer betrieben worden ist als von Wolff, und dass ihm deshalb die logische Operation der Determination, d. h. die Ableitung eines Begriffs aus seinem Gattungsbegriffe durch Hinzufügung des specifischen Merkmals als das Abbild der wirklichen Entstehung des Gegenstandes erscheint, welche danach eine unbestimmte Möglichkeit und einen zureichenden Grund der Wirklichkeit (unter dem Namen des „complementum possibilitatis") voraussetzt. Diese Untersuchungen greifen schon aus der Logik in das Gebiet der Ontologie oder der Grundlage aller metaphysischen Wissenschaften über, und in beiden erweist sich Wolff durchaus als modernen Scholastiker. Wie seine Logik nur für die demonstrative Wissenschaft da ist, so soll die Ontologie aus logischen Bestimmungen die allgemeinsten Wahrheiten ableiten und die der ganzen Weltauffassung zu Grunde liegenden Begriffe entwickeln. Die scholastischen Neigungen seines Meisters Leibniz hatten ihm hierin vorgearbeitet. So sehr aber dieses ganze System von der späteren Entwicklung des Denkens über den Haufen geworfen worden ist, so gross ist doch sein historischer Einfluss nicht nur auf die Philosophie, sondern auch auf die übrigen Wissenschaften gewesen. Aus dem Ganzen heraus wurde hier jeder der Grundbegriffe, mit welchen die wissenschaftliche Erkenntniss wie das gewöhnliche Leben die Auffassung der Dinge durchsetzt, sauber definirt und terminologisch sowohl in lateinischer als auch in deutscher Sprache fixirt, und diese Wolff'schen Bestimmungen haben auf mehr als ein halbes Jahrhundert mit der Sprache auch die Gedanken der deutschen Wissenschaft beherrscht.

Dieselbe trockene Verständigkeit, welche sich in der Form der Wolff'schen Lehre ausspricht, macht auch ihren Inhalt aus. Es zeigt sich das vor Allem in der Abschwächung der Leibniz'schen Monadologie. Zwar hielt Wolff daran fest, dass alle Substanzen einfache Kräfte seien, die sich in einer stetigen, aus ihrem inneren Triebe folgenden Bewegung befinden; allein er vermochte der originellen Anwendung, welche Leibniz von dieser Auffassung für die Betrachtung der Körper gemacht hatte, nicht zu folgen und hob den ganzen Zusammenhang von dessen grossartigem Entwicklungssystem wieder auf, indem er nur die Seelen als vorstellende Kräfte gelten liess. Für die Körper hielt er, da sie theilbar sind, den Begriff der Substanz im eigentlichen Sinne für unanwendbar. Es stimmte noch mit der Leibniz'schen Lehre, wenn er sie als „phaenomena substantiata" bezeichnete: aber die Substanzen, die ihnen zu Grunde liegen, erklärte er zwar auch für einfach, unräumlich und in sich selber thätig, aber nicht für seelischer Natur. Dass die ganze Welt ein innerliches Vorstellungsleben führen sollte, kam dem nüchternen Systematiker doch allzu phantastisch vor. Die materiellen Substanzen sind danach bei Wolff weder Monaden noch auch Atome, sondern ein unbestimmtes Mittleres zwischen beiden, dessen innere Qualität nicht bestimmt werden kann. Um so grösser ist natürlich für ihn die Schwierigkeit, die ausgedehnte Natur der Körper aus der Complexion dieser einfachen Substanzen abzuleiten. Der Raum ist nach ihm weder etwas substantiell Existirendes, noch wie für Leibniz die Vorstellungsform der Coëxistenz, sondern er giebt der Lehre von dem „phaenomenon bene fundatum" die mehr objektive Wendung, dass die räumliche Ausdehnung ein gemeinsames Krafterzeugniss der den Körper bildenden unräumlichen Substanzen sei, obwohl natürlich auch nicht eine Spur von anschaulicher Vorstellung darüber gegeben werden kann, wie nun eigentlich diese Substanzen den Raum zu Stande bringen. Im Uebrigen schliesst er sich in der Naturphilosophie durchaus an Leibniz an und reproducirt dessen Theorien von der Erhaltung der lebendigen Kraft, von dem Gesetz der Continuität und von der Unmöglichkeit einer Wirkung in die Ferne. Gegen die mathematisch-mechanische Naturauffassung verhält er sich zwar nicht ablehnend, spricht ihr jedoch, da sie es nur mit einem nebensächlichen Kraftprodukt der einfachen Substanzen zu thun hat, einen noch viel geringeren Werth zu, als es Leibniz gethan hatte. An ihre Stelle hätte bei Wolff eigentlich die Lehre von den inneren Qualitäten der einfachen Substanzen und von deren gesetzmässiger Thätigkeit treten müssen: von diesen weiss er jedoch nur zu sagen, dass ihrer unendlich viele sind und dass nach dem von Leibniz aufgestellten „principium identitatis indiscernibilium" keine darunter der anderen vollkommen gleich sei. Ununterscheidbar sind nur einmal gelegentlich die verworrenen, d. h. sinnlichen Vorstellungen, welche wir von den Substanzen haben: die denkende Erkenntniss muss jeden Inhalt von jedem anderen genau zu unterscheiden wissen.

Mit der vollständigen Durchführung der Monadologie fiel auch derjenige von Leibniz' Gedanken dahin, welcher das innerliche Band aller übrigen gebildet hatte: die prästabilirte Harmonie. Ihre metaphysische Geltung war aufgehoben, sobald es noch andere als vorstellende Substanzen gab; denn nur mit Zuhilfenahme der unbewussten Vorstellungsthätigkeit hatte jede Monade als Spiegel der Welt gelten können. Die Folge davon war die, dass Wolff den „influxus physicus" wieder einführte. Es war das eine ähnliche

Rückkehr zu Descartes, wie sie sich schon in der Annahme einer Verschiedenheit zwischen vorstellenden und materiellen Substanzen aussprach. Wolff beschränkt die Hypothese der prästabilirten Harmonie in einseitiger Weise auf das Verhältniss des Leibes zur Seele, resp. des gesammten materiellen zu dem gesammten immateriellen Leben, obwohl selbst diese allgemeinere Auslegung nur schwach angedeutet ist. Doch zeigt sich der Zug dieser Lehre wenigstens insofern mächtig, als er auch bei Wolff zum vollständigen Determinismus führt. Es geschieht das um so mehr, als Wolff im Gegensatze zu Thomasius und im engsten Anschlusse an Leibniz den Willen überall durch die Vorstellungsthätigkeit bestimmt denkt. Seine psychologischen und ethischen Ausführungen sind deshalb gleichfalls vom strengsten Rationalismus beherrscht. Hausbackene Vernünftigkeit ist auch hier der Grundcharakter, und Alles läuft darauf hinaus, dass man nichts thun soll, was man nicht wohl überlegt und was man sich nicht dabei als richtig aus vernünftigen Principien bewiesen hat. Auch das moralische Leben möchte Wolff wie das wissenschaftliche zu einem logischen System machen, und der rationalistische Grundgedanke, dass die gute Handlung nur diejenige ist, welche sich vor der Vernunft rechtfertigen kann, wird bei ihm zu der Forderung, dass die Triebfeder der sittlichen Handlung nur die vernünftige Ueberlegung sei. In diesem Systeme spricht das Herz nicht mehr mit; der klare Verstand ist Alles, worauf es ankommt, und in seiner Ausbildung liegt deshalb der Schwerpunkt auch des sittlichen Lebens. Alles Streben, entwickelt Wolff, ist auf Vollkommenheit und Vervollkommnung gerichtet: da die menschliche Seele eine vorstellende Substanz ist (auch hierin bezieht er sich sehr direkt auf Descartes), so liegt ihre Vervollkommnung nur in der Richtung der Klarheit und Deutlichkeit ihrer Vorstellungen.

Eine detaillirtere Darstellung dieses Lehrgebäudes würde nur die systematische Reproduction zeigen können, welche Wolff den vor ihm entwickelten Gedanken der Rationalisten gab. In der Hauptsache hielt er sich überall an Leibniz, ohne jedoch sich ihm gänzlich zu unterwerfen oder andererseits der Tiefe seiner Metaphysik gerecht zu werden. Namentlich in der praktischen Philosophie zeigt er sich daneben stark von Grotius und Pufendorf beeinflusst, verfährt aber in der Auffassung des politischen und socialen Zusammenhanges der Menschheit gänzlich nach dem individualistischen Princip des Aufklärungszeitalters. Die Ordnungen des Staats und der Gesellschaft sind ihm nur um der Individuen willen da. Sie sind lediglich die Mittel, vermöge deren das Individuum seine Aufgabe am besten erfüllt. Die Vervollkommnung des Einzelnen bleibt das höchste Ziel, aber sie ist nur in der Gesellschaft möglich. Wie das ganze XVIII. Jahrhundert betrachtet Wolff Staat und Gesellschaft als Dinge, welche man in den Kauf nehmen muss, weil man ohne sie den Zweck der eigenen Vervollkommnung nicht erreichen kann. Aber in keinem Lande hat dieses Princip eine so kleinliche Durchführung gefunden, als in Deutschland. Den Deutschen fehlte eben mit einem nationalen Staate auch das Gefühl für den selbständigen sittlichen Werth des staatlichen Zusammenhanges, und wenn sie im Staate nur eine Maschinerie für die Sicherung von Leben und Eigenthum und für die Befriedigung der individuellen Bedürfnisse sahen, so war das in einem Lande entschuldbar, dessen Bewohner die staatliche Macht nur als Polizei kannten. Das Höchste, wozu Wolff sich in dieser Hinsicht erhob, war das Verlangen, dass der Staat vor Allem auch für die werthvollste Aufgabe des Individuums, für seine geistige Aufklärung, zu sorgen habe. Er entnahm das Vorbild für die Zeichnung, die er dabei ausführte, der Regierung des Königs, dem er die ruhmvolle Erneuerung seiner alten Wirksamkeit verdankte und der sich seinen Schüler nannte: Wolff's Staatslehre ist der Typus jenes aufgeklärten Despotismus, mit welchem Friedrich der Grosse das viel kopirte Vorbild für die deutschen Fürsten in der zweiten Hälfte des vorigen Jahrhunderts wurde. Wolff entwirft einen Polizeistaat, der sich um Alles kümmern soll, aber um Alles zum Wohle des Volkes und zur Aufklärung der Bürger. Dieser wohlwollende Despotismus war das höchste Ideal, zu welchem sich der deutsche Philister aufzuschwingen vermochte. Wohl empfand auch er den politischen und socialen Druck, der auf dem Volke lastete und der in Deutschland um so empfindlicher war, als er nicht von einem imponirenden Nationalstaate, sondern von einer Reihe kleiner Dutzend-Potentaten ausgeübt wurde. Aber der tiefe Niedergang des politischen Lebens hatte ihm jeden Gedanken an eine politische Selbstbestimmung geraubt, und seine einzige Hoffnung war die, einmal einen aufgeklärten Fürsten zu finden, der als ein gütiger Vater ihm über Nacht einen behaglichen Zustand, eine freiere Bewegung und ein gewisses Mass persönlicher Berechtigung schenken würde. Dass er diese Hoff-

nung erfüllte, war ein Hauptgrund für die gewaltige Popularität
Friedrich's des Grossen; er war das Ideal des Herrschers, wie ihn
das Zeitalter der Aufklärung sich dachte, und er hat dafür neben
der persönlich beeinflussten Bewunderung, die ihm Wolff darbrachte,
das schwerer wiegende Lob Kant's eingetragen.

Einen ähnlichen Compromiss zwischen den gegebenen Zuständen und den Forderungen der Aufklärung vertritt Wolff auf
religiösem Gebiete. Er prägt hier die Vereinbarkeit von Offenbarung und Vernunft in dem Geiste von Leibniz noch energischer
nach beiden Seiten hin aus. Auf der einen Seite verlangt er die
völlige Vernünftigkeit der Offenbarung und will nur solche Offenbarungen für giltig erachten, welche dem Menschen um seines
religiösen Lebens willen unbedingt nöthig sind, dabei aber durch
die menschliche Vernunft auf keine Weise hätten gefunden werden
können, und er fügt hinzu, dass diese ihre Ueberhernünftigkeit
niemals bis zur Widervernünftigkeit führen dürfe. Auf der anderen
Seite aber ist er persönlich überzeugt, dass die in den religiösen
Urkunden des Judenthums und des Christenthums niedergelegten
Offenbarungen diesen vernünftigen Kriterien vollkommen entsprechen, wovon er freilich klug genug ist den Beweis der Theologie
in die Schuhe zu schieben. Bei diesen Bestimmungen ist es erklärlich, wie in dem breiten Rahmen seiner Schule später sowohl
der Deismus als auch der Orthodoxismus Platz fanden: man gelangte zu dem ersteren, wenn man die Lehre von den vernünftigen Kriterien der Offenbarung energisch fortführte, zu dem letzteren, wenn man den Glauben an die Vernünftigkeit der positiven
Dogmen zur Richtschnur nahm. Jedenfalls aber schied Wolff die
Theologie der Offenbarung von den eigentlichen Aufgaben der Philosophie aus, und beschränkte die letztere rücksichtlich dieses Gegenstandes auf die natürliche Theologie oder die Vernunftreligion.
Diese aber musste dem allgemeinen Princip seiner Encyclopädie
gemäss in zwei parallelen Wissenschaften oder Betrachtungsweisen
sich entwickeln: einerseits begrifflich und andererseits empirisch.
So giebt es für Wolff neben der rationalen Theologie gewissermassen noch eine empirische Theologie. In der ersteren werden
der ontologische und der kosmologische Beweis für das Dasein
Gottes ganz in den hergebrachten Formen und der letztere mit
den von Leibniz hinzugefügten Wendungen, vermöge deren aus
der Zufälligkeit der Welt auf die Existenz einer absolut nothwen-

digen Ursache davon geschlossen wird, mit aller Ausführlichkeit beigebracht. Der empirische Theil der Theologie dagegen ist eine breit angelegte Detaillirung des physiko-theologischen Beweises. Die Thatsachen, welche hier verwendet werden, sind diejenigen der Zweckmässigkeit aller Dinge, und aus ihnen werden dann die Eigenschaften der Güte und Weisheit des Weltschöpfers erschlossen. Die Teleologie von Wolff ist aber eine wesentlich andere als diejenige von Leibniz. Zwar bewegt er sich vielfach in den Gedanken der Theodicee, und die Lehre von der besten unter den möglichen Welten war in seiner Schule eins der beliebtesten und populärsten Themata. Aber er gab dem Begriffe der Zweckmässigkeit eine viel niedrigere Tendenz, als es Leibniz gethan hatte. Auch das hing in letzter Instanz damit zusammen, dass er die Monadologie und den eigentlichen Sinn der prästabilirten Harmonie fallen gelassen hatte. Für Leibniz war der Zweck der Weltschöpfung die Realisirung der unendlichen Vorstellungswelt der Gottheit gewesen; für ihn bestand deshalb die Zweckmässigkeit der Dinge darin, dass sie diese ihre innere Harmonie gerade durch den Mechanismus ihrer Vorstellungsentfaltung in jedem Augenblicke bekunden. Dieses Entwicklungssystem, diesen Gedanken der immanenten Zweckmässigkeit hatte Wolff nicht begriffen. Er konnte deshalb der Weltschöpfung keinen anderen, als den im theologischen Sinne gedachten Zweck unterlegen, dass die Gottheit das Bedürfniss gehabt habe, ihre Güte und Weisheit von intelligenten Wesen bewundert zu sehen. Der Schwerpunkt der Teleologie lag für ihn deshalb darin, dass Wesen vorhanden sind, welche dieser Bewunderung fähig sind, und der zweckmässige Verlauf des Weltgeschehens hatte für ihn nur den Sinn, dass diese Wesen wirklich zu dieser Bewunderung kommen. Da nun unter den erfahrungsmässigen Wesen dies lediglich dem Menschen zukommt, so lief Wolff's Teleologie darauf hinaus, zu zeigen, wie zweckmässig diese ganze Welt für den Menschen, resp. für die hypothetischen, menschenähnlichen Bewohner anderer Gestirne durchgehends angelegt ist. So verkleinerte sich der Leibniz'sche Gedanke bei Wolff zu einer an die stoischen Betrachtungen erinnernden anthropologischen Teleologie. Sein und seiner Schüler Gesichtskreis war in dieser Hinsicht ein unglaublich beschränkter. Sie wussten an allen Einrichtungen der Welt nichts weiter zu rühmen als die Förderung, welche sie dem Menschen geben, und geriethen dabei in eine so geradezu komische Kleinlichkeit hinein, dass sie den Spott nicht nur Voltaire's, sondern z. B. auch Maupertuis' hervorriefen. An die Stelle der Zweckmässigkeit war die Nützlichkeit getreten, und mit lächerlicher Bornirtheit wurden die grossen Zusammenhänge des Universums ebenso wie jede kleinste Erscheinung des Erdenlebens darauf hin geprüft, welchen Nutzen sie für das menschliche Leben gewähren. Die religiöse Folgerung dieser empirischen Theologie war selbstverständlich ein pedantisches Moralisiren. Wolff ergriff den grossen Gedanken von Leibniz, dass der Mensch der Gottheit am besten durch seine Aufklärung diene, und wendete ihn dahin, dass man in allen Dingen des Schöpfers gütige Absicht erkennen und durch ihre Bewunderung zur Erfüllung jenes höchsten Weltzwecks beitragen müsse. Der Mensch ist geschaffen, um die Gottheit zu bewundern, und die übrigen Dinge sind dazu da, um dem Menschen zu nützen und so dieser Bewunderung zur Grundlage und zur Veranlassung zu dienen. —

Trotz dieser Beschränktheit hatte die Wolff'sche Philosophie in Deutschland einen unvergleichlich ausgebreiteten Erfolg, und man darf nicht sagen, dass sie nur schädliche Wirkungen ausgeübt hätte. Gewiss beförderte sie wie niemals eine andere Denkart die Sucht, Alles beweisen zu wollen und nur das Beweisbare gelten zu lassen, und sie gab der deutschen Aufklärung die Richtung auf eine trockene Verständigkeit, in der sie kühl an dem Werthvollsten vorüberging, wenn es nicht beweisbar war. Sie beschränkte das Denken auf den geringen Kreis der Vorstellungen, welche der logischen Zergliederung des Verstandes bequem zugänglich sind, und entschädigte für diesen Mangel an Inhalt durch eine behagliche Breite der Verarbeitung ihrer Principien. Sie war deshalb so recht eine Philosophie für den Durchschnittsmenschen, der das Wenige, was er begreifen kann, in recht stattlicher Auseinanderlegung und mit ordentlicher Uebersichtlichkeit aufgestellt haben will, um, auf diesen schönen Besitz pochend, vornehm alles Uebrige für werthlos zu erklären. Sie war das Werk eines vorzüglichen Schulmeisters und schuf einen schulmeisterlichen Sinn, der die ganze Welt unter seine paar Formeln gebracht zu haben wünschte. Aber sie besass auf der anderen Seite nicht minder grosse Vorzüge. Sie gewöhnte die Menschen an logische Sauberkeit, an eine methodische Anordnung ihrer Gedanken und an eine reinliche Prüfung ihrer Erkenntnisse. Dadurch, dass ihr logischer Schematismus die

Grundlage des deutschen Universitätsunterrichts wurde, erzog sie die Nation zum strengen, methodischen Denken. Wolff war der logische Schulmeister des deutschen Volkes, und Kant hat ihn damit geehrt, dass er ihn den Urheber des Geistes der Gründlichkeit nannte. Man darf diese Wirksamkeit nicht unterschätzen. Sie hatte in der Entwicklung der Deutschen einen ausserordentlich grossen Culturwerth. Als in der zweiten Hälfte des vorigen Jahrhunderts die Ideen der antiken und der modernen Cultur mit lebhaftem Wechselspiel und gegenseitiger Durchdringung in die geistige Welt der Deutschen einströmten, als der Aufschwung der nationalen Litteratur eine reiche Fülle lebendiger Gedanken erzeugte, da erwies sich der Segen dieser formalen Durchbildung. Für die glückliche Verarbeitung dieser gährenden Gedankenmassen war die Gewöhnung an logische Klarheit eine ganz unentbehrliche Vorbereitung, und das Geschick des deutschen Volkes hatte es glücklich gefügt, dass die Nation eine pedantische Schule durchgemacht hatte, ehe sie zur freien Bethätigung ihres geistigen Lebens gelangte, und dass sie die logischen Formen gelernt hatte, mit denen sie nun den Reichthum der neu gewonnenen Gedanken meistern konnte. Wenn die deutsche Philosophie im Anfange unseres Jahrhunderts eine Art von Triumphzug durch das Reich der Ideen machte, so waren ihr die Bahnen dazu durch die Gewöhnung an das methodische Denken durch Wolff vorgezeichnet, und diese Verknüpfung des grossen Gedankeninhalts mit der Strenge seiner Verarbeitung ist gerade am besten durch die Persönlichkeit Kant's charakterisirt. Kant wäre niemals der Vater einer neuen Philosophie geworden, wenn er nicht den Schematismus der Schule mit seinen Ideen durchbrochen hätte: aber er wäre es ebensowenig geworden, wenn er nicht dieser Ideen durch die strenge Schulung seines „architektonischen" Denkens Meister gewesen wäre.

Den Schülern Wolff's blieb wenig zu thun. Ihr System war fertig, und sie konnten daran nur hie und da etwas ausbessern. Sie beschränkten sich daher in der Hauptsache darauf, in mehr oder minder compendiösen Lehrbüchern die einzelnen Theile zu reproduciren und womöglich noch mehr in das Einzelne auszuarbeiten. Zum grössten Theil Universitätsprofessoren, gaben sie ihre nach Wolff'scher Methode ausgearbeiteten Collegienhefte in lateinischer oder deutscher Sprache heraus und machten sich damit theilweise, wo ihnen die pädagogische Seite dieser Aufgabe besonders geglückt war, einen Namen, der die Zeit ihrer Schulherrschaft nicht überdauert hat. Die Geschichte der Philosophie hat, da sie neue Gesichtspunkte nicht aufstellten und noch weniger aus den Bahnen der vorgeschriebenen Methode herausgingen, keine Veranlassung, bei ihnen zu verweilen: in den Handbüchern sind ihre Namen und die Titel ihrer Bücher verzeichnet. Nicht einmal der innerhalb der Schule selbst und zum Theil auch mit ihren Gegnern geführte Streit über die mehr oder minder weit auszudehnende Geltung oder gar über die völlige Verwerfung der prästabilirten Harmonie zu Gunsten des influxus physicus, — nicht einmal diese Anfangs sehr lebhaft geführte Controverse kann auf allgemeinere Bedeutung oder auf Fruchtbarkeit an neuen Gedanken Anspruch erheben.

Die erste Verbreitung fand die Wolff'sche Philosophie durch den persönlichen Freund ihres Urhebers **Philipp Thümmig** (1697 bis 1728); den meisten Ruhm unter den späteren Schülern genoss vielleicht **Georg Bernhard Bilfinger** (1693—1750), der auch eine Geschichte der Leibniz-Wolff'schen Schule, beinahe die Geschichte der damaligen deutschen Universitäten, hinterlassen hat. Die grösste Verbreitung dagegen fanden die Lehrbücher von **Alexander Gottlieb Baumgarten** (1714—1762), der noch in anderer Beziehung zu erwähnen sein wird. Die grosse Mehrzahl dieser vorschriftsmässigen Wolffianer stand auf dem orthodoxen Standpunkte der lutherischen Lehre und hielt wie der Meister an der Identität der Vernunftreligion mit dem positiven Dogma fest. So kam es, dass die Anfeindungen, welche Wolff selbst und anfänglich noch seine Schüler von den kirchlich Gesinnten erfahren hatten, nach und nach schwiegen und auf den deutschen Universitäten ein Friede zwischen Theologie und Philosophie, wie ihn Leibniz gewünscht hatte, lange Zeit zur Herrschaft kam. Selbst der Pietismus bequemte sich in so tüchtigen Vertretern, wie es z. B. **Schulz** in Königsberg war, zu einer gewissen Anerkennung der Anfangs so heftig verfolgten Lehre. Man gewöhnte sich, die Wolff'sche Philosophie als eine rechtgläubige anzusehen, und sie nahm die Stellung der protestantischen Scholastik ein, welche früher der Melanchthonianismus innegehabt hatte. Gerade diejenigen unter den Orthodoxen, welche sich dem Fortschritte der modernen Wissenschaft nicht ganz verschlossen, waren damit einverstanden. An der Stelle von Aristoteles hatte man Leibniz und

Wolff, und die moderne Philosophie schien wieder der Theologie den alten Dienst zu leisten, dass sie das Kirchendogma als vernünftig bewies.

Inzwischen wurde die deutsche Philosophie schon auf diesem Standpunkte nach einer Richtung gezogen, welche für ihre folgende Entwicklung immer wichtiger werden sollte. Der deutsche Geist begann allmählich aufzuathmen, und neben dem neuen philosophischen Interesse, das er durch die Wirksamkeit der Wolff'schen Schule für die Gedanken von Leibniz gewann, regte sich aller Orten das litterarische Leben und der Sinn für die Kunst. Diese Gleichzeitigkeit des Aufschwunges ist für die weitere Entwicklung beider Interessen entscheidend geworden. Die deutsche Philosophie fiel in eine Zeit der lebhaftesten Kunstbewegung, und die schöne Litteratur fand eine philosophisch angeregte Gesellschaft vor. Dagegen fehlte in Deutschland dasjenige Element, welches der französischen Philosophie ihre Richtung gegeben hatte, die leidenschaftliche Discussion der Probleme des öffentlichen Lebens. Der Mangel des nationalen Zusammenhanges liess diese Fragen, so sehr sie sich im Einzelnen aufdrängten, in dem gemeinsamen geistigen Leben mehr zurücktreten, und es ist oft bemerkt worden, dass die Deutschen ihre Nationalität, welche sie im dreissigjährigen Kriege verloren hatten, durch ihre Philosophie und vor Allem durch ihre Litteratur wiedergewonnen haben. Was die deutschen Geister vereinte, waren nicht gemeinsame Ziele des politischen und socialen Lebens, sondern vielmehr das Interesse für wissenschaftliche und künstlerische Gegenstände, ein Interesse, welches so lebendig und so leidenschaftlich wurde, dass ihm später mit Recht die Zurückdrängung des Sinnes für das öffentliche Leben vorgeworfen werden konnte. Da aber so die Philosophie und die Litteratur die beiden wesentlichen Vereinigungspunkte für das neu erwachende Culturleben der Deutschen bildeten, so war es eine natürliche Folge, dass diese beiden Bestrebungen inniger und dauernder mit einander verwuchsen, als dies bei irgend einer anderen Nation der Fall gewesen war. Schon mit der Mitte des vorigen Jahrhunderts begann daher die Verschmelzung der philosophischen und der litterarischen Bewegung, welche der folgenden Entwicklung ihren Charakter aufgedrückt hat. Die Blüthe der deutschen Cultur um die Wende des XVIII. und des XIX. Jahrhunderts, welche eine der werthvollsten Epochen der gesammten Culturgeschichte bildet, ist nur aus dieser gegenseitigen Durchdringung der Philosophie und der Dichtung zu verstehen. Sie tritt auf ihrem Höhepunkte in den Romantikern gewissermassen verkörpert auf; aber schon vorher ist die Tendenz dieser Vereinigung nicht nur in den bedeutendsten Persönlichkeiten, sondern auch in dem allgemeinen Zuge der ganzen Entwicklung unverkennbar. Litteratur und Philosophie dieser ganzen Zeit sind ohne einander nicht zu verstehen und verdanken einander wechselseitige Einflüsse bald fördernder, bald hemmender Natur.

Für diese Vereinigung gab es ein Zwischenglied, an welchem beide gleichmässig betheiligt waren: die Aesthetik. Freilich hatte auch die ausserdeutsche Aufklärungsphilosophie in ästhetischen Untersuchungen mancherlei Fühlung mit der allgemeinen Litteratur gesucht und gefunden. Namentlich die psychologische Neigung der englischen Philosophie hatte zu vielen derartigen Versuchen geführt. Aber es waren das doch immer nur gelegentliche Auszweigungen des philosophischen Denkens geblieben. Dem gegenüber charakterisirt sich das eigenthümliche Wesen der deutschen Philosophie am besten durch den steigenden Werth, welchen in ihr die Aesthetik als ein integrirender Bestandtheil des philosophischen Systems selbst einnimmt und welcher schliesslich dahin führte, dass der ästhetische Gesichtspunkt in den grossen nachkantischen Systemen sogar zu dem entscheidenden für die ganze Philosophie gemacht werden sollte.

Die Anfänge dieser Bewegung sind sehr unscheinbar und wunderlich. Die Wolff'sche Philosophie mit ihrem dürren Pedantismus schien zunächst weder geneigt noch geeignet, mit dem künstlerischen Leben in Verbindung zu treten, und der Versuch, der dazu gemacht wurde, war zunächst für die schöne Litteratur äusserst unerspriesslich. Wie Wolff für die deutsche Philosophie, so wurde einer seiner Schüler, Gottsched, zum Schulmeister für die deutsche Poesie, und die Poesie kann freilich das Schulmeistern noch etwas weniger vertragen als die Philosophie. Aber auch Gottsched's Wirksamkeit ist in ähnlicher Weise zu würdigen wie diejenige Wolff's. Er hielt es für seine Aufgabe, die Dichtkunst zu einer nach festen Regeln, gewissermassen methodisch und unter der Herrschaft deutlicher Begriffe verfahrenden Thätigkeit zu machen, und kritisirte von diesem Verstandesstandpunkt des Regelrechten in tyrannischer Weise die Litteratur seiner Zeit. Wenn er dadurch alle Ursprünglichkeit verbannte und allen Duft der Poesie zerstörte, so darf doch andererseits nicht vergessen werden, dass er für eine verständige Reinigung der Sprache gegenüber dem eingerissenen Verderb sehr glücklich thätig gewesen ist. Zwar war er auch hierin von dem Vorbilde des französischen Classicismus abhängig, dessen steife Geregeltheit den rationalistischen Charakter der Dichtung des XVII. Jahrhunderts am schärfsten zum Ausdruck gebracht hatte, und den Gottsched durch einen wachsenden Anschluss an Boileau in Deutschland nachzuahmen suchte. Aber gerade durch dieses Bestreben wurde er doch einer der Förderer der vaterländischen Dichtung und vor Allem eines reineren deutschen Sprachgebrauchs.

Viel werthvoller für diesen ganzen Process war es jedoch, als einer der Wolffianer die Entdeckung machte, dass die Aesthetik eine nothwendige und bisher unbeachtete Stellung in der Wolff'schen Encyclopädie der Wissenschaften einnehmen müsse. Diese Entdeckung war es, durch welche Alexander Baumgarten den Ruhm gewonnen hat, der Vater der philosophischen Aesthetik zu sein. Es ist eine denkwürdige Thatsache in der Geschichte der Wissenschaften, dass hier ein eigener Wissenszweig lediglich aus methodologischen Betrachtungen und um der systematischen Vollständigkeit willen geschaffen wurde. Baumgarten hatte weder ein besonderes persönliches Interesse am künstlerischen Leben, noch einen Sinn für die feine Beurtheilung poetischer Leistungen, sondern, wie er überhaupt die Wolff'sche Systematik bis in's Allereinzelste detaillirte und eine Menge untergeordneter Wissenszweige mit eigenen Namen bezeichnete, so schuf er auch die Aesthetik nur, weil er eine Lücke in der Wolff'schen Encyclopädie entdeckte. Der Gedankengang, der ihn dazu führte, entsprang aus dem Gegensatze des höheren und des niederen Erkenntnissvermögens, welcher der Wolff'schen Encyclopädie der Wissenschaften zu Grunde lag. Wolff hatte die Logik als allgemeines Organon allen Wissenschaften vorangeschickt und damit auch innerhalb seiner Gedanken insofern Recht gehabt, als es sich in ihr um die Klarheit und Deutlichkeit der Begriffe und der Beweise handeln sollte, ohne welche es keine Wissenschaft geben kann. Aber die Logik ist nur die Technik des Verstandes, sie handelt von dem vollkommenen Gebrauche des oberen Erkenntnissvermögens; es fehlte eine parallele Wissenschaft, welche in gleicher Weise das untere Erkenntnissvermögen behandelte und die Vollkommenheit der sinnlichen Wahrnehmung zu ihrem Gegenstande hätte. Deshalb entwarf Baumgarten — einer Andeutung Bilfinger's folgend — aus diesen systematischen Ueberlegungen eine „Empfindungslehre" als eine „nachgeborene Schwester der Logik", wie es Lotze sehr glücklich bezeichnet hat. Diese neue Wissenschaft nannte er ganz correct „Aesthetik", und die beiden Bände, in welchen er ihre Ausführung begann, erschienen unter dem Titel „Aesthetica" (Frankfurt a. d. O. 1750 und 1758). Unter jetzigen Umständen würde man unter dieser Wissenschaft bei dieser Ableitung ihrer Aufgabe eine Lehre von der Richtigkeit der Erfahrung, eine Zusammenstellung der Methoden der Beobachtung und des Experiments, eine zusammenfassende Kritik der menschlichen Wahrnehmungsthätigkeit erwartet haben. Allein ein derartiges Eingehen auf die empirische Naturforschung lag den Denkern der Wolff'schen Schule fern. Gleichwohl ist die Thatsache, dass Baumgarten die Behandlung dieser Aufgabe auf diejenigen Untersuchungen richtete, welche nach dem Titel seines Werkes später den Namen der ästhetischen erhielten und jetzt allgemein besitzen, nur durch ein eigenthümliches Zurückgreifen auf gewisse Gedanken von Leibniz zu erklären. Dieser hatte gelegentlich die Schönheit als die Vollkommenheit der sinnlichen Wahrnehmung bezeichnet. Die klare, aber noch verworrene Anschauung des Vollkommenen hatte ihm als der Genuss des Schönen und der verworrene Instinkt der Vollkommenheit als die schöpferische Kraft der Kunst gegolten. Schönheit, hatte er gelehrt, ist sinnliche Vollkommenheit, ebenso wie Wahrheit logische und Güte moralische Vollkommenheit. Diese Ansicht gab die Richtschnur für Baumgarten's Untersuchungen ab, und so gestaltete sich seine Empfindungslehre zu einer Wissenschaft vom Schönen. Durch diese Gedankenverknüpfung ist es gekommen, dass die Termini „Aesthetik" und „ästhetisch" den jetzt geläufigen Sinn angenommen haben, und am meisten hat dazu beigetragen, dass Kant, nachdem er sich Anfangs gegen die von Baumgarten eingeführte Bedeutung gesträubt*) und in der Kritik der reinen Vernunft das Wort Aesthetik in dem alten Sinne von Wahrnehmungslehre gebraucht hatte, später in der Kritik der Urtheilskraft durch die

---

*) Vergl. die Anmerkung zu § 1 der Kritik der reinen Vernunft.

Lehre von der „ästhetischen Urtheilskraft" die Baumgarten'sche Wendung annahm.

Die Ausführung dieses ersten Entwurfs einer philosophischen Aesthetik fiel nun freilich äusserst mangelhaft aus. Baumgarten's Darstellung ist, wie in allen seinen Lehrbüchern, von ermüdender Weitschweifigkeit und im Grunde genommen überaus langweilig. Er macht aus der Aesthetik fast nur eine Poetik und beschränkt sich auf eine systematische Entwicklung der technischen Regeln, welche antike und moderne Bearbeiter der Poetik aufgestellt hatten. Dabei ist es höchst charakteristisch, wie der deutsche Rationalismus aus ganz anderen Gründen zu fast demselben Resultate wie der französische Sensualismus gelangt, nämlich zu der Ansicht, dass das höchste Princip der künstlerischen Schöpfung in der empirischen „Wahrheit" der Darstellung beruhe. Lotze hat feinsinnig darauf aufmerksam gemacht, dass sich darin eine Abhängigkeit der Aesthetik von dem theoretischen Gesichtspunkte des Rationalismus zeige, welche der deutschen Aesthetik lange nachgegangen ist, und dass diese Lehre bei Baumgarten sich hauptsächlich auf diejenige von der besten unter den möglichen Welten stützt, ausserhalb deren der Künstler nur Unvollkommneres erdichten kann. Der Optimismus kennt folgerichtig kein anderes Princip der Kunst als dasjenige der Naturnachahmung. Wenn die wirkliche Welt die beste ist, so ist sie auch die schönste, und alle Versuche, etwas Anderes zu erdenken, müssen hinter ihr zurückbleiben. Hierin liegt auch umgekehrt der Grund, weshalb sich in neuerer Zeit die pessimistischen Systeme so überaus glücklich mit einer idealistischen Aesthetik verbinden konnten. Die Schönheit erscheint somit bei Baumgarten als verworrene Wahrheit. Sie zeigt in sinnlicher Anschauung jene Harmonie der Mannigfaltigkeit, welche das philosophische Denken zur Deutlichkeit bringen soll: sie ist eine undeutliche Vorstufe der vernünftigen Erkenntniss. So gilt es nicht nur in persönlicher Beziehung, sondern auch in der principiellen Beurtheilung, wenn Lotze gesagt hat, dass die deutsche Aesthetik bei Baumgarten mit einer ausgesprochenen Geringschätzung ihres Gegenstandes begann. Aber es darf doch nicht übersehen werden, dass er nach zwei Richtungen hin einen sehr bedeutsamen Anstoss gab: einerseits war es sein Verdienst, der Aesthetik ihre nothwendige Stelle im System der Philosophie anzuweisen und ihre Principien mitten aus den allgemeinsten Ueberlegungen der begrifflichen Weltbetrachtung heraus zu entwickeln. Während die Untersuchungen über das Schöne bei den Engländern und den Franzosen wesentlich eine empiristische Kritik des Geschmacks gebildet hatten, machte Baumgarten zum ersten Male wieder seit den Neuplatonikern den Versuch, die Lehre vom Schönen im Sinne von Platon und Aristoteles an die höchsten Bestimmungen der Metaphysik und der Erkenntnisslehre anzuknüpfen; und so wenig er dieser Aufgabe zu genügen vermochte, so war dabei doch eine Anregung gegeben, welche später die deutsche Philosophie seit Kant in der glänzendsten Weise weiter verfolgt hat. — Auf der anderen Seite verfiel er zwar in der Ausführung dieser seiner Forderungen überall in ein pedantisches System von Regeln, aber der von Leibniz übernommene Begriff der Schönheit und der künstlerischen Thätigkeit hinderte ihn doch daran, in der Weise wie Gottsched das künstlerische Schaffen ganz in rationale Methodik aufzulösen. Er vergass nie, dass das Wesen des Künstlers in einer instinktiven Auffassung und Wiedergabe der sinnlichen Vollkommenheit besteht, und so trocken die Regeln waren, die er aufstellte, so sehr blieb er überzeugt, dass zur wahren Kunst noch mehr gehöre als ihre Befolgung. Hätte ihm nicht das Wolff'sche System die Einsicht in den wahren Charakter von Leibniz' prästabilirter Harmonie verschlossen, so würde er diesen instinktiven Charakter des künstlerischen Lebens noch tiefer erfasst und eingesehen haben, dass die Leibniz'sche Definition der Schönheit und des künstlerischen Genies auf das unbewusste Vorstellungsleben der Monaden zurückweist und ihre dunklen Regungen zur Voraussetzung hat.

Immerhin hatte Baumgarten in dieser Weise Veranlassung gegeben, dass man der verstandesmässigen Regelung gegenüber auf die Ursprünglichkeit des künstlerischen Schaffens aufmerksam wurde, und in diesem Sinne trat sein Schüler Georg Friedrich Meier (1718—1777) in dem Streite zwischen Gottsched und den durch Bodmer vertretenen Schweizern auf die Seite der Letzteren, welche zuerst das Princip der Genialität für die dichterische Thätigkeit wieder in Anspruch nahmen. Dabei entfernte sich Meier von dem ästhetischen Rationalismus noch mehr als Baumgarten, und auch in seinen übrigen Lehren, die gleichfalls in zahlreichen und viel gelesenen Büchern niedergelegt waren, suchte er die Fesseln der Wolff'schen Schule mehr und mehr abzustreifen. Er machte eine entschiedene Schwenkung zu Thomasius, wenn er immer mehr die

Popularität und praktische Nutzbarkeit der Wissenschaft betonte, und er zeigte sich zu gleicher Zeit den empiristischen Einflüssen der englischen Psychologie derartig zugänglich, dass er in manchen Fragen, besonders auch in derjenigen der Unsterblichkeit der Seele und in der Entwicklung der einzelnen Seelenvermögen von der Empfindung aus, beinahe vollständig aus dem Rahmen des Rationalismus heraustrat.

§ 51. Der Deismus.

Eine ähnliche Lockerung des Schulzusammenhanges der Wolffianer vollzog sich theils in Folge der Verschiedenheit der im System vereinigten Gesichtspunkte, theils auf Grund der ausländischen Einflüsse auch nach mehreren anderen Richtungen, und namentlich erfuhr dies Geschick der Zersplitterung die Religionsphilosophie, welche von dem schroffsten Confessionalismus bis zum radicalsten Freidenkerthum alle Schattirungen innerhalb der Wolff'schen Schule aufzuweisen hat.

Die Abwendung vom strengen Orthodoxismus wurde zunächst durch den von Spener begründeten und von Halle aus durch Francke immer mehr sich ausbreitenden Pietismus*) begünstigt. Dieser hielt zwar durchaus an einer rechtgläubigen Tendenz fest; aber indem er den Schwerpunkt des religiösen Lebens aus den theoretischen Satzungen in einen frommen Lebenswandel verlegte, wurde er den confessionellen Unterscheidungslehren gegenüber verhältnissmässig gleichgiltiger. In beiden Beziehungen erkennt man deutlich die mit der Zeit etwas abgeschwächten Züge der deutschen Mystik wieder, und diese innere Verwandtschaft beider Richtungen trat namentlich bei dem von Boehme stark beeinflussten Pietisten Gottfried Arnold (1666—1714) hervor, der neben Conrad Dippel (1673—1734) in den sectirerischen Bewegungen der Zeit eine bedeutende Rolle spielte. Der freiere Aufschwung des deutschen Geistes entfaltete sich in religiöser Hinsicht als wachsende Unbefriedigtheit an dem beschränkenden Confessionalismus:

---

*) Ein Wort, welches bekanntlich in neuerer Zeit in etwas verändertem und häufig sogar der ursprünglichen Bedeutung entgegengesetztem Sinne gebraucht wird.

die Unionsbestrebungen, der Pietismus, die Sectenbildungen hatten diesen gemeinsamen Ausgangspunkt, und in höchst interessanter Weise wiederholte sich den protestantischen Kirchenlehren gegenüber genau dasselbe, was die Reformatoren Anfangs dem Papstthum entgegengehalten hatten: der Rückgriff auf die Bibel. Das gesteigerte Interesse an ihr documentirte sich in den neu auftretenden Uebersetzungen, vor Allem aber in den zahlreichen Ansätzen zur Bibelerklärung und Bibelkritik.

In dieser mehr gelehrten Beziehung wurden nun hauptsächlich die ausländischen Einflüsse wichtig. Ein unselbständiger Schwärmer wie Edelmann (1698—1767) liess sich durch die Lehren Spinoza's zu blindem Hass gegen alles Priester- und Kirchenthum bestimmen. Auf die Schulphilosophen wirkte mehr die englische Litteratur. Selbst orthodoxe Wolffianer wie Siegmund Baumgarten (1704—1757), bei dem freilich auch eine pietistische Erziehung in's Spiel kam, beschäftigten sich viel mit den englischen Deisten und gewöhnten sich dadurch allmählich an eine kritischere Betrachtung der eigenen Glaubenslehren. Auf diese Weise kamen die rationalistischen Seiten der Wolff'schen Religionsphilosophie mehr zur Geltung, und unter dem Einflusse jener englischen Lehre, dass die natürliche Religion die Principien der Beurtheilung für den Werth der positiven Religionen abgeben müsse, vollzog sich in einigen Schülern Wolff's in Bezug auf das Verhältniss der Vernunftreligion zur Offenbarung eine eigenthümliche, man kann fast sagen witzige Wendung, welche übrigens schon bei Leibniz angelegt war. Enthält die natürliche Religion philosophische oder ewige Wahrheiten, so giebt die geoffenbarte nur empirische oder zufällige Wahrheiten. Wenn deshalb nach Wolff'schem Princip beide zuletzt auf dasselbe hinauslaufen müssen, so zeigen doch die ewigen Wahrheiten der Vernunftreligion die vollkommen klare und deutliche Erkenntniss dessen, was in den thatsächlichen Wahrheiten der Offenbarung nur verworren zum Bewusstsein kommt. Verfolgte man diesen Gedanken, so ergab sich, dass in der positiven Religion nur dasjenige als ewige Wahrheit gelten kann, was in der Vernunftreligion als solche schon vorhanden ist. Hieraus ergab sich in erster Linie das Bestreben, die Offenbarungen der positiven Religion so weit als irgend möglich im Sinne der Vernunftreligion zu deuten, in zweiter Linie bei kühnerer Ausführung eine abweisende Kritik der Offenbarungslehren, soweit diese sich mit dem Deismus nicht vereinigen liessen. Beide Richtungen waren von den Engländern vorbereitet, und in beiden begannen deshalb die Ideen von Herbert, Shaftesbury, Toland, Tindal u. s. w. in Deutschland lebendig zu werden.

Die erste dieser beiden Richtungen ist diejenige, welche man in der Geschichte der Theologie als Rationalismus bezeichnet. Sie hält im Princip an der empirischen Richtigkeit der Offenbarungen fest, sucht jedoch den biblischen Erzählungen überall eine möglichst verstandesmässige und natürliche Interpretation unterzulegen. Sie will die Wundererzählungen als thatsächlich anerkennen, dabei jedoch sie überall auf dem Wege des natürlichen Geschehens erklären, und so schiebt sie den biblischen Vorstellungen, soweit irgend thunlich, die Schulbegriffe der Wolff'schen Philosophie unter. Dies zeigte sich schon in der von dem Wolffianer Lorenz Schmidt herausgegebenen Wertheimer Bibelübersetzung, welche bei den zahlreichen Verfolgungen und Verboten, die sie betrafen, auf den Pentateuch beschränkt blieb. Die weitere Entwicklung dieser Richtung führte ganz im Geiste der englischen Deisten dazu, dass man das wahre Christenthum mit der Vernunftreligion identificirte und in den confessionellen Dogmen nur Zuthaten erblickte, welche, wenn auch für den geringeren Menschen vielleicht nothwendig, im Wesentlichen doch gleichgiltig seien. Hervorragende Docenten, Gelehrte und Prediger, wie Töllner, Sack, Jerusalem, Spalding, Teller und Steinbart vertraten die edlere Seite dieser Auffassung, indem sie die innere Gemeinsamkeit alles religiösen Lebens und nicht nur der christlichen Confessionen, sondern auch der übrigen Religionen hervorhoben und die Humanität zum Inhalte aller Religiosität machten. In der Theologie selbst führte dieses Bestreben immer mehr zu einer wässrigen Deuterei: ohne eine Ahnung von dem historischen Wesen der Religion verflüchtigten die Rationalisten in der Retorte ihrer „Erklärung" den werthvollsten Inhalt des religiösen Lebens zu vagen Dünsten und sahen darin nur Nebel, welche die Klarheit und Deutlichkeit ihrer Schulbegriffe verhüllen müssten.

Vielleicht wäre diesem Treiben eher Einhalt geschehen, wenn man die Richtung, welche Salomo Semler (1725—1791) einschlug, mehr in seinem Geiste verfolgt hätte. Zwar unterschied auch er eine innere allgemein menschliche Religiosität, die im Wesentlichen mit dem Deismus zusammenfiel, von dem äusseren, durch die Confessionen bestimmten Cultus; aber mit vollem Verständniss für die Nothwendigkeit der äusseren Organisation trat er allen, auch jenen wohlgemeinten Versuchen, das bestehende Kirchenthum zu untergraben, lebhaft entgegen. Zeugte schon dies von einem historischen Sinne des Mannes, so trat dieser noch mehr in seiner Art der Bibelerklärung hervor. Er hatte das Verständniss dafür, dass, wie es im Princip schon Spinoza ausgesprochen hatte, die eigenthümliche Form, womit die religiösen Ueberzeugungen in den religiösen Urkunden sich niedergelegt finden, aus dem Geiste der Zeit, der sie ihren Ursprung verdanken, erklärt werden müsse, und er ist somit trotz der Mangelhaftigkeit seiner Ausführung der Schöpfer der historisch-kritischen Bibelbetrachtung. In der Folgezeit jedoch trat unter dem Einflusse des englischen Deismus der historische Charakter dieser Betrachtung weit hinter dem kritischen zurück, und es blieb nur die abweisende Tendenz des Deismus gegen die positive Religion übrig.

Als der typische Vertreter dieser Richtung gilt mit Recht **Hermann Samuel Reimarus (1694—1768)**. Er ist der consequenteste und, wie sein Stil beweist, auch der klarste und logisch geschulteste unter den deutschen Freidenkern, und er zeigt alle ihre Vorzüge und alle ihre Schwächen in der concentrirtesten Form. Seine „Abhandlungen von den vornehmsten Wahrheiten der natürlichen Religion" (Hamburg 1754) sind die lichtvollste Zusammenfassung, welche die positiven Lehren des Deismus in Deutschland gefunden haben, und sie sind durchgängig von dem teleologischen Gesichtspunkte beherrscht, von welchem aus sie den Materialismus, die rein mechanische Naturphilosophie und den Pantheismus mit gleichmässiger Energie bekämpfen. Doch ist die Physikotheologie bei Reimarus nicht von jener Kleinigkeitskrämerei und vor Allem nicht auf jenen Gedanken der bloss menschlichen Nutzbarkeit gerichtet, wodurch die Wolff'sche Schule sich sonst lächerlich machte. Er denkt mehr im Geiste von Shaftesbury und von Leibniz, wenn er das Wohl aller lebendigen Geschöpfe für den gütigen Zweck des Weltschöpfers erklärt, und mit umfassender Kenntniss suchte er in den „Betrachtungen über die Kunsttriebe der Thiere" (Hamburg 1762) zu zeigen, wie die gesammte animalische Welt auf das Wohl aller Wesen derartig eingerichtet sei, dass sie einen weisen und gütigen Urheber voraussetze. Im Verfolge dieser allgemeinen Auffassung von einer auf Glückseligkeit aller Geschöpfe angelegten Welteinrichtung erscheint dann auch die Lehre von der Unsterblichkeit des vernünftigen Menschen als eine nothwendige Forderung zur Ausgleichung der in diesem Leben bestehenden Widersprüche. Die weise Einrichtung des Weltalls ist die vollkommene Offenbarung der Gottheit. Aber damit ist für Reimarus der Inhalt der Religiosität auch beschlossen, und gegen alle positiven Religionen verhält er sich durchaus negativ. Er hat diesen Gegensatz in einem Sinne behandelt, welcher ganz demjenigen der Mehrzahl der englischen Deisten entsprach. Die Welt kannte ihn nur als einen warm empfindenden und begeisterten Physikotheologen. Er wusste, dass, wenn sie die schroffe Stellung, die er zum positiven Dogma einnahm, erführe, sie ihn nur verfolgen würde, und so theilte er seine polemischen Untersuchungen, an denen er bis zu seinem Tode unausgesetzt arbeitete, nur seinen vertrautesten Freunden mit. Dies sein bedeutendstes Werk ist die „Apologie oder Schutzschrift für die vernünftigen Verehrer Gottes". Lessing hatte die Kühnheit, Bruchstücke davon herauszugeben, und der Lärm, welchen die „Wolffenbütteler Fragmente" machten, war der beste Beweis für die Richtigkeit der Voraussetzung ihres Urhebers. Später ist aus der Handschrift noch Einiges an die Oeffentlichkeit getreten; aber erst D. Fr. Strauss hat von dem umfangreichen Ganzen eine genaue Analyse gegeben. Der Schwerpunkt des Werkes beruht darin, dass die natürliche Religion zum kritischen Massstabe der positiven gemacht wird. Die Verwerfung der letzteren geschieht sogleich principiell. Die natürliche Religion macht die geoffenbarte, die Offenbarung der Natur macht die besondere Offenbarung, wie jede positive Religion sie voraussetzt, überflüssig. Aus dem Mittelalter her stammt jene Entgegensetzung der doppelten Offenbarung des „codex vivus" und des „codex scriptus", welche von der neueren Religionsphilosophie seit der Renaissance in den mannigfachsten Wendungen variirt worden war: hier kehren sich beide so gegen einander, dass die eine die andere vollständig verdrängt. Denn Reimarus sucht nicht nur die Ueberflüssigkeit, sondern auch die Unmöglichkeit und die Unwahrheit der positiven Offenbarung nachzuweisen. Er meint, dass jede besondere Offenbarung ein Wunder voraussetzt und dass das Wunder der göttlichen Allwissenheit und dem wahren Begriffe der Vorsehung widerspricht. Mit polemischer Benutzung des deistischen Gedankenganges zeigt er, dass, wenn der Lauf der Dinge

an irgend einer Stelle ein eigenes Eingreifen Gottes nothwendig
erscheinen liesse, dies den Beweis dafür geben würde, dass Gott
den ganzen Zusammenhang des Geschehens von Anfang an nicht
vollständig seinen Zwecken entsprechend geregelt hätte. Die besondere Offenbarung ist ausserdem mit der göttlichen Güte deshalb
unvereinbar, weil man annehmen muss, dass Gott das Heil allen
Menschen zu Theil werden lassen will, was bei der Offenbarung
an ein Volk und an einen kleinen Kreis von Menschen und bei der
Niederlegung der göttlichen Mittheilung in einer besonderen Sprache
sich von selbst ausschliesst und deshalb nur durch die Offenbarung
der Natur geschehen kann. Endlich führt Reimarus mit besonderer
Beziehung auf die jüdische und christliche Offenbarung den apagogischen Beweis ihrer Unwahrheit, indem er zu zeigen sucht,
dass sie keiner der Anforderungen entsprechen, welche man an
eine wahre Offenbarung Gottes stellen müsste. In erster Linie gehörte dazu, dass sie klar, durchsichtig und zweifellos Jedermann
verständlich wäre. Die Schriften des alten und des neuen Testamentes sind dies nicht, denn seit Jahrhunderten streiten die Gelehrten um ihre Auslegung, und mit einschneidendem Scharfsinn
deckt Reimarus die Widersprüche auf, in denen sich gerade die
bedeutendsten Interpreten ebenso wie die biblischen Schriften selbst
über die wichtigsten Punkte befinden: hierdurch allein schon hält
er die Inspirationstheorie für widerlegt. Er fügt hinzu, dass eine
wahrhaft göttliche Offenbarung nur reine und edle Menschen als
ihre Träger denken lasse, und zeigt dann namentlich an den Persönlichkeiten des alten Testaments, in wie geringem Masse sie dieser
Anforderung Genüge thun. Ueberall wird die positive Offenbarung
verworfen, weil sie den von der Vernunftreligion festgestellten Begriffen vom Wesen der Gottheit widerspricht, und als das Resultat
dieser historisch-kritischen Untersuchung der Bibel findet Reimarus,
dass sie ein menschliches Machwerk sei und die Spuren davon in
jeder Beziehung an sich trage.

Dies sind die Grundzüge der später landläufig und trivial gewordenen Bibelkritik, welche von Reimarus im Wesentlichen alle
angelegt waren und von denen die „Wolffenbütteler Fragmente"
durch die Auswahl charakteristischer Proben die hauptsächlichsten
vor die Oeffentlichkeit brachten. Bei dem Gesammtresultat, zu
welchem der Kritiker gekommen war, schien ihm für die Erklärung der Bibel und der in ihr erzählten Wunder und Offenbarungen

nur eine Möglichkeit übrig zu bleiben. Er hielt, wie der gesammte Rationalismus, daran fest, dass die Bibel historisch glaubwürdig sei und dass die in ihr erzählten Thatsachen sich wirklich so zugetragen hätten. Da er aber bewiesen zu haben glaubte, dass sie keine göttliche Offenbarung enthalten und aus keiner übernatürlichen Wirksamkeit der Gottheit herstammen können, so blieb ihm nur übrig, in ihnen absichtliche Täuschungen zu erblicken. Er beschuldigte nicht nur die jüdischen Priester, sondern auch die Apostel, in der Absicht, das Volk zu täuschen, diese geheimnissvollen und als Wunder erscheinenden Thatsachen in Scene gesetzt zu haben, und glaubte damit nachweisen zu können, dass die historische Grundlage der positiven Religion nichts als Priestertrug und Täuschung sei. Das war die äusserste Consequenz, bis zu welcher der in sich bornirte Rationalismus sich versteigen konnte. Er bewies dadurch am besten, dass ihm in der That jeder Sinn für das religiöse Leben und jedes Verständniss für den Ursprung religiöser Vorstellungen fehlte. Ohne Blick für das geheimnissvolle Walten des Menschengeistes, konnte er mit seinen dürren Begriffen die gewaltigen Bewegungen des religiösen Lebens nur auf die kleinlichen Machenschaften selbstsüchtiger Priester zurückführen, und begründete auf diese Weise eine Oberflächlichkeit der Betrachtung und zugleich einen Hass gegen die positive Religion, der sich der urtheilslosen Masse leicht in gefährlicher Ausdehnung mittheilte. Gewiss war das Bestreben von Reimarus selbst durchaus lauter und edel; aber seine Richtung gab die traurige Veranlassung zu dem flachen und gehässigen Absprechen, das bei Geistern niederen Ranges sehr bald Modesache wurde. Vor Allem aber ist sein Standpunkt bezeichnend für den vollständigen Bruch, der in der Wolff'schen Schule selbst zwischen der rationalistischen Philosophie und der Theologie eingetreten war, und es ist überaus bedeutsam, dass dieser Bruch in der deutschen Aufklärung noch energischer als in England und Frankreich auf Kosten des historischen Verständnisses für das Wesen der Religion geschah.

§ 52. Lessing.

So enthüllte die deutsche Verstandesaufklärung mit der einseitigen Beschränktheit, in welche sie sich verrannte, den tiefsten Mangel des Rationalismus: seine Unfähigkeit, den historischen

Erscheinungen gerecht zu werden. Wenn die moderne Philosophie von Anfang an durch den Gegensatz des Universalismus und des Individualismus bewegt gewesen war, so hatte in diesem rationalistischen Denken bedingungslos der Universalismus und mit ihm fast wieder der mittelalterliche Realismus gesiegt. Nur seine allgemeinen Begriffe liess er gelten: die einzelnen Erscheinungen waren ihm zufällige Existenzen, die nur so viel Werth haben sollten, als sie jene Begriffe wiederholen. Das war die nothwendige Folge davon, dass dieser Rationalismus an der Hand der Naturwissenschaft und speciell der Mechanik gross geworden war. In ihr allerdings ist die einzelne Thatsache nur eine Exemplification des ewigen, allgemeinen Gesetzes, und sie vermag von dem Individuellen abzusehen, um gerade dadurch das Gesetzmässige zu finden. Für sie ist deshalb der Werth der einzelnen Erscheinung lediglich durch das Gesetz bestimmt, welches sich darin bethätigt. Ganz anders in der Geschichte: historische Gebilde lassen sich niemals ohne Rest in allgemeine Begriffe auflösen, es bleibt in ihnen immer etwas Einziges, Individuelles, und eben darin besteht ihr Werth. Weil deshalb von den beiden grossen Gebieten der exacten Forschung für die Entwicklung der modernen Philosophie zunächst nur das naturwissenschaftliche massgebend wurde, so trieb das Denken der Aufklärung überall auf den Universalismus zu und verlor in steigendem Masse Interesse und Verständniss für die historischen Thatsachen.

Die Stärke dieses Zuges tritt gerade in der deutschen Aufklärung am meisten hervor. Denn sie folgte ihm bis zur äussersten Consequenz, obwohl das Gegengewicht von Anfang an in ihr vorhanden war. Bei Leibniz waren beide Elemente in gleicher Höhe entwickelt gewesen. Seine Monadologie hatte dem Individualismus vollkommen Rechnung getragen, ja man kann sagen, dass er diesen echt germanischen Zug in die wissenschaftliche Metaphysik eingeführt hat. Er hatte gelehrt, dass jede Monade ein selbständiges und von allen übrigen Dingen durchaus verschiedenes Wesen bilde, und seine Metaphysik hatte in dem Zusammenhange der Dinge jedem einzelnen Wesen seine nothwendige und unersetzliche Stelle angewiesen. Die Schule dagegen hatte das System der prästabilirten Harmonie verleugnet, sie strebte in ihrem abstracten Formalismus nur den allgemeinen Gesetzen nach und wusste den Werth des Individuums nicht mehr zu schätzen. Deshalb konnte sie die Geschichte nicht begreifen, und es mangelte ihr der Sinn für die historische Gerechtigkeit. Er war auch nicht aus philosophischen Ueberlegungen wiederzugewinnen, sondern konnte nur durch die Wirksamkeit eines Mannes geweckt werden, der ihn in genialer Begabung besass und in rastloser Thätigkeit zur Geltung brachte.

Dieser Mann war Lessing, ein Philosoph weder als Begründer eines geschlossenen Systems noch als berufsmässiger Vertreter, aber ein Philosoph im eigensten Sinne des Wortes, ein schöpferischer Selbstdenker und ein überlegenes Genie. Wenn auch das Beste von dem, was er dachte und schrieb, in der philosophischen Bewegung seiner Zeit, die ihn nicht begriff, wirkungslos versank, so streute er doch Keime der grössten Gedanken aus, welche später in der deutschen Philosophie zur Entfaltung kamen. Er ist zwischen Leibniz und Kant der einzig schöpferische Kopf in der deutschen Philosophie; er ist dem Schulpedantismus und der eklektischen Verarbeitung des Gegebenen gegenüber der Einzige, welcher das deutsche Denken nicht nur mit einer Fülle anregender Ideen, sondern vor Allem mit einem grossen Princip befruchtet hat. Kein System trägt seinen Namen, keine einzige zusammenhangende Schrift entwickelt seine philosophische Lehre: und doch hat er mehr als irgend einer der Zeitgenossen der grossen Periode der deutschen Philosophie vorgearbeitet. Die alten Darstellungen der Geschichte der Philosophie schweigen von ihm, und erst seitdem man begriffen hat, dass die Geschichte der Philosophie keine Geschichte der philosophischen Lehrbücher ist, sondern den lebendigen Zusammenhang aller menschlichen Denkthätigkeiten zu umspannen hat, ist die Schätzung seiner Bedeutung immer mehr gestiegen.

Sein Leben mit seinem gewaltigen Ringen, seiner unablässigen Arbeit und seiner unerschrockenen Kampfbereitschaft ist bekannt. Der Glanz seines Ruhmes wird sich immer auf die befreienden Thaten concentriren, mit denen er die Atmosphäre der deutschen Litteratur gereinigt hat, und auf jenes leuchtende Vorbild, welches die reine und edle Menschlichkeit und die einfache Grösse seiner Auffassung der deutschen Dichtung gegeben haben. Wenn aber auch seine litterarische Thätigkeit überall von dem Geiste dialektischer Kritik beseelt ist, so zeigt sich darin seine Feinfühligkeit für das Wesen der einzelnen Erscheinung, welche Kuno Fischer sehr glücklich als die „congeniale Auffassung" charakterisirt hat. Es ist in Lessing etwas von dem Wolff'schen Bedürfniss nach Klarheit und Deutlichkeit der Begriffe, aber er befriedigt es nicht durch allgemeine Abstractionen, sondern durch die reinliche Scheidung des Gegebenen. Seine Untersuchungen bewegen sich am liebsten um die Bestimmung von Grenzen, die in der gewöhnlichen Auffassung verwischt werden. Er sucht im Laokoon die Grenze zwischen Poesie und Malerei, er will in der Dramaturgie den wahren aristotelischen Begriff der Einheit von den formalistischen Nebenbestimmungen des französischen Classicismus trennen. In der Religionsphilosophie ist ihm nichts so zuwider wie die Verquickung des Orthodoxismus mit der Vernunftreligion, an der die aufklärerischen Theologen des Rationalismus arbeiteten, und erscheint ihm nichts verfehlter als die Verwechslung der Religion mit den in den Religionsbüchern niedergelegten Satzungen. Ueberall will er die wahre Eigenthümlichkeit des einzelnen Gegenstandes gewahrt wissen und bekämpft deshalb, wenn nicht principiell, so doch stets praktisch die nivellirende Tendenz, mit der der abstracte Rationalismus die Dinge behandelte. Seine „Rettungen" bestreiten die einseitigen und schematisch absprechenden Beurtheilungen, welche historische und litterarische Persönlichkeiten in Folge der Unkenntniss der eigenthümlichen Bedingungen und Verhältnisse ihrer Wirksamkeit gefunden hatten. Durch und durch Individualist, vertritt er überall die historische Berechtigung, und in echt Leibniz'schem Geiste sucht er zu zeigen, wie jede Monade eine ganz eigene Ausprägung des Weltlebens ist und als solche beurtheilt sein will.

Aber die ganze Grösse seines historischen Gesichtspunktes zeigt sich erst in seiner Durchführung des Begriffs der Entwicklung. Durch ihn erst vermochte er den schroffen Gegensatz, in welchen der Rationalismus das Allgemeine und das Besondere rückte, zu überwinden und die Grundzüge der historischen Weltauffassung zu ziehen, welche von ihm an ein unverlorener Besitz des deutschen Geisteslebens geblieben ist. Philosophisch betrachtet, lässt sich auch dies Verhältniss Lessing's zum Rationalismus an dessen erkenntnisstheoretischer Grundlehre darstellen. Den Leibniz'schen Gegensatz der nothwendigen und der zufälligen Wahrheiten hatte die Wolff'sche Schule nur als eine äusserliche Gegenüberstellung bestehen lassen, und der höchste Standpunkt, zu dem sie sich erheben konnte, war deshalb entweder die Hoffnung auf eine schliessliche Identität beider, oder die Kritik der zufälligen durch die nothwendige Wahrheit. In der Lieblingsfrage der Zeit, in derjenigen der Religionsphilosophie, wo sich als nothwendige und zufällige Wahrheit Vernunftreligion und positive Religion gegenüberstanden, waren diese beiden Consequenzen in der Vermittlungstheologie und in der Kritik von Reimarus hervorgetreten. Beide entsprachen gleich wenig der historischen Wahrheit und dem innersten Geiste der Leibniz'schen Lehre. Der letztere war eben nur in den „Nouveaux essais" niedergelegt, welche die Schule nicht kannte, und es ist deshalb äusserst bezeichnend, dass Lessing unmittelbar nach dem Erscheinen dieses Buches eine Uebersetzung davon begann. Denn hier hatte Leibniz seine Annäherung an Locke dadurch gezeigt, dass er das Verhältniss der nothwendigen und der zufälligen Wahrheiten als dasjenige der Entwicklung der ersteren aus den letzteren darstellte. Die ewigen Wahrheiten sind von Anfang an in der Monade enthalten, aber sie müssen aus der verworrenen Gestalt, in welcher sie als zufällige Wahrheiten auftreten, zur vollen Klarheit und Deutlichkeit entwickelt werden. Der Gegensatz ist nicht derjenige principieller Verschiedenheit, sondern vielmehr derjenige successiver Entwicklungsstufen. Unter diesem Gesichtspunkte betrachtet, musste die Leibniz'sche Lehre, da nach ihr der ganze Weltprocess nur in der Vorstellungsbewegung besteht, sich in eine durchaus historische Weltauffassung verwandeln, in eine Weltauffassung, welche zugleich im grössten Stile teleologisch war. Als die Aufgabe alles Geschehens erschien dann die vollkommene Klärung und Verdeutlichung aller Vorstellungen, und für jede Stufe in der Erreichung dieser Aufgabe gab es eine gerechte Werthschätzung. Sie war berechtigt nach rückwärts, insofern sie die nothwendige Folge aus den gegebenen Zuständen und einen wenn auch noch so kleinen Fortschritt zu dem letzten Ziele hin bildete; sie war unberechtigt nach vorwärts, insofern sie jenes Ziel noch nicht erreicht hatte und mit Unvollkommenheiten behaftet blieb. So konnte sich die rückhaltlose Kritik mit dem offenen Sinn für den historischen Werth verknüpfen.

In Lessing's ganzer Art zu denken und zu schreiben ist es begründet, dass er diesen principiellen Gesichtspunkt niemals ausgesprochen hat; aber er bildet den innersten Kern seiner gesammten Ueberzeugung, und er beruht bei ihm in letzter Instanz auf einem tief sittlichen Grunde. Lessing besass den ganzen Ernst einer schonungslosen Prüfung des Bestehenden nach den Kriterien einer idealen Ueberzeugung, aber zugleich jene Bescheidenheit, welche nur den grössten Naturen eigen ist und welche die Nothwendigkeit der individuellen Gestaltung ebenso wie ihre Berechtigung anerkennt. Er hat damit dem deutschen Denken die Richtung auf den **sittlichen Idealismus** gegeben, welche das innerste Wesen unserer Dichtung und unserer Philosophie geworden ist. Er hat in seiner Weise zuerst den Gedanken ausgesprochen, dass alles Weltleben als eine stufenweise Erfüllung eines Ideals anzusehen ist, welches, wenn auch seine volle Erreichung in unendlicher Ferne liegt, doch die Bewegung des Einzelnen bedingt und seinen Werth bestimmt. Wie er vom Erkennen gesagt hat, dass, wenn ihm die Wahl zwischen einer geschenkten Wahrheit und einem niemals zu vollendenden Streben nach deren eigener Auffindung freigestellt wäre, er das letztere wählen würde, so hat er auf allen Gebieten das Wesen des Menschen in einer unendlichen Arbeit an der Realisirung des Ideals gesucht — selbst ein leuchtendes Vorbild für die folgenden Geschlechter. In diesem sittlichen Sinne ist Lessing **der Vater des deutschen Idealismus und der Begründer der historischen Weltanschauung**, welche in der Bewegung der Geschichte das zweckvolle Zustreben auf eine göttliche Vollendung sieht.

Die brennenden Streitfragen seiner Umgebung haben ihn diesen Standpunkt vor Allem auf dem Gebiete der Religionsphilosophie auszuführen veranlasst, und er nimmt in Folge dessen eine Stellung ein, welche ihn gleich weit über den Orthodoxismus und den Rationalismus erhebt. Beiden wirft er den nämlichen Fehler vor: das Wesen einer Religion mit dem Buche zu verwechseln, in welchem sie zu einem bestimmten historischen Zeitpunkte ihren Inhalt niederzulegen versuchte. Die Orthodoxen erkennen das Christenthum nur in der Form an, wie es sich in den Büchern der Bibel ausspricht; die Deisten verwerfen es, weil sie eben diese Form nicht billigen können. Beide vergessen, dass das Christenthum als eine historische Erscheinung etwas Anderes ist als dieser Buchstabe. Jene berühmte Unterscheidung, welche Lessing zwischen der Religion Christi und der christlichen Religion machte, läuft nur darauf hinaus zu zeigen, dass nicht die Religion in dem Buche, sondern das Buch in der Religion seinen Ursprung habe. Wenn der Deismus meinte, das Christenthum zu zerstören, indem er die Bibel zerfetzte, so zeigt Lessing, dass das Christenthum älter war, als diese Bücher, und dass es unabhängig von ihnen weiter bestehen kann und besteht. Die Bibel ist das Document nicht des Christenthums, sondern einer bestimmten Entwicklungsphase desselben und zwar derjenigen, welche diese Religion in den ersten Jahrhunderten nach dem Leben ihres Stifters angenommen hat. Es liegt im Begriffe der Entwicklung, dass sie bei dieser Phase nicht stehen bleiben kann. Wenn die Formen des geistigen Lebens, in welchen das Christenthum sich damals darstellte, zerfallen sind, so kann man sie nicht künstlich aufrecht erhalten, wie es der Orthodoxismus will. Deshalb billigt Lessing die Angriffe des Wolffenbütteler Fragmentisten so weit, als er die Unangemessenheit dieser Formen zu dem religiösen Bewusstsein einer neuen Zeit darthut. Aber es liegt auch in dem Begriff der Entwicklung, dass jene Phase zu ihrer Zeit nothwendig und berechtigt war. Deshalb bekämpft Lessing jeden Versuch, in dieser Darstellung nur die betrügerischen Absichten von Pfaffen zu wittern und die historische Nothwendigkeit durch die Willkür einzelner Menschen zu ersetzen.

Mit dieser historischen Betrachtungsweise steht Lessing riesengross über der Beschränktheit des deutschen Rationalismus. Er überschaut die Kurzsichtigkeit jenes Kritisirens von allgemeinen abstracten Begriffen aus und begreift die Nothwendigkeit der historischen Entwicklung und den Werth ihrer Formen. Mit ihm erhebt sich das deutsche Denken weit über das französische. Die französische Aufklärung war revolutionär: sie brachte es nur zu einem Rousseau und in der Praxis zu dem Bruch mit der Geschichte. Lessing prägt der deutschen Aufklärung den reformatorischen Charakter auf, welcher das Ideal mit gleicher Energie festhält, aber, weit entfernt von der ungestümen Zertrümmerung des Gegebenen, es durch mühevolle Arbeit aus den historischen Formen heraus mit allmählicher Annäherung zu entwickeln sucht. Die grosse Masse freilich auch der deutschen Aufklärer verstand ihn nicht. Aber nur noch wenige Jahrzehnte vergingen, bis seine Lehre reiche Früchte trug.

Diese Erhebung des grössten Philosophen des Aufklärungszeitalters in Deutschland über die unhistorische Betrachtungsweise seiner Zeit erinnert unwillkürlich an die parallele Erscheinung David Hume's, dessen Ueberlegenheit gleichfalls in dem historischen Charakter seines Denkens beruhte. Und doch besteht zwischen Beiden ein grosser Unterschied. Hume kennt den Begriff der historischen Entwicklung nur in der Form der psychologischen Bewegung, Lessing fasst ihn unter dem grösseren Gesichtspunkte einer welthistorischen Nothwendigkeit. Hume begreift die Entwicklung nur als mechanische Evolution: Lessing betrachtet sie als die stetig fortschreitende Erreichung eines idealen Zieles. Das weist auf den tieferen Gegensatz hin, der zwischen dem englischen und dem deutschen Denken bestand. Die englische Philosophie lebte von dem Begriffe der mechanischen und atomistischen Nothwendigkeit, die deutsche hatte sich schon durch Leibniz mit der teleologischen Auffassung der grossen Denker des Alterthums getränkt, und darin war Lessing der echte und ebenbürtige Schüler von Leibniz.

Von diesem Gesichtspunkte aus gewann Lessing den grossen Blick auf die gesammte religiöse Entwicklung der Menschheit, und in seiner „Erziehung des Menschengeschlechts" betrachtet er die Religionen als eine aufsteigende Reihenfolge von Entwicklungsphasen, welche von dem primitivsten und niedrigsten Zustande aus in allmählichem Fortschritt sich dem Ideale des religiösen Lebens annähern. Er gewinnt die Möglichkeit dieser Ausführung durch eine originelle Fassung des Offenbarungsbegriffs. Auch hierin stellt er sich sowohl über den Orthodoxismus, der an dem Buchstaben der Offenbarung festhält, als auch über den Rationalismus, der die Möglichkeit der Offenbarung bestreitet. Lessing glaubt nicht nur an die allgemeine, sondern auch an die besondere und positive Offenbarung Gottes. Aber was Gott offenbart, sind nicht fertige, ewige Wahrheiten, sondern zufällige Wahrheiten, in denen die ewigen verhüllt sind. So wenig wie der Erzieher dem unentwickelten Kinde die ganze Wahrheit von Anfang an sagt, so wenig kann Gott dem Menschen sich von Anfang an offenbart haben; sondern wie der rechte Erzieher musste er seine Offenbarung dem Vorstellungszustande des Geschöpfes anpassen und ihm durch die Offenbarung selbst die Mittel an die Hand geben, sich durch eigene Entwicklung der höheren Offenbarung fähig zu machen. Deshalb betrachtet Lessing die Geschichte der Religionen als die fortschreitende Erziehung des Menschengeschlechts durch die göttliche Offenbarung. Er sieht wie die ältesten Denker des Christenthums, Irenaeus und vor allen Origenes, in den religiösen Urkunden Elementarbücher, an deren andeutungsvollen Berichten die Menschheit der höheren Erkenntniss entgegenreift. Das erste dieser Bücher, nach welchem der Mensch den Gottesgedanken sozusagen buchstabiren gelernt hat, ist das alte Testament. Das zweite, worin dieser Gedanke schon vertieft und mit der neuen Lehre von der Unsterblichkeit des Menschen vereinigt erscheint, ist das neue Testament. Aber auch dieses gilt Lessing nur als eine Vorbereitung zu einem dritten Evangelium der Zukunft, auf welches in ihm das Johannes-Evangelium am meisten hindeute. Dieser Gedanke einer Weiterentwicklung des Christenthums in dem geläuterten Geiste des vierten Evangeliums ist später von der deutschen Philosophie und besonders von Fichte des Genaueren ausgeführt worden, und es ist das eins der Zeichen, wie tief der von Lessing ausgesprochene Grundgedanke einer fortschreitenden Entwicklung der menschlichen Religiosität Wurzel geschlagen hatte. Gleichwohl bleibt in Lessing's Auffassung dieser Entwicklung ein untrügliches Merkmal der deutschen Aufklärung bestehen. Es ist eben dies, dass er die Entwicklung nur als Erziehung begreifen kann und dass er deshalb eine immerhin von aussen in den Gang des menschlichen Geisteslebens eingreifende Offenbarung voraussetzt. Lessing hat von dem Wesen der Entwicklung die Stetigkeit des Fortschritts und die Nothwendigkeit einer stufenweisen Vervollkommnung durchaus begriffen; aber wie Deutschlands politische Aufklärung das Heil von den Reformen einer wohlwollenden Regierung erwartete, so führt Lessing die Vervollkommnung des religiösen Lebens auf die successive klarer werdende Offenbarung der Gottheit zurück. Er kennt noch nicht den Begriff der Selbstentwicklung, so wenig wie die politische Aufklärung denjenigen der Selbsterziehung des Volkes zu freiheitlichen Institutionen kannte. Das Einzige, was daher die späteren Philosophen dem Lessing'schen Princip hinzufügen konnten, war die Auflösung des Offenbarungsbegriffs und das Bestreben, die Geschichte der Religionen als eine Selbstentwicklung und Selbstoffenbarung des menschlichen Geistes zu begreifen.

Das Ziel dieser Entwicklung sieht Lessing in der vollkommenen Entfaltung der Vernunftreligion. Auch er misst, wie die Deisten, den Werth einer positiven Religion an ihrem Verhältniss zur Naturreligion. Aber er unterscheidet sich von ihnen wie Hume dadurch, dass er die letztere nicht für den Anfangszustand ansieht, von welchem die positiven Religionen nur historische Verzerrungen enthalten, sondern vielmehr für die Endaufgabe, auf deren Lösung sie planmässig vorbereiten. Die Vorstellung, welche Lessing von dieser Vernunftreligion hatte, ist unter allen seinen Lehren am schwersten zu bestimmen. Man macht es sich zu leicht, wenn man sie lediglich aus dem poetischen Bekenntniss entnehmen will, welches der Dichter Lessing im „Nathan" niederlegte. Geht man nur nach diesem, so ist allerdings das Evangelium der Zukunft lediglich dasjenige der Moral, zwar einer wahrhaft grossen und das menschliche Leben in's Herz treffenden Moral, aber doch eben nur dieser. Danach hätte Lessing vollständig jene Wendung mitgemacht, mit der die Spitzen der Aufklärungsphilosophie, ein Voltaire und ein Hume, das wahre Wesen der Religion restlos in dasjenige der Moralität aufzulösen trachteten. Möglich, dass er, als er den Nathan schrieb, hin und wieder dieser Tendenz, die namentlich in seinen Freunden lebendig war, nachgab und dass die unverkennbare Zurücksetzung, welche in diesem Werke das Christenthum erfährt, dadurch mit bedingt war. Allein schon darin, dass Lessing's Darstellung der Geschichte von den drei Ringen wenigstens die Möglichkeit offen lässt, einer von den drei Ringen sei wirklich der echte, bricht eine andere Auffassung durch, und der Philosoph Lessing dachte jedenfalls anders und namentlich anders vom Christenthum. Wenn er den Werth der positiven Religionen nach ihrer Annäherung an die natürliche bemass, so war es ihm kein Zweifel, dass unter allen das Christenthum der Vernunftreligion am nächsten steht, und diese Ueberzeugung, welche schon in der Entwicklungsgeschichte der Religionen sich begründete, wirkte bei Lessing rückwärts auf seine Lehre von der Vernunftreligion. Für sie hielt er vor Allem an der Lehre von der Unsterblichkeit fest, deren erster klarer, zuverlässiger und praktischer Lehrer Jesus gewesen sei. Dann aber machte er schon früh und in mannigfachen Wendungen den Versuch, die wesentlichste Unterscheidungslehre des Christenthums, diejenige der Trinität, aus der Vernunft zu rechtfertigen und philosophisch zu begründen. Zu diesem Zwecke fasste er das Verhältniss Gottes zur Welt in einer von Leibniz abweichenden Weise auf und näherte sich damit zunächst der Lehre Spinoza's derartig, dass nach seinem Tode der berüchtigte, von Jacobi angeregte Streit über seinen Spinozismus entbrennen konnte. Während nämlich Leibniz die Welt nur für die Realisirung der besten unter den unzähligen in der Vorstellung der Gottheit gegebenen Möglichkeiten erklärt hatte, hielt Lessing stets daran fest, dass das unendliche Wesen der Gottheit in der Welt seinen gesammten Inhalt zur Wirklichkeit gebracht haben müsse und dass deshalb das All eine vollkommene und restlose Offenbarung der Gottheit bilde. Sein Spinozismus besteht nur darin, dass auch ihm Gott und Welt in einem Sinne identisch sind, welcher die in der göttlichen Einheit verknüpften Bestimmungen in der Mannigfaltigkeit der Dinge zersplittert sieht. Allein Lessing baut darauf die weitere Betrachtung, dass die Gottheit alle ihre Vollkommenheiten in der Einheit, wie sie in ihr selbst vorhanden sind, auch verbunden anschauen muss, und da die Vorstellungsthätigkeit Gottes jedem ihrer Inhalte Wirklichkeit giebt, so muss auch dieses vollkommene und einheitliche Abbild, welches Gott von sich selber denkt, wirklich sein. Gott schafft deshalb sein eigenes Abbild einmal so einheitlich, wie er selbst ist, in seinem Sohne und ein anderes Mal in der unendlichen Stufenreihe der Wesen, deren Gesammtheit wiederum seine Vollkommenheit spiegelt. Das ist das „Christenthum der Vernunft", welches Lessing's tiefste Ueberzeugung bildete. Die dogmatischen Formen, in denen die Kirchenlehre diese Ideen ausgesprochen hat, gelten ihm nur als vorbereitende Umhüllungen, aus denen erst die Vernunft den wahren Sinn finden wird. Aber er ist davon durchdrungen, dass diese höchsten Wahrheiten des Christenthums mit denjenigen der Vernunftreligion identisch sind, und die „Erziehung des Menschengeschlechts" macht auch über die Lehren von der Erbsünde und der stellvertretenden Genugthuung ähnliche Versuche. Lessing fasst den Wunsch von Leibniz, das Christenthum mit der Vernunftreligion zu identificiren, in dem tieferen Sinne der Entwicklungslehre, wonach in den Dogmen sich die verworrenen Andeutungen der ewigen Wahrheit finden sollen. Es kann nicht zweifelhaft sein, dass dabei von ihm Gedankengänge verarbeitet wurden, welche theils schon der Patristik und dem Mittelalter, theils besonders der deutschen Mystik geläufig gewesen waren, und andererseits haben sich um die versuchsweisen Deutungen, welche er gab, vielfach die religionsphilosophischen Betrachtungen der späteren deutschen Philosophen bewegt. Aber die originelle Grösse seiner Leistung besteht eben in dem historischen Geiste, mit dem er die Nothwendigkeit der Entwicklung der ewigen Wahrheit aus der zufälligen darstellte.

Darin ist Lessing der Verkünder der wahren Aufklärung, jener Aufklärung, welche nicht mit beschränkter Selbstgefälligkeit auf

niedere Entwicklungsstufen herabsieht, sondern in sich selbst nach
den Mängeln sucht, die der Vervollkommnung bedürfen, und einem
hohen Ideale nachstrebt ohne die Einbildung, es schon erreicht zu
haben, und selbst ohne die Hoffnung, es jemals vollständig zu erreichen. Diese Aufklärung ist die sittliche. Sie hält den Blick
auf eine unendliche Ferne gerichtet; aber sie bewegt sich mit rastloser Arbeit auf der Linie, welche auf diesen Punkt hinweist. Sie
weiss, dass ihrer Arbeit nie ein Ende sein wird; aber sie vergisst
auch nicht, dass in dieser Arbeit selbst die Aufgabe, der Werth
und das Glück des Menschen liegen. Das ist die grosse Lehre,
welche Lessing's Leben und Denken dem deutschen Volke gegeben
haben.

§ 53. Die eklektischen Methodologen.

Neben Lessing sind es nur Geister zweiten und niederen
Ranges, welche wie Wolff und seine Schule die Träger der deutschen Aufklärungsphilosophie bilden, und ihre grösstentheils viel-
geschäftige Thätigkeit hat ausserdem noch das Unglück gehabt,
durch die blendende Erscheinung Kant's und der auf ihn folgenden philosophischen Bewegung derartig verdunkelt zu werden,
dass die Geschichte sich gewöhnt hat, mit einer Art von Achselzucken an dieser Periode vorüberzugehen. Es ist das gerecht-
fertigt, wenn man lediglich auf die Bedeutung und Originalität
der philosophischen Lehren, die dabei zum Ausspruch kommen,
Rücksicht nimmt. Aber man darf nicht vergessen, in der allgemeinen Bewegung dieser Aufklärungsphilosophie die Bestrebungen
und Richtungen aufzufassen, in welchen sich trotz alledem langsam
das Neue und Werthvollere vorbereitet.

Es ist selbstverständlich, dass diese Strömung sich ausserhalb
der Wolff'schen Schule bewegte, welche in sich selber zu unfrucht-
barem Formalismus verurtheilt war. Wenn sie auch den grössten
Theil der Katheder beherrschte und den Grundzug der allgemeinen
philosophischen Bildung ausmachte, so blieb sie doch auch nicht
völlig unbeanstandet, und charakteristischer Weise gaben gerade
diejenigen Eigenschaften, welche ihr die Herrschaft sicherten, auf
der anderen Seite auch die Veranlassung zu ihrer Bekämpfung.
Hatte sie unter dem Zeichen der Logik gesiegt und durch ihre
systematische und methodische Ausbildung die Geister gefangen
genommen, so gab die dieser Tugend anhaftende Schwäche der

Pedanterie Anlass, sie zu bekämpfen und theilweise zu bewitzeln. Viele nahmen, wie Jean Pierre de Crousaz (1663—1748) in Folge einer Art von ästhetischem Bedürfniss an der Systematisirungssucht, welche Wolff in die Philosophie gebracht hatte, Anstoss. Crousaz, in der französischen Schweiz geboren und mit den geschmackvollen Darstellungen der französischen Litteratur vertraut hatte sich bei langjährigem Aufenthalt in der Philosophie Deutschlands heimisch gemacht und sah umgekehrt auch seine Werke logischen, ästhetischen und pädagogischen Inhalts unter den deutschen Lesern heimisch werden. Er führte darin nach dem Princip „Point de système" einen zwar geistvollen, aber im Grunde genommen doch recht oberflächlichen Kampf gegen die Schulphilosophie und schöpfte seine eigenen Ansichten hier und dort aus dem reichen Umfange seiner Lektüre. Dieser Eklekticismus war überhaupt die nothwendige Gegenwirkung, welche die strenge Schulmässigkeit der Wolffianer erzeugte. Jenes „point de système", zu welchem sich der gleichfalls in Deutschland lebende Maupertuis bekannte, war ja auch wesentlich gegen die Wolffianer gerichtet.

Indessen neigte einem solchen Eklekticismus bald auch ein grosser Theil der Wolffianer selbst zu. So einheitlich und einander tragend die Lehren des Systems in den Darstellungen der Lehrbücher erschienen, so wenig war doch bei der Unzulänglichkeit einer rein deductiven Durchführung die Möglichkeit ausgeschlossen, dass man in mehr oder minder wichtigen Punkten davon abwich. Namentlich aber war es eine Seite des Leibniz-Wolff'schen Denkens, welche viele der Anhänger stutzig machte: der Determinismus, welchen Wolff fast noch energischer als Leibniz aufrecht erhalten hatte, stiess leicht auf religiöse und moralische Bedenken, und so wurde zuerst an diesem Punkte eine Bresche in den Schulzusammenhang gebrochen, indem viele Männer, welche sich sonst zu dem methodischen Charakter der Schule bekannten, hierin davon abwichen und zur Lehre von der Willensfreiheit zurückkehrten. Der einflussreichste unter ihnen ist Joachim Georg Darjes (1714—1792) gewesen, der Anfangs in Jena und später namentlich in Frankfurt a. O. eine überaus erfolgreiche Lehrthätigkeit ausübte. Seine „Via ad veritatem" (Frankfurt 1755) entwarf eine Encyclopädie der Wissenschaften nach Wolff'schem Muster, welche der Wahrnehmungserkenntniss der empirischen Wissenschaften die begriffliche Erkenntniss der Philosophie gegenüberstellte und diese nach ontologischen Begriffsbestimmungen gliederte. Aber in der Ausführung, welche die Philosophie in seinen zahlreichen übrigen Schriften fand, kehrte er sich namentlich gegen die prästabilirte Harmonie und gegen den Determinismus, welcher als Rest davon bei Wolff stehen geblieben sei: er nahm, wesentlich aus moralphilosophischen Gründen, ein eigenes Vermögen der Freiheit an, welche bei Gott den Ursprung der zufälligen Wahrheiten den ewigen gegenüber und beim Menschen den Ursprung der moralischen Unvollkommenheit bilde. Durch die Aufnahme dieser Lehre war natürlich das Leibniz'sche System vollständig zerfallen und seine Consequenz, die Theodicee, musste gleichfalls umgestossen werden.

Den eigentlichen Heerd des Eklekticismus bildeten aber die von Thomasius ausgehenden Gedanken. Dieser hatte ja gerade um der Popularität und Nutzbarkeit der Philosophie willen die Systemlosigkeit und die Abwendung von der Schulweisheit auf seine Fahne geschrieben und fand damit zahlreiche Anhänger. Zu den einflussreichsten darunter gehörte der Jenenser Theolog Johann Franz Budde (Buddeus, 1667—1729), welcher, dem Orthodoxismus der Wolffianer gegenüber, der pietistischen Denkweise zuneigte und in der Philosophie aus seiner reichen Kenntniss eine Zusammenfassung der nach seiner Meinung sichersten und für das Wohl des Menschengeschlechts werthvollsten Wahrheiten versuchte, die er in seinen „Institutiones philosophiae eclecticae" (Halle 1705) niederlegte. Wie immer zeigte auch hier der Eklekticismus vermöge seiner Unfähigkeit eigener Schöpfung eine lebhafte Tendenz zu historischen Studien, und ein Schüler Budde's, Johann Jacob Brucker, war es, der, durch ihn angeregt, zuerst in Deutschland eine umfassende Darstellung der Geschichte der Philosophie gab. Diese war zwar mit gelehrter Sorgfalt und theilweise auch mit kritischem Scharfsinn geschrieben, allein weder seine in 7 Bänden eschienenen „Kurzen Fragen aus der philosophischen Historie" (Ulm 1731—1736), noch die fünfbändige „Historia critica philosophiae a mundi incunabulis ad nostram usque aetatem deducta" (Leipzig 1742—1744) erhoben sich über eine trockene und zusammenhangslose Aufzählung der philosophischen Lehren. Für Brucker ist die Geschichte der Philosophie nur eine Sammlung von Meinungen, welche gewisse gelehrte Herren „de omnibus rebus et de quibusdam aliis" gehabt haben und unter denen die meisten nur Beispiele von der Thorheit und Nichtigkeit der menschlichen Vorstellungen sind: von einem historischen Zusammenhange und von einem Entwicklungswerthe der einzelnen hat er so wenig Ahnung, wie sein antikes Vorbild, Diogenes von Laerte *). Immerhin war damit die fruchtbare Anregung, welche schon der Vater von Thomasius bei Gelegenheit kirchengeschichtlicher Fragen für die Bearbeitung der Geschichte der Philosophie gegeben und welche sein Sohn unterstützt hatte, zur Wirklichkeit geworden. Auch nach anderen Richtungen hin gab Thomasius die Veranlassung zu freierer Fortbildung der Wissenschaft. Namentlich geschah dies auf dem Gebiete der Rechtsphilosophie, gegen deren von Leibniz versuchte und später von Wolff durchgeführte Unterordnung unter die allgemeineren Gesichtspunkte der Moralphilosophie sich die Anhänger von Thomasius sträubten. So versuchte namentlich Nicolaus Hieronymus Gundling (1671 bis 1729), welcher, wenn auch in sehr oberflächlicher Weise, Locke'sche und Leibniz'sche Grundsätze verknüpfte, die Rechtsphilosophie dadurch ganz selbständig zu machen, dass er dem Rechte nur den Zweck einer Erhaltung des äusseren Friedens und einer Gewährleistung der gesetzlichen Verbindlichkeit setzte, ein Gegensatz, welchen später Kant zu demjenigen der Legalität und der Moralität vertiefte.

Von besonderer Wichtigkeit sind jedoch neben diesen Männern, die sich mit willkürlicher Auswahl in den althergebrachten Geleisen bewegten, diejenigen, welche mit ernstem wissenschaftlichem Sinn die Grundlage des philosophischen Denkens neu zu untersuchen unternahmen. Sie waren zwar alle mehr oder minder von dem Wolff'schen Systeme abhängig; statt jedoch ihm nur einzelne Lehren unorganisch einzufügen, suchten sie die methodischen Grundlagen durch Hinzunahme anderer Gedanken zu vervollständigen oder zu modificiren. In ersterer Hinsicht schloss sich Michael Gottlieb Hansch (1683—1752) enger an die methodologischen Untersuchungen von Leibniz an, wovon seine „Ars inveniendi" (Halle 1727) Zeugniss giebt; namentlich aber verfolgte Gottfried Ploucquet (Halle 1716—1780) den Leibniz'schen Gedanken, das

---

*) In ähnlicher Weise und mit noch engerem Anschluss an Diogenes hatte in England Thomas Stanley in seiner „History of philosophy" (London 1655) die griechische Philosophie behandelt, alles Folgende dagegen einfach damit abgewiesen, dass seit der christlichen Offenbarung die Wahrheit vorhanden und die Philosophie überflüssig sei.

philosophische Beweisverfahren nach Analogie des mathematischen Rechnens zu gestalten, und entwickelte zu diesem Zwecke in seiner Schrift „Principia de substantiis et phaenomenis: accedit methodus calculandi in logicis ab ipso inventa, cui praemittitur commentatio de arte characteristica universali" (Frankfurt und Leipzig 1753) einen „logischen Calcül", der sich jedoch trotz mancher treffenden und vereinfachenden Gedanken bei der allgemeinen Complicirtheit seiner Formeln und der Inhaltslosigkeit seines Schematismus ebensowenig fruchtbar bewies wie die entsprechenden Versuche von Leibniz.

Von grösserer Bedeutung war die Opposition, welche der Wolff'schen Schule von Rüdiger und Crusius gemacht wurde. **Andreas Rüdiger** (1673—1731), ein Schüler von Thomasius und Professor in Leipzig, hatte zuerst die principielle Einsicht in die Unzulänglichkeit der geometrischen Methode für die philosophische Forschung, und zwar auf Grund einer überzeugenden Analyse von **der Verschiedenheit der wissenschaftlichen Aufgaben der Mathematik und der Philosophie.** Wenn Leibniz in erster Linie der Philosophie die Aufsuchung der „ersten Möglichkeiten" zugewiesen, wenn Wolff die Philosophie direkt als die Wissenschaft von dem Möglichen, sofern es gedacht werden kann, definirt hatte, so hielt Rüdiger ihnen vor Allem entgegen, dass die Philosophie es mit der **Erkentniss der Wirklichkeit** zu thun habe. Die geometrische Methode sei von den Rationalisten mit richtiger Consequenz nach jenen Begriffsbestimmungen gewählt worden; denn die Mathematik beschäftige sich in der That nur mit dem Möglichen, ohne nach dessen Wirklichkeit zu fragen oder fragen zu können. Die Erkenntniss vom Wesen des Kreises bleibt richtig, auch wenn es in Wirklichkeit gar keinen vollkommenen Kreis giebt. Wenn aber die Philosophie nach demselben Princip verfährt, so baut sie ihr System in die Luft; denn sie soll nicht eine mögliche Welt, sondern die wirkliche Welt erkennen. Darin spricht sich derselbe Sinn für die Wirklichkeit aus, welchen Leibniz durch die Aufnahme der empiristischen Elemente in seine Erkenntnisstheorie bethätigt, aber nicht durchgeführt hatte. Rüdiger entwickelt daraus, dass das analytische Verfahren der deductiven Erkenntniss aus höchsten Begriffen nur in der Mathematik Platz greifen dürfe, in der Philosophie dagegen keinen Werth habe. In ihr seien die höchsten Begriffe erst zu suchen, und sie könne deshalb nur von den Elementen der Vorstellungsthätigkeit ausgehen, um auf synthetischem Wege die letzten Resultate zu finden. Jene Elemente sind nun keine anderen, als die von der Erfahrung gegebenen, und deshalb entwickelt er in seiner „Disputatio de eo, quod omnes ideae oriantur a sensione" (Leipzig 1704) eine vollkommen empiristische Erkenntnisstheorie, von der es schwer ist festzustellen, wie weit sie auf eigenen Füssen oder auf den Schultern Locke's steht. Freilich ist er von einer gründlichen Durchführung dieser empiristischen Methode sehr weit entfernt. Sowohl seine „Philosophia synthetica" (Leipzig 1707) als auch die ausführliche und gegen Wolff gerichtete „Philosophia pragmatica" (Leipzig 1723) wollen zwischen der mechanischen und der teleologischen Naturauffassung in einer Weise vermitteln, welche mit ihren phantastischen Hypothesen stark an die Speculationen von Paracelsus erinnert, und wenn er auch für seine Lehren eigentlich nur Wahrscheinlichkeit in Anspruch nimmt (von der er eine ausführliche Theorie giebt, während er sie charakteristischer Weise auf mathematischem Gebiete nicht anerkannt wissen will), so zeigen doch eben diese Versuche eine vollständige Unfähigkeit wahrhaft empirischer Forschung. Werthvoll blieb immerhin, dass er dem logischen Begriffe der Wahrheit als widerspruchsloser Uebereinstimmung der Vorstellungen unter einander denjenigen der philosophischen Wahrheit als der Uebereinstimmung der Vorstellungen mit den Dingen wieder gegenüberstellte. Den grössten Nachtheil des logischen Formalismus sieht auch er in der bedingungslosen Anerkennung, welche in den rationalistischen Theorien der Satz vom Grunde findet, und indem er richtig durchschaut, dass der Determinismus darin seinen Grund hat, will er den Satz vom Grunde zu Gunsten des Freiheitsbegriffes beschränkt wissen. Auf moralphilosophischem Gebiete führt dies selbstverständlich wieder zu einer Ableitung der sittlichen Gesetze aus dem freien Willen der Gottheit und zu einer Anerkennung des Ursprungs der Sünde in dem Missbrauch des freien Willens von Seiten der Menschen. Hierin lag der Grund, weshalb seine Theorie und namentlich deren Ausführung durch Crusius sich einer wachsenden Anerkennung von Seiten der Theologen erfreute. Dabei hielt er sich mit seinen besonderen Lehren verhältnissmässig eng an Thomasius, nicht nur in den einzelnen Bestimmungen seiner Moralphilosophie, die er der „sapientia" genannten theoretischen Philosophie gegenüber als

„justitia" bezeichnete, sondern namentlich auch im dritten Theil seiner Philosophie, welche unter dem Namen „prudentia" die Lehre von dem durch die natürlichen Triebe des Menschen bestimmten höchsten Gute behandelte.

In tieferer Begründung, festerer Ausbildung und wirkungsvollerer Darstellung traten dieselben Gedanken bei seinem indirekten Schüler Christian August Crusius (1712—1776), gleichfalls einem Leipziger Professor, hervor, welcher sich in seiner Schrift „De usu et limitibus principii rationis determinantis vulgo sufficientis" (Leipzig 1743) von der Wolff'schen Pilosophie losgesagt hatte und sodann in einer Reihe deutsch geschriebener Werke seinen eigenen Standpunkt klar legte. Unter ihnen ist neben dem „Entwurf der nothwendigen Vernunftwahrheiten" (Leipzig 1745) namentlich der „Weg zur Gewissheit und Zuverlässigkeit menschlicher Erkenntniss" (Leipzig 1747) hervorzuheben. Auch er geht von einer principiellen Scheidung des mathematischen und des philosophischen Verfahrens aus, von denen das eine nur Mögliches, das andere nur Wirkliches zum Gegenstande habe, sodass das letztere sich häufig statt zweifelloser Evidenz mit der Wahrscheinlichkeit begnügen müsse: von dieser giebt auch er eine ausführliche Theorie. Allein in der Erkenntniss des Wirklichen unterscheidet Crusius mit offenbarer Abhängigkeit von Wolff das historische resp. empirische von dem philosophischen Wissen, und will für das letztere nur solche Vernunftwahrheiten in Anspruch nehmen, deren Objekt beständig andauert. Trotz dieser anfänglich klaren Begriffsbestimmungen bleibt jedoch die Erkenntnisstheorie von Crusius schliesslich ein unklares Gemenge rationalistischer und empiristischer Elemente. Er sieht sehr richtig ein, dass der Satz des Widerspruches nur für eine rein logisch verfahrende Begriffswissenschaft das höchste und einzige Princip bilden kann, und da er wie das ganze Zeitalter überzeugt ist, dass die Mathematik eine solche sei, so will auch er nur für diese das analytische Verfahren gelten lassen. Wenn er dann aber für die Philosophie den „Satz der Gedenkbarkeit" aufstellt: „was nicht als falsch zu denken ist, ist wahr; was gar nicht zu denken ist, ist falsch", so darf man sich billig fragen, ob dieser etwas Anderes sei, als ein ungeschickter Ausdruck für denselben alten „Satz des Widerspruchs", den er auch daraus entwickelt; und die von ihm hinzugefügten Sätze des Nichtzutrennenden und des Nichtzuverbindenden laufen doch auch nur auf den logischen Formalismus hinaus. Er unterscheidet ferner im Sinne Rüdiger's zwischen logischer oder subjektiver und philosophischer oder objektiver Wahrheit: wenn er aber hinzufügt, dass die für den Menschen objektive Wahrheit für die Gottheit subjektiv sei und in dieser sich aus dem Satze der „Gedenkbarkeit" ergebe, so ist das doch augenfällig nur eine andere Wendung des Verhältnisses, welches Leibniz zwischen nothwendigen und zufälligen Wahrheiten aufgestellt hatte. An diese Principien von Leibniz und ebenso sehr auch von Wolff lehnt sich aber am meisten schon die encyclopädische Eintheilung der Wissenschaften an, welche auch Crusius zu geben sucht. Er gründet diese auf eine Kreuzung der beiden Gegensätze, welche für Wolff entscheidend gewesen waren: der theoretischen und der praktischen Probleme einerseits, der philosophischen und der empirischen Behandlung andererseits. In der einzelnen Durchführung und Anordnung weicht er dann freilich aus Gründen der Bequemlichkeit und der pädagogischen Reihenfolge vielfach von dem Wolff'schen System ab; aber die Grundlinien sind dieselben. Mit solchen rationalistischen Ueberzeugungen stimmen dann die besonderen Untersuchungen seiner Erkenntnisstheorie wenig überein. Hierin schliesst er sich durchaus an Locke an und betont namentlich, dass die erste und für alle übrigen massgebende Hauptkraft des Verstandes die Empfindungskraft sei. Er protestirt gegen die von Leibniz eingeführte graduelle Betrachtungsweise des Verhältnisses von Sinnlichkeit und Verstand und gegen die Gleichsetzung dieses Gegensatzes mit demjenigen von Verworrenheit und Deutlichkeit. Er hält Wolff die Behauptung entgegen, dass sinnliche Vorstellungen vollkommen deutlich zu sein vermögen, und wünscht im Sinne Locke's, dass die Sinnlichkeit als äussere Empfindungskraft und das „Bewusstsein" als innere Empfindungskraft für zwei gleich werthvolle Quellen der Erfahrung angesehen werden. Dabei betont er jedoch, dass die ersten Veranlassungen für die Entwicklung der Reflexion stets in einer besonderen Stärke der von der äusseren Empfindung erregten Vorstellung bestehen. So baut er auf der sensualistischen Grundlage die Verstandesthätigkeiten als die aufsteigende Reihe von Gedächtniss, Urtheilskraft und Erfindungskraft auf. Allein diese Aneignung der empiristischen Theorie steht in gar keiner inneren Beziehung zu den rationalistischen Kriterien, von denen er doch schliesslich den Werth der Erkenntniss überall abhängig macht. Man weiss

in seiner Erkenntnisstheorie weder aus noch ein, weil die beiden
Elemente, die sich in ihr verbinden sollen, ohne innere Vermittlung
oder Versöhnung einander fortwährend hin und her zerren. Crusius
drängt mit empiristischem Sinne aus dem Rationalismus heraus,
bleibt aber überall darin stecken. Am besten gelingt ihm sein
Bestreben in der Behandlung des Satzes vom zureichenden Grunde,
und hierin hat er einen wirklich bedeutsamen Fortschritt begründet.
Er ist der Erste, welcher sich mit klarem Bewusstsein gegen die
im Rationalismus übliche Verwechslung der realen Ursachen
und der Erkenntnissgründe wendet. Er unterschied genau die
Entstehung eines Dinges aus seinen Ursachen von der Schlussthätigkeit des Menschen, welche umgekehrt von der Wirkung auf
die Ursachen zurückzugehen pflegt. Es scheint nicht ohne Einfluss
von ihm gewesen zu sein, dass Reimarus in seiner 1755 erschienenen Vernunftlehre die ratio essendi und die ratio cognoscendi
sorgfältig aus einander hielt*). Hierin lag entschieden der Hauptangriff, welchen Crusius gegen den Rationalismus richtete; denn der
Grundgedanke des letzteren war eben der gewesen, dass das System
der Erkenntnisse in seinem Zusammenhange der Begründung ein
genaues Abbild von dem System der Dinge in dem Zusammenhange ihrer Verursachung sein solle. Aus dem gleichen Gedankengange ergiebt sich auch für Crusius die fundamentale Erkenntniss, dass man aus Begriffen nicht auf die Existenz
schliessen kann, und er wendet diese in einer für Kant vor-
bildlichen Weise zu einer Kritik des ontologischen Beweises für das
Dasein Gottes an. Ueberhaupt ist die Consequenz dieser seiner
Lehre der Umsturz aller wesentlichen Theorien des Rationalismus.
Crusius rechnet den Satz vom zureichenden Grunde zu den gefährlichen Axiomen, welche eigentlich nur mit bestimmter Restriktion
gelten und durch deren unbedingte Anwendung man zu den falschen Theorien des Mechanismus, Materialismus und Determinismus
getrieben wird. Dagegen rühmt er seiner Lehre nach, dass sie
im Gegensatz zur Wolff'schen sich sowohl mit der Theologie als
auch mit dem gemeinen Menschenverstande sehr gut vertrage. Der
wichtigste Punkt ist dabei natürlich die Behauptung der Willens-

---

*) Es sei nebenbei bemerkt, dass Schopenhauer, zu dessen Verdiensten
eine vollständige Klarlegung dieses Gegensatzes gehört, in der historischen
Einleitung zu seiner „Vierfachen Wurzel des Satzes vom zureichenden Grunde"
nur Reimarus erwähnt, von Crusius dagegen vollständig schweigt.

freiheit. Auf Gott angewendet, ergiebt sie die Lehre von der willkürlichen Schöpfung einer einzigen Welt, deren Erhaltung und Thätigkeit auf dieselbe Quelle zurückgeführt werden muss. Auf den Menschen angewendet, führt sie zunächst, wie bei Rüdiger, zu einer Ableitung der sittlichen Principien aus der göttlichen Gesetzgebung, sodann aber zu der höchst interessanten und für die Folgezeit wichtigen psychologischen Auffassung, dass der freie Wille das eigentlich bestimmende und beherrschende Wesen des Menschen ausmacht. Auch auf diesem Punkte durchbricht Crusius die allgemeine Ueberzeugung der Aufklärungsphilosophie. Sowohl der Rationalismus als auch der Empirismus waren zu ihrem Determinismus dadurch gekommen, dass sie den Willen durchgängig von Vorstellungen abhängig sein liessen. Unter allen Denkern, welche zu jener Zeit mit Bekämpfung des Rationalismus die Willensfreiheit behaupten, hat keiner so klar wie Crusius diesen inneren Zusammenhang erkannt, und seine psychologischen und ethischen Betrachtungen gingen deshalb darauf aus, zu zeigen, dass der Wille ein von den Vorstellungen völlig unabhängiges und diese vielmehr seinerseits bestimmendes Vermögen sei. Damit war ein sehr werthvoller Anfang gemacht, den Bann des Rationalismus auf dem Gebiete der Psychologie und der Ethik zu brechen, und wenn auch diese Ansicht bei Crusius nur mit äusserst mangelhafter Begründung und mit einseitiger Beziehung auf seine Theorie der Willensfreiheit auftrat, so brach sich doch auf diese Weise die Ueberzeugung von der Selbständigkeit des Willens den Vorstellungen gegenüber Bahn, welche später die deutsche Philosophie seit Kant zu der ihrigen gemacht und zur Grundlage einer neuen Weltanschauung umgebildet hat. So kühner Consequenzen war freilich Crusius selbst nicht fähig: er blieb trotz aller Opposition mit seiner Metaphysik in dem hergebrachten Geleise und zerstörte nur an mannigfachen Stellen die Consequenz der Leibniz-Wolff'schen Auffassung durch die Schranken, welche er der Geltung des Satzes vom zureichenden Grunde setzen zu sollen meinte und in der That äusserst willkürlich unter dem Einflusse orthodoxer und landläufiger Vorstellungen setzte.

So haltlos danach die Crusius'sche Lehre in sich selber war, so mächtig war doch der Stoss, welchen sie der Herrschaft des Wolff'schen Systems versetzte. Mochten seine eigenen Lehren noch so widerspruchsvoll sein, die scharfsinnigen Einwürfe, welche er namentlich gegen die geometrische Methode gerichtet hatte, blieben davon unberührt, und vielen unter den gleichzeitigen Denkern gingen durch seine Schriften die Augen darüber auf, dass es mit dem „Allesbeweisen-können", was sich die Wolff'sche Schule angemasst hatte, doch keine so einfache Sache sei. So war die Wirkung von Crusius gegen seine eigene Absicht eine hervorragend skeptische. Man wurde an der Selbstgewissheit der rationalistischen Methode irre, und gerade die besten und am meisten wissenschaftlich denkenden Männer begannen sich allmählich von dem Schulsysteme frei zu machen. Die wachsende Beschäftigung mit der ausländischen Philosophie und der Geschichte der Philosophie überhaupt kam hinzu, um eben diese Männer von der Unsicherheit der philosophischen Lehrmeinungen zu überzeugen, und so trat in der deutschen Philosophie bald nach der Mitte des vorigen Jahrhunderts ein Zustand der Verworrenheit und Unsicherheit ein, aus dem man vergeblich herausstrebte und erst durch Kant befreit wurde. Dieser Zustand war der richtige Boden für das Heranwachsen des kritischen Bewusstseins. Man fragte wieder, wie in einem ähnlich verworrenen Zustande der antiken Philosophie, nach den Kriterien der Wahrheit; man begann auf die Ausführung eines metaphysischen Systems zu verzichten, ja es trat eine gewisse Geringschätzung dieser bald für aussichtslos gehaltenen Versuche begrifflicher Constructionen ein; man fragte sich, ob denn überhaupt die Philosophie schon etwas Sicheres ausgemacht habe und weshalb es in ihr so viel weniger allgemein zugestandene Wahrheiten als in jeder anderen Wissenschaft gebe: und wenn man dabei immer wieder auf die Antwort stiess, dass es der Mangel einer fest bestimmten und von Allen gleichmässig befolgten Methode sei, der alle diese Schäden verschulde, so begann man sich von Neuem mit der philosophischen Methode zu beschäftigen. Was dabei zuerst geleistet wurde, war freilich nicht mehr als ein unsicheres Herumtasten, mit welchem man bald nach diesem, bald nach jenem Stück der früheren Theorien und namentlich auch derjenigen der ausländischen Empiristen griff. Die grosse Masse der Schriften, welche zum Theil auf Anregung akademischer Preisfragen über diese Gegenstände erschienen, hat die spätere Geschichte fortgeschwemmt: aber es bildete sich auf diese Weise eine gewisse Atmosphäre des kritischen und methodologischen Denkens, in welcher sich die Kant'schen Gedanken vorbereiteten.

Unter den Männern, welche dies Bedürfniss nach einer neuen Grundlegung der Philosophie empfanden und, wenn auch in unvollkommener Weise, zu heben suchten, nimmt zweifellos Johann Heinrich Lambert (1728—1777) den ersten Rang ein. Wenn irgend Einer, so war er berufen, Kant die Wege zu bahnen, mit welchem ihn die Gemeinsamkeit der wissenschaftlichen Bestrebungen in einer höchst bemerkenswerthen Correspondenz zusammenführte. Was ihm die Fesseln des logischen Formalismus abstreifte, war wie bei Kant eine gründliche naturwissenschaftliche und echt mathematische Bildung, welche er sich durch eifriges Studium selbst erworben hatte. Er gilt als Begründer der Hygrometrie, und er stand überhaupt auf der Höhe der Naturforschung seiner Zeit in dem Grade, dass seine „Kosmologischen Briefe" (Augsburg 1761), ohne Kenntniss von Kant's Naturgeschichte des Himmels geschrieben, eine Hypothese über den Bau und den mechanischen Zusammenhang des Fixsternhimmels aufstellten, welche der Kant-Laplace'schen Theorie sehr nahe kam, und seine Ueberlegenheit den Wolffianern gegenüber bestand hauptsächlich darin, dass er aus eigener wissenschaftlicher Erfahrung den Werth der Mathematik für die Naturerkenntniss kannte und methodisch aufzufassen und zu benutzen verstand. Aber er wusste auch ebensogut, dass alle sachlich werthvolle Erkenntniss auf der Erfahrung beruht, und wollte deshalb unter dem naturwissenschaftlichen Gesichtspunkte, wie es Tschirnhausen gethan hatte, die rationalistische und die empiristische Erkenntnisstheorie mit einander verbinden. Von Wolff und Locke gleichmässig beeinflusst, suchte er nicht nur Beiden gerecht zu werden, sondern auch durch eine Bestimmung der Art, wie sich diese entgegengesetzten Richtungen der Erkenntnisstheorie ergänzen sollen, sich über beide zu stellen. Lambert ist der vertiefte Tschirnhausen; denn sein Bestreben ist darauf gerichtet, Induction und Deduction, Erfahrung und begriffliche Erkenntniss nicht nur äusserlich neben einander zu stellen, sondern mit einander zu durchdringen und zu zeigen, dass alles wissenschaftliche Denken sich nicht etwa gelegentlich in dem einen und gelegentlich in dem anderen Elemente zu bewegen, sondern stets beide mit einander zu verknüpfen hat. Seine Bedeutung für die Geschichte der Philosophie besteht nun hauptsächlich in der Aufstellung des Gesichtspunktes, unter welchem er diese Verbindung zu gewinnen dachte. Er ist direkt der Vorläufer Kant's geworden, indem er in seinem

"Neuen Organon oder Gedanken über die Erforschung und Bezeichnung des Wahren und dessen Unterscheidung von Irrthum und Schein" (München 1764) die erkenntnisstheoretische Frage in einer Weise zu lösen suchte, welche in der weiteren Entwicklung zur Betonung des **Gegensatzes von Form und Inhalt des Denkens** führte. Er traf damit den Kern der grossen Frage, welche zwischen Rationalismus und Empirismus schwebte; denn der erstere hatte in der Hoffnung gelebt, aus den logischen Formen des Denkens auch den gesammten Inhalt der Welterkenntniss entwickeln und beweisen zu können; der letztere hatte umgekehrt gemeint, dass sich aus den durch die Erfahrung gegebenen Elementen des Denkstoffes ganz von selbst und lediglich durch ihre Aneinanderfügung auch die neuen Formen ergäben, welche dieser Stoff in den höheren Denkthätigkeiten annimmt. Lambert hatte die tiefe Einsicht, dass beide Bestrebungen auf Täuschungen beruhten, und entdeckte damit das πρῶτον ψεῦδος der beiden grossen Richtungen der vorkantischen Philosophie. Er zeigte, dass sich weder der Inhalt aus der Form, noch die Form aus dem Inhalt ableiten lasse. In ersterer Hinsicht bekämpfte er Wolff, in zweiter Locke, und jeden von Beiden durch den anderen. Für die Naturphilosophie wurde dies namentlich dadurch wichtig, dass Lambert die Grenze der rein mathematischen Naturerkenntniss sorgfältig zu bestimmen suchte, und es zeugt von der Energie seines Nachdenkens, dass er die empirischen Elemente, welche in der Mechanik enthalten sind, erkannte und von den rein mathematischen zu scheiden suchte. Er zeigte, dass aus nur mathematischen Ueberlegungen sich lediglich die allgemeine Bewegungslehre gewinnen lasse, welche als Kinematik oder, wie es weiterhin hiess, Phoronomie der eigentlichen Mechanik vorhergeht. Diese füge den phoronomischen Bestimmungen die empirischen Begriffe der Kraft und die damit zusammenhangenden Axiome hinzu, um daraus erst ihre Lehren zu entwickeln. So bewies Lambert, dass die allgemein für rein rational angesehene Wissenschaft der Mechanik bereits Elemente enthalte, welche aus dem Inhalte der Erfahrung stammen. Noch mehr aber gilt das Gleiche von der Philosophie. Als ausgemacht dürfen in ihr bisher nur diejenigen Erkenntnisse anerkannt werden, welche die Form des Denkens betreffen. An den logischen Gesetzen kann man ebensowenig wie an den Lehrsätzen der Geometrie zweifeln; aber aus ihnen allein folgt noch keine Metaphysik:

diese ist vielmehr nur aus der Erfahrung zu gewinnen, und Lambert beschäftigt sich im vierten Theile seines „Neuen Organon" eingehend mit den Methoden zur Feststellung der Erfahrung, zur Unterscheidung des wirklichen Erfahrungsinhalts von den Sinnestäuschungen und zur Bestimmung der Wahrscheinlichkeit in derartigen Untersuchungen. Allein auch er denkt nicht daran, aus der Masse der Erfahrungen zu einem allmählichen Gewinn allgemeinerer Sätze aufzusteigen. Die Metaphysik gilt ihm vielmehr als eine deductive Wissenschaft, und er bestimmt seine Aufgabe eigens dahin, die Elemente aufzusuchen, mit denen sie bei dieser Deduction zu operiren hat. Nur macht er Wolff gegenüber darauf aufmerksam, dass diese Elemente weder in logischen Formen noch in willkürlichen Definitionen zu finden seien. Der Irrthum der geometrischen Methode bestehe darin, dass sie gemeint habe, wie die Mathematik vorläufige Annahmen machen und daraus das Mögliche deduciren zu können. Wenn die Philosophie dem gegenüber das Wirkliche erkennen wolle — hier macht sich der Einfluss von Rüdiger und Crusius geltend —, so dürfe sie das Einfache, was sie ihrer logischen Deduction zu Grunde legen wolle, nicht voraussetzen, sondern müsse es erst aufsuchen, um daraus schliesslich durch logische Combinationen ihre abschliessenden Definitionen abzuleiten. Dies Einfache ist nur aus der Erfahrung zu finden, und der synthetischen Methode muss deshalb in der Metaphysik ein analytisches Verfahren vorhergehen. Es ist bemerkenswerth, wie in dieser Hinsicht Lambert von Wolff zu Descartes zurückstrebt. Aber weit davon entfernt, mit dieser Analyse nur einen einzigen Satz zu suchen, welcher die Grundlage aller Deduction bilden sollte, glaubt er vielmehr, dass es sich dabei um die Auffindung der obersten Begriffsformen und Beziehungsbegriffe handle, nach welchen wir das ganze Universum denken müssen. Seine ganze Metaphysik läuft deshalb darauf hinaus, durch Analyse der Erfahrung die Grundformen der Verknüpfung aufzufinden, welche zwischen den Vorstellungen bestehen. Diese Beziehungsformen haben Aristoteles und Kant Kategorien genannt: da jedoch Lambert wie Aristoteles davon überzeugt war, dass diese Formen der Vorstellungsverknüpfung zugleich die Beziehungsformen der Wirklichkeit seien, so gestaltete sich seine „Architektonik" (Riga 1771) zu einer gewöhnlichen Ontologie, nur mit dem Unterschiede, dass er sich des empirischen Ursprungs für ihre Aufstellung vollkommen bewusst blieb. Da er jedoch kein Princip zur systematischen Auffindung dieser Grundbegriffe besass, so musste er sich noch mehr als Aristoteles an die sprachlichen Formen der menschlichen Gedankenverbindung halten und meinte daher allen Ernstes, man könne diese Aufgabe mit einer Durchsuchung des Lexikons lösen. Immerhin vergass Lambert nicht, dass alle diese Bestimmungen nur als Verknüpfungen des Inhaltes Sinn haben, welcher dem menschlichen Denken durch die Erfahrung zugeführt wird, und seine Metaphysik war deshalb eine allgemeine **Wissenschaft von den Formbeziehungen des Seins und des Denkens**. Diese Identität war eine für ihn unübersteigliche Grenze. Es war die allgemeine Grenze der dogmatischen Philosophie, wie sie Kant bezeichnet hat, dass sie die Beziehungsformen des Denkens für die Grundgesetze des Weltlebens hielt. Der Rationalismus hatte diese Voraussetzung rein ausgesprochen und in seinem logischen Formalismus durchzuführen gesucht. Lambert ahnte, dass der lebendige Inhalt des Weltlebens auf diese Weise nicht zu begreifen sei: aber er war von jener Voraussetzung zu tief erfüllt, als dass er sich zu einer originellen Schöpfung darüber hätte erheben können. Er hatte den Gegensatz von Form und Inhalt der Erkenntniss gefunden, aber er wusste ihn noch nicht zu deuten. Diese höhere Aufgabe blieb Kant überlassen.

§ 54. Die empirische Psychologie.

Der gemeinsame Charakter aller derjenigen Bestrebungen, welche sich mehr oder weniger von dem Wolff'schen Schulsystem emancipirten, bestand in der stärkeren Betonung des empirischen Elements und in der damit leicht sich verbindenden Hinneigung zu den englischen und französischen Denkern. Dieser wachsende Empirismus kam aber in erster Linie der Forschung über das menschliche Seelenleben zu Gute. Der Grund dafür lag einerseits darin, dass die methodologische Streitfrage durch die Problemstellung vom Ursprunge der Vorstellungen selbst auf den Boden der Psychologie verpflanzt worden war und daher auf diesem die fruchtbarsten Folgen hatte, andererseits aber auch in dem Umstande, dass Deutschland damals an den Fortschritten der empirischen Naturforschung verhältnissmässig weniger thätigen Antheil nahm und seine Forscher am Studirtisch sich mehr mit den Vorgängen des

Seelenlebens, als mit denjenigen der äusseren Natur beschäftigen konnten. Jedenfalls wurde die empirische Psychologie sehr bald zu einem Lieblingsfelde, auf dem sich die pilosophische Litteratur der deutschen Aufklärung in einer erstaunlichen Mannigfaltigkeit bewegte. Es kam hinzu, dass schon Wolff neben der rationalen auch auf die empirische Psychologie grosses Gewicht gelegt hatte und dass man hier also einen Gegenstand fand, bei dem alle Richtungen des Denkens einander in die Hände arbeiten konnten. Die Wolffianer thaten dabei freilich noch am wenigsten: denn sie mengten unwillkürlich ihre allgemeinen metaphysischen Theorien in die empirischen Untersuchungen ein und versperrten sich dadurch selbst eine fruchtbare Förderung der Sache. Als ein charakteristisches Beispiel für dieses unklare Gemisch können die Lehren von Casimir Carl von Creuz (1724—1770) angesehen werden, welche in seinem „Versuche über die Seele" (Frankfurt und Leipzig 1753) niedergelegt sind. Er enthält in den ersten fünfundreissig Paragraphen eine auf den Begriffen der Leibniz-Wolff'schen Ontologie beruhende Erörterung über das Wesen der Seele, worin dargethan wird, dass diese weder etwas Einfaches noch etwas Zusammengesetztes sein könne, und welche mit der ganz unklaren und verschwommenen Bestimmung endigt, sie müsse wohl ein Mittelding zwischen beiden sein. Indem er dann aber an die Erkenntniss der specifischen Kräfte dieses denkenden Wesens geht, führt er aus, dass man sie nur durch Erfahrung und darauf gebaute Schlüsse feststellen könne, und betont namentlich, dass die Einsicht in den geheimnissvollen Zusammenhang von Leib und Seele nur durch eine Verbesserung und Vertiefung der empirischen Psychologie gewonnen werden könne. Der Schluss ist des Anfangs würdig: er zeigt, dass es dem Verfasser wesentlich darauf ankommt, aus den empirischen Daten die Unsterblichkeit der Seele zu deduciren, und fast der ganze zweite Theil seines Werkes beschäftigt sich mit Betrachtungen über den Zustand der Seele nach dem Tode. — Doch begegnet man auch consequenteren Denkern, welche, nachdem sie einmal die empirische Methode angenommen haben, solche durch Erfahrung nicht lösbare Fragen wie die Unsterblichkeit ablehnen: so zeigt sich z. B. etwa Johann Gottlieb Krüger in seinem 1756 erschienenen „Versuch einer experimentalen Seelenlehre". Von grossem Einfluss war es ferner, dass Rüdiger in seinen encyclopädischen Entwürfen die Psychologie aus der Metaphysik in das Gebiet der Physik gestellt hatte, und in gleicher Weise sprach sich z. B. Johann Jacob Hentsch in seinem „Versuch über die Folge der Veränderungen der Seele" (Leipzig 1756) aus. So vollzog sich auch in Deutschland der Process der Ablösung der Psychologie von der Metaphysik.

Denjenigen aber, welche sich in dieser Weise mit voller Entschiedenheit für eine rein empirische Behandlung der Psychologie erklärten, standen zwei verschiedene Wege offen, welche ihnen durch die ausländische Philosophie vorgezeichnet waren: entweder benutzten sie den Locke'schen Begriff der inneren Erfahrung, um auf ihn eine Psychologie der Selbsterkenntniss und Selbstbeobachtung zu gründen; oder sie folgten den sensualistischen Principien, die sich in England und Frankreich aus dem Locke'schen Gedanken entwickelt hatten. In ersterem Falle liess sich die empirische Psychologie, wenigstens den allgemeinen Grundsätzen nach, auch mit dem Wolff'schen Standpunkt verbinden; im letzteren wurde man dem rationalistischen Denken immer mehr entfremdet. Von diesen sensualistischen Einwirkungen ist keine so bedeutend und nachhaltig gewesen wie diejenige von Bonnet, dessen Schriften in Deutschland ausserordentlich viel Anklang fanden. Unter ihren Nachwirkungen sind namentlich die Lehren von Johann Lossius hervorzuheben. Seine Schrift „Die physischen Ursachen des Wahren" (Gotha 1775) untersuchte hauptsächlich das Verhältniss der Sinnesempfindungen zu den sie bedingenden Reizen und kam in dieser Cardinalfrage des Sensualismus zu dem Ergebniss, wenn auch eine nothwendige Beziehung zwischen Reiz und Empfindung angenommen werden müsse, so brauche diese Beziehung doch durchaus nicht diejenige zu sein, dass die Empfindungen der gewöhnlichen Ansicht gemäss Abbilder der sie erregenden Dinge wären; das letztere sei vielmehr durchaus unwahrscheinlich. Wohl aber müsse man das gesetzmässige Verhältniss feststellen, nach welchem einem bestimmten Reize jedesmal eine bestimmte Empfindung entspreche. Danach sind die Empfindungen, welche die Grundlage des gesammten Geisteslebens bilden, durch den physiologischen Organismus und speciell durch seine nervösen Endapparate bedingt. Aber auch die Umbildungen, welche diese Empfindungen in der Entwicklung des Geistes erfahren, sucht Lossius in derselben Weise wie Bonnet aus den Bewegungen der „Hirnfibern" abzuleiten, und so kommt er zu dem Schlussresultate, dass die ganze menschliche Vorstellungswelt zwar nur relativ, weil durch die physische Natur des Menschen bedingt sei, aber doch als ein nothwendiges Produkt dieses physischen Mechanismus Anspruch auf empirische Geltung habe — ein Ergebniss, das in der Hauptsache mit der psychologischen und erkenntnisstheoretischen Auffassung von Hobbes und den Associationspsychologen übereinstimmt und jene moderne Form des mittelalterlichen Terminismus in eigener Weise zu gewinnen sucht.

Weniger consequent gestalteten sich die Ansichten derjenigen empirischen Psychologen, welche bei dem Princip der inneren Erfahrung stehen blieben. Ein entschiedener Anschluss an Locke ist z. B. bei Dietrich Tiedemann (1748—1803) zu bemerken, dessen „Untersuchungen über den Menschen" (Leipzig 1777—1798) auch vorwiegend die theoretische Seite des Geistes zu ihrem Gegenstande haben und sich darin durchaus auf den empiristischen Standpunkt stellen. Dagegen bestreitet er die sensualistische Lehre, hält an der Selbständigkeit der inneren Erfahrung fest und nimmt als ihr Substrat ein Seelenwesen an, das er im Sinne von Leibniz und Wolff als wesentlich mit Vorstellungskraft ausgestattet denkt und in keinem Falle als materiell angesehen wissen will. Dieses Schwanken zwischen den verschiedenen Lehrmeinungen führte Tiedemann im weiteren Verlaufe seines Lebens immer mehr zu skeptischen Ansichten, von denen aus er später die Kantische Lehre bekämpfte und auch sein bekanntes, viel benutztes und sehr umsichtig und vorurtheilsfrei gearbeitetes Lehrbuch der Geschichte der Philosophie („Geist der speculativen Philosophie", 7 Bände, Marburg 1791—1797) entwarf. Noch weiter als Tiedemann sah sich von der Leibniz-Wolff'schen Metaphysik durch die empirische Psychologie Carl Franz von Irwing (1728—1801) abgedrängt. In seinen „Erfahrungen und Untersuchungen über den Menschen" (Berlin 1777—1785) erkannte zwar auch er die Selbständigkeit der inneren Erfahrung an, legte jedoch namentlich darauf Gewicht, dass auch ihr Inhalt nur aus der Sinnesempfindung stamme, verfolgte den Locke'schen Gedanken, wonach für die Entwicklung der abstracten Ideen in der Sprache der wesentliche Associationshebel gesucht werden sollte, und behauptete in nominalistischem Geiste, dass nur den Sinnesempfindungen wirkliche Gegenstände entsprechen, von nicht sinnlichen Dingen dagegen eigentlich gar keine Begriffe gebildet werden könnten.

Die grössere Mehrzahl jedoch dieser empirischen Psychologen bekümmerte sich viel weniger um solche erkenntnisstheoretischen Grundlagen und Consequenzen, als um die unmittelbare Aufstellung der in der Selbsterfahrung des Menschen gegebenen Thatsachen. Sie verzichteten mehr oder minder bewusst darauf, diese Thatsachen zu erklären, und wenn sie es thaten, geschah es in der Weise, dass sie für eine Gruppe von Thatsachen, wie etwa diejenigen der Vorstellung, des Gedächtnisses, des Gefühls, des Begehrens u. s. w. den nichtssagenden Begriff eines entsprechenden „Vermögens" oder einer entsprechenden Seelenkraft ansetzten, die sie natürlich nur durch den Charakter der von ihr ausgehenden Wirkungen beschreiben konnten. Die Psychologie wurde unter den Händen dieser Männer eine rein descriptive Wissenschaft, und gegen diesen ihren Zustand erhob später Kant mit Recht den Vorwurf, dass die empirische Psychologie den Rang einer Naturwissenschaft nicht beanspruchen dürfe. Schriften, wie Schönfeld's „Anweisung zur Erkenntniss seiner selbst", Meiners' „Abriss der Psychologie" und „Grundriss der Seelenlehre", Henning's „Geschichte von den Seelen der Menschen und Thiere", Campe's „Empfindungs- und Erkenntnisskraft der menschlichen Seele", Hissmann's „Psychologische Versuche", Wezel's „Versuch über die Kenntniss der Menschen", Villaume's „Abhandlungen über die Kräfte der Seele" und zahllose andere — der Specialschriften gar nicht zu gedenken — verfolgten diese psychologische Thatsachensammlung. Es entstand in Deutschland eine wahre Sucht, Thatsachen des Seelenlebens zu constatiren und zu beschreiben. Es wurden grosse Magazine, wie das von Moritz 1785—1793 herausgegebene, dafür angelegt*), und die Ansicht, „der wahre und einzige Gegenstand der menschlichen Erkenntniss und insbesondere der Philosophie sei der Mensch", welche an der Spitze fast aller dieser Bücher wiederkehrt, war in der That eine allgemeine Ueberzeugung geworden.

Diese Bevorzugung der Selbsterfahrung des Menschen hatte jedoch in Deutschland tiefere Culturbedingungen. Die ganze Entwicklung des deutschen Geisteslebens hatte der Traurigkeit und

---

*) Auch im Auslande tauchten ähnliche Bestrebungen auf: so bildete sich in Paris zur Zeit der Republik eine Société des observateurs de l'homme, welche fünfzig Mitglieder, fünfzig Correspondenten und fünfzig Aggrégés zählte.

Kleinlichkeit der öffentlichen Verhältnisse gegenüber eine Wendung zur Innerlichkeit genommen, und die deutsche Bildung bestand hauptsächlich überall in einer Beschäftigung des Individuums mit sich selbst und mit den ihm zunächst stehenden Genossen. Es war die Zeit der Tagebücher, die Zeit der Freundschaften und der Briefwechsel. Dem öffentlichen Leben abgekehrt, blickten die deutschen Geister in sich selbst, sie zergliederten ihr eigenes Seelenleben und nicht minder dasjenige ihrer Freunde, und diese Selbstbeobachtung steigerte sich zu krankhafter Empfindsamkeit. Das Wühlen in der eigenen Seele war Mode geworden, und jeder glaubte genug Wichtiges in sich zu erleben, um seine Geheimnisse zuerst den Freunden und dann dem Publicum auszukramen. Dieser Richtung des deutschen Culturlebens, deren religiöse Wendung Goethe's Meisterhand in der „schönen Seele" gezeichnet hat, und der dadurch hervorgerufenen Litteratur verdanken wir bekanntlich Perlen der edelsten und werthvollsten Selbstbekenntnisse, aber nicht minder auch eine unendliche Fülle von Trivialitäten, und das letztere gilt namentlich von jener Litteratur der empirischen Psychologie, deren Werth zu ihrer Massenhaftigkeit im umgekehrten Verhältnisse steht. Da man principlos sammelte und verglich, da jeder in seinen Erzählungen so interessant wie möglich zu erscheinen wünschte, so zeigt diese Litteratur auf der einen Seite den Charakter einer platten und oberflächlichen Beschreibung der alltäglichen Vorgänge, auf der anderen Seite denjenigen einer kritiklosen Curiositätensammlung, und da es ebenso wie an einer Methode der Feststellung der Thatsachen an einer solchen der Erklärung fehlte, so ist bei dieser ganzen „Erfahrungsseelenlehre" der deutschen Aufklärung herzlich wenig herausgekommen. Ja sie hat sogar die Wirkung gehabt, einer guten Sache durch ungenügende Behandlung zu schaden. Denn die Unwissenschaftlichkeit, in welche sie immer mehr auslief, konnte nur dazu beitragen, den Gedanken einer auf die innere Erfahrung zu basirenden Psychologie bei ernsten Forschern in Missachtung zu bringen.

Der einzige werthvollere und historisch bemerkenswerthe Fortschritt, zu welchem diese Bestrebungen führten, bestand in einer Neuerung, welche sich in der allgemeinsten Classification der psychologischen Thätigkeiten einbürgerte. Seit Aristoteles hatte man den Gegensatz der theoretischen und der praktischen Seite des Menschengeistes als das höchste Eintheilungsprincip der psychologischen Untersuchungen festgehalten. Mannigfache Variationen der Terminologie hatten nichts daran geändert, und wie Leibniz die Vorstellung und den Trieb zur Vorstellungsveränderung, so unterschied auch Wolff zwischen dem Vorstellungsvermögen und dem Begehrungsvermögen. In der empirischen Psychologie der deutschen Aufklärung brach sich nun in verschiedenen Richtungen und aus mehrfachen Motiven die Ansicht Bahn, dass zwischen beiden noch ein drittes, unter die beiden anderen nicht zu subsumirendes Grundvermögen eingeschoben werden müsse, dasjenige der Empfindung, welches später correkter als dasjenige der Gefühle bezeichnet wurde, und diese Ansicht breitete sich so siegreich aus, dass diese drei Bestimmungen: Vorstellen, Fühlen, Wollen noch heute in der gewöhnlichen Ausdrucksweise nicht minder als in der landläufigen empirischen Psychologie für die drei Grundkategorien des seelischen Lebens gelten. Der Ursprung dieser Ansicht greift schon auf die Mitte des XVIII. Jahrhunderts zurück und ist, wie es scheint, bei Johann Georg Sulzer (1720—1799) zu suchen, welcher bereits in den Jahren 1751 und 1752 an der Berliner Akademie die später in seinen „Vermischten Schriften" (Berlin 1773) gedruckten Abhandlungen über diesen Gegenstand vortrug. In diesen ist die Grundlage der Theorie zu suchen, mit welcher bald darauf Mendelssohn in seinen „Briefen über die Empfindungen" (Berlin 1755) ausdrücklich das Empfindungsvermögen als ein drittes den beiden anderen zur Seite stellte. Diese Grundlage zeigt nun bei Sulzer in einer höchst bemerkenswerthen Weise ihre Abhängigkeit von dem Grundgedanken der Leibniz'schen Monadologie. Es ist der Begriff der dunklen und verworrenen Vorstellungen, von dem er ausgeht. Zwar hält er an dem Leibniz'schen Gedanken fest, dass das Vorstellen die Grundkraft der Seele sei, aber auf der anderen Seite macht er darauf aufmerksam, dass die dunklen Vorstellungen noch nicht völlige Vorstellungen sind; er zeigt dann weiterhin, dass die verworrene Mischung mannigfacher Elemente, welche in ihnen enthalten ist, die Seele vielmehr auf ein Empfinden dieses ihres eigenen Zustandes, als auf eine klare und begriffliche Erfassung der einzelnen Elemente hinweise, und dass diese ihre Empfindungsthätigkeit, von den eigentlichen Vorstellungen und den Begehrungen gleich verschieden, zwischen beiden die nothwendige Vermittlung bilde. Dass diese Hervorhebung des Gefühls auf einer Verwerthung der Leibniz'schen Theorie von den dunklen

Vorstellungen beruhte, lehrt ausserdem eine von Sulzer durchaus unabhängige Schrift von Jacob Friedrich Weiss „De natura animi et potissimum cordis humani" (Stuttgart 1761). Sulzer führt jene Theorie hauptsächlich dahin aus, dass er in den dunklen Vorstellungen denjenigen Charakter nachweist, welchen die moderne Psychologie als Gefühl bezeichnet. Er zeigt, dass jede „Empfindung" entweder angenehm oder unangenehm sei, d. h. also einen bestimmten Gefühlston habe, und giebt dadurch die Veranlassung, auf Grund deren Mendelssohn in seinen „Morgenstunden" (Berlin 1785) dieses neue Vermögen mit dem Namen des Billigungsvermögens bezeichnet hat. Es liegt auf der Hand, dass damit die empirische Psychologie der Deutschen zunächst nur in ihrer Weise dieselbe Entdeckung gemacht hatte, welche man in der englischen Philosophie theils als den Sinn für das Gute, theils als den Sinn für das Schöne charakterisirte. In beiden Fällen stiess man auf den Begriff eines der menschlichen Seele ursprünglich innewohnenden Beurtheilungsvermögens, welches sich den verschiedenen Gegenständen gegenüber billigend oder missbilligend verhalte. Hier wie dort führte diese Theorie zu ästhetischen Consequenzen, und auf diesem Gebiete lag deshalb auch hauptsächlich Sulzer's Thätigkeit und Einfluss. Er unterschied drei Stufen dieses Empfindungsvermögens: die sinnlichen Gefühle des Angenehmen und des Unangenehmen, die ästhetische Betrachtung des Schönen und des Hässlichen, die moralische Beurtheilung des Guten und des Bösen. Von den ersteren nahm er an, dass sie bei ihrer totalen Abhängigkeit von dem individuellen Zustande des physischen Organismus einer allgemeinen Theorie nicht fähig wären, von der letzteren dagegen, dass sie lediglich auf allgemeingiltigen Principien beruhe, deren Entwicklung der Moralphilosophie anheimfalle. Für die ästhetische Empfindung, mit deren Untersuchung er sich vorwiegend beschäftigte, nahm er nach jeder Richtung hin eine mittlere Stellung zwischen den beiden anderen an. Die Empfindung des Schönen gilt ihm als eine nothwendige und deshalb allgemeingiltige Folge aus der Beziehung der Gegenstände der Wahrnehmung auf die geistige Thätigkeit. Indem er den Leibniz'schen Begriff der Schönheit als der Einheit in der Mannigfaltigkeit festhält, meint er, dass das angenehme Gefühl des Schönen auf der Anregung beruhe, welche der Geist aus der Auffassung aller dieser Beziehungen des Einzelnen auf den einheitlichen Zusammenhang schöpfe. Das

Gefühl des Schönen gilt ihm als der Genuss der harmonischen Verknüpfung sinnlicher Empfindungen. Deshalb aber ist ihm der ästhetische Genuss und die ästhetische Produktion von dem Grade der Einsicht in diesen Zusammenhang abhängig, und er unterwirft damit das ästhetische Leben einem intellectuellen Massstabe. Allein dabei bleibt er nicht stehen: wie ihm die ästhetische Empfindung höher und werthvoller ist als die sinnliche, so stellt er sie andererseits unter die moralische, und zieht daraus den Schluss, dass ihr wahrer Werth in letzter Instanz nur in der Förderung bestehen könne, welche sie dem moralischen Leben gewährt. Dadurch verschliesst er sich selbstverständlich den Sinn für den eigenen und selbständigen Werth des Schönen und sieht darin nur ein Mittel für die intellectuelle und moralische Aufklärung. Er zögert nicht auszusprechen, dass der Maler, wenn er nicht einen sittlichen Gegenstand darstelle, mit Farben und Formen allein nichts ausrichten könne. Er sieht den Werth der Landschaftsbilder hauptsächlich darin, dass man dadurch Schöpfungen der Natur kennen und bewundern lerne, welche durch eigene Anschauung zu erfahren es an Zeit und Mitteln gebräche, und er meint, die beste Verwendung, die man davon machen könne, wäre etwa ihre Zusammenstellung zu einem Museum, worin man einen Ueberblick über die verschiedenen Gegenden der Erde und, wenn sie mit passender Staffage versehen würden, auch über die verschiedenen Sitten und Beschäftigungen der Menschen gewinnen könnte. Er macht andererseits für historische Gemälde Vorschläge, die geradezu an das Komische grenzen: man solle den Damokles darstellen, wie über seinem üppigen Mahle das drohende Schwert hängt, oder den Dionys, wie er sich aus Furcht vor dem mörderischen Barbiermesser von seinen Töchtern durch glühende Nussschalen den Bart abnehmen lässt, u. s. w. Aber diese moralisirende Aesthetik mit ihren kleinlichen Auswüchsen war ganz im Geschmacke der Zeit, und Sulzer's in der Form eines ästhetischen Reallexikons angelegte „Allgemeine Theorie der schönen Künste" (Leipzig 1771—1774) galt lange als Autorität für die ästhetische Kritik. Es kam hinzu, dass seine unentschiedene Zwischenstellung ihn für die beiden streitenden Parteien gleich brauchbar machte. Der Richtung der Schweizer und der Stürmer und Dränger gefiel seine Begründung der Aesthetik auf den dunklen Untergrund der Seele und auf die Ursprünglichkeit des Gefühls, den Anhängern Gottsched's seine Betonung der Abhängigkeit des ästhetischen Lebens von der theoretischen Einsicht und der moralischen Absicht.

Zur allgemeinsten Anerkennung aber gelangte die **Dreitheilung von Denken, Fühlen und Wollen** erst durch den bedeutendsten unter den empirischen Psychologen dieser Zeit, **Johann Nicolaus Tetens** (1736—1805). Der Einfluss, welchen sein Hauptwerk „Philosophische Versuche über die menschliche Natur und ihre Entwicklung" (Leipzig 1776 und 1777) auf Kant ausgeübt hat, brachte es mit sich, dass durch den Letzteren diese psychologische Dreitheilung sich ganz allgemein befestigte*). Dieser Einfluss von Tetens auf Kant beruht im Wesentlichen darauf, dass beide Männer um die gleiche Zeit unter dem Eindrucke der Veröffentlichung von Leibniz' „Nouveaux essais" standen. Kant hatte davon zuerst in seiner Inauguraldissertation „De mundi sensibilis atque intelligibilis forma et principiis" Zeugniss abgelegt, und Tetens begrüsste in seinem Werk die Ergebnisse dieser Untersuchungen Kant's mit lebhaftester Anerkennung. In der That ist der erkenntnisstheoretische Standpunkt, auf welchem sich beide Männer in diesen Werken befinden, genau derselbe, und erst später hat sich Kant durch die Forschungen, welche der Kritik der reinen Vernunft zu Grunde liegen, weit über den Gedankenkreis von Tetens erhoben. Das Werk von Tetens enthält gewissermassen die einseitige Ausprägung des psychologischen Standpunktes, welcher in der Entwicklung Kant's eine nothwendige Uebergangsstufe bildete und von ihm später überwunden wurde.

Dieses Werk besteht aus einer Reihe psychologischer Essais ohne Anspruch auf systematische Darstellung, aber in regelmässigem Fortschritt. Seine Methode ist, wie er hervorhebt, die rein beobachtende. Er will die Modificationen der Seele so nehmen wie sie das Selbstgefühl oder die innere Erfahrung darbietet, und schliesst von seiner Betrachtung alle metaphysischen Theorien aus, indem er sich ebenso gegen die Seelenlehre des Rationalismus bei

---

*) Die entscheidende Rolle, welche diese Dreitheilung in der Gliederung des Kant'schen Systems spielt, wird an ihrer Stelle noch besonders besprochen werden müssen; es sei jedoch schon hier darauf hingewiesen, dass diese Bedeutung am klarsten in der Einleitung zur Kritik der Urtheilskraft und in der urspünglich zu demselben Zwecke geschriebenen, jetzt unter dem Titel „Ueber Philosophie überhaupt" in die Sammlungen der Kant'schen Schriften aufgenommenen Abhandlung hervortritt.

Wolff wie gegen den sensualistischen Materialismus bei den Franzosen wendet. Er verwirft aber nicht minder energisch auch jenes unkritische Princip des gesunden Menschenverstandes, bei dem sich die Schotten beruhigten. Seine eigene Aufgabe sieht er vielmehr hauptsächlich in feinen und sorgfältigen Analysen, aus welchen sich die Erkenntniss der Beziehungen zwischen den einzelnen Seelenthätigkeiten ergeben soll. Als erste Bedingung dazu bezeichnet er die genaue Unterscheidung der einzelnen psychischen Functionen und die Erforschung der Verhältnisse, in welchen sie entweder auf einander zurückführbar oder bei gegenseitiger Selbständigkeit mit einander vereinbar sind. Bei der Lösung dieser Aufgabe verfährt er so feinfühlig und scharfsichtig, dass manche Theile seines Werkes und manche Theorien, die er aufstellt, einen dauernden Werth für die Psychologie haben. Er beginnt deshalb mit der Frage, ob sich durch Beobachtung eine Grundthätigkeit der Seele herausstellen lasse, und entwickelt die Principien seiner eigenen Ansicht an einer Kritik der Behauptung von Leibniz und Wolff, dass diese Grundthätigkeit die Vorstellung sei. Da ergiebt sich denn, sobald man Leibniz selbst beim Worte nimmt, dass, wenn man unter Vorstellungen bewusste Denkakte verstehen will, diese niemals etwas Ursprüngliches sind, sondern sich immer auf eine vorhergehende anderweitige Modification der Seele beziehen. Was Leibniz dunkle Vorstellungen genannt hat, sind eben noch keine wirklichen Vorstellungen, sondern Empfindungen oder „Fühlungen", und Vorstellungen sind erst sozusagen Nachempfindungen. Die ersten darunter sind die Perceptionen, und Tetens macht einen höchst interessanten Versuch, aus dem Umstande, dass somit schon die Wahrnehmungen der Sinne sich als Bilder der ursprünglichen Modificationen der Seele erweisen, die Thatsache und die Art und Weise zu erklären, wie ihr Inhalt in die Aussenwelt projicirt und dadurch zu einem Gegenstande des Denkens gemacht wird. Diese Perceptionen sind nun theils reproducirbar theils zu neuen Bildern vereinbar, und so setzt sich die Vorstellungsthätigkeit aus den drei Functionen der Perception und der reproductiven und productiven Einbildungskraft zusammen. Wenn hierin vielfach Hume'sche Einflüsse nicht zu verkennen sind, so folgt Tetens in der genaueren Betrachtung der Perceptionen dem Locke'schen Unterschiede der inneren und der äusseren Erfahrung. Die einfachen Perceptionen der äusseren Sinnesthätigkeit haben zu ihrem Inhalte immer Gegenwärtiges und Absolutes. Die Beziehungen der Dinge dagegen fallen nie unmittelbar in die „Fühlung", wohl aber mittelbar, insofern nämlich, als diese Beziehungen innere Zustände hervorgerufen haben und diese von der inneren Erfahrung empfunden werden. So erklärt Tetens z. B. das Gefühl der Schönheit als dasjenige einer harmonischen Vorstellungsthätigkeit, in welche der Mensch durch die Empfindungen versetzt wird. Allein diese Relationen der Dinge sollen nicht bloss gefühlt, sondern auch erkannt werden, und das ist nur möglich, indem der gesamte Inhalt der Empfindungsvorstellungen, der äusseren so gut wie der inneren, der Arbeit des beziehenden Denkens unterworfen wird. In dieser Cardinalfrage benutzt nun Tetens durchaus die Leibniz'sche Apperceptionstheorie, wie sie in den „Nouveaux essais" vorgetragen worden war, zugleich aber auch die von Lambert angebahnte, und in Kant's Dissertation schon bedeutsam hervortretende Unterscheidung von Form und Inhalt der Erkenntniss. Er führt aus, dass der Inhalt der Erkenntniss ausnahmslos aus der Empfindung stamme, ihre Form dagegen aus der Thätigkeit des Denkens selbst. Während sich daher das Denken den Empfindungen gegenüber durchaus receptiv verhält, zeigt es in diesen Beziehungsformen seine eigene Spontaneität. Diese Beziehungsgedanken betrachtet nun Tetens durchaus nicht als einen gegebenen Besitz, welchen etwa das Denken dem empfangenen Stoffe äusserlich hinzufügte, sondern vielmehr als die Gesetze des beziehenden Denkens selbst, als die Functionen, welche das Wesen dieses Denkens ausmachen: „Die Actus des Denkens sind die ersten, ursprünglichen Verhältnissgedanken." Sie sind die Naturgesetze des Denkens. Wir erfahren sie dadurch, dass wir sie anwenden, wenn wir denken. Ihre Erkenntniss beruht also auf der inneren Erfahrung; aber sie haben den Werth allgemeiner Vernunftwahrheiten, weil wir ohne sie nicht denken können. „Die Grundsätze kennen wir nur aus Beobachtung, wie die Gesetze, wonach Licht und Feuer wirken: aber die Urtheile selbst sind nicht Beobachtungen noch Abstractionen aus Beobachtungen, sondern Wirkungen, die von der Natur der Denkkraft abhangen, wie das Ausdehnen der Körper von der Natur des Feuers." In diesem Sinne vindicirt Tetens den Formen des Denkens „subjektivische Nothwendigkeit" und behauptet, dass darin der einzige Begriff von Objektivität bestehe, den es für den Menschen giebt. Er zeigt, dass die Wahrheit nicht in der

Uebereinstimmung der Vorstellungen mit Gegenständen bestehen könne, weil die dazu nöthige Vergleichung unmöglich ist, sondern nur in der Nothwendigkeit, mit welcher die Denkkraft überall gleichmässig ihrer inneren Natur nach wirkt. Daraus ergiebt sich für die Erkenntniss der Aussenwelt nur „ein allgemeiner Grundsatz von der Zuverlässigkeit der sinnlichen Erfahrung", niemals ihre Berechtigung, sich für ein Abbild der realen Welt zu halten. Das beziehende Denken entwickelt sich aber nach der Darstellung von Tetens in drei Grundformen: in den Vergleichungsverhältnissen der Identität und der Verschiedenheit, in den „Mitwirklichkeits-Beziehungen" der Verbindung, Trennung und Anordnung, als da sind Raum, Lage, Zeit, Folge u. s. w., und drittens in den Dependenz-Verhältnissen. Was die zweite dieser Beziehungsarten anbetrifft, so nimmt hierbei Tetens mit Befriedigung von Kant's Inauguraldissertation Akt, welche gleichfalls Raum und Zeit als die Anordnungsgesetze für den Empfindungsinhalt betrachtete, die bei Gelegenheit der Erfahrung in Kraft treten und auf diese Weise zur bewussten Erkenntniss kommen, während sie ursprünglich nur Gesetze des auffassenden Geistes sind. Beide Männer beherrscht der Leibniz'sche Gedanke, dass die Vernunftwahrheiten Bewusstwerdungen der Gesetze des Geisteslebens sind; und es ist hervorzuheben, dass Kant zuerst die Anwendung dieses Princips auf die Apriorität der Mathematik fand. Wenn das Werk von Tetens (vielleicht auf Grund dieser Anregung) dasselbe Princip auf alle Beziehungsbegriffe des Denkens ausdehnte, so geht aus Kant's Correspondenz hervor, dass er bereits im Jahre 1773 zu derselben Consequenz gekommen war. Als er das Buch von Tetens in die Hand bekam, war er vermuthlich über diesen Gesichtspunkt schon hinaus, und der Einfluss des Werks auf ihn konnte nicht mehr erkenntnisstheoretisch, sondern nur noch psychologisch sein. Was endlich die Dependenzverhältnisse anbetrifft, so ergeht sich Tetens in einer principiell verfehlten Polemik gegen Hume. Indem er auch die Causalität als subjektivische Nothwendigkeit nachzuweisen sucht und dabei sehr feinsinnig dem psychologischen Ursprung dieses Begriffes aus der Verbindung der Erfahrung von den durch den Willen hervorgerufenen Leibesbewegungen mit dem logischen Postulat der Begründung nachgeht, übersieht er ganz, dass er genau dasselbe beweist, was Hume wollte, nämlich die nur subjektive Geltung dieses Begriffs. Hierin zeigt Tetens fast am klarsten die Grenze, welche die Erkenntnisstheorie vor Kant ihres psychologischen Charakters wegen nicht zu überschreiten vermochte. Er spricht fünf Jahre vor dem Erscheinen der Kritik der reinen Vernunft das methodische Princip der gesammten Aufklärungsphilosophie noch einmal ganz klar aus, wenn er sagt: „Die ganze Speculation über die erwähnten Gemeinbegriffe des Verstandes beruht am Ende auf psychologischen Untersuchungen über ihre Entstehungsart und ihre subjektivische Natur im Verstande." Darin aber lag die Unfähigkeit des Dogmatismus zur Lösung der erkenntnisstheoretischen Frage. Denn dass die Einsicht in den psychologischen Ursprung der Vorstellungen nichts über ihren Erkenntnisswerth bestimmt, lehrt eben die vergebliche Arbeit der Philosophie seit Descartes und Locke. Als er dies begriff, befand sich Kant auf dem Wendepunkte seines eigenen Denkens und der modernen Philosophie überhaupt.

§ 55. Die Popularphilosophie.

Die grosse Ausbreitung der empirischen Psychologie ist theilweise die Ursache, theilweise aber auch nur das Zeichen für diejenige Erlahmung der philosophischen Energie, welche um die Mitte des XVIII. Jahrhunderts in Deutschland eintrat und welche sich hauptsächlich in der Herrschaft des Eklekticismus manifestirte. Bei dem Mangel eines speculativen Princips bot gerade diese Erfahrungsseelenlehre den bequemsten Raum für die Reproduction der verschiedenen philosophischen Ansichten und namentlich für die Verquickung Leibniz'scher und Locke'scher Gedanken. Je mehr aber diese psychologischen Untersuchungen auf eine allgemeine Schilderung des menschlichen Lebens hinausliefen, um so mehr ging der Ernst der wissenschaftlichen Forschung verloren und um so breiter berührte sich die philosophische Thätigkeit mit der allgemeinen Litteratur. An diesem Punkte war freilich die früher erwähnte Gemeinsamkeit beider Strömungen der Philosophie nur in geringem Masse zuträglich. Was sie an Popularität gewann, musste sie an Tiefe und Originalität aufgeben, und diese schöngeistige Philosophie, welche nun in Deutschland Mode wurde, beschränkte sich auf ein langathmiges Wiederkäuen der gewöhnlichsten Aufklärungsgedanken. Der einzige nennenswerthe Vortheil, welchen die Philosophie aus dieser Vereinigung zog, war der Gewinn einer geschmackvolleren Darstellungsweise und die Heranbildung eines guten deutschen philosophischen Stils. Die Vorbilder des Auslandes wirkten in dieser Beziehung ausserordentlich günstig. Der englische Essay wurde auch in Deutschland Sitte, und man mühte sich, den feinen Ton der französischen Conversationssprache zum Träger der Gedanken zu machen. Die Schriften dieser Popularphilosophen lesen sich daher, im Einzelnen genossen, leicht und angenehm. Im Ganzen wirken sie mit ihrer breiten und seichten Darstellung und mit ihrem Mangel an bedeutenden Ideen ermüdend und langweilend. Nur selten erreichen sie den Reiz ihrer Vorbilder. Die ruhige Klarheit des englischen Stils verwandelt sich hier nur zu leicht in weitschweifige Trivialität, und die geistvoll feine Beweglichkeit des französischen Esprit vermochten sie nicht sich zu eigen zu machen.

Diese Nachtheile treten um so lebhafter hervor, je prätensiöser die Popularphilosophen von dem Werthe ihrer Gedanken und ihrer viel- und dickbändigen Bücher denken. Sie wiegen sich alle in dem stolzen Bewusstsein einer vollendeten Aufklärung und schreiben ihre Bücher nicht zur Förderung der Forschung, sondern zur **Belehrung des Publicums**. Sie suchen die Wahrheit nicht: sie glauben sie zu besitzen und wollen sie nur verbreiten. Der Zweck der Philosophie ist ihnen, wie es Thomasius verkündet hatte, die Beförderung der menschlichen Glückseligkeit, und von dieser sind sie überzeugt, dass sie nur aus der Selbsterkenntniss des Menschen erwachsen könne. Dabei ist diese Philosophie in ihrem Glückseligkeitsbestreben durchaus von dem kleinlichen Geiste der Wolff'schen Teleologie beherrscht. Ihr Ideal ist die behagliche, im Genusse der Aufklärung sich wohl abrundende Existenz des Einzelnen. Die Probleme des öffentlichen Lebens liegen ihr fern. Von der sittlichen Bedeutung des Staatsgedankens hat sie keine Vorstellung. Sie will nur aus der erfahrungsmässigen Kenntniss vom allgemeinen Wesen des Menschen Belehrungen geben, wie er so aufgeklärt und so glücklich wie möglich werden kann. Diese Beschäftigung mit dem Wohle des einzelnen Menschen und die Betonung der alles Andere abweisenden Bedeutung, welche er für sich selber hat, zeigt sich am besten darin, dass keine Frage in dieser Litteratur so lebhaft und mit so grosser Vorliebe behandelt wird, als diejenige der **Unsterblichkeit**, und dass sie fast ausschliesslich unter dem Gesichtspunkte des **Eudämonismus** bejaht wird: wie denn charakteristisch genug in dieser Litteratur häufig genug Argumentationen vorkommen, in denen bei zweifelhaften Fragen der Philosoph sich ausdrücklich für diejenige Meinung entscheidet, bei deren Geltung auf eine grössere Glückseligkeit des Menschen zu rechnen ist. Als der typische Vertreter dieses Eudämonismus gilt Johann Bernhard Basedow (1723—1790). Bei ihm zeigt sich jedoch die Unwissenschaftlichkeit dieser Bestrebungen nicht nur in der Oberflächlichkeit seiner Werke, sondern bereits auch in der ausgesprochenen Missachtung der Gelehrsamkeit, welche den Grundzug seiner pädagogischen Agitation bildete. Mit viel geringerer Originalität als Rousseau verkündete er, dass man nicht Gelehrte, sondern Menschen erziehen müsse, dass man den Menschen körperlich und geistig gesund machen solle, und das von ihm in Dessau gegründete Philanthropin wurde das Vorbild für zahlreiche Erziehungsanstalten, in denen seine und Rousseau's Principien mit einseitiger Betonung der körperlichen Ausbildung gepflegt wurden.

Die geistige Gesundheit, welche Basedow verlangte, lief auf nichts weiter hinaus, als auf jenen Verzicht auf wissenschaftliche Bildung, der sich hinter dem Princip des gesunden Menschenverstandes versteckte. Dieser gesunde Menschenverstand war das Idol der deutschen Popularphilosophie. Noch ehe die Lehren der Schotten in Deutschland Eingang gefunden hatten (wofür später namentlich hier wie in Frankreich die Schriften des Genfer Pierre Prévost [1751—1839] wirkten), hatte sich dem Schulsystem gegenüber die Meinung gebildet, dass der Mensch, wenn er nur nicht durch philosophische Doctrinen in die Irre geleitet sei, die für ihn werthvolle und nützliche Erkenntniss in seiner natürlichen Vernunft besitze, und dass es nur gelte, diese sich und den Anderen klar zu machen. Alles was daher über die gewöhnlichen Vorstellungen der Menschen hinausgeht oder gar ihnen widerspricht, galt diesen Männern von vornherein als gerichtet; indem sie sich zu Vertretern dieser gesunden Vernunft aufwarfen, schleuderten sie gegen die tiefsinnigsten philosophischen Theorien ihr seichtes Verdammungsurtheil und glaubten solche einfach dadurch zu widerlegen, dass sie zeigten, wie wenig sie davon begriffen. Ihr Lieblingsgrundsatz war deshalb der, in allen Dingen mit ihrer Meinung hübsch in der Mitte zu bleiben, nur keine extremen Ansichten aufzustellen oder zu billigen und recht versöhnlich aus allen Lehren dasjenige herauszuziehen, was dem gemeinen Bewusstsein als richtig erscheint. Diese Männer waren gütig genug, ein Körnchen Wahrheit fast in jeder philosophischen Ansicht zu finden; allein der consequenten Anwendung eines Princips widersetzten sie sich in dem Grade, wie sie selbst dazu unfähig waren. So rührten sie alle möglichen philosophischen Ansichten, nur niemals die bedeutendsten, zu einem Brei zusammen, den dann jeder von ihnen in mannigfache Formen knetete.

So unerquicklich dies popularphilosophische Treiben erscheint, wenn man lediglich auf seinen wissenschaftlichen Werth Rücksicht nimmt, so darf man doch auf der anderen Seite nicht vergessen, welchen Werth es in der allgemeinen geistigen Bewegung der Deutschen hatte. Die Absichten dieser Männer waren zum grössten Theile in der That die besten und edelsten; sie schrieben wirklich aus innerem Bedürfniss, das Volkswohl zu fördern, und sie fanden genug zu thun vor. Der Kampf gegen die Vorurtheile und die darauf beruhenden Institutionen, welchen die Popularphilosophie führte, war ein durchaus berechtigter, und ihr günstigster Erfolg war der, dass ihre Ideen doch immerhin die deutschen Geister aus localer und philiströser Beschränktheit emporrissen. Die moralisirende Vernunftreligion, welche sie verkündete, an sich mager und poesielos, verwarf und zerstörte doch die bürgerlichen und rechtlichen Schranken, welche die Verschiedenheit der religiösen Ueberzeugungen gerade in Deutschland aufgethürmt hatte. Freilich hatte diese Aufklärungsphilosophie kein Verständniss für die Zwischenglieder zwischen dem Individuum und der Gattung. Sie zog den Kosmopolitismus gross und bekämpfte alles äussere Kirchenthum: aber sie bildete den Sinn für das rein Menschliche und die Achtung vor dem Menschen in jeder Gestalt mit so edlem Eifer aus, dass nur auf dieser Grundlage sich jenes Ideal der Humanität erheben konnte, welches die grossen Dichter Deutschlands später hochhielten.

Es giebt innerhalb dieser Popularphilosophie eine Erscheinung, welche, wenn auch nicht frei von ihren Schattenseiten, doch alle ihre edleren Züge derart in sich vereinigt, dass sie einer ganzen Generation ein leuchtendes Vorbild wurde: das ist Moses Mendelssohn. 1729 als der Sohn eines armen jüdischen Schulmeisters geboren, rang sich dieser Mann durch unermüdliche Arbeit zum wissenschaftlichen Leben empor, und während er bis zu seinem Tode (1786) in praktischer Beschäftigung lebte, wurde er durch die Anmuth und Feinheit seines Stils einer der besten und gelesensten Schriftsteller dieser Periode. Das Bedürfniss nach Klarheit und Deutlichkeit der Begriffe, welches er aus der Wolff'schen Philosophie geschöpft hatte, verband sich bei ihm mit der Neigung und Befähigung zu geschmackvoller Darstellung, in der ihn das Studium Shaftesbury's bestärkte. Vor Allem aber wehte in seinen Schriften die warme Empfindung eines edlen Gemüths: sie alle geben den Eindruck wohlthuender Ruhe. Von festen Ueberzeugungen getragen, umspannt sein reines Wohlwollen das ganze menschliche Geschlecht. Dabei ist es ein ergreifender Zug, wie er sein Streben nach Aufklärung und nach Ueberwindung der Vorurtheile vor Allem seinen Stammesgenossen zuwendet. Er kämpft unermüdlich dafür, dass ihnen, die es am meisten bedurften, die Segnungen der Toleranz zu Gute kommen sollten; aber er dringt auch nicht minder darauf, dass sie ihre eigenen Vorurtheile aufgeben und sich zu Gliedern der gebildeten Gesellschaft machen sollen, deren Rechte sie beanspruchen. Gegen die Intoleranz richtet er sich vor Allem auch in philosophischen Dingen. Jede Ansicht, welche die anderen schroff ausschliesst und für sich allein die Wahrheit in Anspruch nimmt, erweckt ihm Misstrauen, und den feinen Speculationen, über welche sich die Philosophen streiten, ist er durchaus abhold. Man soll sich nur mit dem beschäftigen, was den Menschen angeht, und das ist die Glückseligkeit, die in der reinen Religion, in der Moralität und in der Aufklärung besteht. In diesen Fragen müssen die künstlichen Systeme der Gelehrten durch den gesunden Menschenverstand corrigirt werden. Die grossen Wahrheiten, welche dieser uns lehrt, sind das Dasein eines vollkommenen und unendlich gütigen Gottes, von dem die Welt und wir geschaffen sind, um an seiner Vollkommenheit theilzunehmen und dadurch selig zu werden, und der Unsterblichkeit der Seele, welche die nothwendige Bedingung für die Erfüllung dieses Zweckes ist. Beide Lehren sucht er durch Argumente, welche wesentlich der Wolff'schen Lehre entnommen sind, in allgemein fasslicher Weise zu begründen, und keine seiner Schriften hat solchen Beifall gefunden wie der „Phädon" (Berlin 1767), in welchem er dem Ideale der Lebensweisheit, Sokrates, seine Unsterblichkeitslehre in den Mund legte. Gerade in dieser Darstellung des Sokrates aber zeigt sich, wie oft bemerkt, der unhistorische Sinn dieser Richtung. Es fällt Mendelssohn nicht ein, dass er sich mühte, wie Sokrates zu sprechen, sondern sein Sokrates spricht wie Mendelssohn. Er ist der moralisirende Aufklärungsphilosoph, der das Volk von Athen über die Nutzlosigkeit philosophischer Speculationen, über den Werth eines gesunden Denkens, über die sittlichen Aufgaben und über die Hoffnungen der Unsterblichkeit belehrt. Die feineren Züge des platonischen Sokrates, die griechische Färbung des sokratischen Wesens sind fortgefallen, und nur das verständige Raisonnement der deutschen Aufklärung ist übrig geblieben. — Mendelssohn hatte den Gedanken der geistigen und moralischen Vervollkommnung des Individuums ganz zu dem seinigen gemacht und wünschte ihn allen Menschen ausnahmslos mitzutheilen. Das war es, was einen Lessing zu seinem Freunde machte. Aber davon, dass es auch eine Erziehung und Vervollkommnung des Geschlechtes in der Geschichte giebt, davon, dass über dem Einzelnen die höheren Mächte walten, die sein Wesen und sein Geschick bestimmen, davon hatte er, seiner ausdrücklichen Versicherung zu Folge, keine Vorstellung. Ihm war die Geschichte ebenso verschlossen wie die Natur; er kannte nur den einzelnen Menschen, und diesem allein galt die Wärme seiner Empfindung und der Edelmuth seiner Beurtheilung.

Neben Mendelssohn steht als sein flacherer Abklatsch sein und Lessing's Freund, der Buchhändler Friedrich Nicolai (1733 bis 1811), ein rastlos thätiger Mann, der auf Grund vielseitiger autodidaktischer Bildung und im redlichsten Bestreben eine ausgebreitete Wirksamkeit ausübte. Er gründete und redigirte hinter einander eine Reihe von Zeitschriften, die „Bibliothek der schönen Wissenschaften" (1757 und 1758), die „Briefe die neueste deutsche Litteratur betreffend" (1759—1765), vor Allem aber die „Allgemeine deutsche Bibliothek" (1765—1805), und vereinigte darin mit seltenem Geschick die bedeutendsten Männer der Zeit. Das Bestreben, durch Unterhaltung zu belehren, welches allen diesen Unternehmungen zu Grunde lag, glückte ihm auf das Glänzendste, und seine eigenen Beiträge waren nicht die schlechtesten. Selbst der derbe Witz, mit dem er hin und wieder seine Darstellung spickte, war für sein Publicum wohl berechnet, seine satirischen Romane hatten bei aller Flachheit grossen Erfolg, und aus diesen Zeitschriften hat ein grosser Theil des deutschen Volkes in der That seine Bildung und Aufklärung eingesogen. Es zeugt von dem klaren Blicke des Mannes, dass er von der aufrichtigsten

Bewunderung für den grossen König erfüllt war, der die Aufklärung zum Princip seiner Regierung gemacht hatte, und dass er in dessen Geiste mit allem Nachdruck gegen jeden Aberglauben und jedes Vorurtheil seinen Kampf führte. Er ist der Typus der Berliner Freisinnigkeit, oberflächlich in der Begründung, aber stets sattelfest und mit einer kräftigen, treffenden Antwort bei der Hand. Nichts war ihm mehr zuwider als alles geheime Treiben, das auf selbstsüchtige Zwecke hinauslief. Ein gemeinsames und vernünftiges Zusammengehen der Menschen, eine offene Einigung über „gesunde" Principien war sein höchstes Ideal. Deshalb glaubte er der Anschauung seiner Zeit gemäss nichts eifriger verfolgen zu sollen als die geheimen Orden, und seine „Jesuitenriecherei" hat ihn auf der einen Seite berühmt, auf der anderen komisch gemacht. Mit der Zeit freilich traten gerade bei ihm die Schattenseiten der Popularphilosophie am allerstärksten hervor. Ihre Zeit war längst erfüllt, als er noch immer ihren Propheten machte, und namentlich seit ihn die besseren Berather verlassen hatten, stand er einer neuen Zeit urtheilslos und doch noch immer urtheilend gegenüber. Er hatte sich zu einer Art von Dictator der öffentlichen Meinung aufgeworfen und duldete nichts, was seiner schalen Verständigkeit widersprach. Alles, was darüber hinausstrebte, galt ihm für nutzlose Träumerei oder für Eingebung des Wahnsinns, und mit demselben Eifer, mit dem er einst Aberglauben und Vorurtheile bekämpft hatte, wendete er sich nun gegen alles Tiefere, was in der deutschen Litteratur emporkeimte, gegen die Kant'sche Philosophie und ihre Nachfolger, gegen die grossen Dichtungen eines Goethe und Schiller, gegen die traumhafte Schönheit der Romantiker. Das hat ihm jene vernichtenden Xenien, jenes erbarmungslose Pamphlet von Fichte und alle jene wegwerfenden Urtheile eingetragen, mit denen man noch jetzt seine eitle Seichtigkeit und seine oberflächliche Unfehlbarkeit zu verdammen pflegt. Gewiss war er den Grössen seiner Zeit gegenüber im Unrecht: er verstand sie nicht und hielt ihnen „mit wenig Witz und viel Behagen" seine hausbackene Gesundheit entgegen; aber es gab namentlich in den ersten Jahrzehnten seiner Wirksamkeit ein Publicum, das eines solchen Mannes bedurfte und für welches er der rechte Mann war.

Um Mendelssohn und Nicolai scharten sich eine Reihe jüngerer Genossen, deren Thätigkeit zum Theil in unmittelbarem Anschluss an die Nicolai'schen Zeitschriften dieselbe Richtung verfolgte. Zu ihnen gehören Johann Erich Biester (1749—1816), der mit Gedicke zusammen die „Berliner Monatsschrift" gründete, Thomas Abbt (1738—1766), der den eleganten Stil dieser Popularphilosophie mit dem grössten und erfolgreichsten Geschick behandelte, Johann August Eberhard (1739—1809), der sich am liebsten als Popularisator der Wolff'schen Lehre bezeichnete und sich vielfach mit ästhetischen Studien beschäftigte, und besonders Johann Jacob Engel (1741—1802), dessen „Philosoph für die Welt" in einer Anzahl eigener und fremder Essais eine Art Repertorium dieser Lehren bildet. Zugleich versuchten Johann Georg Heinrich Feder (1740—1825) und Christoph Meiners (1747 bis 1810) diese Popularphilosophie nicht ohne Erfolg auf dem Göttinger Katheder heimisch zu machen und dehnten dabei ihre umfangreiche litterarische Wirksamkeit auf die ganze Mannigfaltigkeit des wissenschaftlichen Lebens aus. Persönlich und geistig stand ihnen Christian Garve (1742—1798) nahe, der sich durch zahlreiche Uebersetzungen und seine „Versuche über verschiedene Gegenstände aus der Moral, Litteratur und dem gesellschaftlichen Leben" (Leipzig 1792—1802) vortheilhaft bekannt machte. Sein inniges Verhältniss zu dem moralisirenden Fabeldichter Gellert lässt den Zusammenhang dieser Richtung mit der allgemeinen Litteratur klar hervortreten. Keiner jedoch unter den bedeutenden Dichtern jener Zeit steht diesen Popularphilosophen näher als Wieland. Seine erzählenden Dichtungen und seine Romane athmen denselben Geist einer behaglichen Lebensphilosophie, welche sich hütet, den grossen Problemen nachzuringen, und in der Zufriedenheit mässigen Genusses und wohlwollender Tugend ihr Glück findet. Der Geschmack der Darstellung, die Feinheit der Schilderung und eine liebenswürdige Bonhommie der Welt- und Lebensauffassung müssen bei ihm wie bei jenen Prosaisten für den Mangel an Tiefe und Schwung des Denkens und Dichtens entschädigen.

Neben diesen zum grossen Theil durch die Gemeinsamkeit litterarischer Unternehmungen mit einander verbundenen Kreisen findet man noch eine Anzahl isolirter Vertreter derselben aufklärerischen Gedanken: so den feinsinnigen Leibnizianer Ernst Platner (1744—1818), dessen „Philosophische Aphorismen" (Leipzig 1776 und 1782) in eleganter und anziehender Form doch eine systematische Darstellung dieser Lehren zu geben versuchten und in manchen Beziehungen schon die Richtung auf Kantische Probleme nehmen; ferner Johann Georg Zimmermann (1728 bis 1795), dessen vielgelesene Schrift „Ueber die Einsamkeit" dem gleichmässigen Charakter dieser ganzen Litteratur gegenüber einen originellen, wenn auch nicht gleich angenehmen Eindruck macht; endlich den geistreichen Physiker Georg Christoph Lichtenberg (1742—1799), der mit Humor, Witz und Ironie, freilich in wunderlichster Weise die sentimentalen Auswüchse der Zeit geisselte.

§ 56. Hamann und Herder.

Alles in Allem wäre es nun um die deutsche Bildung recht traurig bestellt gewesen, wenn sie auf diese Popularphilosophie, welche sich für ihren Inbegriff hielt und ausgab, wirklich beschränkt geblieben wäre. Denn diese war trotz aller Hinzunahme der empiristischen Elemente, trotz allen Pochens auf den gesunden Menschenverstand und trotz aller Verspottung der Schulweisheit doch im Grunde genommen nur ein verdünnter Aufguss des Wolff'schen Rationalismus, und ihrem Ideengehalte nach eine wässrige Lösung der Begriffe, welche jener scharf und methodisch hatte krystallisiren lassen. Aber sie war zum Glück nicht das einzige Element der deutschen Bildung, wenn sie auch eine Zeit lang und in gewissen Kreisen das herrschende ausmachte. Während mit ihr die Philosophie sich gewissermassen im dürren Sande verlief, sprudelten im deutschen Volksgeiste urkräftige und frische Quellen empor. Sie bahnten sich ihren Weg zuerst in der Dichtung, und es ist eine merkwürdige „Coincidentia oppositorum", dass zur selben Zeit, wo die kühle Verständigkeit sich die Herrschaft über die Litteratur anmasste, in der deutschen Poesie jene Männer von „Sturm und Drang" auftauchten, welche alle Regeln über den Haufen warfen und der Schule gegenüber das Recht der Genialität proclamirten. Wenn die Philosophie eine trocken vernünftige Moral lehrte, so verkündeten sie das Evangelium der Sinnlichkeit. Wenn die Philosophie Alles begriffen und klar gemacht zu haben glaubte, so wühlten sie in den Geheimnissen der Seele und vertieften sich in die dunklen Regionen des Weltlebens. Wenn die Philosophie in ihrer Ueberschätzung der allgemeinen Principien keinen Sinn für das Einzelwesen hatte und in ihrer Beurtheilung alle Zeiten, alle Bildungsstufen über einen

Kamm schor, so predigten sie das Recht der Individualitäten. Mit genialem Uebermuth warfen sie zwischen das glatte und elegante Raisonnement der Aufklärer die kühnen Ausgeburten einer ungezügelten Phantasie.

In einer Hinsicht standen diese kraftgenialischen Dichter auf gleicher Linie mit den rationalistischen Aufklärern: beide vereinigten sich in dem Rufe nach Natürlichkeit, und bei beiden hatte deshalb charakteristischer Weise Rousseau einen gleich grossen Erfolg. Aber dem Rationalismus galt, wie früher geschildert, das Natürliche für identisch mit dem Vernünftigen und dem sorgfältig Ueberlegten; er hoffte nach allen Richtungen hin, durch Feststellung verständiger Principien natürliche Zustände herbeizuführen. Ganz anders jene Männer von Sturm und Drang: sie suchten das Natürliche in dem ursprünglichen Triebe des Individuums und in der genialen Entfaltung seiner geheimnissvollen Kräfte, und dem „tintenklexenden Säculum" hielten sie die grosse, freie Seele entgegen, welche durch einzwängende Formen hindurch sich Raum schafft für den Flügelschlag ihrer Begeisterung. Daher jene Beschäftigung mit dem lieben Ich, jene sentimentale Selbstbespiegelung, von der sich zeigte, wie sie der empirischen Psychologie Vorschub leistete. Daher der Erfolg Lavater's, dessen Physiognomik über den geheimnissvollen Zusammenhang der psychischen und der leiblichen Individualität des Menschen Licht verbreiten zu wollen schien; daher überhaupt jene Vorliebe für das Geheimnissvolle und Wunderbare, der sich trotz allen Sträubens, wie das Freimaurerthum beweist, sogar die nüchterne Aufklärung nicht entziehen konnte; daher wieder das Walten jenes faustischen Dranges, der aus dem Inneren der Seele eine Welt zu begreifen, zu beherrschen, zu schaffen suchte.

So kam in der ästhetischen Litteratur selbst die dunkle Tiefe der Seele zur Geltung, auf welche die theoretische Aesthetik in Sulzer aufmerksam geworden war, und es entsprach genau dessen Gedankengängen, dass diese Dichter der Genialität überall das Gefühl und sein natürliches Recht auf ihre Fahne schrieben. In dieser Gefühlsdichtung grosser Persönlichkeiten lag das glückliche Gegengewicht gegen die Philosophie der Mittelmässigkeit. Mit unklarer Phantastik strebte sie in die Tiefe und zog dabei, wenn auch Anfangs in verzerrten Gestalten, die Schätze an's Tageslicht, von denen die Aufklärung nichts wusste.

Es ist begreiflich, dass dieser Zug auch die Philosophie ergriff und dass Männer auftraten, welche, von ihm beseelt, die Lebhaftigkeit und Ursprünglichkeit ihres individuellen Gefühls den Oberflächlichkeiten der Modephilosophie entgegenwarfen. Ein merkwürdiges Geschick hat es gewollt, dass der charakteristische Vertreter dieser Richtung in der unmittelbaren Nähe von Kant lebte: es ist der „Magus des Nordens", Johann Georg Hamann (1730 bis 1788). In ihm vereinigen sich, abgesehen von der poetischen Productivität, alle Züge dieser Bewegung. Ein genialer Mensch von urwüchsiger Sinnlichkeit und zerrissener, selbsterworbener Bildung, durch den Druck äusserer Verhältnisse und die Unordentlichkeit seines eigenen Lebens niedergehalten, macht er den Widerspruch seines inneren Lebens zum Angelpunkte seines Denkens. Die „Coincidentia oppositorum" von Giordano Bruno ist sein Lieblingsthema. Er weist überall darauf hin, wie tief widerspruchsvoll alle Dinge in der Welt und im Menschenleben sind, und spricht voller Verachtung von dem leeren Gerede der Philosophen, welche diese Widersprüche entfernt zu haben glauben, wenn sie die geheimnissvollen Fäden des Weltgewebes auseinanderzulegen versucht haben. Sie ahnen nicht, dass sie eben damit den innersten Kern der Dinge zerstören. Alles, was existirt, ist individuell, und die Individualität ist immer geheimnissvoll und niemals begreiflich. Damit deckt Hamann in der That den Mangel des Rationalismus auf und weist auf den unverstandenen und vergessenen Sinn der Leibniz'schen Monadologie zurück. Das geheimnissvolle Wesen der Individualität spricht sich aber im Menschen nicht durch sein Denken, sondern durch sein Gefühl aus, und deshalb ist, wie Hamann meint, diese Individualität auch von Anderen nur durch das Gefühl zu erkennen. Alle wahre und höchste Erkenntniss beruht ihm deshalb im Gefühl — im Gefühl für das individuelle Wesen der Dinge. Diese Erkenntniss des Gefühls aber ist kein Wissen der Begriffe, sondern ein Glauben aus innerstem Trieb. Er rühmt es an Hume, dass er den „Glauben" (belief), jenes unmittelbare natürliche Vertrauen des Menschen zu den unbeweisbaren, aber auch keines Beweises bedürftigen Thatsachen in seine Rechte dem Beweisen gegenüber eingesetzt habe: dabei waltet freilich zwischen beiden mehr Gleichheit des Ausdrucks als der Ansicht ob, und nur in sehr eingeschränkter Weise lässt sich deshalb wohl Hamann's eigener Standpunkt als Glaubensphilosophie bezeichnen. Dieser

Gesichtspunkt entscheidet für ihn vor Allem in dem religiösen Denken. Auch die höchste Individualität, die Gottheit, und gerade sie, weil sie die geheimnissvollste ist, kann nicht durch Denken und Beweisen, sondern nur durch Fühlen und Glauben erkannt werden. Die Philosophie ist ihr gegenüber ohnmächtig. Aber diese Gefühlserkenntniss lässt sich auch nicht in Dogmen und Lehrsätze fassen; sie ist Sache des individuellen Triebes und das Geheimniss einer jeden Seele. Der mystische Individualismus setzt sich ebensosehr dem Orthodoxismus wie dem Rationalismus entgegen. Selbst gläubig und bibelgläubig bis zu schroffster Consequenz, protestirt Hamann gegen alles Gleichmachen auch im religiösen Leben. Es ist klar, dass diesem Gefühl gegenüber die Wissenschaft aufhört. Solche Gefühlsphilosophie ist bewusste Unphilosophie. Der Hass gegen das Beweisen und gegen die begriffliche Klarheit geht bei Hamann so weit, dass er selbst niemals beweist, sondern immer nur behauptet, und dass er seine Gedanken niemals in geordneter Reihenfolge, sondern nur mit orakelhafter Dunkelheit ausgesprochen hat. Unzählige Anspielungen aus einer massenhaften und unmethodischen Lektüre und auf persönliche Verhältnisse machen seine Schriften schwer geniessbar, und nur hin und wieder entschädigt er durch geniale, treffende und packende Gedanken in plastischem Ausdruck. Man darf auch nicht sagen, dass seine bilderreiche, überschwengliche Sprache mit dem Gedanken ringt: denn er will gar keinen klaren und begrifflichen Ausdruck dafür gewinnen, sondern er ist überzeugt, dass das mystische Wesen der Menschen und der Dinge in dem geheimnissvollen Leben der Sprache seinen von Gott gegebenen Ausdruck findet.

In Hamann's Gefühlsphilosophie spiegelt sich am besten die Ueberlebtheit der Aufklärungsphilosophie. Sie sucht die Wurzeln der Ueberzeugung nicht mehr im wissenschaftlichen Denken, sondern im gewöhnlichen Gefühl und proclamirt damit eine Anarchie, wie sie in den Köpfen der Stürmer und Dränger wirklich herrschte. Darauf beruhte die grosse Wirkung, welche die wunderlichen Schriften dieses Mannes ausübten, und die einer späteren Zeit kaum verständliche Bewunderung, welche er in der jüngeren Generation fand und an der die bedeutendsten Geister der Zeit Theil nahmen, weil sie die Berechtigung dieser Opposition gegen die einseitige Verstandesaufklärung mit empfanden. Am nächsten jedoch unter Allen steht ihm Friedrich Heinrich Jacobi. In diesem kehrte sich die ganze Leidenschaft des individuellen Gefühls gegen die Klarheit der Kantischen Philosophie, und erst aus diesem Gegensatze wird sich die verfeinerte und vertiefte Form begreifen lassen, welche er den Hamann'schen Gedanken gegeben hat.

Den Sinn für den Werth der Individualität, welchen Hamann wie die geniale Richtung der Poesie nur in der Form des dunklen Gefühls kannte, besass die deutsche Aufklärung noch in einer anderen und werthvolleren Gestalt: in der historischen Gerechtigkeit, welche Lessing ausübte. Diese beiden Einflüsse kreuzten sich in dem umfassenden Geiste von Johann Gottfried Herder. Er nimmt auch in philosophischer Beziehung eine Stellung ein, welche der allgemeinen Vielseitigkeit seines reichen Wesens entspricht. Seine Philosophie zeigt dieselbe eigenthümliche Mischung wie seine gesammte litterarische Persönlichkeit und wie auch sein Stil, dasselbe Schwanken zwischen tief poetischer, schwungvoller Empfindung und dem Bedürfniss anmuthig klarer und durchsichtiger Darstellung. Er steht deshalb der Popularphilosophie nicht so schroff gegenüber wie Hamann; aber sie befriedigt auch ihn nicht, und die letzten Wurzeln seiner Ueberzeugungen ruhen immer im Gefühl und im Glauben. Zwar versucht er gelegentlich für das Dasein Gottes und die Unsterblichkeit der Seele auch theoretische Beweise zu geben; aber ganz abgesehen davon, dass ihm die Energie des abstracten Denkens und die präcis logische Darstellung versagt ist, traut er selbst diesen Beweisen nur deshalb, weil sie schliesslich dasselbe sagen wie sein Gefühl. Dabei ist dies Gefühl von demjenigen Hamann's ebenso verschieden wie die beiden Persönlichkeiten. Hamann hat etwas Unruhiges, Sprunghaftes, ja Verzerrtes in seinem Wesen, und namentlich seine Religiosität ist ein fast krampfhaftes Anklammern an die göttliche Individualität und ihre geschriebene Offenbarung. Herder's ganze Seele ist harmonischer gestaltet, und sein Gefühl ist deshalb vielmehr dasjenige eines begeisterten Entzückens, einer seligen Versenkung in das göttliche Wesen. Während Hamann's religiöser Sinn am liebsten den Widersprüchen der Menschenseele nachging, schwelgte Herder in der Betrachtung der Natur, ihrer Schönheit und ihrer Vollkommenheit, um in ihr die harmonische Seele zu ahnen, die er die Gottheit nannte. Aber er fasst diesen Gedanken nicht mit jenem kleinlichen Philisterthum wie Wolff und die Aufklärer, sondern aus dem Grossen und Ganzen wie Leibniz und Lessing. Dasselbe Gefühl führt ihn zu Spinoza. Die Auffassung des Universums, welche diesem Gefühl allein sympathisch ist, fühlt allüberall den Hauch der göttlichen Seele, in dem alle Dinge leben, weben und sind. Diesem spinozistischen Zuge der Leibniz'schen Monadologie, dem auch Lessing nicht widerstanden hatte, folgte Herder in den unter dem Titel „Gott" 1787 erschienenen Gesprächen, welche eine ähnliche Poetisirung des Spinozismus enthalten, wie wir sie bei Goethe, namentlich bei dem jungen Goethe finden.

Allein die wesentlichen Züge von Herder's Weltanschauung stellen ihn doch Leibniz sehr viel näher. Es ist für ihn von untergeordneter Bedeutung, dass er die prästabilirte Harmonie aufgiebt und an ihre Stelle wieder, wie Wolff, den Einfluss der Dinge auf einander setzt. Viel lieber verweilt er in einer poetischen und empfindungswarmen Ausmalung der Theodicee, und in der Betonung des selbständigen Werthes, der in dem vollkommenen Zusammenhange des Ganzen jeder einzelnen Individualität von vornherein innewohne und in ihrer Entwicklung zum Ausdruck komme. So ist er neben Lessing der echteste Leibnizianer der gesammten deutschen Aufklärung und hält von grossen Gesichtspunkten aus an den Gedanken fest, welche schliesslich auch die Popularphilosophie dem grossen Meister verdankte. Sein Gegensatz gegen diese Popularphilosophie besteht wesentlich in der Bestreitung ihres unhistorischen Treibens. Wenn Gervinus von ihm gesagt hat, er habe alle Aufgaben Lessing's zu den seinigen gemacht, so gilt dies vor Allem für die Stellung beider Männer in der Geschichte der Philosophie. Den Gedanken der Entwicklung, welchen Lessing nur auf die Geschichte der Religionen angewendet hatte, dehnte er auf die gesammte menschliche Cultur aus, und seine „Ideen zur Philosophie der Geschichte der Menschheit" (1784 ff.) enthalten die erste umfassende Darstellung der Geschichtsphilosophie.

Auch in ihr ist er der echte Schüler von Leibniz. Der Begriff, den er ihr zu Grunde legte, war derjenige der natürlichen Entwicklung. Er ging von der Ueberzeugung aus, dass die menschliche Cultur, wie sie sich in der Geschichte entwickelt, das höchste Produkt der natürlichen Nothwendigkeit sei. Das war zugleich ein Schritt über Lessing hinaus. Zwar blieb er in Rücksicht der Religionsgeschichte bei dem Lessing'schen Gedanken einer göttlichen Erziehung der Menschheit stehen: allein für die gesammte übrige Cultur wollte er nur jenes Princip der natürlichen Entwicklung gelten lassen. Im Allgemeinen suchte er deshalb darzuthun, dass der Mensch vermöge seiner natürlichen Organisation und vor Allem durch seinen aufrechten Gang zur Vernunft und zur Culturthätigkeit bestimmt und befähigt sei, und forschte nach den natürlichen Vermittlungen aller Vernunftentwicklung. So wendete er sich auch gegen Süssmilch's, von seinem Freunde Hamann adoptirte Hypothese von dem göttlichen Ursprung der Sprache und schuf trotz der Mangelhaftigkeit des sprachwissenschaftlichen Materials die Grundlagen der Sprachphilosophie, indem er den Ursprung der Sprache in der Organisation der menschlichen Stimme und in den Bedürfnissen der menschlichen Vernunftmittheilung suchte. Auch sie führte er in letzter Instanz auf das „Gefühl" zurück, worin er mit congenialem Anschluss an Leibniz' „Nouveaux essais" die tiefste Wurzel aller geistigen Lebensthätigkeit des Menschen suchte. In seiner Preisschrift „vom Erkennen und Empfinden der menschlichen Seele" erklärte er sich schon früh gegen die strenge Scheidung sinnlicher und verstandesmässiger Erkenntniss und fasste deren Verhältniss mehr unter dem Gesichtspunkte einer einheitlichen, continuirlichen Entwicklung von den natürlichen Grundlagen zur geistigen Vervollkommnung auf.

In der allgemeinen Geschichtsauffassung aber verwarf er mit allem Nachdruck jene äusserliche Ansicht, welche in den Bewegungen des Menschenlebens nur die Willkür der Individuen und den Zufall der Begebenheiten anerkannte. Er wurde nicht müde, darauf hinzuweisen und aus der Geschichte selbst darzuthun, dass die Geschicke der Völker ebenso wie ihre Gebräuche, Sitten, Anschauungen und Charaktere in den natürlichen Lebensbedingungen jedes Einzelnen begründet sind, und so machte er zuerst den grossen Versuch, die Geschichte der Menschheit aus der Natur zu entwickeln und die Menschenwelt als die Vollendung des Naturlebens zu begreifen. Denn als das Ziel aller Geschichte gilt ihm die Entwicklung und die volle harmonische Ausgestaltung des wahren Wesens des Menschen. Das Ideal der Humanität ist nie reiner und edler erfasst worden, als von Herder. Ihm galt der Mensch als die Krone der Schöpfung. Er wollte zeigen, wie aus der Hand der Natur dies letzte Produkt hervorgehe, in dem die Anlagen zur höchsten Vollkommenheit gegeben sind und nur ihrer Entfaltung durch die Arbeit der Geschichte harren.

Seine „Ideen" bilden den ersten Versuch, den weltgeschichtlichen Zusammenhang der Begebenheiten vom Standpunkt der modernen Wissenschaft aus philosophisch zu begreifen. Vor ihm hatte Bossuet, der berühmte französische Kanzelredner, die Geschichtsphilosophie der christlichen Patristik dahin auszuführen gesucht, dass er in der Christianisirung der romanischen und germanischen Völker den letzten entscheidenden Fortschritt der Weltgeschichte darstellte. In ganz anderer Weise hatte Vico, ein einsamer italienischer Gelehrter, durch seine „Principj d'una scienza nuova d'intorno alla commune natura delle nazioni" (1725) ein Gesetz aufzufinden gesucht, wonach jedes Volk einen typischen Verlauf seiner historischen Entwicklung, analog dem gesetzmässigen Lebenslauf jedes Organismus, durchzumachen hätte. Endlich hatte der Basler Isaak Iselin seine „Philosophischen Muthmassungen über die Geschichte der Menschheit" (1764) auf den Rousseau'schen Standpunkt der Lebensentfaltung des Individuums im geschichtlichen Processe zugeschnitten. Herder dagegen gab eine Darstellung im grossen Stile, welche, wenn auch im Einzelnen noch so constructiv und angreifbar, den Grundgedanken verfolgte, eine Gesammtgeschichte der Mensch<eit zu verstehen, in welche die einzelnen Nationen aus ihrer Besonderung zu Gliedern einer grossen Entwicklungskette emporgehoben wurden: diese sollte von den ersten, in natürlichen Anfängen der Menschheit begründeten Zuständen einheitlich zu der Vervollkommnung einer gemeinsamen Civilisation aufsteigen, in der das Wesen der „Humanität" immer vollständiger zur Entfaltung gelange. So wenig scharf und klar Herder dabei die begrifflichen Grundlagen seiner Auffassung auszuführen und zu begründen verstand, so wenig er namentlich das Verhältniss der natürlichen Causalität zu den ethischen Zweckbeurtheilungen philosophisch darzulegen wusste, so wirkungsvoll war doch, zumal in seiner anmuthigen und lebendigen Darstellung, sein von Leibniz'schen Gedanken getragener Plan, einen einheitlichen Gesammtsinn der menschlichen Geschichte aufzusuchen, der als direkte Fortsetzung der natürlichen Entwicklung begriffen werden sollte.

Die Durchführung solcher Principien war nur einem Manne möglich, der wie Herder sich mit feinstem Sinne in die Eigenthümlichkeit der historischen Erscheinungen hineinzuleben wusste, der jedes Gebilde, das seiner Forschung begegnete, an die rechte Stelle in den Gang des ganzen Menschheitslebens einzuordnen vermochte, und dem es gegeben war, die natürlichen Bedingungen jedes Einzelnen als seinen inneren Grund und seine Berechtigung zu erkennen. Hierin bestand seine poetische Grösse. Herder besass eine Genialität des Mitempfindens, wie sie niemals wieder dagewesen ist. Er entdeckte den Geist der hebräischen Poesie und setzte die von den Rationalisten zerrissene Bibel in ihr poetisches Recht ein. Er verstand die „Stimmen der Völker" und besass eine wunderbare Fähigkeit, sie dem Genius der deutschen Sprache zu assimiliren. Er ist einer der Schöpfer dessen, was Goethe die Weltlitteratur der Deutschen genannt hat, der Anreger jener grossartigen Thätigkeit, mit der in jenen Jahrzehnten die deutsche Litteratur sich die Schätze der gesammten menschlichen Cultur aneignete. So ist es ihm vor Allem zu danken, dass die deutsche Bildung jener Zeit eine Weltbildung im edelsten Sinne des Wortes wurde, und dass der verschwommene Kosmopolitismus der Deutschen die grosse Gestalt der echten Humanität annahm.

Auch diese Wirkung Herder's ist nicht nur eine litterarische, sondern ebenso eine philosophische. Denn die Gedanken, welche auf diese Weise in den deutschen Geist einströmten, bildeten jenen Reichthum heran, mit welchem die folgende Philosophie arbeiten konnte. Auf dieser Weltlitteratur beruht die weltumfassende Spannkraft der deutschen Philosophie. In der Aneignung dieser Ideen erstarkte der deutsche Geist zu seiner Selbständigkeit. Seine Popularphilosophie verkümmerte in sich selbst, sein kraftgeniales Gefühl überschlug sich in zielloser Verworrenheit, und erst in der Verarbeitung des Ideenstoffes der Geschichte fand er sein wahres Wesen. In diesen Gegensätzen ringend, mit immer reicherem Gedankengehalt sich erfüllend, zeigt die deutsche Bildung der siebenziger und achtziger Jahre des vorigen Jahrhunderts das Bild einer mächtigen Gährung, und ein gleiches Auf- und Abwogen der Kräfte, ein gleiches Chaos der Ideen ist die Philosophie dieser Zeit.

Die Gährung der allgemeinen deutschen Bildung klärte sich ab in dem grössten modernen Dichter — in Goethe: die Gährung der deutschen Philosophie klärte sich ab in dem grössten modernen Philosophen — in Kant.

Register.

Abbt 580.
Achillinus 16.
Agricola 15.
Agrippa v. Nettesheim 51
d'Alembert 414 f.
Alexandristen 15 ff.
Althus 98.
Aristoteliker 15 ff.
Arnauld 192.
Arnold 529.
Averroisten 15 ff.

Bacon 127 ff.
Basedow 575.
Batteux 467.
Baumgarten, Alex. 522 ff.
—— Siegm. 530.
Bayle 369 ff.
Beattie 357.
Becker, Balth. 192.
Bekker, J. J. 458.
Bellarmin 86.
Berkeley 312 ff.
Bessarion 13.
Biester 580.
Bilfinger 522.
Bodin 36.
Boehme 109 ff.
Bolingbroke 292 f.
Bonnet 404 ff.
Bossuet 588.
Bouillé (Bovillus) 48.
Boyle 296 f.
Briefw. v. Wes. d. Seele 445 f.
Bromley 122.
Brown 305.
Brucker 548.
Bruno 67 ff.
Budde 548.
Buffon 387 f.
Burke 352.
Butler 276.

Caesalpinus 18.
Calvin 161.
Cambridger Schule 157 f.
Campanella 79 ff.
Campe 564.
Cardanus 48 ff.
Cartesius s. Descartes.
Charron 22.
Chesterfield 277.
Chubb 292.
Clarke 278. 297.
Clauberg 194 f.
Collier 323 f.
Collins 290.
Condillac 404 ff.
Contarini 18.
Cordemoy 192.
Cremonini 18.
v. Creuz 561.
Crousaz 547.
Crusius 552 ff.
Cudworth 158.
Cumberland 270.
Cusanus s. Nicolaus v. Cusa.

Dalgarn 458.
Darjes 547.
Darwin, Er. 314.
Daubenton 414.
Descartes 163 ff.
Diderot 445 ff.
Dippel 529.
Dubos 407.
Duclos 414.

Eberhard 580.
Eckhart 26 ff.
Edelmann 530.
Engel 580.

Faber s. Lefèvre.
Fardella 244.
Feder 580.
Fénélon 409.
Ferguson 357.
Ficinus 14.
Fludd 53.
Fontenelle 376.
de la Forge 192.
Foucher 367.
Franck 103 ff.
Francke 529.

Gale, Theoph. u. Thom. 158.
Galiani 421.
Galilei 86 ff.
Garve 580.
Gassendi 21.
Gay 306.
Gaza 15.
Gedicke 580.
Geert de Groot 31.
Gentilis 37.
Geulincx 192 ff.
Gibieuf 235.
Glanvil 325.
Goclenius 20.
Gottsched 524.
Grimm 421.
Grotius 37 ff.
Gundling 549.

Hamann 583 f.
Hansch 579.
Hartley 306 ff.
v. Helmont, Joh. B. u. Fr. M. 53.
Helvétius 407 f.
Hemming 98.
Henning 564.
Hentsch 562.
Herbert 283 f.
Herder 585 ff.
Hirnhaym 441.
Hissmann 564.
Hobbes 445 ff.
Holbach 421 ff.
Home 352.
Huet 367 f.
Hume 324 ff.

Register. 591

Hutcheson 275.
Hutten 43.

Jacobi 584 f.
Jansenisten 191.
Jaucourt 414.
Jerusalem 531.
Irwing 563.
Iselin 588.
Jungius 442.

Kepler 89.
Kircher 458.
Krüger 561.

Labruyère 407.
Lagrange 421.
Lamarck 389.
Lambert 557 ff.
Lamettrie 394 ff.
Larochefoucauld 407.
Latitudinarier 285.
Lefèvre 15.
Leibniz 446 ff.
Lessing 537 ff.
Lichtenberg 581.
Lips 20.
Locke 248 ff.
Lossius 562 f.

Mably 413.
Macchiavelli 33 ff.
Magnenus 20.
Malebranche 235 ff.
Mandeville 280 ff.
Marcus Marci 442.
Mariana 86.
Marmontel 414.
Martin 236.
Maupertuis 377.
Meier, G. F. 528 f.
Meiners 564.
Melanchthon 95 ff.
Mendelssohn 566. 576 ff.
Montaigne 22 f.
Montesquieu 410 ff.
More 158.
Morelly 413.
Morgan 292.
Moritz 564.
Morus 35 f.

Naigeon 421.
Newton 297 ff.
Nicolai 578 f.

Nicolaus v. Cusa 45 ff.
Nicole 191.
Niphus 16.
Nizolius 43.
Norris 323.

Oldendorp 98.
Osiander 101 f.
Oswald 357.

Paley 277.
Paracelsus 51 ff.
Parker 158.
Pascal 363 ff.
Patrizzi 64 ff.
Piccolomini 17.
Pico, Joh. u. Fr. 42.
Platner 580 f.
Platoniker 12 ff.
Plethon 13.
Ploucquet 549 f.
Poiret 365 f.
Pomponazzi 17.
Pordage 122.
Porta 18.
Prévost 575.
Price 309.
Priestley 309 ff.
Pufendorf 443 f.

Quesnay 412.

Ramus 19 f.
Reid 353 ff.
Reimarus 532 ff.
Reuchlin 42 f.
Robinet 390 ff.
Rousseau 428 ff.
Rüdiger 550 ff.
Rysbroek 31.

Sack 531.
Sanchez 22 f.
Scaliger 17.
Scheffler 441.
Schmidt, Lor. 444. 531.
Schönfeld 564.
Schoppe 20.
Schwenckfeld 102 f.
Semler 531 f.
Sennert 20.
Shaftesbury 270 ff. 289.
Smith 350 f.
Socinianer 101.
Sorbière 367.

Spalding 531.
Spener 529.
Spinoza 196 ff.
Stanley 549.
Steinbart 531.
Stewart 357.
Stosch 445.
Sturm, Joh. 20.
——, Joh. Chr. 443.
Suarez 2.
Sulzer 566 ff.
Suso 30.

Tauler 30.
Taurellus 99 ff.
Telesius 64 ff.
Teller 531.
Tetens 569 ff.
Thomaeus 17.
Thomas a Kempis 32.
Thomasius 502 ff.
Thümmig 522.
Tiedemann 563.
Tindal 291.
Töllner 531.
Toland 285 ff.
Tschirnhausen 499 ff.
Turgot 412. 414.

Utilismus 277.

Valla 19.
Vanini 78 f.
le Vayer 367.
Vernias 16.
Vico 588.
Villaume 564.
Vives 43.
Voltaire 378 ff.

Weigel, Erh. 443.
——, Val. 106 ff.
Weiss 567.
Wezel 564.
Whiston 290.
Winkler 98.
Wolff, Chr. 506 ff.
——, Pancr. 445.
Wollaston 279.
Woolston 290.

Zabarella 18.
Zimara 17.
Zimmermann 581.
Zorzi 42.

www.ingramcontent.com/pod-product-compliance
Lightning Source LLC
Chambersburg PA
CBHW031932290426
44108CB00011B/528